Die Geschichte der Ferlacher Büchsenmacher

Renate Jernej

Die Geschichte der Ferlacher Büchsenmacher

Von 1885 bis heute

Herausgegeben vom
Verein zur Förderung des Büchsenmacherhandwerks Österreichs in Ferlach

VERLAG johannes heyn

IMPRESSUM

Coverfotos: Waffe aus dem Hause Hambrusch (Archiv Hambrusch), Werkstätte Franz Sodia, um 1920 (Archiv Stadtgemeinde Ferlach), Lehrbrief Johann Fanzoi 1885 (Archiv Fanzoj), Impressionen aus der Werkstatt Borovnik (Archiv Borovnik)

Herausgeber: Verein zur Förderung des Büchsenmacherhandwerks Österreichs in Ferlach
Buchgestaltung und Satz: GSB – Grafikdesign Smitty Brandner, Ebenthal
Lektorat: Anna Haase
Druck und Herstellung: BUCH THEISS GmbH, St. Stefan im Lavanttal

ISBN: 978-3-7084-0612-1

Inhaltsverzeichnis

Ferlacher Büchsenmacher im 20. Jahrhundert

Die Ferlacher Büchsenmacher der Gegenwart

Das Beschussamt

Fachschule, Fortbildungsschule und Höhere Lehranstalt: die Organisation der Ausbildung der Büchsenmacher

Der Verein zur Förderung des Büchsenmacherhandwerks Österreichs in Ferlach und das Büchsenmacherinternat Ferlach

Vorwort

Das Handwerk des Büchsenmachens kann in Ferlach auf eine fast 500-jährige Tradition zurückblicken. Hier wurden Prunkwaffen für Erzherzöge gefertigt, aber auch die Armee des österreichischen Kaisers bezog von hier ihre Gewehre. In den letzten 100 Jahren verlegte man sich vor allem auf die Produktion von hochwertigen Jagdwaffen. Büchsenmachen und Ferlach gehören untrennbar zusammen.

Mittlerweile ist die Welt freilich eine ganz andere. Modernisierung, Industrialisierung und Digitalisierung haben auch vor Ferlach nicht haltgemacht. Doch gelang es den Ferlacher Büchsenmachern, moderne Technik mit jahrhundertealter Tradition zu verknüpfen und den Sprung in die Moderne zu schaffen. Nach wie vor werden an diesem traditionsreichen Ort hochwertige Jagdwaffen produziert, zum großen Teil in präzisester Handarbeit. Eine Ferlacher Jagdwaffe heute ist ein hochwertiges, handgefertigtes Produkt, das für Individualität und Einzigartigkeit mit hohem künstlerischen Anspruch steht. Das Büchsenmacherhandwerk selbst wurde 2010 auf die UNESCO-Liste für immaterielles Weltkulturerbe gesetzt, als kultureller Wert und Set von Fertigkeiten, welche von Generation zu Generation weitervererbt werden, und als schützenswert gelten.

Die heute tätigen Ferlacher Büchsenmacher sind sich ihrer Verantwortung gegenüber Gesellschaft, Vergangenheit und Gegenwart sehr bewusst. Mit dieser umfassenden Darstellung der eigenen Geschichte der letzten 150 Jahre wollen wir eine Basis für die kommenden Zeiten legen. Damit Ferlacher Jagdwaffen auch künftig für das stehen, was sie heute sind: Spitzenprodukte mit Geschichte und Zukunft.

Ing. Mag. Patrick Fanzoj
Obmann des Vereins zur Förderung des Büchsenmacherhandwerks Österreichs in Ferlach

Einleitung

Wer heute an Ferlach denkt, denkt an hochwertige Jagdwaffen. Traditionelle Handarbeit wird mit modernstem technischen Know-how und künstlerischem Anspruch gepaart. So entstehen Spitzenprodukte, die ihren Weg in die ganze Welt finden. Ferlacher Jagdwaffen stehen für Qualität und Exklusivität. Sie stehen aber auch für etwas ganz Besonderes und Einzigartiges: für Tradition und Geschichte. Wie kaum ein zweiter Ort kann Ferlach auf eine fast 500 Jahre zurückreichende Kontinuität im Waffenbau verweisen. Eine Ferlacher Jagdwaffe in den Händen zu halten bedeutet, Geschichte anzufassen.

Die Geschichte, die geschrieben werden kann, hängt von der Verfügbarkeit der Quellen ab. Das gilt natürlich auch für die Geschichte der Ferlacher Büchsenmacher in den letzten 140 Jahren. 1885 wurde die Genossenschaft der Büchsenmacher begründet. Sie hatte zum Ziel, die maschinelle Produktion der Waffen in Ferlach zu befördern. 1887 und 1890 wurden die Maschinenhäuser in Betrieb genommen. Während heute das ehemalige Maschinenhaus 2 von einer der Nachfolgefirmen der Genossenschaft genutzt wird, ist das Areal um den Ferlacher Waagplatz mit dem Maschinenhaus 1 und dem ehemaligen Sitz der Genossenschaft heute leerstehend. Geschichte bedeutet stets auch Veränderung und Entwicklung.

Das Ferlach des späten 19. Jahrhunderts war eine kleine Landgemeinde, deren Geschichte über Jahrhunderte von der Eisenindustrie und der Veredelung von Eisenprodukten geprägt wurde. Die ersten Büchsenmacher lassen sich in Ferlach um die Mitte des 16. Jahrhunderts nachweisen. Mit seinen Rohrschmieden und Schlossmachern stieg Ferlach zum Zentrum der Waffenproduktion in der österreichischen Monarchie auf. Hier wurden die Gewehre für die Armee Prinz Eugens produziert, von hier kamen die Pistolen und Karabiner, die in den Franzosenkriegen um 1800 benutzt wurden. Über 500 Meister waren in den Spitzenzeiten am Werk, um den ärarischen (staatlichen) und privaten Bedarf zu decken.

Über 300 Jahre – von den Anfängen im 16. Jahrhundert bis weit in das 19. Jahrhundert – produzierten die Ferlacher Meister in traditioneller Handarbeit. Spätestens im letzten Drittel des 19. Jahrhunderts war diese Form der Herstellung am Markt nicht mehr konkurrenzfähig. Besser und billiger konnte mit den neuen Maschinen und mit den neuen Organisationen in Fabriken produziert werden. In Ferlach aber erhielt sich zunächst das Alte und Bewährte: die Handarbeit zu Hause beim Meister. Aufträge für Armeen ließen sich so nicht mehr bewältigen. Findige Büchsenmacher verlegten sich auf die Produktion von Jagdwaffen. Dennoch nahmen die wirtschaftlichen Schwierigkeiten zu. Landesverwaltung und die Staatsbehörden starteten in Verbindung mit den Ferlachern ein umfassendes Förderprogramm. Fachschule, Probieranstalt und schließlich die Genossenschaft wurden gegründet. Sie sollten den Ferlacher Büchsenmachern und damit ganz Ferlach, das an dieser Industrie hing, den Sprung in die neuen Zeiten ermöglichen.

Schule und Beschussamt legen bis heute ein nachhaltiges Zeugnis von den damaligen Förderungen ab. Die Geschichte der Genossenschaft verlief vielfältiger und gebrochener. Phasen des Erfolgs wechselten mit jenen von Unstimmigkeit und zuweilen überbordendem Eigeninteresse. Eine einheitliche Ferlacher Gewehrindustrie konnte so nicht entstehen. Unter den Ferlacher Meistern war, wahrscheinlich gerade auch wegen der langen Tradition vor Ort, keiner, der sich ähnlich einem Josef Werndl in Steyr zu einem wirtschaftlich alles dominierenden Tycoon aufschwingen konnte oder wollte. Zwar gab es in den letzten 140 Jahren immer wieder Persönlichkeiten, deren Firmen die anderen, bescheideneren überflügelten: Peter Wernig, Markus Ogris, Anton Antonitsch, Josef Just oder Franz Sodia mögen einem da in den Sinn kommen. Sie alle sind heute Geschichte, während andere Betriebe die Tradition fortsetzen. Darin ist auch eine Stärke des Produktionsorts Ferlach zu sehen: Die Vielfalt blieb bewahrt.

Am Beginn dieses Bandes steht die Geschichte der Genossenschaft. In weitgehend chronologischer und für die Gegenwart in alphabetischer Form wird anschließend die Geschichte der einzelnen bekannten Meister und Betriebe behandelt. Als Quellen für die Gegenwart dienten in erster Linie zahllose Gespräche und Interviews mit Büchsenmachern. Die Liste der Interviewpartner ist unter den Quellen verzeichnet. Allen, die sich die Zeit genommen haben, sei an dieser Stelle herzlich für die aufschlussreichen Informationen gedankt! Mein Dank geht natürlich besonders auch an meinen unermüdlichen Begleiter durch die Geschichte des Ferlacher Büchsenmachens, an DI Rainer Adamik. Er war es, der die Türen öffnete, die Termine fixierte und als steter Begleiter und Gesprächspartner zur Verfügung stand.

Natürlich ist auch jenen ganz besonders Dank zu sagen, die die Entstehung dieses Werkes vor allem ermöglicht haben: den Ferlacher Büchsenmachern und dem Verein zur Förderung des Büchsenmacherhandwerks. Und wie stets waren die Angestellten des Kärntner Landesarchivs geduldige und entgegenkommende Partner bei der Recherche.

Dieses Werk ist ein historisches. Seine Basis sind Schriftquellen, ergänzt durch mündliche Quellen und wissenschaftliche Arbeiten. Im Literatur- und Quellenverzeichnis ist dies nachzulesen. Allen, die eine Geschichte der Ferlacher Waffen auf Basis von Objektquellen wünschen oder erwarten, seien vertröstet. Der Autorin fehlen dazu technisches Wissen und Ausbildung. Auch mag manchen vielleicht die Firmengeschichte zu sehr anhand der Personen abgehandelt sein. Produktionsarten, Produktionsbedingungen, wirtschaftliche Umstände sowie Produkte kommen nur am Rande vor. Ob diese detaillierten Firmengeschichten jedoch je geschrieben werden können, scheint fraglich, hängt das doch davon ab, ob entsprechende Quellen vorhanden sind. Wenn, dann befinden sich diese in Privatbesitz.

Den wichtigsten Betrieben der letzten 140 Jahre sind eigene Kapitel gewidmet, denen zu Beginn eine knappe Übersicht vorangestellt ist. In dieser Übersicht finden sich die wichtigsten Daten zur Firmengeschichte, die Beschussnummer nach dem Zweiten Weltkrieg oder auch die aktuelle Adresse. Dies soll, zusammen mit dem ebenfalls gesondert vorgelegten „Verzeichnis der Ferlacher Büchsenmacher seit ca. 1897 bis in die Gegenwart“ all jenen entgegenkommen, die eine rasche Orientierung über Ferlacher Büchsenmacher wünschen. Mit dem „Vorläufigen Gesamtverzeichnis der Ferlacher Büchsenmacher seit 1551/1561“ wird das bisher vollständigste Verzeichnis vorgelegt. Es umfasst rund 1.900 Namen.

Genannt sind die bezeugten Daten (Lebensdaten bzw. Nenndaten), die überlieferte genaue Berufsbezeichnungen (Büchsenmacher, Schlossmacher, Rohrschmied, Ausputzer, Basküllierer etc.) und die Adresse bzw. der Wohn- oder Aufenthaltsort (Ferlach, Oberferlach, Unterferlach, Reßnig, Tratten, Dobrowa, Unterbergen, Seidolach, Glainach etc.). Anhand der „Liste der Kennziffern der Ferlacher Jagdwaffen", einem Nummerierungssystem, das nach dem Zweiten Weltkrieg eingeführt wurde, ist eine rasche Zuordnung einer Waffe zu ihrem Hersteller möglich. Schließlich ist im Kapitel über das Beschussamt noch die Liste bezüglich der Beschusszeichen zu finden. Dieser Zahlen- und Buchstabencode gibt an, wann die Waffe beprobt wurde.

Auch wenn manche vielleicht eigene Kapitel über die Büchsenmacher Pagitz, Schaschl oder Sattmann vermissen werden, sollten die Grundinformationen über die Ferlacher Büchsenmacher der letzten 140 Jahre hier auffindbar sein. Vollständigkeit wird man nie erreichen. Jedenfalls, so ist die Hoffnung, sollte mit diesem Werk ein Grundstein für weitere Detailforschungen gelegt sein.

Zwei Jahre nach der ersten Auflage liegt nun die zweite Auflage der „Geschichte der Ferlacher Büchsenmacher. Von 1885 bis heute" vor. Das zeigt, dass das Interesse an den Ferlacher Büchsenmachern, ihren Produkten und ihrer Geschichte ungebrochen ist. Die Hoffnung, dass dieser Band eine Lücke füllen kann, scheint sich damit erfüllt zu haben. Dass die Geschichte damit noch lange nicht erzählt ist und noch viele Fragen für künftige Forschungen offen stehen, kann an dieser Stelle nur wiederholt werden.

Klagenfurt,
im Oktober 2020

Die Genossenschaft der Büchsenmacher in Ferlach

Zu den Quellen

Der unterschiedlichen Überlieferung des Akten- und Schriftgutbestandes ist es geschuldet, dass einige Episoden aus der bewegten Historie der Genossenschaft sehr detailliert nachvollziehbar sind, während über viele Jahre hinweg nur sehr wenig zu berichten ist. Im Kärntner Landesarchiv werden zwei Schachteln aufbewahrt, die die frühen Jahre (1884 bis 1897) und die Zeit von 1904 bis 1922 beleuchten[1]. Allerdings sind die Informationen über die Zeit des Ersten Weltkriegs (1914–1918) relativ dürftig und beschränken sich im Wesentlichen auf verwaltungstechnische Fragen. Die Produktion dieser Jahre ist aus diesen Quellen nicht zu erschließen. Für die Zeit vor dem Ersten Weltkrieg liegt mit dem „Orientierungsbehelf" zur Ferlacher Gewehrindustrie von S. Rieger (erschienen 1910) ein zeitgenössisches Dokument vor, das Auskunft über den wirtschaftlichen Höhepunkt im Jahr 1907 gibt[2]. Erschienen ist es anlässlich eines Ausflugs, den die Teilnehmer der Eröffnungsfeier eines neuen Heimes der Kärntner Handels- und Gewerbekammer nach Ferlach unternahmen. Unverzichtbar für die Darstellung der Geschichte der Büchsenmachergenossenschaft ist auch wieder die Dissertation von Ernst Baumgartner[3]. Baumgartner standen im Jahr 1953 noch Quellen zur Verfügung, die heute nicht mehr auffindbar oder zugänglich sind. Zu nennen sind vor allem die Berichte der Handelskammer Kärnten, mit denen Baumgartner die Geschichte ab den 1870er-Jahren bis in seine Gegenwart (1950er) beschreiben konnte.

In einem Schrank der Firma EPT Präzisionstechnik GmbH (gegründet 2014), die im ehemaligen Maschinenhaus 2 der Genossenschaft in Ferlach (Maschinenhausgasse 5) ansässig ist, sind diverse Akten aus dem Bestand der Genossenschaft verwahrt. Dieser Bestand wird künftig als „Archiv der Büchsenmachergenossenschaft", abgekürzt ABMG, bezeichnet. Die EPT Präzisionstechnik GmbH ist die jetzige Nachfolgefirma der 2008 endgültig in Konkurs geschickten Genossenschaft. Der Bestand umfasst rund 0,3 lfm an Schriftstücken, vorwiegend aus den Jahren um 1850, mit einigen älteren Akten bis zurück in die 1830er-Jahre und einigen aus den Jahren um 1875. Hier finden sich außerdem, neben mehreren Exemplaren der gedruckten Genossenschafts-Statuten von 1911 mit Ergänzungen von 1933, zwei Exemplare des für die Frühzeit der Genossenschaft sehr aufschlussreichen Genossenschaftsberichts über die Jahre 1888–1890 („Bericht der Genossenschaft der Büchsenmacher im Gerichtsbezirk Ferlach pro 1888–1890 erstattet vom Vorstande"). Dieser vom damaligen Vorstand Josef Just vorgelegte, im Selbstverlag erschienene Bericht gibt umfangreich Aufschluss über die Geschäftsgebarung, aber auch über andere Ereignisse rund um die Genossenschaft, wie z. B. die Ernennung des Landespräsidenten Franz von Schmidt-Zabierow zum Ehrenbürger der Stadt Ferlach oder die getroffenen Maßnahmen zur Disziplinierung der Lehrlinge, die dem Besuch der Lehrlingsschule nur ungenügend nachkamen.

Geschäftsberichte finden sich auch für die Jahre 1901 und 1926. Dazu kommen noch drei aufschlussreiche Bücher im diesem Bestand: Das Grundbuch der Büchsenmacher-Genossenschaft ist ein Mitgliederverzeichnis, das in drei Etappen geführt wurde. Der Zeitpunkt der Anlage ist nicht vermerkt. Es entstand jedenfalls spätestens 1897, da dies das früheste vermerkte Datum ist. Der letzte Abschnitt wurde bis 1938 geführt. Die ersten Namen sind ohne erkennbare Reihenfolge eingetragen, der zweite Teil, der ca. den Zeitraum 1920 bis 1930 umfasst, sowie der dritte Teil bis 1938 sind in alphabetischer Reihenfolge. Das zweite Buch ist das Geschäftsanteilbuch der Maschinenbezugsgenossenschaft, angefangen im Jahr 1905, und schließlich das Protokollbuch der Büchsenmacher-Genossenschaft von 1923 bis 1938. Auch einige Fotografien aus den 1950er-Jahren sind darunter. Diese genannten Quellen wurden gemeinsam mit weiterführender Literatur gesichtet[4], um die folgende Geschichte der Büchsenmacher-Genossenschaft zu schreiben.

Die Gründung der Genossenschaft (1884/85)

Als in Ferlach die Büchsenmacher-Genossenschaft entstand, blickte das Büchsenmacherhandwerk in Ferlach bereits auf eine über 300 Jahre dauernde Tradition zurück (Abb. 1). Die erste Handwerksordnung war 1631 von der damaligen Grundherrschaft, den Herren von Dietrichstein mit Sitz auf der Hollenburg, erlassen worden. 1751 wurde die Zunftordnung unter Kaiserin Maria Theresia erneuert[5]. Zünfte oder Innungen waren bis in das 19. Jahrhundert die Organisationsformen des Handwerks. Mit den Reformen ab der Mitte des 19. Jahrhunderts, die mit den Gemeinden und Kammern neue Formen der Verwaltung brachten, waren Zünfte zunehmend nicht mehr zeitgemäß. Dazu kam noch die Industrialisierung und Mechanisierung, die das traditionelle Handwerk mit seiner Form der Selbstverwaltung in Zünften unter Druck setzte. Sozialer und wirtschaftlicher Wandel gingen damit einher. Auch die Ferlacher Büchsenmacher waren diesen Zeiterscheinungen unterworfen. Die rund 150 Meister produzierten in den 1870er-Jahren zusammengerechnet rund 7.000 Stück im Jahr[6]. Zur gleichen Zeit wurden in der Waffenfabrik in Steyr 1.300 Gewehre – pro Tag – hergestellt[7]. Der wirtschaftliche Druck stieg, die Handarbeit war in dieser Form nicht mehr konkurrenzfähig. Um größere Einheiten zu schaffen, waren Genossenschaften eine Form des möglichen Zusammenschlusses.

In der Literatur ist immer wieder zu lesen, dass sich bereits 1872 oder 1873 70 Büchsenmacher-Meister in Ferlach zu einer Genossenschaft zusammengeschlossen hatten[8]. Tatsächlich ist der älteste Beleg für die Nennung einer Ferlacher Büchsenmacher-Genossenschaft in das Jahr 1871 zu datieren. Die Vorstehung der „Büchsenmacher Genossenschaft“ hatte sich an die Bezirkshauptmannschaft Klagenfurt gewandt, weil sie Verstöße einiger Gewerbetreibender geahndet sehen wollte, weil diese z. B. die Meistergebühr nicht hinterlegt hatten[9]. 1875 brachte die Vorstehung der „Büchsenmacher-Innung und Genossenschaft“ Petitionen an das Abgeordnetenhaus und an das Ministerium des Inneren in Wien ein, in der sie darum bat, das Verbot des Waffenverkaufs unter freiem Himmel auf Märkten aufzuheben[10]. Allerdings können diese frühen Nennungen nicht als Belege für die Existenz der später gegründeten Büchsenmacher-Genossenschaft angesehen werden. In Österreich war das Genossenschaftsgesetz 1873 in Kraft getreten[11]. Wie schon die Formulierung in den Petitionen nahelegt, wurde vermutlich einfach die Innung bzw. Zunft als Genossenschaft

Der Büchsenschmidt.

Ich bin aber ein BüchsenSchmid/
Die BüchsenRor die mach ich mit/
Kurtz vnd lang/Eysern/starck vnd fest/
Außbort/auff das glettest vnd best/
Der keines ist mir feil darbey/
Biß es vor wol beschossen sey/
Auff daß im schuß es nit zerspring/
Vnd einen Mann zu schaden bring.
S ij Der

Abb. 1: Der Büchsenschmied 1568, Ständebuch von Jost Amman und Hans Sachs *(Hans Sachs/Jost Amman, Das Ständebuch, Bd. 1–2. hrsg. von H. Blosen, P. Bœrentzen/H. Pors, Aarhus 2009, Bd. 1, 199 Abb. 66)*

bezeichnet, ohne dass eine Gründung nach dem Genossenschaftsgesetz erfolgt wäre. Dafür spricht auch, dass die Petition nicht nur von den drei Vorstehern (Franz Nowak, Simon Polley, Anton Mischitz) unterzeichnet wurde, sondern auch vom Innungskommissär Johann Doujak. Zunft- oder Innungskommissäre waren ursprünglich Vertreter der Grundherrschaften und damit übergeordnete Kontrollorgane[12]. Die eigentliche Gründung der Genossenschaft fand dann zehn Jahre später statt.

Im Jahr 1885, dem eigentlichen Gründungsjahr der Büchsenmacher-Genossenschaft, übergab „Innungsvorstand Dojak“ das Inventar und Vermögen der Innung an die Genossenschaft[13]. Bis zu diesem

Datum war die Innung bzw. Zunft die Standesvertretung der Ferlacher Büchsenmacher. Als Datum der Gründung der Genossenschaft kann der 17. März 1885 gesehen werden[14]. Auf diesen Tag datiert ist die Genehmigung der Genossenschaft durch den Landespräsidenten Franz Freiherr von Schmidt-Zabierow[15]. Die Gründungsversammlung hatte am 19. Oktober 1884 stattgefunden. Eine erste Einladung auf den 21. September 1884 in das Gasthaus Michael Grabner in Oberferlach – ein Michael Grabner findet sich auch auf der Einladunsgliste als Schäfter – scheint nicht stattgefunden zu haben. Erhalten sind die Einladungslisten, auf denen die Meister mit Namen, Wohnort und Beruf verzeichnet sind. Die erste Liste mit der Einladung auf den 21. September 1884 umfasste 80 Namen, die Einladung auf den 19. Oktober 1884 wurde durch eine zweite Liste mit nochmals 20 Namen ergänzt[16].

Den Erhalt der Einladung haben die Meister auf dieser Liste mit ihrer Unterschrift bestätigt. Neben Büchsenmachern, Rohrschmieden, Rohrausmachern, „Pasquilleuren", Schlossern, Beschlägemachern, Zurichtern und Schäftern finden sich auch Waffenfabrikanten, Feilhauer und ein Pikenhersteller auf der Liste. Als „Waffenfabrikanten" und damit als Betreiber eines größeren Betriebes sind mit Peter Wernig und Anton Türk lediglich zwei ausgewiesen. Auch die späteren Fabrikanten Josef Just oder Anton Antonitsch firmieren noch als Büchsenmacher. Insgesamt waren 100 Namen auf den beiden Listen, darunter vier Bauschlosser, die jedoch ausgestrichen wurden und damit nicht an der Gründung der Genossenschaft beteiligt gewesen sind. Auch ein Schuhmacher schaffte es auf die Liste (Johann Mischitz) und wurde ebenfalls gestrichen. Josef Just findet sich einmal als Büchsenmacher und einmal als Rohrschmied, die Unterschrift, mit dem der Erhalt der Einladung betätigt wurde, ist ident. Daher ist davon auszugehen, dass es sich um ein und dieselbe Person handelte. Bei Peter Kaiser aus Unterloibl ist vermerkt, dass er tot ist. Auch der Feilhauer Peter Scheinig wurde, im Gegensatz zu den beiden anderen Feilhauern Johann Politz und Josef Zechner, von der Liste gestrichen. Somit sind 92 tatsächlich Geladene zu verzeichnen.

Unter den Meistern sind mit Maria Tschinkowitz (Rohrschmied) und Maria Winkler (Beschlägemacher) auch zwei Frauen, die vermutlich das Handwerk für ihre verstorbenen Männer weiterführten[17]. Die ohne erkennbare Systematik angelegten zwei Listen werden hier kombiniert und die Namen in alphabetischer Reihenfolge wiedergegeben.

Einladungsliste für die konstituierende Sitzung der Genossenschaft 1884

Name	Wohnort	Bezeichnung
Andreschitz Jakob	Ferlach	Beschlägemacher
Antonitsch Anton	Ferlach	Büchsenmacher
Antonitsch Markus	Dobrowa	Schloss- und Beschlägemacher
Antonitsch Sebastian	Ferlach	Beschlägemacher
Bauer Josef	Ferlach	Bauschlosser
Doujak Peter	Gabl	Schäfter
Doujak Thomas	Ferlach	Schäfter
Fisch Carl	Ferlach	Büchsenmacher
Fritz Jakob	Ferlach	Schäfter
Fugger Simon	Ferlach	Schlosser und Beschlägemacher
Galert Franz	Ferlach	Büchsenmacher
Grabner Michael	Ferlach	Schäfter
Grabner Thomas	Ferlach	Schäfter
Hambrusch Jakob	Ferlach	Beschlägemacher
Helfriedt Ernst	Ferlach	Gewehrzurichter

Name	Wohnort	Bezeichnung
Hoinig Simon	Otrouza	Pasquilleur
Hoinigg Felix	Dobrowa	Schlossmacher
Hoinigg Florian	Ferlach	Beschlägemacher
Hoinigg Johann	Ferlach	Büchsenmacher
Ibounig Johann	Gabl	Rohrschmied
Jenula Franz	Ferlach	Büchsenmacher
Just Josef	Ferlach	Büchsenmacher
Just Josef	Ferlach	Rohrschmied (Unterschrift wie bei Büchsenmacher)
Just Josef	Ferlach	Schlosser und Beschlägemacher
Just Josef	Gabl	Beschlägemacher
Kaiser Peter	Unterloibl	Büchsenmacher
Kawan Adolf	Dobrowa	Büchsenmacher
Kirchbaumer Josef	Otrouza	Büchsenmacher (Unterschrift fehlt)
Köllich Andreas	Dobrowa	Rohrschmied
Kollienz Lorenz	Ferlach	Schlosser und Beschlägemacher
Koren Josef	Gabl	Schäfter
Krobat Ferdinand	Ferlach	Schäfter
Krobath Michael	Ferlach	Schlosser und Beschlägemacher
Lausegger Josef	Otrouza	Waffenschmied
Mack Andreas	Gabl	Schäfter
Mak Johann	Dobrowa	Beschlägemacher (Unterschrift fehlt)
Mak Lorenz	Ferlach	Büchsenmacher
Malleschnig Rupert	Otrouza	Pasquilleur
Maurer Martin	Ferlach	Bauschlosser (durchgestrichen)
Melchior Johann	Unterferlach	Rohrmacher und Rohrschmied
Mikosch Peter	Ferlach	Bauschlosser
Mischitz Anton	Ferlach	Schlosser und Beschlägemacher
Mischitz Johann	Ferlach	Schuhmacher (durchgestrichen)
Mischitz Josef	Ferlach	Büchsenmacher
Müller Johann	Ferlach	Büchsenmacher
Müller Thomas	Ferlach	Büchsenmacher
Nagele Lorenz	Ferlach	Schäfter
Novak Franz	Gabl	Pasquillenarbeiter
Novak Rafaele	Unterloibl	Büchsenmacher
Ogris Marcus	Gabl	Büchsenmacher
Ogris Mathias	Gabl	Schäfter
Omann Georg	Ferlach	Beschlägemacher und Zurichter
Outschar Franz	Ferlach	Büchsenmacher (Unterschrift fehlt)
Outschar Johann	Ferlach	Büchsenmacher
Outschar Simon	Dollich	Rohrausmacher
Pacher Franz	Gabl	Beschlägemacher
Pacher Urban	Dobrowa	Büchsenmacher
Pinter Johann	Ferlach	Beschlägemacher und Zurichter

Name	Wohnort	Bezeichnung
Pobeheim Josef	Gabl	Schäfter
Politz Johann	Ferlach	Feilhauer
Poschinger Filipp	Dollich	Rohrschmied
Poschinger Filipp	Ferlach	Büchsenmacher
Poschinger Jakob	Unterferlach	Rohrmacher und Rohrschmied
Rasser Josef	Gabl	Büchsenmacher
Raunig Josef	Otrouza	Pasquilleur
Rupnik Anton	Ferlach	Bauschlosser (durchgestrichen)
Rutter Valentin	Reßnig	Pasquilleur
Sattmann Jakob	Ferlach	Schlosser und Beschlägemacher
Sattmann Johann	Ferlach	Büchsenmacher
Schaschl Johann	Gabl	Schäfter
Scheinigg Peter	Dobrowa	Feilhauer (durchgestrichen)
Schmidmaier Ferdinand	Unterferlach	Pasquilleur
Schuklitsch Johann	Ferlach	Beschlägemacher und Zurichter
Schumler Josef	Ferlach	Beschlägemacher
Schumler Lorenz	Ferlach	Beschlägemacher und Zurichter
Senitschnig Johann	Ferlach	Beschlägemacher und Zurichter (Unterschrift: Josef Senitschnig)
Sigoth Valentin	Ferlach	Büchsenmacher
Sodia Anton	Unterferlach	Büchsenmacher
Stangl Thomas	Otrouza	Schlosser und Beschlägemacher
Stifter Gregor	Oberferlach	Schäfter
Sturm Johann	Dobrowa	Beschlägemacher
Suppan Michael	Otrouza	Beschlägemacher
Trattnig Simon	Unterferlach	Rohrmacher und Rohrschmied
Tschemer Jakob	Reßnig	Schlosser und Beschlägemacher
Tschemer Rochus	Gabl	Beschlägemacher
Tschinkowitz Lorenz	Ferlach	Büchsenmacher
Tschinkowitz Maria	Ferlach	Rohrschmied
Tschinkowitz Valentin	Ferlach	Büchsenmacher
Türk Anton	Ferlach	Waffenfabrikant
Voigt Anton	Unterferlach	Rohrmacher und Rohrschmied (Unterschrift fehlt)
Waldhauser Josef	Reßnig	Pasquilleur
Warounig Johann	Dobrowa	Beschlägemacher
Wernig Martin	Dobrowa	Schäfter
Wernig Peter	Ferlach	Waffenfabrikant
Winkler Maria	Ferlach	Beschlägemacher
Woschitz Mathäus	Unterferlach	Pasquilleur
Zechner Josef	Ferlach	Feilhauer
Zenkl Thomas	Ferlach	Pikenerzeuger
Zeppitz Peter	Ferlach	Schäfter
Zeppitz Sebastian	Unterferlach	Laufarbeiter

Als Zweck der Genossenschaft definierte der Landespräsident die „Hebung der Gewehrindustrie". Als Mittel dafür werden angeführt:

1. die Einhaltung der Erprobung der Waffen und die Sorge darum, dass nur erprobte Waffen zum Verkauf kommen,

2. die gemeinsame Anschaffung von Rohmaterial in größeren Quantitäten und daher zu billigeren Preisen,

3. die Errichtung eines Magazins für fertige Schusswaffen in bedeutender Anzahl, „um den Fremden, welche nach Ferlach kommen, die Gelegenheit zu bieten, sich von den Leistungen der Ferlacher Gewehr-Industrie zu überzeugen",

4. eine wenn möglich permanente Ausstellung von Gewehren in der Gewerbehalle in Klagenfurt und

5. die „möglichste Verbreitung der Kenntnis von der Ferlacher Gewehr-Industrie durch Zeitungspublikationen".

Außerdem weist Schmidt-Zabierow bereits den Weg in die nähere Zukunft, in dem er der Genossenschaft anempfiehlt, ausreichend Mittel für die maschinelle Herstellung aller Objekte, die nicht der Handarbeit bedürfen, anzusammeln. Hier wurde bereits die Anschaffung von Maschinen ins Auge gefasst, die zwei Jahre später mit der Errichtung des ersten Maschinenhauses realisiert wurde. Mit den Gründungen der Waffenfabriken in Wien (1842) und Steyr (1864) war die Ferlacher Gewehrproduktion unter starken wirtschaftlichen Druck geraten, da die maschinelle Fertigung billiger und schneller war[18]. Schließlich schließt der Landespräsident mit den Worten: „Ganz besonders aber möge sich die Genossenschaft der Pflege des Gemeinschaftsgeistes und der Bekämpfung jener Übelstände, unter welchen die Ferlacher Gewehr-Industrie bisher zu leiden hatte, mit Ruhe, Umsicht und Ausdauer angelegen sein lassen." [19] Schmidt-Zabierow war in Zeiten der österreichisch-ungarischen Monarchie als Landespräsident im Kronland Kärnten der vom Kaiser ernannte Leiter der Landesregierung und damit der höchste Verwaltungsbeamte im Land. Er sollte sich auch in den folgenden Jahren als stetiger Förderer und Mahner gegenüber der Ferlacher Gewehrindustrie erweisen.

Erster Vorstand der Genossenschaft wurde der Ferlacher Büchsenmacher Carl Fisch. Ihm zu Seite standen die „Mitsperrer der Kasse" Urban Pacher und Franz Novak. Als Revisoren fungierten Philipp Poschinger und Johann Sattmann. Der gedruckte Vermögensstand mit Ende Dezember 1885 gibt Auskunft darüber, worin die Genossenschaft im ersten Jahr ihres Bestehens Geld investierte[20]: Kanzleierfordernisse, „Copir-Apparat" und Stampiglie, Genossenschafts-Diener, Porto und Fracht, Reisespesen, Probegebühren (rückgezahlt), Meistergebühr (rückgezahlt), Miniaturgewehrputzen, Pulver und Kapsel, Fahnenträger, Reinschreiben der Petition, Nachtwächter, Bücher, Statuten, Lehrbriefe, Drucksorten, Gemeindeblatt, Schreibkasten und Schreibtisch, Dachziegel für Pulverturm, Maurerarbeiten Pulverturm, Unterstützung an alte Witwen und Meister, Honorar, Steuern und Stempel. In die Sparkasse eingelegt wurden 250 fl, auf eine Realität ausgegeben ebenfalls 250 fl. Im ersten Jahr ihres Bestehens waren die Anschaffungen der Genossenschaft noch nicht auf die Förderung der maschinellen Produktion ausgelegt.

Neben der Genossenschaft der Meister konstituierte sich vorschriftsgemäß im August 1885 die Gehilfenversammlung der Büchsenmacher[21]. 72 stimmberechtige Gesellen kamen am 23. August 1885 im Gasthaus Grabner in Ferlach zusammen und wählten Thomas Fugger zu ihrem Obmann. Fugger war als Gehilfe bei Anton Antonitsch tätig. Die Gehilfenversammlung erhielt wie die Genossenschaft eigene Statuten. Neben der Fürsorge für erkrankte Gehilfen und der Erhaltung geregelter Zustände zwischen den „Gewerbs-Inhabern" (=Meistern) und den Gehilfen gehörte auch die Erhaltung friedlicher Zustände in den bestehenden Herbergen und „Rufhäusern"(?) zu den in den Statuten festgehaltenen Zwecken der Gehilfenversammlung.

Im September 1885 musste der Obmann-Stellvertreter Josef Mischitz von seinem Posten zurücktreten, da ihm ein Erkenntnis mit Rechtskraft zugestellt wurde. Worin seine Verfehlung bestand, die rechtliche Konsequenzen hatte, ist nicht zu eruieren. Die Ferlacher Meister waren aber von der Wichtigkeit der Genossenschaft offensichtlich noch nicht recht überzeugt, da zur einberufenen Versammlung zur Neuwahl lediglich 26 von 112 Stimmberechtigten erschienen. Am 11. Oktober wurde dann doch

Johann Sattmann zum Stellvertreter von Carl Fisch gewählt[22]. Die Genossenschaft war im ersten Jahr ihres Bestehens vordringlich mit ihrer inneren Organisation beschäftigt, auch wenn Besprechungen über Krankenkasse, einen Beitrag zur Gewerbeschule oder über die neu zu errichtenden Probieranstalten auf der Tagesordnung standen[23]. Erst mit dem zweiten Obmann, dem initiativen Büchsenmacher Josef Just, kam Bewegung in die Angelegenheiten.

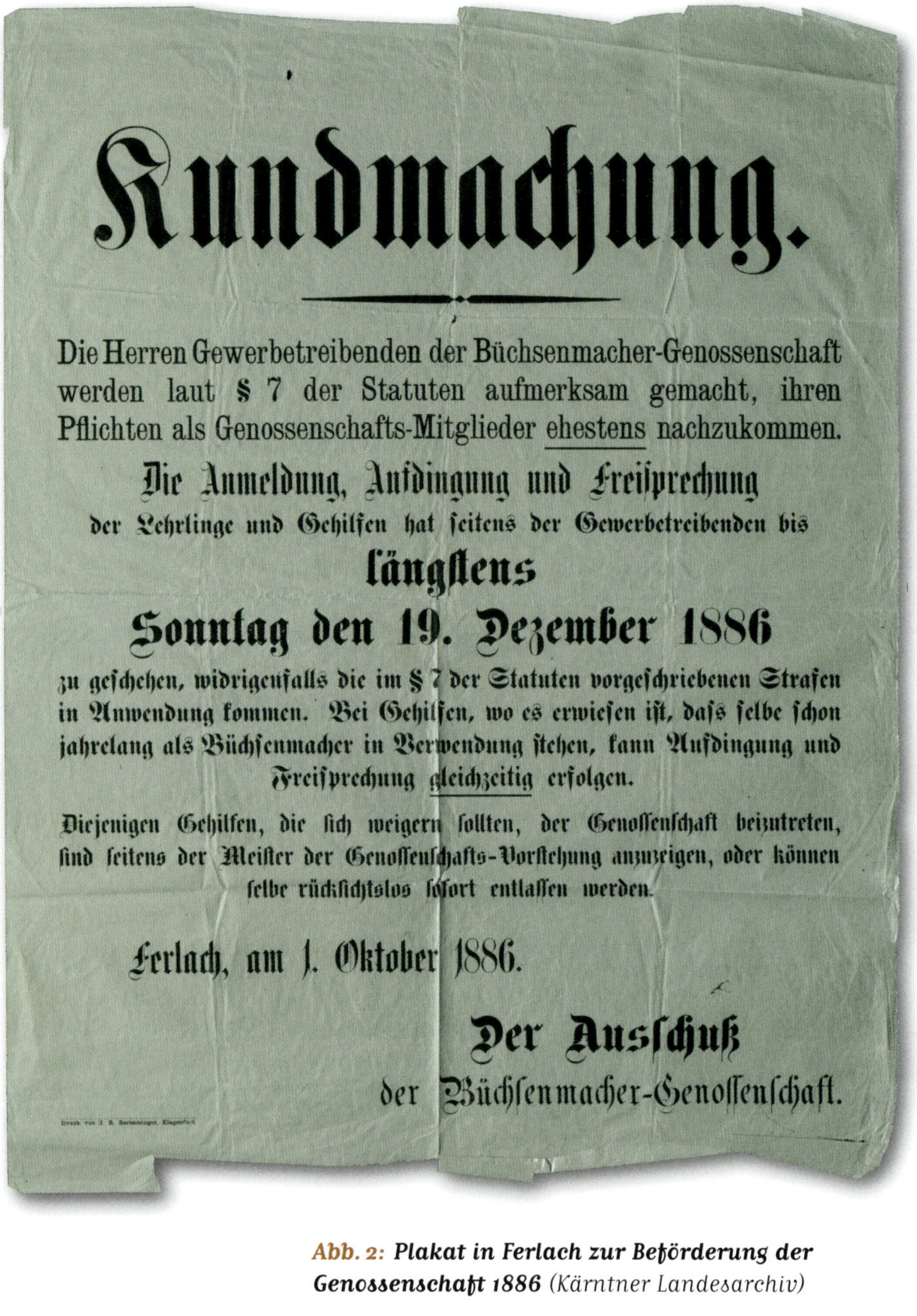

Kundmachung.

Die Herren Gewerbetreibenden der Büchsenmacher-Genossenschaft werden laut § 7 der Statuten aufmerksam gemacht, ihren Pflichten als Genossenschafts-Mitglieder ehestens nachzukommen.

Die Anmeldung, Aufdingung und Freisprechung der Lehrlinge und Gehilfen hat seitens der Gewerbetreibenden bis

längstens

Sonntag den 19. Dezember 1886

zu geschehen, widrigenfalls die im § 7 der Statuten vorgeschriebenen Strafen in Anwendung kommen. Bei Gehilfen, wo es erwiesen ist, dass selbe schon jahrelang als Büchsenmacher in Verwendung stehen, kann Aufdingung und Freisprechung gleichzeitig erfolgen.

Diejenigen Gehilfen, die sich weigern sollten, der Genossenschaft beizutreten, sind seitens der Meister der Genossenschafts-Vorstehung anzuzeigen, oder können selbe rücksichtslos sofort entlassen werden.

Ferlach, am 1. Oktober 1886.

Der Ausschuß
der Büchsenmacher-Genossenschaft.

Abb. 2: ***Plakat in Ferlach zur Beförderung der Genossenschaft 1886*** *(Kärntner Landesarchiv)*

Die Periode Josef Just I: Die Maschinenhäuser entstehen (1886–1891)

Josef Just wurde am 12. Juni 1886 zum neuen Vorstand der Genossenschaft gewählt[24]. Sein Stellvertreter blieb Johann Sattmann, Schriftführer wurde Philipp Poschinger. Zu seinen ersten Handlungen zählte der energische Versuch, die Genossenschaft zu ordnen. Insbesondere von den Gehilfen wurde diese in Frage gestellt. Von den 200 Gehilfen waren 100 keine Mitglieder. Just schreibt in seinem Bericht an die k. k. Bezirkshauptmannschaft Klagenfurt im Oktober 1886, dass es daher immer zwei Parteien gebe, „wo dann die gegenseitige Erbitterung immer an den Sonn- und Feiertagen in Gasthäusern zum Ausbruche gelangt, in dem die Mitglieder der Genossenschaft die Nichtmitglieder hetzen … Soll es so bleiben?“[25] Zuvor hatte er in Ferlach Plakate aufhängen lassen, die die Genossenschaftsmitglieder darauf aufmerksam machten, ihren Pflichten „ehestens“ nachzukommen. Dazu gehörte vor allem die Anmeldung, das Aufdingen und Freisprechen der Lehrlinge und Gesellen, das die Meister offenbar nicht so genau nahmen (Abb. 2). Just machte seine weitere Tätigkeit als Vorstand davon abhängig. Dies fiel ihm umso leichter als er feststellte: „[…] denn wahrlich diese Stellung ist in Ferlach bei der jetzigen trüben Zeit durchaus nicht zu beneiden“[26]. Die Waffenproduktion befand sich in einer Abwärtsspirale, wie sich aus der Zahl der Beprobungen an der neu errichteten Probieranstalt ablesen lässt[27]. Wurden 1885 noch insgesamt, wenn man die drei Proben pro Stück zusammenrechnet, 54.229 Proben (Einzelläufe, Doppelläufe und Handfeuerwaffen) durchgeführt, so waren es 1886 nur mehr 40.188, was einem Rückgang von rund 25 % entspricht. Neue Aufträge und vor allem neue Produktionsweisen waren dringend gefordert.

Wieder war es Landespräsident Schmidt-Zabierow, der in einem Schreiben vom 16. Juni 1886 den soeben gewählten neuen Vorstand der Genossenschaft dringend auf die Notwendigkeit der Anschaffung und Verwendung von Maschinen hinwies, da nur so gegen die Konkurrenz aus dem Ausland (Lüttich/Belgien und Suhl/Deutschland) zu bestehen wäre[28]. Er deutet an, dass die Regierung bereit sei, diese Anschaffungen zu fördern. Die Genossenschaft sollte daher einen geeigneten Grund mit Wasserkraft eruieren und erwerben. Als geeigneten Fachmann, der die Maschinen besorgen sollte, wurde der Direktor der 1878 errichten Fachschule, Gustav Schatzl, benannt. Die nötige rechtliche und geschäftliche Konstruktion sollte ausgearbeitet und in einem Statut festgelegt werden. Außerdem wurde der Genossenschaft aufgetragen, die Kosten der Errichtung und des Betriebs zu ermitteln, damit mit entsprechenden Beiträgen dieser sichergestellt werden könnte.

Die Anforderungen wurden erfüllt. Für rund 5.341 fl wurde das Hammerhaus Nr. 22 aus dem Eigentum von Josef Just von der Genossenschaft angekauft. Am 23. Oktober 1887 wurde auf diesem Grund das neu errichtete Maschinenhaus mit einem feierlichen Festakt eröffnet (Abb.3)[29]. Direktor Gustav Schatzl hatte im Februar 1887 eine Einkaufsreise nach Steyr, Wien, Suhl, Leipzig und Dresden absolviert und Bestellungen für 41 Maschinen im Gesamtwert von 13.846 fl aufgegeben[30]. An Subventionen und Beiträgen wurden 13.660 fl aufgebracht[31]. Den höchsten Betrag stiftete mit 8.000 fl die kärntnerische Sparkasse in Klagenfurt, gefolgt vom Kärntner Landtag (3.000 fl) und seiner Majestät Kaiser Franz Josef I. (1.000 fl). Auch die Handels- und Gewerbekammer war mit 600 fl unter den Spendern. 18 Ferlacher Büchsenmacher – alle als Gewehrfabrikanten tituliert – steuerten Beträge zwischen 10 und 100 fl bei, wobei 100 fl von Anton Antonitsch, Markus Ogris, Josef Rasser und Peter Wernig kamen. Mit 300 fl war der Eisengewerke Gustav Voigt prominent vertreten, Bürgermeister Johann Doujak gab 30 fl. Außerdem erhielt die Genossenschaft ein unverzinsliches Darlehen[32].

Die ersten Arbeiten in dem neu errichteten Maschinenhaus waren Bestandteilsarbeiten für das ärarische Repetiergewehr Steyr Mannlicher Nr. 86[33]. Später kamen Arbeiten für die deutsche Armee und die kaiserlich-ungarische Landwehr hinzu[34]. Im Mai 1888 wurden bei der Genossenschaftsversammlung drei Mitglieder der Genossenschaft in die Maschinenhausverwaltung gewählt, die Obmann Just zu unterstützen hatten: Gottfried Juch, Lorenz Tschinkowitz und Peter Hoinig[35]. Allerdings wurde die Wahl von der Bezirkshauptmannschaft Klagenfurt für ungültig erklärt, da der Bezirkskommissär nicht über die Sitzung verständigt worden war[36]. Die Genossenschaftssitzungen mussten bei der Bezirkshauptmannschaft angezeigt werden, die dazu den Kommissär entsandte. Die Staatsverwaltung war damit nicht nur über die obligatorisch eingesendeten Protokolle stets über die Geschehnisse in der Genossenschaft informiert.

Als sehr hohe Aufnahmegebühr in die Genossenschaft wurden zunächst 1.000 fl festgelegt. Der Antragsteller Peter Wernig hatte dies damit begründet, dass sich das Vermögen der Genossenschaft ja ständig mehren würde. Vorstand Just hatte 500 fl vorgeschlagen[37]. Dass nicht alle Meister finanziell gut gestellt waren, zeigt aber das Ansuchen von Johann Melchior um ein Darlehen über 500 fl. Für Just ist dies der Anlass, die Bezirkshauptmannschaft zu bitten, einen Erlass herauszugeben, dass Mitglieder die Genossenschaft nicht um Darlehen angehen dürften[38].

Im März 1889 betrugen die Aktiva der Genossenschaft 69.689 fl 60 kr. Dem standen Passiva in der Höhe von 6.000 fl an aufgenommenen Kapitalien gegenüber[39]. Trotz dieses beachtlichen Vermögensstandes schienen aber immer noch nicht alle Meister von den Vorteilen der Maschinenfertigung

Abb. 3: Maschinenhaus 1, um 1910 (im Bild rechts) *(Rieger 1910, 7)*

überzeugt zu sein. So schrieb Landespräsident Schmidt-Zabierow noch am 1. Jänner 1889 an die Vorstehung der Genossenschaft: „Der eigentliche und der Hauptzweck des Maschinenhauses wird aber immer der sein, die Ferlacher Büchsenmacher mit dem heutzutage so wichtigen Maschinenbetriebe bekannt und ihnen dessen Vortheile dadurch zugänglich zu machen, daß sie die im Maschinenhause aufgestellten möglichst vielseitigen Maschinen nach einem kundgemachten Tarife und nach den Bestimmungen der Betriebsordnung benützen und dadurch ihre Arbeiten rascher, billiger und besser als durch Handarbeit herstellen können." Die Meister sollten deshalb die Maschinen zum Selbstkostenpreis benützen dürfen[40]. Dass es für Vorstand Josef Just nicht einfach war, die Geschäfte zu führen, belegt auch ein erhaltenes Telegramm vom März 1889, das er an die Bezirkshauptmannschaft in Klagenfurt richtete: „Ringfedern Steyr bestellt erhalten Diskretion heute kommen Meister hinein bitte ordentlich zurechtweisen für die unlauteren Vorgänge."[41] Just kümmerte sich um Bestellungen und Geschäfte für die Genossenschaft, die Meister scheinen hinter seinem Rücken aber ihren eigenen Geschäften nachgegangen zu sein. Trotzdem liefen bereits ab Mai 1889 Überlegungen, den Pobeheim-Hammer für die Genossenschaft um 4.000 fl anzukaufen und damit die Produktion zu erweitern. An Aufträgen hatte die Genossenschaft Bestandteile für das Repetiergewehr M88 mit Laufmantel, 250.000 Riemenbügel, 250.000 Riemenklammerfüße und 125.000 Ringfedern mit Laufmantel zu fertigen[42].

Abb. 4: Landespräsident Franz Freiherr von Schmidt-Zabierow
(Bericht der Genossenschaft 1888–1890, Vorsatz)

Generell waren die Aufträge der Österreichischen Waffenfabriks-Gesellschaft in Steyr für Gewehrbestandteile in den ersten Jahren die Haupttätigkeiten und Haupteinnahmequellen des genossenschaftlichen Maschinenhauses. 1888 wurden 250.000 obere und 250.000 untere Riemenbügel sowie 250.000 Klobenschienen von der von Josef Werndl gegründeten und geführten Fabrik bestellt. Für 1889 und 1890 lagen Aufträge über insgesamt 125.000 Ringfedern, 170.000 Klobenschienen, 730.000 obere und 730.000 untere Riemenbügel (Riemenklammerfüße) vor. Dazu kamen noch 450.000 Bestandteile für das Repetiergewehr M88[43]. Aus Anlass des Ablebens von Josef Werndl am 28. April 1889 werden daher auch im Bericht der Genossenschaft ausführlich sein Lebensweg und seine Leistungen nachgezeichnet[44]. Besonders beeindruckend ist dabei die Anzahl von 6.384 beschäftigten Arbeitern in Steyr mit einem durchschnittlichen Wochenlohn von 85.000 fl[45]. Dies entsprach recht genau jener Summe, die in Ferlach im Jahr 1890 als Jahreslohn für die Maschinenhaus-Arbeiter ausgegeben wurde[46]. Allein dieser Vergleich lässt den Größenunterschied zwischen Steyr und Ferlach erahnen.

Wie wichtig der Schritt für die Büchsenmacher und für Ferlach in eine maschinelle Zukunft gerade deshalb war, zeigt auch die Tatsache, dass der Gönner und Förderer dieser Entwicklung, Landespräsident Franz Freiherr von Schmidt-Zabierow, 1889 zum Ferlacher Ehrenbürger ernannt wurde (Abb. 4). Der Antrag dazu war von Josef Just eingebracht worden, der nicht nur Obmann der Büchsenmacher-Genossenschaft, sondern auch Mitglied des Gemeindeausschusses war. Der feierliche Festakt fand am 2. Juni 1889 statt. Der Präsident und seine Gattin wurden an der Brücke über den Loiblbach von ca. 2.000 Menschen mit Gesang, Böller und Blumen empfangen. Die Übergabe des Ehrendiploms erfolgte in der Festhalle der k. k. Probieranstalt. Nach der Festrede von Bürgermeister Doujak ergriff Schmidt-Zabierow das Wort. Wieder wies er auf die Wichtigkeit der maschinellen Produktion hin, um gegen die Konkurrenz aus Lüttich und Suhl bestehen zu können. Die Genossenschaft sollte im Sinne des Gemeinwohls, der Gewissenhaftigkeit und der Selbstlosigkeit geführt werden und zum Erfolg beitragen. „Getrennt arbeiten, vereint exportieren" wäre das entsprechende Motto des neu gegründeten „Export-Consortiums". Nach den Reden wurden die Feierlichkeiten mit einem Festschießen und mit einem Defilee von Schützenkorps und Feuerwehr vor dem Landespräsidenten beendet[47].

Ab Dezember 1889 wird der Vermögensstand der Büchsenmacher-Genossenschaft gesondert von jenem der Maschinenhaus-Genossenschaft ausgewiesen, auch wenn die Akteure weitgehend ident waren. Im Dezember 1889 verfügte die Maschinenhaus-Genossenschaft über Aktiva in der Höhe von 92.591 fl 55 kr. Dem standen Passiva von 3.000 fl gegenüber. Der Vermögensstand der Büchsenmacher-Genossenschaft wird mit 9.422 fl 33 kr angegeben[48]. Rechnet man die Posten zusammen (99.014 fl 88 kr) und vergleicht sie mit der Zahl aus dem März 1889 (63.689 fl 60 kr) vermehrte sich das Vermögen zwischen März und Dezember 1889 um unglaubliche 57 %. Allerdings wurden einzelne Posten sowohl der Maschinenhaus- als auch der Büchsenmacher-Genossenschaft zugerechnet (z. B. der Kaufschilling für den Justschen Hammer).

Die Statuten der Genossenschaft der Büchsenmacher und das Statut für das Maschinenhaus der Büchsenmacher-Genossenschaft wurden 1887 bzw. 1889 genehmigt und liegen gedruckt vor[49]. Als Zweck der Genossenschaft wurde die Pflege des Gemeingeistes und der Standesehre, neben der Förderung der gemeinsamen gewerblichen Interessen, festgehalten. Als Leitungsgremium wurde die „Genossenschafts-Vorstehung" bestimmt, die aus einem auf drei Jahre durch die Generalversammlung zu wählenden Obmann samt Stellvertreter und einem zwölf Mitglieder und sechs Ersatzmitglieder umfassenden Ausschuss bestehen sollte (§ 17). Alle, die im Gerichtsbezirk Ferlach ansässig und in der Büchsenmacherei oder in der Erzeugung von Gewehrbestandteilen tätig waren, wurden durch Antritt des Gewerbes automatisch Mitglieder der Genossenschaft (§ 3). Die Aufnahmegebühr wurde mit moderaten 15 fl festgelegt. Ausgenommen wurden davon nur jene Mitglieder, die die früher übliche Einverleibungsgebühr geleistet hatten (§ 4). Die Verwaltung des Genossenschafts-Maschinenhauses wurde einem dreiköpfigen Gremium übertragen, das ebenfalls die Generalversammlung zu wählen hatte. Neben dem Genossenschafts-Obmann oder dessen Stellvertreter waren zwei Ausschussmänner in den Vorstand des Maschinenhauses zu wählen sowie ein Ersatzmann (Statut Maschinenhaus, § 4). Diese Ämter sollten in der Regel unentgeltlich ausgeübt werden, jedoch wurde der Genossenschaftsversammlung vorbehalten, eine Entlohnung festzulegen (Statut Maschinenhaus § 7). Obmann Josef Just bezog zunächst monatlich 50 fl, im Mai 1889 wurde der Bezug auf 65 fl erhöht[50].

Im Jahr 1890 wurde das zweite Maschinenhaus errichtet und in Betrieb genommen (Abb. 5). Im Februar hatte im Gasthaus Michael Grabner eine Genossenschaftsversammlung stattgefunden, auf der ein Plan und ein Kostenvoranschlag für das auf dem Grund des angekauften Tschinkowitz-Hammers zu errichtende Maschinenhaus vorgelegt wurden.

Abb. 5: Maschinenhaus 2, um 1930 *(Archiv Stadtgemeinde Ferlach)*

Diese Vorhaben wurden ebenso bewilligt wie die Aufnahme eines dafür benötigten Kredits in der Höhe von 14.000 fl[51]. Von den 130 Mitgliedern der Genossenschaft waren 66 erschienen. Diese Rate von 50 % war die übliche Teilnahmequote an den Sitzungen. Auf die Frage nach der Auftragslage, antwortete Obmann Just etwas vage: „Schließlich gibt der Herr Obmann Auskünfte über die vorhandene Arbeit und erklärt zur Befriedigung der Versammelten, daß sicher noch dieses Jahr Arbeit vorhanden sei."

Die Eröffnung des zweiten Maschinenhauses fand am 17. August 1890 wieder unter Beisein des Landespräsidenten Schmidt-Zabierow statt. Laut Gewerbeinspektor handelte es sich um ein „Musteretablissement", das über eine Maschinenschmiede, eine Glüherei und einen großen Saal für Dreh-, Bohr- und Fräsmaschinen verfügte[52].

Rund 90 Arbeiter wurden in der Folge in den zwei Maschinenhäusern beschäftigt[53]. Maschinenhaus 1 und 2 sowie die Probieranstalt mit der Schießstätte bildeten nunmehr das territoriale Herz der Ferlacher Büchsenmacher-Genossenschaft (Abb. 6).

Obmann Anton Mischitz und der „böse Geist Ferlachs" (1891)

Mit den beiden Maschinenhäusern waren die Voraussetzungen gegeben, dass die Genossenschaft Gewehrbestandteile nach der Technik der Zeit fertigen konnte. Schwieriger war es, die Ferlacher Meister von den Vorteilen einer Genossenschaft zu überzeugen. Jahrhundertealte Tradition ließ sich schwerlich in drei Jahren in neue Organisationsformen überführen. Die Ferlacher Meister waren es gewohnt, ihr eigenes Geschäft zu betreiben. Die Kooperation funktionierte nur mangelhaft, ein hierarchisches (Fabrik-)System gab es nicht. Im Zweifelsfall stand den Meistern daher die eigene Tasche näher als das Wohl der Genossenschaft. Für Außenstehende, wie den Landespräsidenten, konnte dieser Sinn für den eigenen Geschäftsvorteil schon einmal als der „böse Geist Ferlachs" erscheinen. Wenn dazu noch Gutgläubigkeit gegenüber potenziellen Geschäftspartnern mit nicht ganz lauteren Absichten kam, war der geschäftliche Misserfolg vorprogrammiert.

Abb. 6: ***Die Maschinenhäuser der Genossenschaft in Ferlach und die Probieranstalt*** *(Archiv Büchsenmacher-genossenschaft)*

In den Jahren 1898 bis 1890 hatte Josef Just als Obmann der Genossenschaft für rege Aktivitäten und Aufträge gesorgt. Im März 1891 wurde er allerdings als Obmann der Genossenschaft abgewählt, ihm folgte Anton Mischitz nach[54]. Die Gründe der Abwahl sind nicht näher feststellbar. Anlässlich der Übergabe der Amtsgeschäfte von Just an Mischitz wurde in den beiden Maschinenhäusern ein vollständiges Inventar aufgenommen[55]. Auf den zehn von Schriftführer Philipp Poschinger beschriebenen Seiten sind Maschinen, Drehbänke oder Ventilatoren ebenso festgehalten wie Waschtische, Stehpulte, Uhren oder Schreibtische, die als Einrichtung der Kanzlei dienten. Auch sind sämtliche Werkzeuge (Feilen, Hämmer, Bohrer, Zirkel, Kolben, Zangen etc.) ebenso aufgelistet wie die rohen oder verarbeiteten Materialien (Riemenbügel, Klobenschienen, Läufe). Die aufgelisteten Gegenstände repräsentierten einen geschätzten Wert von 10.500 fl. Neben dem beigestellten Regierungskommissär Kreuter und dem Schriftführer Poschinger waren bei der Aufnahme des Inventars auch die Büchsenmacher und Genossenschaftsmitglieder Peter Wernig, Martin Kreiner, Josef Sturm und Franz Novak anwesend.

Als Obmann der Genossenschaft war Mischitz auch für die Maschinenhäuser zuständig, Werkführer war weiterhin Franz Pleschberger[56]. Die Geschäfte wurden mittels der sogenannten „Maschinenhaussitzungen" geführt, die Genossenschaft trat vorwiegend in Form des gewählten Ausschusses zusammen. Hauptsorge musste die Besorgung von nötigen Aufträgen sein, umso mehr, als der neue Vorstand feststellte, dass aus der Ära Just nicht bezahlte Rechnungen in der Höhe von 4.399 fl 15 kr vorliegen würden. Eine Delegation, bestehend aus Anton Mischitz, Franz Gallert, Josef Sturm und Franz Pleschberger, sollte daher nach Steyr und nach Wien ins Kriegsministerium und ins Arsenal abreisen, um von dort Aufträge zu lukrieren. Neben diesen Arbeiten in den Maschinenhäusern konnten auch die Meister Bestandteile im Maschinenhaus fertigen lassen, wofür sie die recht geringe Gebühr von jährlich 25 fl (5 fl jährlich und je 5 fl im Quartal) an die Genossenschaft zu leisten hatten[57].

Josef Just hatte die Interessen der Genossenschaft gegenüber den Meistern offensiv vertreten. Vermutlich war das mit ausschlaggebend für seine Abwahl. Der Verkauf seines Hammers hatte jedenfalls die Errichtung von Maschinenhaus 1 ermöglicht. Insgesamt war die Führung der Maschinenhäuser nicht leicht, war es doch für viele Arbeiter anscheinend noch ungewohnt, sich in die industrielle, fremdbestimmte Arbeitsweise zu fügen. So musste „das Weglaufen von der Arbeit" gesondert strengstens verboten werden. Auch die Jausenzeiten mussten für die Arbeiter erst reglementiert bzw. sogar verboten werden[58].

Im Juni 1891 erhielt die Genossenschaft einen Auftrag vom Wiener k. k. Artillerie-Zeugs-Depot im Arsenal über 150.000 Garnituren Absehen-Backenstücke. Außerdem fertigte man zwei Vorderlader-Mustergewehre für einen Interessenten aus Tripolis, während die Fa. Bettelheim et Comp. in Mailand eine Lankaster-Doppelflinte als Muster anforderte. Für das Josef-Werndl-Monument in Steyr spendeten die Ferlacher Büchsenmacher 1.500 fl, die Kirchenrenovierung in Ferlach wurde mit 100 fl unterstützt, während man die Bruchsteine der alten Probierhütte kostenlos der k. k. Schießstätte überließ (Abb. 7)[59]. Dazu schien sich noch eine lukrative Geschäftsbeziehung mit Russland anzubahnen. Über Vermittlung des Fachschuldirektors Gustav Schatzl wurde Herr Glauer-Radecki im November 1891 mit der Vertretung der Ferlacher Jagdwaffen in Russland betraut. Die Reisespesen von Glauer-Radecki über 173 fl bezahlte die Genossenschaft und Mustergewehre wurden zu einem Gewehrfabrikanten in St. Petersburg abgesandt[60]. Allerdings hatte der gewesene Obmann Josef Just bereits im September 1891 bei einem Auskunftsbüro Erkundigungen über Herrn von Glauer-Radecki eingezogen und folgende Mitteilung erhalten: „Dr. Jur. v. Glauer-Radecki, der Gutsbesitzer, der sich mit Ackerbau beschäftigt, keinen guten Ruf … An Landschaftsabgaben über fl 3000 Schulden. Sein Gut hat er zu 3 Banken gleichzeitig verpfändet, alles auf den Namen seiner Frau überschreiben lassen. Nachdem er weder eine materielle noch moralische Garantie zu leisten im Stande ist, so räth man die größte Vorsicht an, mit ihm in Geschäftsverkehre zu treten."[61] Diese Auskunft hatte Just über den Regierungskommissär Kreuter an die Staatsstellen weitergeleitet. Glauer-Radecki hatte sich von den Ferlacher Büchsenmachern seinen privaten Jagdausflug nach Russland finanzieren lassen. Dieses nur scheinbar gute Geschäft führte zusammen mit der Misswirtschaft in Zusammenhang mit dem Arsenal-Auftrag dazu, dass Mischitz im Februar 1892 nicht zuletzt auf Druck des Landespräsidenten seinen Rücktritt als Leiter der Maschinenhausverwaltung erklärte. Dazu kam noch, dass die Fertigung der Backenstücke für das Arsenal von den Maschinenhäusern zu einem viel zu hohen Preis an die Ferlacher Meister als Subunternehmer ausgegeben wurde. Die Meister lieferten zusätzlich dazu noch 50 % Ausschussware, die ihnen aber trotzdem zum vereinbarten Preis von 30 kr pro Stück abgenommen wurde, so dass den Maschinenhäusern (und damit der Genossenschaft) pro 100 Backenstücke ein Minus von 11 fl 25 kr verblieb. In einem ausführlichen Schreiben stellte Landespräsident Schmidt-Zabierow am 27. Jänner 1892 seine Sicht der Dinge dar[62]. Er fragt sich, warum die Büchsenmacher die Vorstehung in „ungeübte Hände" (gemeint ist Anton Mischitz) gelegt hätten. Den Vorgänger Josef Just lobt er indirekt, in dem er davon spricht, dass die frühere Vorstehung „in einer für die Entwicklung Ferlachs hochwichtigen Periode

Abb. 7: ***Josef-Werndl-Monument in Steyr/Oberösterreich***
(N. Jernej)

die Geschäfte mit seltenem Geschicke, Eifer und Rechtsinn" geführt habe. Er führt diese Vorgänge auf persönliche Gegensätze zurück und bedauert, dass frühere Lehren und Ermahnungen fruchtlos geblieben seien. Auch spricht er die Abneigung einzelner gegenüber den Maschinenhäusern an, die ihm aber ganz unerklärlich bliebe. Schließlich gipfeln seine Ausführungen in den Bemerkungen: „Diese Erwägungen führen zu dem Schlusse, dass der böse Geist Ferlachs, der die natürliche Entwicklung Ferlachs nur zu lange gehemmt hat, – der Geist des rohen Eigennutzes, der Uneinigkeit und gegenseitigen Missgunst, der Ränke und Intriguen – noch immer nicht gebannt ist ..." Der „böse Geist Ferlachs" – Eigeninteresse, Abneigung gegen Neuerungen und vielleicht auch Gutgläubigkeit, wie das Russland-Geschäft anzudeuten scheint, prägten das schwierige Jahr 1891. Dazu passt auch, dass bereits im November 1891 Franz Gallert seinen Obmann-Stellvertreter-Posten zurückgelegt hatte, um Probiermeister in Weipert (heute Vejprty/Tschechien) zu werden. Revisor Franz Janulla zog es vor, Ferlach Richtung Prag zu verlassen und dort den Posten des Probiermeisters anzutreten[63].

Die Trennung der Maschinenhaus-Direktion von der Genossenschaft (1892)

War das Eingreifen von Landesstellen und Landespräsident schon entscheidend für die Entstehung der Maschinenhäuser, so sorgten sie nun auch für die effizientere Organisation ihrer Verwaltung. Obmann Anton Mischitz unterschrieb zwar noch den „Jahresabschluss" 1891, doch war ihm zur Seite bereits der k. k. Regierungs-Offizial Alex Schussmann gestellt[64]. Im April 1892 wurde ein Dienstvertrag zwischen der Bezirkshauptmannschaft Klagenfurt und Josef Just abgeschlossen, mit dem ihm die Leitung der genossenschaftlichen Maschinenhäuser übertragen wurde[65]. Obmann und Vorstand der Genossenschaft blieb Anton Mischitz. Nunmehr waren diese beiden Funktionen nicht mehr in einer Hand vereinigt. Just blieb jedoch lediglich bis Ende des Jahres in dieser Funktion, eher er wieder resignierte[66]. In diesem knappen Jahr sorgte er dafür, dass die Ausschussware bei den bestellten Backenstücken, die nach seinen Aufzeichnungen im Zeitraum Oktober 1891 bis Februar 1892 bei fast 80 % lag, vom März bis Mai 1892 auf 23 % sank. Außerdem wurden in diesen drei Monaten 58.400 Stück produziert, gegenüber 20.500 in dem fünf Monate umfassenden Vergleichszeitraum[67].

Die Arbeiter des Maschinenhauses waren vermutlich aufgrund dieser Produktionssteigerungen stark belastet. Sie forderten jedenfalls im April eine Verkürzung der Arbeitszeit am Samstag auf 4 Uhr nachmittags, die Schichtarbeiter wollten am Samstag um 4 Uhr anfangen und um 12 Uhr aufhören[68]. Unterschrieben wurde diese Forderung von den Arbeitern Marcellus Fanzoy, Stefan Erjautz, Karl Brandt, Johann Just, Josef Krobath sen., Mischitz, Vinzenz Fanzoi, Peter Mikusch und Franz Rabitsch. Sie setzten ihre Forderungen ohne Bewilligung in die Tat um, worauf Direktor Just über sie Strafzahlungen verhängte[69]. Zusätzlich lagen noch Aufträge aus Steyr über 50.000 obere Riemenbügel, 40.000 untere Riemenbügel und 40.000 Klobenschienen vor[70]. Bezüglich des Auftrags aus Tripolis wies der Landespräsident allerdings auf das bestehende Waffeneinfuhrverbot in Tunis und Tripolis hin[71]. Auch Just konnte die komplexe Gemengelage der Interessen nicht meistern. Nach der Resignation von Josef Just wollte sein Stellvertreter Anton Wallnöfer den Direktorposten nicht übernehmen[72].

Vermutlich aus diesem Jahr (1892) stammt ein undatiertes Verzeichnis, das alle Lehrlinge, Gesellen, Meister sowie im Ausland weilende Ferlacher Büchsenmacher samt ihrem Geburtsdatum auflistet. Zu dieser Zeit waren 163 Meister in Ferlach als Feilhauer, Schäfter, Basquilleur, Schlossmacher, Graveur, Rohrausarbeiter, Büchsenmacher, Gewehrfabrikant, Garniturarbeiter, Einsetzer, Zurichter, Schmied, Kugelarbeiter oder Rohrschmied tätig. Dazu kamen 238 Gehilfen und 109 Lehrlinge. 87 Ferlacher Büchsenmacher waren auswärts tätig, z. B. in Wien, Steyr, Graz, Berlin oder auch beim Militär. Manche hatte es in die Schweiz oder gar nach Norwegen oder nach Amerika verschlagen. Insgesamt werden also 597 Personen aufgelistet, die das Büchsenmacher- bzw. auch Feilhauerhandwerk in Ferlach erlernten oder erlernt hatten bzw. ausübten[73]. 1890 gab es in Ferlach 5797 Einwohner[74], womit rund 10 % der gesamten Bevölkerung in diesem Bereich tätig waren. Rechnet man nur die männliche Bevölkerung, so lag der Anteil sogar bei rund 20 %[75]. Jeder fünfte Ferlacher war ein Büchsenmacher.

Der Beginn der Jagdwaffenproduktion und der „Aufstand" der Industriellen (1893–1894)

Neuer Direktor der Maschinenhäuser wurde der langjähriger Werksführer Franz Pleschberger. Ursprünglich hätte Anton Wallnöfer diesen Posten übernehmen sollen, jedoch scheint er recht kurzfristig abgesagt zu haben. Im Übergabeprotokoll zwischen Just und Pleschberger ist jedenfalls der Name Wallnöfer ausgestrichen und darüber mit roter Farbe jener von Pleschberger gesetzt worden (Abb. 8)[76]. Mit dem Auslaufen der Heereslieferungen für das Arsenal und für das Steyrer Repetiergewehr wurde die Produktion vorwiegend auf Jagd- und Luxuswaffen umgestellt. Schon seit der 1870er-Jahren waren verstärkt Jagdwaffen in Ferlach produziert worden, wobei vor allem die Produktion von feinen Gewehren, wie sie seit 1874 von Philipp Poschinger hergestellt wurden, gute Gewinnchancen erwarten ließ[77]. Damit konnte man gegen die billigere Konkurrenz aus der Lütticher Produktion punkten. Wieder war es Landespräsident Schmidt-Zabierow, der in einem Schreiben 1893 darauf hinwies, dass die künftige Betriebsweise der Maschinenhäuser nur die Erzeugung von Jagd- und Luxuswaffen sein könne, „an welcher sich die Ferlacher Büchsenmacher von jeher betheiligt haben, wozu sie eine hervorragende Geschicklichkeit besitzen und wofür auch bereits in letzter Zeit die einleitenden und vorbereitenden Maßnahmen getroffen worden sind". Die Wiener Firma Krebs und Nachfolger übernahm den Vertrieb. Schmidt-Zabierow teilte weiter mit, dass ausgerechnet diese Firma bisher keine Waffen aus Ferlach führte. Nun sei sie aber von der „Schönheit und Stabilität" überzeugt und würde ein „Ferlacher Musterlager" einrichten. Hätte man früher auf „Raschheit und Menge" gesetzt, so stünde nun „Güte und Verlässlichkeit" im Vordergrund. Sollte man sich daran halten, so sei eine Verbesserung der gesamten „Ferlacher Hausindustrie" zu erwarten. Jedenfalls hielt der Landespräsident fest, dass die „Hauptbedingung des Erfolges in dem gänzlichen Ausschuss jeder Art von Schluderarbeit" liegen müsse und nicht nur die „äußere Schönheit, sondern mehr noch die innere Güte und Haltbarkeit" zähle. Bezugnehmend auf die Resignation Justs meinte er abschließend, wenn tatsächlich die „alten Übungen" zum Rücktritt von Just geführt haben sollten, läge der Beweis vor, dass die Ermahnungen nichts genützt hätten. Wenn es hier keine Besserung gäbe, dann sei die „Rückkehr zu den alten Zuständen persönlicher Zerwürfnisse, harter Entbehrungen und gewerklicher Hilflosigkeit" zu erwarten[78].

Das erste Halbjahr 1893 brachte der Genossenschaft einen Abgang von 25.159 fl 85 kr. Hauptgründe waren die weiterhin ausbleibenden Militäraufträge sowie die relativ hohen Akkordlöhne, die den Arbeitern gezahlt wurden. Außerdem war man nicht in der Lage, sich gute und billige Läufe in der Umgebung zu beschaffen. Dazu kamen noch die niedrigen Einfuhrzölle auf die Lütticher Waren. Mit der Fa. Krebs und Nachfolger in Wien hatte man einen recht ungünstigen Vertrag mit 10 % Provision für den Waffenhändler abgeschlossen. Schmidt-Zabierow stellte als Abhilfe einen billigen Kredit der Klagenfurter Sparkasse sowie weitere Bestellungen des k. u. k. Reichskriegsministeriums in Aussicht[79].

Im September 1893 entzündete sich das stets gespannte Verhältnis zwischen den genossenschaftlichen Maschinenhäusern und den Ferlacher „Industriellen", die aber ebenfalls Mitglieder der Genossenschaft waren, neuerlich. Etliche Ferlacher Büchsenmacher wandten sich an die Bezirkshauptmannschaft Klagenfurt und baten um die Einstellung des maschinellen Betriebs, da ihnen dadurch Nachteile erwachsen würden. Unterschrieben wurde diese Bitte von zahlreichen Büchsenmachern: Anton Sodia, Anton Antonitsch, Adolf Kawan, Johann Pinter, Johann Ogris, Thomas Winkler, Markus Janz, Josef Kirchbaumer, Urban Pacher, Josef Winkler, Markus Ogris, Josef Rasser, Johann Stattmann, Lorenz Mak, Andreas Mack, Johann Outschar, Franz Outschar, Peter Wernig und Ignaz Wacher. Außerdem forderten die Genannten, dass das Maschinenhaus lediglich solche Lieferungen machen sollte, die sie nicht übernehmen könnten. Exportwaren sollten ihnen gänzlich überlassen bleiben, dafür wollten sie die Bestandteile nach von Fachleuten bestimmten Entstehungskosten erwerben können[80]. Direktor Pleschberger hatte eine eigene Erklärung für diese Vorgehensweise: Er hatte zuvor Arbeiten von Anton Sodia, die dieser für das genossenschaftliche Maschinenhaus hergestellt hatte, zurückgewiesen, weil sie ihm zu schlecht gewesen waren. Daraufhin sei Sodia „unanständig und beleidigend“ geworden[81].

Bei der Generalversammlung der Genossenschaft im Oktober 1893 war von den 160 Mitgliedern mit 55 lediglich ein Drittel erschienen. Anton Mischitz wurde als Vorstand bestätigt, beschlossen wurde, bei der Sparkasse einen Kredit über 25.000 fl aufzunehmen[82]. Trotz dieser wirtschaftlichen und persönlichen Miseren wurde eine Gewinnbeteiligung für die Maschinenhausaufseher Florian Waldhauser, Carl Brandt, Ludwig Koren und Marzell Fanzoi von 2 % beschlossen[83].

Rund um den Jahreswechsel 1893/1894 blieb die wirtschaftliche Situation angespannt. Die Maschinenhausvorstehung versuchte, über Preisnachlässe ins Geschäft zu kommen. Die Fa. Krebs Nachfolger Speiler und Zettrichter (?) erhielt bei Hinterladern 17 %, bei Vorderladern 12 % und auf Bestandteile 20 % Skonto. Auf Vorderlader-Exportgewehre wurden 8 % Rabatt und 2 % Skonto bei Barzahlung festgelegt. Kunden, die vor Ort in Ferlach kauften, sollten überhaupt 10 % Rabatt und 3 % Skonto bei Barzahlung erhalten. Die Exportgeschäfte wurden der Firma Angelini & Bernadon in Triest übertragen[84]. Man hatte nach dem Ende der Militärlieferungen mit zu vielen Arbeitern zu viele fertige Gewehre produziert, so dass die Lager voll waren. Neue Absatzmärkte fehlten[85]. Im Frühjahr 1894 reduzierte Direktor Pleschberger daher die tägliche Arbeitszeit der Arbeiter auf 8 Stunden[86], für Ferlacher Kunden gab es jetzt 5 % Skonto bei Barzahlung[87].

Die wirtschaftlichen Schwierigkeiten dauerten auch in den folgenden Monaten des Jahres 1894 an. Im April sollte die Arbeit weiter reduziert werden, zugleich kämpfte man auch gegen die Undiszipliniertheit der Arbeiter im Maschinenhaus. Das Bierholen während der Arbeit musste ebenso verboten werden wie das Weglaufen von der Arbeit oder der Konsum geistiger Getränke im Maschinenhaus. Als Strafe wurden 50 kr festgesetzt[88]. Im Mai gab es eine Bestellung von 10.000 Garnituren Riemenbügel für die ungarische Waffenfabrik in Budapest. Leiter Pleschberger fuhr geschäftlich nach Wien und Budapest[89] und auch der Maschinenhausarbeiter Marcellus Fanzoi wurde als Geschäftsreisender nominiert[90]. Erschlossen werden sollten auch neue Absatzgebiete in Deutschland. Doch die Bemühungen fruchteten wenig. Franz Pleschberger wurde im August 1894 nach nicht einmal zwei Jahren seines Postens enthoben, der bisherige Schriftführer Philipp Poschinger wurde zum provisorischen Leiter der Maschinen-

Abb. 8: ***Übergabeprotokoll zwischen Josef Just und Franz Pleschberger als Maschinenhausdirektor, 7. Februar 1893***
(Archiv der Büchsenmacher-genossenschaft 129)

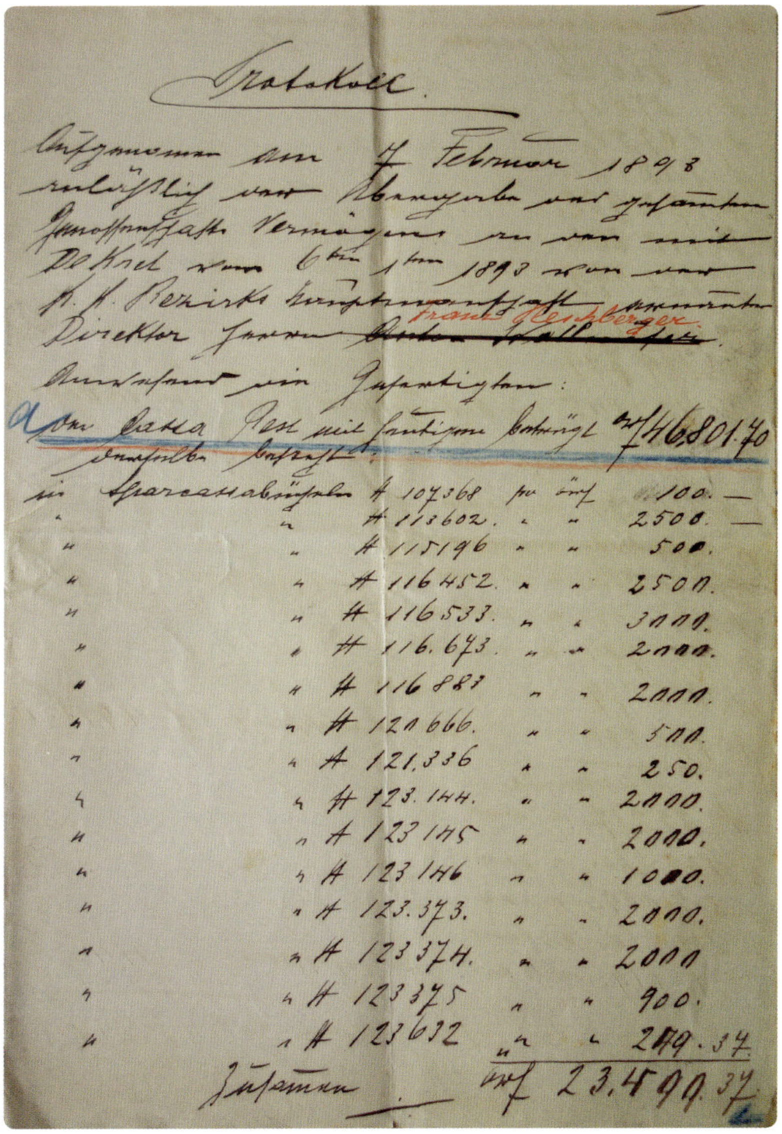
Protokoll.

# 107368			100.—
# 113602			2500.—
# 115196			500.
# 116452			2500.
# 116533			3000.
# 116673			2000.
# 116883			2000.
# 120666			500.
# 121336			250.
# 123144			2000.
# 123145			2000.
# 123146			1000.
# 123373			2000.
# 123374			2000
# 123375			900.
# 123632			249.37
Zusammen			23.499.37

häuser bestellt. Diesen Posten behielt er in den kommenden 14 Jahren trotz seines fortgeschrittenen Alters[91].

Noch einmal ergriff Landespräsident Schmidt-Zabierow die Initiative. Er sparte allerdings wieder nicht mit mahnenden Worten und Anweisungen, wie der Betrieb seiner Meinung nach zu führen sei. Er ordnete an, dass die Arbeiten auf eigene Rechnung und auf Vorrat einzustellen seien. Personal und Lohnkosten seien zu reduzieren, ebenso die „Regie“, also die Betriebskosten. Bestehende Lieferverträge seien abzuwickeln, die Vorräte müssten zur Deckung der Passiva verkauft werden. Schließlich sollten sich die Maschinenhäuser auf Aufträge für die eigenen Büchsenmacher und die Lieferanten beschränken. Damit war im Wesentlichen das erreicht, was die „Industriellen“ ein Jahr zuvor gefordert hatten. Die Maschinenhäuser seien jedoch auf jeden Fall zu erhalten, da sie zur Erhöhung der gesamten Wirtschaft Ferlachs und seiner Produktionskraft beitrügen. Schmidt-Zabierow resümiert neuerlich, dass „die zu einem gedeihlichen genossenschaftlichen Unternehmen erforderlichen geistigen und moralischen Eigenschaften und Kräfte in genügendem Maße nicht vorhanden seien“. Und er schließt mit der Ermahnung: „Namentlich diejenigen, welche in der Ferlacher Büchsenmacherei durch Intelligenz, Besitz und größere Leistungsfähigkeit eine hervorragende Stellung errungen, die sich aber bisher von den Maschinenhäusern vielleicht in kurzsichtiger Concurrenzsucht zurückgehalten haben, sollten nun endlich im uneigennützigen Streben sich einigen.“[92]

Der Versuch der Stabilisierung (1895–1897)

Dass unter der Maschinenhausleitung Franz Pleschbergers die Überproduktion zusammen mit den fehlenden Absatzmärkten zu wirtschaftlichen Turbulenzen führte, kann auch gut aus den Zahlen der in der Probieranstalt eingebrachten Einzelläufe, Doppelläufe und Handfeuerwaffen herausgelesen werden. 1892 wurden insgesamt 47.752 Proben durchgeführt (1., 2, und 3. Probe), 1893 sogar 52.143, ein Wert, der erst wieder im Jahr 1904 übertroffen wurde. Schon 1894 sank die Gesamtzahl der Beprobungen auf 39.282[93].

Ende 1894 versuchte man, mit der Produktion von Terzerolen und Pistolen einen neuen Markt in Deutschland zu erschließen[94]. Philipp Poschinger unternahm Geschäftsreisen ins Kriegsministerium nach Wien (1895)[95] und nach Steyr (1897), von denen er den Auftrag über 160.000 obere Riemenbügel für die österreichische Waffenfabrik mitbrachte[96]. Marcellus Fanzoi lukrierte 1895 aus einer Geschäftsreise nach Triest den Auftrag über 80 Vorderlader[97]. Dennoch musste im Jänner 1896 die Produktion eingeschränkt werden. Man wartete auf größere Aufträge für Luxuswaffen[98]. Bei der Genossenschaftsversammlung im Gasthaus Tschuden im Juli 1897 wurde Anton Stangl zum neuen Obmann gewählt, Stellvertreter war weiterhin Johann Sattmann. Als Beiräte für das Maschinenhaus fungierten Josef Poschinger und Josef Hambrusch[99]. Die Maschinenhausverwaltung hatte weiterhin Philipp Poschinger über. Aus den Jahren 1898 bis 1903 fehlen die Protokolle und schriftlichen Überlieferungen im Bestand, so dass nähere Aussagen nicht möglich sind. Die Produktion hat sich jedoch in dieser Zeit wieder deutlich gesteigert, wie dies aus der Zahl der Beprobungen abzulesen ist: 33.632 im Jahr 1898 gegenüber 48.044 im Jahr 1903. Um die Jahrhundertwende erholte sich die Ferlacher Gewehrproduktion.

Am Produktionshöhepunkt: der Kampf um Einfluss in den Maschinenhäusern (1904–1909)

1904 bittet der 78-jährige Philipp Poschinger um seine Pensionierung als Leiter der Maschinenhäuser[100], als sein Nachfolger wird mit Julius Ziegler ein Mann nominiert, der von auswärts kommt. Ziegler lässt sich vom städtischen Elektrizitätswerk in Klagenfurt für eine sechsmonatige Probezeit beurlauben, es wird, wie es bei Übergaben üblich ist, ein „Ausweis über die Vorräte“ im Maschinenhaus angefertigt. Unter anderem waren 648 Hinterlader, 14 Vorderlader und 100 Revolver auf Lager[101]. Die Bezirkshauptmannschaft ordnete wegen Unregelmäßigkeiten und Mängeln in der Verwaltung der Maschinenhäuser eine Revision an[102], der designierte neue Leiter Ziegler will als eine der ersten Maßnahmen Materialbücher und Material-Ausfassscheine einführen[103]. Doch bereits nach 14 Tagen legte Ziegler den in Aussicht gestellten Posten zurück, mit der Begründung, er könne keine Sanierung durchführen, weil der bisheriger Direktor im Amt bleiben sollte[104]. Damit blieb vorerst alles beim Alten. Die für die Jahre 1903, 1904, 1905, 1908 und 1911 erhaltenen Rechnungsabschlüsse wiesen stets eine ausgeglichene Bilanz aus, wobei das Bilanz-Konto des Maschinenhauses mit rund 240.000 fl jenes der Genossenschaft mit ca. 38.000 fl deutlich überstieg[105].

1907 sollten sowohl die Statuten der Genossenschaft als auch jene der Maschinenhäuser im Sinne der geltenden Gewerbeordnung geändert werden[106]. Über diese Frage entzündete sich wieder der schwelende Konflikt zwischen den Meistern, in dem es um den Einfluss auf die Maschinenhäuser ging. Die Bezirkshauptmannschaft Klagenfurt formulierte dies in einem Schreiben an die Landesregierung: „Trotzdem wird bereits seit Langem unter den Genossenschaftsmitgliedern um einen weitgehenden Einfluss in der Maschinenhausverwaltung gekämpft [...]". Dabei seien zwei Fraktionen zu unterscheiden, die aber letztlich beide gegen die Maschinenhäuser gerichtet seien. Die eine Fraktion war die der Gewehrfabrikanten, die in den Maschinenhäusern lediglich eine „gefährliche Konkurrenz" befürchteten. Auf der anderen Seiten standen die „kleinen Meister", die die Maschinenhäuser „zu einer kommunistischen Institution ausprägen und nur großen materiellen Gewinn aus demselben ziehen wollen, wobei ihnen der eigentliche Zweck der Institution sowie der wirtschaftliche und technische Fortschritt im Betriebe völlig gleichgültig ist."[107] Unter diesen Umständen war es für jeden Leiter ein schwieriges Unterfangen, mit der Genossenschaft, ihren Gewehrfabrikanten und „kleinen Meistern", das Auslangen zu finden und erfolgreich zu wirtschaften. Dementsprechende Bedeutung wurde der Persönlichkeit des Leiters beigemessen. Die Gewerbebehörde sollte sich daher in den neuen Statuten jedenfalls das Bestätigungsrecht vorbehalten. Die Genossenschaft hatte aber einen Statutenentwurf vorgelegt, der die Leitung der Maschinenhäuser dem Ausschuss der Genossenschaft übertragen sollte. Da der Ausschuss aber bis zu acht Personen umfasste, wäre hier endloser Streit vorprogrammiert gewesen.

Wieder einmal erschien Josef Just auf der Bildfläche. Bei der Generalversammlung der Genossenschaft im April 1908 wurde er nach dem Rücktritt von Anton Stangl zum zweiten Mal zum Obmann der Genossenschaft gewählt[108]. Auch wenn Belege dafür fehlen, kann man annehmen, dass dies der Wunsch der Landesstellen gewesen war, hatte sich doch Just bereits mehrfach bewährt. Sein Stellvertreter wurde Vinzenz Urbas, Rudolf Hoinig wurde zum Direktor der Maschinenhäuser designiert, wobei die endgültige Entscheidung darüber beim Gewerbeförderungsdienst in Wien lag. Die erforderliche Statutenänderung war noch nicht genehmigt. 1909 lag ein Entwurf vor, der die Verwaltung der Maschinenhäuser in drei Teile gliederte. Dem Vorstand, der aus einem Obmann, Geschäftsführer oder Direktor samt drei Beisitzern aus der Genossenschaft bestehen sollte, wurde ein Aufsichtsrat zu Seite gestellt, dessen Mitglieder ebenfalls aus der Büchsenmacher-Genossenschaft gewählt werden sollten[109]. Dass trotz dieses gefundenen Kompromisses, der auch genehmigt worden zu sein scheint, die Sachlage weiter schwierig blieb, drückte Obmann Josef Just in einem Schreiben an die Bezirkshauptmannschaft so aus: „Die Instandhaltung der Maschinenhäuser lässt viel zu wünschen übrig und dass [wie im Original] Werkl wird bald zusammenfallen sammt der alten unmodernen Maschinen – denn der Messias für Ferlach ist noch lange nicht hier – [...]" [110] (Abb. 9).

Im Juni 1909 wird Just in der Generalversammlung der Genossenschaft als Obmann bestätigt, sein neuer Stellvertreter wird Johann Outschar[111]. Dessen Wahl wird von einigen Genossenschaftsmitgliedern erfolglos angefochten. Als Begründung für die Anfechtung führen sie an, dass „zwei Herren Oučar" – Johann Outschar und Franz Outschar – anwesend gewesen seien und auf einigen Stimmzetteln kein Vorname vermerkt gewesen sei. Folglich könnte man nicht wissen, ob Franz Outschar oder, in der Schreibweise der Zeit, Johann Schaschl-Oučar gemeint gewesen wäre. Hier begegnen wir erstmals diesem Doppelnamen, der später zur Unterscheidung verwendet wurde. Außerdem wäre ein großer Teil der Genossenschaftsmitglieder mit Rudolf Hoinig als Direktor der Maschinenhäuser nicht einverstanden[112].

Diese Umstände vereinfachten wahrscheinlich den Entschluss von Josef Just, wieder von seiner Obmannstelle zurückzutreten. Im Oktober 1909 resignierte er, wobei er als Begründung sein gut gehendes Waffengeschäft, das ihn voll in Anspruch nähme, sowie die schwere Krankheit seiner Frau anführte[113]. Seine Stelle übernahm sein Stellvertreter Schaschl-Outschar[114], der laut Stellungnahme von Fachlehrer Strein, um die ihn die Bezirkshauptmannschaft ersucht hatte, „ein ruhiger, besonnener Mensch" sei, „der sich bis jetzt in keiner Weise politisch betätigte, jedoch der fortschrittlichen Partei angehört. Er dürfte als ehemaliger Fachschüler und Waffenmeister des k. k. Arsenals auch über nötige Kenntnisse verfügen, welche zur Führung der Obmannsgeschäfte erforderlich sind."[115]

Die Jahre 1904 bis 1907 brachten ungeachtet der gewohnten inneren Konflikte eine kontinuierliche Produktionssteigerung. 1907 wurden 62.286 Proben an der Probieranstalt durchgeführt[116]. Die Wirtschaftsleistung der Ferlacher Waffenindustrie belief sich in diesem Jahr auf 2.000.000 K und übertraf damit die Leistung der Kärntnerischen Eisen- und Stahlwerk-Gesellschaft mit ihren 1.959.393 K. Neben 100 freien Meistern und den Gewehrfabrikanten waren Arbeiter, Gesellen und Lehrlinge im Büchsenmachergewerbe tätig, so dass rund 600 Personen hier Arbeit fanden[117]. Auch auf dem deutschen Markt konnten die Ferlacher Erzeugnisse Fuß fassen, auch wenn die Nicht-Anerkennung der österreichischen Stempel den Handel erschwerte[118]. Damit war ein vorläufiger Höhepunkt erreicht. Der Export nach Rumänien, Bulgarien und Kleinasien litt ab 1907 unter Waffeneinfuhrverboten und Zöllen. Die alten Vorderlader wurden von neueren Hinterladermodellen verdrängt, die günstigeren belgischen Modelle kamen verstärkt auf den Markt. Die veralteten Ferlacher Maschinen konnten nicht mithalten,

Abb. 9: Blick in das Maschinenhaus, um 1900 *(Archiv der Büchsenmachergenossenschaft)*

die Zahl der Proben sank 1908 und 1909 auf 57.453 bzw. 50.153, wobei noch dazu kam, das etliche Waffen zwar beprobt wurden, jedoch nicht verkauft werden konnten[119]. So füllten sich die Lager der Büchsenmacher neuerlich mit nicht verkaufter Ware. Auch der Ankauf von speziellen Laufbearbeitungsmaschinen und die Rohrgarnierung in den Maschinenhäusern brachten nicht den gewünschten Erfolg. Dazu kam noch, dass der österreichische Stahl zunächst nicht mit jenem der Firma Krupp mithalten konnte, bis dann Böhler-Stahl und der Elektrostahl der Firma Danner und Comp. in Judenburg Verwendung fanden. Mehr als rund 8000 Stück Läufe konnten in den genossenschaftlichen Maschinenhäusern nicht erzeugt werden und mit den Preisen der Lütticher Produkte ließ sich nicht konkurrenzieren[120].

Die Jahre vor dem Ersten Weltkrieg (1910–1914)

Im Jahr 1910 fand in Wien die erste internationale Jagdausstellung anlässlich des 80. Geburtstages von Kaiser Franz Josef statt[121]. Auf Anregung des Direktors der Fachschule, Josef Vogl, waren die Ferlacher Büchsenmacher in einer Kollektivausstellung vertreten. Direktor Vogl führte Kaiser Franz Josef persönlich durch die Ausstellung. Diese gemeinsame Präsentation wurde ein voller Erfolg, so dass sich Ferlacher Büchsenmacher in der Folge auch an Ausstellungen in London, Lüttich und Brüssel beteiligten. Schon bei der Lütticher Weltausstellung 1905 hatten Ferlacher Produkte mit dem „Grand Prix" den höchsten Preis errungen[122]. Diese positive Entwicklung wurde durch klimatische Umstände noch verstärkt. Da Sommer und Herbst des Jahres 1911 sehr trocken waren, hatte sich der Niederwildbestand gut entwickeln können. Die dadurch begünstigte Jagdlust kurbelte den Verkauf von Gewehren an, die Ferlacher Lager leerten sich fast vollständig[123]. Noch 1910 hatte die Genossenschaft vergeblich gegen die beschlossene Anerkennung deutscher Probezeichen und ausländischer Beschusszeichen in Österreich protestiert[124]. 1912 war der witterungsbedingte Boom am Markt jedoch wieder vorbei[125].

Neben diesen äußeren Erfolgen und Rückschlägen musste für die Genossenschaft der weitere Ausbau der Konkurrenzfähigkeit durch entsprechende technische Adaptierungen im Vordergrund stehen. Noch immer war man von Einigkeit bei der Führung der Maschinenhäuser entfernt. 1910 sollten drei bis fünf Genossenschaftsmitglieder bestimmt werden, Mittel und Wege zu finden, die Maschinenhäuser auf neue Grundlage zu stellen[126]. 1911 stellte das Ministerium für öffentliche Arbeiten für die Anschaffung von weiteren Arbeitsbehelfen einen auf zehn Jahre abzuzahlenden unverzinslichen Kredit über 46.000 K zur Verfügung. Angeschafft wurden eine Lauf-Drehbankkonstruktion von Pratt-Whitney, eine Universalmaschine für Fräsen sowie eine Nutenstoßmaschine[127]. Auch der Ausbau des Oberwasserkanals war notwendig. Dieser wurde auf der Genossenschaftsversammlung ebenso wie der Kredit besprochen, jedoch war die Versammlung aufgrund zu wenig erschienener Mitglieder nicht beschlussfähig (Abb. 10)[128].

Der Rechnungsabschluss von 1910, den Johann Schaschl-Outschar als Obmann zeichnete, wies für die Maschinenhäuser die in Ausgaben und Einnahmen ausgeglichene Summe von 284.317 K 55 h aus. Die Büchsenmacher-Genossenschaft hatte 29.186 K 23 h bewegt[129]. 1911 wies die Bilanz der Büchsenmacher-Genossenschaft einen Nettogewinn von 5018 K aus. Erzeugt worden waren 806 Gewehre

Abb. 10: ***Ferlach um 1910, rechts die Maschinenhäuser und die Schießstätte***
(Rieger 1910)

und 36 Pistolen. Im Maschinenhaus 1 wurden 6.679 Stück Basküle und 73.951 verschiedene Gewehrbestandteile hergestellt. Das größere Maschinenhaus 2 hatte einen Ausstoß von 9.323 Gewehrläufen, 7.000 Paar Gewehrläufe gelötet, 4.883 Paar Gewehrläufe geläutert und geschliffen, 3.066 Gewehrläufe geläutert und geschmirgelt, 4.418 Stück Chokebohrungen, 4.986 Stück Patronenlager aufgebohrt, 960 Paar Gewehrläufe garniert, 6.758 Stück Gewehrlaufschienen und 292.575 Stück verschiedene Gewehrbestandteile geschmiedet und teilweise gefräst[130].

Zwischen der seit 1878 bestehenden Fachschule für Gewehrindustrie und der Genossenschaft bzw. der Maschinenhäuser-Verwaltung bestand traditionell eine enge Verbindung. Die an der Schule wirkenden Direktoren fungierten für die Landesstellen als Botschafter und Garanten für die nötigen technischen Erneuerungen. So hatte Gustav Schatzl, der zweite Direktor an der Schule, die Einrichtung und die Maschinen für das erste Maschinenhaus besorgt. Zweck der Schule war, den Nachwuchs auszubilden und diesem einen Start in das berufliche Leben als Büchsenmacher zu ermöglichen. Die Lehrer an der Schule unterrichteten die Generation von morgen. Über den Fachschulausschuss waren aber auch die Ferlacher Büchsenmacher in das schulische Geschehen eingebunden. Der Fachschulausschuss hatte die Schule bei der Unterbringung der Anstalt zu unterstützen, das Schülerunterstützungswesen zu fördern und die Gesundheitspflege der Schüler durch entsprechende Einrichtungen zu heben. Generell sollte durch diesen Ausschuss der Verkehr zwischen der Fachschule und den lokalen Gewerbetreibenden vorangetrieben werden[131]. Vorsitzender des Fachschulausschusses war im Jahr 1912 der Landesregierungsrat und Bezirkshauptmann Hans Ritter von Rainer zu Harbach. Außerdem waren die Klagenfurter Gewerbe- und Handelskammer, Schuldirektor Josef Vogl und Josef Marx, Verweser der Voigtschen Werke in Ruhe, vertreten. Die Ferlacher Büchsenmacher waren mit Josef Ogris, der zu dieser Zeit auch Bürgermeister der Gemeinde Ferlach war, und durch Franz Sodia vertreten[132]. Hier werden die engen Beziehungen zwischen Land, Gemeinde, Kammer, Schule und Genossenschaft schon früh fassbar.

Kriegsjahre und Neubeginn (1914–1922)

Da die Quellenlage nicht sehr ergiebig ist, lassen sich die Kriegsjahre und die darauf folgende Zeit nur ansatzweise erfassen. Am 21. Juli 1914 und damit eine Woche vor der Kriegerklärung von Österreich-Ungarn an Serbien, legten Genossenschafts-Obmann Johann Schaschl-Outschar und sein Stellvertreter Josef Hambrusch ihre Ämter zurück, worauf die Bezirkshauptmannschaft Direktor Josef Vogl und, bei dessen Verhinderung, Professor Alois Kessner zur Führung der Genossenschaftsgeschäfte berief[133]. Dem Schuldirektor wurde seitens der Landesstelle das nötige Vertrauen entgegengebracht. Für die nächsten vier Jahre lenkten Vogl und, nach dessen krankheitsbedingtem Rückzug im Jänner 1918[134], Alois Kessner als Regierungskommissäre die Geschicke der Genossenschaft und der Maschinenhäuser. Ob diese Umstände dafür verantwortlich waren, dass Vogl den „Grussstandpunkt" gegen Bürgermeister und Büchsenmacher Josef Ogris einstellte[135], bleibt offen.

Im Februar 1915 kam es in der Bezirkshauptmannschaft in Klagenfurt zu einer Besprechung, an der neben Vogl und Fachlehrer Alois Kessner auf Seite der Büchsenmacher Josef Ogris, Johann Fanzoi, Michael Pegam, Valentin Miglitsch, Johann Melchior, Michael Perkounig, Rochus Perkounig, Johann Sigott, Vinzenz Urbas, Mathias Wrulich und Franz Sodia teilnahmen. Den Vorsitz hatte der Bezirkshauptmann Ritter von Rainer. Ogris, Sigott und Sodia fungierten als das Hauptsprachrohr. Ihrer Meinung nach hätte das Statut der Maschinenhäuser immer noch Bestand, das drei Beisitzer aus der Genossenschaft für die Leitung vorsah. Außerdem beschwerten sie sich, dass die Preise für Bestandteile, die sie aus den Maschinenhäusern bezogen, um 15 % gestiegen seien. Dadurch wäre die Produktion ihrer Luxuswaffen auf Vorrat teuer. Alois Kessner entgegnete ihnen, dass die Ausschüsse und damit die Beisitzer seit dem Beschluss vom 21. Juli 1914 sistiert seien. Die höheren Preise erklärten sich daraus, dass aufgrund der Heereslieferungen die Luxusbestandteile teurer wären. Arbeitskräfte wären nach Steyr abgezogen, daher müsste den verbleibenden Arbeitern höhere Löhne gezahlt werden. Dazu kämen noch die Preissteigerungen bei Öl[136]. Während Sigott, Sodia und Ogris unverändert weiter produzieren wollten, waren die kleinen Meister vollauf mit den Heereslieferungen beschäftigt. 1917 waren Lieferungen für das Heer die Hauptarbeiten in den Maschinenhäusern[137].

Die Nachfrage nach Heereslieferungen, aber auch nach Jagdwaffen, hielt die Kriegsjahre hindurch an[138]. Außerdem wurden in den genossenschaftlichen Maschinenhäusern Beutegewehre umgeändert und Jagdwaffen für die Bewaffnung von Gefangenenlagerwachen hergestellt[139]. Nach der schweren Erkrankung des Regierungskommissärs Vogl im Jänner 1918 wurde seitens des Landes eine eventuelle Neuwahl des Genossenschaftsvorstands in Erwägung gezogen, aber aufgrund der vielen Einrückungen, die das Wahlergebnis verzerren würden, als „untunlich" verworfen. In diesem Schreiben ist auch die Verteilung der Funktionen in der Genossenschaft und in der Maschinenhausverwaltung im Juli 1914 festgehalten, bevor Obmann und Stellvertreter zurückgetreten waren: Obmann: Johann Schaschl Outschar, Stellvertreter: Josef Hambrusch; Ausschuss: Josef Ogris, Vinzenz Urbas, Johann Sigott, Johann Antonitsch, Johann Fanzoi, Josef Wlattnig, Michael Perkonig, Johann Melchior, Mathias Wrulich, Rochus Perkonig, Jakob Koschutnig, Valentin Meglitsch; Ersatz: Stephan Düsel, Albin Hallemoschnig, Josef Fugger, Lorenz Faschingbauer, Franz Rabitsch, Rupert Krobath; Ausschuss der genossenschaftlichen Maschinenhäuser: Johann Schaschl-Outschar (Obmann), Vinezenz Urbas (Stellvertreter), Johann Sigott, Rudolf Hoinig, Johann Antonitsch; Ersatz: Franz Sodia; Aufsichtsrat: Albin Hallemoschnig (Obmann), Thomas Kullnig (Schriftführer), Josef Ogris. Dem Direktor der k. k. Lehr- und Versuchsanstalt war eine beratende Stellung vorbehalten[140].

Schließlich kam es aber doch noch im Februar 1918 zur Neuwahl des Genossenschaftsvorstandes und zum Rückzug der Kommissäre Vogl und Kessner. Als Kompromiss wurden zunächst aus den Mitgliedern der Genossenschaft von der k. k. Landesregierung fünf Kommissäre (Albin Hallemoschnig, Josef Ogris, Johann Schaschl-Outschar, Franz Sodia, Vinzenz Urbas) benannt, die dann aus ihrer Mitte als Obmann Johann Schaschl-Outschar und als Stellvertreter Vinzenz Urbas wählten[141]. Im Februar 1918 waren Teuerungen und Lebensmittelknappheit vordringliche Themen, weshalb auch Zulagen für die Arbeiter, ihre Frauen und Kinder bewilligt wurden[142].

Der Zusammenbruch der Monarchie im November 1918 und die folgenden zwei Jahre bis zur Kärntner Volksabstimmung am 10. Oktober 1920 machten die nationalen Bruchlinien auch innerhalb der Ferlacher Büchsenmacher sichtbar. Am 2. November, noch vor dem Waffenstillstand, forderte Jakob Poschinger, Besitzer des Jaklinhammers, die Gemeindevertretung auf, zurückzutreten[143]. Poschinger stand auf der Seite der Südslawen. Knapp zwei Jahre zuvor (im Jänner 1917) war er noch gemeinsam mit den Büchsenmachern Josef Ogris, Rudolf Hoinig und Johann Schaschl-Outschar als „Werkbesitzer in Dollich" bei einer Besprechung bezüglich der Verhältnisse der Büchsenmacher-Genossenschaft anwesend gewesen[144]. Unterstützt wurde er bei der Aktion gegen die Gemeindevertretung außer vom Pfarrer Juri Trunk und dem Uhrmacher Lečnik auch vom Büchsenmacher Ludwig Borovnik. Südslawisches Militär war am 14. November in Ferlach stationiert, als sich die Lage zuspitzte, flüchtete Bürgermeister und Büchsenmacher Josef Ogris per Schiff in der Nacht über die Drau. Als Bürgermeister folgte mit Johann Schaschl-Outschar wieder ein Büchsenmacher. Er wurde von der Laibacher Regierung bestätigt[145].

Im Jänner 1919 wurde das jugoslawische Heer aus Ferlach zurückgedrängt[146]. Anfang Februar erreichte die Miles-Kommission, die mit den Erhebungen des strittigen künftigen Grenzverlaufes zwischen Österreich und Jugoslawien beauftragt war, Ferlach[147]. Im Frühjahr 1919 kam es zu Kämpfen auf der Saptonitza und im Raum Zell und am 29. Mai 1919 rückten jugoslawische Truppen wieder in Ferlach ein[148]. Nach Schaschl-Outschar bekleidete nun mit Ludwig Borovnik ein weiterer Büchsenmacher das Amt des Bürgermeisters. Für die kommenden eineinhalb Jahre unterstand Ferlach der Verwaltung des SHS-Staates. Reisen nach Klagenfurt bedurften einer Bewilligung der Bezirkshauptmannschaft Ferlach (Okrjano glavarstvo Borovlje). Auch der Gewehrfabrikant Peter Wernig suchte im August 1919 um eine solche an[149]. Einige als „nemčur“ (Deutschtümler) bezeichnete deutschnational orientierte Büchsenmacher-Gehilfen und Meister waren zwischenzeitlich in Ljubljana interniert, darunter die Meister Lorenz Faschingbauer, Josef Pagitz, Anton Warounig und Franz Rabitsch. Für die Genossenschaft wandte sich Albin Hallemoschnig an die Bezirkshauptmannschaft und bat um die Freilassung, da die Arbeiter für die Fortführung des Betriebes benötigt wurden[150]. Ab August 1919 normalisierte sich die Lage für die Ferlacher Büchsenmacher. Etliche „puškarski meister“ erhielten eine Rückkehrerlaubnis, so, in der Schreibweise der Zeit, Janez Schaschl-Outschar, Franc Outschar, Maks Just oder J. Rosenzopf[151]. Zwischen August 1919 und Mai 1920 suchten zahlreiche Büchsenmacher bei der neuen Verwaltung um die Erteilung einer Gewerbeerlaubnis an, darunter Valentin Traunik, Ferdinand Koschat, Tomaž Schmid, Bogomir Sodia, Valentin Tschuden und Martin Mischitz[152]. Im Dezember 1919 baten Ferlacher Büchsenmacher, darunter Josef Hambrusch, Valentin Tschinkowitz und Michael Zeppitz, Jagdgewehre und Jagdmunition verkaufen zu dürfen[153]. Produktion und Gewerbe liefen wieder an.

Nach der Volksabstimmung am 10. Oktober 1920 kam Ferlach unter österreichische Verwaltung, Bürgermeister wurde wieder Johann Schaschl-Outschar (1920–1921)[154]. Mit ihm endet die Reihe der Büchsenmacher, die dieses Amt bekleideten. Die Vorgänger Josef Ogris (1904–1918), und Philipp Poschinger (1872–1886) waren ebenfalls Büchsenmacher gewesen. Auch der erste Ferlacher Bürgermeister, Ignaz Just (1848–1872), trug einen in Büchsenmacherkreisen höchst bekannten Namen und war Rohrschmied.

Noch im Dezember 1920 wurde im Gasthaus Just die Versammlung der Büchsenmacher-Genossenschaft abgehalten, wobei das letzte Protokoll vom 13. Juli 1913 zur Verlesung kam. Man knüpfte direkt an die Zeit vor dem Krieg an. Der anwesende Hofrat Rainer berichtete zunächst von den Anliegen, die auf der Gehilfenversammlung am 28. November erhoben worden waren. Die Gehilfen wünschten

Abb. 11: Das Innere des Maschinenhauses, um 1930 *(Archiv Stadtgemeinde Ferlach)*

sich eine Verbesserung der Maschinenhaus-Arbeit und eine Mitsprache bei der Konzessionserteilung. Auch seien die jugoslawischen Behörden bei der Konzessionsvergabe wahllos vorgegangen, so dass nun eine Überprüfung notwendig sei. Als Nachfolger von Schaschl-Outschar wurde Thomas Kullnig zum Obmann gewählt, sein Stellvertreter wurde Valentin Tschinkowitz. Auch Josef Ogris, der geflohene Bürgermeister, wurde in den Ausschuss gewählt. Die wichtigen Posten der Beisitzer für den Vorstand der Maschinenhaus-Genossenschaft erhielten Albin Hallemoschnig, Josef Hambrusch und Josef Orasche. Rudolf Hoinig, der seit 1908 Direktor der Maschinenhäuser gewesen war (wenn auch 1914 bis 1918 unter den Regierungskommissären), wurde nun gekündigt. Er sei vor der jugoslawischen Besatzung geflohen und habe zum Schaden der Maschinenhäuser gewirkt. Außerdem wurden ihm Fehlkalkulationen bei Böhler-Blitzstahlläufen sowie der ungerechtfertigte Bezug von Kohle und Brennholz vorgeworfen. Alois Kessner, der 1921 zum Direktor der Fachschule avancierte, sollte technischer Berater bleiben. Schließlich meldeten sich am Ende noch anwesende Gesellen zu Wort, die auf die unhygienischen Verhältnisse in der Fabrik Ogris hinwiesen und ein Eingreifen des Gewerbeinspektors forderten. Auch wollten sie am angehäuften Kapital der Genossenschaft beteiligt werden[155].

Das nächste erhaltene Protokoll stammt aus dem Jahr 1922. Die Sitzung fand am 24. Dezember statt. Die Maschinenhäuser waren nun dem Verband der Gewerbs- und Wirtschaftsgenossenschaften angeschlossen, deren Verbindungsrevisor auch den Abschluss gemacht hatte. Die wirtschaftliche Lage war gut, eine Maschinenerneuerungsreserve von 6.000.000 K wurde beschlossen. Die allgemeine Inflation hinterließ bereits deutliche Spuren. Maschinenhausdirektor war nun Thomas Schmied, der über einen Geschäftsrückgang in den letzten zwei Monaten berichten musste. An neuen Geräten waren eine Laufbohrmaschine, eine große Drehbank und eine Exzenterpresse angeschafft worden (Abb. 11, Abb. 12). Während des Krieges hatte man eine Erneuerung des Maschinenparks verabsäumt und den Gewinn in nun wertlose Kriegsanleihen gesteckt. Den wiederkehrenden Beschwerden der Büchsenmacher über die hohen Preise auf Kommissionsar-

Abb. 12: Das Innere des Maschinenhauses, um 1930 *(Archiv Stadtgemeinde Ferlach).*

beiten begegnete er mit dem Hinweis auf die Notwendigkeit (Abb. 13). Immer noch war der Keil zwischen Büchsenmachern und Maschinenhaus nicht beseitigt. Auch war es zu Entlassungen bei den beiden größten Firmen, der Firma Ogris und bei den Maschinenhäusern, gekommen. Die Genossenschaft beschloss aber, Härtefälle, wie den nach 26 Jahren im Maschinenhaus schwer erkrankten Peter Juch, auch weiterhin zu unterstützen[156].

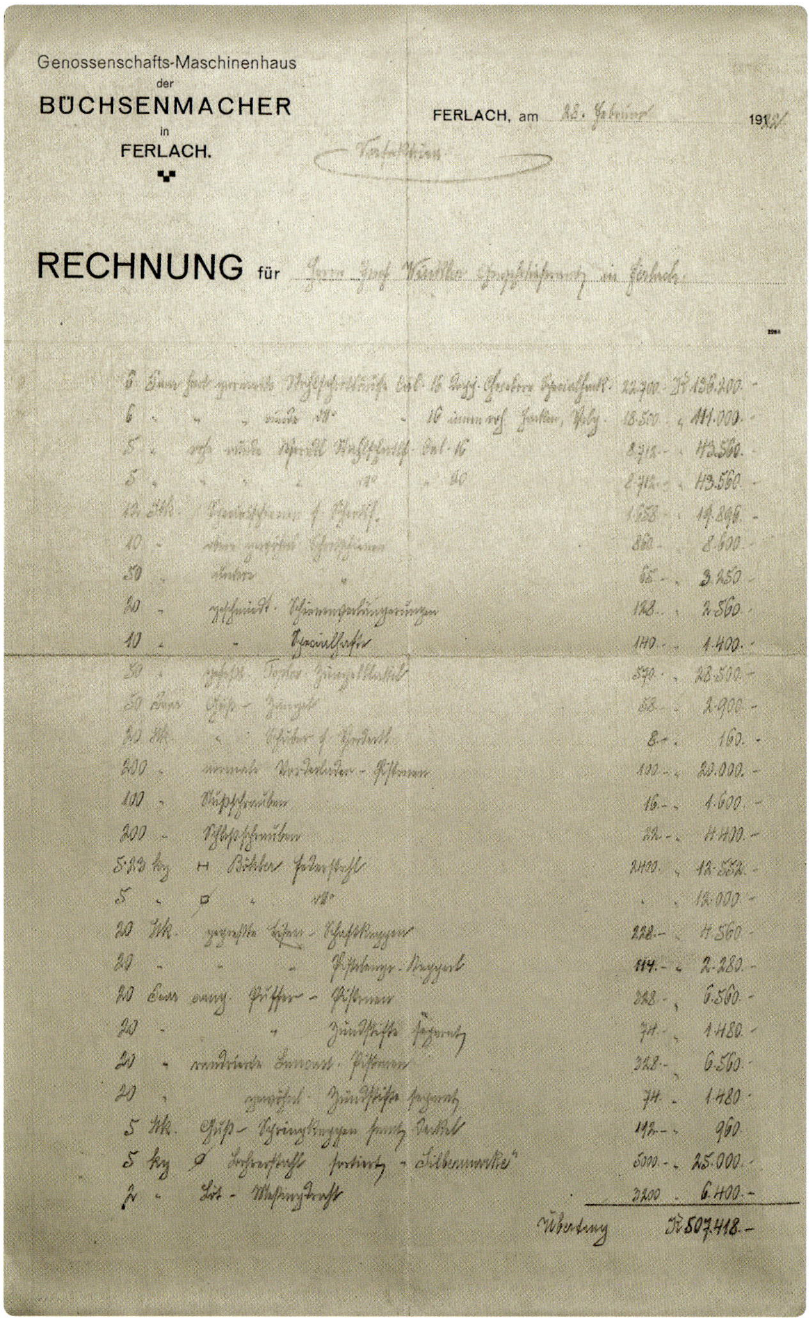

Genossenschafts-Maschinenhaus
der
BÜCHSENMACHER
in
FERLACH.

FERLACH, am 28. Februar 1922

RECHNUNG für Herrn Josef Winkler Büchsenmacher in Ferlach.

6	[illegible]	22.700.-	K 136.200.-
6	[illegible]	18.500	111.000.-
5	[illegible]	8.712.-	43.560.-
5	[illegible]	8.712.-	43.560.-
10 Stk.	[illegible]	1.658	[illegible]
10	[illegible]	860	8.600.-
50	[illegible]	65.-	3.250.-
20	[illegible]	128.-	2.560.-
10	[illegible]	140.-	1.400.-
50	[illegible]	570.-	28.500.-
50	[illegible]	58.-	2.900.-
20 Stk.	[illegible]	8.-	160.-
200	[illegible]	100.-	20.000.-
100	[illegible]	16.-	1.600.-
200	[illegible]	22.-	4.400.-
5.83 kg	[illegible]	2400	13.992.-
5	[illegible]		12.000.-
20 Stk.	[illegible]	228.-	4.560.-
20	[illegible]	114.-	2.280.-
20	[illegible]	328.-	6.560.-
20	[illegible]	74.-	1.480.-
20	[illegible]	328.-	6.560.-
20	[illegible]	74.-	1.480.-
5 Stk.	[illegible]	192.-	960.-
5 kg	[illegible]	5000.-	25.000.-
2	[illegible]	3200	6.400.-
	Übertrag		K 507.418.-

Abb. 13: Rechnung über 507.418 K des Genossenschafts-Maschinenhauses für den Büchsenmacher Josef Winkler, 1922 *(Büchsenmachermuseum Ferlach, Foto: Peter Just)*

Die sozialen Aufgaben der Genossenschaft: Consum-Verein, Krankenkasse und Altersversorgung

Die Genossenschaft diente nicht nur der Förderung der gemeinsamen gewerblichen Interessen, sondern erfüllte auch soziale Zwecke. In den Statuten von 1889 ist die Vorsorge für erkrankte Gehilfen durch die Errichtung einer Krankenkasse sowie die Fürsorge für erkrankte Lehrlinge ausdrücklich unter den Zwecken festgehalten, ebenso die Errichtung einer „Versorgungskasse" für die Mitglieder. Außerdem sollte die Errichtung eines „Victualien-Consum-Vereins" angeregt werden (§ 1)[157].

Die Genossenschaft setzte damit die Tradition der Zunft fort. Schon die Handwerksordnung der Ferlacher Büchsenmacher von 1751 sah die Unterstützung in Notfällen und bei Krankheiten vor[158]. Der gesetzliche Rahmen für Krankenkassen und soziale Vorsorge war durch das Gewerbegesetz vom 15. März 1883 gelegt worden[159]. Im März 1888 beantragte der bei den Genossenschaftsversammlungen stets anwesende Regierungskommissär Kreuter die Errichtung einer Arbeiterkrankenkasse[160]. Drei Jahre nach ihrer Errichtung war die Genossenschaft ihrer gesetzlichen Verpflichtung noch nicht nachgekommen. Die Altersversorgung wurde auf der folgenden Versammlung im Mai 1888 beschlossen[161]. 1890 sollten dafür 10.000 fl in Staatspapieren veranlagt werden[162]. Insgesamt erwies sich die Genossenschaft in diesen Fragen jedoch als recht säumig. Noch im Mai 1890 forderte der Landespräsident die Büchsenmachergenossenschaft auf, sich bezüglich einer Eingabe der Gehilfen zu äußern, die die Errichtung einer Kranken- und Pensionskasse gefordert hätten[163]. Offensichtlich bestand diese immer noch nicht.

1892 kam es zur Gründung des Consum-Vereines. Dafür hatten über 80 Büchsenmacher, unter ihnen Markus Antonitsch, Marcellus Fanzoi und Alfred Fanzoi, eine Eingabe an die Bezirkshauptmannschaft unterzeichnet[164]. Im Juni 1892 war dieser Consum-Verein bereits gegründet. Josef Just, zu diesem Zeitpunkt Direktor der Maschinenhäuser, bat die Bezirkshauptmannschaft um die Erlaubnis,

Plakate mit dem Text „Auf Anregung der Büchsenmacher-Genossenschaft in Ferlach wurde ein Consum-Verein im Gerichtsbezirk Ferlach gegründet“ aufhängen zu dürfen[165].

Schwieriger gestaltete sich die Gründung der Versorgungsanstalt. Zwar verteilte die Genossenschaft unter Obmann Anton Mischitz knapp vor Weihnachten 1892 Geldbeträge an Bedürftige[166], jedoch war der Betrieb der Versorgungsanstalt 1893 immer noch nicht sichergestellt. Die Büchsenmacher wollten die nötigen Versicherungsprämien nicht leisten, da sie ihnen zu hoch wären[167]. Am 11. Juli 1893 schrieb Landespräsident Schmidt-Zabierow an Josef Marx, den Verweser der Voigtschen Werke, dass die Anstalt mangels Interesse der Arbeiterschaft und wegen ungenügender Leitung wieder aufgelöst werden würde[168]. Von 520 Mitgliedern der Genossenschaft waren lediglich 78, meist ältere Büchsenmacher, Mitglieder der Versorgungsanstalt.

Der Obmann der Altersversorgungskasse war Josef Just, der sich um die Anstalt nicht kümmerte. Bei der geringen Zahl an Mitgliedern konnte das Versicherungsprinzip nicht greifen. Schmidt-Zabierow stellte fest, dass es in Ferlach an „Einsicht der Vortheile“ mangelte[169]. Just legte seine Versorgungsanstalts-Obmannschaft zurück[170]. Sein Nachfolger in dieser Position wurde Josef Just jun.[171]. Die Auflösung wurde nicht vollzogen. Im November 1893 wandte sich der 72-jährige Büchsenmacher Josef Barounig an die Vorstehung der Versorgungsanstalt und bat um Unterstützung. Er war seit 1851 Mitglied der Genossenschaft bzw. Zunft gewesen[172].

1895 wurde die Auflösung der Altersversorgungsanstalt genehmigt[173]. Ob und wie die Altersversorgung in den folgenden Jahren organsiert war, ist mangels Quellen nicht sicher zu sagen. Ab 1903 erscheint in den Geschäftsberichten und Rechnungsabschlüssen der Genossenschaft unter der Rubrik C jedenfalls ein Ausweis für die Altersversorgung. 1905 wurden dafür bescheidene 377 K 81 h aufgewendet[174]. 1910 wurde ein Altersunterstützungsfonds seitens der Genossenschaft eingerichtet, zu dem das Land 1.000 K beisteuerte[175]. Nunmehr wurden rund 2.800 K als dessen Vermögen ausgewiesen[176]. Damit war die nötigste Vorsorge abgedeckt.

Noch bis in die 1970er- und 1980er-Jahre war bei den Ferlacher Büchsenmachern das System der Heimarbeiter stark etabliert. Büchsenmacher fertigten in Heimarbeit Waffenbestandteile für andere Meister oder Unternehmen an. Heimarbeiter waren bei einem Beschäftigungsträger krankenversichert, jedoch gab es für sie keine Pensionsversicherung oder andere Sozialleistungen[177]. Bezahlt wurde nach der geleisteten Arbeit, nicht nach Stunden. Die besten Heimarbeiter, die ihre Arbeit rasch erledigten, konnten mit diesem System bis zu enormen 40.000 Schilling im Monat verdienen[178]. Der Nachteil des Systems war die mangelnde soziale Absicherung bei Arbeitslosigkeit oder im Alter.

Die Jahre vor dem Zweiten Weltkrieg: Depression und Wirtschaftskrise

Nach dem Ersten Weltkrieg und den unbeständigen zwei Jahren danach brachten die 1920er-Jahre für die Ferlacher Büchsenmacher ausreichend Beschäftigungsmöglichkeiten. Ein Drittel der Erzeugung wurde im nunmehr klein gewordenen Inland

Abb. 14: Akkord-Liste für Büchsenmacher-Handarbeiter, 1928
(Büchsenmachermuseum Ferlach, Foto: Peter Just)

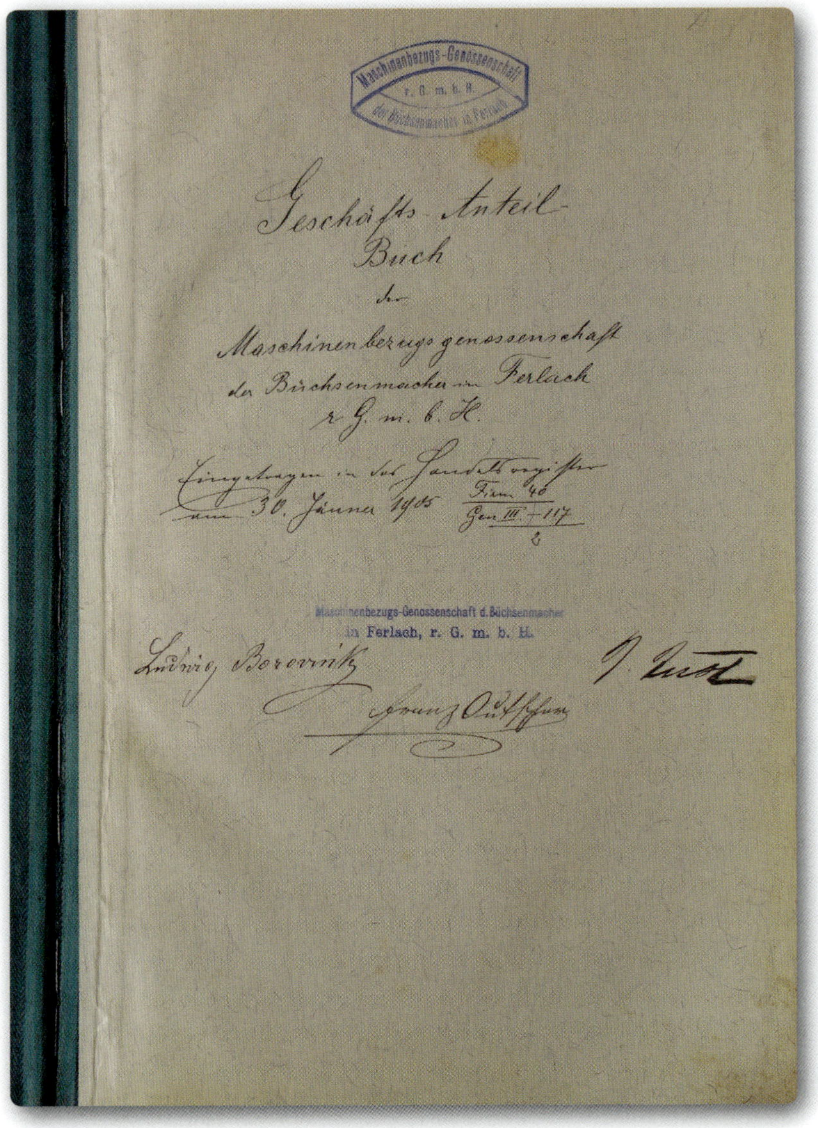

Abb. 15: ***Geschäftsanteilbuch der Maschinenbezugsgenossenschaft, gegründet 1905*** *(Archiv der Büchsenmachergenossenschaft)*

verkauft, aber auch in den traditionellen Abnehmerländern, den nunmehrigen Nachfolgestaaten der ehemaligen österreichisch-ungarischen Monarchie, wie z. B. der Tschechoslowakei (Böhmen, Mähren, Slowakei), blieben Absatzmärkte bestehen. Die jährliche Produktion belief sich auf rund 6.500 Jagdgewehre[179]. 1909 hatten allerdings noch 17.551 Handfeuerwaffen die dritte Probe an der Probieranstalt durchlaufen[180]. 1926 brach der Absatz um ein Drittel ein. Durch die Abwertung des Franken waren die belgischen Konkurrenten aus Lüttich deutlich preiswerter geworden. 1927 betrug der Gesamtumsatz in der nunmehrigen Währung 550.000 Schilling[181]. Eine Akkordliste des genossenschaftlichen Maschinenhauses von 1926, auf der die Preise verzeichnet sind, die die Arbeiter für die jeweiligen Arbeiten bekamen, nennt als Lohn für die Fertigung einer „feinen Garnitur mit hoch angehefteten Züngeln ohne allen (Gußteile)" die Summe von 3,80 Schilling (Abb. 14)[182]. 1928 wurden 5.820 Gewehre in Ferlach erzeugt, 125 davon wurden nach Bombay (heute Mumbai) geliefert[183].

1930 wurden auf der konstituierenden Hauptversammlung die neuen Satzungen der Maschinenbezugsgenossenschaft einstimmig angenommen[184]. Diese löste die alte Maschinenbezugsgenossenschaft ab. Die Maschinenbezugsgenossenschaft war 1905 ins Leben gerufen worden (Abb. 15)[185]. Ihr Zweck war die Beschaffung von Maschinen für die Maschinenhäuser. Ihr gehörten in den Jahren vor dem Ersten Weltkrieg über 30 Ferlacher Büchsenmacher an, Obmann war in dieser Zeit Josef Hambrusch[186]. Auch die Büchsenmacher-Genossenschaft war in der Maschinenbezugsgenossenschaft vertreten.

Liste der Gründungsmitglieder der Maschinenbezugsgenossenschaft

Geschäftsanteilbuch der Maschinenbezugsgenossenschaft
eingetragen im Handelsregister am 30. Jänner 1905

Nr.	Name	Ort	Anmerkung
1	Borovnik Ludwig	Ferlach	–
2	Düsel Stefan	Ferlach	–
3	Fanzoj Anton	Ferlach	–
4	Just Josef	Ferlach	–
5	Mack Franz		–
6	Meglitsch Valentin	Ferlach	–
7	Melchior Johann	Unterferlach	–
8	Mischitz Anton		tritt mit 27.10.1905 aus
9	Ogris Josef	Ferlach	–
10	Outschar Franz	Ferlach	–
11	Poschinger Franz		wird mit 25.2.1905 nicht als Mitglied anerkannt, weil er keinen Gewerbeschein besitzt
12	Poschinger Jakob		wird mit 30.2.1906 nach Rückgabe des Anteils zu 10 K ausgeschlossen
13	Sigott Johann	Ferlach	–
14	Sigott Thomas	Unterferlach	–
15	Sodia Franz	Ferlach	–
16	Stangl Anton	Ferlach	–
17	Wernig Peter	Ferlach	–
18	Winkler Josef	Ferlach	–
19	Genossenschaft der Büchsenmacher Ferlach	Ferlach	–
20	Faschingbauer Lorenz	Unterferlach	–
21	Tschinkowitz Valentin	Ferlach	–
22	Hambrusch Josef	Ferlach	–
23	Blatnig Josef	Ferlach	–
24	Wrulich Mathias	Ferlach	–
25	Schönlieb Franz	Ferlach	–
26	Koschat Josef	Ferlach	wird 1912 gepfändet auf Begehren von Josef Ogris. Vorstand: Josef Hambrusch
27	Just Johann	Ferlach	–
28	Schaschl-Outschar Hans	Dolich	–
29	Ogris Friedrich	St. Margareten	–
30	Orasch Valentin	Unterferlach	–
31	Rosenzopf Alexander	Unterferlach	–
32	Novak Franz	Ferlach	–
33	Sodia Anton	Unterferlach	–
34	Krainer Kaspar	Ferlach	–
35	Hallemoschnig Albin	Ferlach	–
36	Mischtiz Josef	Ferlach	–
37	Fanzoi Alfred	Unterferlach	–

Auf der Versammlung 1930 wurde der Genossenschaftsanteil (die Eintrittsgebühr) für die Maschinenbezugs-Genossenschaft mit 25 Schilling festgelegt. Bei der Neuwahl des Vorstandes werden Stefan Düsel, Raimund Wieser, Josef Schuschnig, Thomas Kullnig und Jakob Koschat gewählt. Düsel, Kullnig und Koschat werden durch die Beifügung in Klammern als Meister bezeichnet. Wieser und Schuschnig waren Heimarbeiter. Als Ersatzmänner erscheinen zwei Namensvettern: Josef Fanzoi und Josef Fanzoi, beide Heimarbeiter.

In den Aufsichtsrat kamen Sebastian Borovnik (Meister), Josef Hambrusch d. J. (Meister), Josef Benedikt Winkler (Meister), Rochus Partl (Heimarbeiter), Johann Fanzoi (Heimarbeiter) und Johann Sigott (Meister). Ersatzmänner waren Josef Koren (Meister) und Ludwig Mandelz (Heimarbeiter)[187].

Die im Lauf der Jahre immer wieder recht komplizierte, aber enge Beziehung der eigentlichen Büchsenmacher-Genossenschaft zu den von ihr verwalteten Maschinenhäusern, die das wesentliche Kapital der Genossenschaft ausmachten, führte zu einer immer engeren begrifflichen Verwebung. 1938 lautete der Eintrag der protokollierten Firma im offiziellen Amts- und Adressbuch Kärntens jedenfalls „Genossenschafts-Maschinenhaus der Büchsenmacher in Ferlach", als Inhaber wurde die Büchsenmacher-Genossenschaft in Ferlach ausgewiesen. Vorstand des Genossenschafts-Maschinenhauses war Thomas Kullnig, die Prokura hatte Thomas Schmied inne[188]. Thomas Kullnig war zugleich Obmann der Büchsenmacher-Genossenschaft. Umgangssprachlich hielt sich bis in jüngste Zeit der Begriff „Genossenschaft", ohne dass hier eine Unterscheidung zwischen Büchsenmacher-Genossenschaft

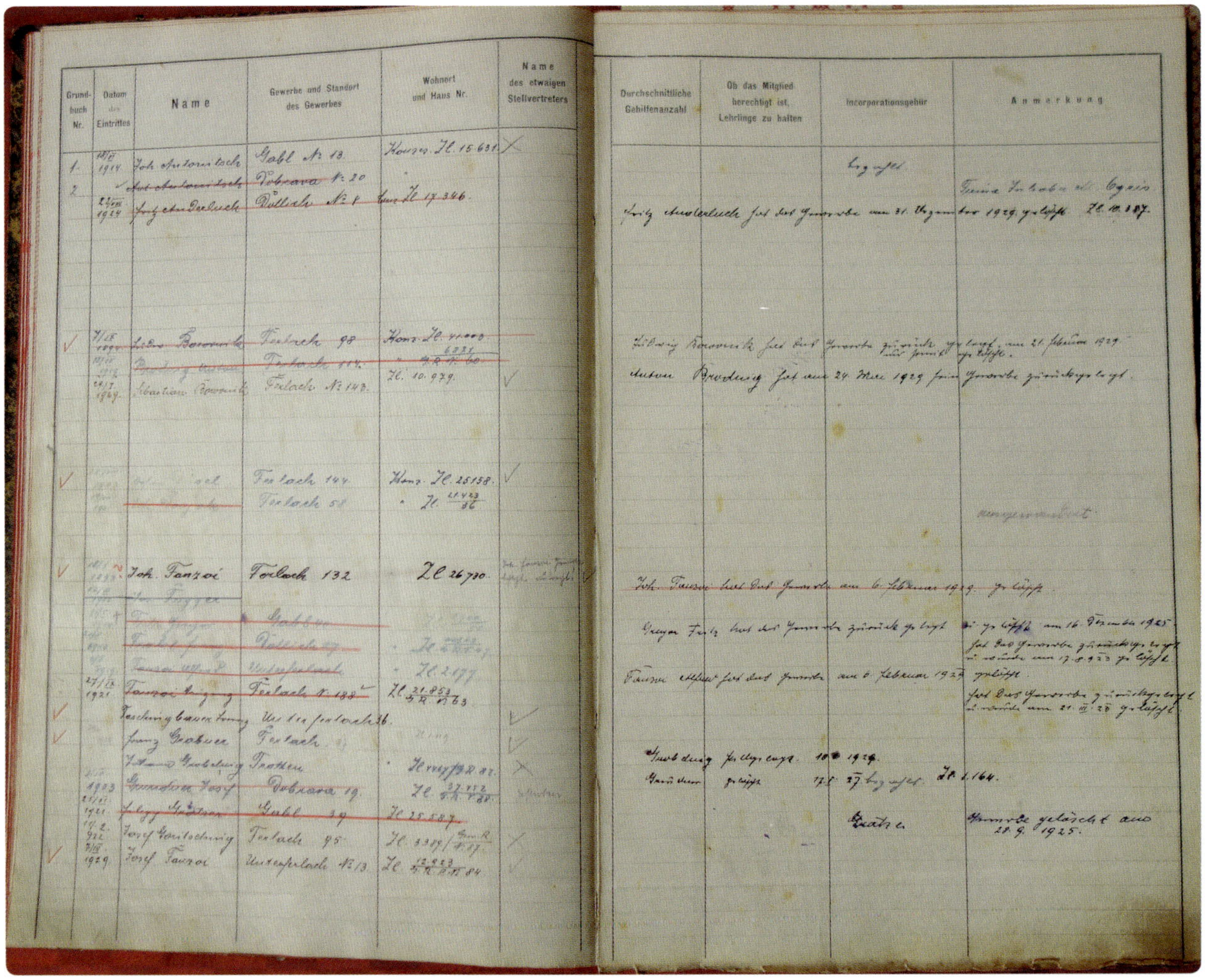

Abb. 16: Grundbuch der Genossenschaft, 2. Abschnitt um 1930, Buchstaben A–F *(Archiv der Büchsenmachergenossenschaft)*

und Genossenschafts-Maschinenhaus vorgenommen worden wäre. Die maßgeblich handelnden Akteure waren stets auch weitgehend ident.

Ab 1933 machte sich auch für die Ferlacher Büchsenmacher die allgemeine Wirtschaftskrise voll bemerkbar. Die jährliche Produktion sank von 2.008 Gewehren (1933) nochmals auf 1.589 (1934) herab. 1934 war auch das Jahr des österreichischen Bürgerkrieges zwischen Austrofaschismus und Sozialdemokratie. In den Jahren bis zum Kriegsausbruch stieg die Produktion von qualitätsvollen Jagdwaffen wieder an[189]. Auch gab es Bestellungen für Heereslieferungen an die Genossenschaft. 1936 wurden 6.000 Stück Visierrahmen und 5.000 Stück Visierfüße für den Karabiner Mod. 95 bestellt, 1937 10.000 Stutzenringe mit seitlichem Ohr, 10.000 Riemenbügelschrauben und 10.000 Sperrklappenohrschrauben. Auch 7.000 Bajonette samt Scheiden wurden geliefert[190].

Die Schwierigkeiten, mit denen die Ferlacher Büchsenmacher in den Jahren zwischen 1900 und 1938 zu kämpfen hatten, können anhand der Zahl der Genossenschaftsmitglieder deutlich nachvollzogen werden. Das „Grundbuch der Büchsenmacher-Genossenschaft", das im Archiv der Büchsenmacher-Genossenschaft aufliegt, ist ein Mitgliederverzeichnis, das in drei Etappen geführt wurde[191]. Die Mitglieder sind eingetragen, teilweise mit Beischrift ihres Eintrittsdatums. Auch die Löschungen oder Zurücklegungen des Gewerbes wurden hier vermerkt, der betreffende Name wurde dann durchgestrichen.

Das erste Verzeichnis muss in den Jahren um 1900 (nach 1897) bis ca. 1918 geführt worden sein. Hier sind zunächst 188 Namen gelistet. Davon wurden 76 in Laufe der Jahre gestrichen.

Das zweite „Verzeichnis über konzessionierte Mitglieder" ist im Gegensatz zum ersten alphabetisch aufgebaut und wurde in den Jahren um 1921/22 begonnen und bis in die frühen 1930er-Jahre geführt (Abb. 16). In diesen rund zehn Jahren beendeten 71 von 128 Büchsenmachern die Ausübung ihres Gewerbes in Ferlach, 57 waren weiterhin als Mitglieder eingetragen. Dies entspricht einer Ausfallsquote von 55 %. Die wirtschaftlichen Schwierigkeiten waren offensichtlich sehr stark, einige wenige wanderten aus: so Johann Doujak, Hubert Ibounig (nach Budapest), Jakob Poschinger (nach Jugoslawien), Simon Reichmann (nach Amerika) oder Ferdinand Just (ins Burgenland).

In den Jahren vor 1938 waren zunächst noch 61 Büchsenmacher in der Genossenschaft, die der dritte Teil des Verzeichnisses auflistet. Als letzter wurde hier mit Eintrittsdatum 19.11.1938 Johann Fanzoi eingetragen. Auch in diesem Verzeichnis waren Mitglieder gelöscht bzw. mit Fragezeichen versehen worden, insgesamt 23 an der Zahl. Somit waren vor dem Zweiten Weltkrieg nur mehr 38 Büchsenmacher in Ferlach tätig. 40 Jahre zuvor waren es noch mehr als viermal so viele gewesen.

Liste der im Grundbuch der Genossenschaft 1938 verzeichneten Büchsenmacher

(X= im Original durchgestrichen, ? = im Original mit Fragezeichen)

Nr.	Eintrittsdatum	Name	gestrichen	Ort	Anmerkung
1	18.06.1914	Antonitsch Johann	X	Gabl 20	gelöscht am 13. Dez. 1933, gestorben
2	29.01.1929	Borovnik Sebastian		Ferlach 143	–
3	28.03.1903	Düsel Stefan		Ferlach 144	–
		Faschingbauer Lorenz	X	Unterferlach	–
4	10.02.1887	Genossenschaft Maschinenhäuser		Ferlach	–
5	11.02.1922	Goritschnig Josef		Ferlach 95	zurückgelegt und gelöscht 31.12.1934
6	20.01.1919	Grabner Franz		Ferlach 88	–

Nr.	Eintrittsdatum	Name	gestrichen	Ort	Anmerkung
7	26.06.1921	Hauptmann Georg		Dobrowa 42	–
8	28.03.1931	Hambrusch Josef		Ferlach 95	–
9	19.04.1921	Just Max		Ferlach 8	Stv. Just Franz
10	06.10.1925	Kalischnig Simon		Dollich 29	–
11	06.08.1921	Koschat Ferdinand	X	Ferlach 149	zeitweilig zurückgestellt am 7. Jänner 1933
12	15.03.1919	Koschat Jakob		Ferlach 142	–
13	26.02.1922	Krainer Kaspar		Ferlach 148	–
14	26.02.1922	Kruschitz Martin		Ferlach 94	–
15	14.04.1912	Kullnig Thomas		Ferlach 166	–
16	13.04.1918	Mack Ignaz		Gabl 25	–
17	01.02.1912	Müller Lorenz		–	–
18	17.06.1912	Mischitz Josef		Gabl 42	–
19	09.08.1906	Mischitz Peter		Dobrowa 10	–
20	07.11.1927	Ogris M. Erben		Gabl 9	die Konzession der Fa. Ogris Erben ist an Herrn Schaschl-Outschar verpachtet
21	23.02.1919	Orasche Josef		Ferlach 179	–
22	29.11.1920	Olinowetz Thomas	X?	Dobrowa 6	–
23	28.03.1923	Perkonig Stefan	?	Ferlach 137	–
24	29.05.1911	Pegam Michael		Ferlach 133	–
25	26.02.1930	Pegam Jakob	X	Dobrowa 28	Geschäftsführer Josef Pegam, die Konzession des Jakob bzw. des Witwenbetriebs Katharina Pegam wurde am 6.5.1933 gelöscht.
26	05.11.1922	Pollitz Ignaz		Ferlach 154	–
27	30.08.1922	Rosenzopf Valentin		Ferlach 136	ausgewandert nach Waidhofen/Ybbs
28	16.08.1921	Roschitz Robert		Gabl 5	–
29	17.06.1896	Sigott Johann		Ferlach 74	–
30	24.08.1901	Sodia Franz		Ferlach 151	–
31	–	Sodia Anton	X	Unterferlach	–
32	24.08.1921	Suklitsch Rudolf	X	Ferlach 26	gestorben, am 17.1.1938
33	17.01.1907	Schaschl-Outschar Johann		Dollich 1	–
34	03.06.1921	Schaschl Valentin		Gabl 50	–
35	01.04.1925	Schwarz Josef	X ?	Ferlach 8	bei der Fa. J. Just?
36	26.10.1928	Schönlieb Josef	X ?	Ferlach 25	ausgewandert nach Deutschland
37	12.06.1931	Schönlieb Franz	X	Ferlach 25	gelöscht am 25. Oktober 1933
38	04.06.1930	Stangl Anton	X	Dobrowa 7	gelöscht am 18. Mai 1934
39	18.03.1925	Tschuden Valentin	X	Gabl 43	bei Fa. Franz Sodia, hat nach seiner Angabe das Gewerbe zurückgelegt
40	20.05.1897	Urbas Vinzenz		Ferlach 119	–
41	18.03.1926	Vetič Valentin		Dollich 17	bei Fa. Borovnik
42	01.06.1912	Veratschnig Andreas	X ?	Ferlach 167	–
43	15.03.1898	Wrulich Mathias	X	Ferlach 116	Witwe?
44	29.11.1918	Wlattnig Josef		Dobrowa 27	–

Nr.	Eintrittsdatum	Name	gestrichen	Ort	Anmerkung
45	27.02.1925	Wutte Josef	X ?	Ferlach 50	Heimarbeiter bei der Fa. Borovnik
46	20.05.1922	Winkler Benedikt		Ferlach 59	–
47	15.10.1888	Winkler Josef		Ferlach 145	Witwenbetrieb Rosa Winkler, Anton Smeritschnig Geschäftsführer mit 22. Juni 1933
48	01.04.1918	Zeppitz Simon	X	Ferlach 131	gelöscht am 7. Juli 1932
49	–	Faschingbauer Lorenz	X ?	Unterferlach 36	–
50	07.03.1923	Fanzoi Josef	X	Unterferlach 13	Gewerbe am 19. März 1934 zeitweilig zurückgestellt
51	–	Rauber Vinzenz	X	Ressnig	am 21.12.1934 infolge Ablebens gelöscht
52	04.11.1903	Sigott Thomas Witwe	X	Tratten 10	–
53	30.11.1911	Sodia Anton		Unterferlach 39	–
54	–	Traunig Valentin		Unterferlach	–
55	–	Tschemer Paul		Unterferlach	mit Beendigung der Firma Peter Wernig gelöscht
56	06.05.1933	Pegam Josef		Ferlach 28	–
–	10.03.1921	Schmied Franz		Ferlach 27	–
–	–	Grubelnig Johann	X	Tratten	zurückgelegt und gelöscht am 17. Jänner 1934
–	10.02.1934	Sornig Theresie	X	Doborva 35	Geschäftsführer Johann Sornig, Gewerbe Witwe Sornig am 22. Aug. 1935 gelöscht
–	–	Rabitsch Franz	X	Unterferlach 13	gelöscht am 4. Dez. 1935
–	19.11.1938	Fanzoi Johann		Ferlach Griesgasse 1	–

Nationalsozialismus und die Einbindung in den Rüstungsbetrieb (1938–1945)

Über die sieben Jahre, in denen die Ferlacher Gewehrindustrie in das Staats- und Wirtschaftsgebilde des Deutschen Reiches eingebunden war, liegen nur äußerst dürftige Angaben vor, deren Quellen und Belege zudem im Dunkeln bleiben. Mit dem Anschluss Österreichs an das Deutsche Reich traten jedenfalls die deutschen Gesetze in Kraft, so z. B. das deutsche Waffengesetz vom 18. März 1938 samt Durchführungsverordnungen (Abb. 17)[192]. Bei einer Sitzung im Haus der Industrie in Wien im Mai 1938, zu der die Genossenschaft geladen war, wurde unter anderem als Soforthilfe für die notleidende Ferlacher Waffenindustrie die Abnahme von 500 bis 600 Jagdgewehren zu einem angemessenen Preis in das Altreich beschlossen[193]. Mit Kriegsbeginn im September 1939 wurden die Ferlacher Produktionsstätten in den Rüstungsbetrieb der Steyr-Werke eingebunden. Erzeugt wurden Messlehren und Flugzeugteile für die Messerschmitt AG, wobei auch die Genossenschaft beteiligt war[194]. Außerdem wurden im Maschinenhaus zwischen 1939 und 1944 Bajonette für die deutsche Wehrmacht produziert[195].

Auf und Ab in der ersten Hälfte des 20. Jahrhunderts: das Geschäftsbuch Rosenzopf als exemplarisches Beispiel (1913–1949)

Dokumente, die Einblick geben in den Geschäftsgang einzelner Büchsenmacher, sind die sogenannten Waffen- oder Geschäftsbücher. In diesen wurden die eingegangenen Bestellungen chronologisch samt Preisen verzeichnet. Anhand dieser Dokumente kann die Art der geleisteten Arbeit, ihre Dauer und der Umsatz nachvollzogen werden – vorausgesetzt die Bücher wurden mit der nötigen Sorgfalt geführt. Im Büchsenmachermuseum in Ferlach ist das Waffenlieferbuch der Firma Fanzoi in Unterferlach aus den Jahren 1887 bis 1902 ausgestellt[196].

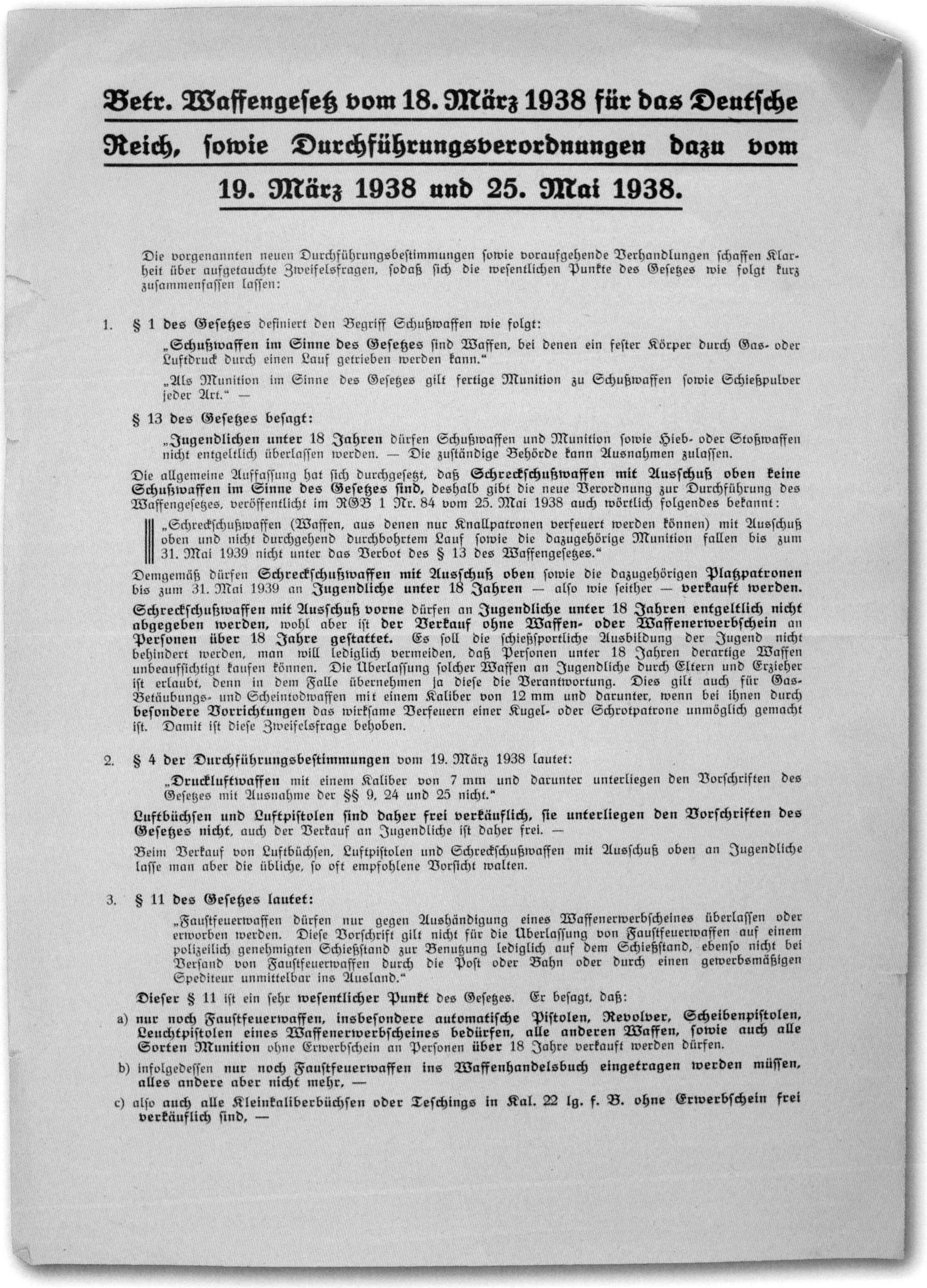

Betr. Waffengesetz vom 18. März 1938 für das Deutsche Reich, sowie Durchführungsverordnungen dazu vom 19. März 1938 und 25. Mai 1938.

Die vorgenannten neuen Durchführungsbestimmungen sowie voraufgehende Verhandlungen schaffen Klarheit über aufgetauchte Zweifelsfragen, sodaß sich die wesentlichen Punkte des Gesetzes wie folgt kurz zusammenfassen lassen:

1. **§ 1 des Gesetzes** definiert den Begriff Schußwaffen wie folgt:

„**Schußwaffen im Sinne des Gesetzes** sind Waffen, bei denen ein fester Körper durch Gas- oder Luftdruck durch einen Lauf getrieben werden kann."

„Als Munition im Sinne des Gesetzes gilt fertige Munition zu Schußwaffen sowie Schießpulver jeder Art." —

§ 13 des Gesetzes besagt:

„**Jugendlichen unter** 18 **Jahren** dürfen Schußwaffen und Munition sowie Hieb- oder Stoßwaffen nicht entgeltlich überlassen werden. — Die zuständige Behörde kann Ausnahmen zulassen.

Die allgemeine Auffassung hat sich durchgesetzt, daß **Schreckschußwaffen mit Ausschuß oben keine Schußwaffen im Sinne des Gesetzes sind,** deshalb gibt die neue Verordnung zur Durchführung des Waffengesetzes, veröffentlicht im RGB 1 Nr. 84 vom 25. Mai 1938 auch wörtlich folgendes bekannt:

„Schreckschußwaffen (Waffen, aus denen nur Knallpatronen verfeuert werden können) mit Ausschuß oben und nicht durchgehend durchbohrtem Lauf sowie die dazugehörige Munition fallen bis zum 31. Mai 1939 nicht unter das Verbot des § 13 des Waffengesetzes."

Demgemäß dürfen **Schreckschußwaffen mit Ausschuß oben** sowie die dazugehörigen **Platzpatronen** bis zum 31. Mai 1939 an **Jugendliche unter 18 Jahren** — also wie seither — **verkauft werden.**

Schreckschußwaffen mit Ausschuß vorne dürfen an **Jugendliche unter 18 Jahren entgeltlich nicht abgegeben werden,** wohl aber ist **der Verkauf ohne Waffen- oder Waffenerwerbschein** an **Personen über 18 Jahre gestattet.** Es soll die schießsportliche Ausbildung der Jugend nicht behindert werden, man will lediglich vermeiden, daß Personen unter 18 Jahren derartige Waffen unbeaufsichtigt kaufen können. Die Überlassung solcher Waffen an Jugendliche durch Eltern und Erzieher ist erlaubt, denn in dem Falle übernehmen ja diese die Verantwortung. Dies gilt auch für Gas-Betäubungs- und Scheintodwaffen mit einem Kaliber von 12 mm und darunter, wenn bei ihnen durch **besondere Vorrichtungen** das wirksame Verfeuern einer Kugel- oder Schrotpatrone unmöglich gemacht ist. Damit ist diese Zweifelsfrage behoben.

2. **§ 4 der Durchführungsbestimmungen** vom 19. März 1938 lautet:

„**Druckluftwaffen** mit einem Kaliber von 7 mm und darunter unterliegen den Vorschriften des Gesetzes mit Ausnahme der §§ 9, 24 und 25 nicht."

Luftbüchsen und Luftpistolen sind daher frei verkäuflich, sie unterliegen den Vorschriften des Gesetzes nicht, auch der Verkauf an Jugendliche ist daher frei. —

Beim Verkauf von Luftbüchsen, Luftpistolen und Schreckschußwaffen mit Ausschuß oben an Jugendliche lasse man aber die übliche, so oft empfohlene Vorsicht walten.

3. **§ 11 des Gesetzes lautet:**

„Faustfeuerwaffen dürfen nur gegen Aushändigung eines Waffenerwerbscheines überlassen oder erworben werden. Diese Vorschrift gilt nicht für die Überlassung von Faustfeuerwaffen auf einem polizeilich genehmigten Schießstand zur Benutzung lediglich auf dem Schießstand, ebenso nicht bei Versand von Faustfeuerwaffen durch die Post oder Bahn oder durch einen gewerbsmäßigen Spediteur unmittelbar ins Ausland."

Dieser § 11 ist ein sehr **wesentlicher Punkt** des Gesetzes. Er besagt, daß:

a) **nur noch Faustfeuerwaffen, insbesondere automatische Pistolen, Revolver, Scheibenpistolen, Leuchtpistolen eines Waffenerwerbscheines bedürfen, alle anderen Waffen, sowie auch alle Sorten Munition** ohne Erwerbschein an Personen **über** 18 Jahre verkauft werden dürfen.

b) infolgedessen **nur noch Faustfeuerwaffen ins Waffenhandelsbuch eingetragen werden müssen, alles andere aber nicht mehr,** —

c) also **auch alle Kleinkaliberbüchsen oder Teschings in Kal. 22 lg. f. B. ohne Erwerbschein frei verkäuflich sind,** —

Abb. 17: ***Waffengesetz vom 18. März 1938 für das Deutsche Reich***
(Büchsenmachermuseum Ferlach, Foto: Peter Just)

Im Kärntner Landesarchiv ist ein Geschäftsbuch verwahrt, das in seiner Buntheit und Gebrochenheit deutlich die Geschichte der Ferlacher Büchsenmacher in der ersten Hälfte des 20. Jahrhunderts widerspiegelt[197]. Der zeitliche Rahmen, den das Buch abdeckt, reicht von 1913 bis 1949. Begonnen wurde es vom Büchsenmacher Alexander Rosenzopf (*1867). Rosenzopf hatte das Handwerk von 1878 bis 1882 bei Philipp Poschinger erlernt (Abb. 18). Bemerkenswert an diesem Geschäftsbuch ist allerdings, dass auf der ersten Seite ein Stempel ist, dessen oberer Teil, wo wir den Namen des Inhabers vermuten dürfen, massiv mit Bleistift übermalt wurde. Der untere Stempelteil zeigt die Schrift „Büchsenmacherei FERLACH Kärnten". Allerdings ist in dem Buch unter dem Jahr 1915 auch der Eintrag „Firma Melchior, Waffen Fabrick in Unterkärnten" zu finden. In diesem Jahr reißen die Aufzeichnungen, man darf vermuten kriegsbedingt, ab. Die Aufzeichnungen setzen 1924 wieder ein, hier hat sich Valentin Rosenzopf als Büchsenmacher in Ferlach, vermutlich eigenhändig, eingeschrieben. Insgesamt sind die frühen Aufzeichnungen deutlich sorgfältiger: Jeder Eingang ist mit einer Nummer, mit Eingangsdatum, dem Namen des Bestellers, der Bezeichnung der Bestellung, dem Faktura-Betrag und dem Datum der Ablieferung vermerkt. 1913 wurden 1.000 Bestellungen abgewickelt. Am 21.4.1913 bestellte z. B. Josef Kauler, Büchsenmacher in Mešno in Böhmen (heute ein Ort mit 81 Einwohnern in Tschechien/Region Pilsen[198]) eine Hammerless-Doppelflinte Nr. 103 mit gerader hoher Laufschiene und einer Schäftung 350.65/40 mm zum Preis vom 180 K. Am Lauf wollte Kauler eine Krupp Ankermarke[199] und die Aufschrift „Firma böhmisch J. K. v. M." Eine zweite, am selben Tag ebenfalls von Kauler bestellte Hammerless Doppelflinte Nr. 103, allerdings mit anderer Schäftung („ bei der Backe recht voll") sollte die gleichen Initialen für die Firma Josef Kauler aus Mešno tragen, jedoch als Aufschrift „Böhler Stahl" haben. Als Preis wurden 176 K angegeben. Am 3.6.1913 wurde die Ware geliefert. Ferlacher Büchsenmacher wie Alexander Rosenzopf arbeiteten als Subunternehmer und schienen am Endprodukt nicht als Produzenten auf.

Im Kriegsjahr 1914 hatte die Firma Rosenzopf nur mehr 52 Bestellungen, die im Geschäftsbuch vermerkt wurden. 1924 trafen magere 20 Bestellungen ein, die nunmehr Valentin Rosenzopf (1890–1953) bearbeitete. Bis 1928 stiegen sie auf 251, ehe sich die Depression der frühen 1930er-Jahre auch in diesem kleinen Umfeld massiv bemerkbar machte, 1930: 50, 1931: 30, 1932: 26 Eintragungen. 1933 war mit sechs verzeichneten Posten der absolute Tiefstand erreicht. Die Jahre 1934 und 1935 waren noch sehr schwach (15 bzw. 19), ehe 1936 plötzlich 202 Aufträge vorlagen. Ab dem Kriegsausbruch 1939 stieg die Rosenzopf-Produktion kontinuierlich (von 96 im Jahr 1939, auf 379 im Jahr 1944). Valentin Rosenzopf wanderte wahrscheinlich 1938 oder 1939

Gott segne das ehrsame Handwerk. An Gottes Segen ist Alles gelegen.

LEHRBRIEF.

Nachdem Alex Rosenzopf gebürtig von St. [illegible] bei dem Herrn Ph. Poschinger [illegible] den bestehenden Vorschriften entsprechend durch 4. Jahre, nämlich vom 22 Dezember 1878 bis 22 Dezember 1882 erlernt, sich während der Lehrzeit die für einen Gehilfen erforderlichen Kenntnisse und Fertigkeiten genügend eigen gemacht, eine gute Aufführung bewährt und die zur Freisprechung gesetzlich vorgeschriebenen Pflichten erfüllt hat, so wurde derselbe im IV Quartale 1882 und zwar am 22 Dezember 1882 frei und zum Gehilfen gesprochen, und ihm gegenwärtiger Lehrbrief ertheilt, damit er künftig den erworbenen Kenntnissen gemäß als Büchsenmacher arbeiten könne.

Zur Bekräftigung ist dieser Lehrbrief [illegible]

Ferlach am 25ten Mai 1888

Vidi!

ORTS-GEMEINDE FERLACH

Abb. 18: Lehrbrief des Alexander Rosenzopf, ausgestellt 1888
(Büchsenmachermuseum Ferlach, Foto: Peter Just)

nach Waidhofen an der Ybbs aus[200]. Somit sind die Rosenzopf-Zahlen zwar nicht mehr unmittelbar auf Ferlacher Verhältnisse zu beziehen. Sie geben aber dennoch ein anschauliches Bild eines Büchsenmachers mit Ferlacher Wurzeln für diese Zeiten. In den Nachkriegsjahren 1946 und 1947 gab es nur vereinzelte Gewehrreparaturen, vor allem aber Reparaturen verschiedener Geräte, z. B. von Feldstechern oder Schlachtapparaten, als Betätigungsfeld. Lakonisch ist im Geschäftsbuch Rosenzopf zu lesen: „1945: russische Kontrollen u. Verbot m. Waffen und Munition. Ablieferung aller Waffen und Munition an die Besatzungsmacht." Waidhofen war Teil der russischen Zone.

Die Waffen mussten auch in Ferlach abgeliefert werden, jedoch hier an die britischen Alliierten. Zu den lokalhistorisch bekanntesten britischen Soldaten, die nach Ferlach kamen, zählte Captain Henry Eric Ryall, der lange Jahre in Ferlach verblieb und mit Gretl Just einer Ferlacherin ehelichte. Im lokalen Ferlacher Bewusstsein ist er durch die Gedenktafel am Eliaskreuz präsent. In Ferlach waren aber zunächst am 9. Mai 1945, einen Tag nach Kriegsende, Partisanenverbände einmarschiert. Noch am 11. Mai kam es in Ferlach zu Kämpfen zwischen diesen Verbänden und deutschen Soldaten, die über den Loibl und die Drau in die britische Zone zu gelangen versuchten[201].

Ab 1948 durften die Ferlacher Büchsenmacher auch wieder Büchsen herstellen. Zuvor war ihnen nur die Produktion von Flinten (Schrotgewehren) gestattet gewesen, zwischen Mai und Oktober 1945 war die Produktion von Waffen generell verboten[202]. Dann mussten die Waffen in eine zentrale Verkaufsstelle am Bezirksgericht Ferlach eingeliefert werden, als Kunden waren ausschließlich alliierte Offiziere zugelassen gewesen[203]. Auch die Firma Valentin Rosenzopf produzierte ab 1948 wieder: 1948 sind 30 und 1949 insgesamt 17 Posten vermerkt. Bald nach dem Krieg dürfte er nach Ferlach zurückgekehrt sein und sich in der Griesgasse niedergelassen haben, wie der Eintrag im Adressbuch 1947 nahelegt und wo als Pächter Gustav Kolm vermerkt ist[204]. Damit wurde ein bescheidener Neubeginn gemacht. Anhand der Werkstatt Rosenzopf spiegelt sich, aufgezeichnet in dem Geschäftsbuch, die Welt- und Wirtschaftslage einer an Umbrüchen und Katastrophen nicht armen Zeit, wie es die erste Hälfte des 20. Jahrhundert war, wider[205].

Die Jahre nach dem Zweiten Weltkrieg (1945–1950)

Ab dem Jahr 1948 konnten die Büchsenmacher ihrem Handwerk wieder nachgehen und Gewehre produzieren. Im Kärntner Amts- und Adressbuch für das Jahr 1947 sind die eingetragenen Firmen und die Handel- und Gewerbetreibenden unter den Ferlacher Büchsenmachern gelistet[206]. An Firmen sind angeführt: das Genossenschaft-Maschinenhaus (Inhaber Büchsenmacher-Genossenschaft), Josef Just Gewehrfabrikant, Jakob Koschat (J. Winklers Nachfolger), M. Ogris Gewehrfabrik OHG und Franz Sodia Gewehrfabrik. Sodia und Koschat waren vor dem Krieg noch unter den Handels- und Gewerbebetrieben erschienen. Im Jahr des Kriegsbeginns (1939) waren 30 Büchsenmacher bzw. Firmen in Ferlach tätig[207]. Am 6. 6. 1945 hatte der britische Stadtkommandant jedem der 29 Ferlacher Büchsenmacher die Erzeugung eines Gewehres gestattet[208]. 1947 waren 20 Büchsenmacher verzeichnet. Jakob Koschat und Franz Sodia hatten nach dem Krieg ihr Gewerbe in eine Firma übergeführt. Neu unter den Handels- und Gewerbetreibenden waren Johann Fanzoi (zweimal vermerkt) sowie Johann Michelitsch.

In den Adressbüchern eingetragene Firmen und Gewerbetreibende 1939 und 1947

Kärntner Amts- und Adressbuch 1939 Protokollierte Firmen	**Kärntner Amts- und Adressbuch 1947** Eingetragene Firmen
Genossenschafts-Maschinenhaus der Büchsenmacher in Ferlach	Genossenschaft-Maschinenhaus der Büchsenmacher in Ferlach, Inh. Büchsenmacher-Genossenschaft in Ferlach, Vorst. Thomas Kullnig, Prok. Thomas Schmied
Josef Just, Gewehrfabrikant, Inh. der mj. Sohn Josef Just, Prokura Josefine Just	Josef Just Gewehrfabrikant, Inh. Josef Just, EProk. Josefine Just
M. Ogris, Gewehrfabrik in Ferlach, Pächter: Johann Schaschl-Outschar	Jakob Koschat J. Winkler's Nachfolger, Inh. Jakob Koschat
–	M. Ogris, Gewehrfarbrik OHG, Ges. mj. Herta, mj. Irmgard, mj. Josef Ogris, VB und FZ Luise Ogris für die Dauer der Mj.
–	Franz Sodia, Gewehrfabrik, Ferlach

Kärntner Amts- und Adressbuch 1939 Handel, Gewerbe und Industrie	**Kärntner Amts- und Adressbuch 1947** Handel und Gewerbetreibende
Borovnik Sebastian	Borovnik Sebastian, Dollichstr. 14
Düsel Stephan	Düsel Stephan, 10.-Oktober-Str. 6
Genossenschafts-Maschinenhaus der Büchsenmacher in Ferlach	Fanzoi Johann, Griesgasse 1
Hambrusch Josef	Fanzoi Johann, Griesgasse 1, Präzisions-Jagdwaffenerzeuger
Hauptmann Georg	Genossenschafts-Maschinenhaus der Büchsenmacher in Ferlach
Just Josef, Gewehrfabrikant	Hambrusch Josef, Gartengasse 4
Koschat Jakob, Josef Winklers Nachfahre	Hauptmann Karl, Bahnhofstr. 5
Kruschitz Martin	Just Josef, Gewehrfabrikant, Hauptplatz 18
Kullnig Thomas	Koschat Jakob, J. Winklers Nachf., 12.-November-Str. 3
Lutschounig Valentin	Kruschitz Martin, Freibacher Str. 9
Mak Ignaz	Michelitsch Johann, 12. November-Str. 2
Mischitz Josef	Mischitz Josef, Auengasse 3
Mischitz Peter	Mischitz Peter, Klagenfurter Str. 3
Müller Lorenz	Orasche Josef, Lastenstraße 5
Orasche Josef	Pegam Michael, Gartengasse 5
Pegam Josef	Rosenzopf Valentin (Pächter: Gustav Kolm), Griesgasse 2
Pegam Michael	Sigott Johann, Kirchgasse 6
Perkonig Stephan	Sodia Franz, Gewehrfabrik
Pollitz Ignaz	Urbas Vinzenz, Neubaugasse 6
Schaschl Valentin	Winkler Josef, Neubaugasse 1
Schmied Franz	–
Schönlieb Josef	–
Schwarz Josef	–
Sigott Johann	–
Sodia Franz	–
Urbas Vinzenz	–
Winkler Josef	–
Wlattnig Josef	–
Wutte Josef	–

1945 wurde auch damit begonnen, den Ferlacher Jagdwaffenerzeugern die bis heute verwendeten Kennziffern zuzuordnen[209]. Warum mit der Nummer 20 begonnen wurde, ist nicht mehr nachvollziehbar. Die Nummern 20 bis 37 sind jedenfalls in grundsätzlich alphabetischer Reihenfolge und zeigen damit an, welche Produzenten unmittelbar nach Kriegende wieder zu arbeiten begannen und wohl in einem Stück gesamt erfasst wurden. Lediglich die Nummer 35, Johann Outschar, scheint aus der alphabetischen Reihenfolge zu fallen. Wenn man jedoch den seit 1909 belegten und bis heute gebräuchlichen Doppelnamen Schaschl-Outschar annimmt, so ist die Einordnung unter „S" richtig. Als Nummer 38 ist die Genossenschaft der Büchsenmacher, als Nummer 39 noch die Fachschule für Handfeuerwaffen angefügt. Ab Nummer 40 ist keine Reihenfolge mehr ersichtlich. Die Zuteilung der Nummern scheint von da ab nach dem Zeitpunkt der Registrierung erfolgt zu sein[210].

Spätestens 1949 wurde auch wieder die Genossenschaft aktiv. In der Generalversammlung vom 25. Jänner 1949 wurde die neue Satzung der „Genossenschaft der Büchsenmachermeister in Ferlach r. G. m. B. H." beschlossen[211]. Als Unternehmensgegenstand wurde „die Errichtung von Betriebsstätten mit maschineller Einrichtung zur Bearbeitung von Roh- und Werkstoffen für das Büchsenmacherhandwerk" sowie der Betrieb der Maschinenhäuser festgehalten (§ 1.1). Auch gehörte die Übernahme von Aufträgen in Gewehren, Waffen aller Art und von Bestandteilen weiterhin zum Zweck der Genossenschaft (§ 1.2), ebenso wie allgemein die Förderung des Ferlacher Waffenhandwerks (§ 1.3).

Als Organe der Genossenschaft wurden ein Vorstand, ein Aufsichtsrat und die Generalversammlung bestimmt (§ 8.), wobei der Vorstand aus vier Mitgliedern bestand, aus deren Mitte der Vorsitzende gewählt wurde. Als Funktionsdauer des Vorstands wurden drei Jahre festgelegt (§ 9.). Der Aufsichtsrat sollte aus drei bis fünf Mitgliedern bestehen (§ 20.). Vorstandsmitglieder waren 1949 Peter Mischitz, Josef (Benedikt) Winkler, Johann Sigott und Jakob Koschat. 1948/49 wurde auch die „Vereinigte Ferlacher Jagdwaffenerzeuger K.G." in eine GmbH übergeleitet. Über diese „Exportgenossenschaft" berichtet Ernst Baumgartner in seiner zeitnah 1953 entstandenen Dissertation[212]. Die Kommanditgesellschaft war von Anton Sodia, Josef Benedikt Winkler, Vinzenz Urbas und Peter Mischitz

Ausfuhren der Exportgesellschaft 1948–1952[216]

Jahr	Land	Stückzahl	Verkaufspreis in Dollar
1948	USA	3	837,00
	Italien	61	20 212,24
1949	Italien	29	7 927,50
	Schweiz	1	124,84
	Kuba	2	1 040,00
	Frankreich	3	226,59
1950	CSR	100	31 500,00
	Griechenland	88	9 051,40
	Argentinien	2	291,00
	Westdeutschland	295	22 300,00
	USA	12	2 074,00
1951	Argentinien	1	162,00
	Schweiz	21	3 143,00
	Australien	5+1650 KK-Gewehre	18 082,00
	USA	74	11 866,80
	Frankreich	20 KK-Gewehre	429,80
	Westdeutschland	321	28 605,00
	Schweden	6	1 194,65
1952	Frankreich	9+50 KK-Gewehre	1 561,91
	Schweiz	6	965,65
	Australien	5	569,90
	Afrika	12	1 090,45
	USA	132	25 774,33
	Westdeutschland	108	16 914,15
	Mexiko	3	419,00
	Schweden	81	8 539,54
	Afghanistan	2	170,00

als persönlich haftende Gesellschafter, vermutlich bald nach dem Krieg, begründet worden. Als ihr Zweck wurde der gemeinschaftliche Betrieb einer Jagdwaffen- und Jagdbedarfsgroßhandlung angegeben[213]. Sie stellte damit einen Versuch dar, die Geschäftstätigkeiten der Ferlacher Büchsenmacher zu vereinen. Ernst Baumgartner beruft sich in seinen Darstellungen auf Mitteilungen des „Obmannes der Exportabteilung", Alois Schaschl-Outschar. Diese Gesellschaft führte den gemeinsamen Export der Produkte durch, wobei die Büchsenmacher auch selbstständig exportieren konnten. Zwischen 1949 und 1952 wurden knapp 1.400 Jagdgewehre über diese „Exportabteilung" vor allem nach Westdeutschland, aber auch in die USA, nach Frankreich, Schweden oder Italien geliefert.

Profitiert haben die Ferlach Büchsenmacher auch dadurch, dass die Produktion in Suhl (Teil der damaligen sowjetischen Zone Deutschlands) völlig zum Erliegen gekommen war und der westdeutsche Bedarf mit Waffen aus Ferlach gedeckt wurde. Noch 1953 durften in Suhl keine Kugelläufe produziert werden, die Waffen aus Lüttich sanken qualitativ noch weiter ab[214]. Bei der Exportmesse in Chicago 1950 errangen Ferlacher Jagdwaffen einen großen Erfolg[215].

Aufschwung und moderne Zeiten (1950–2004)

„Wer heute durch die Stadt Ferlach geht, hört allenthalben das Hämmern aus den Werkstätten ..."[217] So beschrieb Karl Dinklage im Jahr 1976 seinen Eindruck über die Ferlacher Waffenerzeugung. In den Maschinenhäusern waren 70 Arbeiter mit der Herstellung von Bestandteilen beschäftigt, einige Meister leisteten sich auch den Luxus, eigene Maschinen laufen zu lassen. 90 % aller Erzeugnisse wurden exportiert. Seit 1963 gab es die HTL, zu der die Fachschule gewandelt worden war, die Schüler konnten nun eine Reifeprüfung in Ferlach ablegen und sorgten für zusätzliche Anziehungs- und Kaufkraft.

Nach wie vor wurden die Waffen zu einem großen Teil in Handarbeit hergestellt. Noch immer dominierte in Ferlach das Beschäftigungsmodell des Heimarbeiters, der gegen Stückbezahlung die nötigen Teile lieferte. Die Nachteile dieses Systems, das sich in Ferlach lange hielt, liegen auf der Hand. Für den Heimarbeiter war es die soziale Unterversorgung im Fall von Arbeitsunfähigkeit und Pension. Aber auch für den Büchsenmachermeister ergaben

Abb. 19: Belegschaft des Maschinenhauses, ca. 1950 *(Archiv der Büchsenmachergenossenschaft)*

sich gravierende unternehmerische Nachteile, hatte er doch auf die Arbeitsleistung und die Arbeitszeit der Arbeiter keinen formal berechtigten Anspruch. Ein „blauer Montag“ oder ein „Rappler“, der spontane Entschluss, die Arbeit sein zu lassen und sich den angenehmeren Dingen des Lebens zu widmen, konnte die rechtzeitige Erledigung eines Auftrags unmöglich machen[218]. Auch war der Auftraggeber nicht davor gefeit, dass Teile oder Werkzeuge aus seiner Werkstatt für die Erledigung anderer Aufträge verwendet wurden. Insgesamt erwies sich dieses System als wenig tragfähig für die nötigen Anpassungen an die wirtschaftlichen Entwicklungen. In den wirtschaftlichen Blütezeiten der 1950er-, 1960er- und frühen 1970er-Jahre, mit dem ungebrochenen Wirtschaftswachstum und dem steigenden Wohlstand vor allem in Westdeutschland, profitierten die Ferlacher Büchsenmacher von dieser Hochkonjunktur. Firmen wie Franz Sodia beschäftigten bis zu 120 Arbeiter[219]. Auch die Genossenschaft der Büchsenmacher konnte investieren und Personal aufnehmen (Abb. 19). 1961 wurde die Werkhalle des Maschinenhauses 2 durch einen Zubau vergrößert, 1963 wurde das nördlich an Maschinenhaus 2 anschließende Areal erworben, wofür ein Teil des Grundbesitzes im Südwesten aufgegeben wurde. Maschinenhaus 2 wurde im Jahr 1965 nochmals vergrößert (Abb. 20)[220].

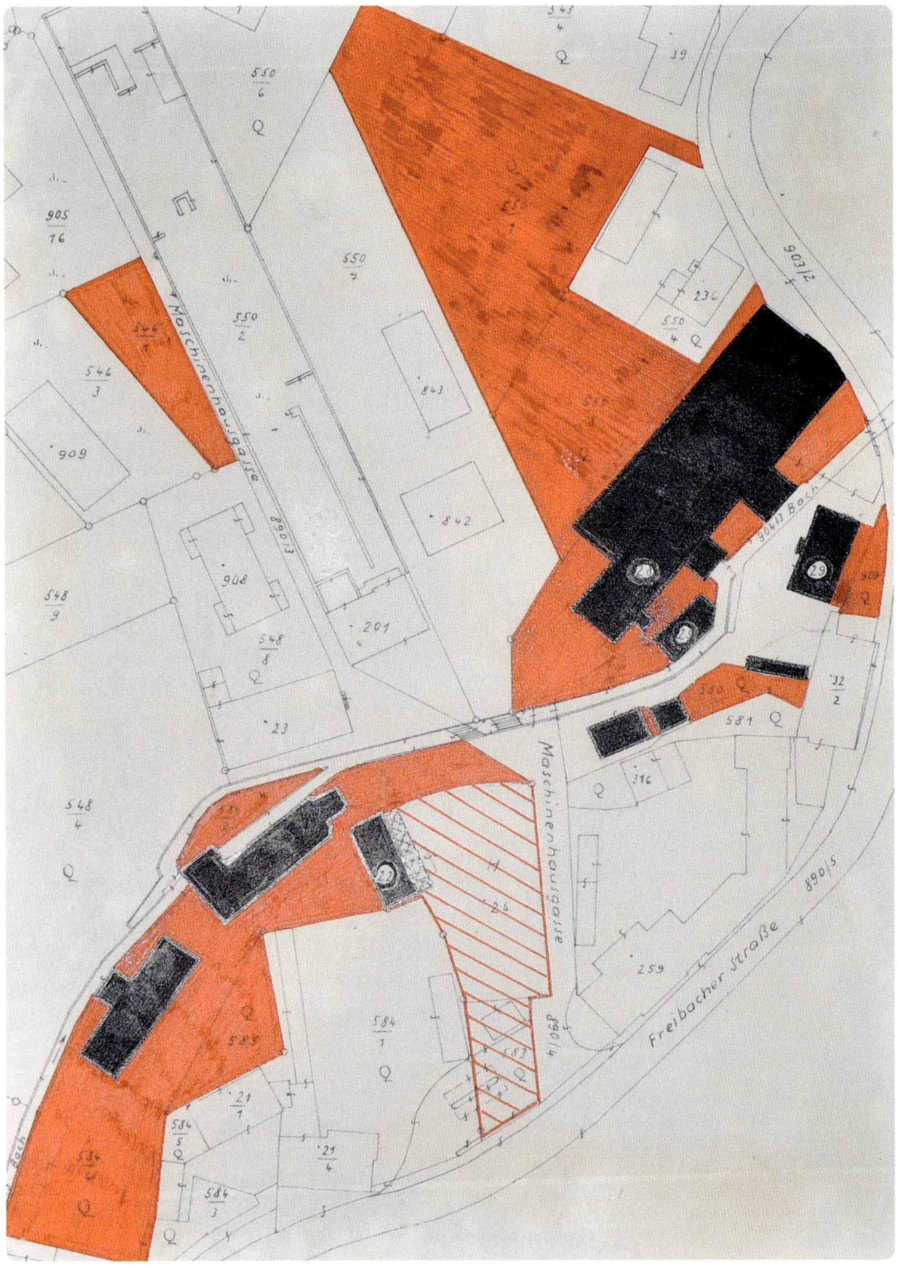

Abb. 20: Grundbesitz der Genossenschaft und Verbauung 1965 *(Archiv der Büchsenmachergenossenschaft)*

Noch in den frühen 1980er-Jahren wurden 2.000 Gewehre pro Jahr produziert und abgesetzt[221]. In den 1990er-Jahren brachen Markt und Produktion ein. 1989 war über der Firma Franz Sodia der Zwangsausgleich eröffnet worden[222]. Die Produktion sank auf 200 Stück Ferlacher Jagdgewehre im Jahr, 1998 gab es noch 13 Betriebe in Ferlach[223].

Es gab Auffassungsunterschiede darüber, wie sich die Genossenschaft in diesen wirtschaftlich schwierigen Zeiten positionieren und verhalten sollte. Schwierigkeiten bei der wirtschaftlichen Bewertung des Genossenschaftsvermögens waren die Folge. Auch Gerichtsverfahren unter den Genossenschaftsmitgliedern kamen vor. Eine angedachte Umwandlung in eine Aktiengesellschaft, die ebenfalls im Raum gestanden war, kam nicht zustande.

Schließlich meldete die Genossenschaft 2004 mit ihren noch vorhandenen 13 Mitgliedern Konkurs an. Werksgelände und Maschinen wurden verkauft. Die Überschuldung betrug im Rechnungsabschluss 2002 in Summe 320.000 Euro, wobei auch restriktive Waffengesetze zu dieser Entwicklung beigetragen hatten[224]. Die 30 Mitarbeiter wurden von der 2003 gegründeten ersten Nachfolgefirma, der Ferlacher Waffen- und Präzisionstechnik Produktions GmbH, übernommen[225]. Neben den „Bergstutzen Kärnten“ und der „Bockbüchsflinte Karawanken“ fertigte man auch Präzisionsteile für Pankl

(Antriebswellen, Kolbenstangen) oder Voest[226]. 2006 wurde vom Vorstand das Verfahren zur Auflösung der Genossenschaft eingeleitet, 2008 wurde das Liquidationsverfahren eröffnet. Einige Genossenschaftsmitglieder sahen von der Bezahlung der Einlage jedoch ab, daher wurde ein Konkursantrag eingebracht, um die ausständigen 45.000 Euro für drei Gläubiger bedienen zu können[227].

2011 wurde über die Nachfolgefirma Ferlacher Waffen Präzisionstechnik Produktions GmbH ein Konkursverfahren eröffnet. Sie war Gesellschafterin der Ferlacher Waffen Produktionstechnik WPP GmbH und Co KG gewesen, die 881.000 Euro an Passiva aufwies[228]. Als Nachfolgerin fungierte die im Dezember 2011 gegründete FMF Maschinen und Fertigungstechnik GmbH[229], seit September 2014 ist die EPT Präzisionstechnik GmbH am traditionsreichen Sitz Maschinenhausgasse 5 (Maschinenhaus 2) in Ferlach ansässig. Das Tätigkeitsfeld ist mit Maschinenbau angegeben. Im Herbst 2015 waren von den elf Angestellten ein bis zwei Leute für die Bestandteilproduktion der Büchsenmacher tätig, was rund 15 bis 20 % der Produktion ausmachte. Der große Vorteil liegt dabei nach wie vor in der unmittelbaren Nachbarschaft zum Ferlacher Beschussamt, wodurch Waffenteile ohne lange Wege und Versenden, wenn nötig mehrmals, beprobt werden können[230]. Somit ist die Tradition der Büchsenmacher-Genossenschaft in Ferlach, auch wenn die Genossenschaft seit 2004/2008 nicht mehr existent ist, immer noch präsent (Abb. 21).

Liste der Leiter der Maschinenhäuser

Zeitraum	Name
1887–1891	Josef Just (Vorstand der Genossenschaft)
1891–1892	Anton Mischitz (Vorstand der Genossenschaft)
1892–1893	Josef Just (Direktor)
1893–1894	Franz Pleschberger (Direktor)
1894–1908	Philip Poschinger (prov. Leiter, Verwalter)
1908–1918	Rudolf Hoinig (Direktor)
1922–1947	Thomas Schmied (Direktor)

Liste der Obmänner der Genossenschaft

Zeitraum	Name
1885–1886	Carl Fisch
1886–1891	Josef Just
1891–1897	Anton Mischitz
1897	Anton Stangl
1901–1902	Josef Ogris
1906–1908	Anton Stangl
1908–1909	Josef Just
1909–1914	Johann Schaschl-Outschar
1914–1918	Regierungskommissäre Josef Vogl und Alois Kessner
1918–1920	Johann Schaschl-Outschar
1920–1947	Thomas Kullnig
1975–1992	Josef Hambrusch
1996–1998	Johann Fanzoj
2004	Karl Hauptmann

Abb. 21: *Maschinenhaus 2 von Osten im Herbst 2017* *(Foto: Peter Just)*

Gewehrfabrikanten und k. u. k. Hoflieferanten

Bekannte Ferlacher Büchsenmacher im 19. und frühen 20. Jahrhundert

Im Laufe der zweiten Hälfte des 19. Jahrhunderts schafften einige Ferlacher Büchsenmacher den Aufstieg zu „Gewehrfabrikanten“: Just, Sodia, Poschinger, Wernig, Ogris, Antonitsch oder Sigott.

Ausschlaggebend für die Bezeichnung war die Größe und Bedeutung des Betriebes, weniger die Art der Produktion. Produziert wurde weiterhin in den traditionellen Werkstätten größtenteils in Handarbeit. Eigene Fabrikgebäude wurden von den Ferlacher Fabrikanten nicht errichtet. Die meisten Ferlacher Büchsenmacher arbeiteten weiter in ihren Werkstätten und lieferten ihre Arbeiten an die „Fabrikanten“. Den bis zu 10.000 Arbeitern, die in der „Steyrer Waffenfabriksgesellschaft“ um 1890 beschäftigt waren[231], standen in den einzelnen Ferlacher Fabrikanten-Werkstätten höchstens einige Dutzend gegenüber.

Um 1875 beschrieben die Ferlacher Büchsenmacher ihre „Fabrik“ folgendermaßen: „Die Gewehrfabrik in Ferlach begreift neun Ortschaften in sich. Diese sind Ober- und Unterferlach, Dollich, Tratten, Dobrowa, Görtschach, Reßnig, Unterbergen und Unterloibl. In jeder dieser Ortschaften werden von verschiedenen Meistern einzelne Gewehrbestandtheile erzeugt, die dann den größeren Fabrikanten, den concessionierten Büchsenmacher Meistern oder Lieferanten abgegeben und als Fabrikat in Handelsverkehr gesetzt werden.“[232] Für die Ferlacher Büchsenmacher-Innung war ganz Ferlach die Fabrik. Die traditionelle Handarbeit blieb vorherrschend. Rund 200 Familien lebten in Ferlach vom Büchsenmachen, wodurch das Gedeihen des gesamten Ortes an dem Wohl des Handwerks hing.

Wirtschaftlich war das letzte Viertel des 19. Jahrhunderts aber mit dieser Produktionsmethode nicht immer leicht zu meistern. In eigenen Worten beschrieben die Büchsenmacher dies im Jahr 1875 so: „Durch mißliche Zeitverhältnisse, durch die Erfindungen neuer Systeme, durch Verfügungen der Staatsverwaltung, durch das Entstehen anderer großer Fabriken und durch die Beschränkung des Verkehres mit den Fabrikaten hat die Arbeit von Zeit zu Zeit von Jahr zu Jahr abgenommen, und damit ist Arbeitsmangel und Noth eingetreten.“[233] Nicht zuletzt diese Entwicklungen führten dazu, dass die Maschinenhäuser 1887 und 1890 mit staatlicher Förderung errichtet wurden. Man sah durchaus die Not und die wirtschaftlichen Defizite und wollte entgegenwirken.

Aber auch in Ferlach gab es Männer, die durch ihre Tatkraft, ihren Erfindungsgeist oder ihren Geschäftssinn aus der Menge der Büchsenmacher hervorragen. Ihre Namen sind zum Teil in Ferlach immer noch präsent. Allerdings brachte es das „Ferlacher System“ mit sich, dass eine Firma, wenn kein geeigneter Nachfolger in der Familie vorhanden war, oft nicht mehr weiterbestehen konnte. Die funktionsorientierten Strukturen, die über persönliche Fähigkeiten und Schicksale hinwegtragen können, konnten sich in Ferlach nicht etablieren.

Poschinger

Philipp Poschinger (1826–1916) zählte im letzten Viertel des 19. Jahrhunderts zu den bedeutendsten Ferlacher Gewehrfabrikanten. Er war Bürgermeister von Ferlach (1872–1886), Leiter der Fachschule (1878–1881) und hatte in der Genossenschaft und in der Maschinenhausverwaltung immer wieder leitende Funktionen inne (Direktor, Obmann-Stellvertreter). Ab 1874 verlegte er sich erfolgreich auf die Produktion von feinen Jagdwaffen und entwickelte einen eigenen Damaszenerstahl.

Adresse: Ferlach 147 (alte Nummerierung), Dollichgasse 2

Philipp Poschinger – Rohrschmied und Gewehrfabrikant

Philipp Poschinger (1826–1916) gehörte zu den bekanntesten und wichtigsten Büchsenmachern seiner Generation (Abb. 22). Sein Vater Joseph Poschinger erscheint im Meisterverzeichnis von 1840[234]. Auch sein Großvater Valentin war schon Büchsenmacher gewesen[235]. Sein Handwerk erlernte er in den Jahren um 1791 bei Joseph Hambrusch[236]. Philipp Poschinger entstammte demnach einer typischen Ferlacher Büchsenmacherfamilie, umso mehr, als auch seine Mutter Maria eine Tochter des Büchsenmachers Simon Rabitsch war.

Der Name Poschinger taucht in Ferlacher Büchsenmacherkreisen wiederholt auf. Neben der Linie des Philipp Poschinger in Ferlach gab es auch die Unterferlacher Poschinger (Pfarre Glainach). Diese machten sich vor allem als Rohrschmiede und gegen Endes des 19. Jahrhunderts als Besitzer des Jaklinhammers einen Namen. Schon 1854 bat ein Jakob Poschinger als Inhaber der vormaligen Schellander- und späteren Graf Thurnschen Rohrschmiede in Unterferlach um die Aufnahme in die Zunft[237].

Doch auch außerhalb von Ferlach gibt es Belege für die Tätigkeiten von Trägern des Namens Poschinger in Zusammenhang mit Eisengewinnung und Hammerwerken. Ein Leopold Poschinger war in Friesach beheimatet gewesen. Er baute dort am Gaisberg Eisen ab und hatte 1771 die Erlaubnis erhalten, am Olsabach einen Wallaschhammer und einen Großhammer zu errichten[238]. Erwähnt sei er hier, weil es über die Herrschaft Dietrichstein eine Verbindung

***Abb. 22:* Philipp Poschinger (1826–1916)**
(Tuschar 1996, 42)

zwischen den Rohrschmieden in Ferlach und Leopold Poschinger gibt. Leopold Poschinger war 1748 von der Herrschaft Dietrichstein beauftragt worden, für das Einschlagen des Dietrichsteiner Wappens auf den Rohren und die Einhebung der dafür vorgesehenen Gebühr zu sorgen[239]. Daraus lässt sich schließen, dass Leopold Poschinger Lieferant für das benötigte Eisen der Ferlacher Rohrschmiede gewesen ist. Leopold Poschinger wird 1759 in der Hammerordnung Maria Theresias auch als Inhaber eines Hammers mit Marke genannt[240].

Auch Philipp Poschinger erlernte das Handwerk des Rohrschmieds. In den 1870er-Jahren entwickelte er einen Damaszenerstahl, der es mit den Lütticher Sorten an Qualität aufnehmen konnte[241]. Dieser besonders geschmiedete Stahl zeichnet sich auch durch eine besonders schön gemusterte Oberfläche aus, die den Waffen aus dem Hause Poschinger eine besondere Eleganz verliehen.

Poschinger wurde 1872 Bürgermeister von Ferlach und blieb bis 1886 im Amt[242]. Von 1878 bis 1881 war er der erste Leiter der neu errichteten Fachschule in Ferlach[243]. Früh erkannte er, dass die Zukunft der Ferlacher Waffenproduktion in der Herstellung von feinen Jagdwaffen lag. Ab 1874 verlegte er sich auf dieses Gebiet[244]. 20 Jahre später (1893) empfahl Landespräsident Schmidt-Zabierow der Büchsenmachergenossenschaft, diesem Beispiel zu folgen und sich ebenfalls auf die Herstellung von feinen Jagdgewehren zu spezialisieren[245].

Poschinger war von Anfang an in der Genossenschaft engagiert, jedoch nie an erster Stelle. Schon im ersten Jahr der Gründung 1885, noch unter Obmann Carl Fisch, war er zum Revisor bestellt worden[246]. Unter Vorstand Josef Just war er Schriftführer (1886)[247], Ersatzmann für den Genossenschaftsausschuss (1888)[248] und Revisor der Maschinenhausverwaltung (1888)[249]. Auch im Komitee, das sich um die Altersversorgung der Büchsenmacher kümmerte, war er vertreten. Zusammen mit Peter Wernig wurde er 1888 als Delegierter für eine Reise nach Wien ins Handelsministerium abgestellt, um eine Zollerhöhung auf die Einfuhr von Waffenbestandteilen und fertigen Gewehren zu bewirken[250].

Abb. 23: ***Annonce der Gewehrfabrik Philipp Poschinger, Waidmannsheil 1906*** *(Archiv Koschat)*

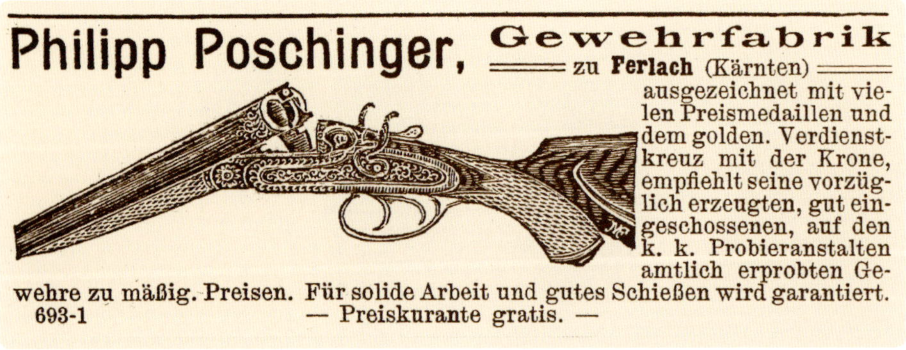

1886 war ein Ludwig Warounig als Zurichter bei ihm beschäftigt[251]. Als Buchhalter und Schriftführer der Genossenschaft erhielt Poschinger ein monatliches Salär von 50 fl[252]. Als 1894 Franz Pleschberger seines Postens als Leiter der Maschinenhäuser enthoben wurde, wurde Poschinger zum provisorischen Leiter bestellt[253]. In dieser Funktion führten ihn 1895 Reisen nach Wien ins Kriegsministerium und nach Budapest[254], 1897 nach Steyr[255]. Von dieser letzten Reise brachte er Aufträge über 160.000 obere Riemenbügel mit, die für die Österreichische Waffenfabrik geliefert werden sollten.

1904 bat er bei der Bezirkshauptmannschaft um seine Pensionierung in dieser Funktion, da er bereits 78 Jahre alt sei[256]. Da der designierte Nachfolger Julius Ziegler jedoch bereits nach 14 Tagen von seinem Posten zurücktrat[257], blieb Poschinger weiterhin Leiter der Maschinenhäuser. Seinem Ersuchen um Pensionierung aufgrund seines Alters wurde erst 1908 stattgegeben; ihm folgte Rudolf Hoinig in dieser Funktion nach[258]. Poschinger verstarb fast 90-jährig am 22. Februar 1916 in Ferlach 147, wobei er immer noch als „Director der Büchsenmachergenossenschaft" bezeichnet wurde[259]. Im Grundbuch der Genossenschaft ist der Büchsenmacher Philipp Poschinger unter der Nummer 5 vermerkt, beigefügt zu lesen ist: „gestorben"[260].

Wie viele der bedeutenderen Büchsenmacher aus den Jahrzehnten um 1900 bezeichnete Philipp Poschinger sich als Inhaber einer Gewehrfabrik (Abb. 23)[261]. Seine Waffen erhielten zahlreiche Preismedaillen, auch mit dem goldenen Verdienstkreuz der Krone wurde er ausgezeichnet. Die Medaillen sind auf seinem „Preiskurante" abgebildet

(Abb. 24, Abb. 25). Philipp Poschinger ist auch der Begründer der Freiwilligen Feuerwehr Ferlach im Jahr 1885[262]. Seinem Lebensweg nach war er ein engagierter, gebildeter Mann, der bis ins hohe Alter aktiv an den Geschicken der Ferlacher Büchsenmacher und der Genossenschaft teilhatte.

Nach seinem Tod hatte die Gewehrfabrik Poschinger keinen Bestand mehr. Büchsenmacher mit dem Namen Poschinger erscheinen noch bis in die 1920er-Jahre in Ferlach: Jakob Poschinger (Unterferlach bzw. Jaklinhammer, später nach Jugoslawien ausgewandert)[263], Franz Poschinger (1905 nicht als Mitglied der Maschinenbezugsgenossenschaft anerkannt, da er keinen Gewerbeschein besaß)[264], Martin Poschinger (Büchsenmacher in Dollich Nr. 35)[265] und Josef Poschinger (Büchsenmacher in Ferlach Nr. 147)[266] . Über den Wohnort Ferlach 147 besteht für Philipp und Josef Poschinger eine Verbindung. 1938 war der Name Poschinger jedenfalls aus den Verzeichnissen verschwunden.

Abb. 24: Prospekt Gewehrfabrik Philipp Poschinger, um 1890
(Büchsenmachermuseum Ferlach, Foto: Peter Just)

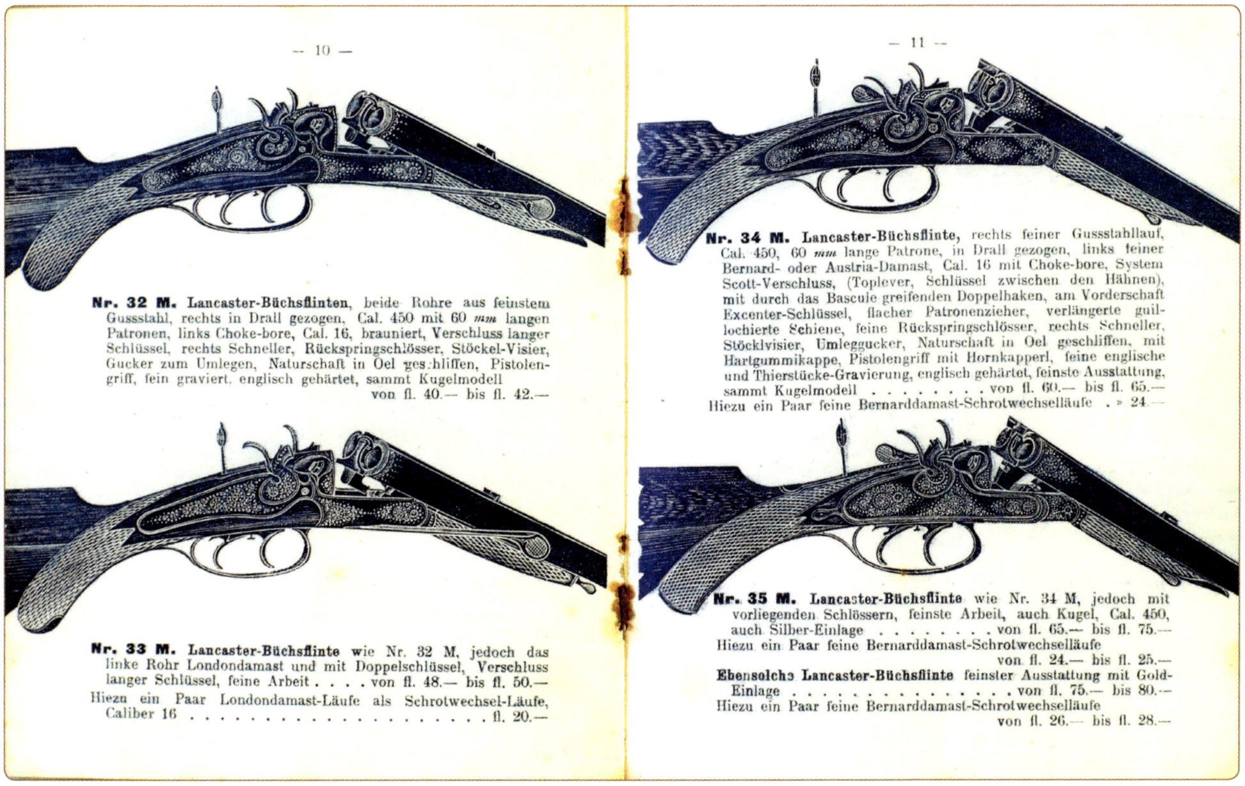

— 10 —

Nr. 32 M. Lancaster-Büchsflinten, beide Rohre aus feinstem Gussstahl, rechts in Drall gezogen, Cal. 450 mit 60 *mm* langen Patronen, links Choke-bore, Cal. 16, brauniert, Verschluss langer Schlüssel, rechts Schneller, Rückspringschlösser, Stöckel-Visier, Gucker zum Umlegen, Naturschaft in Oel geschliffen, Pistolengriff, fein graviert, englisch gehärtet, sammt Kugelmodell von fl. 40.— bis fl. 42.—

Nr. 33 M. Lancaster-Büchsflinte wie Nr. 32 M, jedoch das linke Rohr Londondamast und mit Doppelschlüssel, Verschluss langer Schlüssel, feine Arbeit . . . . von fl. 48.— bis fl. 50.—
Hiezu ein Paar Londondamast-Läufe als Schrotwechsel-Läufe, Caliber 16 . . . . fl. 20.—

— 11 —

Nr. 34 M. Lancaster-Büchsflinte, rechts feiner Gussstahllauf, Cal. 450, 60 *mm* lange Patrone, in Drall gezogen, links feiner Bernard- oder Austria-Damast, Cal. 16 mit Choke-bore, System Scott-Verschluss, (Toplever, Schlüssel zwischen den Hähnen), mit durch das Bascule greifenden Doppelhaken, am Vorderschaft Excenter-Schlüssel, flacher Patronenzieher, verlängerte guillochierte Schiene, feine Rückspringschlösser, rechts Schneller, Stöcklvisier, Umleggucker, Naturschaft in Oel geschliffen, mit Hartgummikappe, Pistolengriff mit Hornkapperl, feine englische und Thierstücke-Gravierung, englisch gehärtet, feinste Ausstattung, sammt Kugelmodell . . . . von fl. 60.— bis fl. 65.—
Hiezu ein Paar feine Bernarddamast-Schrotwechselläufe . » 24.—

Nr. 35 M. Lancaster-Büchsflinte wie Nr. 34 M, jedoch mit vorliegenden Schlössern, feinste Arbeit, auch Kugel, Cal. 450, auch Silber-Einlage . . . . von fl. 65.— bis fl. 75.—
Hiezu ein Paar feine Bernarddamast-Schrotwechselläufe von fl. 24.— bis fl. 25.—
Ebensolche Lancaster-Büchsflinte feinster Ausstattung mit Gold-Einlage . . . . von fl. 75.— bis 80.—
Hiezu ein Paar feine Bernarddamast-Schrotwechselläufe von fl. 26.— bis fl. 28.—

Abb. 25: Lancaster-Büchsflinten im Prospekt Gewehrfabrik Philipp Poschinger, um 1890
(Büchsenmachermuseum Ferlach, Foto: Peter Just)

Wernig

Peter Wernig (1841–1920) wurde als Bauernkind in St. Margareten geboren. Er erlernte Rohrschmied und Schlossmacher. Mit 30 Jahren ließ er sich in Lesen und Schreiben unterrichten. Der Gewehrfabrikant Peter Wernig beschäftigte in den 1880er-Jahren 40 Mitarbeiter. Seine Firma zählte zu den bedeutendsten in Ferlach in dieser Zeit. Adresse: Ferlach 106 (alte Nummerierung), am sogenannten Napotnighügel in Ferlach

Peter Wernig – vom Bauernbuben zum k. u. k. Hoflieferanten

Der Lebensweg von Peter Wernig wurde nicht umsonst an anderer Stelle als „amerikanisches Märchen" bezeichnet[267]. Peter Wernig wurde am 28. Juni 1841 am Hintergupf (Gemeinde St. Margareten) als jüngstes von sechs Kindern am Kroschlhof geboren. Mit 19 Jahren zog er nach Ferlach und lernte in der Schaschlschen Rohrschmiede das Handwerk. 1862 wurde seine uneheliche Tochter Agnes geboren. Die nächsten Jahre verbrachte Wernig im Militärdienst, ehe er 1866 nach Ferlach zurückkehrte und sich wieder als Rohrschmied verdingte. Er heiratete 1867 Franziska Pogaschnig (Tochter des Büchsenmachermeisters Jakob Pogaschnig)[268], die Mutter seiner Tochter, und pachtete mit seiner väterlichen Erbschaft das Miklitsch-Wirtshaus in Ferlach (Abb. 26, Abb. 27). Die Büchsenmacher, die bei ihm einkehrten, bezahlten ihn, wenn sie kein Geld hatten, mit ihren Erzeugnissen und Gewehrbestandteilen. Als Gründungsjahr seiner Firma wird in einer Annonce das Jahr 1867 angegeben (Abb. 28).

Wernig stellte die Bestandteile zusammen und verkaufte die Gewehre am Markt in Szigetvar in Ungarn. Da er als Kind weder lesen noch schreiben gelernt hatte, bat er 1871 Oberlehrer Sebastian Fugger, ihn zu unterrichten. Der 30-jährige Wernig holte nach, was er in seiner Kindheit als Bauernbub versäumt hatte[269]. Zu diesen Ambitionen passt auch, dass Peter Wernig zusätzlich zu seiner Lehre als Rohrschmied am 13. März 1870 noch als Schlossmacher aufgedungen und freigesprochen wurde, wie es im Protokollbuch der Büchsenmacher-Innung verzeichnet ist. Als angehender Gewehrhandwerker kaufte sich Wernig zugleich in die Innung ein[270]. Als Schlossmacher war er in der Lage, die im Gasthaus zurückgelassenen Gewehrbestandteile zusammenzustellen. Er reiste viel, am Balkan und bis in die Türkei. Neben Heimarbeitern waren auch Arbeiter in seiner eigenen Werkstätte für ihn tätig. Bei der Weltausstellung in Wien 1873 erhielten seine Erzeugnisse das Prädikat „Ehrenvolle Anerkennung", ehe auch ihn der Börsenkrach von 1873 nicht verschonte. Doch er verzagte nicht und baute die Werkstätte samt Arbeiterwohnungen aus. Geschäftsreisen führten ihn nach Deutschland, Böhmen, Galizien, nach Moskau, Warschau und St. Petersburg sowie nach Rumänien und Ungarn[271]. Bei der Wahl des Innungsmeisters der Schäfter 1876 war er ebenfalls unter den Wählenden. Seine Stimme gab er Martin Doujak[272]. 1882 hatte er 40 Mitarbeiter (Rohrausmacher, Kugelarbeiter, Basküleure, Zurichter, Schlossmacher, Schäfter, Graveure, Einsetzer, Beschlägemacher). Außerdem beschäftigte er 40 Heimarbeiter[273]. 1884 wurde er bei der Einladung zur konstituierenden Sitzung der Genossenschaft als einziger neben Anton Türk als „Waffenfabrikant" bezeichnet[274]. Seine Werkstätte bzw. Fabrik war am sogenannten Napotnighügel in Ferlach (Werkstraße)

***Links:* Abb. 26: Peter Wernig, Büchsenmacher und Gewehrfabrikant, um 1880**
(Archiv Adamik)

***Rechts:* Abb. 27: Franziska Wernig, um 1880**
(Archiv Adamik)

(Abb. 29). Als 1887 das erste Maschinenhaus finanziert wurde, war Peter Wernig zusammen mit Anton Antonitsch, Josef Rasser und Markus Ogris unter jenen Ferlacher Büchsenmachern, die mit 100 fl den höchsten Beitrag leisteten[275]. In der Genossenschaft war Peter Wernig im Ausschuss (1888–1891)[276] und als Revisor der Maschinenhausverwaltung tätig (1888)[277]. Auf einer Genossenschaftsversammlung im Mai 1888 stellte er den Antrag, die Aufnahmegebühr in die Genossenschaft mit exorbitanten 1000 fl festzulegen. Außerdem wurde er zusammen mit Poschinger zu einer Reise nach Wien ins Handelsministerium abgestellt[278]. Als die Maschinenhausverwaltung sich 1891 um einen Auftrag für Vorderladergewehre für Tripolis bemühte, wurde Peter Wernig damit beauftragt, drei Musterstücke anzufertigen[279]. Bei der Eskalation des Konflikts zwischen Maschinenhausdirektor Josef Just und den Ferlacher Büchsenmachern 1893 war Peter Wernig unter jenen Büchsenmachern, die sich für eine Einschränkung der maschinellen Produktion einsetzten[280]. 1901 beantragte er ein Patent für eine Hammerschlossschieber-Umstellvorrichtung für

Abb. 28: Annonce Gewehrfabrik Peter Wernig, um 1900
(Archiv Hambrusch)

vierläufige Gewehre[281]. Peter Wernig war auch k. u. k. Hoflieferant, wie es in den Anzeigen für seine Produkte nachzulesen ist[282]. In seinen Annoncen bezeichnet er sich als Erfinder und Erzeuger der „Triumph-Rifled-Bohrung“ und der „Wernig-Universal-Bohrung“ (Abb. 30). Bei der Gründung der Maschinenbezugsgenossenschaft 1905 war Peter Wernig mit dabei und zahlte seinen Beitrag von 1905 bis 1912[283]. Wernig wandelte seinen Betrieb um 1908 in die „Erste Ferlacher Waffenfabriksgesellschaft Peter Wernig-GmbH“ um.

1908 wurde Primus Grasser erstmals von der Waffenfabrik und nicht von Peter Wernig freigesprochen[284]. Die Genossenschaft lehnte jedoch im Jahr 1909 die Aufnahme der Firma ab[285]. Bemerkenswert ist auch das soziale Engagement des Bauernkindes Wernig. 1880 unterstützte er die Gründung des Gesangsvereins „Alpenrose“ finanziell. Dem Fachschulausschuss gehörte er von 1878 bis 1889 an[286]. In der Winterkirche in Maria Wörth spendete er 1898 ein Glasfenster und 1904 richtete er anlässlich der 25-jährigen Betriebszugehörigkeit dreier Arbeiter eine Feier aus[287]. Das Fenster in der Winterkirche von Maria Wörth zeigt Wernigs Namenspatron, den heiligen Petrus, und am Fuß die Stifterinschrift (Abb. 31). Da auch Josef Werndl in der Steyrer Stadtpfarrkirche auf einem 1880 anlässlich der 900-Jahr-Feier Steyrs gestifteten Fenster zu sehen ist und dessen Töchter ihrem verstorbenen Vater 1892 ein Fenster in der Südwand der Steyrer Kirche stifteten, das den heiligen Josef und das Werndlsche Wappen zeigt[288], dürfte Peter Wernig sich von diesen Vorbildern inspiriert haben lassen.

Abb. 29: Gewehrfabrik Peter Wernig in Ferlach, um 1910 *(Archiv Stadtgemeinde Ferlach)*

Wernig suchte 1919 bei der Bezirkshauptmannschaft Ferlach um die Genehmigung einer Fahrt nach Klagenfurt an[289]. Zu dieser Zeit unterstand Ferlach der Verwaltung des SHS-Staates und die Reisen nach Klagenfurt waren genehmigungspflichtig. Er wollte, inzwischen 78 Jahre alt, Hadern und Wolle einführen. Am 10. Februar 1920 verstarb Peter Wernig im Alter von 80 Jahren[290]. Sein Gewerbe hatte er schon zuvor zurückgelegt, wie dies im Grundbuch der Genossenschaft vermerkt ist[291]. Die Liquidation der Firma Wernig übernahm als Geschäftsführer Paul Tschemer. 1933 wurde das Gewerbe gelöscht[292]. Die Waffenfabrik überdauerte ihren bemerkenswerten Gründer nicht.

Abb. 30: Annonce k. u. k. Hoffabrikant Peter Wernig in der Zeitschrift Waidmannsheil 1906 *(Archiv Koschat)*

Abb. 31: Glasfenster in der Winterkirche von Maria Wörth, 1898 gestiftet von der Familie Peter Wernig *(Foto: R. Jernej)*

Wallnöfer

Anton Wallnöfer (1856–1926,) war ein vielseitiger und aufgeschlossener Mann. Er war Rohrschmied, aber auch Bryologe (Moosforscher) und Schreiber. Er entwickelte mehrere Patente, so z. B. für ein Universalgewehr, aus dem Schrot und Patronen verschossen werden konnten. Er war stellvertretender Leiter der Maschinenhäuser (1892–1893). In späteren Jahren lebte er als Pensionär in bescheidenen Verhältnissen in Klagenfurt. Adresse: Jaklinhammer beim Waidischer Bach (Jaklin 6); Klagenfurt St. Veiter Ring 22

Anton Wallnöfer – Büchsenmacher und Bryologe

Anton Wallnöfer (1856–1926) gehört zu den heute eher unbekannten Büchsenmachern in Ferlach. Wallnöfer war aber ein vielseitig interessierter Mann mit umfassender Bildung (Abb. 32)[293]. Wallnöfer übergab 1909 eine der umfangreichsten Sammlungen der gesamten österreichisch-ungarischen Monarchie an Moosen (Bryologie=Mooskunde) an das Landesmuseum Kärnten. Zuvor hatte er sein Herbarium erfolglos dem Naturhistorischen Museum in Wien angeboten. Sein 1888 verfasstes Werk „Laubmoose Kärntens" ist bis heute ein regional bedeutendes Werk. Als Büchsenmacher gilt er als Erfinder der Universalläufe, mit denen sowohl Schrot als auch Kugeln verschossen werden konnten.

Anton Wallnöfer wurde am 23. August 1856 als Sohn des aus Südtirol zugewanderten Anton Johann Wallnöfer geboren[294]. Dieser handelte mit Heilkräutern, was ihm zu einigem Wohlstand verhalf, der es ihm erlaubte, Schloss Wernberg und Schloss Gamsenegg (Steiermark) zu erwerben. Sein gleichnamiger Sohn Anton studierte in Graz und war zunächst Reserve-Feldwebel eines Dragoner Regiments. Einmal soll er sogar einen durchgehenden Ritt von Graz nach Triest unternommen haben. Verheiratet war er mit der als besonders schön bekannten Maria Anna Erwein, die Tochter des Apothekers und Bürgermeisters von Klagenfurt. Über Anton Wallnöfers vielseitige und tiefsinnige Interessen geben seine erhaltenen Notizbücher Aufschluss. Neben Werken, die er in jungen Jahren las, sind eigene und fremde Aphorismen vermerkt. Er machte sich höchst fortschrittlich anmutende Gedanken zur Stellung der Frau zu seiner Zeit und über die Folgen der damals höchst rigiden Sexualmoral: „Die Frau ist gemeinhin so abhängig vom Manne, daß dieser Zustand oft der einzig natürliche und für ihr Geschlecht

Abb. 32: Anton Wallnöfer
(Leute/Schriebl/Wallnöfer 2000, 255 Abb. 1)

passende betrachtet wird. Dies ist jedoch ein großer Irrthum ... [...] Wenn wir die Lage des weiblichen Geschlechts (weiblichen!) von der verwahrlosesten Prostitution bis zur Königin überschauen, so werden wir nur sehr wenige finden, die einen gebührenden Antheil an Unabhängigkeit oder jenes Gefühl der Freiheit und Würde besitzen, welches der Königin der Natur zukommt. [...] Die Würde des Lebens beider Geschlechter wird durch die geschlechtlichen Schwierigkeiten sehr vermindert."[295] Die nach außen auferlegte Zurückhaltung und Enthaltsamkeit führten seiner Meinung nach zu nicht notwendigen Leiden und Krankheiten. Aber auch über soziale Fragen machte er sich Gedanken: „Zweck des Staates ist: Größtmögliche Wohlfahrt für alle."[296]

Wie dieser vielseitige Mann zur Büchsenmacherei in Ferlach kam, ist nicht bekannt. 1892 war er jedenfalls stellvertretender Direktor der Maschinenhäuser[297]. Im Jahr zuvor (1891) hatte er unter der Nummer 41/3795 in Österreich ein Patent auf das Kalthämmern von Damast- und Stahlgewehrläufen angemeldet. Auch ein erstes Patent (Nr. 42/3659) bezüglich in Drall gezogene Läufe für den Schrotschuss hatte er in diesem Jahr erhalten[298]. Seine Produktionsstätte war der Jaklinhammer beim Waidischer Bach (Abb. 33)[299]. 1893 wird er in einem Schreiben, das Landespräsident Schmidt-Zabierow an die Vorstehung der Büchsenmacher-Genossenschaft schickt, als Rohrschmied Wallnöfer genannt, der den Kontakt zur Wiener Firma Krebs und Nachfolger hergestellt hatte[300]. Diese Firma übernahm auf seine Vermittlung den Österreich-Vertrieb der Ferlacher Waffen.

Die Jahre 1891–1893 waren für die Ferlacher Büchsenmacher-Genossenschaft turbulente Zeiten gewesen[301]. Nicht alle Ferlacher Büchsenmacher waren von den Vorteilen der maschinellen Produktion durch die Genossenschaft in den 1887 und 1890 errichteten Maschinenhäusern überzeugt. Manche sahen darin eine unliebsame Konkurrenz. Als Josef Just, der zu den Befürwortern der neuen Produktionstechniken gezählt werden kann, 1892 das Direktorat wieder übernahm, war Wallnöfer sein Stellvertreter[302]. Als Just allerdings 1893 neuerlich resignierte, wollte auch Wallnöfer nicht an die Spitze der Direktion der Maschinenhäuser treten. In einem Protokoll, das anlässlich der Übergabe des Genossenschaftsvermögen an den neu ernannten Direktor angefertigt wurde, ist der Name Anton Wallnöfer durchgestrichen und mit roter Farbe jener

Abb. 33: Das Gebäude Jaklinhammer 2016
(Foto: R. Jernej)

von Franz Pleschberger, Werkführer und ab 1893 neuer Direktor der Maschinenhäuser, darübergeschrieben[303].

Der Erfinder Wallnöfer meldete 1894 ein weiteres Patent (Nr. 44/3359) an, das Neuerungen an den Projektilen und dem Drallwinkl der dazugehörigen Läufe betraf[304]. Das Projektil war dadurch gekennzeichnet, dass der Diameter größer war als dessen Länge. Wenn der Drallwinkel 27'33" nicht überschritt, konnte aus diesen gezogenen Läufen auch Schrot verschossen werden. Auf der k. k. Militärschießstätte in Wien wurden mit diesen Universalgewehren äußerst zufriedenstellende Probeschüsse abgegeben. Zufällig sei auch der berühmteste Sportschütze Österreichs anwesend gewesen, der mit Schrot und Projektilen auf geworfene Glaskugeln geschossen habe – und das mit besten Erfolg. Man resümierte, dass es sich um die besten Jagdgewehre der Gegenwart handeln würde (Abb. 34)[305]. Rudolf Hoinig, Büchsenmacher und Werksleiter bei Wallnöfer, sah sich allerdings als den Erfinder des Gewehrs mit „Wallnöfer'schen Patent-Universalbohrung für Schrot und Kugel"(Abb. 35)[306]. 1897 hatte er sein eigenes „Büchsenmacher-Atelier" in Klagenfurt, ehe er 1908 Direktor des Maschinenhauses wurde[307].

Für 1898 ist noch ein weiteres Patent (Nr. 48/4945) in Österreich bezeugt, das Wallnöfer allerdings auf den Namen seiner Frau Maria anmeldete. Es betraf ein Doppelverschlusssystem für Jagdgewehre. In Ungarn und Deutschland wurde dieser Verschluss für Kipplaufgewehre 1898 und 1899 ebenfalls patentiert[308].

Gegen Ende seiner Laufbahn hatte Anton Wallnöfer mit finanziellen Schwierigkeiten zu kämpfen. Obwohl sein Besitz bereits auf seine Kinder überschrieben war, zog er ihn zur Deckung seiner Verbindlichkeiten heran. Wallnöfer verdingte sich in seiner Heimatstadt Klagenfurt als „Diurnist", Tageschreiber, beim Magistrat. Auch seine Frau versuchte durch den Verkauf von Zeichnungen für die Zeitschrift „Gartenlaube" zum Familieneinkommen beizutragen. Schließlich ging Wallnöfer als Oberkanzleirat in Pension[309]. Dieser bemerkenswert vielseitige Mann starb am 17. April 1926 in Klagenfurt.

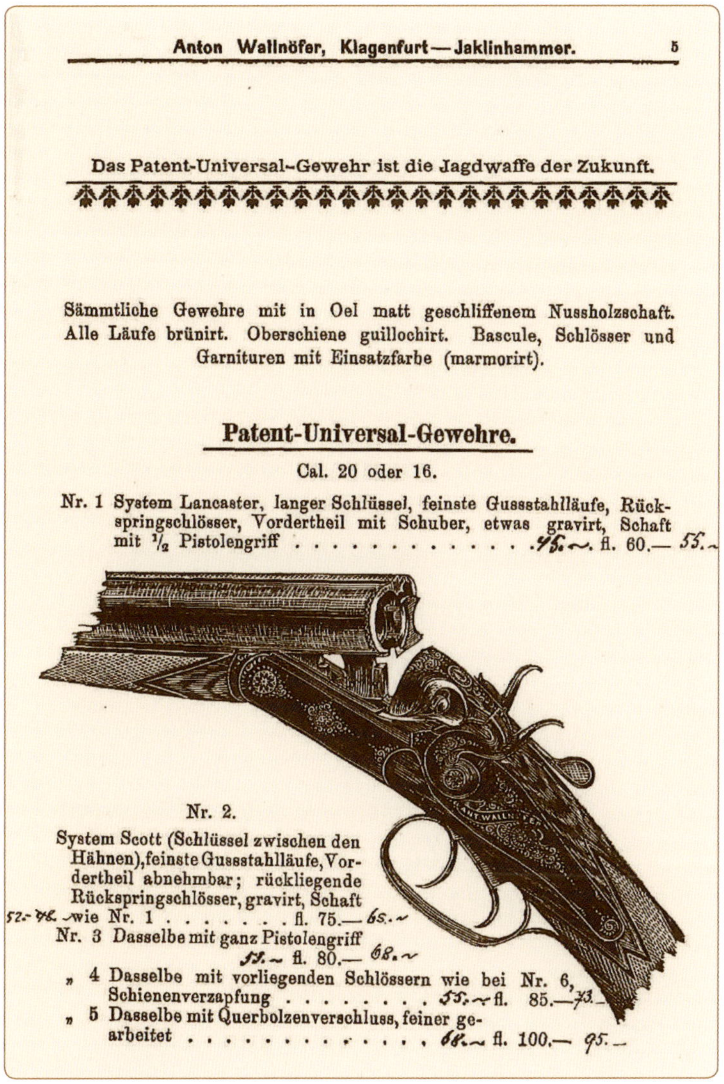

Anton Wallnöfer, Klagenfurt — Jaklinhammer. 5

Das Patent-Universal-Gewehr ist die Jagdwaffe der Zukunft.

Sämmtliche Gewehre mit in Oel matt geschliffenem Nussholzschaft. Alle Läufe brünirt. Oberschiene guillochirt. Bascule, Schlösser und Garnituren mit Einsatzfarbe (marmorirt).

Patent-Universal-Gewehre.

Cal. 20 oder 16.

Nr. 1 System Lancaster, langer Schlüssel, feinste Gussstahlläufe, Rückspringschlösser, Vordertheil mit Schuber, etwas gravirt, Schaft mit ½ Pistolengriff . . . . fl. 60.—

Nr. 2. System Scott (Schlüssel zwischen den Hähnen), feinste Gussstahlläufe, Vordertheil abnehmbar; rückliegende Rückspringschlösser, gravirt, Schaft wie Nr. 1 . . . . fl. 75.—

Nr. 3 Dasselbe mit ganz Pistolengriff fl. 80.—

„ 4 Dasselbe mit vorliegenden Schlössern wie bei Nr. 6, Schienenverzapfung . . . . fl. 85.—

„ 5 Dasselbe mit Querbolzenverschluss, feiner gearbeitet . . . . fl. 100.—

Abb. 34: ***Patent-Universal-Gewehre im Prospekt von Anton Wallnöfer***
(Leute/Schriebl/Wallnöfer 2000, 269 Abb. 12)

Abb. 35: ***Inserat von Rudolf Hoinig, um 1897***
(Leute/Schriebl/Wallnöfer 2000, 272 Abb. 14)

Antonitsch

Anton Antonitsch (1857–1906) war der Sohn des Büchsenmachergesellen Markus Antonitsch und der Büchsenmachertochter Theresia Fanzoi. Wie sein jüngerer Bruder Markus lernte Anton das Handwerk des Schlossmachers vom Vater. In den 1880er- und 1890er-Jahren stieg er zum Gewehrfabrikanten auf. Er baute Waffen, die den österreichische Thronfolger Franz Ferdinand auf seiner Weltreise begleiteten. In Ferlach errichtete Antonitsch eine repräsentative Villa (heute Scheiring). Da seine Söhne und Nachfolger jung verstarben, hörte die Firma Antonitsch – nach einer kurzfristigen Übernahme durch die Firma M. Ogris Inhaber – zu existieren auf (um 1921). Die Werkstatt auf der Dobrowa wurde in den 1930er-Jahren von der Firma Franz Sodia genutzt. Adresse: Dobrowa 46, Dobrowa 6 (alte Nummerierung)

Anton Antonitsch – k. u. k. Hoflieferant für Erzherzog Franz Ferdinand von Österreich-Este

Anton Antonitsch wurde am 27.8.1857 als unehelicher Sohn des Büchsenmachergesellen Markus Antonitsch und der Theresia Fanzoi, Tochter des Büchsenmachers Anton Fanzoi, geboren. Der Vater erkannte den Sohn an, durch die Heirat der Eltern 1860 wurde seine Geburt legitimiert[310]. Wohnhaft war er auf der Dobrowa.

Er war nicht der einzige Büchsenmacher dieses Namens, der auf der Dobrowa ansässig war: Neben Anton Antonitsch (1857–1906) gab es dort noch den Schlossmacher Markus Antonitsch (*1861), den nach seinem Vater benannten Bruder von Anton Antonitsch[311]. Mit Ludwig Antonitsch (*1860), der sich um 1890 in Berlin aufhielt, ist ein weiterer Büchsenmacher Antonitsch in dieser Generation belegt[312]. Ludwig war allerdings nicht in direkter Linie mit den Antonitsch auf der Dobrowa verwandt. Er wurde in der Pfarre Glainach geboren, sein Vater Valentin war Bauer[313].

Der früheste Beleg für die Tätigkeit eines Antonitschs als Büchsenmacher ist in das Jahr 1862 zu datieren. Als die Vorsteher der Schäfter, Rohrschmiede, Schlossmacher und Beschlägemacher 1862 gewählt wurden, war der Schlossmacher Max (Marx) Antonitsch anwesend, mit hoher Wahrscheinlichkeit der Vater von Anton und Markus[314]. Auffallend bei der Wahl war die geringe Zahl der erschienenen Meister. Die Wahl der Rohrschmiede konnte zunächst gar nicht stattfinden, da einzig Ignaz Just erschienen war.

Anton Antonitsch lernte das Schlossmachen bei seinem Vater und wurde im Jahr 1874 freigesprochen[315]. 1884 wurde der Büchsenmacher Anton Antonitsch mit Wohnort Ferlach zur konstituierenden Sitzung der Genossenschaft eingeladen, ebenso wie der Schlossmacher Markus Antonitsch aus Dobrowa und der Beschlägemacher Sebastian Antonitsch aus Ferlach[316]. Noch wird Anton Antontisch nicht als Gewehrfabrikant bezeichnet. Dass er trotzdem bereits über eine angesehene Werkstätte verfügt haben musste, kann indirekt daraus erschlossen werden, dass der bei ihm beschäftigte Gehilfe Thomas Fugger 1886 zum ersten Obmann der Gehilfenversammlung gewählt wurde. Die Wirkungsstätte Antonitsch wird hier mit Dobrowa 46 angegeben. Mit Adolf Woschitz ist ein weiterer Antonitsch-Gehilfe aus dieser Zeit namentlich bekannt[317].

Im Laufe des Jahrzehnts 1885 bis 1895 stieg Anton Antonitsch zum „Gewehrfabrikanten" auf. Er konzentrierte sich auf seine eigene Firma. Im Gegensatz zu Philipp Poschinger oder Peter Wernig war er als Funktionär in der Genossenschaft sehr zurückhaltend, auch wenn er, wie alle Ferlacher Büchsenmacher dieser Zeit, Mitglied war. Lediglich 1897 war er Mitglied des Ausschusses[318]. Im Genossenschaftsbuch wurde er als Gewehrfabrikant unter der Genossenschafts-Nr. 22, wohnhaft Dobrowa Nr. 6, eingetragen[319]. Nur einmal trat er zusammen mit den anderen Büchsenmachern in Erscheinung, als er wie so viele andere 1893 gegen die maschinelle Konkurrenz durch die Maschinenhäuser auftrat[320].

Abb. 37: Medaillen und Auszeichnungen der Waffenfabrik A. Antonitsch
(Büchsenmachermuseum Ferlach, Foto: Peter Just)

Abb. 36: Preisdiplom für Anton Antonitsch bei der Kärntner Landesausstellung 1885
(Büchsenmachermuseum Ferlach, Foto: Peter Just)

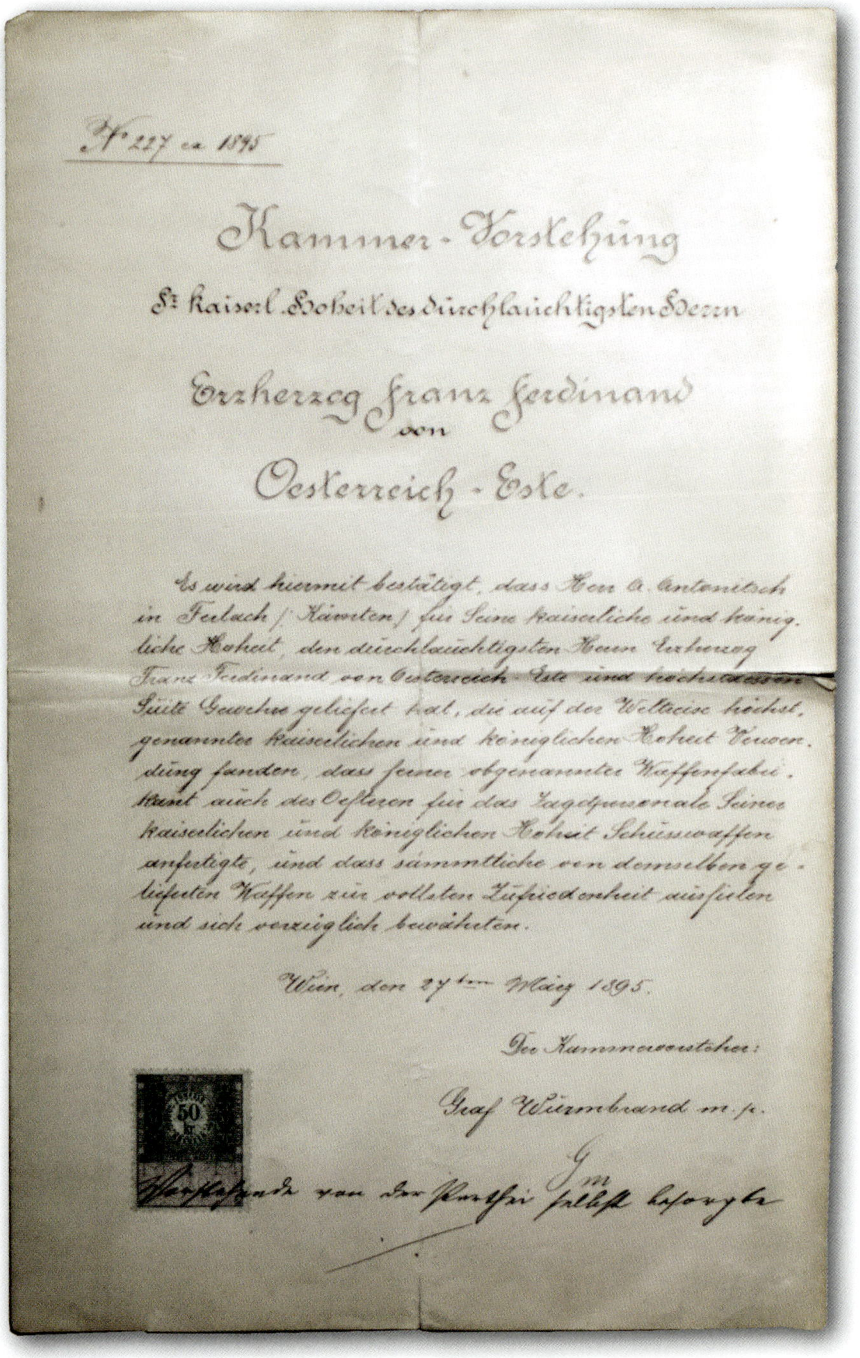

N° 227 ex 1895

Kammer-Vorstehung
Sr. kaiserl. Hoheit des durchlauchtigsten Herrn
Erzherzog Franz Ferdinand
von
Oesterreich-Este.

Es wird hiermit bestätigt, dass Herr A. Antonitsch in Ferlach (Kärnten) für Seine kaiserliche und königliche Hoheit, den durchlauchtigsten Herrn Erzherzog Franz Ferdinand von Oesterreich-Este und höchstdessen Suite Gewehre geliefert hat, die auf der Weltreise höchst genannter kaiserlichen und königlichen Hoheit Verwendung fanden, dass ferner obgenannter Waffenfabrikant auch des Oefteren für das Jagdpersonale Seiner kaiserlichen und königlichen Hoheit Schusswaffen anfertigte, und dass sämmtliche von demselben gelieferten Waffen zur vollsten Zufriedenheit ausfielen und sich vorzüglich bewährten.

Wien, den 27ten Mai 1895.

Der Kammervorsteher:

Graf Wurmbrand m. p.

[illegible]

Abb. 38: Bestätigungsschreiben der Kammervorstehung Erzherzog Franz Ferdinands für Anton Antonitsch, 1895 *(Büchsenmachermuseum Ferlach, Foto: Peter Just)*

Die Waffen aus dem Hause Antonitsch erhielten verschiedene Auszeichnungen und Preise. Bei der Kärntner Landesausstellung 1885 wurden sie mit der silbernen Ausstellungsmedaille bedacht (Abb. 36). Diverse Medaillen wurden zu einem Prunkschild der „Waffen-Fabrik Antonitsch, Ferlach, Kärnten" arrangiert (Abb. 37). Von den Dankesschreiben von Generalmajor Felix Graf Rosenberg und Generalmajor Hermann Ritter von Hoennies, beide aus dem Jahr 1894, ließ Antonitsch auf eigene Kosten beglaubigte Abschriften anfertigen[321]. Seine Kunden waren mit dem Doppelstutzen und der Büchsflinte mit Express-Kugellauf höchst zufrieden. Auch die Kammervorstehung des Erzherzogs Franz Ferdinand von Österreich-Este richtete im Mai ein Belobigungs-Schreiben an Antonitsch. Erzherzog Franz Ferdinand war ein begeisterter Jäger, der allein im Jahr 1911 insgesamt 18.799 Stück Wild erlegte[322]. In Kärnten verfügte Franz Ferdinand über ein Jagdschloss in Lölling[323]. Der Erzherzog ließ dem „Waffenfabrikanten" 1895 bestätigen, dass die gelieferten Gewehre zur „vollsten Zufriedenheit ausfielen und sich vorzüglich bewährten"[324]. Unterfertigt wurde das Schreiben im Namen des österreichisch-ungarischen Thronfolgers von Graf Wurmbrand (Abb. 38). Die Waffenfabrik Antonitsch hatte nicht nur Gewehre geliefert, die den Erzherzog auf seiner Weltreise 1892/93 begleitet hatten, sondern auch das hoheitliche Jagdreservat mit Schusswaffen versorgt.

Die Werkstätten der Firma Antonitsch waren auf der Dobrowa, nördlich der Klagenfurter Straße kurz bevor sich das Gelände zum Loiblbach hin senkt. Gefertigt wurden feine Jagdgewehre und gute Gebrauchsgewehre (Abb. 39). In den 1920/1930er-Jahren wurden die Werkstätten von der Firma Sodia übernommen[325]. Südlich der Straße ließ sich Anton Antonitsch eine repräsentative Villa erbauen, die heute der Sitz der Scheiring GesmbH ist, womit hier immer noch hochwertige Waffen hergestellt werden.

Am 26. Februar 1906, noch nicht 50-jährig, verstarb Anton Antonitsch unerwartet. Seine Witwe Clementine entschloss sich, die „Luxuswaffenfabrik" im Namen ihrer Söhne Heinrich (*1879) und Alexander (*1888), die ebenfalls das Büchsenmacherhandwerk erlernten, fortzuführen (Abb. 40). Clementine war die Tochter von Thomas Just, Gewehrfabrikant und Hausbesitzer Dobrowa Nr. 6[326]. Der Wohnort von Anton Antonitsch, Dobrowa Nr. 6, kam über seine Frau in die Familie.

Am 15. April 1906 trat Clementine Antonitsch der Büchsenmachergenossenschaft bei, als Stellvertreter wurde Sohn Heinrich (1879–1908) bestimmt. Die durchschnittliche Gehilfenanzahl wurde mit

15 angegeben[327]. Die Gewehrfabrik A. Antonitsch bewarb 1911 vor allem ihre Weitschussgewehre (Abb. 41). Am 28.6.1912 folgte Sohn Alexander in die Genossenschaft. Als Wohnort wurde Dobrowa 23, Villa Antonitsch, angegeben. Als auch Alexander am 26.6.1913 mit nur 25 Jahren verstarb[328], war das Ende der Firma vorgezeichnet. Das Gewerbe wurde am 1. August 1913 abgemeldet[329].

Nach dem Ersten Weltkrieg übernahm noch die Firma M. Ogris Inhaber kurzfristig Gewerbe und Standort, nunmehr mit Dobrowa 20 angegeben[330]. Doch als Josef Ogris, Inhaber der Firma M. Ogris, 1921 verstarb, hörte auch die Firma Antonitsch zu existieren auf. Die Blütezeit hatte die Firma in den Jahren 1885–1905 unter dem Gründer und Inhaber Anton Antonitsch gehabt.

◀ **Abb. 39:** ***Annonce Antonitsch, um 1900***
(Archiv Hambrusch)

Abb. 40: ***Annonce der Witwe Antonitsch in Waidmannsheil 1906***
(Archiv Koschat)

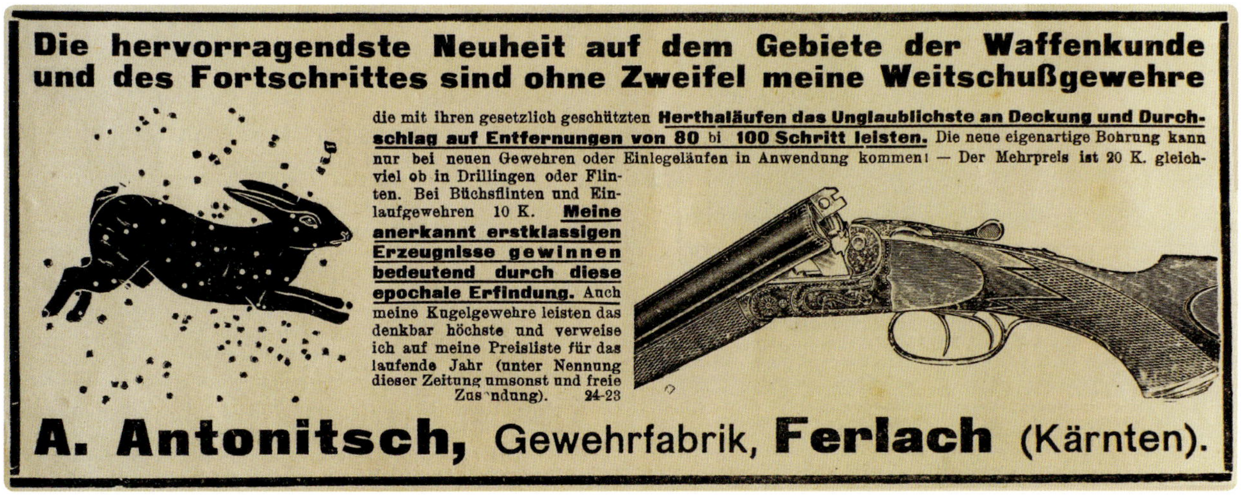

Abb. 41: ***Annonce Antonitsch***
(Waidmannsheil 1911)

Ogris

Markus Ogris (1842–1897) war Gewehrfabrikant in Gabl. Sein Sohn Josef Ogris (1871–1921) führte die Firma unter dem Namen seines Vaters als „Gewehrfabrik M. Ogris" weiter. Josef Ogris war Bürgermeister von Ferlach 1904–1918 und Vorstand der Genossenschaft. Die Firma M. Ogris zählte zusammen mit jener von Anton Antonitsch am Anfang des 20. Jahrhunderts zu den bedeutendsten und größten in Ferlach. Nach dem Tod von Josef Ogris wurde die Firma an Johann Schaschl-Outschar verpachtet. 1947 führte noch kurzzeitig Luise Ogris, die Tochter von Josef Ogris, für ihre minderjährigen Kinder den Betrieb, allerdings erhielt er keine Beschussnummer mehr und wurde kurz danach eingestellt. Adresse: Gabl 9 (alter Nummerierung)

Die Firma Markus Ogris

Die dritte bekannte und bedeutende Firma in Ferlach in den Jahren um 1900 war neben jenen von Peter Wernig und Anton Antonitsch die Firma Markus Ogris (Abb. 42). Im Gegensatz zu den beiden anderen, die mit ihren Gründern wieder vom Markt verschwanden, existierte die Firma Ogris über zwei Generationen und wurde danach in Pacht von Johann Schaschl-Outschar weitergeführt. In Ferlach ist der Name Josef Ogris auch durch die Josef-Ogris-Straße in Erinnerung. Josef Ogris war aber nicht nur Gewehrfabrikant, sondern in den Jahren 1904 bis 1918 auch Bürgermeister von Ferlach (Abb. 43).

***Abb. 42:* Zeichen der Firma M. Ogris, Prospekt um 1900** *(Archiv Adamik)*

Markus Ogris wurde am 25.4.1842 geboren[331]. Über seine Lehrzeit ist weiter nichts bekannt. Als Büchsenmacher war er in Gabl ansässig. Das Gründungsjahr der Firma wird mit 1863 bzw. 1866 angegeben (Abb. 44, Abb. 45). Auf der Einladungsliste zur Gründung der Genossenschaft ist er als „Marcus Ogris, Gabl, Büchsenmacher" verzeichnet[332]. Der Name Ogris ist bis heute in Ferlach und Umgebung weit verbreitet. Daher findet man auch unter den Büchsenmachern mehrere mit dem Namen Ogris[333]. 1884 gab es außer Markus Ogris auch den Schäfter Mathias Ogris in Gabl. Außerdem existierte am Ende des 19. Jahrhunderts die Rohrschmiede Ogris des Brüderpaares Markus und Josef Ogris. Sie sind nicht mit den Gewehrfabrikanten in Gabl zu verwechseln. Der Sohn des Rohrschmieds Josef Ogris war Friedrich Ogris[334].

Der Gewehrfabrikant Markus Ogris war 1888 und 1897 im Ausschuss der Genossenschaft[335]. Im Grundbuch der Genossenschaft ist er unter der Nummer 19 mit der Gewehrfabrik in Gabl verzeichnet[336] 1887 leistete Markus Ogris mit 100 fl einen relativ hohen Beitrag zum Bau des ersten Maschinenhauses[337]. 1893 unterzeichnete er den Protest der Ferlacher gegen die maschinelle Produktion im

Maschinenhaus, weil daraus den Industriellen zu große Konkurrenz entstehen würde[338]. Auch Anton Antonitsch war, im Gegensatz zu Peter Wernig, unter den Unterzeichnern. Bis 1897 findet sich Markus Ogris als Meister beim Aufdingen und Freisprechen von Lehrlingen[339]. Markus Ogris, geboren in St. Margareten, verstarb am 24. November 1897 mit 54 Jahren an „Herzlähmung". Der Tod überraschte den Gewehrfabrikanten und Realitätenbesitzer um halb zehn Uhr vormittags. „Ob subitaneam mortem" – wegen des plötzlichen Todes – konnte er nicht mehr versehen werden, wie es in den Pfarrmatriken vermerkt ist[340].

Die Firma wurde unter dem Namen M. Ogris von seinem Sohn Josef fortgeführt. Josef Ogris wurde am 2.12.1871 geboren[341]. 1902 war Josef Ogris Vorstand der Genossenschaft. Zusammen mit dem Maschinenhausdirektor Philipp Poschinger unterzeichnete er den Geschäftsbericht für das Rechnungsjahr 1901[342]. Unter Josef Ogris verbuchte die Genossenschaft einen Gewinn-Saldo von 1.660 K. Da die Produktion von Riemenbügeln bereits im Juni 1900 gänzlich beendet war, wurden in den genossenschaftlichen Maschinenhäusern nur mehr Privatgewehre und deren Bestandteile hergestellt. An Arbeitslöhnen wurden insgesamt 75.112 K ausgegeben. Zu den größten Belastungen im Jahr 1901 gehörte die Umgestaltung des „neuen Werkstättengebäudes" in ein Wohnhaus. Dazu kam die Übersiedelung in das Maschinenhaus 1 und in das alte, größere Werkstättengebäude. Das Maschinenhaus 1 war bis Mai 1901 an Otto Lemisch verpachtet gewesen, der dort Fahrräder aus Bambus hergestellt hatte[343].

Als Aufgabe der Maschinenhäuser wurde einmal mehr die Unterstützung der gesamten Ferlacher Gewehrindustrie festgehalten. Daher wurden auch fertige Gewehre „zu sehr mässigen Preisen" an die Genossenschaftsmitglieder abgegeben, die diese dann weiterverkaufen konnten. Auch unter Vorstand Josef Ogris hatte die Förderung der Einzelbetriebe Priorität. Als 1905 die Maschinenbezugsgenossenschaft gegründet wurde, war Josef Ogris unter den Mitgliedern. Von 1905 bis 1919 leistete er seine Beiträge[344]. Auf einem Bild aus dem Jahr 1905 ist Josef Ogris mit seiner Belegschaft abgebildet.

Abb. 43: Josef Ogris, um 1910 *(Büchsenmachermuseum Ferlach, Foto: Peter Just)*

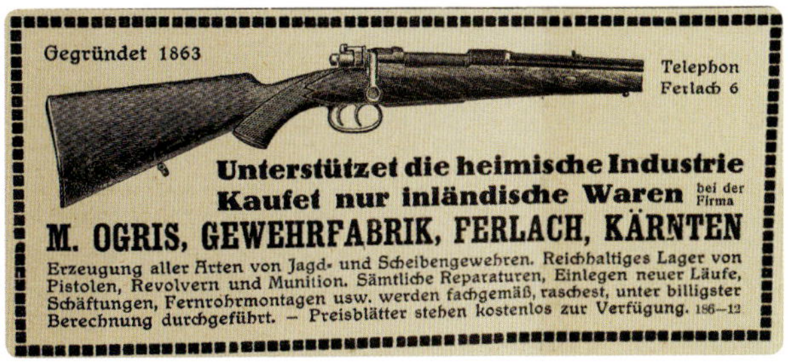

Abb. 44: Annonce der Firma M. Ogris, um 1910 *(Archiv Hambrusch)*

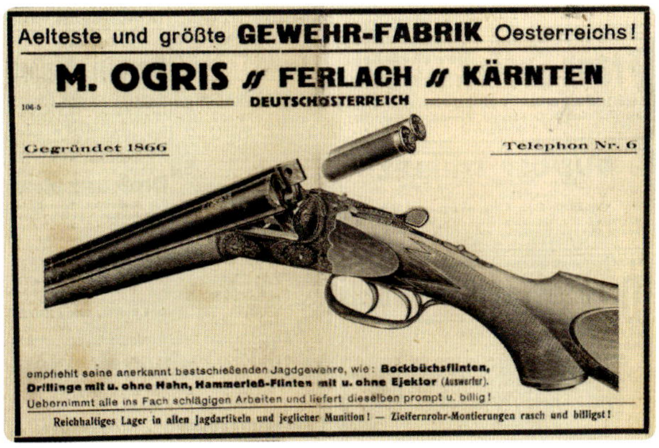

Abb. 45: Annonce der Firma M. Ogris, um 1920 *(Archiv Hambrusch)*

Abb. 46: Belegschaft der Firma M. Ogris 1905 *(Archiv Stadtgemeinde Ferlach)*

Rund um den Firmeninhaber – als einziger mit Sakko – sind 66 Männer versammelt und zeigen mit dieser Aufnahme, welche Größe die Firma zu dieser Zeit besaß (Abb. 46, Abb. 47). Hergestellt wurden Jagd- und Scheibengewehre, die, wie es in einer Annonce 1904 hieß, als einziges Ferlacher Fabrikat im Wettkampf mit in- und ausländischen Erzeugnissen „stets die ersten Preise" errangen (Abb. 48). 1906 pries man die „Automatische doppelwirkende Sicherung und Entsicherung, Patent Tambour" an (Abb. 49). Die Firma M. Ogris stellte auch das Hammerless-Gewehr „System Köfler" her. Dieses System war vom Ferlach Büchsenmacher Thomas Köfler entwickelt und als Patent angemeldet worden[345].

Seit 1904 war Josef Ogris auch Bürgermeister von Ferlach. Dieses Amt übte er bis 1918 aus[346]. In dieser Funktion war er 1912 auch Mitglied des Fachschulausschusses[347]. In der Genossenschaft hatte er auch nach dem Ende seiner Vorstandsfunktion verschiedene Ämter inne: 1909 und 1914 war er Mitglied im Ausschuss[348], 1912 gehörte er dem Aufsichtsrat der Maschinenhäuser an[349]. Der Ferlacher Jagdgesellschaft stand er als Obmann vor (1916)[350].

Im Ferlach der späten Kaisermonarchie gehörte Josef Ogris sicherlich zu den angesehensten Bürgern seines Heimatortes. Umso gewichtiger war 1915 der Schritt des Schuldirektors Josef Vogl, zu der Zeit auch Regierungskommissär für die Maschinenhäuser, den „Grussstandpunkt" mit Josef Ogris einzustellen[351]. Wahrscheinlich ist dies in Zusammenhang mit den Protesten des Ferlacher Bürgermeisters gegen die Art der Führung der Maschinenhäuser während des Krieges durch die bestellten Regierungskommissäre Josef Vogl und Alois Kessner zu sehen. Gewehrfabrikant Josef Ogris war jedenfalls zusammen mit Franz Sodia und Johann Sigott unter den prominentesten Protestierern. Ihr Protest richtete sich vor allem gegen eine fünfzehnprozentige Preiserhöhung für die Produktion von Bestandteilen in den Maschinenhäusern, wodurch ihre Luxusgewehre, die sie trotz der Kriegsgeschehnisse weiter herstellten, zusätzlich verteuert wurden[352]. Als im Februar 1918 in Folge eines Erlasses der Landesregierung Genossenschaftskommissäre aus dem Kreis der Büchsenmacher ernannt werden sollten, war Josef Ogris zusammen mit Albin Hallemoschnig, Johann Schaschl-Outschar, Franz Sodia und Vinzenz Urbas unter den Nominierten[353].

Abb. 47: Blick in die Werkstatt der Firma M. Ogris, um 1900 *(Mack 1987, zwischen 32–33)*

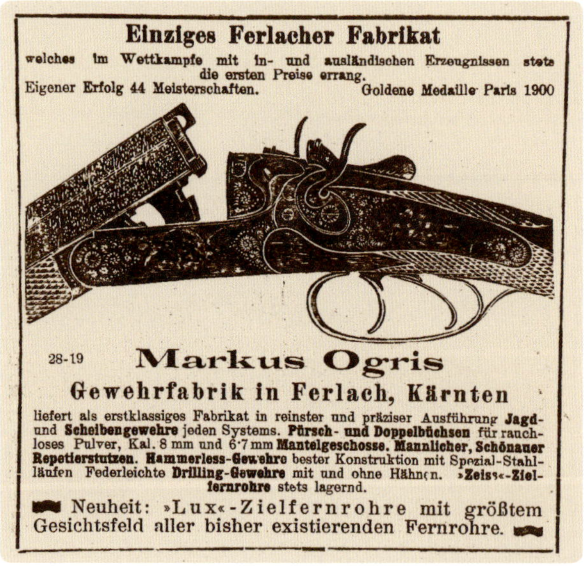

Abb. 48: Annonce der Firma M. Ogris, Waidmannsheil 1904 *(Archiv Koschat)*

Nach den politisch turbulenten Jahren 1918–1920, als Bürgermeister Josef Ogris im November 1918 kurzzeitig vor dem südslawischen Militär floh[354], wurde im Dezember 1920 wieder eine Genossenschaftsversammlung abgehalten, in der Ogris neuerlich in den Ausschuss gewählt wurde. In dieser Versammlung machte jedoch ein gewisser Socher auf die unhygienischen Verhältnisse in der Firma Ogris aufmerksam und empfahl eine Nachschau durch den Gewerbeinspektor[355]. 1919 war Josef Ogris als Mitglied des Gemeindeausschusses bereits wieder politisch aktiv geworden[356]. Anfang der 1920er-Jahre war die Firma Ogris zusammen mit den Maschinenhäusern die größte Büchsenmacherfirma in Ferlach. Doch der Firmeninhaber Josef Ogris verstarb unerwartet am 29.6.1921 mit 50 Jahren an Gehirnschlag und Rotlauf[357]. Entlassungen waren die Folge, auch aufgrund der allgemein schwierigen Wirtschaftslage[358]. Die Firma Ogris Josef, Gabl Nr. 9, wurde an Johann Schaschl-Outschar verpachtet und produzierte weiter unter dem Namen M. Ogris (Abb. 50). Die Übergabe an Schaschl-Outschar erfolgte um das Jahr 1927[359]. Johann Schaschl-Outschar blieb bis zu Ausbruch des nächsten Krieges 1939 der Pächter[360].

1947 führte Luise Ogris für die minderjährigen Kinder Herta, Irmgard und Josef den Betrieb der M. Ogris Gewehrfabrik OHG fort[361]. Herta Louise Maria (1917–1995) war die Tochter von Josef Ogris und dessen Frau Maria, geborene Lausegger aus Windisch-Bleiberg. Herta Louise Maria studierte in Wien, wo 1940 ihr erstes Kind geboren wurde[362]. 1941 promovierte sie mit einer historischen Arbeit über „Die Kriegsereignisse in Kärnten 1809"[363]. Nach dem Krieg war sie in Klagenfurt ansässig.

Die Fortsetzung des Betriebs scheint jedoch nur kurz gewesen zu sein. Die Firma erhielt keine Beschussnummer von den britischen Alliierten. Es wurden keine Waffen mehr produziert, die Gewehrfabrik Markus Ogris stellte ihren Betrieb ein. 1953 erschien ein Friedrich Ogris unter den Ferlacher Büchsenmachern[364]. Doch er hatte mit dem Traditionsbetrieb M. Ogris, Erben, keine Verbindung.

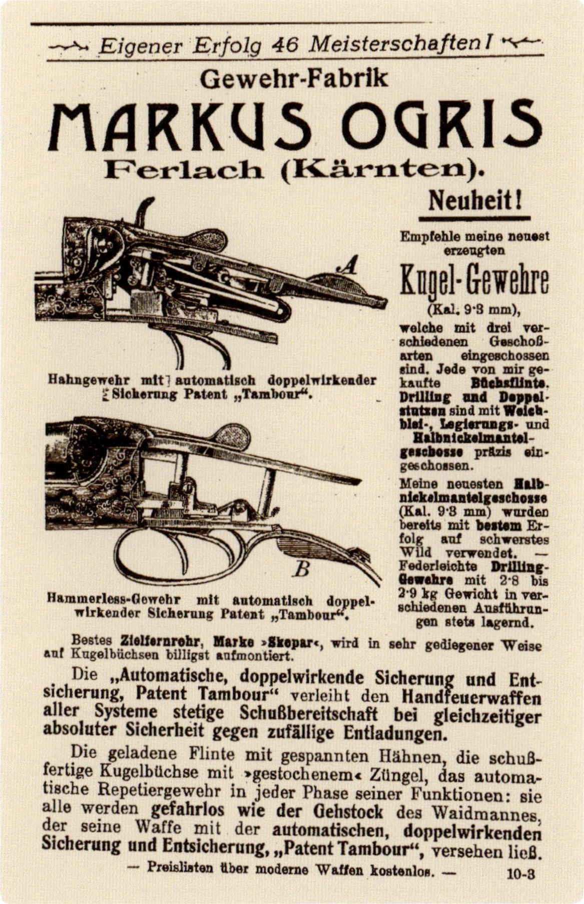

Eigener Erfolg 46 Meisterschaften!

Gewehr-Fabrik

MARKUS OGRIS

Ferlach (Kärnten).

Neuheit!

Empfehle meine neuest erzeugten

Kugel-Gewehre

(Kal. 9·3 mm), welche mit drei verschiedenen Geschoßarten eingeschossen sind. Jede von mir gekaufte **Büchsflinte**, **Drilling und Doppelstutzen** sind mit **Weichblei-**, **Legierungs-** und **Halbnickelmantelgeschosse** präzis eingeschossen.

Meine neuesten **Halbnickelmantelgeschosse** (Kal. 9·3 mm) wurden bereits mit **bestem** Erfolg auf schwerstes Wild verwendet. — Federleichte **Drilling-Gewehre** mit 2·8 bis 2·9 kg Gewicht in verschiedenen Ausführungen stets lagernd.

A

Hahngewehr mit automatisch doppelwirkender Sicherung Patent „Tambour".

B

Hammerless-Gewehr mit automatisch doppelwirkender Sicherung Patent „Tambour".

Bestes **Zielfernrohr, Marke »Skopar«**, wird in sehr gediegener Weise auf Kugelbüchsen billigst aufmontiert.

Die **„Automatische, doppelwirkende Sicherung und Entsicherung, Patent Tambour"** verleiht den **Handfeuerwaffen aller Systeme stetige Schußbereitschaft bei gleichzeitiger absoluter Sicherheit gegen zufällige Entladungen.**

Die geladene Flinte mit gespannten Hähnen, die schußfertige Kugelbüchse mit »gestochenem« Züngel, das automatische Repetiergewehr in jeder Phase seiner Funktionen: sie alle werden **gefahrlos wie der Gehstock** des Waidmannes, der seine Waffe mit der **automatischen, doppelwirkenden Sicherung und Entsicherung, „Patent Tambour"**, versehen ließ.

— Preislisten über moderne Waffen kostenlos. — 10-3

Abb. 49: Annonce der Firma M. Ogris, Waidmannsheil 1906 *(Archiv Koschat)*

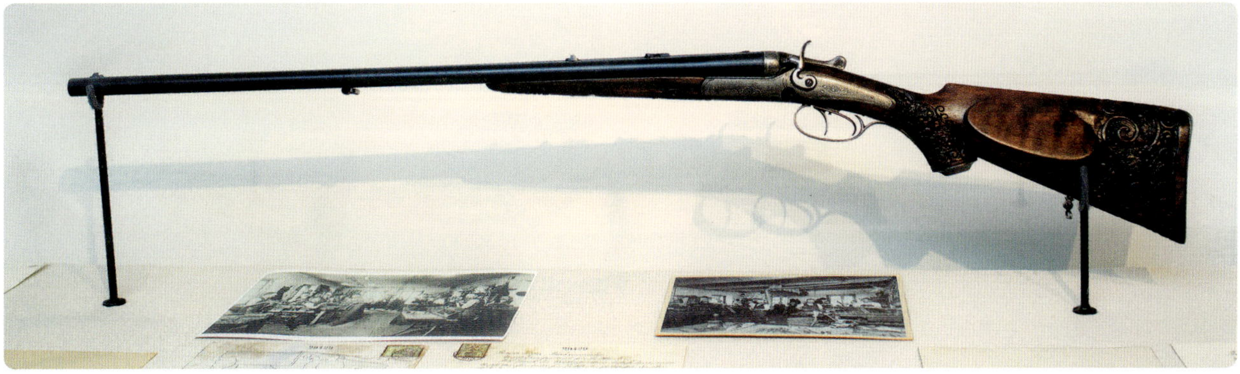

Abb. 50: Hahnbüchsflinte von 1923 der Firma M. Ogris im Büchsenmachermuseum in Ferlach *(Foto: Peter Just)*

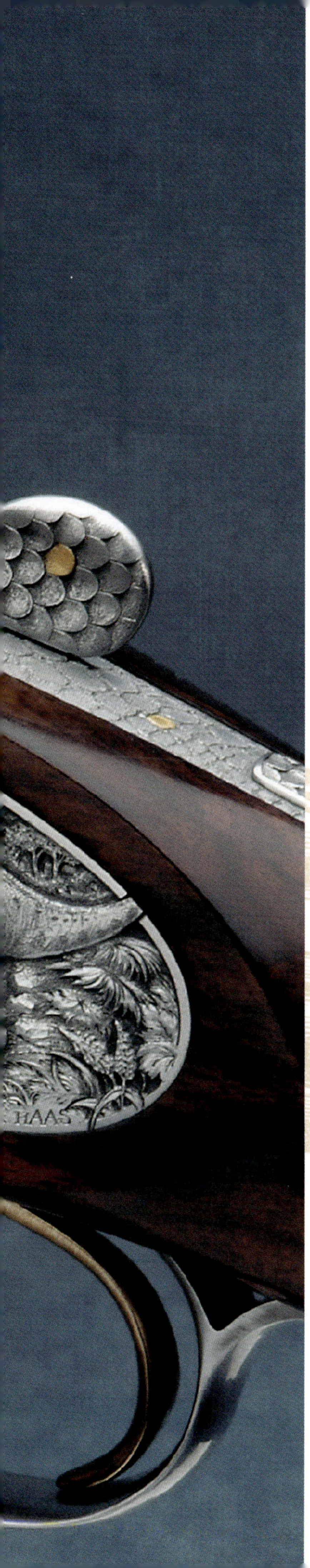

Die Ferlacher Büchsenmacher im 20. Jahrhundert

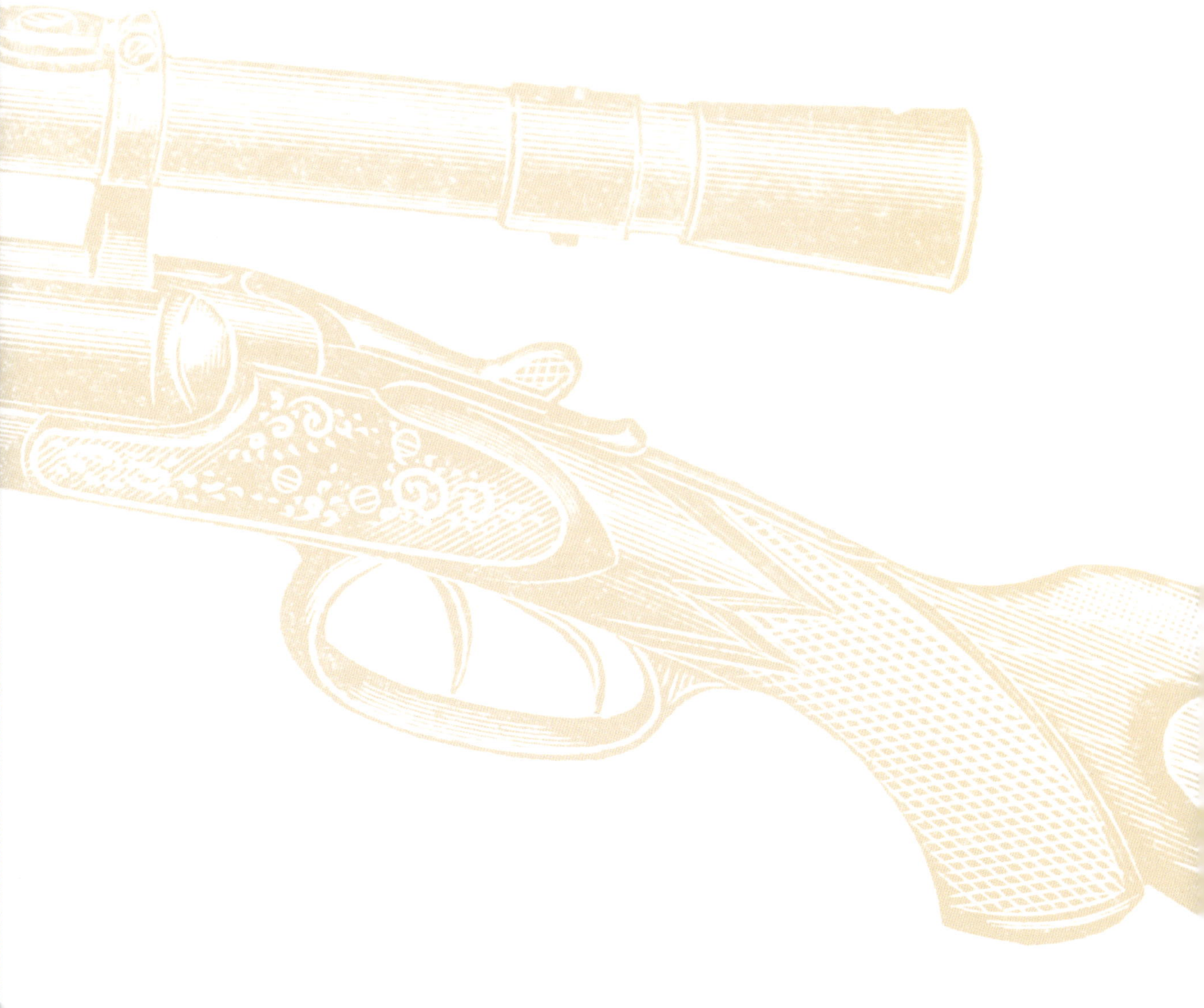

In Ferlach sind noch zahlreiche Namen von Büchsenmachern präsent, auch wenn sie ihren Betrieb zum Teil schon vor Jahrzehnten eingestellt haben. So kann man bei einem Spaziergang durch die Stadt noch auf etlichen Häusern die Namen von Meistern lesen:

Josef Winkler, Benedikt Winkler oder bis vor nicht allzu langer Zeit auch Gottfried Juch. Sie alle sind Teil der jüngeren Geschichte des Handwerks. Zu Beginn steht die Geschichte der Gewehrfabriken Franz und Anton Sodia. Vor allem die Firma Franz Sodia war bis zu ihrem Ende 1994 die größte und zu ihrer Zeit wohl auch die bekannteste in Ferlach.

Sodia

Gegründet: **1870**
Beendet: **1981 (Anton Sodia), 1994 (Franz Sodia)**
Beschussnummer: **32 (Anton Sodia) und 33 (Franz Sodia)**

1869 zieht der Schlosser Anton Sodia aus Wochein Feistritz nach Unterferlach. Er betätigt sich als Büchsenmacher. Seine Söhne Franz und Anton begründen Firmen, die über drei Generationen in Ferlach Bestand haben. Die Firma Franz Sodia, zunächst in Dobrowa dann in der Schulhausgasse ansässig, zählt von den 1930er-Jahren bis in die 1980er-Jahre zu den größten und bedeutendsten Firmen in Ferlach. 1994 wird der Betrieb eingestellt. Die Firma Anton Sodia produzierte Waffen in Unterferlach bis 1981.
Adresse: zunächst Dobrowa, dann Schulhausgasse, Ferlach (Franz Sodia), Unterferlach 39 (Anton Sodia)

Die Gewehrfabriken Sodia

Der Name Sodia ist bis heute untrennbar mit dem Büchsenmachen verbunden, auch wenn seit 30 Jahren keine Sodia-Waffen mehr in Ferlach hergestellt werden. Die Firma Franz Sodia war in den Jahrzehnten nach dem Zweiten Weltkrieg der größte Waffenproduzent in Ferlach. Bis zu 120 Leute arbeiteten für die Firma. Die Geschichte der Familie Sodia ist, wie die so mancher Büchsenmacher in Ferlach, weit verzweigt, weil oft alle Söhne das Büchsenmachen erlernten. Der erste Sodia in Ferlach, Anton Sodia, hatte drei Söhne, die alle das Büchsenmacherhandwerk ausübten.

Zuzug aus Wochein Feistritz: Anton Sodia 1869

Im Jahr 1869 zog der 23-jährige Anton Sodia (1846–1906) aus Wochein Feistritz in Oberkrain (heute Bohinjska Bistrica/Slowenien) nach Ferlach, zur damaligen Zeit waren beide Orte in der österreichischen Monarchie[365]. Als gelernter Schlosser ließ er sich in Unterferlach nieder. 1870 gründete er im Haus seines Schwiegervaters Valentin Suklitsch einen eigenen Betrieb[366]. Zunächst beschränkte sich seine Tätigkeit auf gewöhnliche Schlosserarbeiten, für die er auch die nötige Konzession bei der Büchsenmacher-Innung beantragt hatte. Als die Innung 1871 bei der Bezirkshauptmannschaft um Bestrafung einiger Gewerbetreibender ansuchte, die ohne Entrichtung der nötigen Meistergebühren Gewehrbestandteile fertigten, war auch Anton Sodia unter den untersuchten Fällen[367]. Der Kobautz-Keuschler Anton Sodia erklärte, dass er keine Gewehrbestandteile fertigen würde, sondern „Decimalwaagen und dergleichen gewöhnliche Schlosserarbeiten." Dies wurde auch vom Innungsvorstand bestätigt. Für diese Arbeiten verfügte er über die nötige Konzession. Folglich musste Anton Sodia keine Meistergebühren an die Büchsenmacher-Innung entrichten (Abb. 51). In den kommenden Jahren wandte sich Anton Sodia aber doch der in Ferlach allgegenwärtigen Büchsenmacherei zu. Als 1884/85 die Büchsenmacher-Genossenschaft gegründet wurde, stand Anton Sodia aus Unterferlach auf der Einladungsliste zur Einberufung der ersten Versammlung. Sein Gewerbe wird nun mit Büchsenmacher angegeben[368]. Bei der Aufbringung des nötigen Kapitals für das erste Maschinenhaus 1887 beteiligte sich Anton Sodia mit 10 fl[369]. 1893 war Anton Sodia unter jenen Büchsenmachern, die eine Bitte um Einstellung der maschinellen Produktion in den Maschinenhäusern unterschrieben, da ihnen daraus Nachteile entstehen würden[370]. Franz Pleschberger, der Direktor der Maschinenhäuser, erklärte dieses Ansinnen damit, dass er zuvor Arbeiten von Anton Sodia, die dieser für die Maschinenhäuser der Genossenschaft gemacht hatte, als zu schlecht zurückgewiesen habe. Darauf sei Anton Sodia „unanständig und beleidigend" geworden[371].

Die Nachfolger: die Brüder Sodia

Anton Sodia hatte sechs Kinder, darunter die drei Söhne Franz, Anton und Gottfried (Friedrich)[372]. Alle drei traten in die Fußstapfen des Vaters und wurden ebenfalls Büchsenmacher. Der 1871 geborene Franz Sodia war um 1892 Gehilfe[373] und er absolvierte außerdem die Fachschule für Gewehrindustrie[374]. Er war der älteste Sohn von Anton Sodia[375]. Die Söhne Franz (1871–1935), Anton (1882–1966) und Gottfried (*1885) lernten bei ihrem Vater das Handwerk. Anton wurde 1900 nach fünf Jahren Lehrzeit von seinem Vater freigesprochen[376]. 1903 wurde laut Protokollbuch ein Friedrich Sodia freigesprochen[377].

Da sich sonst der Name Friedrich Sodia nirgends findet und auch im Geburtsbuch der zuständigen Pfarre Glainach kein Friedrich Sodia vermerkt ist[378], ist es naheliegend, darin Gottfried Sodia zu sehen. Zu dieser Zeit war der Älteste Franz bereits Meister, 1902 und 1906 nahm er selbst Lehrlinge auf[379].

Franz Sodia war spätestens 1910 in Ferlach ansässig[380]. Doch schon 1904 und 1906 schaltete Franz Sodia eigene Annoncen in der Zeitschrift Waidmannsheil, in denen er als Feinbüchsenmacher und Gewehrfabrikant in Ferlach bezeichnet wird (Abb. 52,

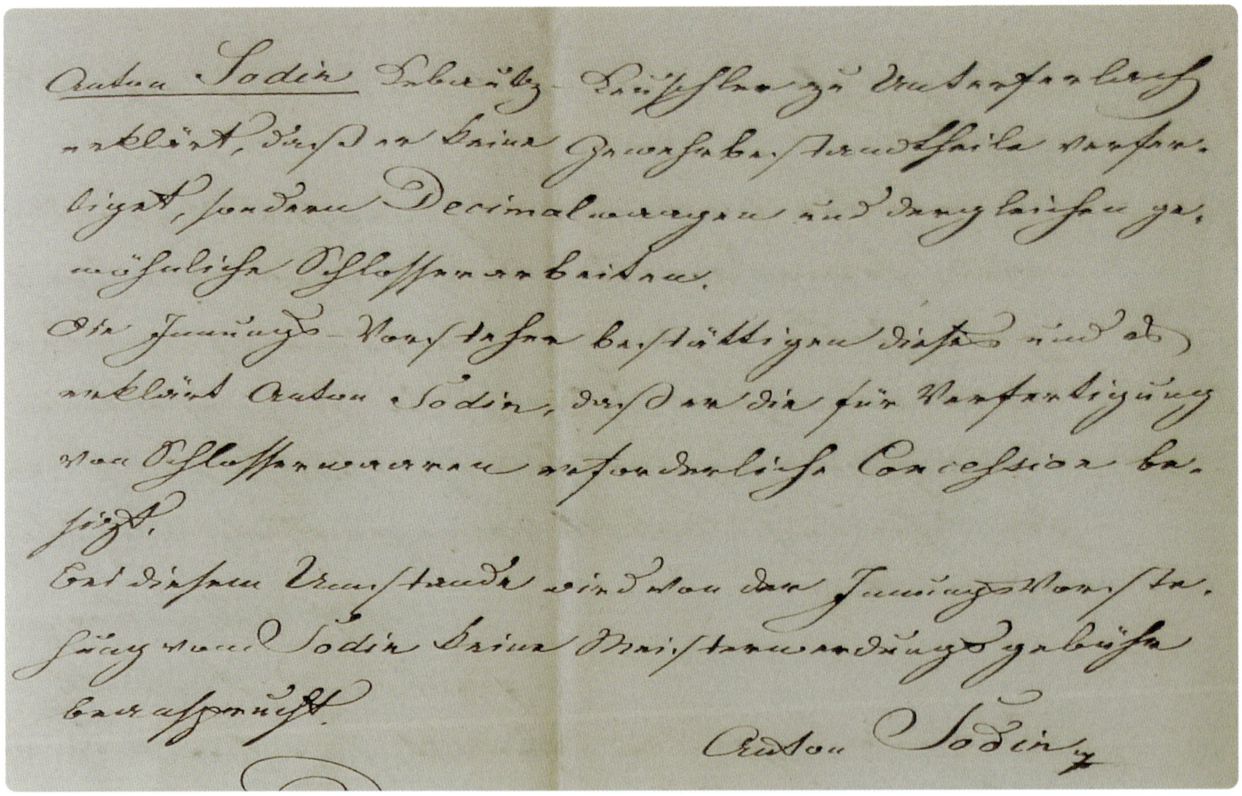

Anton Sodia [illegible] [illegible] zu Unterferlach erklärt, daß er keine Gewehrbestandtheile verfertigt, sondern Decimalwagen und dergleichen gewöhnliche Schlosserarbeiten.
Die Innungs-Vorstehung bestätiget dieses und erklärt Anton Sodia, daß er die für Verfertigung von Schlosserwaaren erforderliche Concession besitzt.
Bei diesem Umstande wird von der Innungsvorstehung von Sodia keine Meisterwerdungsgebühr beansprucht.
Anton Sodia

Abb. 51: Protokoll der Bezirkshauptmannschaft, Ausschnitt Anton Sodia, 1871
(Archiv der Büchsenmachergenossenschaft)

Abb. 53)[381], so dass diese Übersiedlung und der Schritt in die Selbstständigkeit schon vor 1904 erfolgt war. Seine eigene Konzession erhielt er 1901[382]. Die väterliche Werkstatt in Unterferlach wurde von seinem Bruder Anton fortgeführt, wobei das Datum der Übergabe von Vater auf Sohn nicht gesichert feststellbar ist. 1905 und 1907 ist jedenfalls ein Meister Anton Sodia als Lehrherr bezeugt[383]. Ob hier Vater oder Sohn tätig waren, lässt sich nicht feststellen. 1911 trat Sohn Anton Sodia, Büchsenmacher in Unterferlach 39, der Genossenschaft bei[384]. Auffallend ist jedenfalls, dass mit Franz der älteste Sohn seine eigenen Wege ging und damit den Grundstein für den späteren Aufschwung seiner Nachfahren legte.

Abb. 52: ***Annonce Franz Sodia, Ferlach, Waidmannsheil 1904***
(Archiv Koschat)

Abb. 53: ***Annonce Franz Sodia, Ferlach, Waidmannsheil 1906***
(Archiv Koschat)

Franz Sodia trat bereits 1901 der Genossenschaft bei und war ein aktives Mitglied[385]. 1909 war er zusammen mit Josef Hambrusch im Maschinenhaus-Ausschuss und damit mitverantwortlich für die Leitung der Maschinenhäuser[386]. Auch im Fachschulausschuss war er 1912 als Vertreter der Genossenschaft[387]. Der Fachschulausschuss stand der Leitung der Fachschule beratend zur Seite. Unter der Leitung des jeweiligen Bezirkshauptmannes waren Vertreter des Unterrichtsministeriums, der Direktor der Fachschule, Delegierte der Handels- und Gewerbekammer, der Stadtgemeinde Ferlach, des Kärntner Landesausschusses und eben der Büchsenmachergenossenschaft in dem Ausschuss[388]. Franz Sodia zeigte über Jahre sein Engagement und Interesse an der Hebung der Ferlacher Gewehrin-

Abb. 54: ***Werkstätte Franz Sodia in der Klagenfurter Straße in Ferlach, um 1920***
(Büchsenmachermuseum Ferlach, Foto: Peter Just)

Abb. 55: Jubiläumsbericht der Firma Franz Sodia *(Büchsenmachermuseum Ferlach)*

dustrie. Als 1915 die Ferlacher Industriellen sich bei der Klagenfurter Bezirkshauptmannschaft einfanden, um gegen die Preiserhöhungen für ihre Produktionen im Maschinenhaus zu protestieren, war er mit Josef Ogris und Johann Sigott unter den „großen Meistern", die ihre Interessen zu wahren versuchten. Die „kleinen Meister" – Johann Fanzoi, Michael Pegam, Valentin Miglitsch, Johann Melchior, Rochus Perkonig, Vinzenz Urbas, Mathias Wrulich und Micheal Perkounig – gaben sich mit den kriegsbedingten Heereslieferungen zufrieden[389]. Im letzten Kriegsjahr 1918 wurde Franz Sodia zusammen mit Albin Hallemoschnig, Josef Ogris, Johann Schaschl-Outschar und Vinzenz Urbas zum Genossenschafts-Kommissar ernannt und damit mit der Führung der Genossenschafts-Interessen betraut[390]. Auch nach dem Krieg war er wieder als Beisitzer seitens der Genossenschaft im Vorstand der Maschinenhäuser[391].

Gottfried Sodia hielt sich während des Krieges in Steyr auf. 1919 ist er wieder in Ferlach und sucht als Bogomir Sodia beim SHS-Staat um eine Gewerbeerlaubnis an[392].

Abb. 56: Alte Werkstätte der Firma Sodia, um 1930 *(Archiv Stadtgemeinde Ferlach)*

Der Aufbau des eigenen Betriebs: die Firma Franz Sodia und seine Nachfahren

Franz Sodia zeigte sich als unternehmerischer Geist. Zunächst hatte er eine Heimarbeiterwerkstätte auf der Dobrowa[393]. Diese war in jenem Gebäude, das zuvor der Gewehrfabrikant Anton Antonitsch genutzt hatte, nördlich der Klagenfurter Straße (Abb. 54). 1931 veröffentlichte Franz Sodia einen „Jubiläumsbericht", in dem er die Firmengeschichte in 30-Jahr-Schritten darstellte (Abb. 55)[394]. Vor 60 Jahren, im Jahr 1871, gründete sein Vater den Betrieb. Vor 30 Jahren (1901) erhielt er die Konzession und gründete eine eigene Firma. Schon in den ersten Jahren stellte er jährlich einige hundert Gewehre her. Nach 60 Jahren (1931) war nun auch sein ebenfalls Franz genannter Sohn in der Firma tätig. In der Werkstatt und als Heimarbeiter waren über 80 Arbeiter für Franz Sodia tätig (Abb. 56). Seine Firmenphilosophie bestand darin, nur „ausgesuchte Spezialarbeiter" zu beschäftigen, die sich jeweils auf einen Arbeitsschritt konzentrierten. Dadurch sollte höchste Qualität garantiert werden. Dass Franz Sodia seine Mitbewerber durchaus kritisch sah, zeigt ein Verweis auf einer Rechnung von 1926, ausgestellt auf Ludwig Trabi in Kaindorf: „Schließlich muss ich bemerken, dass Sie nicht verwechseln sollen meine Ware und die einiger anderen Firmen, es gibt in Ferlach sehr grosse Unterschiede in der Fabrikation und Qualität.“[395]

Auch in Annoncen wurde auf diese Verwechslungsgefahr hingewiesen (Abb. 57). Durchschnittlich verbrauchte die Firma Sodia in dieser Zeit jährlich 60.000 Schuss Einschussmunition. Mit einem Lager von über 1.000 Stück konnte ein großer Kundenkreis bedient werden[396].

1934 erweiterte Franz Sodia die an seinem Wohnhaus (Ferlach 151, Schulhausgasse) angebaute Werkstätte um eine Maschinenhalle[397], die er mit den nötigen Maschinen aus abgegebenen Beständen des Wiener Arsenals bestückte. Neben Fräßmaschinen waren dies Laufbohrmaschinen und Drehbänke. Damit wurde Franz Sodia endgültig unabhängig von den genossenschaftlichen Maschinenhäusern und konnte nun seine Waffen in Eigenregie herstellen (Abb. 58). Die Läufe bezog er vom Edelstahlwerk Böhler in Kapfenberg, die rohen Schmiedeteile kamen von der Landesfachschule für das Eisen- und Stahlgewerbe in Waidhofen/Ybbs. Als Franz Sodia 1935 verstarb, hinterließ er seinem Sohn Franz eine gut ausgestatte Produktionsstätte.

Sohn Franz ließ die Heimarbeiterwerkstätte auf der Dobrowa auf. Der Maschinenpark wurde in den Jahren 1936 bis 1938 noch erweitert. Der neue Eigentümer legte hohen Wert auf maschinelle Produktion. Die bestehende Halle wurde 1938 durch einen weiteren Zubau vergrößert. In den Kriegsjahren 1939 bis 1945 war die Firma Franz Sodia zusammen mit den genossenschaftlichen Maschinenhäusern als Rüstungsbetrieb eingestuft. Hergestellt wurden Flugzeugbestandteile und Messlehren.

Noch im Kriegsjahr 1943 erfolgte eine weitere Vergrößerung durch einen Zubau von Betriebs- und Büroräumen. Nach dem Krieg wurden in der Firma Sodia wieder Waffen produziert, zunächst ab

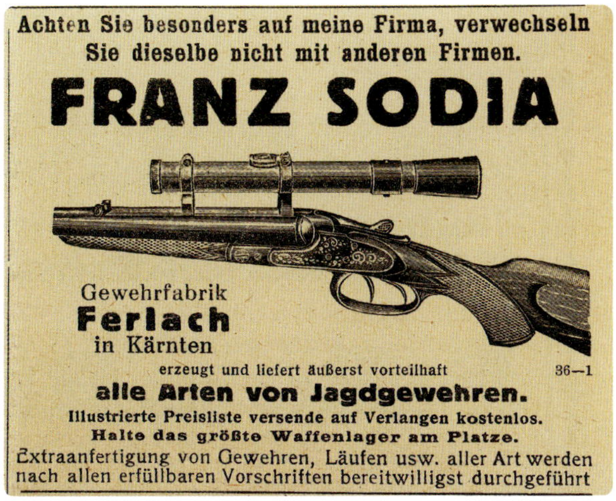

Abb. 57: Annonce der Firma Franz Sodia, um 1928 *(Archiv Hambrusch)*

Abb. 58: Gewehrfabrik Franz Sodia, Maschinenhaus, um 1935 *(Büchsenmachermuseum Ferlach, Foto: Peter Just)*

Abb. 59: Gewehrfabrik Franz Sodia, um 1955 *(Büchsenmachermuseum Ferlach, Foto: Peter Just)*

Es gibt aber heute auch echte „Ferlacher“, → die nicht handwerksmäßig hergestellt werden. Franz Sodia trat aus der Genossenschaft aus und erweiterte seine Firma zu einem richtigen Industriebetrieb. Hier seine Werkhalle.

Abb. 60: Franz Sodia, 1954 *(Kärntner Volksblatt Nr. 7, 5. Jahrgang, 20. Februar 1954)*

1945 die von den britischen Alliierten erlaubten Schrotgewehre und ab 1948 auch wieder Kugelgewehre. Als Beschussnummer erhielt Franz Sodia die Zahl 33. Die Firma Sodia erlebte in den 1950er-Jahren einen großen Aufschwung, der sich auch baulich niederschlug. Schon 1951/52 wurden zwei weitere Maschinenhallen gebaut, 1958 erfolgte eine nochmalige Vergrößerung durch einen weiteren Zubau (Abb. 59). Aus der Genossenschaft trat Franz Sodia aus (Abb. 60).

Ermöglicht wurde der frühe Aufschwung nach dem Krieg auch durch Kredite aus ERP-Mitteln („Marshall-Plan“). Bis zu 120 Leute arbeiteten hier (Abb. 61). Auch gab es eine eigene Lehrwerkstätte. Die Jagdgewehrfabrik Franz Sodia stand weiterhin für Qualität (Abb. 62). Franz Sodia musste dabei auch immer wieder gegen das „Heimarbeiterunwesen“, das in Ferlach so fest verankert war, ankämpfen. Immer wieder kam es vor, dass die Arbeiter die Sodia-Maschinen in den Pausen für Arbeiten nutzten, die sie für andere auf eigene Kosten verfertigten. Auch mit dem Eigentum der Bestandteile sollen sie es dabei nicht so genau genommen haben. Diese „große

Abb. 61: Die Belegschaft der Firma Franz Sodia, um 1955 *(Kärntner Landesarchiv)*

Schwarzarbeit“ bekämpfte Franz Sodia auf drastische Weise: Als er einmal in der Mittagspause eine Maschine hörte, hielt er Nachschau und fand einen Arbeiter an der Bandsäge mit Arbeiten für einen anderen Auftraggeber beschäftigt. Kurzentschlossen nahm er den Schaft und sägte ihn entzwei[398].

Franz Sodia hatte vier Söhne: Franz, Werner, Klaus und Hubert. Der geschäftlich so erfolgreiche Vater hatte 1961 in Salzburg und 1971 in St. Pölten Dependancen errichtet. So konnten 1974 drei Söhne jeweils ein Geschäft übernehmen. Sohn Franz erhielt den Ferlacher Stammsitz, Sohn Werner das Geschäft in Salzburg, Klaus jenes in St. Pölten. Der jüngste Sohn Hubert wurde Eisenhändler.

Dem geschäftlichen Erfolg musste Sohn Franz in seiner Kindheit Tribut zollen, wie er sich erinnert. Es gab keine Freizeit, schon früh musste er in der Werkstatt mitarbeiten. Nach dem Besuch der Fachschule legte er 1956 die Meisterprüfung im Büchsenmachen ab. Mit seinen damals noch nicht einmal 19 Jahren war er österreichweit der jüngste geprüfte Meister im Büchsenmachergewerbe. Er übernahm das große, schwere Erbe seines Vaters und Großvaters.

Abb. 62: Annonce der Firma Franz Sodia, um 1953 *(aus: 75 Jahre Fachschule für Handfeuerwaffen Ferlach)*

Abb. 63: Ehemalige Sodia-Werkstätte in der Schulhausgasse 2016 *(Foto: R. Jernej)*

Abb. 64: Wohn- und Wirtschaftsgebäude der Firma Anton Sodia, um 1935 *(Kärntner Landesarchiv)*

Abb. 65: Werkstatt Anton Sodia in Unterferlach, um 1920 *(Archiv Mlecnik)*

In der Blütezeit der 1970er-Jahre gingen bis zu 75% der Sodia-Waffen in den Export. Der Absatz erfolgte weltweit, mit dem Schwerpunkt Westdeutschland, das in der Nachkriegszeit für so viele Ferlacher Büchsenmacher das Hauptabsatzgebiet gewesen ist. 1981 erhielt die Firma Sodia das österreichische Staatswappen durch den Handelsminister Josef Staribacher[399]. Doch schon ab 1985 machte sich die zunehmende Konkurrenz negativ bemerkbar. Franz Sodia versuchte, verschiedene Auffanggesellschaften zu gründen und damit 80 Arbeitsplätze zu erhalten. Die Überschuldung betrug für heutige Verhältnisse überschaubare 6 Millionen Schilling (ca. 450.000 Euro). Doch die geforderte unbefristete Beschäftigungsgarantie für die Mitarbeiter konnte Franz Sodia nicht geben. So kam es schließlich 1989 zum Zwangsausgleich.

Franz Sodia bemühte sich, den Betrieb fortzusetzen. Er suchte die Kooperation mit einer slowenischen Import-Export-Firma, die wiederum Kontakte zu einem der größten jugoslawischen Waffenhersteller hatte. Aufgrund der politischen Umwälzungen durch den Zerfall des jugoslawischen Staates 1990 wurden diese Bemühungen erschwert. Im Juni 1990 gründete er eine GmbH unter der Mehrheitsbeteiligung der slowenischen Firma Kovinoteha aus Celje/Cilli. Die neu gegründete Firma hieß „Franz Sodia Import-Export Jagdwaffen" und mietete zunächst den Betrieb Franz Sodia. 1993 verkaufte Franz Sodia seinen Betrieb an die Kovinoteha unter dem Vorbehalt, weiter in der Waffenproduktion arbeiten zu dürfen. Im September 1994 gab die Kovinoteha die Konzession ab und zog sich nach Slowenien zurück. Der Betrieb fiel an die Hypo-Bank, die ihn anschließend veräußerte. Auch Franz Sodia gab im September 1994 seine Konzession für Erzeugung und Handel zurück, so dass dieses Jahr als das Ende der Firma Franz Sodia anzusehen ist. Die ehemaligen Gebäude der Gewehrfabrik werden heute anderweitig genutzt (Abb. 63)[400]. Die Geschäfte in Salzburg und St. Pölten werden heute noch von den Urenkeln des 1935 verstorbenen Franz Sodia geführt, der in den 1920er-Jahren den Schritt in die Unabhängigkeit von der Genossenschaft gesetzt hatte.

Die Gewehrfabrik Anton Sodia

In Unterferlach 39 führte Anton Sodia den Stammsitz Sodia fort. Im Unterschied zu seinem Bruder Franz, der sich schon früh in der Genossenschaft engagierte, erscheint Anton Sodia erst nach dem Ersten Weltkrieg in einer genossenschaftlichen Funktion. 1920 war er Ersatzmitglied im Vorstand der genossenschaftlichen Maschinenhäuser[401]. 1919 hatte er bei der Bezirkshauptmannschaft Ferlach um die Erteilung einer Gewerbeerlaubnis angesucht[402].

Auch die Unterferlacher Gewehrfabrik Anton Sodia hatte über drei Generationen Bestand (Abb. 64). Diese Gewehrfabrik, wie sie im zeitgenössischen Katalog um 1930 genannt wird, hatte kaum mehr als einige wenige Mitarbeiter und die Herstellung der Waffen erfolgte in traditioneller Handarbeit (Abb. 65). In einer Preisliste aus den 1930er-Jahren verweist Anton Sodia darauf: „Zwecks Vermeidung unliebsamer Verwechslung mit ähnlich lautenden Firmen bitte um Beachtung meiner genauen Anschrift."[403] Die von Anton Sodia angebotene Palette umfasste Hahn-Doppelflinten, Selbstspanner-Doppelflinten System Anson & Deeley, Büchsflinten, Bock-Büchsflinten, Drillinge, Pirschstutzen, Zimmerstutzen, Mauser-Karabiner, Sportbüchsen, Luftgewehre, Pistolen und Revolver (Abb. 66, Abb. 67).

Abb. 66: Prospekt Anton Sodia, um 1930 *(Büchsenmachermuseum Ferlach, Foto: Peter Just)*

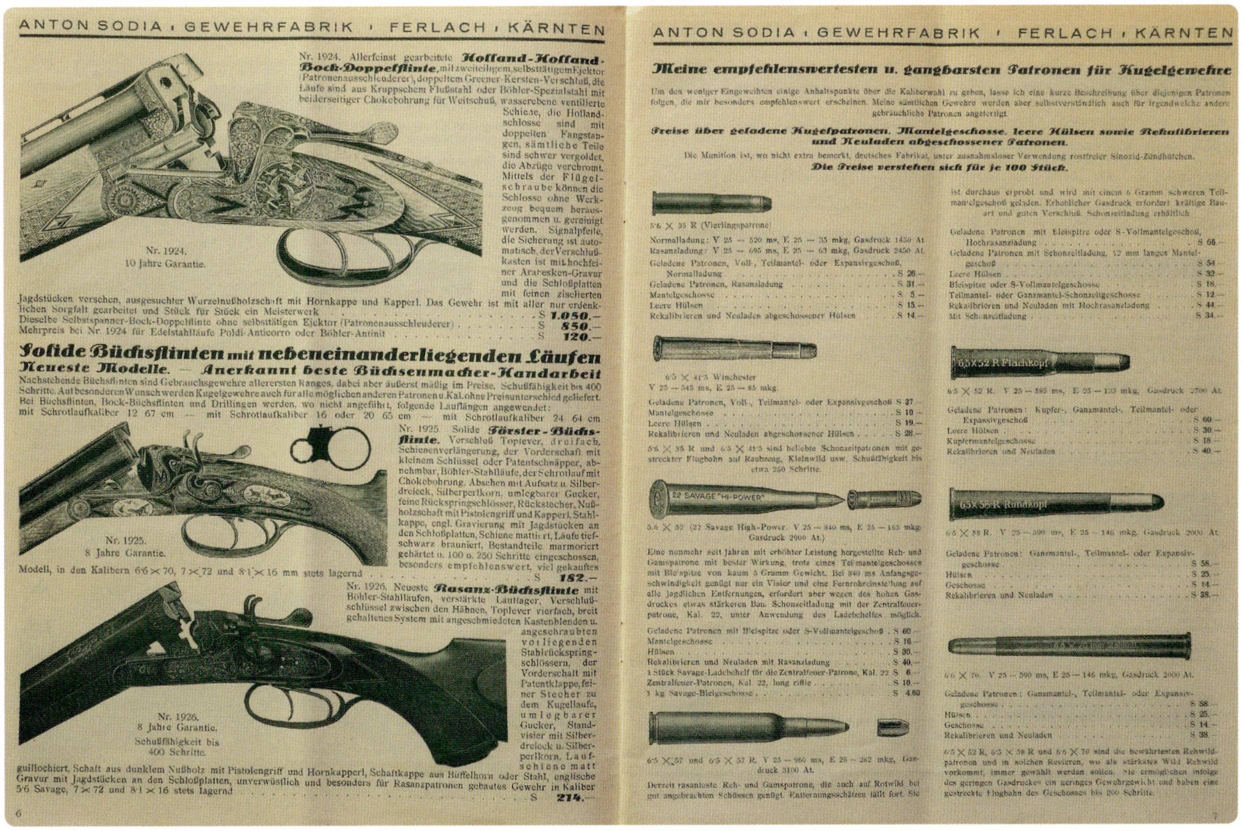

Abb. 67: Prospekt Anton Sodia, um 1930 *(Foto: R. Jernej)*

Die Schrotgewehre waren auf 60 Schritte treffsicher, Gewehre, die darüber eine Trefferquote von 70 bis 75 % hatten, trugen die Bezeichnung „für Weitschuss“. Ein Schuss auf über 80 m wäre aber nicht mehr „weidmännisch“. Die Kugelgewehre pries Anton Sodia als seine Spezialität an, die auch auf 100 m fünf Schuss in einen Kreis von 5 cm bringen würden. „Tausende Anerkennungsschreiben“ bestätigten die Vorzüglichkeit seiner Fabrikate. Anton Sodia wandte sich in seinem Einleitungsteil mit „Weidmannsheil und Schützengruß“ an den „sehr geehrten Herrn“.

Sohn und Enkel von Anton Sodia wurden wieder Anton genannt. Ähnlich wie bei dem Franz-Sodia-Zweig der Familie wurde das Büchsenmachen in Unterferlach in drei Generationen betrieben (Abb. 68). Sohn Anton (1915–1983) führte den Betrieb fort.

Nach dem Krieg erhielten die Waffen aus dem Hause Anton Sodia die Beschussnummer 32. Anton Sodia Junior wurde bei der Gründung des „Vereins zur Förderung des Büchsenmacherhandwerks“ im Jahr 1957 dessen Schriftführer. 1962, als das neue Internat für die Schüler gebaut worden war, war er stellvertretender Geschäftsführer[404]. Vermutlich hätte der Betrieb Anton Sodia noch länger Bestand gehabt, wenn nicht der jüngste Anton (1948–1972) bei einem Autounfall ums Leben gekommen wäre.

***Abb. 68:* Annonce Anton Sodia, um 1953**
(aus: 75 Jahre Fachschule für Handfeuerwaffen Ferlach)

Liste der Büchsenmach er Sodia[405]

Name	Geboren	Gestorben	Bezeugt	Gewerbe	Wohnort
Anton Sodia	12.1.1846	1906	1900, 1911	Schlosser, Büchsenmacher	Unterferlach, Kobautz-Keusche
Franz Sodia	10.11.1871 (Pfarre Glainach)	29.12.1935	–	Büchsenmacher	Unterferlach, Ferlach
Anton Sodia	24.4.1882 (Pfarre Glainach)	12.8.1966	1900, 1920	–	Unterferlach
Gottfried (Friedrich) Sodia	1885 (Pfarre Glainach)	–	1903, 1919	–	–
Franz Sodia	16.10.1903 (Pfarre Glainach)	9.1.1980	1930, 1960	–	Ferlach, Schulhausgasse
Franz Sodia	12.6.1937	–	1956–1994	–	Ferlach, Schulhausgasse
Werner Sodia	1939	–	1974	–	Salzburg
Klaus Sodia	1943	–	1974	–	St. Pölten
Hubert Sodia	1944	–	–	–	–
Anton Sodia	26.9.1915 (Pfarre Glainach)	30.6.1983 (Pfarre Glainach)	1957	–	Unterferlach 39
Anton Sodia	5.7.1948	9.6.1972 (Pfarre Glainach)	–	–	Unterferlach 39

Winkler

Gegründet: **1885/1888**
Beendet: **2012**
Beschussnummer: **42**

Josef Winkler (1858–1930) zählte im 19. und frühen 20. Jahrhundert mit seiner „Josef Winkler Gewehrfabrik und Präzisions-Büchsenmacherei in Ferlach (Kärnten)" zu den größeren Betrieben in Ferlach. Nach seinem Tod führte seine junge Witwe Rosa Winkler (1888–1977) den Betrieb fort. Sie wurde 1942 unter der NS-Herrschaft als Kärntner Slowenin ausgesiedelt. 1945 kehrte sie nach Ferlach zurück und führte den Betrieb zusammen mit Anton Smeritschnig. Nach ihrem Tod setzte ihr Neffe Josef Schuschnig (1925–2012) die Gewehrherstellung fort.

Adresse: Ferlach 145 (alte Nummerierung), Neubaugasse 1, Ferlach

Die „Präzisions-Gewehrfabrik" Josef Winkler und der Witwenbetrieb Rosa Winkler

Zu den größeren Gewehrherstellern, der bereits im 19. Jahrhundert zu den Ferlacher Gewehrfabrikanten gezählt wurde, gehörte der Betrieb von Josef Winkler in der Ferlacher Pfarrhofgasse. Gegründet wurde die „Präzisions-Gewehrfabrik" im Jahr 1885. Sie umfasste mehrere Werkstätten-, Wohn- und Stallgebäude, die auch heute noch zu sehen sind (Abb. 69). Josef Winkler erscheint ab 1886 regelmäßig als Meister im Protokollbuch[406]. Zahlreiche Lehrlinge gingen durch seine Schule. So wurde z. B 1907 ein Thomas Winkler vom Gewehrfabrikanten Josef Winkler aufgedungen und zugleich freigesprochen[407]. Der Name Winkler ist schon sehr früh und oft unter den Ferlacher Büchsenmachern zu finden. Allein das Meisterverzeichnis von 1840 nennt insgesamt acht Meister dieses Namens[408]. Am Ende des 19. Jahrhunderts gab es außer dem Gewehrfabrikanten in der Pfarrhofgasse noch den Betrieb des Graveurs Josef Winkler, der später von Jakob Koschat übernommen wurde, sowie in Ferlach noch jenen von Benedikt Winkler, den später dessen Sohn Josef Winkler fortführte[409].

Josef Winkler wurde am 13.3.1858 geboren[410] Im Jahr 1885 gründete er als 27-jähriger seinen eigenen Betrieb. Später findet sich auch das Jahr 1888 als Datum der Betriebsgründung (Abb. 70). In diesem Jahr war Josef Winkler, wohnhaft in Ferlach 145, der Büchsenmachergenossenschaft beigetreten[411].

Abb. 69: Gewehrfabrik Josef Winkler, um 1942
(Kopie Kärntner Landesarchiv)

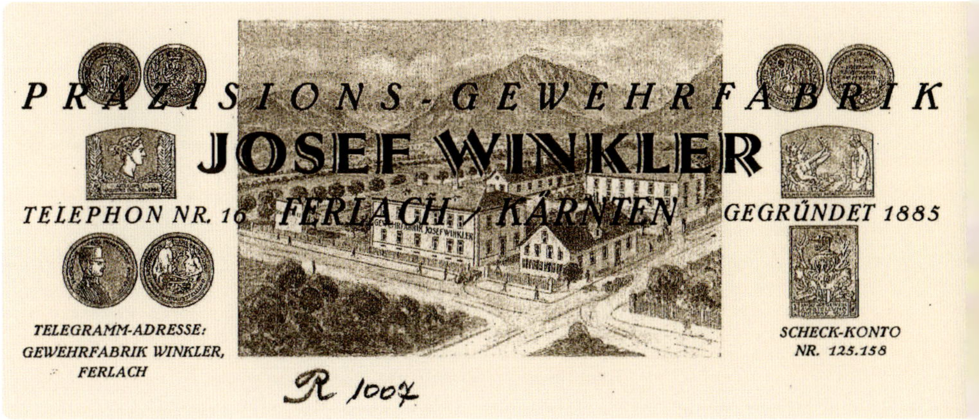

Im Verzeichnis von ca. 1892 ist er ebenfalls bereits genannt[412]. In der Genossenschaft und in der Verwaltung der Maschinenhäuser übte Josef Winkler keine herausragenden Ämter aus. 1897 war er Mitglied des Schiedsgerichts[413]. Wie für die meisten Ferlacher Büchsenmacher stand auch für ihn das Wohl des eigenen Betriebs im Vordergrund. 1893 war er unter den Unterzeichnern einer Petition an die Bezirkshauptmannschaft Klagenfurt, die um die Abstellung der ihnen aus den maschinellen Betrieb der Genossenschaft erwachsenden Nachteile bat. Exportwaren und der Kundenkreis der österreichisch-ungarischen Monarchie sollte den „Industriellen" in Ferlach überlassen werden[414]. Als 1905 die Maschinenbezugsgenossenschaft gegründet wurde, wurde unter Nummer 18 ein Josef Winkler vermerkt[415]. Von 1905 bis 1912 war er in der Maschinenbezugsgenossenschaft. Die „Josef Winkler Gewehrfabrik und Präzisions-Büchsenmacherei in Ferlach (Kärnten)" stellte Schrotgewehre, Büchsflinten, Pirschstutzen und Doppelkugel-Büchsen her. „Nicht konvenierende Stücke" wurden zurückgenommen. Außerdem übernahm die Fabrik noch Reparaturarbeiten aller Art (Abb. 71). Eine Rechnung aus dem Jahr 1922, die das genossenschaftliche Maschinenhaus an den Gewehrlieferanten Josef Winkler stellte, listet nicht nur diverse Bestandteile (Schlossschrauben, Federstahl, Gusszüngel, Züngelblattel etc.) auf, die Winkler vom Maschinenhaus bezog. Sie gibt mit der in Rechnung gestellten Gesamtsumme von 507.418 K auch Zeugnis über die in der Zeit galoppierende Inflation in der neuen Republik Österreich[416]. Josef Winkler schaffte es aber, die schwierige Zeit der 1920er-Jahre zu überstehen (Abb. 72).

Abb. 70: Annonce Josef Winkler, 1953 *(aus: 75 Jahre Fachschule für Handfeuerwaffen Ferlach)*

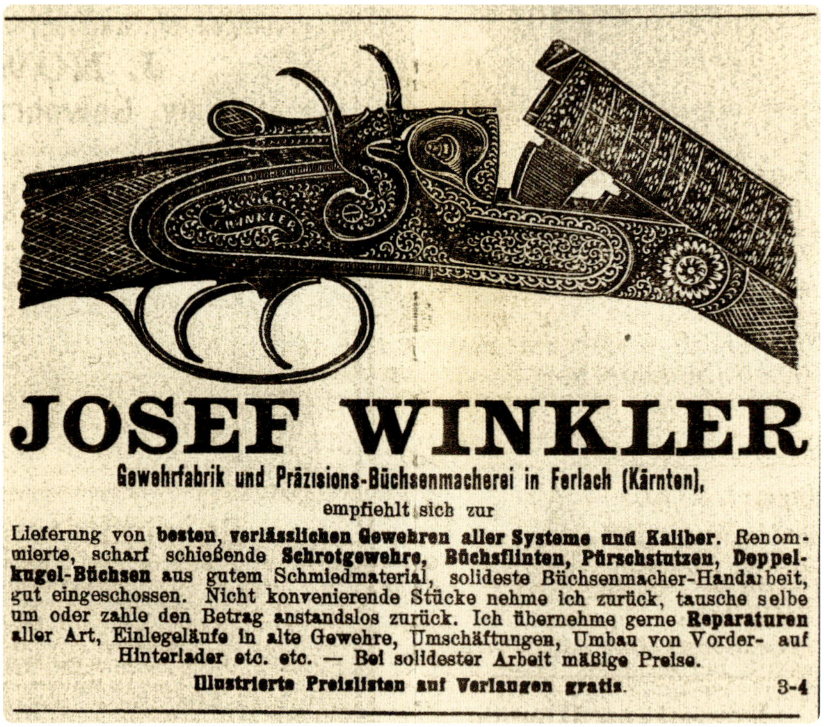

Abb. 71: Annonce Josef Winkler, Waidmannsheil 1906 *(Archiv Koschat)*

Josef Winkler verstarb im Alter von 72 Jahren am 26.9.1930[417]. Der Betrieb wurde nach seinem Tod von der Witwe Rosa Winkler fortgeführt. Zum Geschäftsführer wurde zunächst mit 24.6.1931 Raimund Wieser bestellt, ab 22. Juni 1933 fungierte Anton Smeritschnig in dieser Position[418].

Rosa Winkler war 1888 geboren worden und damit 30 Jahre jünger als ihr Ehemann. 1911 kam der gemeinsame Sohn Josef „Pepi" Winkler zur Welt, der ebenfalls das Büchsenmacherhandwerk erlernte. Rosa Winkler wurde ebenso wie ihr Geschäftsführer Anton Smeritschnig 1942 Opfer der nationalsozialistischen Slowenenaussiedlung. So wie auch der Büchsenmacher Sebastian Borovnik wurde sie als „Staatsfeindin" tituliert[419]. Zum Betrieb Winkler gehörten nicht nur die Werkstätten und Wohnhäuser in der Pfarrhofgasse (Ecke Neubaugasse), sondern mit der Schlemitzhube auch eine Landwirtschaft in Unterferlach. Als im Februar 1942 die nationalsozialistische Staatsverwaltung daran ging, mögliche Objekte für die Enteignung und Ansiedlung der Kanaltaler Optanten zu suchen, war auch der Winklersche Besitz darunter. Die Deutsche

Aussiedelungsgesellschaft (DA) hielt den Besitz für geeignet, allerdings teilte ihr die Reichsstatthalterei mit, dass die Eignung allein nicht ausreichend sei, es müsse auch einen gesetzlichen Enteignungsgrund geben[420]. Als Grund wurde dann angegeben, dass sich das „Anwesen in berufsfremden Händen" befände, da der Sohn der Eigentümerin Büchsenmacher und „angeblich nicht bauernfähig" sei[421]. Tatsächlich war die Landwirtschaft die meiste Zeit verpachtet. Sohn Josef Winkler arbeitete zunächst in den Mauserwerken in Berlin und wurde dann zur Ostfront eingezogen. Im Oktober 1942 fiel er[422].

Noch im Februar 1942 wurde mit Anton Grünwald aus Malborghetto ein Optant gefunden, der sich zur Erwerbung des Objekts Winkler verpflichtete[423]. Später (ab Ende 1943) war dann der Umsiedler Josef Gallob aus Tarvis in der Pfarrhofgasse ansässig[424]. Auch die Kreisbauernschaft erklärte sich mit der Enteignung des Besitzes Rosa Winkler einverstanden[425]. Rosa Winkler war unter den 917 Kärntner Sloweninnen und Slowenen, die ausgesiedelt und in Lager nach Deutschland verbracht wurden[426]. Für ihren Besitz wurde ein 30 Blatt umfassendes Inventar angefertigt. Nach Zimmern geordnet wurden sämtliche Gegenstände aufgelistet: Hüte, Schirme, Rodeln, Hühnerfutter, Hakenkreuzfahne etc. Auch das Inventar der Büchsenmacherwerkstatt wurde ausführlich erfasst: 1 Hammerless-Doppelflinte m. Ejektor Kal. 12, 4 alte Büchsflinten, 2 Pirschstutzenläufe, Kal. 5 mm, 80 Schrothülsen, Kal. 20, 2 Vorderladerschlösser, 300 Flobertpatronen Kal. 22, 1 Kiste mit Klischee, 200 verschiedene Flintenlaufgeschosse etc.[427] Der Bau- und Grundwert wurde auf 56.052 RM geschätzt[428], Umsiedler Josef Gallob bezahlte dafür schließlich 24.000 RM[429].

Mit der Liquidierung des Büchsenmacherbetriebs Winkler beauftragte Bürgermeister Josef Hambrusch den Büchsenmacher Johann Schaschl-Outschar. Schaschl-Outschar trieb ausstehende Rechnungen ein bzw. übernahm Aufträge, die an die Firma Winkler gerichtet gewesen waren[430]. Er sorgte auch für den Verkauf des Warenbestandes. So erwarb der Ferlacher Büchsenmacher Simon Kalischnig aus Dollich zahlreiche Gewehrbestandteile aus dem Bestand der Firma Rosa Winkler (Mauserläufe gezogen, Drillingsläufe, Bockläufe garniert, Riemenbügel, Visiersättel, Hornbügel, Schrotpatronen, Vierlingspatronen, Mantelgeschoße, Kugelpatronen etc.)[431]. Die eingenommenen 543,08 RM kamen der Deutschen Umsiedlungs-Treuhand Gesellschaft m.b.H. (DUT) zugute. Schaschl-Outschar erhielt für seine Tätigkeiten im Zeitraum von 27.4.1942 bis 25.2.1943 von der DUT 454,08 RM[432].

Rosa Winkler kehrte am 22. Juli 1945 nach Ferlach zurück. Ihr Entschädigungsanspruch wurde auf 8.063 RM festgelegt[433]. 1946 und 1947 erhielt sie mehrere Raten als „Wiedergutmachung-Vorauszahlung" ausbezahlt[434]. 1949 wurde bezüglich des Rückstellungsantrags für die Liegenschaft Gewehrfabrik Rosa Winkler (Parzellen .12, 291 Werkstätte Nr. 1, 623/1 Garten, 624/1 Garten, 625 Garten) vom Referenten Landeshauptmann-Stellvertreter Ferlitsch ein Schreiben an das Bezirksgericht Ferlach gerichtet. Mitunterzeichnet wurde dieses Schreiben vom Regierungsrat Petritsch[435]. Schon 1942 war Petritsch als Mitarbeiter des Reichsstatthalters in der Sache Winkler tätig gewesen, als er im Auftrag des Reichsstatthalters einen gesetzlichen Grund für die Enteignung eingefordert hatte.

Rosa Winkler führte nach ihrer Rückkehr den Büchsenmacherbetrieb unter dem Namen Josef Winkler weiter, die Beschussnummer war die 42. An ihrer Seite als Geschäftsführer fungierte wieder Anton Smeritschnig (1896–1960), der ebenfalls aus-

Abb. 72: ***Annonce der Präzisions-Gewehrfabrik Josef Winkler, 1928*** *(Archiv Hambrusch)*

gesiedelt worden war[436]. Smeritschnig, den viele ältere Ferlacher nur unter dem Namen „Zweschbler" kennen, war zwischen 1923 und 1925 Genossenschaftsmitglied[437]. Außer Geschäftsführer war er auch der Lebensgefährte von Rosa Winkler. Werkstättenleiter war Büchsenmacher Ferdinand Koschat, den sein Schüler Herbert Scheiring in bester Erinnerung als Lehrmeister hat. Nach dem Krieg hatte die Firma über 30 Mitarbeiter und war damit nach der Firma Franz Sodia der zweitgrößte Betrieb in Ferlach.

Rosa Winkler galt als auffälliges Original in Ferlach. So soll sie nur nachts in Begleitung eines Dienstmädchens außer Haus gegangen sein und dann in die Fenster des Gasthauses Kersche gespäht haben, wo ihre Arbeiter saßen. Auch war sie eine leidenschaftliche Kartenspielerin, wobei es sich günstig auf ihre Laune auswirkte, wenn ihre Arbeiter sie im Spiel gewinnen ließen. Nach dem Tod ihres Lebensgefährten Smeritschnig im Jahr 1960 holte sie ihren Neffen Josef Schuschnig (1925–2012) aus Kanada zurück. Er übernahm die Führung des Betriebs. Im Umgang mit Geld war sie in ihren letzten Jahren nur mehr mäßig vorsichtig. Die „Tausender" (1000-Schilling-Scheine) hatte sie lose in der Tasche stecken. Nach ihrem Tod mit 89 Jahren 1977 fand man hinter ihrem Schreibtisch etliche Lohnsackerl mit Geld. Sie waren ihr hineingerutscht, ihre Arbeiter hatte sie fälschlich des Diebstahls beschuldigt.

Josef Schuschnig führte den Betrieb in bescheidenerem Umfang bis in seine letzten Jahre fort. Die Werkstatt stellte er zuletzt auch gegen Miet- und Heizkosten anderen Büchsenmachern zur Verfügung (Abb. 73). Außer als Büchsenmacher ist Josef „Josa" Schuschnig in Ferlach als Mitglied der Feuerwehr und vor allem als Verehrer der Frauenwelt in Erinnerung geblieben[438].

Abb. 73: ***Josef Winkler Jagdwaffen, Aufnahme 2017***
(Foto: Peter Just)

Winkler Benedikt

Gegründet: **1891**
Beendet: **2007**
Beschussnummer: **37**

Der Gründer der Firma war Benedikt Winkler (1866–1915). Die Firma wurde von seinem Sohn Josef Winkler unter dem Namen Benedikt Winkler fortgeführt, auch um Verwechslungen mit der Gewehrfarbrik des Josef Winkler in der Pfarrhofgasse zu vermeiden. In der Hochzeit der 1950er- und 1960er-Jahre arbeiteten fünf bis sechs Arbeiter für die Firma, die ab 1967 vom Urenkel des Firmengründers, ebenfalls Josef Winkler genannt, geführt wurde. Mit dessen krankheitsbedingtem Rückzug 2007 hörte die Firma zu existieren auf.

Adresse: Ferlach 59 (alte Nummerierung), Postgasse 1, Ferlach

Die Firma Benedikt Winkler – „eine der reellsten am Platze"

Die Firma Benedikt Winkler wurde im Jahr 1891 gegründet, wie es in den Katalogen und Annoncen festgehalten wurde (Abb. 74). Der Firmengründer Benedikt Winkler wurde am 29.3.1866 geboren. Nach drei Jahren Lehrzeit war er 1886 von seinem Lehrherrn Johann Sattmann freigesprochen worden[439]. Zunächst war er Schäfter und wohnhaft in Dollich[440]. Später war die Firma in der Ferlacher Postgasse ansässig. Benedikt Winkler war 1897 im Schiedsgericht der Genossenschaft[441]. Weitere Funktionen sind nicht bekannt. Zwischen 1901 und 1908 erscheint er als aufdingender und freisprechender Meister im Protokollbuch. Durch seine Schule gingen Peter Hoinig, Jakob Wernig und vor allem sein Sohn Josef Winkler. Dieser war 1894 geboren worden und begann seine Lehre 1908 im Alter von 14 Jahren[442]. Über Benedikt Winkler, dessen Namen die Firma bis zu ihrem Ende trug, ist weiter nichts bekannt. Er verstarb 1915 im Alter von 49 Jahren[443].

***Abb. 74:* Prospekt Präzisions-Gewehrfabrik Benedikt Winkler, um 1930**
(Archiv Josef Winkler)

Abb. 75: ***Annonce der Firma Benedikt Winkler, ca. 1928***
(Archiv Hambrusch)

Im Grundbuch der Genossenschaft findet sich in der knapp vor 1938 angelegten Liste wieder der Name Benedikt Winkler, wobei als Eintrittsdatum in die Genossenschaft der 20.5.1922 angegeben ist. Als Standort des Gewerbes ist Ferlach 59 verzeichnet. Zu dieser Zeit wurden in Ferlach noch keine Straßenbezeichnungen verwendet[444].

Josef Winkler (1894–1975) führte den Betrieb unter den Namen seines verstorbenen Vaters fort. Dass die Namensgleichheiten durchaus zu Verwechslungen führen konnten, belegt auch die „Hauptpreisliste" von ca. 1930. Hier wurde die Firma Benedikt Winkler nicht nur als „eine der reellsten am Platze" angepriesen. Es wurde auch gesondert darauf hingewiesen, auf die genaue Adresse „Gewehrfabrik Benedikt Winkler" zu achten, „da mehrere Firmen Winkler" bestünden[445]. Auch in Annoncen wurde darauf hingewiesen (Abb. 75).

Die Firma Benedikt Winkler stellte in den 1930er-Jahren „auf der Höhe der Zeit stehende Jagd- und Sportwaffen-Erzeugnisse" her. Angeboten wurde vor allem als Neukonstruktionen „Hammerleß- und Hahn-Doppelflinten mit Kleinkaliberlauf in der Laufschiene" (Abb. 76). Das Sortiment umfasste aber auch „Solide Strapaz-Doppelflinten", Büchsflinten, Drillinge, Jagdstutzen und Flobertgewehre[446]. Auffallend ist, dass der Büchsenmacher Josef Winkler, der unter dem Namen Benedikt Winkler agierte, in den Kärntner Adressbüchern von 1939 und 1947 nicht unter den Handel- und Gewerbetreibenden verzeichnet ist[447]. Allerdings bekam die Firma Benedikt Winkler nach dem Zweiten Weltkrieg die Beschussnummer 37 zugeteilt.

Josef Winkler hatte drei Kinder, darunter eine Tochter. Deren unehelicher Sohn wurde 1947 geboren und erhielt wie der Großvater den Namen Josef. Obwohl der Enkel lieber das Kochgewerbe erlernt hätte, wurde er auf Wunsch des Großvaters

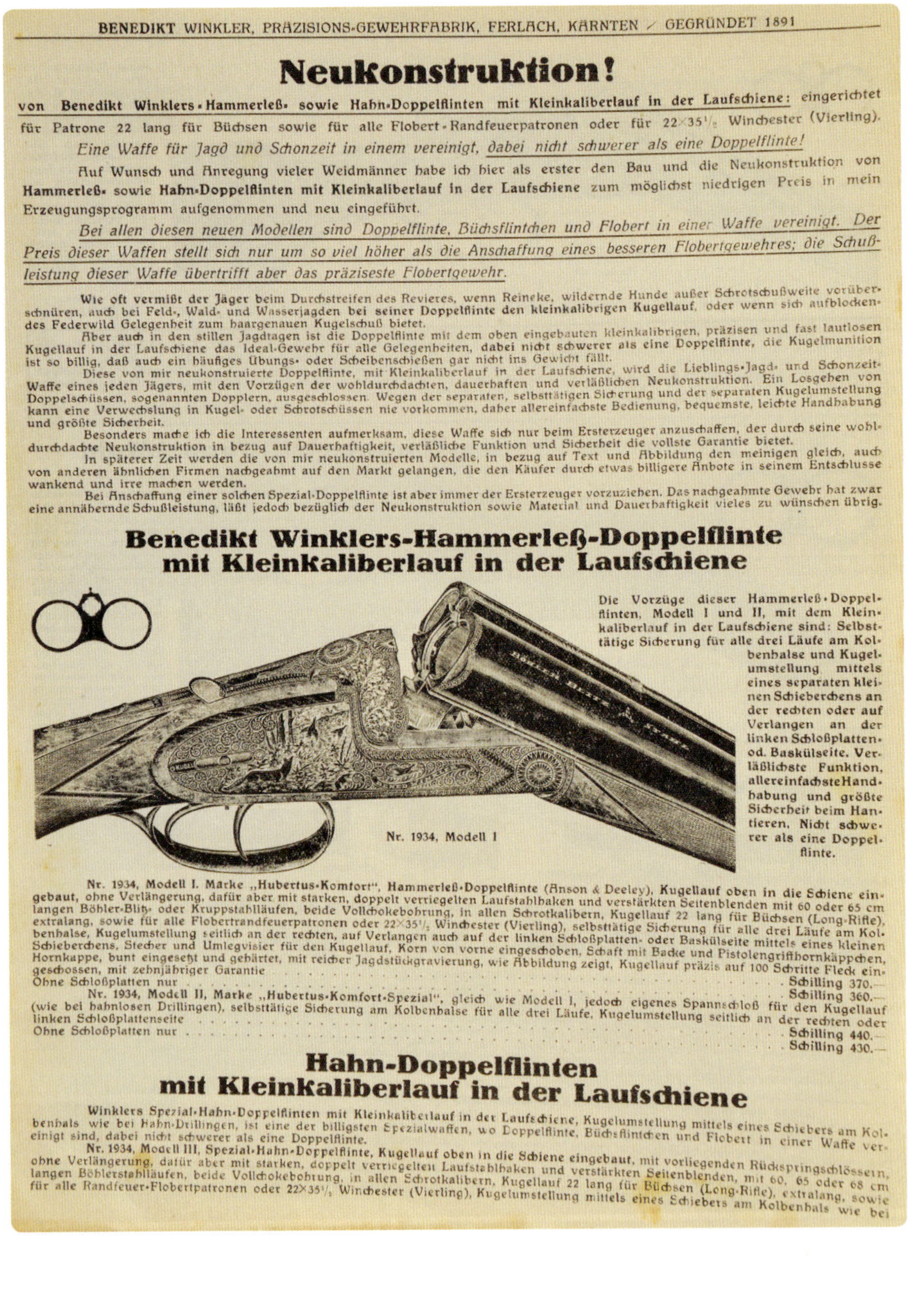
BENEDIKT WINKLER, PRÄZISIONS-GEWEHRFABRIK, FERLACH, KÄRNTEN / GEGRÜNDET 1891

Neukonstruktion!

von **Benedikt Winklers-Hammerleß- sowie Hahn-Doppelflinten mit Kleinkaliberlauf in der Laufschiene:** eingerichtet für Patrone 22 lang für Büchsen sowie für alle Flobert-Randfeuerpatronen oder für 22×35½ Winchester (Vierling).

Eine Waffe für Jagd und Schonzeit in einem vereinigt, dabei nicht schwerer als eine Doppelflinte!

Auf Wunsch und Anregung vieler Weidmänner habe ich hier als erster den Bau und die Neukonstruktion von **Hammerleß- sowie Hahn-Doppelflinten mit Kleinkaliberlauf in der Laufschiene** zum möglichst niedrigen Preis in mein Erzeugungsprogramm aufgenommen und neu eingeführt.

Bei allen diesen neuen Modellen sind Doppelflinte, Büchsflintchen und Flobert in einer Waffe vereinigt. Der Preis dieser Waffen stellt sich nur um so viel höher als die Anschaffung eines besseren Flobertgewehres; die Schußleistung dieser Waffe übertrifft aber das präziseste Flobertgewehr.

Wie oft vermißt der Jäger beim Durchstreifen des Revieres, wenn Reineke, wildernde Hunde außer Schrotschußweite vorüberschnüren, auch bei Feld-, Wald- und Wasserjagden bei seiner Doppelflinte den kleinkalibrigen Kugellauf, oder wenn sich aufblockendes Federwild Gelegenheit zum haargenauen Kugelschuß bietet.

Aber auch in den stillen Jagdtagen ist die Doppelflinte mit dem oben eingebauten kleinkalibrigen, präzisen und fast lautlosen Kugellauf in der Laufschiene das Ideal-Gewehr für alle Gelegenheiten, dabei nicht schwerer als eine Doppelflinte, die Kugelmunition ist so billig, daß auch ein häufiges Übungs- oder Scheibenschießen gar nicht ins Gewicht fällt.

Diese von mir neukonstruierte Doppelflinte, mit Kleinkaliberlauf in der Laufschiene, wird die Lieblings-Jagd- und Schonzeit-Waffe eines jeden Jägers, mit den Vorzügen der wohldurchdachten, dauerhaften und verläßlichen Neukonstruktion. Ein Losgehen von Doppelschüssen, sogenannten Dopplern, ausgeschlossen. Wegen der separaten, selbsttätigen Sicherung und der separaten Kugelumstellung kann eine Verwechslung in Kugel- oder Schrotschüssen nie vorkommen, daher allereinfachste Bedienung, bequemste, leichte Handhabung und größte Sicherheit.

Besonders mache ich die Interessenten aufmerksam, diese Waffe sich nur beim Ersterzeuger anzuschaffen, der durch seine wohldurchdachte Neukonstruktion in bezug auf Dauerhaftigkeit, verläßliche Funktion und Sicherheit die vollste Garantie bietet.

In späterer Zeit werden die von mir neukonstruierten Modelle, in bezug auf Text und Abbildung den meinigen gleich, auch von anderen ähnlichen Firmen nachgeahmt auf den Markt gelangen, die den Käufer durch etwas billigere Anbote in seinem Entschlusse wankend und irre machen werden.

Bei Anschaffung einer solchen Spezial-Doppelflinte ist aber immer der Ersterzeuger vorzuziehen. Das nachgeahmte Gewehr hat zwar eine annähernde Schußleistung, läßt jedoch bezüglich der Neukonstruktion sowie Material und Dauerhaftigkeit vieles zu wünschen übrig.

Benedikt Winklers-Hammerleß-Doppelflinte mit Kleinkaliberlauf in der Laufschiene

Die Vorzüge dieser Hammerleß-Doppelflinten, Modell I und II, mit dem Kleinkaliberlauf in der Laufschiene sind: Selbsttätige Sicherung für alle drei Läufe am Kolbenhalse und Kugelumstellung mittels eines separaten kleinen Schieberchens an der rechten oder auf Verlangen an der linken Schloßplatten- od. Baskülseite. Verläßlichste Funktion, allereinfachste Handhabung und größte Sicherheit beim Hantieren. Nicht schwerer als eine Doppelflinte.

Nr. 1934, Modell I

Nr. 1934, Modell I. Marke „Hubertus-Komfort", Hammerleß-Doppelflinte (Anson & Deeley), **Kugellauf oben in die Schiene ein**gebaut, ohne Verlängerung, dafür aber mit starken, doppelt verriegelten Laufstahlbaken und verstärkten Seitenblenden mit 60 oder 65 cm langen Böhler-Blitz- oder Kruppstahlläufen, beide Vollchokebohrung, in allen Schrotkalibern, Kugellauf 22 lang für Büchsen (Long-Rifle), extralang, sowie für alle Flobertrandfeuerpatronen oder 22×35½ Winchester (Vierling), selbsttätige Sicherung für alle drei Läufe am Kolbenhalse, Kugelumstellung seitlich an der rechten, auf Verlangen auch auf der linken Schloßplatten- oder Baskülseite mittels eines kleinen Schieberchens, Stecher und Umlegvisier für den Kugellauf, Korn von vorne eingeschoben, Schaft mit Backe und Pistolengriffhornkäppchen, Hornkappe, bunt eingesetzt und gehärtet, mit reicher Jagdstückgravierung, wie Abbildung zeigt, Kugellauf präzis auf 100 Schritte Fleck eingeschossen, mit zehnjähriger Garantie . . . . . Schilling 370.—
Ohne Schloßplatten nur . . . . . Schilling 360.—

Nr. 1934, Modell II, Marke „Hubertus-Komfort-Spezial", gleich wie Modell I, jedoch eigenes Spannschloß für den Kugellauf (wie bei hahnlosen Drillingen), selbsttätige Sicherung am Kolbenhalse für alle drei Läufe, Kugelumstellung seitlich an der rechten oder linken Schloßplattenseite . . . . . Schilling 440.—
Ohne Schloßplatten nur . . . . . Schilling 430.—

Hahn-Doppelflinten mit Kleinkaliberlauf in der Laufschiene

Winklers Spezial-Hahn-Doppelflinten mit Kleinkaliberlauf in der Laufschiene, Kugelumstellung mittels eines Schiebers am Kolbenhals wie bei Hahn-Drillingen, ist eine der billigsten Spezialwaffen, wo Doppelflinte, Büchsflintchen und Flobert in einer Waffe vereinigt sind, dabei nicht schwerer als eine Doppelflinte.

Nr. 1934, Modell III, Spezial-Hahn-Doppelflinte, Kugellauf oben in die Schiene eingebaut, mit vorliegenden Rückspringschlössern, ohne Verlängerung, dafür aber mit starken, doppelt verriegelten Laufstahlbaken und verstärkten Seitenblenden, mit 60, 65 oder 68 cm langen Böhlerstahlläufen, beide Vollchokebohrung, in allen Schrotkalibern, Kugellauf 22 lang für Büchsen (Long-Rifle), extralang, sowie für alle Randfeuer-Flobertpatronen oder 22×35½ Winchester (Vierling), Kugelumstellung mittels eines Schiebers am Kolbenhals wie bei

Abb. 76: ***Hammerless- und Hahn-Doppelflinten der Firma Benedikt Winkler, um 1930***
(Archiv Josef Winkler)

Büchsenmacher. Schon als Kind musste er, der eigenen Erinnerung nach, in der Werkstatt sitzen und zuschauen. Im „Volksblatt“ von 1954 war zu lesen, dass das Interesse für die Büchsenmacherei erblich und „der kleine Pepi“ lieber in der Werkstatt als in der Schule sei (Abb. 77)[448].

In den 1950er-Jahren waren fünf bis sechs Arbeiter für die Firma Benedikt Winkler tätig, jeweils ein Lehrling wurde ausgebildet. Dazu kamen als Heimarbeiter Schäfter, Garnierer und Graveure. Die Firma zählte damit zu den eher kleineren Ferlacher Büchsenmacherbetrieben. Enkel Josef legte nach dem Besuch der Fachschule mit 19 Jahren 1966 die Meisterprüfung ab. Der Großvater, inzwischen gut über 70 Jahre alt, übergab 1967 dem zur damaligen Zeit noch nicht offiziell großjährigen Enkel den Betrieb mit den Worten „da hast den Schlüsselbund“. Umso bemerkenswerter ist, dass Josef Winkler das Handwerk in den folgenden 42 Jahren mit Präzision und Professionalität ausübte und sich erst 2007 krankheitshalber zurückzog, womit auch die Existenz der Firma Benedikt Winkler ein Ende fand.

Die Absatzmärkte der Firma reichten über Österreich, Deutschland, Frankreich und Italien bis nach Spanien und in die USA. Hatte die Firma nach der Übernahme durch den Enkel noch über 100 Gewehre pro Jahr hergestellt, so sank die Produktion kontinuierlich auf schließlich zwei Stück im Jahr.

Deutlich analysiert Josef Winkler, dass heute der Markt für Ferlacher Gewehre kaum mehr gegeben sei, könne man doch schon um 300 Euro eine Waffe erwerben. Die Zeiten, als Gewehre Wertanlagen gewesen waren, seien vorbei. Den Markt für die besondere Waffe werde es aber weiterhin geben.

An ein Stück aus seinem Haus erinnert sich Josef Winkler aufgrund der dramatischen Umstände besonders gut. Ein Jagdkollege bat ihn um eine sehr ungewöhnliche Gravur. Auf der einen Seite wurde die glückliche Heimkehr des Jägers dargestellt, wie er von seiner Frau mit Essen und Trinken empfangen wird. Die andere Seite zeigte den trauernden Jäger mit dem hinter ihm stehenden Sensenmann, nachdem seine Frau verstorben war. Kurz nachdem das Gewehr ausgeliefert worden war, stürzte der Besitzer von einem Dach.

Josef Winkler hatte sich nach seinem Rückzug aus der Büchsenmacher-Produktion vorgenommen, seine im Erdgeschoss liegende Werkstatt „von links nach rechts“ vollständig auszuräumen. Noch heute, nach zehn Jahren, ist die Werkstatt nahezu unverändert[449].

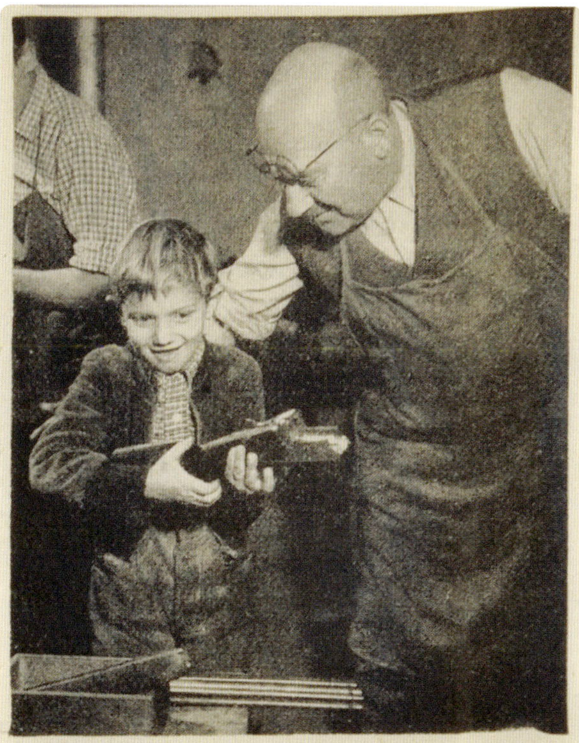
Das Interesse für die Büchsenmacherei ist in Ferlach erblich. Der kleine Pepi ist heute schon lieber in der großväterlichen Werkstatt als in der Schule. Meister Winkler hat dafür Verständnis.

Abb. 77: Enkel und Großvater Josef Winkler 1954
(Kärntner Volksblatt Nr. 7, 5. Jahrgang, 20. Februar 1954)

Sigott

Gegründet: **1896**
Beendet: **1970er-Jahre (?)**
Beschussnummer: **34**

Büchsenmacher mit dem Namen Sigott (Sigot, Sigoth, Siget) sind in Ferlach schon im 18. Jahrhundert bezeugt. Der Firmengründer Johann Sigott (1872–1955) entstammte jedoch einer Bauern- und Keuschlerfamilie. Er erlernte das Schäfterhandwerk und stieg zum Gewehrfabrikanten auf. Berühmt sind seine anekdotenhaften Jagderlebnisse, die er unter anderem als Hoflieferant an der Seite des rumänischen Königs hatte. Die Firma wurde nach seinem Tod vom Sohn Arthur Sigott fortgeführt. Heute ist sie nicht mehr existent. Adresse: zunächst Tratten Nr. 10, dann Kirchgasse 16, Ferlach

Der „alte Sigott" – der Gewehrfabrikant Johann Sigott

Wenn man in Ferlach die Frage nach dem größten Original unter den Ferlacher Büchsenmachern stellt, dann wird vermutlich der Name Johann Sigott öfter fallen. Die Geschichten, die der „alte Sigott" zu erzählen wusste, sind legendär. Dazu zählen seine Jagderlebnisse mit dem rumänischen König oder die Berichte über den „Sigott-Drall" seiner Läufe, der „den Fasan in Fetzen herunterfallen lässt" (Abb. 78). Vor seinem Bett lag das Fell eines selbst erjagten Bären. Jeden Tag machte er sich auf, um Spatzen hinter seinem Haus zu schießen. Einer seiner erinnerten Sprüche lautete: „90 Minuten nach Klagenfurt, nicht einmal eine ganze Stunde" [450].

Abb. 78: *Johann Sigott*
(Tuschar 1996, 229)

Johann Sigott wurde 1872 geboren und war zunächst in Unterferlach ansässig[451]. Seine Familie soll dort noch 1826 einen Rohrhammer betrieben haben[452]. Der Name Sigott (Sigoth, Sigeth, Siget) taucht unter den Ferlacher Büchsenmachern bereits im 18. Jahrhundert auf. Bei der Meisterversammlung 1752 war z. B. ein Gregor Siget als Schlossmacher mit dabei[453].

1840 sind gleich drei Meister dieses Namens bekannt: Jakob Sigoth in Unterferlach, Johann Sigoth in Reßnig und Joseph Sigoth in Ferlach[454]. Doch Johann Sigott entstammte keiner Büchsenmacherfamilie. Sein Vater war Martin Sigot, Besitzer der Schusterkeusche in Tratten Nr. 10. Seine Mutter Maria, geborene Kropiunik, war die Tochter des „Miklauc-Bauern" in Köttmannsdorf[455].

Johann lernte das Schäfterhandwerk, 1885 wurde er von Josef Pagitz aufgedungen[456]. Seine Lehr- und Ausbildungszeit scheint nicht ganz konfliktfrei verlaufen zu sein. Erst 1897 wurde er auf eigenes Verlangen freigesprochen, nachdem seine Freisprechung schon 1890 hätte erfolgen sollen. Es dürfte nicht näher benenn- und begründbare Widerstände gegen seine Freisprechung gegeben haben. Jedenfalls wurde vermerkt, dass sich nur sein Lehrherr Josef Pagitz „ohne Anstand" für die Freisprechung aussprach und diese daher nur in dessen Namen erfolgte[457]. Dies hinderte Johann Sigott jedoch nicht, in den folgenden Jahren zum Gewehrfabrikanten aufzusteigen.

Mit 17. 6. 1896 trat er als Büchsenmacher der Genossenschaft bei[458]. Zunächst war er in Tratten bei Unterferlach ansässig. Unter demselben Wohnort ist ein weiterer Büchsenmacher mit dem Namen Sigott gelistet: Thomas Sigott[459]. Thomas (*1874) war der Bruder von Johann Sigott[460]. Dieser lernte 1888 das Büchsenmacherhandwerk bei Josef Kirchbaumer[461]. Während Johann Sigott von Tratten nach Ferlach in die Kirchgasse zog, verblieb Thomas Sigott in Tratten 10 (Abb. 79). Allerdings verstarb er noch vor 1930, der Betrieb wurde bis 1938 von seiner Witwe fortgeführt[462].

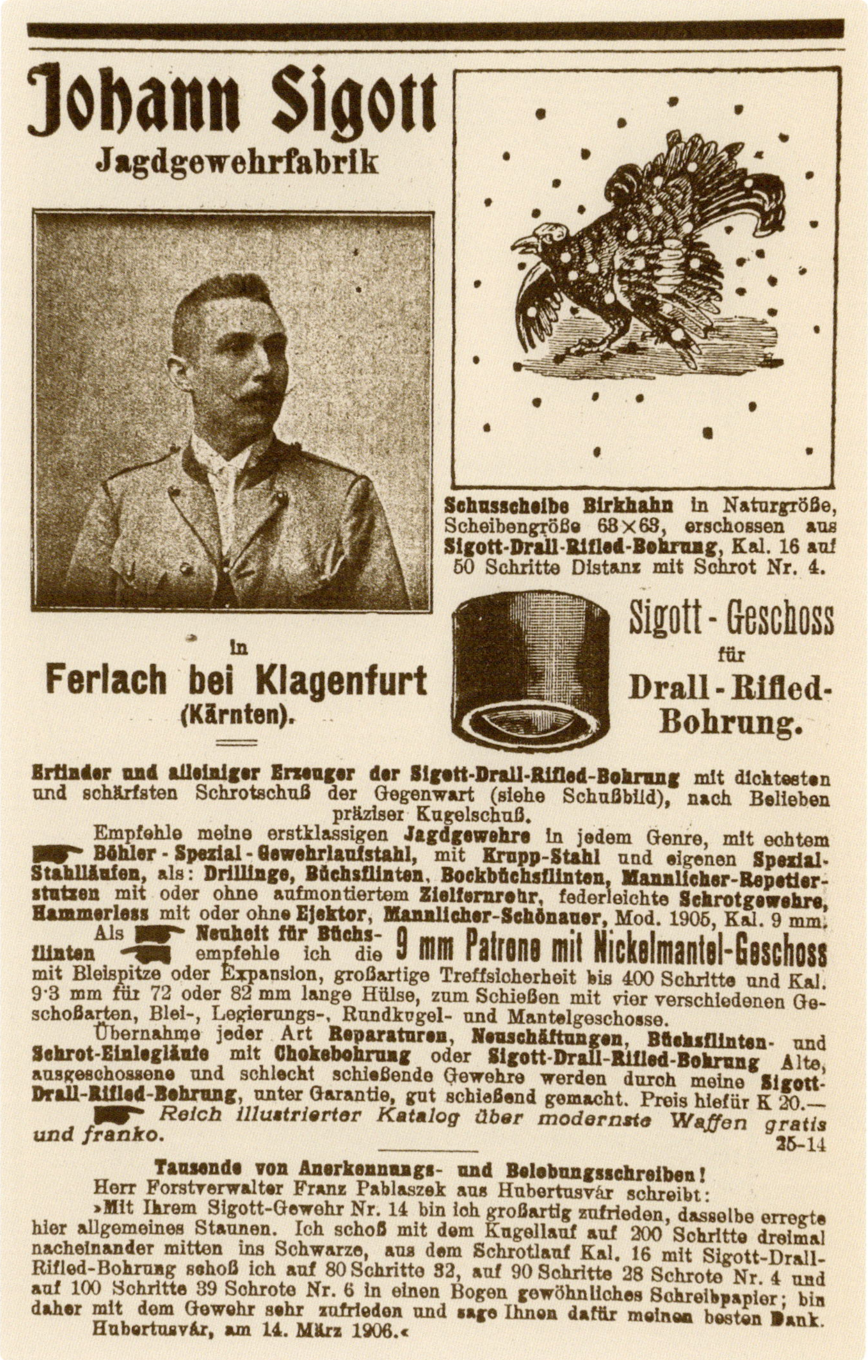

Abb. 80: *Annonce Johann Sigott, Waidmannsheil 1904*
(Archiv Koschat)

Abb. 79: *Preis-Katalog Thomas Sigott, um 1910*
(Büchsenmachermuseum Ferlach, Foto: Peter Just)

Abb. 81: ***Annonce Johann Sigott, Waidmannsheil 1906*** *(Archiv Koschat)*

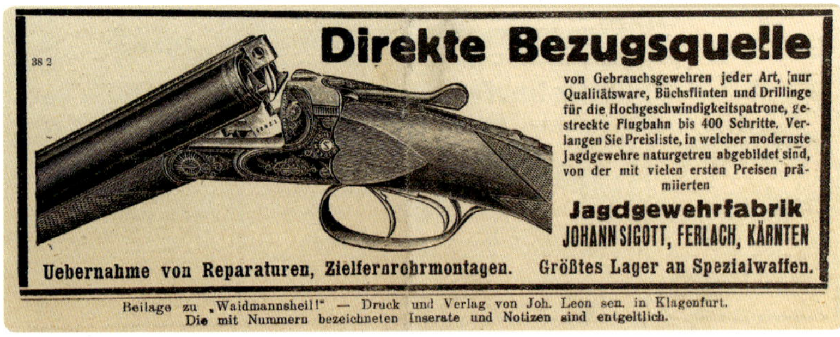

Abb. 83: ***Annonce Johann Sigott, um 1928*** *(Archiv Hambrusch)*

Abb. 82: ***Prospekt der Präzisions-Gewehrfabrik Johann Sigott, um 1925*** *(Archiv Adamik)*

Schon 1904 bewarb Johann Sigott seine „Sigott-Drall Rifeld-Bohrung" als deren Erfinder und alleiniger Erzeuger er sich bezeichnete. „Tausende von Anerkennungs- und Belobungsschreiben" hätten die Jagdgewehrfarbrik Johann Sigott erreicht (Abb. 80). Der Gewehrfabrikant Johann Sigott fiel auch mit einer originellen Annonce auf, in der er allen seinen Kunden ein „Prosit 1906" wünschte (Abb. 81). In der Genossenschaft war er 1909 im Ausschuss und 1912 im Vorstand der Maschinenhausverwaltung[463].

Während des Ersten Weltkriegs zählte er mit Josef Ogris und Franz Sodia zu den größeren Büchsenmacherbetrieben[464]. Allerdings wurde er 1918 im Gegensatz zu den Genannten nicht zum Kommissär der Genossenschaft bestellt. Nach dem Krieg setzte die Firma Johann Sigott die Produktion fort (Abb. 82, Abb. 83). Ab 1929 ist Johann Sigott wieder im Ausschuss der Genossenschaft, wie seine Unterschrift unter den Protokollen bezeugt[465]. Zu den zu dieser

Zeit in den Ausschusssitzungen verhandelten Fällen zählte z. B. ein Artikel über Jagdunfälle, der in der Jagdzeitschrift Waidmannsheil erschienen war und zu negativer Nachrede über die Ferlacher Gewehrindustrie führte. Zuvor hatte sich das Opfer eines Jagdunfalls, den es mit einer Waffe des Peter Just erlitten hatte, an die Genossenschaft gewandt und vergeblich um Schadensgutmachung ersucht[466]. Johann Sigott wurde auch zusammen mit anderen Mitgliedern des Gewerbe-Ausschusses der Genossenschaft dazu beauftragt, die Teilnahme der Büchsenmacher am Festzug anlässlich des 10. Oktobers 1930 im Angedenken an die Volksabstimmung 1920 zu gestalten[467].

Der begeisterte Jäger Sigott ist auch als der Schütze eines „kapitalen Bocks" im Rosental in der naturwissenschaftlichen Literatur des Landes verewigt. Am 17. August 1928 erlegte er am Singerberg den „Großvater vom Singerberg", einen Rehbock mit weißgrauem Haupt und einem Rosendurchmesser von 51 mm, dessen Alter auf mindestens 12 Jahre geschätzt wurde[468]. Er war auch der Hoflieferant des rumänischen Königs, mit dem er gemeinsam in den Karpaten auf die Jagd ging. Eine seiner berühmten Jagdanekdoten besagt, dass er einmal, als seine Waffe wegen Ladehemmung versagt hätte, dem Bären ins Maul gegriffen hätte, ihn beim Schwanz gepackt und ihm anschließend „die Decke über den Kopf gezogen" hätte. Das Bärenfell diente ihm dann als Bettvorleger[469].

Nach 1935 scheint Johann Sigott keine Funktion in der Genossenschaft mehr ausgeübt zu habe. Ab dem Jahr 1936 waren die Sitzungen der Genossenschaft auch meist nur spärlich besucht. Unter Obmann Thomas Kullnig gehörten Josef Hambrusch, Franz Sodia, Josef Orasche, Stefan Düsel und Michael Pegam zum engeren Kreis des Fachausschusses[470]. Nach dem Krieg erhielten die Waffen aus dem Haus Sigott die Beschussnummer 34 (Abb. 84). Auch als Sohn Arthur den Betrieb führte, unterzog Johann Sigott die produzierten Gewehre noch einer eingehenden Prüfung, wie es zumindest dem Volksblatt 1954 zu entnehmen ist (Abb. 85)[471]. Sohn Arthur (1902–1975) führte nach dem Tod seines Vaters 1955 den Betrieb weiter. Die heutige Generation Sigott ist nicht mehr im Waffenbau tätig (Abb. 86).

Abb. 84: Johann Sigott in der Werkstatt, um 1950 *(Tuschar 1996, 229)*

Abb. 85: Johann Sigott bei der Waffenprüfung *(Kärntner Volksblatt Nr. 7, 5. Jahrgang, 20. Februar 1954)*

Abb. 86: Haus Sigott in Ferlach, 2016 *(Foto: R. Jernej)*

Urbas

Gegründet: **1898**
Beendet: **1988**
Beschussnummer: **36**

Die Firma wurde von Vinzenz Urbas (1872–1941) gegründet. Er war in der Genossenschaft sehr aktiv. Später wurde die Firma vom gleichnamigen Sohn fortgeführt. 1975 folgte ihm Sohn Herbert Urbas nach. 1988 endete die Geschichte der Firma Urbas nach 90 Jahren.

Adresse: Ferlach 119 (alte Nummerierung), Neubaugasse 6, Ferlach

Die Firma Urbas

Eine weitere Firma, die in den Aufschwungsjahren am Ende des 19. Jahrhunderts begründet wurde und wie so manche andere über drei Generation Bestand hatte, war die Firma Urbas. 1898 gründete Vinzenz Urbas den Betrieb. Vinzenz Urbas war am 20.1.1872 geboren und zunächst in Dobrowa ansässig[472]. Er erlernte das Schäfterhandwerk bei Anton Antonitsch, von dem er 1886 aufgedungen wurde[473]. Vinzenz Urbas entstammte keiner Büchsenmacherfamilie. Er ist der erste nachweisbare Büchsenmacher dieses Namens. Sein Vater Matheus Urbas (*1839) war als Fabriksarbeiter in der Umfahrer-Waffenfabrik in Unterferlach tätig, sein Großvater Johann Urbas war Zimmermann gewesen[474].

***Abb. 87:* Annonce Vinzenz Urbas, um 1930** *(Archiv Hambrusch)*

Der Enkel von Vinzenz Urbas, Herbert Urbas, weiß allerdings zu berichten, dass sein Urgoßvater mütterlicherseits, Johann Veratschnig, bereits in Steyr bei der Firma Werndl als Werkmeister gearbeitet hatte. Als unverkennbarer Ferlacher hätte der Urgroßvater nach dem Zahltag auf der Brücke in Steyr aus einem Fass Wein ausgeschenkt[475]. Der 1843 in Dobrava 2 (Gemeinde St. Margareten) geborene Johann Veratschnig war von Beruf Schlosser. Seine Frau Elisabeth brachte er aus Steyr mit nach Ferlach[476].

Jedenfalls war Vinzenz Urbas aktives Mitglied in der Büchsenmacher-Genossenschaft, so dass man seinen Aufstieg seinem persönlichen Fleiß und Engagement zuschreiben dürfen wird. Am 20.5.1897 trat er als Büchsenmacher in Ferlach der Genossenschaft bei[477]. Noch im selben Jahr 1897 war er mit 25 Jahren unter dem Vorstand Anton Stangl im Ausschuss der Genossenschaft. Andere Ausschussmitglieder waren zu dieser Zeit die bekannten Büchsenmacher und Gewehrfabrikanten Anton Antonitsch oder Markus Ogris[478]. Als Meister gingen verschiedene Lehrlinge durch seine Schule, darunter auch Josef Schober[479], der später nach Amerika auswanderte und nach dem Zweiten Weltkrieg aufgrund der alten Verbundenheit

Gewehre zur Reparatur an die Firma Urbas in Ferlach schickte[480]. Als 1908 Stangl als Vorstand zurücktrat und wieder einmal Josef Just die Geschicke der Genossenschaft in die Hand nahm, wurde Vinzenz Urbas sein Stellvertreter[481]. Allerdings war Just schon nach einen Jahr 1909 in dieser Funktion von Johann Outschar abgelöst worden. Urbas verblieb jedoch weiterhin im Ausschuss[482]. Auch als Revisor für die Maschinenhausverwaltung war er tätig[483]. 1912 schließlich wurde er selbst in den dreiköpfigen Vorstand der Maschinenhausverwaltung gewählt, zusammen mit Johann Antonitsch und Johann Sigott[484]. In der Zeit des Ersten Weltkriegs, als die Maschinenhäuser unter der Verwaltung der Regierungskommissäre Vogl und Kessner standen, protestierte er 1915 wie so viele andere Ferlacher Büchsenmacher gegen die Bedingungen, die den Büchsenmachern teurere Preise für die Bestandteile abverlangten. Urbas wurde im Gegensatz zu Josef Ogris, Johann Sigott oder Franz Sodia, die als Gewehrfabrikanten tituliert wurden, stets als Büchsenmacher und Gewehrlieferant bezeichnet (Abb. 87). Sein Betrieb gehörte eher zu den kleineren Produktionsstätten in Ferlach (Abb. 88). Er befand sich damit zu dieser Zeit auf einer Stufe mit Johann Fanzoi oder Michael Pegam[485].

Auch in den schwierigen Jahren bei Kriegsende blieb er stets aktiv im Genossenschaftswesen. Im Februar 1918 wurde er zusammen mit Albin Hallemoschnig, Josef Ogris, Johann Schaschl-Outschar und Franz Sodia zum Kommissär für die Genossenschaft bestellt[486]. Aus der anschließenden Wahl ging Johann Schaschl-Outschar als Obmann hervor, Vinzenz Urbas wurde Stellvertreter[487]. 1920 war das neue Gespann im Vorstand Thomas Kullnig und Valentin Tschinkowitz. Urbas verblieb jedoch im Ausschuss[488], mindestens bis 1922[489].

Während sich das Engagement von Vinzenz Urbas in der Genossenschaft gut nachverfolgen lässt, liegt die eigene Firmengeschichte weitgehend im Dunklen. Ansässig war der Betrieb in Ferlach 119[490], später Neubaugasse 6 genannt. 1906 war Sohn Vinzenz geboren worden, der in die Fußstapfen des Vaters trat und ebenfalls Büchsenmacher wurde[491]. Der Senior Vinzenz verstarb 1941, sein Sohn übernahm den Betrieb, der nach dem Krieg zunächst in bescheidenem Rahmen mit zwei, drei Leuten fortgeführt wurde. Die Gewehre aus dem Hause Urbas wurden mit der Beschussnummer 36 versehen. In der Aufschwungsphase der 1950er- und 1960er-Jahre wuchs auch die Firma. (Abb. 89). Bis

Abb. 89: Annonce Vinzenz Urbas, um 1953 *(aus: 75 Jahre Fachschule für Handfeuerwaffen Ferlach)*

Abb. 88: Neubaugasse 6 in Ferlach, 2016 *(Foto: R. Jernej)*

zu 120 Gewehre im Jahr wurden nun hergestellt, wie in Ferlach üblich unter Beschäftigung einer Reihe von Heimarbeitern in Akkordbezahlung (Abb. 90). Ab 1963 unterstützte Herbert Urbas seinen Vater Vinzenz Urbas als Meister im Betrieb. An tragischen Ereignissen blieb Herbert Urbas vor allem der Selbstmord eines Gesellen aus Liebeskummer in der Werkstatt in Erinnerung.

Die Schwester von Vinzenz Urbas, Elsa, heiratete in die Ferlacher Büchsenmacherfamilie Rosenzopf ein und ging mit Valentin Rosenzopf nach Waidhofen an der Ybbs[492]. Sie gehörte in den 1950er-Jahren zu den ersten weiblichen Sprengmeistern in Österreich, was wohl ihrer Herkunft aus einer mit Schusswaffen vertrauten Familie zuzuschreiben ist.

Nach dem Tod ihres Mannes Valentin Rosenzopf 1953 führte sie den Büchsenmacherbetrieb in Waidhofen noch eine Zeitlang mit dem Schwiegersohn fort, ehe es zum Bruch kam. Sie verstarb hochbetagt im Jahr 2000 mit 99 Jahren. Ihre und ihres Mannes Grabstätte ist in Ferlach.

Abb. 90: *Prospekt Vinzenz Urbas, um 1950* *(Büchsenmachermuseum Ferlach, Foto: Peter Just)*

Vinzenz Urbas verstarb 1975, Sohn Herbert führte den Betrieb in zunehmend schwieriger werdenden Zeiten fort. 1979 wurde man zu Nachbarn der Firma Fanzoj in der Griesgasse. Man übersiedelte in die Räume, die die Firma Rosenzopf zuvor innegehabt hatte. In unangenehmer Erinnerung ist Herbert Urbas die Praxis so mancher Wiederverkäufer von Ferlacher Waffen, sich vor allem kurz vor Jahresende mit neuer Ware in Ferlach einzudecken. Gegen Jahresende war das Geld in den Betrieben oft knapp. Die Löhne mussten bezahlt werden, so dass sich manch Ferlacher Büchsenmacher zu Rabatten hinreißen ließ, die den erzielten Preis unter die Herstellungskosten rutschen ließ. Das war nicht nur für den betreffenden Büchsenmacher schädlich, sondern beeinflusste auch das allgemeine Preisniveau negativ. Auch kam es zu verschiedenen weiteren Unredlichkeiten, die sich auf das Gedeihen der Betriebe negativ auswirkten, so zum Beispiel wenn sich Installateurgesellen als Büchsenmacher ausgaben. Die Herkunft aus Ferlach schien ein ausreichender Befähigungsnachweis zu sein. Zu den harmloseren und sympathischeren Anekdoten zählt da noch die Praxis, neben der offiziellen Rechnung auch eine zweite Rechnung für die Gattin auszustellen. Ein Generaldirektor der damaligen verstaatlichten Industrie Österreichs hatte mit seiner Gattin nämlich die Abmachung, ihr stets Geschenke in derselben Höhe wie seine erworbenen Jagdgewehre zu machen und wollte auf diesem Weg sparen. Vor allem deutsche Kunden, die zu den wichtigsten zählten, versuchten auch mittels kurzfristiger Ausfuhr über den Loiblpass nach Jugoslawien den bei der Einfuhr nach Deutschland fälligen Zoll zu sparen. Als diese Praxis aufflog, wurden deutsche Kunden mittels Inseraten in wichtigen Jagdzeitungen vor einem Einkauf in Ferlach gewarnt[493].

Dies und noch manche andere Unstimmigkeiten führt Herbert Urbas an, wenn er den geschäftlichen Niedergang seiner Firma erklärt. 1988 endete nach 90 Jahren die Produktion von Urbas-Gewehren in Ferlach. Als Kustos des Ferlacher Büchsenmachermuseums und als unerschöpfliche Quelle zur Geschichte der Büchsenmacherei ist Herbert Urbas heute aus Ferlach nicht wegzudenken.

Weitere Ferlacher Büchsenmacher nach dem Zweiten Weltkrieg

Als nach dem Zweiten Weltkrieg die Produktion der Ferlacher Waffen unter der Aufsicht der britischen Alliierten wieder einsetzte und zunächst Flinten für den Schrotschuss produziert wurden, erhielten die Ferlacher Fabrikate ihre Beschussnummern. Eine im Jahr 1979 erstellte Liste nennt 35 Büchsenmacher. Im Kärntner Amts- und Adressbuch aus dem Jahr 1947 sind 5 Firmen und 19 handel- und gewerbetreibende Büchsenmacher verzeichnet, wobei der Name Johann Fanzoi zweimal erscheint und die Genossenschaft, Josef Just, Jakob Koschat sowie Franz Sodia sowohl unter den Firmen als auch unter den Büchsenmachern zu finden sind, so dass insgesamt 20 Namen und Firmen genannt sind . Einige unter ihnen haben, auch wenn sie nicht mehr existieren, in Ferlach aus mannigfachen Gründen einen besonderen Bekanntheitsgrad.

Schmied

Gegründet: **1911 (Franz Schmied, Mitglied der Genossenschaft)**
Beendet: **unbekannt (heute nicht mehr existent)**
Beschussnummer: **50**

Adresse: Unterbergner Str. 5, Ferlach

Franz Schmied – „Hofrat Schmied"

In nachhaltiger Erinnerung blieb in Ferlach die Tätigkeit des Hofrates Felix Schmied. Felix Schmied war Jurist und hauptberuflich Beamter im Amt der Kärntner Landesregierung in Klagenfurt. Sein Vater Franz Schmied war Büchsenmacher in Ferlach gewesen. Im Grundbuch der Genossenschaft ist Franz Schmied mit dem Eintrittsdatum 30.11.1911 unter Ferlach Nr. 118 und dem Gewerbe Gewehrbestandteilerzeugung vermerkt. Allerdings ist später beigefügt worden, dass das Gewerbe gelöscht wurde[495]. Während des Zweiten Weltkriegs war Franz Schmied als überzeugter Sozialist bei den Partisanen, danach war er Verwalter bei der Firma Hambrusch[496]. Angeblich führte er noch in den 1960er-Jahren Interessierte zu seinem Versteck aus seiner Partisanenzeit am Singerberg und zeigte ihnen eine Flasche, die er dort seit dem Krieg versteckt haben wollte[497]. In echter Ferlacher Büchsenmachertradition war er für Scherze stets zu haben, auch wenn die Sache selbst sehr ernst war. Der Sohn, in Ferlach stets nur „Hofrat Schmied" genannt, auch zur Unterscheidung zum Büchsenmacher Franz Roman Schmid (genannt der „Kurvenschmid", nach der Lage seiner Werkstatt in der Freibacher Straße), hatte zwar nur einen Angestellten in seinem Betrieb, jedoch waren zahlreiche Heimarbeiter für ihn tätig (Abb. 91). Sie sollen umso eifriger für ihn gearbeitet haben, als Hofrat Schmied als Landesbeamter für die Vergabe von Wohnbauförderungen zuständig gewesen war und sich für Ferlacher Büchsenmacher und Bürger mitunter Vorteile daraus ergeben haben sollen[498]. Allerdings galt die Qualität der so produzierten Gewehre als nicht sehr hochwertig, so dass der Ruf der Ferlacher Gewehre insgesamt durch diese Praktiken zu leiden hatte. Diese heute nicht mehr im Detail nachprüfbaren Geschichten sind in der mündlichen Tradition unter den älteren Ferlachern noch sehr präsent.

***Abb. 91:* Annonce Franz Schmied, „Hofrat Schmied", 1953** *(aus: 75 Jahre Fachschule für Handfeuerwaffen Ferlach)*

Juch

Gegründet: **ca. 1950**
Beschussnummer: **51**

Adresse: Jagdwaffen Grund Juch Ferlach, Inhaber Karl Grund
Pfarrhofgasse 2, 9170 Ferlach
Homepage: www.jagdwaffen-juch-grund-ferlach.at

Gottfried Juch

Ein sehr bekannter und geschätzter Name unter den Ferlacher Büchsenmachern ist bis heute jener von Gottfried Juch (Abb. 92). Gottfried Juch galt in den 1960er- und 1970er-Jahren als ein ideenreicher, „ausgefuchster" Büchsenmacher. Jene Büchsenmacher, die durch seine Schule gingen, sprechen noch heute mit großer Hochachtung von ihm[499]. So baute er z. B. einen Fünfling[500].

Der Name Gottfried Juch taucht in der Geschichte der Ferlacher Büchsenmacher bereits am Ende des 19. Jahrhunderts auf. Ein Gottfried Juch erlegte 1887 seine Meistergebühr in der Höhe von 15 fl[501]. 1888 wurde er in den Vorstand der Maschinenhausverwaltung gewählt[502]. Im Grundbuch der Genossenschaft erscheint er für die Jahre bis ca. 1920 als Schmied für Gewehrteile. In den Listen für die Jahre 1920 bis 1938 fehlt der Name Juch, allerdings ist mit Bleistift die Bemerkung angefügt „wird weiter gezahlt", so dass zu vermuten ist, dass Juch weiterhin in der Genossenschaft verblieb, jedoch nicht tätig war[503]. Die Familienverhältnisse zwischen diesem Gottfried Juch und dem Jüngeren lassen sich derzeit aber nicht feststellen.

Weitere bezeugte Büchsenmacher mit dem Name Juch sind Peter und Josef Juch. Beide erscheinen im Protokollbuch am Ende des 19. Jahrhunderts als Meister, Peter 1887 und Josef 1890[504]. Von Peter Juch ist bekannt, dass er 1922 nach 26 Jahren Arbeit im Maschinenhaus schwer erkrankte[505]. Noch 1947 fehlt der Name Juch in Adressbuch unter den Ferlacher Büchsenmachern, 1954 schaltete Gottfried Juch eine Annonce in der Festschrift der Fachschule zum 75. Jubiläum (Abb. 93). Mit der Nummer 51 erhielt er eine relativ hohe Beschussnummer. 1984 übertrug er seinen Geschäftsanteil an der Genossenschaft an seine Tochter Frau Mag. Hildegard Goldmann[506]. Heute wird die Firma Juch unter dem Namen „Jagdwaffen Grund Juch Ferlach" vom Büchsenmacher Karl Grund mit Hauptsitz in Neustadt an der Donau (Deutschland) fortgeführt[507].

Abb. 92: ***Jagdwaffen Juch, Hausaufschrift 2015*** *(Foto: R. Jernej)*

Abb. 93: ***Annonce Gottfried Juch, 1953*** *(aus: 75 Jahre Fachschule für Handfeuerwaffen Ferlach)*

Pegam

Gegründet: **Die Brüder Jakob und Michael Pegam traten 1907 bzw. 1911 der Genossenschaft bei**

Beendet: **unbekannt, Max Pegam arbeitete bis in die 1970er-Jahre als Büchsenmacher in Ferlach**

Beschussnummer: **31 (Michael Pegam)**

**Adresse: Dobrowa 28 (Jakob Pegam);
Ferlach 133 (alte Nummerierung), Gartengasse 5, Ferlach (Michael Pegam)**

Die Büchsenmacher Pegam

Bei den zahlreichen Anekdoten, die die älteren Ferlacher Büchsenmacher zu erzählen wissen, taucht neben dem „alten Sigott" vor allem ein Name auf: Max Pegam. Er gilt als absolutes Original der Jahre 1950 bis 1970. Schon seine Vorfahren waren Büchsenmacher in Ferlach. Der erste nachweisbare Büchsenmacher Pegam ist im 19. Jahrhundert Jakob Pegam. Er wurde am 27.9.1838 geboren, war Basküleur in Otrouza, in der Genossenschaft[508] und Besitzer der Otrovčnjak-Keusch, die er durch seine Heirat mit Maria Tratnik erworben hatte.[509] Die nächste Generation der Büchsenmacher Pegam waren seine drei Söhne Jakob (1868–1930), Ciril (1877–1949) und Michael Pegam (1880–1947). Jakob Pegam war zunächst als Arbeiter im Maschinenhaus beschäftigt, 1888 wurde er vom Genossenschaftsvorstand Josef Just freigesprochen[510]. Michael Pegam lernte ebenfalls bei Josef Just und wurde 1898 freigesprochen[511]. Jakob Pegam war seit 1907, Michael Pegam seit 1911 in der Genossenschaft[512]. Ciril Pegam lebte in Otrouza und war 1912 in die Genossenschaft eingetreten. Er legte aber sein Gewerbe vermutlich während des Ersten Weltkriegs zurück[513].

Sowohl Jakob als auch Michael Pegam waren in der Zwischenkriegszeit in den Ausschüssen der Genossenschaft aktiv[514]. Ansässig war Jakob Pegam nun nicht mehr in Otrouza, sondern in Dobrowa 28. Michael war ab den 1920er-Jahren in Ferlach 133 wohnhaft, der späteren Gartengasse 5[515]. Nach dem Tod des Jakob Pegam 1930 wurde der Betrieb unter seiner Witwe Katharina, einer Tochter des Büchsenmachers Anton Sodia[516], fortgeführt. Geschäftsführer war zwischenzeitlich der 1903 in Ferlach geborene Sohn Anton Pegam (Abb. 94)[517], der seinen Taufnamen 1931 auf Jakob Anton Pegam ändern ließ und 1982 in Horn verstarb[518]. 1933 wurde die Konzession des Witwenbetriebs gelöscht, der Betrieb wurde nunmehr von Josef Pegam (1901–1945), dem älteren Bruder des Anton Pegam, geführt[519].

1939 existierten in Ferlach die Büchsenmacherbetriebe Michael und Josef Pegam[520]. Josef Pegam wanderte nach dem Anschluss in das „Altreich" aus[521]. Das Gewerbe wurde dann nur mehr von Michael Pegam weitergeführt. Der ebenfalls Michael genannte Sohn des Michael Pegam (*1909) war auch Büchsenmacher. Er setzte allerdings seinem Leben im Alter von nur 21 Jahren im Jahr 1931 durch Selbstmord durch Erschießen ein Ende[522]. Sein Großvater mütterlicherseits war der Büchsenmacher Valentin Schaschl[523].

Die Waffen aus der Produktion von Michael Pegam erhielten nach dem Zweiten Weltkrieg die Beschussnummer 31. Michael verstarb 1947[524], im Jahr 1953 wird seine Witwe als Inhaberin geführt[525]. Fortgeführt wurde das Handwerk dann von Max

Pegam (*1920)[526], wohl einem weiteren Sohn von Michael. Auch Stefan (*1921), der Bruder von Max, war Büchsenmacher. Max Pegam betätigte sich allerdings vorwiegend als Heimarbeiter. Legendär sind nicht nur seine Trinkfestigkeit, sondern auch seine wiederholten Scherze. So verzierte er einen Baum vor seinem Haus in der Gartengasse mit Orangen und wartete auf die staunenden Reaktionen der Passanten. Auch Geldstücke soll er auf der Türschwelle festgeklebt haben, um so die Gier seiner Besucher auf die Probe zu stellen. Auch dass er Laden mit Stiften sicherte und so ein Zugriff unmöglich wurde, wird berichtet. Er selbst wird als unverwechselbares Original beschrieben. Alle fünf Minuten soll er sich vor dem Spiegel gekämmt haben. Auch sah man ihn selten, ohne dass er mindestens drei Zigaretten gleichzeitig rauchte. Selbst vor mitternächtlichen Anrufen bei seinen Auftraggebern schreckte er nicht zurück, wenn ihn der Durst plagte. Dann kam es schon vor, dass ein verdutzter Büchsenmacher von seinem Heimarbeiter zu hören bekam: „Ich bin durstig, bring morgen Wein mit.“ Als er den Besuch einer Beerdigung verweigerte, erklärte er dies damit, dass der Verstorbene auch nicht auf seine Beerdigung kommen werde[527].

Doch bei all diesen Eskapaden blieb er als großer Bastler und Büchsenmacher in der Ferlacher Erinnerung zurück. Max Pegam war vermutlich der Prototyp des nach außen unbekümmerten, lebenslustigen, aber auch lebensklugen Ferlacher Büchsenmachers.

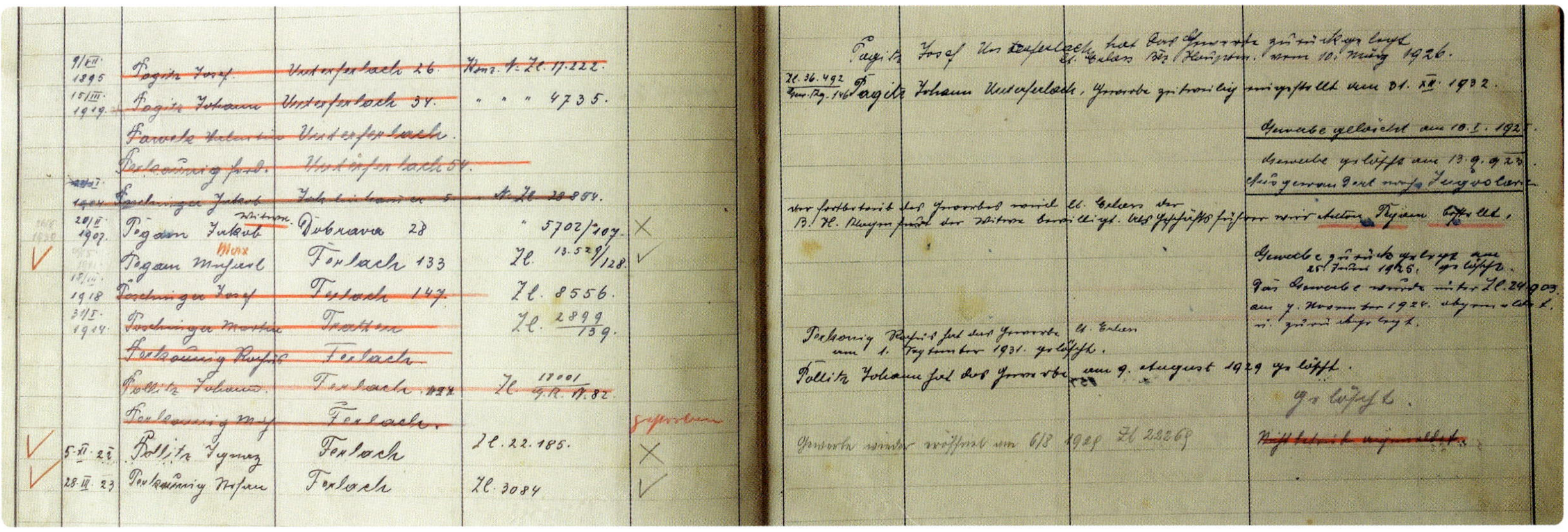

Abb. 94: ***Jakob und Michael Pegam, Grundbuch der Genossenschaft, um 1930***
(Archiv der Büchsenmachergenossenschaft)

Kruschitz

Gegründet: **Martin Kruschitz tritt 1928 der Genossenschaft bei**
1938 wird eine Niederlassung in Wien gegründet

Beschussnummer: **25**

Adresse: Ferlach Nr. 94 (alte Nummerierung), Freibacher Str. 9, Ferlach
Martin Kruschitz, Kolingasse 17, 1090 Wien, Homepage: www.martin-kruschitz.at

Mit dieser komprimierten Auflistung sind noch lange nicht alle Ferlacher Büchsenmacher des 20. Jahrhunderts erfasst. Zu erwähnen sind da z. B. noch die Büchsenmacher Kruschitz, die heute in Wien ansässig sind, aber Ferlacher Wurzeln haben. Karl Martin Kruschitz (1875–1952) war Büchsenmachermeister und Hausbesitzer in Ferlach (Abb. 95)[528]. Sohn Martin (1905–1957), wohnhaft in Ferlach Nr. 94, später Freibacher Str. 9, war 1928 der Ferlacher Büchsenmachergenossenschaft beigetreten (Abb. 96)[529]. Martin Kruschitz gründete 1938 eine Niederlassung in Wien, wo er auch die Vertretung der Waffen aus dem Hause Anton Sodia übernahm. Er war damit einer der Ferlacher Büchsenmacher, die Unternehmergeist und Expansionswillen bewiesen (Abb. 97). Auch der 1941 geborene Martin Kruschitz erlernte wie Vater und Großvater das Handwerk des Büchsenmachens. Schon mit achtzehneinhalb Jahren wurde er Meister und übernahm den väterlichen Betrieb in Wien. Der heutige Firmeninhaber brachte es bis zum Berufsgruppenobmann für Österreich (früher Bundesinnungsmeister)[530].

Abb. 95: ***Karl Martin Kruschitz (1875–1952)*** *(www.martin-kruschitz.at/, 5.12.2017)*

Abb. 96: ***Jagdwaffen M. Kruschitz in Ferlach, um 1930*** *(Archiv Adamik)*

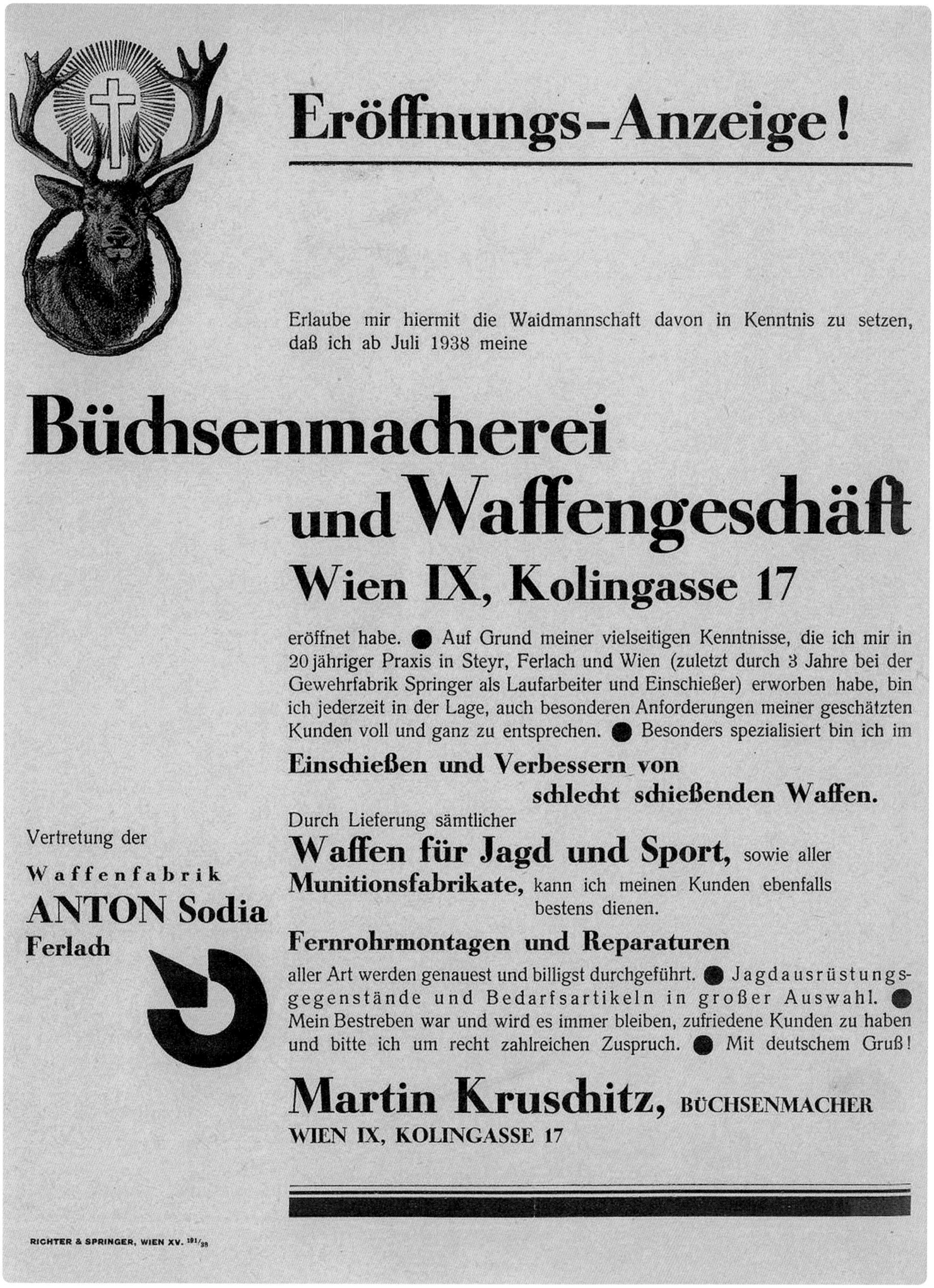

Abb. 97: Eröffnung des Waffengeschäfts Kruschitz in Wien, 1938 (www.martin-kruschitz.at/, 5.12.2017)

Düsel

Gegründet: **Stefan Düsel tritt 1903 der Genossenschaft bei. In den 1960er-Jahren übernahm Herbert Scheiring die Firma von Josef Düsel (heute Scheiring GesmbH)**

Beschussnummer: **20**

Adresse: in Ferlach 144 (Alte Nummerierung), 10. Oktober-Straße 6, Ferlach

Auch der Name Düsel ist unter den Ferlacher Büchsenmachern bekannt. Josef Ernst („Beppo") Düsel (1906–1996) war nicht nur bis ins hohe Alter ein begnadeter Schütze, er gilt auch zusammen mit Hubert Orasche als der Begründer des Ferlacher Büchsenmachermuseums, das dann von Herbert Urbas weiter betreut wurde[531]. Vor allem Düsels Munitionssammlung bildete den Grundstock für die heute zu besichtigende Vitrine im Obergeschoss des Museums (Abb. 98). Wie schon sein Großvater Ernst war er Fachlehrer an der Schule (für Garnituren und Schneller sowie Fernrohrmontagen)[532]. Ernst Düsel (*um 1853) war Fachlehrer für Eisenarbeiten gewesen[533]. Dass auch er ein exzellenter Schütze war, belegt ein Meisterschaftsdiplom von 1892, das im Büchsenmachermuseum in Ferlach zu sehen ist. Ernst Düsel errang in Brünn auf der Feldscheibe die Silberne Meisterschaftsmedaille. Sein Sohn Stefan Düsel (1879–1954), Vater von Josef Düsel, war ebenfalls Büchsenmacher und seit 1903 in der Genossenschaft[534]. In den 1920er-Jahren war er zeitweise in der Vorstehung der Genossenschaft, wie seine Unterschrift unter diversen Protokollen belegt[535].

Ansässig war das Gewerbe in Ferlach 144, später 10. Oktober-Straße 6. Nach dem Krieg produzierte Stefan Düsel Waffen mit der Beschussnummer 20. Sein Sohn Josef Düsel war auch unter den 74 Ferlacher Büchsenmachern, die kurz vor oder nach dem Anschluss 1938 Arbeit im „Altreich" suchten[536]. Im Gegensatz zu Josef Pegam konnte er sein Berufsleben nach dem Krieg in Ferlach fortsetzen. Er hatte jedoch keine Kinder, der Betrieb wurde dann von Helmut Scheiring als Nachfolger übernommen.

Abb. 98: *Vitrine mit Patronen im Büchsenmachermuseum* *(Büchsenmachermuseum Ferlach, Foto: Peter Just).*

Mischitz

Gegründet: **1906 Eintritt des Peter Mischitz in die Genossenschaft,**
1912 Eintritt des Josef Mischitz. Keine direkte Verwandtschaft

Beendet: **Peter Mischitz unbekannt (ca. 1960er-Jahre),**
Josef Mischitz vor 1953

Beschussnummer: **28 (Peter Mischitz), 29 (Josef Mischitz)**

Adresse: Dobrowa (alte Nummerierung), Klagenfurter Str. 1, Ferlach (Peter Mischitz)
Dobrowa Nr. 40 (alte Nummerierung) Auengasse 3, Ferlach (Josef Mischitz)

Zu den auch nach dem Krieg noch existenten Betrieben gehörten außerdem noch jene von Peter Mischitz und von Josef Mischitz. Der Name Mischitz hat in der Ferlacher Büchsenmacherei eine lange Tradition. Schon im 18. Jahrhundert gab es Büchsenmacher und Lieferanten dieses Namens (auch

Abb. 99: *Annonce Peter Mischitz, 1953* *(aus: 75 Jahre Fachschule für Handfeuerwaffen Ferlach)*

Mischitsch geschrieben)[537]. 1885 wurde ein Josef Mischitz als Genossenschafts-Stellvertreter abgesetzt[538], 1886 ist ein Martin Mischitz im Schiedsgericht des Gehilfenausschusses[539]. Anton Mischitz war Schlosser und Beschlägemacher und von 1891 bis 1897 Genossenschaftsvorsteher[540]. Beheimatet war er in Dobrowa Nr. 10[541].

Peter Mischitz (1878–1943) war der Sohn des Büchsenmachers Anton Mischitz. Seine Mutter Maria Fanzoj, Tochter des Josef Fanzoj, entstammte ebenfalls einer Büchsenmacherfamilie[542]. Peter Mischitz trat 1906, nachdem er das Handwerk erlernt hatte, der Genossenschaft bei. Beheimatet war er auf der Dobrowa[543]. Josef Mischitz (1883–1967) war der Sohn des Büchsenmachers Martin Mischitz, der in Gabl 11 zu Hause gewesen war[544]. Eine Verwandtschaft von Peter und Josef Mischitz ist, wenn überhaupt, nur sehr weitschichtig gegeben. 1912 trat Josef Mischitz der Genossenschaft bei, der Standort seines Gewerbes wird mit Dobrowa Nr. 40 angegeben[545].

Peter Mischitz hatte den 1907 geborenen Sohn Anton. 1939 wurde diesem laut Eintrag im Geburtsbuch erlaubt, den Namen Peter zu führen[546]. Nach dem Zweiten Weltkrieg finden wir (Anton) Peter Mischitz, dessen Waffen die Beschussnummer 28, erhielten (Abb. 99), in der Klagenfurter Straße 1. Josef Mischitz, Beschussnummer 29, war in der Auengasse 3 ansässig (Abb. 100)[547]. Josef Mischitz dürfte schon vor 1953 den Betrieb eingestellt haben. (Anton) Peter Mischitz verstarb 1967[548]. Mit ihm endete die Produktion von Ferlacher Waffen aus dem Hause Mischitz.

1953 gab es in Ferlach außer den genannten und den bis heute existierenden Firmen (s. Kapitel „Die Ferlacher Büchsenmacher der Gegenwart") die Büchsenmachermeister Thomas Kullnig (Beschussnummer 43), Johann Michelitsch (Beschussnummer 41), Friedrich Ogris, Josef Orasche (Beschussnummer 30) und Josef Schönlieb (Beschussnummer 46) [549].

Ein undatiertes Schild der Genossenschaft der Büchsenmacher listet mit Ludwig Borovnik, Stefan Düsel, Johann Fanzoi, Richard Fanzoi, Josef Hambrusch, Karl Hauptmann, Gottfried Juch, Josef Just, Jakob Koschat, Johann Michelitsch, Peter Mischitz, Josef Orasche, Johann Outschars Sohn, Valentin Rosenzopf, R. Franz Schmid, Franz Schmied, Josef Schönlieb, Johann Sigott, Anton Sodia, Vinzenz Urbas, Benedikt Winkler und Josef Winkler 22 Mitglieder auf (Abb. 101). Es entstand in den späteren 1950er-Jahren.

Abb. 100: Annonce Josef Mischitz, um 1930
(Archiv Hambrusch)

Abb. 101: Schild der Genossenschaft der Büchsenmacher, um 1958
(Büchsenmachermuseum Ferlach)

Die Ferlacher Büchsenmacher der Gegenwart

Borovnik

Gegründet: **1848 (Büchsenmacher Borovnik bereits seit der 1. Hälfte des 19. Jahrhunderts nachweisbar)**

Beschussnummer: **40**

SINCE 1848
LUDWIG BOROVNIK
GUNS & RIFLES

Seit der ersten Hälfte des 19. Jahrhunderts sind mit Vater Urban Borovnik (1793–1838) und Sohn Martin Borovnik (1824–1907) zwei direkte Vorfahren der jetzigen Familie Borovnik als Büchsenmacher in Ferlach tätig. Ludwig Borovnik II. (1857–1932) baute die Firma aus. Nach dem Krieg verstärkte Ludwig Borovnik III. (1925–2003) die wirtschaftlichen Kontakte in den Süden und er stieg in den Schaftholzhandel ein. Zusammen mit seinem Sohn Ludwig Borovnik IV. führte er die Firma zu neuen Höhepunkten. Heute ist mit Ludwig Borovnik V. bereits die nächste Generation tätig.
Adresse: Ludwig Borovnik KG Guns & Rifles, Bahnhofstr. 7, 9170 Ferlach
www.ludwigborovnik.at

Ludwig Borovnik – fünf Generationen Büchsenmacher

Seit 1848 stellt die Firma Borovnik Waffen in Ferlach her. Der heutige Seniorchef Ludwig Borovnik führt denselben Namen wie sein Vater und Urgroßvater[550]. Mit seinem Sohn Ludwig (V., *1995), der ebenfalls in die Fußstapfen des Vaters getreten ist und das Büchsenmacherhandwerk erlernte, setzt sich diese Tradition im Hause Borovnik fort (Abb. 102). Neben Waffenanfertigungen, die keine Wünsche offen lassen, ist auch der Schaftholzhandel ein wesentliches Standbein der Firma Borovnik. Mit Ferlach haben sie aufgrund ihres Namens laut Familienlegende eine besondere Beziehung, soll sich doch der Name aus dem slawischen Namen „Borovjle" für Ferlach abgeleitet. Er soll so viel wie „Ferlacher" bedeuten.

Abb. 102: ***Ludwig Borovnik IV. und Ludwig Borovnik V., 2017*** *(Archiv Borovnik)*

Die Anfänge in der ersten Hälfte des 19. Jahrhunderts: Martin „Ludwig" Borovnik

In der Familientradition besteht der Betrieb Borovnik seit 1848, als sich der erste Ludwig selbstständig gemacht haben soll. Tatsächlich reicht die Tradition die Familie Borovnik als Büchsenmacher in Ferlach noch weiter zurück. Schon 1839 war ein Martin Borovnik Büchsenmacher in Ferlach. Er erscheint 1839 in einem Büchsenmacher-Verzeichnis der aufgenommen Lehrjungen und Gesellen in der Schreibweise Martin Barounigg (*1824). Im selben Verzeichnis ist mit Johann Barounigg (*1820) ein weiterer Büchsenmacher dieses Namens genannt[551]. Martin und Johann waren Brüder und die Söhne von Urban Barounig (auch Borounigg), der ebenfalls bereits Büchsenmacher gewesen ist[552]. Noch 1840 erscheint Urban Borounigg mit Wohnort Dobrowa in einem Büchsenmacher-Meisterverzeichnis[553]. Tatsächlich war er aber bereits 1838 im Alter von 45 Jahren verstorben[554], sodass das Meisterverzeichnis nicht den aktuellen Stand spiegelte.

Die Geschichte der Büchsenmacherfamilie Borovnik reicht jedenfalls mit Urban Barounigg um eine Generation weiter zurück, als es bisher bekannt gewesen ist. Der Vater des Urban war mit Johann Borounigg ein Kaufmann[555]. Allerdings wird Johann Borounigg vier Jahre später, anlässlich der Geburt seines Enkels Martin Borounig, als Büchsenmacher bezeichnet, so dass er in Ferlach das Handwerk erlernt haben muss[556]. 1857 wird Ludwig Borounig als Sohn des Martin Borounig und der Aloisia Ulbing, einer Müllerstochter, in Dobrowa 10 geboren[557]. Mit Martin Borounig, auch Barounig geschrieben, ist der direkte Vorfahre der heutigen Büchsenmacherfamilie Borovnik zu fassen. In der Familientradition wird er als Ludwig Borovnik I. gesehen.

In der Schreibweise „Borovnik" findet man den Namen relativ spät in den Quellen, erst gegen Ende des 19. Jahrhunderts. In der nicht normierten Schreibweise dieser Zeit sind „Borounig", „Borounigg" oder auch „Barounig" als gleichwertig anzusehen. Dass es durchaus weitere Büchsenmacher dieses Namens, wenn auch mit abweichender Schreibweise, gegeben hat, ist auch in späteren Protokollbüchern belegt: Dort finden sich z. B. die Büchsenmachermeister Anton Worounig (1908), Johann Worounig (1886–1890) oder Franz Worounig (1887–1891), bisweilen auch in der Schreibweise Warounig[558]. Die lautliche Verschiebung zwischen „B" und „W" ist ein bekanntes Sprachphänomen und findet sich auch bei dem gebräuchlichen Büchsenmachernamen Wrulich, der bisweilen als Brulich erscheint[559]. Diese Worounig an der Wende vom 19. zum 20. Jahrhundert standen aber in keiner direkten Linie zu Ludwig Borovnik.

Abb. 103: **Ludwig Borovnik II (1857–1949)** *(Archiv Borovnik)*

Meister, Genossenschafter, Bürgermeister: Ludwig Borovnik II.

Ludwig Borovnik II. (1857–1932), Sohn des Martin „Ludwig" Borovnik, war Büchsenmacher-Meister in Ferlach (Abb. 103). Er nahm Lehrlinge auf und sprach Gesellen frei. Bei ihm lernten z. B. Paul Tschemer (1904 freigesprochen) [560], Franz Neumann (1908 freigesprochen) [561] oder Fritz Kornbrat (1908 freigesprochen)[562] ihr Handwerk. Ludwig Borovnik II. war bereits vor dem Ersten Weltkrieg Mitglied der

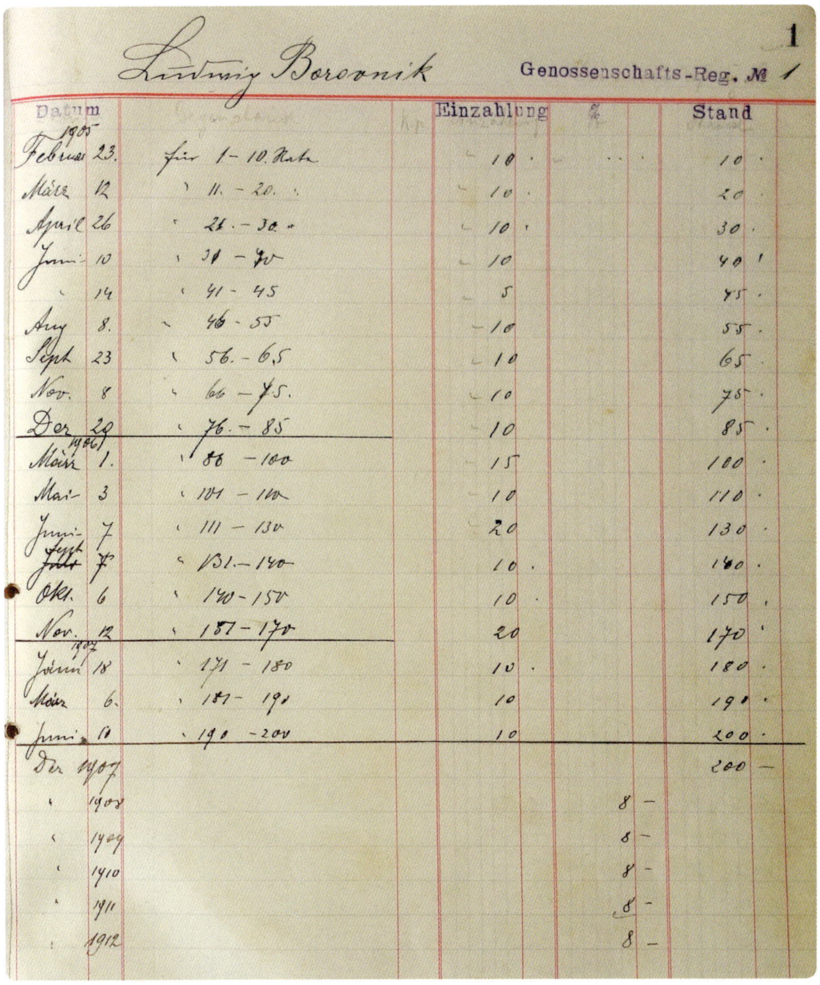

1

Ludwig Borovnik — Genossenschafts-Reg. № 1

Datum			Einzahlung	%	Stand
1905 Februar	23.	für 1–10. Rate	10		10
März	12	11.–20.	10		20
April	26	21.–30.	10		30
Juni	10	31–40	10		40
	14	41–45	5		45
Aug	8.	46–55	10		55
Sept	23	56.–65	10		65
Nov.	8	66–75.	10		75
Dez	29	76.–85	10		85
1906 März	1.	86–100	15		100
Mai	3	101–110	10		110
Juni	7	111–130	20		130
Sept	7	131.–140	10		140
Okt.	6	140–150	10		150
Nov.	12	151–170	20		170
1907 Jänner	18	171–180	10		180
März	6.	181–190	10		190
Juni	10	190–200	10		200
Dez 1907					200
	1908			8	
	1909			8	
	1910			8	
	1911			8	
	1912			8	

Abb. 104: **Geschäftsanteilbuch der Maschinenbezugsgenossenschaft 1905, Nr. 1: Ludwig Borovnik II.** *(Archiv der Büchsenmachergenossenschaft)*

Genossenschaft[563]; allerdings übte er keine nachweisbaren Funktionen aus. Erst im Februar 1918, gegen Ende des Krieges, war er im Subkomitee für die Lebensmittelkartenaktion für die Ferlacher Büchsenmacher[564]. Bei der 1905 gegründeten Maschinenbezugsgenossenschaft war er unter den Gründungsmitgliedern. Die Mitglieder von 1 bis 18 wurden alphabetisch gereiht, Ludwig Borovnik wurde als Nr. 1 eingetragen (Abb. 104)[565]. 1887 war sein Sohn Sebastian geboren worden, der ebenfalls das Büchsenmacherhandwerk erlernte.

Abb. 105: Prospekt Ludwig Borovnik, um 1930 *(Archiv Borovnik)*

Als am 2. November 1918 die bisherige Gemeindevertretung aufgefordert wurde, die Regierung zu übergeben, war Ludwig Borovnik unter jenen, die einen Anschluss an den SHS-Staat befürworteten[566]. 1919–1920, in der Zeit der Verwaltung Ferlachs durch den SHS-Staat, war er Bürgermeister von Ferlach. Auch war er Gründungsmitglied der Posojilnica Bank in Ferlach[567]. In seiner Funktion als Bürgermeister setzte er sich im August 1919 für die Rückkehrerlaubnis von Ferlacher Büchsenmachern ein. Unter den Rückkehrern war auch Johann Schaschl-Outschar, der vor und nach ihm das Bürgermeisteramt innehatte. Außerdem erhielten die Büchsenmacher Franc Outschar, Maks Just, Janez Tomle, J. Gratzer und J. Rosenzopf eine Rückkehrerlaubnis[568]. Einige Büchsenmacher-Gehilfen und Meister waren in Laibach interniert gewesen. Die internierten Meister waren Josef Pagitz (Unterferlach Nr. 25), Franz Rabitsch (Unterferlach Nr. 23) und Anton Warounig (Unterbergen Nr. 9). Sie waren als „nemčur" (Deutschtümler)[569] festgesetzt worden, jedoch im Juli 1919 bereits wieder entlassen[570]. Für ihre Freilassung hatte sich auch ihr Kollege Albin Hallemoschnig eingesetzt. Die Arbeiter wurden zur Weiterführung des Betriebes im Maschinenhaus benötigt[571]. Der nationale Bruch dieser Zeit war auch unter den Büchsenmachern gegenwärtig.

Ludwig Borovnik selbst besaß seit Juli 1919 eine Konzession für die Lagerung von Schießpulver[572]. Noch im Juni 1919 hatte er in Jagdgemeinschaft mit Josef Winkler, Josef Schaunig und Vinzenz Urbas die Gemeindejagd mit 897 Hektar auf fünf Jahre ersteigert. Während der wirtschaftlichen schwierigen Zeit der 1920er- und 1930er-Jahre stellte er seine Jagdwaffen in Ferlach her (Abb. 105)[573].

Aussiedlung und Rückkehr 1942–1945: Sebastian Borovnik

Als am 14. April 1942 unter dem nationalsozialistischen Regime die Slowenenaussiedlungen in Kärnten begannen[574], waren auch Ferlacher Büchsenmacher darunter: Außer Rosa Winkler und Anton Smeritschnig, Geschäftsleiter der Firma Winkler, war auch Sebastian Borovnik, unter den Betroffenen (Abb. 106)[575]. Insgesamt wurden 917 Slowenen und Sloweninnen an diesem Tag zunächst in ein Durchgangslager nach Ebenthal bei Klagenfurt gebracht, ehe sie weiter nach Deutschland deportiert wurden. Sie wurden zunächst in Lagern untergebracht und anschließend zu Zwangsarbeit in Fabriken oder in der Landwirtschaft herangezogen. Hintergrund der Aktion war, dass einerseits die „Slowenenfrage" gelöst und andererseits Ansiedlungsoptionen für Kanaltaler geschaffen werden sollten. Die Aktionen sorgten teilweise auch unter der deutschsprachigen Bevölkerung für Unmut. Auch waren einige Söhne der Deportierten zeitgleich für die deutsche Wehrmacht im Einsatz, wie der ebenfalls Josef genannte Sohn von Rosa und Josef Winkler, der im Oktober 1942 in Russland starb. Organisiert wurden die Aktionen von der Deutschen Aussiedlungsgesellschaft (DA), die einen Sitz in Klagenfurt in der Gasometergasse 6 hatte, und von der Deutschen Umsiedlungs-Treuhand Gesellschaft m. B.H. (DUT), Bahnhofstr. 8 in Klagenfurt[576].

Der zusammen mit seiner Familie deportierte Sebastian Borovnik musste am 29. April 1942 einen Fragebogen bezüglich Familienstand, Beruf und Besitz ausfüllen[577]. Außer seiner Frau Fanny, 1888 in Triest geboren, waren auch die drei Kinder unter den Ausgesiedelten. Der älteste Sohn Ludwig war 1925 geboren worden. Als Art der Konzession führte Sebastian Borovnik die Erzeugung und den Handel von Jagdgewehren und Munition an, als Art des Betriebes das Büchsenmachergewerbe mit 3.200 m^2 Fläche. Zu seinem Besitz gehörten die Objekte in der Dollichgasse 14 und in der Pfarrhofgasse 3 (KG Oberferlach, EZ 95 Rabitschkeusche und EZ 196). Außerdem besaß er mit dem sogenannten Doujakgrund in Oberferlach eine Ackerfläche (KG Oberferlach, EZ 334). Auch die Maschinen und Werkzeuge sind angeführt, darunter eine Drehbank, eine Bohrmaschine, eine Schleifmaschine, eine Schreibmaschine, 10 Schraubstöcke und dazugehörige Werkzeuge. Ein Schätzgutachten vom Juli 1942 hielt fest: „Der Eigentümer hat auf der Liegenschaft das Büchsenmacher-Gewerbe ausgeübt und die Villa mit seiner Familie allein bewohnt." Der Wert wurde auf 29.042 RM geschätzt[578]. Auf 33 Seiten ist akribisch das gesamte Inventar aus dem Besitz der Familie Borovnik gelistet. Darunter finden sich Gewehre, Munition, Gewehrbestandteile, Läufe, Maschinen und Werkzeuge ebenso wie ein Damenrock, ein Kleiderrechen oder aber eine jugoslawische Fahne ebenso wie eine Hakenkreuzfahne. Der bewegliche Besitz wurde veräußert. So erkaufte z. B. Anna Woschitz um 3 RM drei Blumenstöcke aus dem ehemaligen Besitz der Familie Borovnik, während Thomas Kullnig, Vorstand der Büchsenmachergenossenschaft, für 2.600 RM brauchbare Materialien erwarb[579]. Das Geld ging an die Deutsche Umsiedlungs-Treuhand Gesellschaft. Das Genossenschafts-Maschinenhaus, das zu dieser Zeit als Rüstungsbetrieb fungierte, übernahm Schraubstöcke, Ständerbohrmaschinen und Schleifmaschinen[580]. Fleisch und Würste verwertete der Büchsenmacher und Bürgermeister Josef Hambrusch, in dem er sie an die Kärntner Heil- und Pflegeanstalten verkaufte[581]. Den Transport der Familie Borovnik nach Klagenfurt stellte das Auto-Transport-Unternehmen Rausch der DUT in Rechnung[582]. Gregor Mori, Vertreter des Ferlacher Bürgermeisteramtes, erhielt 14 RM für seine Hilfe bei Abtransport und Verwertung des Mobiliars der Familie Borovnik. Er hatte sie außerhalb seiner Dienstzeit geleistet[583].

Mit 1. Jänner 1943 übernahm der angesiedelte Kanaltaler Alexander Miggitsch aus Malborghetto, das Anwesen. Auch er leistete dafür Zahlungen an die DUT[584]. Dass nicht alle Besitztümer der Familie Borovnik verwertet wurden, legt die Anordnung der DUT an Alexander Miggitsch vom April 1945 nahe[585]. Miggitsch erhielt eine Liste der persönlichen Sachen des als Teil der Aktion „W" als Staatsfeind zwangsausgesiedelten Sebastian Borovnik. Diese sollte er in Kisten verpacken und am Bürgermeisteramt abgeben.

Sebastian Borovnik kehrte am 22. Juli 1945 nach Ferlach zurück. Im Oktober 1945 wurde über die Schadenersatzansprüche des Rücksiedlers eine Niederschrift angefertigt[586]. Viele Gegenstände waren aus der Gewehrfabrik abhandengekommen, der Schadenersatzanspruch wurde mit 78.716 RM festgestellt. Für Sohn Ludwig, der zum Zeitpunkt der Aussiedlung die Fachschule für Handfeuerwaffen besucht hatte, wurde eine Erziehungsbeihilfe in der Höhe von 1.200 RM festgelegt. Für jenen Teil

Abb. 106: Sebastian Borovnik (1887–1949) *(Archiv Borovnik)*

Im Oval: **Abb. 107: Ludwig Borovnik III. (1925–2003)** *(Archiv Borovnik)*

Abb. 108: Annonce Ludwig Borovnik, um 1953 *(aus: 75 Jahre Fachschule für Handfeuerwaffen Ferlach)*

der Gegenstände, die die Büchsenmachergenossenschaft einst gekauft hatte, war bereits eine Aufstellung an Borovnik übergeben worden. Die Gesamtforderung in Schilling belief sich schließlich auf 81.841,54. 1946 und 1947 wurden mehrere Raten davon an Sebastian Borovnik vom Amt der Kärntner Landesregierung ausbezahlt[587]. Diese wurden als „Vorschusszahlung für Wiedergutmachung" bezeichnet. 1949 verstarb Sebastian Borovnik. Die Regressansprüche von über 29.000 Schillingen, die der ehemalige Kanaltaler Alexander Miggitsch, der nun in Velden lebte, an die DUT stellte, wurden im selben Jahr anerkannt[588].

Der Neuanfang nach dem Krieg und die Gegenwart: Ludwig Borovnik III., IV. und V.

Ludwig Borovnik III. war mit 24 Jahren noch recht jung, als er den Betrieb seines 1949 verstorbenen Vaters übernehmen musste (Abb. 107)[589]. Als Beschussnummer hatten die Waffen aus dem Hause Borovnik 1945 die 40 zugeteilt bekommen. In den folgenden Jahren intensivierte Borovnik seine geschäftlichen Kontakte in den Süden. Neben der Herstellung von Waffen wurde der Schaftholzhandel zum wichtigen Standbein. Der Import der Holzwaren erfolgte vor allem aus dem damaligen Jugoslawien. Jagdreisen führten den Firmeninhaber, zusammen mit anderen passionierten Jägern wie Helmut und Heidi Horten, in das Land südlich der Karawanken. Auch gute Kontakte zum damaligen jugoslawischen Staatschef Tito werden Ludwig Borovnik attestiert. Ludwig Borovnik III. war auch in der Prüfungskommission für die Büchsenmacher-Meisterprüfungen und im Vorstand der Genossenschaft aktiv (Abb. 108)[590].

Abb. 109: Impressionen aus der Werkstatt Borovnik *(Archiv Borovnik)*

Abb. 110: Impressionen aus der Werkstatt Borovnik *(Archiv Borovnik)*

1986 wurde der wieder Ludwig (IV.) genannte Sohn erstmals in der Firma eingesetzt. Zu den wohl prominentesten Kunden der Firma Borovnik gehörte der ehemalige spanische König Juan Carlos de Borbón[591]. Der Seniorchef verstarb 2003. Heute ist mit Ludwig Borovnik V. bereits die nächste Generation erfolgreich an der Herstellung der überwiegend handgefertigten Präzisionswaffen tätig (Abb. 109, Abb. 110). Ludwig Borovnik V. (*1995) absolvierte an der HTL in Ferlach die Höhere Abteilung für Waffen- und Sicherheitstechnik, die er im Juni 2016 abschloss. Bereits einen Monat danach, im Juli 2016, übergab sein Vater Ludwig Borovnik IV. die Firma. Im April 2017 legte er die Büchsenmacher-Meisterprüfung erfolgreich ab. Während die Herstellung der Waffen nach wie vor in der Dollichgasse bzw. Pfarrhofgasse erfolgt (Abb. 111), hat die Firma auch einen Niederlassung in der Bahnhofstraße in Ferlach[592].

Liste der Büchsenmacher Borovnik

Name	Geboren	Gestorben	Bezeugt	Gewerbe	Wohnort
Urban Borovnik	1793	1838	–	–	–
Martin „Ludwig" Borovnik I.	1824	1906	1848 (?)	–	Dobrowa 10
Ludwig Borovnik II.	1857	1932	–	Büchsenmacher	Ferlach
Sebastian Borovnik	1887	1949	–	Büchsenmacher	Ferlach, Dollichgasse 14, Pfarrhofgasse 3
Ludwig Borovnik III.	1925	2003	–	Büchsenmacher	Ferlach, Dollichgasse 14, Pfarrhofgasse 3
Ludwig Borovnik IV.	6.10.1952	–	–	Büchsenmacher	Ferlach, Bahnhofstr. 7
Ludwig Borovnik V.	14.12.1995	–	–	Büchsenmacher	Ferlach, Bahnhofstr. 7

Abb. 111: Waffen Borovnik in Ferlach, 2016 *(Foto R. Jernej)*

Fanzoj

Gegründet: **1790**
Beschussnummer: **21 (Johann Fanzoj), 48 (Josef Fanzoi, nicht mehr aktiv)**

1806 ist mit Anton Fanzoj ein direkter Vorfahre der Büchsenmacherfamilie Fanzoj als Zeugmacher in Unterferlach nachweisbar. Nach ihm wirkten vier Büchsenmacher mit dem Namen Johann Fanzoj in direkter Linie in Ferlach, zunächst in Dobrowa, dann in der Griesgasse. Durch Heirat sind die Fanzoj/Fanzoi mit dem Büchsenmacher Adolf Kawan (1835–1916) verwandt. Seit 1986 wird die Firma als GmbH geführt. Seniorchef ist Johann Fanzoj (IV.). Heute sind die Geschwister Daniela Fanzoj und Patrick Fanzoj als sechste Generation im Betrieb tätig. Aus dem Haus Fanzoj kommen besondere Waffen mit besonderer Geschichte.

Adresse: Fanzoj Jagdwaffen GmbH, Griesgasse 3, 9170 Ferlach, www.fanzoj.com

Die Büchsenmacher Fanzoj – Tradition durch die Zeiten

Wenn man die Ferlacher Griesgasse entlang des Loiblaches hinunterwandert, gelangt man zu einem stattlichen Hauskomplex. Beschriftungen am Haus und Schilder links von der Straße zeigen an, wer hier zu Hause ist und was hier hergestellt wird. Zu lesen ist auf grünem Grund mit gelbgoldener Schrift: Johann Fanzoj, Jagdgewehre seit 1790. Darüber leuchtet das rote Wappen Ferlachs mit der Föhre und der Büchse[593]. Die Geschichte der Büchsenmacher Fanzoj reicht über 200 Jahre zurück, in der sie die Geschicke des Handwerks in Ferlach entscheidend mitgestalteten. Diese Tradition ist bis heute mit ihrer prägenden und stärkenden Kraft präsent. Die Geschichte einer Familie, die Geschichte eines Ortes und die Geschichte einer Handwerkskunst sind untrennbar zu einer einzigartigen Einheit verwoben.

Schon im 19. und 20. Jahrhundert war die Familie Fanzoj reich verzweigt. In den Quellen erscheint der Name auch in der Schreibweise Fanzoi oder Fanzoy. Im Besitz der Familie Fanzoj befindet sich ein im Jahr 1961 erarbeiteter Stammbaum, der sehr hilfreich bei genealogischen Fragen und Nachforschungen ist[594].

Zurückverfolgen lässt sich die Familiengeschichte bis zu Johann Fanzoj (1758–1820), der Pfleger in Nemarktl/Tržič gewesen ist. Doch schon seine Söhne Anton (1786–1850) und Josef Eduard (geb. 1782) erlernten das Büchsenmacherhandwerk. Sie waren Büchsenmacher bzw. Schlossmacher in Unterferlach. Mit Anton Fanzoj kann der direkte Vorfahre der jetzigen Büchsenmacherfamilie gefasst werden. Seine Nachkommen trugen über vier Generationen den Namen Johann Fanzoi/Fanzoj und waren Büchsenmacher in Ferlach. Aber auch in der weiblichen Linie der Familie Fanzoj lässt sich wiederholt die Verbindung zur Büchsenmacherei finden. So heiratete bereits Anton Fanzoj mit Maria Preschern die Tochter eines Büchsenmachers. In einzigartiger und zugleich auch wieder typischer Ferlacher Weise ist die Familie Fanzoj über Generationen mit dem Handwerk verbunden. Auch wenn nicht immer alle verwandtschaftlichen Beziehungen zu klären sind

– der Stammbaum von 1961 behandelt ausschließlich die Linie nach Anton Fanzoj – so lassen sich zwei große Linien herausfinden, wenn man Leitnamen, Fachgebiete innerhalb der Büchsenmacherei und Ort als Kriterien heranzieht[595].

Anton Fanzoi und seine Nachkommen waren zunächst Garniturarbeiter in Dobrowa. Die zweite fassbare Linie waren die Fanzoi in Unterferlach. Dort stand einst die Gewehrfabrik des Alfred Fanzoi, der ursprünglich Beschlägemacher und Basküleur war. Mit Josef Fanzoi verstarb dort 1971 auch der letzte Träger dieses Namens, der Büchsenmacher in Unterferlach gewesen war. Der Schwerpunkt der folgenden Darstellung liegt auf der Linie der noch aktiven Büchsenmacher Fanzoj in der Nachfolge von Anton Fanzoj.

Meister in Ferlach bis heute: die Fanzoj nach Anton Fanzoj (1786–1850)

Die Familie Fanzoj war zunächst in Unterferlach beheimatet. Der älteste Sohn des Pflegers Johann Fanzoj, Josef Eudard Fanzoj, wurde 1782 in Unterferlach geboren, der zweite Sohn Anton 1786[596]. Beide Brüder erlernten das Büchsenmacherhandwerk. Anton Fanzoi wurde 1806 im Alter von 20 Jahren als Meister in die Zunft aufgenommen. Das Recht dazu hatte er von Jakob Hermann erkauft, zuvor hatten es Jakob Winkler und Valentin Brulich als Zeugmacher innegehabt[597]. Mit seiner Gattin Maria, der Tochter des Büchsenmachers Mathias Preschern in Unterferlach, hatte er den 1826 geboren Sohn Johann Nepomuk[598]. Ansässig waren Anton und Maria Fanzoj zu dieser Zeit bereits in Dobrowa 10. Unter den insgesamt 14 Kindern des Paares waren mit Josef (1811–1880) und Anton (*1817) zwei weitere spätere Büchsenmacher[599]. Der 1824 geborene Sohn Johann Baptist war bereits im Säuglingsalter verstorben[600].

Vater Anton Fanzoj war mindestens 1833 bis 1845 Vorsteher der Zunft[601]. Als offensichtlich pflichtbewusster und umsichtiger Mann zeigte er in seiner Funktion als Vorsteher gemeinsamen mit seinem Mitvorsteher Johann Mischitz erhebliche Mängel in der Arbeit einiger Zunftmitglieder an. Vermutlich hat seine Sorgfalt etlichen Menschen das Leben gerettet. So hatte der Büchsenmachermeister Lorenz Turk bei zwei Pistolenläufen am falschen Ort Löcher gebohrt und sie anschließend trotzdem offen gelassen. Der Schütze hätte den Schuss in die Hand bekommen. Auch der Rohrverschrauber Josef Preschern sparte sich das Gewinde bei einer Spannschraube. Der Schuss wäre auf jeden Fall rückwärts losgegangen. Jedenfalls empfanden die beiden Vorsteher die Mängel, die den Ruf ihres ganzen Berufsstands empfindlich schädigen konnten, als so schwerwiegend, dass sie Anzeige beim Bezirksgericht einbrachten[602]. 1840 ist Anton Fanzoi einer der 307 Meister, die die jährliche Gebühr von 30 fl an die Zunft entrichtet hatten[603].

Der Sohn Johann (I. Nepomuk) erlernte wie sein Vater das Handwerk. Er war als Garniturarbeiter-Meister in Ferlach tätig. 1854 blieben auch die Fanzoj nicht von den wirtschaftlich schwierigen Zeiten verschont. Nach einem kurzfristigen Aufschwung der Produktion rund um das Revolutionsjahr 1848 sank die Nachfrage in den folgenden Jahren wieder[604]. Johann musste daher ein Darlehen über 25 fl

Abb. 112: Lehrbrief Johann Fanzoj II., 1885 *(Archiv Fanzoj)*

bei der Büchsenmacherzunft aufnehmen[605]. Auch seinem Bruder Anton war es 1853 nicht besser ergangen[606].

Johann Fanzoj (1826–1906) hatte wie sein Vater Anton zahlreiche Kinder. Mit seiner Ehefrau Franziska Hercker (1834–1903) brachte er es auf neun Kinder, darunter vier Söhne: Anton (1860–1908), Vinzenz (*1864), Johann (1867–1893), und Franz Fanzoj (*1881). Anton, Johann und Vinzenz erlernten nachweislich das Büchsenmachen.

Johann wurde am 3.8.1867 geboren. Von 1881 bis 1885 absolvierte er seine Lehrzeit (Abb. 112)[607]. Um 1890 war er als Garniturarbeiter-Gehilfe tätig[608]. Im Protokollbuch über das Freisprechen und Aufdingen der Lehrlinge ist für den 24. September 1893 vermerkt: „Johann Fanzoy wird heute von seinem Vater Johann Fanzoy aufgedungen und zugleich freigesprochen"[609]. In den Jahren 1888 und 1889, und damit drei Jahre nach der Gründung der Genossenschaft, erlegte Johann Fanzoj (I.) die geforderte Meistergebühr. Zu zahlen waren insgesamt 15 fl, die zumeist in drei Raten zu je 5 fl entrichtet wurden. Für das Aufdingen und Freisprechen wurden jeweils 3 fl fällig[610]. Bei der Gründung der Genossenschaft 1885 war er nicht dabei gewesen[611].

Abb. 113: Ischler Stutzen aus dem Hause Kawan *(Archiv Fanzoj)*

Vater Johann Fanzoi hatte neben seinem Sohn Johann ab 1890 noch Jakob Krasnik als Lehrling in der Werkstatt[612]. Am 18.10.1893 ist im Grundbuch der Genossenschaft unter Nr. 26 der Eintritt von Sohn Johann vermerkt. Als Gewerbe ist „Schneller und Garnituren" angegeben[613]. Johann folgte seinem bald 70-jährigen Vater nach. Im Jahr 1900 spricht Johann Fanzoi (II.) den Thomas Pollitz frei[614]. Bei Johann Fanzoi (II.) lernten bis zum Jahr 1907 Philipp Hammer (1904 aufgedungen, 1907 freigesprochen), Markus Wranz (1905 aufgedungen), Thomas Schmied (1901 aufgedungen, 1905 freigesprochen) und Franz Kurasch (1902 aufgedungen, 1904 freigesprochen) das Handwerk[615].

In den Jahren vor dem Ersten Weltkrieg war Johann Fanzoi im Ausschuss der Büchsenmacher-Genossenschaft (1909, 1914)[616]. Im Kriegsjahr 1915 war er bei der Delegation der Büchsenmacher, die bei der Bezirkshauptmannschaft Klagenfurt vorsprach, um die Zuständigkeit für die Maschinenhäuser zu klären[617]. Zu dieser Zeit waren die größten Ferlacher Gewehrproduzenten Josef Ogris, Anton Sodia und Johann Sigott, die weiterhin Luxusgewehre produzierten wollten und dafür einen annehmbaren Produktionspreis für die in den genossenschaftlichen Maschinenhäusern erzeugten Bestandteile zahlen wollten. Johann Fanzoi produzierte zu dieser Zeit vordringlich für das Militär.

Johann Fanzoj (III.) wurde am 13.1.1895 als Sohn des Johann Fanzoi (II.) und der Magdalene Kuraš in Ferlach geboren[618]. Wie schon sein Vater, Großvater und Urgroßvater erlernter er das Büchsenmachen. Durch seine Heirat mit Katharina Wrulich 1928 verband sich die lange Tradition der Büchsenmacherfamilie Fanzoi mit der Linie der Büchsenmacher Kawan. Katharina Wrulich (*1909) war eine Enkelin von Adolf Kawan, ihre Mutter Adolfine war eine geborene Kawan, die mit Johann Wrulich ebenfalls einen Büchsenmacher geheiratet hatte[619].

Die Kawan stammten ursprünglich aus Mähren. Adolf Kawan war am 24. September 1835 in Prossnitz (heute Prostějov in Tschechien) geboren worden. 1868 war er Werkführer in der Umfahrer-Waffenfabrik in Unterferlach[620]. Diese Fabrik bestand von 1832 bis 1876 und wurde als Zweigstelle der Umfahrer-Fabrik in Klagenfurt geführt. Umfahrer hatte zur Hebung der Qualität Meister aus Prag, Wien und Suhl nach Ferlach gerufen[621], darunter auch Adolf Kawan. Als die Fabrik in Unterferlach schloss, blieb Adolf Kawan in Ferlach. Kawan war nicht nur ein bekannter Büchsenmacher seiner Zeit, sondern auch ein ausgezeichneter Schütze. 1873 und 1874 trug er sich beim Preisschießen in Klagenfurt jeweils in die Bestenliste ein[622]. Zu seinen Fertigungen zählten der sogenannten „Ischlerstutzen", eine einläufige Kipplaufwaffe mit außenliegendem Hahn (Abb. 113)[623]. Der Familientradition nach soll Adolf Kawan sogar bei einem Jagdausflug Kaiser Franz Josefs dabei gewesen sein. Eine Fotografie, die auch im Büchsenmachermuseum in Ferlach zu sehen ist, zeigt Kaiser Franz Josef im Kreis von fünf Jagdgenossen bei einem Jagdausflug am 24. August 1912 in Ischl. Der Familientradition nach ist einer der Abgebildeten Adolf Kawan (Abb. 114)[624].

Adolf Kawan war in Dobrowa ansässig[625]. Als erfolgreicher Büchsenmacher konnte er seiner Enkeltochter bei ihrer Eheschließung mit Johann Fanzoj (III.) eine stattliche Mitgift geben[626].

Knapp vor dem Zweiten Weltkrieg findet sich Johann Fanzoj unter den zunächst 61 gelisteten Genossenschaftsmitgliedern mit seiner Adresse Griesgasse 1 vermerkt. Der Genossenschaft trat er am 19.11.1938 bei[627]. In den späten 1920er-Jahren, in der Zeit, als es in Ferlach noch keine Straßenbezeichnungen gab, sind die Büchsenmacher Fanzoj in Ferlach 132 zu Hause gewesen[628].

Im Jahr 1950 hatte die Firma Fanzoj fünf bis sechs Arbeiter (Abb. 115)[629]. Als Kennziffer hatte die Firma Johann Fanzoi 1945 die 21 bekommen. Aus der Ehe von Johann Fanzoi (III.) mit der Kawan-Nachfahrin ging der wieder Johann (IV.) genannte Sohn hervor, der heute noch als Seniorchef in der Firma eine wichtige Rolle spielt. Dessen Vater Johann (III.) überlebte Großvater Johann (II.) nur um wenige Jahre. 1961 starb der Großvater, der bis 85 arbeitete. Da Johann (III.) schon 1965 verstarb, musste Sohn Johann (IV.) rasch folgen.

Abb. 114: Kaiser Franz Josef I. mit Jagdgesellschaft in Ischl, 1912 *(Büchsenmacher-museum Ferlach, Foto: Peter Just)*

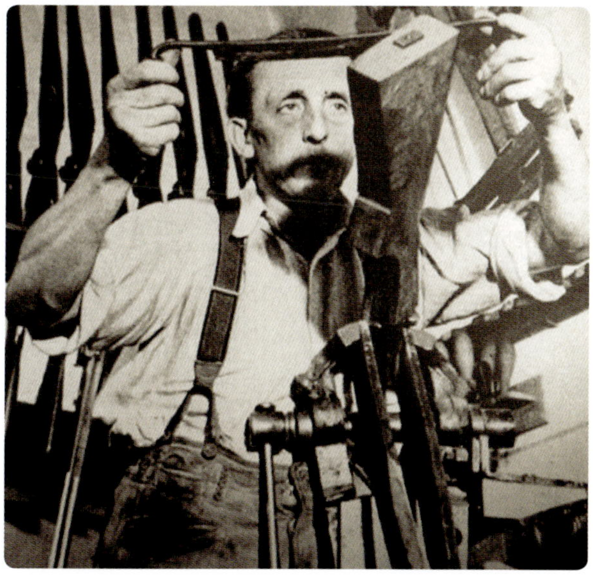

Abb. 115: Fanzoj-Werkstatt, um 1930 *(Archiv Fanzoj)*

Dieser hatte zunächst eine kaufmännische Ausbildung absolviert, die er 1951 mit einer Matura an der Handelsakademie abschloss. Erst danach erlernte er das Handwerk des Büchsenmachens und brachte es darin, wie seine Vorfahren, zur Meisterschaft. Die Meisterprüfung absolvierte er 1965. Neben dem handwerklichen Geschick zeichnet das Wirken von Johann (IV.) auch ein ausgeprägter kaufmännischer Sinn aus. Dieser legte die Basis für das Gedeihen der Firma bis in die Gegenwart. In den Spitzenjahren 1965 bis 1980 verließen bis zu

Abb. 116: ***Johann Fanzoj IV. mit einem Ischlerstutzen***
(Archiv Fanzoj)

Abb. 117: ***Waffe aus dem Hause Fanzoj***
(Archiv Fanzoj)

100 Gewehre jährlich die Werkstatt von Johann Fanzoj (Abb. 116). 1986 wurde die GmbH gegründet. Auch als Obmann der Genossenschaft war er ab 1997 tätig und versuchte, ihr sein wirtschaftlich geschultes Denken nahezubringen. Die Firma vergrößerte sich, baulich kamen 1965 neue Räume hinzu. Dort, wo früher die kleine Werkstatt gewesen war, empfängt Johann Fanzoj heute in angemessenem Rahmen seine Gäste. Die Wände sind, der Leidenschaft des Hausherrn entsprechend, mit Trophäen und exklusiven Jagdwaffen bestückt. Über lange Jahre war Johann Fanzoj Konventikelprior des 1695 gegründeten St. Hubertus-Ordens[630]. Zweigniederlassungen der Firma Fanzoj gibt es in Zagreb und Ljubljana.

Heute sind die Kinder Patrick und Daniela für das Gedeihen der Firma verantwortlich. Sie haben eine betriebswirtschaftliche bzw. juristische Ausbildung abgeschlossen. Patrick Fanzoj, Absolvent der Ferlacher HTL, zeichnet vor allem für den technischen Teil verantwortlich. Er gilt als der große Tüftler. Gemeinsam mit seiner Schwester Daniela sorgen sie für ungewöhnliche Produkte – „objects of desire".

Präzision, Schönheit und Wert – „precision, beauty, value“ – fassen zusammen, wofür die Manufaktur Fanzoj steht. Handwerkskunst mit Geschichte sorgt für höchste Qualität mit innovativer Kraft, die besondere Kundenwünsche erfüllen kann (Abb. 117–119)[631].

Die Unterferlacher Gewehrfabrik Fanzoi

In der Jagdzeitschrift „Waidmannsheil“ aus dem Jahr 1904 pries Alfred Fanzoi seine Jagd- und Scheibengewehre mit der Haardrall-Expressbohrung samt Patentvisier für Schrotgewehre an: „Daher säume Niemand, der ein schlecht- oder kurzschießendes Schrotgewehr besitzt, und auch bei Neuanschaffungen, diese preiswerte Einrichtung sich anzuschaffen.“ (Abb. 120)[632] Die Waffen wurden, wie es in der Annonce zu lesen ist, in Alfred Fanzois Gewehrfabrik in Unterferlach hergestellt.

Alfred Fanzoi (1861–1936), geboren am 1. Mai 1861, war Büchsenmacher und Basküleur sowie Besitzer der Oberroschankeusche in Unterferlach[633]. Eine direkte Verwandtschaft zu den Fanzoj in der Griesgasse lässt sich nicht nachweisen. Schon Alfreds Vater Eduard Fanzoi (1825–1891) war in Unterferlach als Büchsenmacher tätig gewesen. Eduard wiederum war der Sohn des Uhrmachermeisters Joseph Fanzoy[634]. 1856 war die wirtschaftliche Lage sehr bedrängt gewesen. Eduard Fanzoi war zusammen mit 62 weiteren Büchsenmachern vor dem Innungskommissär Primus Liaunig erschienen, um auf die missliche Lage der Ferlacher Büchsenmacher hinzuweisen[635]. Diesen Appell unterschrieb mit Joseph Fanzoi ein weiterer Büchsenmacher dieses Namens. Noch 1890, ein Jahr vor seinem Tod, hatte Eduard Fanzoi mit Josef Krumpl einen Lehrling aufgedungen[636]. Im Büchsenmachermuseum in Ferlach ist das Waffen-Lieferbuch der Firma Eduard und Alfred Fanzoi in Unterferlach für den Zeitraum von 1887 bis 1902 ausgestellt (Abb. 121). Eine Besonderheit von Alfred Fanzoi waren die reich verzierten Scheibenstutzen[637]

Bei den Genossenschaftsgehilfen war Alfred 1890 Ausschuss-Ersatzmann gewesen[638], 1891 wurde er als Ersatzmann in den Maschinenhaus-Ausschuss gewählt[639]. Auch unterstützte er die Gründung eines Consum-Vereines[640]. 1894 wurde Sohn Josef geboren[641], 1897 Sohn Maximilian[642]. Um 1900 bezeichnete Alfred Fanzoi wie so viele andere Ferlacher

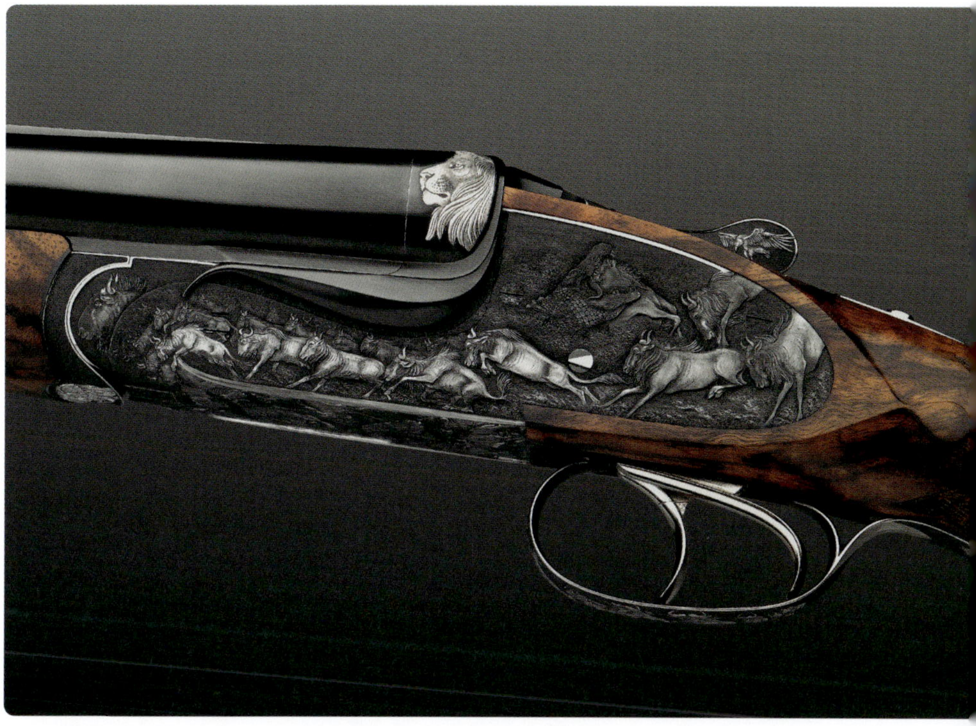

Abb. 118 & 119: Waffe aus dem Hause Fanzoj *(Archiv Fanzoj)*

Büchsenmacher seinen Betrieb als „Gewehrfabrik". Nach wie vor wurde ein Großteil der Waffen jedoch in gediegener Handarbeit in den Werkstätten hergestellt. Im Geschäftsanteilbuch der Maschinenbezugsgenossenschaft von 1905 ist Alfred Fanzoi als Nummer 37 vermerkt[643]. Das Gewerbe wurde am 6. Februar 1929 gelöscht[644].

Mit Eintrittsdatum 7.3.1929 trat mit Josef Fanzoi, wohnhaft in Unterferlach Nr. 13, der Sohn des Alfred der Genossenschaft bei[645]. Er hatte wie sein Bruder Maximilian das Büchsenmacherhandwerk erlernt. Während Maximilian nach 1938 nach Steyr verzog und 1984 in Linz verstarb[646], verblieb Josef in Unterferlach und setzte die Tradition fort, die mit seinem Großvater Eduard begonnen hatte. Nach dem Zweiten Weltkrieg erhielten die Waffen von Josef Fanzoi die Beschussnummer 48 zugeteilt (Abb. 122). Da sein Sohn Richard, ebenfalls Büchsenmachermeister, 1965 mit nur 31 Jahren verstarb[647], ist diese in Unterferlach beheimatet gewesene Fanzoi-Linie heute nicht mehr im Gewerbe aktiv. Josef Fanzoi verstarb 1971.

Abb. 120: ***Annonce Alfred Fanzoi, 1904***
(Archiv Koschat)

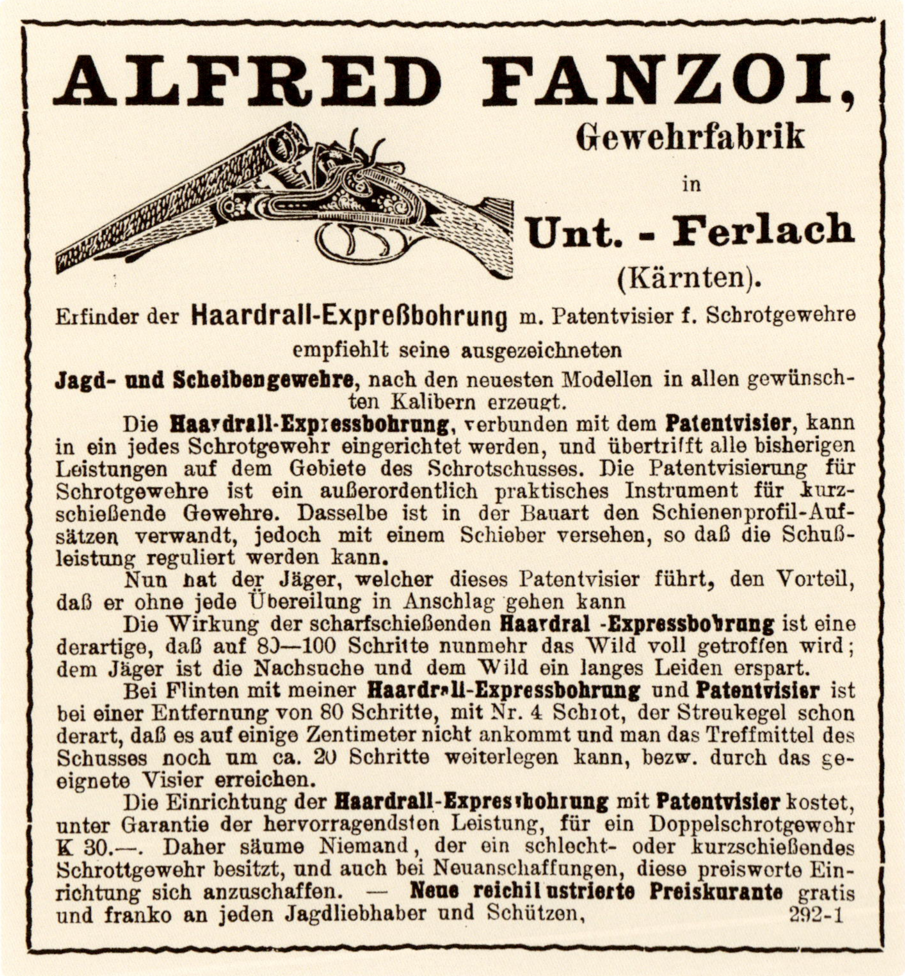

Seitenlinien und weitere Büchsenmacher Fanzoi

Eine der frühesten bekannten Episoden eines Büchsenmachers Fanzoi erzählt von einem Josef Fanzoi. Die folgende Episode liegt über 200 Jahre zurück und hat damit für die Qualität der Ferlacher Waffen und insbesondere der Waffen aus dem Hause Fanzoj keinerlei Aussagekraft. Sie ist ein Teil der Geschichte der Ferlacher Waffenproduktion. Und wie stets bleibt zu bedenken, dass sich Konflikte und Misslingen in den Quellen meist stärker niederschlagen als das reibungslose Funktionieren.

Als 16-jähriger Schlossergeselle war Josef Fanzoi im Dienst der Büchsenmacherwitwe Zeppitz gestanden. Er hatte im April 1800 in das Militärdepot Görtschach etliche unsachgemäß gefertigte Schlösser eingeliefert, worauf ihn der Depotkommandant Zwerenz in die Hollenburg in den Arrest bringen ließ. Künftig sollte er bei Jakob Hoinig arbeiten. Der junge Geselle Josef verteidigte sich mit seiner Jugend und Schwäche, er könnte daher keine bessere Arbeit liefern. Sein Vater, J. N. Fanzoi, der 40 fl Lehrgeld bei der Witwe Zeppitz geleistet hatte, wollte von einem neuen Meister nichts wissen. Josef Fanzoi scheint bei der Witwe Zeppitz geblieben zu sein, sein bei Wasser und Brot verbüßter Arrest wurde ihm als ausreichende Strafe für seine mangelhafte Arbeit angerechnet. Diese Episode ist insofern von Interesse, da bei der Verhandlung zunächst geklärt werden musste, ob der für das Militärdepot in Görtschach arbeitende Geselle Josef Fanzoi der Militär- oder der politischen Gerichtsbarkeit unterstünde, was das zuständige Kreisamt mit Letzterem festlegte[648].

Wenn man in dem nur mit abgekürzten Vornamen genannten Vater des Josef Fanzoi den Pfleger Johann Fanzoi erkennt, so ist der glücklose Büchsenmachergeselle Josef Fanzoi der Bruder des Anton

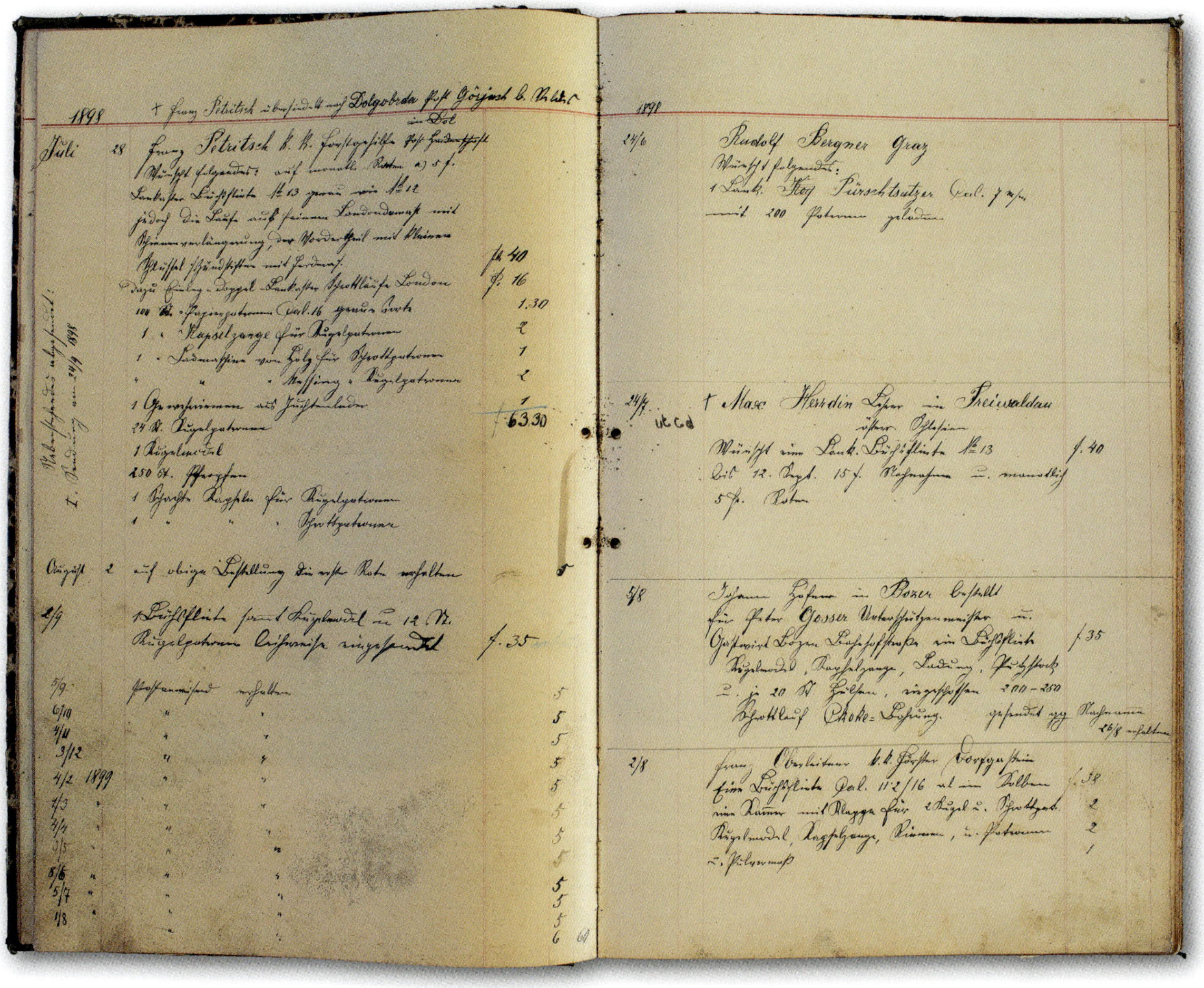

Abb. 121: Waffenlieferbuch der Firma Eduard und Alfred Fanzoi, 1887–1902 *(Büchsenmachermuseum Ferlach, Foto: Peter Just)*

Fanzoi, dem Begründer der Linie der heute noch aktiven Büchsenmacher Fanzoj in Ferlach, gewesen. Zeitlich passen die Daten jedenfalls gut zusammen.

Zum zweiten Mal erscheint ein Joseph Fanzoy in einem 1840 erstellten Verzeichnis über die von den Meistern entrichteten Abgaben. Unter den 307 gelisteten Meistern ist Joseph Fanzoy unter der Nummer 43 zu finden[649]. Wohnhaft war er in Dobrowa, die jährliche Gebühr von 30 fl hatte er bezahlt. 1856 unterschrieb er den bereits genannten Appell zur Verbesserung der schlechten Lage der Ferlacher Büchsenmacher[650]. 1862 wurde ein Josef Fanzoi zum Vorsteher der Beschlägemacher gewählt[651].

1856 bis 1860 lernte ein Thomas Fanzoy bei seinem Vater Josef Fanzoy das Büchsenmacherhandwerk[652]. Dieser Josef Fanzoi war vermutlich der 1811 als Sohn des Anton Fanzoi I. geborene Bruder von Johann Fanzoi (I., *1826). Johann Fanzoi (I.) hatte außer seinem Sohn Johann (II., * 1867–1961), der die Linie der heute noch existenten Büchsenmacher Fanzoj fortsetzte, noch die Söhne Anton (1860–1908) und Vinzenz (*1864), die ebenfalls Büchsenmacher wurden.

Abb. 122: Annonce Josef Fanzoi, 1953 *(aus: 75 Jahre Fachschule für Handfeuerwaffen Ferlach)*

Anton Fanzoj wurde am 22.4.1860 geboren[653]. Er war als Garniturarbeiter und Beschlägemacher in Ferlach tätig[654]. 1905 war er unter den 37 Mitgliedern der Maschinenbezugsgenossenschaft (Nr. 3)[655]. Im Grundbuch der Genossenschaft ist er unter Nr. 66 eingetragen. Als Gewerbe wird hier die Erzeugung von Eisenbestandteilen für Gewehre angegeben. 1908 verstarb Anton Fanzoi[656].

Vinzenz Fanzoi (*1864) wurde 1889 zugleich aufgedungen und freigesprochen, wofür er die Gebühr von 6 fl erlegte[657]. Am 13.1.1906 war er der Genossenschaft beigetreten (Nr. 128), tätig war er als Garniturarbeiter in Ferlach. Das Gewerbe legte er aber in den Jahren des Ersten Weltkriegs zurück[658]. Am 27.9.1921 trat Vinzenz Fanzoi, wohnhaft in Ferlach 188, wieder der Genossenschaft bei. Allerdings gab er acht Jahre später, 1929, das Gewerbe – diesmal endgültig – auf[659].

Neben diesen Seitenlinien der Ferlacher Fanzoj ist noch ein weitere Büchsenmacher Fanzoi aus der Unterferlacher Linie zu nennen. Josef Fanzoi (*29.11.1865) war Basküleur in Unterferlach[660], Sohn des bereits genannten Eduard Fanzoi und jüngerer Bruder von Alfred Fanzoi[661]. Der 1865 geborene Josef Fanzoi war um 1890 Gehilfe in Ferlach. Er erscheint nicht in dem um 1900 angelegten Verzeichnis der Genossenschaftsmitglieder[662]. 1930 waren laut Protokoll zwei Josef Fanzoi, beide als Heimarbeiter bezeichnet, als Ersatzmänner in den Vorstand der Maschinenbezugsgenossenschaft gewählt worden[663]. Hier waren wahrscheinlich Onkel und Neffe aktiv.

Schließlich lassen sich noch weitere Büchsenmacher Fanzoi feststellen, für die keine nachweisbare Verbindung zu den genannten zwei Linien besteht. Der gelernte Schlossmacherr Marcellus Fanzoi, geboren am 25.2.1866 und wohnhaft in Dobrowa[664], war als junger Meister in den 1887 und 1890 errichteten Maschinenhäusern tätig. Sein Lehrherr war der bereits genannte Adolf Kawan gewesen, der ihn 1886 freigesprochen hatte[665]. Der neuen Zeit, die mit der Gründung der Genossenschaft und der Einführung der maschinellen Produktion in Ferlach eingezogen war, entsprach auch das soziale Engagement des Marcellus Fanzoi. So war er 1892 unter den rund 80 Unterzeichnern einer Petition, die die Errichtung eines Consum-Vereins in Ferlach forderte[666]. Er stellte sich auch an die Spitze jener, die 1892 eine Reduktion der Arbeitszeit in den Maschinenhäusern verlangten[667]. Als 1893 für die Aufseher der Maschinenhäuser eine Gewinnbeteiligung von 2 % beschlossen wurde, war auch Marcellus unter den Nutznießern[668]. Die wirtschaftliche Lage der genossenschaftlichen Maschinenhäuser war aber gerade in den Jahren 1893 und 1894 wieder deutlich angespannt, weshalb 1894 auch Direktor Franz Pleschberger seinen Posten für Philipp Poschinger räumen musste[669]. In der Folge unternahm Poschinger zwecks Auftragslukrierung Reisen nach Wien und Budapest. Aber auch der Aufseher Marcellus Fanzoi wurde 1895 nach Triest geschickt und brachte eine Bestellung über 80 Vorderlader nach Ferlach zurück[670].

Mit dem 1852 geborenen und um 1890 auswärts beim Militär als Büchsenmacher tätigen Heinrich Fanzoi[671] und mit Felix Fanzoi[672], aus St. Margareten gebürtig und 1907 von Josef Oraš aufgedungen, kennen wir noch die Namen zweier weiterer Fanzoi-Büchsenmacher[673]. Die Familie Fanzoj kann mit ihren zahlreichen Meistern auf über 200 Jahre Tradition im Büchsenmacherhandwerk zurückblicken.

Liste der Büchsenmacher nach Johann Fanzoi

(**fett:** direkte Vorfahren der heutigen Büchsenmacher Fanzoj)

Name	Geboren	Gestorben	Bezeugt	Gewerbe	Wohnort
Johann Fanzoi	1758	1820	–	Pfleger	Neumarktl
Josef Fanzoi (Sohn des Johann)	1782	–	1800	Schlossmacher	–
Anton Fanzoi (I.) (Sohn des Johann)	1786	1850	–	Garniturarbeiter & Beschlägemacher	Dobrowa 10
Joseph Fanzoi (Sohn des Anton I.)	1811	1880	1840–1862	Beschlägemacher	Dobrowa
Anton Fanzoi (II.) (Sohn des Anton I.)	1817	–	1853	–	–
Johann Fanzoi (I.) „Hansa-Onkl" Sohn des Anton I.)	19.5.1826	4.11.1906	–	Garniturarbeiter	Ferlach, Dobrowa 10
Thomas Fanzoy (Sohn von Josef Fanzoi)	–	–	1856–1860 (Lehre)	Büchsenmacher	–
Anton Fanzoi (III.) Sohn des Johann I.)	22.4.1860	–	1908	Garniturarbeiter & Beschlägemacher	Ferlach
Vinzenz Fanzoi (Sohn des Johann I.)	22.1.1864	–	1889 (aufgedungen & freigesprochen), 1921–1929 (Gewerbe zurückgelegt)	Garniturerzeuger	Ferlach 188
Johann Fanzoi (II.) (Sohn des Johann I.)	31.8.1867	21.5.1961	–	Garniturarbeiter, Büchsenmachermeister	Ferlach
Johann Fanzoj (III.) (Sohn des Johann II.)	13.1.1895	14.4.1965	–	–	Ferlach, Griesgasse 1
Johann Fanzoj (IV.) (Sohn des Johann III.)	6.8.1932	–	–	–	Ferlach, Griesgasse 1–3
Patrick Fanzoj (Sohn des Johann Fanzoj IV.)	1983	–	–	–	Ferlach, Griesgasse 1–3

Liste der Unterferlacher Büchsenmacher Fanzoi

Name	Geboren	Gestorben	Bezeugt	Gewerbe	Wohnort
Eduard Fanzoi	1825	1891	–	–	Unterferlach
Alfred Fanzoi (Sohn des Eduard Fanzoi)	1861	1936	–	Basküleur	Unterferlach Nr. 30
Josef Fanzoi (Sohn des Eduard Fanzoi)	29.11.1865	–	–	–	Unterferlach
Josef Fanzoi (Sohn des Alfred Fanzoi)	1894	1971	–	–	Unterferlach Nr. 13
Richard Fanzoi (Sohn des Josef Fanzoi)	1934	1965	–	–	Unterferlach

Liste weiterer Büchsenmacher Fanzoi

Name	Geboren	Gestorben	Bezeugt	Gewerbe	Wohnort
Heinrich Fanzoi	1852	–	–	–	beim Militär
J. Jakob Fanzoi	–	–	1850	–	–
Marcellus Fanzoi	25.2.1866	–	–	Schlossmacher	Dobrowa
Felix Fanzoi	1893	1973	1907 (aufgedungen)	–	St. Margareten

Hambrusch

Gegründet: **1752**
Beschussnummer: **22**

1752 ist Gregor Hambrusch (1717–1799) bei der ersten Zunftversammlung nach der neuen Handwerksordnung dabei. Ursprünglich waren die Hambrusch in Gabl an der Primitschkeusche zu Hause. Am Anfang des 19. Jahrhunderts waren die drei Brüder Joseph (1780–1851), Gregor (1788–1871) und Johann (1790–1864) als Büchsenmacher in Ferlach tätig. Johann Hambrusch ist der direkte Vorfahre der jetzigen Büchsenmacherfamilie Hambrusch. 1891 kaufte Josef Hambrusch (IV.) das Anwesen in der Gartengasse. Heute ist mit Peter Hambrusch die achte Generation Büchsenmacher Hambrusch tätig.

Adresse: Hambrusch Jagdwaffen G.m.b.H., Gartengasse 4, 9170 Ferlach
www.ferlachguns.com

„Hambrusch Hunting Weapons" seit 1752 – die Büchsenmacher Hambrusch

In der Ferlacher Gartengasse ist seit mehr als 100 Jahren der Sitz der Büchsenmacherfamilie Hambrusch. In der Werkstatt sind heute neun Arbeiter, darunter drei Graveure, damit beschäftigt, die 20 bis 25 Waffen pro Jahr herzustellen (Abb. 123). Die verfolgbare Geschichte der Familie Hambrusch als Ferlacher Büchsenmacher reicht bis in die Mitte des 18. Jahrhunderts zurück. Schon bei der ersten Zunftversammlung nach der neuen, von Kaiserin Maria Theresia bestätigten Handwerksordnung am 24. April 1752 war mit Gregor Hambrusch ein Mann aus dieser Familie dabei. Die Büchsenmacher Hambrusch können auf eine lange Tradition zurückblicken[674].

Abb. 123: Jagdwaffen Hambrusch in Ferlach
(Foto: R. Jernej)

Büchsenmacher seit 1752: die ersten Büchsenmacher Hambrusch in Gabl

Der erste urkundlich bekannte Büchsenmacher Hambrusch ist Valentin Hambrusch. In einem 1747 erstellten Verzeichnis aller Rohrschmiede, Büchsenschifter, Zeug- und Ausmacher in der Herrschaft Hollenburg ist Valentin Hambrusch als Zeugmachermeister zusammen mit seinem Lehrjungen Waldhauser vermerkt[675]. Valentin war, wie es in dieser Zeit für Meister verpflichtend war, verheiratet und sesshaft[676]. In welchem verwandtschaftlichen Verhältnis Valentin zu den nachfolgenden Büchsenmachern Hambrusch stand, lässt sich nicht feststellen.

Am 24. April 1752 war Gregor Hambrusch zusammen mit 232 weiteren Meistern als Zeugmacher bei der ersten Versammlung nach der neuen Handwerksordnung dabei. Seit 1743 war die Primitsch-Keusche Sitz der Familie Hambrusch. In diesem Jahr hatte ein Georg (wohl verschrieben für Gregor) Hambrusch die Keusche verehrt (verliehen) bekommen. Schon der Vorbesitzer der Primitsch-Keusche, Primus Jeraunig war als „Primikh an der Gabl" ein Büchsenmacher. Er hatte die Keusche seit 1704 besessen[677]. Gregor übernahm mit der Primitsch-Keusche die Werkstatt des Büchsenmachers Jeraunig. 1759 kaufte Gregor die Keusche von der Grundobrigkeit Barbara von Stockerhaim. Sie wurde ihm 1769 nochmals im Namen der Grundherrschaft Dietrichstein verliehen und bestätigt[678]. Gregor verstarb 1799 mit 82 Jahren als Auszügler an der Primitschkeusche[679]. Gregor (Georg) war der Vater von Joseph Hambrusch.

Joseph war Rohrverschrauber und lebte mit seiner Familie in der Primitschkeusche in Gabl Nr. 20[680]. Mit seiner Frau Maria, einer geborenen Lederwaschin, hatte er drei Söhne: Joseph (*1780), Gregor (*1788) und Johann (*1790). Wie die anderen Meister in dieser Zeit war er vor allem mit Aerialarbeit, Arbeiten für das Militär, beschäftigt. 1781 unterschrieb er eine Klage von Meistern, die sich gegen die Oberaufsicht über die Zunft durch das Oberstbergmeisteramt wandte[681]. 1791 war Valentin Poschinger bei ihm als Lehrjunge tätig[682]. Als Zeugmacher sollte er 12 Stutzen in drei Monaten abliefern[683]. 1793 war er unter jenen Meistern zu finden, die keine Aerialarbeit mehr machen wollten[684]. Im Jahr 1795 hatte er 24 kr Schulden bei der Büchsenmacherlade[685]. Als er 1796 verstarb, waren seine drei Söhne, die später ebenfalls als Zeugmacher das Büchsenmacherhandwerk erlernten, noch minderjährig. Die Vormundschaft übernahm der Zunftvorsteher Joseph Just[686]. Seinen drei Söhnen hinterließ er eine eingerichtete Werkstatt: vier Schraubstöcke, Schneideeisen, eine Sägemaschine, Feilen, Bohrer, Schnellwaage und andere Werkezuge gehörten ebenso dazu wie eine Sanduhr, Stuhl, Kasten und Tisch[687].

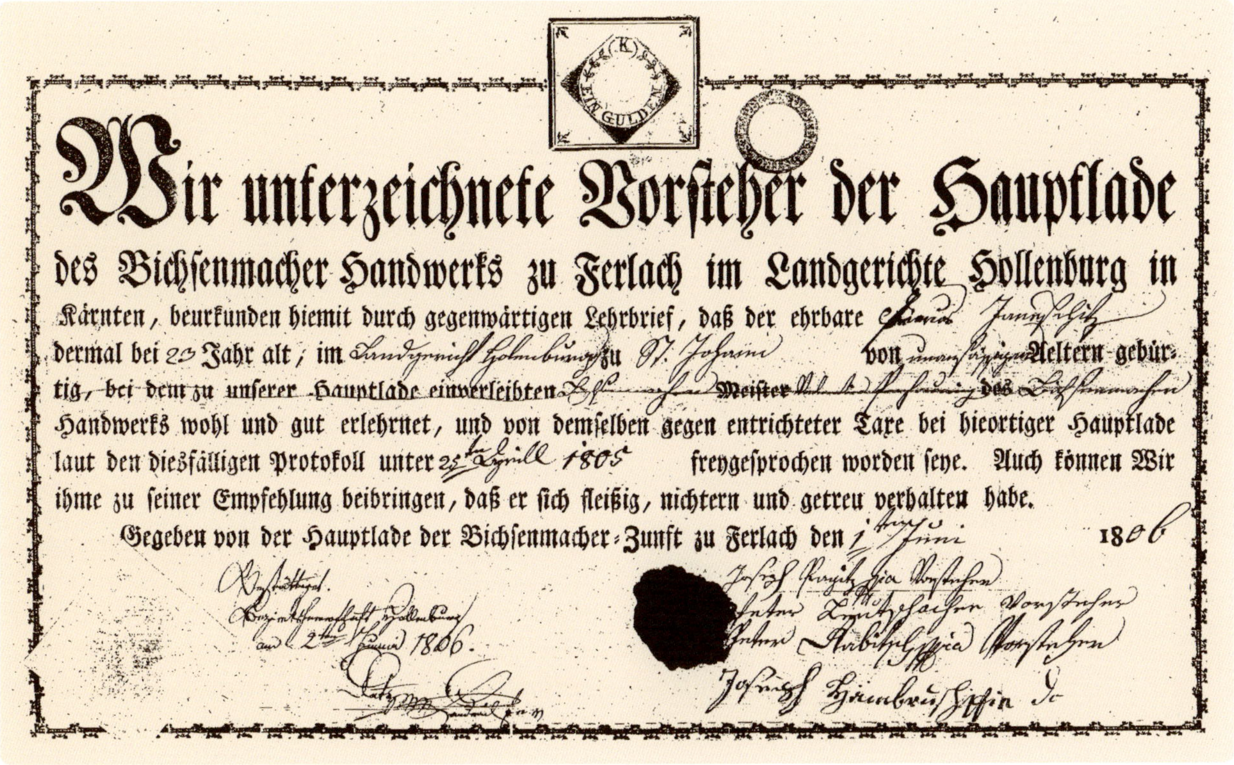
Wir unterzeichnete Vorsteher der Hauptlade des Bichsenmacher-Handwerks zu Ferlach im Landgerichte Hollenburg in Kärnten, beurkunden hiemit durch gegenwärtigen Lehrbrief, daß der ehrbare [illegible] dermal bei 20 Jahr alt, im [illegible] zu St. Johann von [illegible] Aeltern gebürtig, bei dem zu unserer Hauptlade einverleibten [illegible] Meister [illegible] das [illegible] Handwerks wohl und gut erlehrnet, und von demselben gegen entrichteter Taxe bei hieortiger Hauptlade laut den dießfälligen Protokoll unter 25 April 1805 freygesprochen worden seye. Auch können Wir ihme zu seiner Empfehlung beibringen, daß er sich fleißig, nichtern und getreu verhalten habe.

Gegeben von der Hauptlade der Bichsenmacher-Zunft zu Ferlach den 1 Juni 1806

Abb. 124: Lehrbrief für Primus Janeschitz mit der Unterschrift des Zunftvorstehers Joseph Hambrusch, 1806
(Kärntner Landesarchiv)

Die drei Brüder Hambrusch: Joseph (1780–1851), Gregor (1788–1871) und Johann (1790–1864)

Der älteste Sohn Joseph war beim Tod des Vaters 16 Jahre alt. Als ältester Sohn übernahm er die Primitsch-Keusche in Gabl. 1804 wird Joseph mit 24 Jahren Meister. Er entrichtete die Gebühr für Jungmeister, die 12 kr betrug. Nach dem ersten Jahr waren jährlich 24 kr an die Zunft zu zahlen[688]. Bereits in jungen Jahren war Joseph Hambrusch 1806 und 1807 Zunftvorsteher[689]. Zu seinen Aufgaben zählte damit auch das Ausstellen von Lehrbriefen. 1806 unterschrieb er gemeinsam mit den anderen Vorstehern den Lehrbrief für Primus Janeschitz (Abb. 124). Bei der Wahl der Zechmeister für die Beschläge-, Rohrausmacher und Rohrschrauber im Dezember 1807 erhielt er keine Stimme mehr[690].

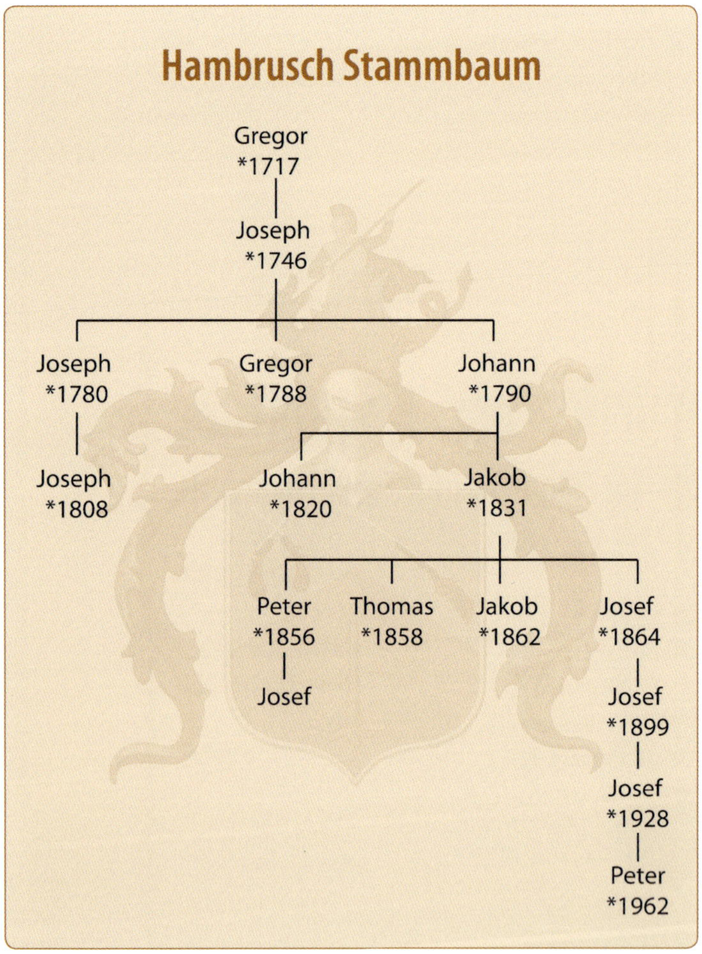

Abb. 125: Stammbaum der Familie Hambrusch *(Grafik: R. Jernej)*

In dieser Zeit der napoleonischen Kriege wurden in Ferlach bis zu 40.000 Stück Gewehre jährlich hergestellt[691]. Das System der Lieferanten brachte es mit sich, dass rund 30 Meister jeweils für einen Lieferanten produzierten. Die größten Lieferanten in dieser Zeit waren Johann Schaschl und Joseph Just[692]. Dabei kam es wiederholt zu Konflikten zwischen den Lieferanten und den einzelnen Meistern, die ihre Ware oft lieber selbst und gewinnbringender verkauften. Die Zunftvorsteher mussten die Interessen der Lieferanten und der einzelnen Meister vertreten, was in dieser Zeit für ausreichend Konflikte sorgte.

1805 heiratete Joseph Hambrusch Maria, die Tochter des Büchsenmachers Thomas Just[693]. Mit ihr hatte er einen Sohn und vier Töchter. Seine Brüder Johann und Gregor waren 1816 noch ledig. Im Gegensatz zu ihrem älteren Bruder hatten sie auch keinen Ansitz, der Voraussetzung für die Heirat war. Während der Jüngste, Johann, bei seinem Bruder Joseph in Gabl an der Primitsch-Keusche verblieb, suchte sich Gregor noch 1819 eine neue Bleibe in Oberferlach[694]. Beide hatten wie ihr Bruder das Zeug- und Beschlägemacher-Handwerk erlernt. Zur Unterscheidung der drei Hambrusch-Brüder sind die Vulgonamen Primtisch (Joseph)[695], Grege (Gregor)[696] und Hamschi (Johann)[697] überliefert. Sie erschienen auch wiederholt in diversen Verzeichnissen und Ausweisen über die Büchsenmacher, so 1819 und 1821[698].

Die drei Brüder arbeiteten in den 1830er-Jahren weiterhin als Zeug- und Beschlägemacher für Aerialwaffen und produzierten für den Lieferanten Valentin Schaschl[699]. 1833 unterschrieben sie eine Petition, dass die Aerialarbeit nicht in sechs, sondern in zwölf Monaten gemacht werden sollte[700].

Die Lage der Ferlacher Büchsenmacher war zu dieser Zeit sehr prekär. Insgesamt wurden nur mehr 2.600 Stück im Jahr vom Militär abgenommen[701]. Um das Überleben zu sichern, mussten sich die Meister nach anderen Abnehmern umsehen. Die Arbeiten für das Militär waren keine lukrative Einnahmequelle mehr. Dazu kam noch, dass die Lieferanten Preis und Menge diktieren wollten.

Vater Jakob (1831–1887) und Sohn Josef (1864–1939)

1840 sind in einem Verzeichnis der Büchsenmachermeister in Ferlach unter den insgesamt 307 Namen vier Hambrusch zu finden. Mit Josef Hambrusch (Nr. 45) in Gabl, Gregor Hambrusch in Ferlach (Nr. 83) und Johann Hambrusch in Gabl (Nr. 107) sind die drei Brüder immer noch tätig. Dazu kommt ein weiterer Joseph Hambrusch in Gabl (Nr. 113)[702]. Dieser Joseph war der 1808 geborene Sohn von Joseph und dessen Frau Maria (Abb. 125)[703].

Für die weitere Geschichte der Büchsenmacher Hambrusch entscheidend ist das Wirken von Johann, des jüngsten der drei Brüder. Er heiratete am 25. Juli 1820 Ursula Olbich[704]. Schon im April 1820 kam sein mit Maria Mayer (?, Eintrag unleserlich) außerehelich gezeugter Sohn Johann auf die Welt, den er mittels seines Kreuzzeichens anerkannte, da er, wie es im Geburtsbuch vermerkt steht, im Schreiben unkundig war[705]. Mit seiner Frau Ursula hatte er den 1831 geborenen Sohn Jakob Hambrusch[706]. Beide Söhne wurden Büchsenmacher. Johann wurde 1839 freigesprochen[707]. Er verstarb 1855 an Typhus. Im Sterbebuch wird der Tod des Büchsenmachergesellen „Johan Hamrusch" vermerkt, sein Alter wird hier mit 32 Jahre angegeben[708]. Im Jahr 1855 wüteten Typhus und Cholera in Ferlach. Im Zeitraum von August bis Oktober 1855 verstarben über 70 Personen in der Pfarre Ferlach an Cholera und Typhus.

Der 1831 geborene Sohn Jakob Hambrusch erlernte ebenfalls das Büchsenmacherhandwerk. 1856 hatte er zusammen mit der Magd und Müllerstocher Anna Widder den 1856 unehelich geborenen Sohn Peter, den er laut Geburtsbuch als seinen Sohn anerkannte[709]. Den zweiten Sohn Thomas bekommt das immer noch unverheiratete Paar 1858[710]. Sohn Jakob wird 1862, Sohn Josef 1864 geboren[711]. Auch als der fünfte Sohn Johann 1867 geboren wurde, war das Paar immer noch nicht verheiratet. Johann verstarb jedoch im Alter von einem Monat[712].

Der Büchsenmachermeister Jakob Hambrusch bildete alle seine Söhne zu Büchsenmachern aus. Zwischen 1871 und 1880 lernten seine drei Söhne Peter, Jakob und Josef das Handwerk des Beschlägemachens[713]. Der vierte Sohn Thomas (*1858) war um 1890 auswärts beim Militär, über seine Lehrzeit ist nichts weiter bekannt[714]. Wie sein Bruder Thomas war auch Jakob beim Militär tätig. Beide hatten um ca. 1892 Ferlach verlassen[715]. Sie dürften nicht mehr nach Ferlach zurückgekehrt sein. Ihre Brüder Peter und vor allem Josef waren unter den Ferlacher Büchsenmachern weiterhin aktiv.

Da Josef 1885 bei der Gründung der Genossenschaft noch nicht Meister war, findet sich auf der Einladungsliste der Name seines Vaters Jakob[716]. Nachdem er 1888 Meister geworden war[717], ist Josef in der Genossenschaft sehr aktiv. Ab spätestens 1889 war er Ausschussmitglied der Genossenschaft. Er verblieb im Ausschuss sowohl unter dem Vorsteher Josef Just (1889) als auch in der wenig glücklichen

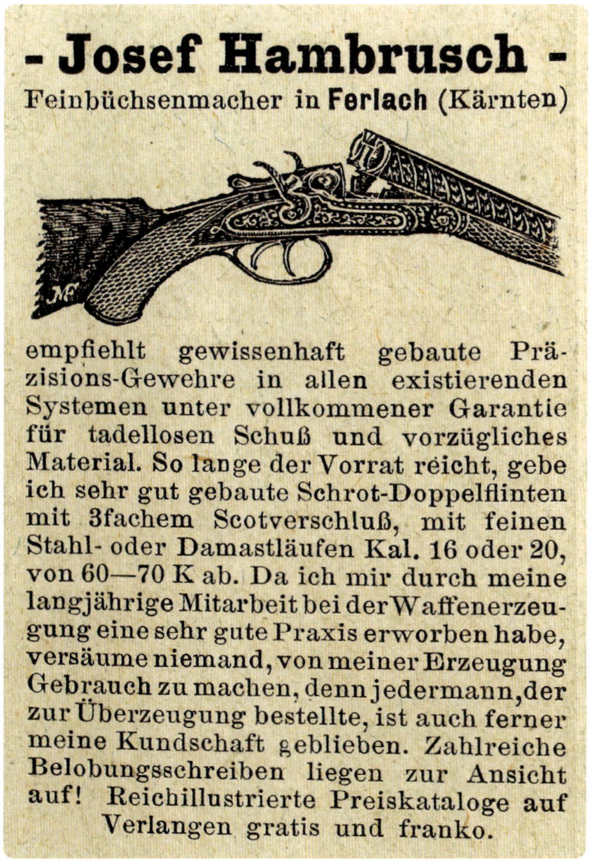

Abb. 126: Annonce Josef Hambrusch, um 1910
(Archiv Hambrusch)

Abb. 127: ***Annonce Peter Hambrusch, Steyr, um 1930***
(Archiv Hambrusch)

Abb. 128: ***Josef Hambrusch als junger Büchsenmacher, ca. 1920***
(Tuschar 1996, 220)

Ära von Anton Mischitz (1891)[718]. Auch bei den Sitzungen der Altersversorgungskassa der Büchsenmacher war er anwesend[719].

Während Peter sein Handwerk nur in bescheidenem Maß ausübte – von ihm sind als Meister zwischen 1902 und 1908 lediglich zwei Aufdingungen bzw. Freisprechungen bekannt, wovon eine seinen Sohn Josef betraf[720] – war Josef Hambrusch zwischen 1900 und 1908 gleich für acht Lehrlinge Meister und Lehrherr[721]. 1891 verließ er die alte Primitsch-Keusche in Gabl und kaufte das Anwesen Wunder in der späteren Gartengasse. Im Grundbuch der Genossenschaft wird sein Eintrittsdatum mit 20.11.1895 angegeben[722]. 1897 war er neben Josef Poschinger einer der zwei Genossenschafts-Beiräte für die Maschinenhäuser, die zusammen mit dem Direktor die Geschicke der Maschinenhäuser zu lenken hatten; auch in das Schiedsgericht war er gewählt worden[723]. Als 1905 die Maschinenbezugs-Genossenschaft gegründet wurde, war er unter den Gründungsmitgliedern[724]. Später wurde er auch deren Obmann[725]. Josef Hambrusch stand den modernen Zeiten offen und aufgeschlossen gegenüber (Abb. 126). 1912 wurde er hinter Johann Schaschl-Outschar zum stellvertretenden Obmann der Genossenschaft gewählt[726]. Kurz vor Kriegsausbruch 1914, in den turbulenten Julitagen, legten die beiden ihre Ämter zurück[727]. Nach dem Krieg ist Josef Hambrusch 1920 im Aufsichtsrat der Genossenschafts-Maschinenhäuser[728] und als Gemeinderat 1919 in der Stadtverwaltung unter Bürgermeister Johann Schaschl-Outschar tätig[729]. 1939 verstarb er[730].

Das 20. Jahrhundert: Vater Josef (1899–1945) und Sohn Josef (1928–2017)

Als 1899 der Sohn von Josef und Maria, einer geborenen Juch aus der Unterferlacher Zeugschmiedefamilie, zur Welt kam, erhielt er wie sein Vater den Namen Josef[731]. Insgesamt waren es sieben Geschwister, von denen einer wie sein Onkel Peter genannt wurde und als Büchsenmacher nach Steyr ging (Abb. 127)[732]. Josef Hambrusch (*1899) erlernte ebenfalls das Büchsenmacherhandwerk

(Abb. 128). Sein Sohn Josef wurde 1928 geboren. In den 1930er-Jahren waren drei Generationen Josef Hambrusch im Haus (Abb. 129). 1939 wurde Josef Hambrusch nationalsozialistischer Bürgermeister von Ferlach. Nach den schwierigen 1930er-Jahren brachte der Anschluss an das Deutsche Reich für die Ferlacher Büchsenmacher einen Aufschwung, nahmen doch nun deutsche Großhändler die Produkte ab[733]. Als Bürgermeister von Ferlach war Josef Hambrusch auch mit den Umsiedlungsaktionen befasst, die die Büchsenmacherwitwe Rosa Winkler und den Büchsenmacher Sebastian Borvonik betrafen, die als „Staatsfeinde“ ausgesiedelt wurden[734]. Am 13. Mai 1945 wurde Josef Hambrusch in Klagenfurt von Partisanen verschleppt und kehrte nicht mehr zurück[735]. Das Vermögen der Familie Hambrusch wurde beschlagnahmt, Verwalter wurde Franz Schmied, der als Partisan am Singerberg agiert hatte[736].

Seit 1945 werden die Waffen aus dem Haus Hambrusch mit der Nummer 22 gekennzeichnet. Der junge, ebenfalls Josef genannte Sohn (1928–2017)[737], der 1940 als „Pimpf“ (Hitlerjunge) am Söller der Hollenburg dem Reichsjägermeister Hermann Göring eine Flinte überreicht hatte, übernahm dann den Betrieb. Zusammen mit seiner Frau Hannelore, die sich wie so viele Frauen der Ferlacher Büchsenmacher um die kaufmännischen Angelegenheiten kümmerte, setzte er den Betrieb fort. Dabei war das Ferlach der Nachkriegszeit nicht unbedingt eine Wunschdestination für junge Frauen. In der Erinnerung stellt sich das dann für eine aus Feldkirchen eingeheiratete Frau so dar, dass man aus einer Kleinstadt in die Provinz kam: Plumpsklo, kein elektrisches Licht und Arbeiter, die am Montag ihrer Tradition entsprechend nicht arbeiteten. Umso bewundernswerter ist das, was Josef und Hannelore Hambrusch geschaffen haben

Abb. 129: Die Büchsenmacher Hambrusch, um 1935
(Tuschar 1996, 223)

Abb. 130: Hambrusch Jagdwaffen, 1962
(Archiv Hambrusch)

Abb. 131: Peter Hambrusch, 2009 *(Archiv Hambrusch)*

(Abb. 130). Heute führt ihr Sohn Peter (*1962) den Betrieb. Er besuchte nicht nur die HTL und ist Büchsenmachermeister, sondern absolvierte auch mit dem Abiturientenkurs eine kaufmännische Ausbildung. Schon früh als Jugendlicher verbrachte er seine Ferien in Schottland bei dem passionierten Jäger, unerreichten Flugschützen und Wissenschafter George Macfarlane. Die erworbenen ausgezeichneten Sprachkenntnisse kommen ihm heute zugute. Peter Hambrusch hält zahlreiche Patente (Abb. 131).

In der Hochzeit der 1960- und 1970er-Jahre arbeiteten 15 Büchsenmacher bei Hambrusch und fertigten um die 100 Gewehre im Jahr an. Gearbeitet wurde im Stückakkord, d. h. die Bezahlung erfolgte nach Stückzahl. Um das Einkommen zu erhöhen, achteten manche Arbeiter mehr auf Geschwindigkeit denn auf Qualität. Auch konnte sich der Meister nicht darauf verlassen, dass die Arbeiter zur Arbeit erschienen. Oft waren sie lieber beim Kersche im Gasthaus, wie Josef Hambrusch zu erzählen wusste. Eine termingerechte Erledigung von Aufträgen ist unter solchen Bedingungen schwer möglich. Heute schaffen neun Arbeiter 20 bis 25 Stück im Jahr (Abb. 132–135), wobei das System Stückakkord und Heimarbeiter endgültig der Vergangenheit angehört. Unter den gefertigten Waffen sind auch Sonderstücke mit vergoldetem Lauf oder Drillinge mit 19 mm Durchmesser und einem Gewicht von 10 kg.

Eine besonders schöne Geschichte rankt sich um eine Waffe aus dem Hause Hambrusch: um den Gagern-Drilling. Friedrich von Gagern (1882–1947) ist heute ein vor allem passionierten Jagdfreunden bekannter Jagd- und Naturschriftsteller. Er wurde in Mokritz (Mokrice/Slowenien) als Sohn des Heinrich Freiherrn von Gagern geboren. Sein Geburtsort, das Familienschloss, ist heute ein Hotel. Nach seinem Studium war er Redakteur bei einer Jagdzeitung, Reise- und Romanschriftsteller. Er bereiste Afrika und Amerika und verarbeitete seine Eindrücke in seinerzeit weit gelesenen Romanen. Er gilt als der Jägerdichter schlechthin. Ab 1927 wohnte er in St. Leonhard am Forst, südlich von Melk. Dort ist er auch am Friedhof begraben[738].

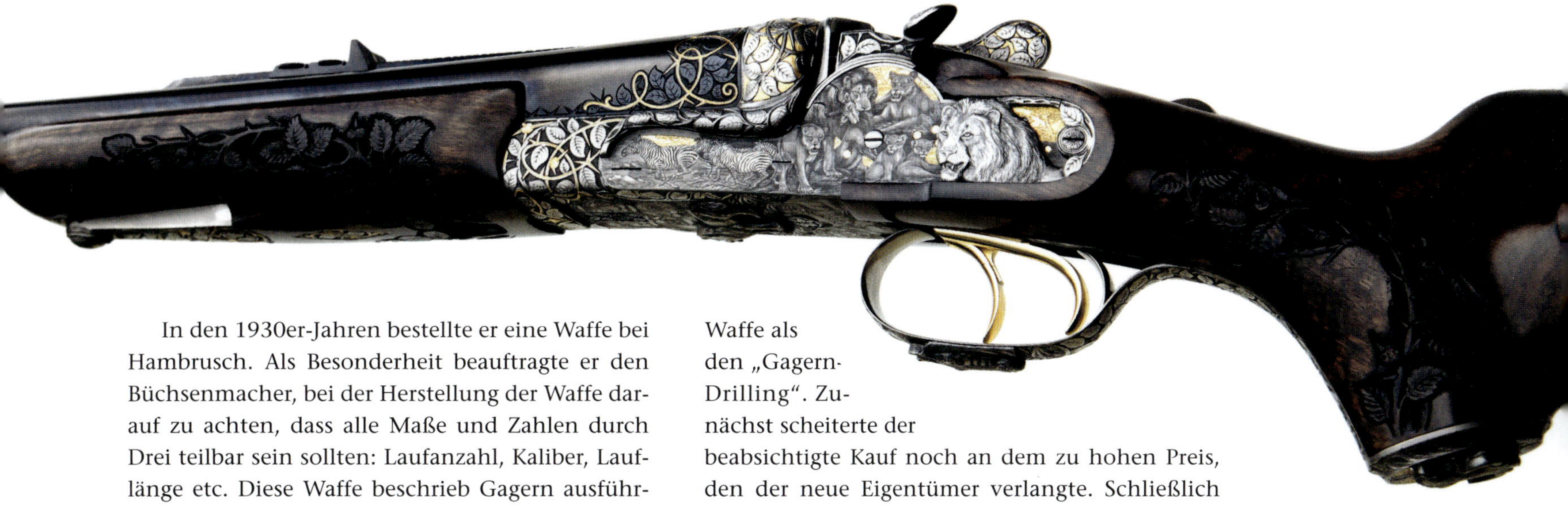

In den 1930er-Jahren bestellte er eine Waffe bei Hambrusch. Als Besonderheit beauftragte er den Büchsenmacher, bei der Herstellung der Waffe darauf zu achten, dass alle Maße und Zahlen durch Drei teilbar sein sollten: Laufanzahl, Kaliber, Lauflänge etc. Diese Waffe beschrieb Gagern ausführlich in einem Brief an seinen Freund Bartsch[739]. Nach dem Krieg wandte sich der neue Eigentümer der Waffe an Josef Hambrusch mit der Bitte, die Waffe, die sich in einem sehr schlechten Zustand befand, zu restaurieren. Aufgrund der besonderen Verhältniszahlen erkannte Josef Hambrusch die Waffe als den „Gagern-Drilling". Zunächst scheiterte der beabsichtigte Kauf noch an dem zu hohen Preis, den der neue Eigentümer verlangte. Schließlich konnte er sie nach der Restaurierung doch noch erwerben. Heute schmückt der Drilling des einst berühmten Jagdschriftstellers die Werkstatt der Büchsenmacher Hambrusch. Eine besondere Waffe, eine besondere Geschichte und Literatur haben hier zusammen gefunden.

Abb. 132 & 133:
Waffen aus dem Hause Hambrusch *(Archiv Hambrusch)*

Liste der Büchsenmacher Hambrusch

Name	Geboren	Gestorben	Bezeugt	Gewerbe	Wohnort
Valentin Hambrusch	–	–	1747	Zeugmacher	–
Gregor Hambrusch (Georg)	1717	1799	1752	Zeugmacher	Gabl, Primitsch-Keusche
Joseph Hambrusch (I.)	1746	1796	1781–1796	Rohrverschrauber	Gabl, Primitsch-Keusche
Joseph Hambrusch (II.)	1780	26.4.1851	1840	–	Gabl, Primitsch-Keusche
Gregor Hambrusch	1788	18.6.1871	1840	–	Ferlach
Johann Hambrusch	1790	6. 3.1864	–	–	Gabl
Joseph Hambrusch (III.) (Sohn des Joseph)	1808	–	1840	–	Gabl
Johann Hambrusch (Sohn des Johann)	1820	1855	–	Büchsenmachergeselle	Gabl
Jakob Hambrusch (Sohn des Johann)	11.7.1831	28.6.1887	1871–1880	Beschlägemacher	–
Peter Hambrusch (Sohn des Jakob)	3.1.1856	1918	1871 aufgedungen	Garniturarbeiter und Beschlägemacher	Ferlach
Thomas Hambrusch (Sohn des Jakob)	27.2.1858	–	–	–	Militär
Jakob Hambrusch (Sohn des Jakob)	1862	–	1884	Beschlägemacher	Militär
Josef Hambrusch (IV.) (Sohn des Jakob)	23.3.1864	1939	–	Garniturarbeiter	Ferlach 92
Josef Hambrusch (Sohn des Peter)	–	–	1902 (aufgedungen und freigesprochen)	–	–
Josef Hambrusch (V.) (Sohn des Josef IV.)	5.3.1899	1945	–	–	Ferlach, Gartengasse
Josef Hambrusch (VI.) (Sohn des Josef V.)	16.12.1928	2017	–	–	Ferlach, Gartengasse
Peter Hambrusch (Sohn des Josef VI.)	1962	–	–	–	Ferlach, Gartengasse

Abb. 134 & 135: ***Waffen aus dem Hause Hambrusch*** *(Archiv Hambrusch)*

Hauptmann

Gegründet: **älteste bekannte Waffe 1902 (Georg Hauptmann)**

Beschussnummer: **23**

Die Büchsenmacher Hauptmann sind heute in vierter Generation in Ferlach tätig. Der mündlichen Überlieferung nach war Karl Hauptmann I. der Namensgeber für den bekannten „Bergstutzen". Heute führt Gerd Hauptmann das Unternehmen in der Ferlacher Bahnhofstraße mit viel Innovationskraft.

Adresse: Karl Hauptmann GmbH, Bahnhofstr. 5, 9170 Ferlach

www.hauptmann-rifles.com

„Für die Jagd gemacht" – Karl Hauptmann Jagdwaffen

In der Ferlacher Bahnhofstraße findet man Büro und Verkaufsraum der Firma Karl Hauptmann GmbH. Heute steht Gerd Hauptmann dem Unternehmen in vierter Generation vor. Er setzt auf Innovationen und Patente, wie es auch der Familientradition entspricht[740].

Die Anfänge: Georg (1870–1942) und Karl Hauptmann (1902–1974)

Der erste Büchsenmacher aus der Familie Hauptmann war der 1870 geborene Georg. Georg Hauptmann war in St. Gandolf (Gemeinde Glanegg) als Sohn von Georg und Ursula Hauptmann, geborene Korenjak, zur Welt gekommen. Sein Vater war Hubenpächter in Nasweg in der Pfarre Tigring[741]. Georg Hauptmann war der erste der Familie, der das Büchsenmacherhandwerk erlernte. Mit 20 Jahren, um 1890, befand er sich in Steyr[742], das zu dieser Zeit mit der von Josef Werndl gegründeten Österreichischen Waffenfabriksgesellschaft Zentrum der österreichischen Waffenindustrie war. Seit 1886 wurde hier das Standardgewehr der k. u. k. Armee hergestellt. Das Mannlicher-Gewehr (benannt nach dem Erfinder Ferdinand Mannlicher) war ein Mehrladegewehr mit Tabernakelverschluss[743]. Georg Hauptmann kam über Steyr nach Ferlach. Als sein Sohn Karl 1902 zur Welt kam, war er in Gabl 44 wohnhaft, später in Dobrowa 42. In der Genossenschaft erscheint er sehr spät. Erst nach dem Ersten Weltkrieg trat er bzw. sein Sohn Karl am 16.6.1921 bei[744]. Eine Funktion übte Georg Hauptmann in der Genossenschaft nicht aus.

Sohn Karl erlernte wie sein Vater das Büchsenmacherhandwerk. Aus dem Jahr 1918 ist der Waffenpass im Familienbesitz erhalten, der dem 16-jährigen Lehrling das Tragen von Jagdgewehren, befristet auf drei Jahre, gestattete (Abb. 136). Im selben Jahr wurde auch seine Jagdkarte ausgestellt (Abb. 137). Im Grundbuch der Genossenschaft ist über dem Namen von Georg Hauptmann ein nachträglich mit rotem Buntstift darüber geschriebenes K. zu lesen, das für Karl steht. Er übernahm den Betrieb von seinem Vater.

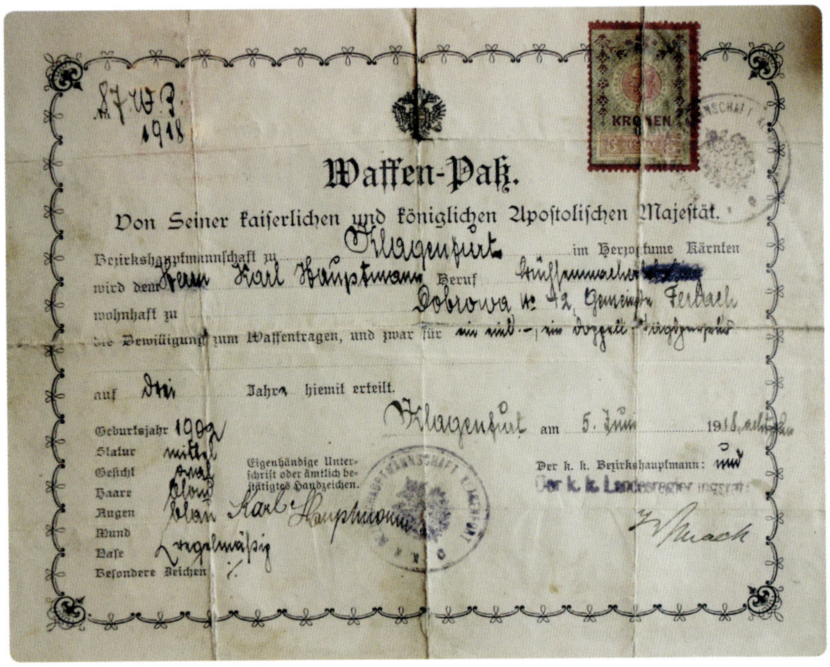
Waffen-Paß.
Von Seiner kaiserlichen und königlichen Apostolischen Majestät.
Bezirkshauptmannschaft zu Klagenfurt im Herzogtume Kärnten
wird dem Herrn Karl Hauptmann Beruf Büchsenmacherlehrling
wohnhaft zu Dobrowa № 42, Gemeinde Ferlach
die Bewilligung zum Waffentragen, und zwar für
auf drei Jahre hiemit erteilt.
Klagenfurt am 5. Juni 1918
Geburtsjahr 1902
Statur
Gesicht
Haare
Augen
Mund
Nase
Besondere Zeichen
Eigenhändige Unterschrift oder ämtlich bestätigtes Handzeichen. Karl Hauptmann
Der k. k. Bezirkshauptmann:
Der k. k. Landesregierungsrat:

Abb. 136: Waffenpass Karl Hauptmann, 1918
(Archiv Hauptmann)

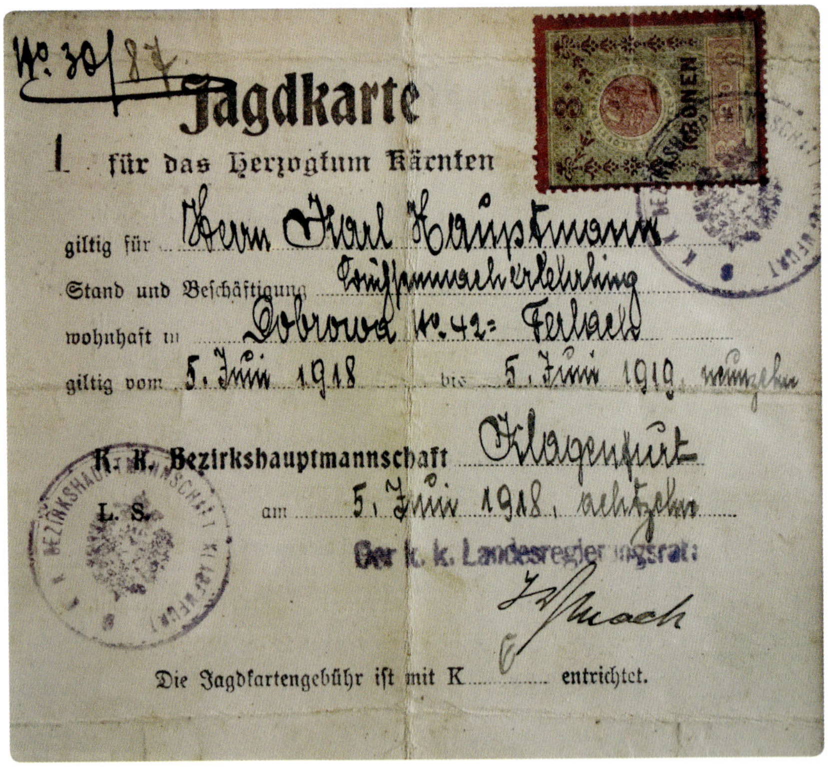
№ 30/87
Jagdkarte
I. für das Herzogtum Kärnten
giltig für Herrn Karl Hauptmann
Stand und Beschäftigung Büchsenmacherlehrling
wohnhaft in Dobrowa № 42 Ferlach
giltig vom 5. Juni 1918 bis 5. Juni 1919, neunzehn
K. K. Bezirkshauptmannschaft Klagenfurt
L. S. am 5. Juni 1918, achtzehn
Der k. k. Landesregierungsrat:
Die Jagdkartengebühr ist mit K .... entrichtet.

Abb. 137: Jagdkarte Karl Hauptmann, 1918
(Archiv Hauptmann)

Auch Karl, der Großvater des jetzigen Geschäftsführers, war von 1930 bis 1935 in der Gewehrfabrik in Steyr. 1937 heiratete er Anna Tomale in Ferlach. Nun wurden wieder Hauptmann-Waffen in Ferlach produziert. Als neues Domizil wählte man nun das Haus in der jetzigen Bahnhofstraße, das zuvor als Gasthaus und Restauration Fanzoj bekannt gewesen war (Abb. 138). Nach dem Krieg 1945 erhielten die Waffen von Karl Hauptmann die Beschussnummer 23 zugeteilt (Abb. 139). Der Gasthausbetrieb wurde neben dem Büchsenmachen bis in das Jahr 1974 fortgesetzt. Es war nicht die einzige Kombination dieser Art in Ferlach. Bekannt war auch das Gasthaus Jurkele, das neben dem Büchsenmacherbetrieb Schaschl-Outschar in Dollich bestand, oder auch das Gasthaus Just in Ferlach. Karl Hauptmann I. war der mündlichen Überlieferung nach auch der Namensgeber für den „Bergstutzen"[745].

Der Weg in die neuen Zeiten: Karl und Gerd Hauptmann

Karl Hauptmann nannte seinen Sohn wieder Karl. Karl Hauptmann ist heute noch als Seniorchef in der Firma aktiv. Dem Innovationsgeist seiner Vorfahren blieb er treu und baute den ersten Waagrecht Kugeldrilling, auf den er den Gebrauchsmusterschutz erhielt[746]. Als 1957 der „Verein zur Förderung des Büchsenmacherhandwerks" gegründet wurde, übernahm er die Funktion eines Beisitzers im Kontrollausschuss[747]. Im Gegensatz zu seinem Vater und Großvater war er in der Genossenschaft als Vorstand bzw. Obmann bis in die 2000er-Jahre engagiert[748].

Sohn Gerd war zunächst als gelernter Werkzeugbauer in der Elektroindustrie tätig, ehe er zur Büchsenmacherei kam. 2005 übernahm er die Firma. Auch er ist ständig auf der Suche nach Ver-

Abb. 138: Das Gasthaus Hauptmann, um 1905
(Archiv Hauptmann)

besserungsmöglichkeiten. Im technischen Bereich zeugen mehrere Patente von seiner Energie. Auch der Absatz ist ihm natürlich ein großes Anliegen. Er entwickelte nicht nur einen repräsentativen, beleuchtbaren Waffenkoffer, der das Produkt scheinbar schwebend im rechten Licht erstrahlen lässt, sondern er ist auch permanent auf der Suche nach Produkten, die der „Genossenschaft" (bzw. deren Nachfolgefirmen) und seiner Firma eine ausreichende Auslastung garantieren. Die Ideen reichen dabei von Leuchtpistolen bis zu neuartigen Repetierern. Auf der Homepage der Firma sind zahlreiche Neuerungen angeführt, auf die die Firma Hauptmann den Gebrauchsschutz hält, wie z. B. eine neues Direkt Abzugssystem für Repetierbüchsen oder auch Magazinverriegelungen[749]. In Gerd Hauptmann ist der Drang zu spüren, die Ferlacher

Abb. 139: Annonce Karl Hauptmann, 1953
(aus: 75 Jahre Fachschule für Handfeuerwaffen Ferlach)

Waffenproduktion durch Innovationen noch einzigartiger zu machen. Die lange Tradition ist eine Verpflichtung für die Zukunft.

Liste der Büchsenmacher Hauptmann

Name	Geboren	Gestorben	Bezeugt	Gewerbe	Wohnort
Georg Hauptmann	1870	1942	–	Büchsenmacher	Dobrowa 42
Karl Hauptmann	1902	1974	–	Büchsenmacher	Gabl, 22 Dobrowa 42
Karl Hauptmann	1941	–	–	Büchsenmacher	Ferlach, Bahnhofstr. 5
Gerd Hauptmann	1966	–	–	Büchsenmacher	Ferlach, Bahnhofstr. 5

Hausmann & Co

Gegründet: **2010**

In Reßnig stellen drei junge Meister, Christian Hausmann, Florian Mutenthaler und Georg Heim, unter dem Namen Hausmann & Co hochwertige Waffen her. Sie setzen dabei bewusst auf die Ferlacher Tradition und paaren diese mit Innovation und Kommunikation. Das Ergebnis ist altes Handwerk mit modernem Flair.

Adresse: Hausmann & Co GmbH, Reßnig 39, 9170 Ferlach

www.hausmann-co-guns.com

Hausmann & Co: Makers of Fine Guns and Rifles

Wenn man die Geschichte der Ferlacher Büchsenmacher betrachtet, so fällt auf, dass es immer wieder einzelne Persönlichkeiten gab, die hervorstachen, Firmen begründeten und überregionale Bedeutung erlangten. Deren Namen sind, im Gegensatz zu jenen von hunderten Heimarbeitern, durch ihre Waffen verewigt. Auch heute gibt es in Ferlach junge Meister, die ihre eigenen Wege gehen und so ihre eigenen Vorstellungen von der Büchsenmacherei verwirklichen. Drei dieser jungen Meister haben sich 2010 in der Firma Hausmann & Co zusammengefunden: Christian Hausmann, Florian Mutenthaler und Georg Heim stellen in ihrer gemeinsamen Werkstatt in Reßnig Waffen in Ferlacher Tradition, aber mit eigenem Charakter her[750].

HAUSMANN & CO
MAKERS OF FINE GUNS & RIFLES

Mit dem Schäfter Hausmann, dem Büchsenmacher Mutenthaler und dem Graveur Heim decken die drei Meister alle zur Herstellung der Waffe notwendigen Bereiche ab. Ihre Lebenswege wurden in der Ferlacher Schule zusammengeführt. Alle drei kamen von auswärts, aus Niederösterreich und Deutschland.

Zunächst arbeiteten sie bei Ferlacher Büchsenmachern, ehe sie sich entschlossen, ihre eigenen Ideen und Vorstellungen zu verwirklichen. Am Anfang standen Mut, Liebe zum Handwerk und das Vertrauen der ersten Kunden. Ihre erste Waffe konnten sie auf einer Messe verkaufen, auch wenn sie amüsiert zu erzählen wissen, wie potenzielle Kunden aufgrund ihrer Jugend zunächst stets nach dem Chef fragten, bevor sie sich mit ihnen unterhielten. Dazu kam noch eine Auftragsarbeit, so dass das erste Geschäftsjahr anlaufen konnte. Die Mischung zwischen speziellen Auftragsarbeiten und der Produktion für den Verkauf behielten sie bei.

Fünf bis acht Gewehre bauen sie pro Jahr. Besondere Produkte, wie ein Vierling mit spezieller Technik, verlangen auch ohne Gravur über 1.000 Arbeitsstunden. Ihr spezieller Seitenhebelverschluss erlaubt nicht nur eine besonders schlanke Konstruktion der Waffe (Abb. 140). Es sind solche Details, die verdeutlichen, welche Überlegungen zu neuen Ansätzen führen können. Dass dadurch auch das Zielfernrohr tiefer montiert werden kann als bei einem oben liegenden Hebel, ist ein weiterer, nicht unwesentlicher Aspekt, der sich auf die Treffsicherheit auswirkt. Tatsächlich fällt die besonders elegante Bauweise der Waffen auf. Neben der Seitenhebellinie sind Kipplaufbüchsen und Produkte mit dem System Mauser die Aushängeschilder von Hausmann & Co. (Abb. 141–143)

Als wesentlichen Aspekt heben Heim und Mutenthaler die Kommunikation in der Werkstatt hervor, die sie zu Innovationen inspiriere. Man müsse nicht immer alles neu erfinden, aber oft sind Kombinationen von Bekanntem der Schlüssel zu Neuerungen.

Auffallend ist die Hingabe, die sie für ihren Beruf empfinden. Die Liebe zum Handwerk ist für sie die Voraussetzung für jene Qualität, die sie sich zum Ziel gesetzt haben. Dass es dann schon einmal schwer fallen kann, ein Gewehr, an dem man ein, zwei Jahre gearbeitet hat, an den Kunden weiterzureichen, ist verständlich. Als Entschädigung dafür dient die Freude und die Befriedigung des Kunden, der den Produktionsprozess im Zeitalter der digitalen Kommunikation oft über Bild mitverfolgt, auch wenn er in Australien zu Hause ist. Wenn er dann die Waffe persönlich abholt, kann das schon einer weihnachtlichen Bescherung gleichkommen.

Abb. 141: Waffe der Firma Hausmann & Co *(Archiv Hausmann & Co)*

Ihrer Philosophie, besondere Produkte mit einer schlanken Firmenstruktur zu annehmbaren Preisen anzubieten, wollen sie auch in Zukunft treu bleiben. Ferlach sehen sie auch in der Zukunft als Zentrum des Waffenbaus, allerdings sind sie sich bewusst, dass alle traditionellen Waffenbauzentren, egal ob London, Lüttich oder Birmingham, mit Generationsproblemen zu kämpfen haben. Umso mehr wünschen sich Hausmann & Co, dass in Ferlach der gemeinsame Geist und die gemeinsame Tradition noch stärker belebt werden. Dazu gehört z. B. auch, dass das in Ferlach über Generationen generierte Wissen bewahrt und tradiert wird und

Abb. 140: Seitenhebelbüchse der Firma Hausmann & Co *(Archiv Hausmann & Co)*

Abb. 142 & 143: Waffen der Firma Hausmann & Co
(Archiv Hausmann & Co)

nicht mit dem Tod eines alten Meisters verschwindet. Dass letztendlich Übung den Meister macht, ist vor allem Graveur Heim sehr bewusst. Noch während seiner Schulzeit suchte er Praxismöglichkeiten, nur so könne man ein guter Handgraveur werden. Büchsenmacher Mutenthaler engagiert sich in der Innung und will so den Nachwuchs fördern. Als Meisterprüfer ist es wichtig, das Wissensniveau zu überprüfen und Hilfestellung zu geben, wo es nötig ist.

Auch in Zukunft wird die Firma Hausmann & Co mit ehrlicher Zusammenarbeit hochwertige Waffen anbieten und sich dem widmen, was ihnen beruflich die größte Befriedigung bietet: Handwerk im stetigen Bemühen um Vollendung auszuüben[751].

Hofer

Gegründet: **1986**

Nach seiner Schul- und Lehrzeit bei verschiedenen Ferlacher Büchsenmachermeistern machte sich Peter Hofer 1986 als Büchsenmacher in Ferlach selbstständig. Auf Basis der traditionellen Handarbeit fertigt der Betrieb besondere Waffen, bei denen sich altes Handwerk und modernes Design in einer einzigartigen Symbiose zusammenfinden.

Adresse: Peter Hofer Jagdwaffen, Kirchgasse 24, 9170 Ferlach
www.hoferwaffen.com

Peter Hofer Jagdwaffen

Die Firma Peter Hofer Jagdwaffen gehört zu den jüngeren Büchsenmacherbetrieben in Ferlach, die an die Tradition vor Ort anknüpfen. Sie wurde 1986 von Firmenchef und Namensgeber Peter Hofer gegründet (Abb. 144).

Aufgewachsen ist Peter Hofer (*1958) in Bruck an der Mur, seine Familie war im Waffenfachhandel. Nach eigener Aussage wuchs er mit Waffen auf. Als Schüler kam er nach Ferlach und absolvierte 1979 die Meisterprüfung im Metallhandwerk für Büchsenmacher und Schäfter[752]. Nach seiner Meisterprüfung suchte er Arbeit bei den zu dieser Zeit etablierten Büchsenmacherbetrieben, wobei sein Vater Gottfried Juch favorisierte, weil er bei ihm ankaufte. Peter Hofer hatte aber auch Zusagen von Fanzoj oder Urbas und fing schließlich zunächst bei Helmut Scheiring an. Schließlich landete er aber doch noch bei Gottfried Juch.

Von diesem einfallsreichen Büchsenmacher konnte Peter Hofer noch einiges dazulernen. Wirtschaftlich waren die frühen 1980er-Jahre jedoch für viele Ferlacher Büchsenmacher schwierige Zeiten. Als sich Peter Hofer 1986 selbstständig machte, war dies die Zeit, als die Firma Franz Sodia, die größte Ferlacher Waffenfabrik, ihre Tore schließen musste[753]. Die Firmengründung feierte er mit sich selbst und zwei Gläsern Sekt im Flugzeug nach Amerika auf dem Weg zur amerikanischen Messe.

Auch wenn er damals von Buchführung wenig wusste, war ihm klar, dass der Weg in die Zukunft über einer Verringerung der Stückzahl bei gleichzeitiger Steigerung der Qualität liegen musste. Peter Hofer ist somit zu einem der Vorreiter für den neuen Ferlacher Weg zu zählen. Er selbst sieht vor allem Büchsenmacher Wilfried Glanznig als jenen, der durch seine Arbeit Qualitätsstandards setzte.

Dass in Ferlach Investoren und damit das Geld fehlte, ist nicht nur negativ zu sehen. Die Industrialisierung der Jagdwaffenproduktion, wie sie in England durch den Einstieg von Investoren bei den Firmen Holland & Holland oder Purdey passierte, hatte zur Folge, dass nur mehr eine schmale Produktpalette hergestellt werden kann. Denn bis eine Jagdwaffe industriell gefertigt werden kann, sind Entwicklungen von bis zu sieben Jahre zu tätigen. Dann muss sich die Waffe amortisieren und rentieren. Dies alles macht den Markt schwerfällig. Durch Handarbeit können die speziellen Kundenwünsche befriedigt werden. Und die maschinelle Produktion

Abb. 144: Das Firmenschild Peter Hofer in Ferlach *(Foto: R. Jernej)*

Abb. 144a: Doppelbüchse der Firma Peter Hofer *(Archiv Hofer)*

Abb. 144b: Doppelbüchse der Firma Peter Hofer *(Archiv Hofer)*

führt schließlich zu dem nicht nur auf das Büchsenmachergewerbe beschränkten Problem, dass schlussendlich kaum mehr jemand in der Lage ist, das Produkt selbstständig zu fertigen. Hierin liegen die Chance und die Nische für die Ferlacher Büchsenmacher und für Peter Hofer.

Allerdings sind die Anforderungen beachtlich. Ein Büchsenmacher muss nicht nur handwerklich perfekt sein, er muss auch metallurgische und mathematische Kenntnisse mitbringen. Die relativ geringe Stückzahl, die pro Jahr auf diese Weise gefertigt wird, führt dazu, dass die nötigen Rohstoffe und Zulieferteile, wie z. B. der bestimmte Stahl für den Lauf, nicht in der vom Zulieferer geforderten Menge abgenommen werden können. Hersteller von hochwertigen Einzelprodukten, die für Jahrhunderte gefertigt werden, haben mit unterschiedlichsten Problemen zu kämpfen.

Peter Hofer und seine zwölf beschäftigten Mitarbeiter meistern diese Herausforderungen mit Kreativität und Innovation. Die Modernisierung und Klarheit, die in unserer gebauten Umwelt zunehmend sichtbar wurde, brachte Peter Hofer in eine seiner Waffen ein (Abb. 144a, 144b). So inspirierte ihn dies, eine Waffe zu bauen, bei der durch die Verwendung von entspiegeltem Uhrglas die innen liegende Technik sichtbar wurde.

Andere Waffen aus seinem Haus haben moderne Elektronik integriert, die über Satellit eine punktgenaue Ortung ermöglicht. Als Krönung seines Schaffens sieht Peter Hofer eine Kipplaufbüchse, an der er fast zehn Jahre lang gearbeitet hat. Unglaubliche 16.000 Arbeitsstunden flossen in dieses Meisterwerk mit den gravierten Szenen aus dem griechischen Mythos von Diana und Aktaion ein[754].

Aber auch Neuerungen, wie extrem leichte Waffen mit einem Gewicht von unter einem Kilogramm, gehören zur Produktpalette. Wenn etwas die Freude an der Arbeit verleiden kann, dann ist das die zunehmende Hürde der Bürokratie in Zusammenhang mit den ständig schärfer werdenden Waffengesetzen. Ob eines seiner Kinder sich denselben Herausforderungen wie er wird stellen wollen, wird die Zukunft zeigen[755].

Just

Gegründet: **1790**
Beendet: **2012**
Beschussnummer: **24**

Der Name Just weist unter den Ferlacher Büchsenmachern eine lange Tradition auf. Schon 1630 sind Büchsenmacher dieses Namens bezeugt. Mit der Übernahme eines Hammers 1646 stiegen die Schlosser Just in das Rohrschmiedegewerk ein. Bei der ersten Zunftversammlung 1752 war Josef Just Oberzechmeister. 1777 kam mit der Brauchkeusche das Gastgewerbe in die Familie Just. Auch als Lieferanten waren die Just um 1800 tätig. Ignaz Just wurde 1849 der erste Ferlacher Bürgermeister, sein Sohn Josef Just lenkte über viele Jahre die Geschicke der 1885 gegründeten Genossenschaft und der Maschinenhäuser. Im 20. Jahrhundert zählte der Traditionsbetrieb Just zu den wichtigsten Ferlacher Büchsenmacherbetrieben. 2012 wurde der Betrieb eingestellt. Mit Andreas Keckeis ist heute ein junger Büchsenmacher und Schäfter in den Räumen der Firma Just tätig.

Adresse: Josef Just, Hauptplatz 18, 9170 Ferlach

Josef Just, Ferlach – 222 Jahre Büchsenmacherkunst

Wenn man nach Ferlach kommt, fällt am Eingang zum Hauptplatz ein Schild an einem Haus auf, auf dem zu lesen ist: Josef Just, Präzisions-Jagdgewehre, gegründet 1790 (Abb. 145). Bis in das Jahr 2012 war man hier seit 222 Jahre am richtigen Ort, wenn man eine besondere Jagdwaffe suchte. In diesem Jahr schloss Josef Just, der letzte aus einer langen Reihe von Vorfahren, den Betrieb. Mit Andreas Keckeis ist ein junger Büchsenmacher nun an diesem Ort tätig. Der Name Just bleibt aber untrennbar mit den Ferlacher Büchsenmachern verbunden.

Die ersten Büchsenmacher Just im 17. Jahrhundert

Bereits in der ersten Hälfte des 17. Jahrhunderts erscheint der Name Just unter den Ferlacher Büchsenmachern in den Quellen. In einer Liste, entstanden um das Jahr 1630, wird der Name Just zusammen mit weiteren Büchsenmachern aufgelistet. Genannt werden Jakob Just, der Alte, und sein Sohn Jakob Just, der Junge. Vater und Sohn waren Schlosser und verfertigten Musketen. In der undatierten Liste ist angeführt, was sie für ihre Arbeit erhalten hatten: Jakob Just der Junge 24 fl, Jakob Just der Alte 21 fl 22 kr. Die ersten Justs waren als Schlossmacher tätig.

Der jüngere Jakob Just erhielt außerdem 1646 von der Herrschaft Hollenburg den Auftrag, am Ort einer öd gefallenen Pulverstampfe einen Streckhammer zu errichten. Diese Pulverstampfe lag in Ferlach beim Bach und hatte seit mindestens 1589 bestanden. Als 1629 Primus Ogris in die Besitzerfamilie Kollienz einheiratete, war die Stampfe bereits öd und verlassen. Auch der neue Schwiegersohn wusste den Betrieb nicht zu führen, so dass die Stampfe ungenützt blieb, bis Jakob Just der Jüngere sich an die Herrschaft wandte und um die Verehrung bat. Aus dem geforderten Streckhammer wurde bald ein Rohrhammer. Damit wurde die Grundlage gelegt für das Rohrschmiedegewerk, dem die Nachkommen des Jakob Just treu geblieben sind. Auch der Hammer verblieb im Besitz der Familie, bis 1886 der Besitzer Josef Just ihn an die neu gegründete Genossenschaft verkaufte und damit den Grundstein legte für die Errichtung des ersten Maschinenhauses. Der Hammer des 17. Jahrhunderts muss sich dort befunden haben, wo Maschinenhaus 1 steht (Waagplatz 5). Zum Besitz gehörte neben dem Rohrhammer auch eine Keusche, die 1666 von Jakob (dem Jüngeren) an den wieder Jakob genannten Sohn überging. Dieser dritte Jakob Just behielt den Besitz von 1666 bis 1711. Ihm folgte sein Sohn Sebastian Just, von 1711 bis 1748[756].

Josef Just (1717–1793) und Josef Just (1751–1822): Rohrschmied, Zunftvorsteher, Gastwirt

Am 29.10.1748 übernahm Josef Just von seinem Vater Sebastian die Keusche und Rohrschmiede. Doch schon davor trat Josef Just als tatkräftiger Mann in Erscheinung. Zusammen mit dem Herrn von Silbernagl und den Rohrschmieden Johann Floriantschitsch und Andreas Pagitz hatte er 1745 den zweiten Feuerofen der Rohrschmiede in Jaklin zerstört und die halbe Rohrschmiede verwüstet. Der Hammer war 1739 von Jakob Schellander begründet

Abb. 145: Sitz der Firma Josef Just in Ferlach
(Foto: Peter Just)

und 1742 von dessen Schwiegersohn Lukas Kuttnig um ein Feuer erweitert worden. Diese drastische Maßnahme, gegen den Mitbewerber vorzugehen, begründeten die Delinquenten damit, dass es keine Bewilligung für den zweiten Feuerofen gäbe und sie die Herrschaft Hollenburg damit beauftragt hätte. Hintergrund dieser Auseinandersetzung unter den Ferlacher Büchsenmachern war die ungeklärte kaufmännische Situation. Mit Johann Mischitz hatte ein Ferlacher Büchsenmacher dieser Zeit versucht, zum Hauptlieferanten für die Armee aufzusteigen. Er hatte sich bei der Landeshauptmannschaft beklagt, dass die Rohrschmiede die erforderlichen Läufe für 968 Partien (eine Partie bestand aus einem Karabiner und einem Paar Pistolen) für fünf Regimenter nicht schnell genug herstellen wollten[757]. Das Lager der Rohrschmiede war gespalten, Josef Just und seine Mittäter wollten vermutlich die Lieferbedingungen und damit den Preis kontrollieren.

Geschadet haben diese handgreiflichen Methoden dem Ansehen des Josef Just nicht. 1748 war er zusammen mit Johannes Floriantschitsch der Unterzeichner einer neuen Ordnung in zwölf Punkten für die Rohrschmiede. Die Rohrschmiede wollten das Dietrichsteiner Wappen als Qualitätssiegel aufschlagen, ein Verkauf ohne Wappen sollte bestraft werden. Die Bezahlung der Gesellen sollte durch Geld, nicht durch die Überlassung von Rohren erfolgen. Die Lieferung durch Lieferanten sollte unterbunden werden. Preisteuerungen bei Kohle und Eisen wollten sie auf den Preis anrechnen dürfen. Außerdem wurden die Preise für die Musketen-, Flinten-, Karabiner- und Pistolenrohre festgelegt. Gerichtet war dieses Ansinnen der Rohrschmiede an die Herrschaft Dietrichstein, die ihre Ordnung ratifizieren sollte[758].

Als 1752 die erste Zunftversammlung nach der neuen Handwerksordnung von 1751 einberufen wurde, war Josef Just Oberzech- und Beschaumeister[759]. 1777 schließlich vergrößerte sich der Justsche Besitz: Ein Josef Just erwarb mit der sogenannten Brauchkeusche eine der vermutlich ältesten Gastwirtschaften in Ferlach.

Da 1751 sein Sohn Josef geboren wurde, war wahrscheinlich er der Käufer[760]. Die Namensgleichheit macht eine eindeutige Identifizierung unmöglich. Der ältere Rohrschmied Josef Just verstarb am 6. Februar 1793 im Alter von 76 Jahren an „Schlagfluss“[761].

Die Geschichte der Brauchkeusche lässt sich jedenfalls bis in das 16. Jahrhundert zurückverfolgen, als Leonhard Tertschin das „Heusl und einen Stregkhammer“ besessen hatte. Für 1616 ist die Erlaubnis zum Bierausschank bezeugt. Nach wechselvoller Besitzgeschichte verkaufte schließlich Josef Jabornig die Brauchkeusche 1777 an Josef Just[762]. Diese lag südlich seines Besitzes, auf der anderen Straßenseite. Es war dies der Beginn einer lange andauernden Verbindung zwischen Büchsenmacherei und Gastwirtschaft in der Familie Just. Bis heute erinnern sich so manche Ferlacher an das stattliche Restaurant und die Hotelanlage samt Schwimmbad (später Scholz), deren Gebäude in den frühen 1990er-Jahren abgerissen wurden[763]. In den 1920er-Jahren gab es Pläne für die Adaptierung des Hotels Just zu einem Kino[764]. Auch die Gründungsversammlung der „Vereins zur Förderung des Büchsenmacherhandwerks“ fand am 26. April 1957 im Hotel Just statt[765]. Heute steht hier das Gebäude der Posojilnica-Bank und der Apotheke. Dort, wo einst die Badeanstalt Just war, sind heute Parkplätze und Wohnhäuser.

1790 gilt als das Gründungsjahr der Firma Josef Just, auch wenn die Geschichte der Schlossmacher und Rohrschmiede Just deutlich weiter zurückreicht. Das überlieferte Gründungsjahr ist in Zusammenhang mit dem Aufstieg von Josef Just zum Lieferanten am Ende des 18. Jahrhunderts zu sehen. Es war die Zeit der Franzosenkriege und damit des gesteigerten Waffenbedarfs. 1799 z. B. lieferte Josef Just 744 Infanteriegewehre, 478 Dragonerkarabiner, 423 Husarenkarabiner, 87 Offizierspistolen und 1062 Kavalleriepistolen. Er war damit hinter Johann Schaschl der zweitgrößte Lieferant, der andere Meister für sich arbeiten ließ. Diese Position behielt er bis zum Ende der Franzosenkriege 1815, nur Josef Meicher lieferte in den Jahren 1805/06 mehr als Josef Just. 1816, nach dem Friedensschluss, brach die Nachfrage generell ein. Vor allem bei Infanteriegewehren sank der Bedarf und damit die Menge der von allen Ferlacher Büchsenmachern gelieferten Gewehre auf ein Fünftel (1. November 1815 bis 31. März 1816: 957 gegenüber 4.903 von 1. Juni bis 31. Oktober 1815) [766]. 1818 übernahm schließlich Jakob Friedrich Just den Betrieb. Jakob Friedrich Just war 1788 als Sohn des Josef Just geboren worden[767]. Die Mutter von Jakob Friedrich war Maria, eine geborene Mischitzin[768]. Die Mischitz waren um 1800 ebenfalls eine bedeutende Lieferantenfamilie.

Der Aufstieg in schwierigen Zeiten: Jakob (1788–1844) und Ignaz Just (1814–1872)

Auch Jakob Just war wie sein Vater Josef ab 1818 als Lieferant tätig. Allerdings waren die kommenden Jahrzehnte insgesamt wirtschaftlich schwierige Zeiten für die Ferlacher Büchsenmacher. Die Aeriallieferungen für das Militär sanken auf nur mehr rund 14 % von jenen, die noch 1815 abgenommen worden waren. Dabei blieb Jakob Just einer der Hauptlieferanten. 1835 beschäftigte er 56 Meister (Rohrschmiede, Rohrverschrauber, Ausarbeiter, Schlossmacher, Beschlägemacher, Schäfter), die für ihn 375 Infanteriegewehre, 225 Karabiner und 375 Pistolen für die staatliche Lieferung herstellten. Nur Valentin Schaschl hatte eine größere Liefermenge und mehr für ihn arbeitende Meister (78,5). Die beiden übrigen Lieferanten dieser Zeit waren mit Margarethe Pagitz und Helena Stiefler zwei Frauen[769].

Abb. 146: Hammer und Meisterzeichen, 1836. Rechts das Just-Herz *(Kärntner Landesarchiv)*

Die Beschwerden der Meister über die Lieferanten rissen weiter nicht ab. 1832 zeigten sie bei der Bezirksobrigkeit an, dass Just und Schaschl nur von ihnen begünstigte Meister zur Arbeit heranziehen würden und sie die Bestellungen von 1831 schon in sechs statt in zwölf Monaten geliefert hätten. Viele Meister blieben arbeitslos. Die Beschwerde wurde abgewiesen, da die Zuteilung der Arbeit „mit aller Rechtlichkeit und Rücksicht auf Familienverhältnisse, Verdienste, Fleiß und Arbeitsfähigkeit" erfolgen würde. Neben den staatlichen Lieferungen verrichteten die Meister auch Privatarbeit, die sie vor allem in den Sommermonaten auf Handelsreisen anboten[770]. Jakob Just war es auch, der zusammen mit dem Krämer Josef Melchior dagegen protestierte, dass einige Büchsenmacher die Bestandteilarbeiter statt mit Geld mit verschiedenen Tuchwaren, Spitzen, Leinwänden oder Baumwoll-Halstücher entlohnten, die sie auf den Märkten in Graz oder Wien einkauften[771]. Die Bezirksobrigkeit verbot in der Folge diese Form der Naturalentlohnung.

Das Kennzeichen von „Gewehrläufen aller Art", die von Jakob Just hergestellt wurden, war ein eingeschlagenes Herz. Das geht aus einer Liste samt Proben hervor, die 1836 angelegt wurden und sich heute in Kärntner Landesarchiv in Klagenfurt befinden (Abb. 146)[772]. 1840 erscheint Jakob Just als erster in einem Verzeichnis aller Ferlacher Büchsenmacher, die die jährliche Gebühr von 30 kr erlegt hatten (Abb. 147)[773]. 1844 verstarb Jakob Just an „Nervenschlag"[774].

1810 hatte Jakob Just Maria Schwarz geheiratet, 1814 kam der Sohn Ignaz Valentin auf die Welt. Sohn Ignaz folgte seinem Vater in das Handwerk als Rohrschmied. Dass seine Familie sich eine bedeutende Stellung in Ferlach erarbeitet hatte, zeigt die Tatsache, dass er 1849 der erste Ferlacher Bürgermeister wurde (Abb. 148)[775]. Auch in der Büchsenmacherzunft und als Lieferant war er an führender Stelle tätig. Zusammen mit Valentin Schaschl stellte er 1855 eine Preistabelle auf, in der die Preise für die Bestandteile eines gezogenen Infanteriegewehres gelistet sind. Schaschl und Just waren weiterhin die wichtigsten Lieferanten. 4.260 Stück waren für 1855 bestellt, der Preis eines Gewehres samt Arbeit und Regie wurde auf 17 fl 39 kr festgelegt[776]. Mit dieser Lieferung nach Wien kam es im Jahr darauf zu großen Problemen, da die z. T. sehr minderwertige gelieferte Qualität zurückgewiesen und die Zahlungen eingestellt wurden. Das setzte eine negative Spirale in Gang, da sich die Meister keine Lebensmittel mehr leisten konnten und damit auch nicht mehr arbeitsfähig waren, wie dies in einem Protokoll des Innungskommissariats festgehalten ist. Und das zog in Ferlach die gesamte Bevölkerung in Mitleidenschaft. Außer Valentin Schaschl und Ignaz Just unterzeichneten 61 weitere Meister ein Vorbringen an das Innungskommissariat. Sie zeigten sich durchaus selbstkritisch und besserungswillig. Man war als Innung in den letzten Jahren nur mehr daran interessiert gewesen, die Meisterwerdungsgebühr von 15 kr einzuheben und habe nicht mehr auf die nötige Qualifizierung geachtet. In Zukunft sollte der fähige und erfahrene Josef Scheinig als Werkführer fungieren und auf die Qualität achten. Scheinig hatte Rohrschmieden in Wien und „Obersteier" besucht. Ignaz Just setzte seiner Unterschrift die Bemerkung dazu, dass es nicht in der Macht des Werkführers stehen sollte, den Rohrschmieden etwas von ihrem jährlichen Kontingent abzuziehen, wenn diese ihre Arbeit ordentlich leisten würden[777].

Im Jahr 1855 Jahr war Josef Just als Sohn des Ignaz und der Theresia Floriana, geborene Leitgeb, zur Welt gekommen[778]. Insgesamt hatte das Paar 13 Kinder[779], woraus sich auch die hohe Anzahl an Just in Ferlach, gerade auch unter den Büchsenmachern, erklärt. 1862 wurde Ignaz Just zum Vorstand der Rohrschmiede gewählt[780], ein Amt, das er bereits früher innegehabt hatte. Bis zu seinem Tod 1872 war Ignaz Just Bürgermeister von Ferlach[781].

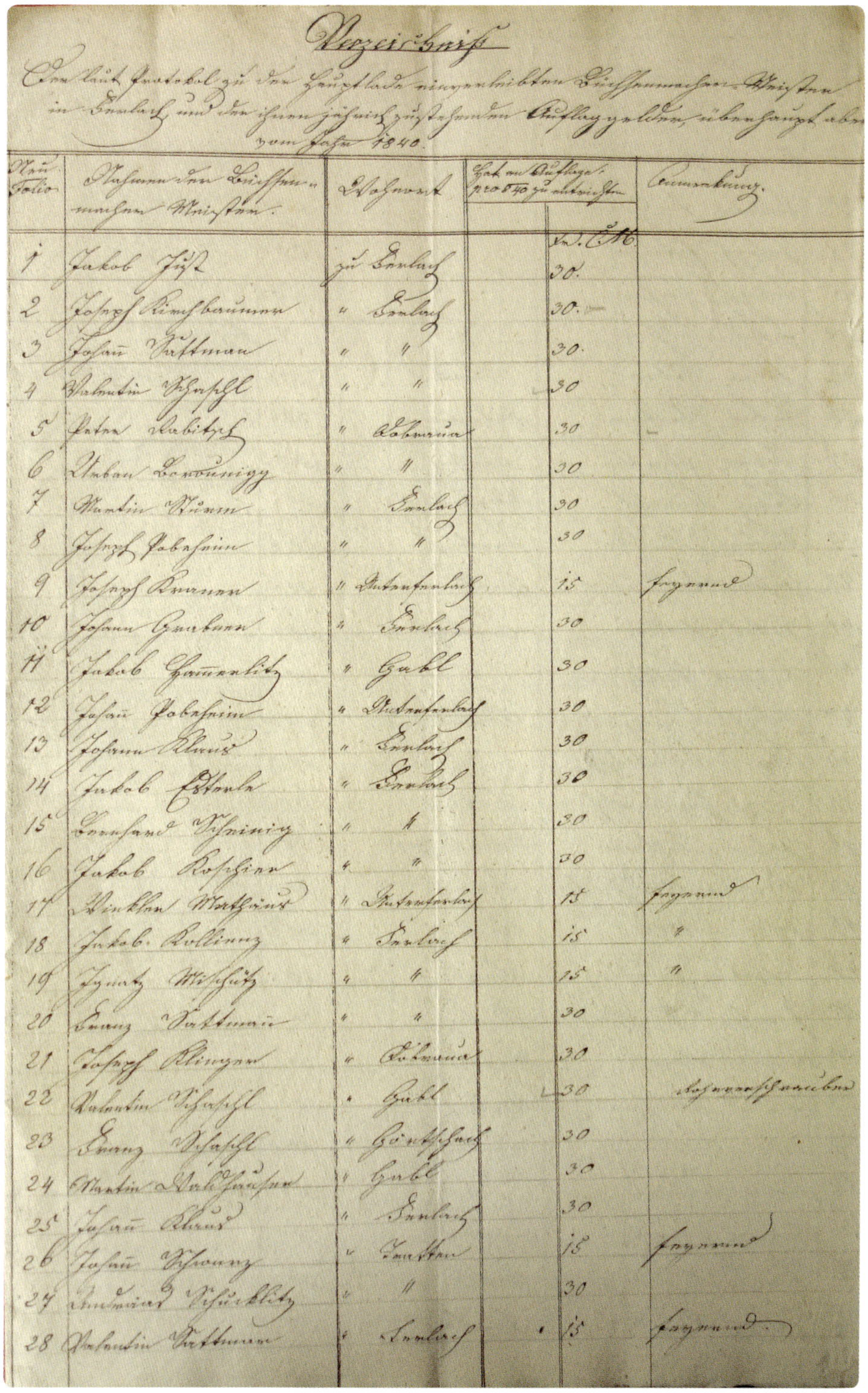

Abb. 147: ***Verzeichnis der Ferlacher Büchsenmachermeister, 1840***
(Archiv der Büchsenmachergenossenschaft, 161)

Abb. 148: ***Ignaz Just, Bürgermeister von Ferlach 1849–1872*** *(Tuschar 1996, 42)*

Letzter Rohrschmied, erster Maschinenhausdirektor und Genossenschaftsvorstand: Josef Just (1855–1911)

In der Geschichte der Ferlacher Büchsenmacher zählte der 1855 geborene Josef Just, Sohn des Ignaz und der Maria Just, zu den bedeutenden Persönlichkeiten. Wie sein Vater war er gelernter Rohrschmied. Er lernte das Handwerk von seinem Vater, dessen Erbe er 1872, mit nur 17 Jahren, antreten musste. 1876 ehelichte er Rosalia Doujak[782]. Für 1878 ist im Protokollbuch der Büchsenmacherzunft vermerkt, dass Josef Just die Gebühr von 6 fl für Aufdingen und Freisprechen bezahlte. Beigefügt ist mit anderer Hand und vermutlich zu einem späteren Zeitpunkt „Gewehrfabrikant"[783]. Ins Licht der Geschichte tritt Josef Just vor allem ab den Jahren 1884–1886. Als 1885 die Genossenschaft gegründet worden war, wurde Carl Fisch der erste Vorstand. Auf der Einladungsliste zur konstituierenden Sitzung, die im September 1884 erstellt worden war, war der Name Josef Just gleich vier Mal zu finden. Die Betreffenden mussten zur Kenntnisnahme der Einladung unterschreiben, neben dem Namen waren Wohnort und Beschäftigung angeführt. Bei zwei Nennungen von Josef Just ist dieselbe Unterschrift beigefügt: Beim Büchsenmacher und beim Rohrschmied, beide in Ferlach. Dabei handelt es sich um ein und dieselbe Person, um den hier gemeinten Josef Just, der zweimal gelistet wurde. Die beiden anderen Namensvetter waren Josef Just, Schlosser und Beschlägemacher aus Ferlach, und Josef Just, Beschlägemacher aus Gabl[784]. Der erste Genossenschaftsvorstand Carl Fisch verblieb nicht lange auf diesem Posten. Die Förderung der maschinellen Produktion, die zu den Hauptaufgaben der neu gegründeten Genossenschaft gehören sollte und die auch vom Landespräsidenten Schmidt-Zabierow gefordert wurde, wurde unter Vorstand Fisch nicht in Angriff genommen[785]. Schon im Juni 1886 wurde daher Josef Just zum neuen Vorstand der Genossenschaft gewählt[786]. Mit 31 Jahren übernahm er sehr jung die verantwortungsvolle Aufgabe.

Von Anfang an war er bestrebt, die Genossenschaft zu ordnen und die Ferlacher Büchsenmacher von den Vorteilen zu überzeugen. Er ließ in Ferlach Plakate aufhängen, die die Genossenschaftsmitglieder an ihre Pflichten erinnerte. Ein besonderes Anliegen war es, dass das Freisprechen und Aufdingen gewissenhaft durchgeführt werden sollte. Er versuchte unter den Ferlacher Meistern den Gedanken der Einigkeit und Gemeinsamkeit in den Vordergrund zu stellen. Sehr klar sah er, dass die wirtschaftlichen Herausforderungen für die Ferlacher Gewehrindustrie nur mit gemeinsamer und allgemeiner Anstrengung gemeistert werden könnten. Davon machte er seinen weiteren Verbleib als Vorstand abhängig[787]. Der Versuch, Spaltungen zu überwinden und neue Zeiten in Ferlach einziehen zu lassen, durchzog sein Wirken. In seiner Amtszeit wurden 1887 erfolgreich das Maschinenhaus 1 und 1890 das Maschinenhaus 2 errichtet und in Betrieb genommen[788]. Für die Errichtung von Maschinenhaus 1 verkaufte er seinen Hammer (Haus Nr. 22) an die Genossenschaft um 5.341 fl[789]. Dieser Verkauf bedeutete das Ende des Rohrhammers und der Rohrschmiede für die Familie Just nach fast 250 Jahren. Die händische Produktion von Läufen war durch die maschinelle Herstellung zu sehr unter Druck geraten und konnte nicht mehr mit der Produktion aus Lüttich und Suhl konkurrieren. Um 1900 schloss der letzte Rohrhammer in Ferlach für immer seine Pforten[790]. Just erkannte diese Situation rechtzeitig und reagierte den Anforderungen entsprechend. Für die Errichtung von Maschinenhaus 1 steuerte er aus eigener Tasche 50 fl bei[791]. Erste Aufträge für Bestandteilsarbeiten am ärarischen Repetiergewehr Mannlicher Nr. 86 und für die deutsche und kaiserlich ungarische Armee sorgten für einen positiven Anfang der maschinellen Produktion in Ferlach[792]. 1889 kamen weitere Bestandteilsarbeiten für das Repetiergewehr M88 hinzu[793]. Als Mitglied des Gemeindeausschusses blieb er in dieser Hinsicht dem Engagement seines Vaters treu. In dieser Funktion stellte er 1889 auch den Antrag, den Landespräsidenten Franz Freiherr von Schmidt-Zabierow, den unermüdlichen Förderer der Ferlacher Gewehrindustrie, zum Ferlacher Ehrenbürger zu ernennen[794]. Maschinenhaus 2 wurde im August 1890 wieder mit einem Festakt unter Anwesenheit des nunmehrigen Ferlacher Ehrenbürgers und Landespräsidenten Schmidt-Zabierow eröffnet[795].

Zu den Aufgaben von Josef Just als Leiter der Maschinenhäuser und Vorstand der Genossenschaft zählte auch das Aufdingen und Freisprechen der im Maschinenhaus beschäftigten Arbeiter. 1888 sprach Just die Arbeiter Th. Pogorentschnig, J. Tomaschitz, Jak. Pegam, Th. Schmied, Jos. Tschemer, Joh. Worounig, Joh Sattmann, Alex Esterle und Martin Maček frei[796]. Jakob Pegam, J. Tomaschitz, Johann Sattmann, Th. Pogorentschnig und Thomas Schmied waren erst rund zwei Monate zuvor aufgedungen worden[797].

Im März 1891 wurde Josef Just ungeachtet seiner Leistungen als Vorstand der Genossenschaft abgewählt. Neuer Vorstand und damit auch Leiter der Maschinenhäuser wurde Anton Mischitz[798]. Mischitz war schon in den 1870er-Jahren Vorsteher der Büchsenmacher-Innung gewesen[799]. Im Gegensatz zu Just verfolgte Mischitz eine traditionellere Auffassung, die in der maschinellen Produktion lediglich eine unliebsame Konkurrenz sah. Angelastet wurden Just auch unbezahlte Rechnungen aus seiner Ära[800]. Anton Mischitz war als Vorstand der Genossenschaft und Maschinenhäuser wenig erfolgreich. Zu seinen Maßnahmen zählte, dass die einzelnen Meister gegen eine recht geringe Gebühr Teile im Maschinenhaus fertigen lassen konnten. Die Maschinenhäuser wurden in erster Linie als Zulieferbetriebe gesehen. Dazu kamen geschäftliche Missgeschicke, wie z. B. das vermeintliche Russland-Geschäft von 1891, als die Genossenschaft einem übel beleumundeten Gutsbesitzer aufsaß. Außerdem gab es Probleme mit der Qualität der gefertigten Lieferungen für die österreichische Armee. Die Aufträge für das Wiener Arsenal zeichneten sich durch mangelhafte Qualität und hohen Ausschuss aus, den finanziell allerdings nicht die produzierenden Meister, sondern die Genossenschaft zu tragen hatte[801]. Josef Just konnte diesen Misswirtschaften nicht tatenlos zusehen. Nachdem er private Erkundigungen über den Gutsbesitzer mittels eines Auskunftsbüros hatte einholen lassen, die ergaben, dass „man die größte Vorsicht“ im Geschäftsverkehr mit dem stark verschuldeten Herrn Glauer-Radecki walten lassen sollte[802], teilte er sein Wissen im September 1891 den Landesbehörden mit. Das führte nicht nur zu einer scharfen Ermahnung der Büchsenmacher-Vorstehung durch den Landespräsidenten[803], sondern schließlich auch dazu, dass die Verwaltung der Maschinenhäuser vom Vorstand der Genossenschaft getrennt wurde. Anton Mischitz blieb Vorstand der Genossenschaft, Josef Just erhielt im April 1892 einen Vertrag der Bezirkshauptmannschaft Klagenfurt als Direktor der Maschinenhäuser[804]. In dieser Position blieb er bis Ende des Jahres. In dieser Zeit gelang es ihm, zum Teil gegen den Widerstand der Arbeiter, die

Abb. 149: Annonce Josef Just, um 1910 *(Archiv Hambrusch)*

Produktion zu erhöhen und die Qualität zu steigern, so dass der Auftrag für das Arsenal doch noch erfüllt werden konnte[805].

Nach seiner Resignation wandte sich Josef Just wieder vermehrt seinem eigenen Betrieb zu. Er war Lehrherr für Michael Pegam 1898, Andreas Suklitsch 1900 oder Ferdinand Zechner 1902[806]. Josef Just wird dabei stets als (Gewehr-)Fabrikant tituliert. 1903 sprach der Gewehrfabrikant Josef Just seinen Sohn Franz Just aufgrund des beigebrachten Fachschulzeugnisses frei[807]. Franz Just wurde nach dem Tod seines Vaters 1911 im Grundbuch der Genossenschaft mit 15.7.1911 als Geschäftsführer eingetragen[808]. Später finden wir den 1894 geborenen jüngeren Sohn Max als Erben und Nachfolger[809]. Josef Just war auch Lieferant für das k. k. Hofjagdamt Gödöllö (Ungarn) (Abb. 149). Als Feinbüchsenmacher waren seine Spezialität kleinkalibrige Repetierstutzen mit Zielfernrohr. Als einer der wenigen Büchsenmacher verfügte er über eine eigene Schießstätte. Die Überreste der Mauer sind heute noch beim Schlosspark Ferlach zu sehen. 1906 kündigte er als Neuheit das automatische Jagdgewehr „System Browning“ an. Die Justschen Gewehre erhielten zahlreiche Auszeichnungen auf Ausstellungen in London, Paris, München, Triest, Graz, Klagenfurt, Bregenz etc.[810]. 1910 war man auf der Jagdausstellung in Wien mit der Staatsmedaille ausgezeichnet worden (Abb. 150, Abb. 151).

***Abb. 150:* Annonce Josef Just, Waidmannsheil 1906**
(Archiv Koschat)

Die Konflikte in der Genossenschaft schwelten jedoch weiter. Vor allem die größeren Meister, dazu zählten die Fabrikanten Anton Antonitsch oder Josef Ogris, sahen in der Genossenschaft oft nur eine unerwünschte Konkurrenz. Aber auch die „kleineren Meister“ versuchten vielfach, einen persönlichen Vorteil zu lukrieren. 1907 entzündete sich der schwelende Konflikt, da man die Statuten der Genossenschaft an die neue Gewerbeordnung anpassen musste. Die Gewerbebehörde behielt sich jedenfalls ein Bestätigungsrecht für den Maschinenhaus-Leiter vor[811]. In dieser Situation wurde wieder Josef Just zum Vorstand der Genossenschaft gewählt[812]. Aber auch diesmal blieb Just nicht lange auf dem Posten. Im Juni 1909 wurde er bei der Wahl zwar nochmals bestätigt, jedoch resignierte er im Oktober desselben Jahres. Als Begründung führte er an, dass er ein gut gehendes Waffengeschäft habe und er sich um seine schwer erkrankte Frau kümmern müsste[813]. Privatleben und eigenes Geschäft erhielten den Vorzug.

Er selbst verstarb zwei Jahre später (1911) mit 56 Jahren[814]. Er hatte nicht nur seine eigene Firma aufgebaut, sondern auch maßgeblich zur Errichtung der Maschinenhäuser und damit dazu beigetragen, Ferlachs Gewehrindustrie in neue Zeiten zu führen. Auch seitens der Landesbehörden wurde ihm großes Vertrauen entgegengebracht.

Die Firma Just im 20. Jahrhundert

Nach dem Tod von Josef Just 1911 wurde zunächst sein Sohn Franz zum Geschäftsführer bestellt[815]. Nach dem Ersten Weltkrieg, in den 1920er-Jahren, wurde Sohn Max zum Inhaber der Firma[816], Franz Just war dann dessen Stellvertreter. Max Just war am 19.4.1921 der Genossenschaft beigetreten[817]. Max hatte 1920 Josefine Antonitsch geheiratet, 1923 kam Sohn Josef zur Welt[818]. Doch schon 1926 kam es zur Scheidung, Max Just ging dann nach Amerika. Später kam er zurück und ließ sich in Mattersburg (Burgenland) nieder. Seine Frau Josefine führte den Betrieb in Ferlach weiter, bis ihr Sohn Josef alt genug war, ihn zu übernehmen. Sie bewies in dieser besonderen Situation Tatkraft und Durchhaltevermögen. Der letzte Firmeninhaber Josef Just, Enkel der Josefine und Sohn von Josef und Franziska Just, beschreibt seinen Vater als sehr pflichtbewussten Menschen, der „die halbe Werkstatt im Sakko" hatte. Im Zweiten Weltkrieg war er in amerikanische Gefangenschaft geraten und in die USA gebracht worden, wo er einen Ingenieurkurs absolvierte. Nach seiner Rückkehr übernahm er den Betrieb, die Waffen aus dem Hause Just trugen seit 1945 die Beschussnummer 24. Im Gegensatz zu vielen anderen Büchsenmachern, die Kundenkontakte mittels Geselligkeit und Jagdausflügen pflogen, war Josef Just ein atypischer Büchsenmacher, der lieber zurückgezogen war.

Sein Sohn Josef wurde 1952 geboren. Nach der HTL legte er 1974 die Meisterprüfung für Büchsenmachen ab . Schon in der Kinder- und Jugendzeit hatte er viel Zeit in der Werkstatt verbracht, was ihm in sehr positiver Erinnerung geblieben ist. Eltern und Kinder waren zusammen und in der Werkstatt wurde Gemeinschaft, z. B. durch gemeinsames Singen, gepflogen.

Wie für viele andere Büchsenmacher in Ferlach waren die dreieinhalb Jahrzehnte nach dem Zweiten Weltkrieg auch für die Firma Just eine Zeit der wirtschaftlichen Blüte. Josef Just, der sich 2012 aus gesundheitlichen Gründen entschloss, den Betrieb stillzulegen, analysiert dies erfrischend nüchtern: Der deutsche Markt war durch die Schaffung der Ostzone, der späteren DDR, von dem traditionellen deutschen Büchsenmacherzentrum in Suhl abgeschnitten und wandte sich daher Ferlach zu. In Zeiten des Wiederaufbaus wurden gute Geschäfte gemacht, das verdiente Geld wurde ausgegeben, die Jagd hatte noch einen gesellschaftlichen Stellenwert. Die Entwicklung des Kundenkreises für Ferlacher Waffen verlief über Bürger und Freiberufler hin zu Millionären und Milliardären. Dementsprechend sank die mögliche Absatzmenge, dafür musste die einzelne Waffe an Qualität und Ausstattung und vor allem am Preis zulegen. Damit fiel aber gerade für den Büchsenmacher-Nachwuchs ein wichtiges Übungs- und Betätigungsfeld weg, konnten doch nun, ab den 1990er-Jahren, nur mehr absolute Spitzenkräfte die geforderte Qualität liefern. In den 1970er-Jahren wurden die Waffen noch „wie Schi oder Tennisschläger" auf Vorrat für das Lager produziert. Heute gibt es in Ferlach nur mehr Spezialaufträge, junge Büchsenmacher müssen das Büchsenmachen als Kulturarbeit betreiben. Die noch absetzbare Massenware, sofern man hier diese Bezeichnung gebrauchen kann, stellt die Industrie präziser und vor allem billiger her. Facharbeiter und Handwerk sind nicht mehr gefragt, und wenn, dann ist das Überleben in diesen Sparten nur als schlankes Unternehmen möglich. Zu hoch sind die Kosten für Angestellte.

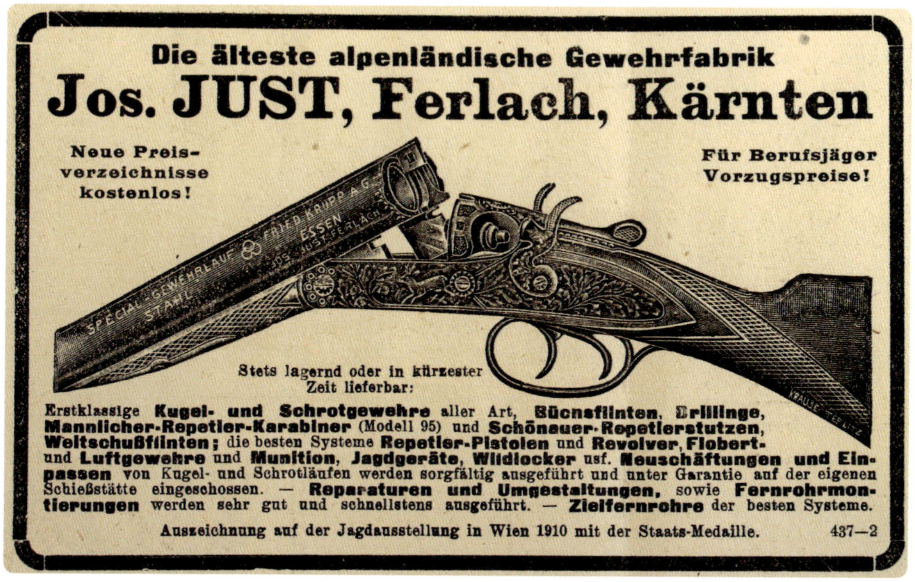

Abb. 151: Annonce Josef Just, nach 1910 *(Archiv Hambrusch)*

Die Firma Just hatte in guten Zeiten bis zu 17 Mitarbeiter. Auch der von Max Just im Burgenland gegründete Betrieb wurde ab den 1960er-Jahren als Filiale der Ferlacher Firma Just mit einem eigenen Geschäftsführer geführt. Als dieser in Pension ging, wurde der Außensitz zugesperrt (ca. 1980/82). Helene Just, die Frau von Josef Just, arbeitete wie so viele andere Büchsenmacherfrauen stets mit. Absatzmärkte waren neben Deutschland vor allem Jugoslawien, Frankreich, Spanien und England, aber auch Australien und Südafrika. Für die Firma Fulton lieferte das Haus Just ca. 2.000 Läufe, die bei dem in Schützenkreisen sehr bekannten Bisley-Weitschießen (in Großbritannien) zum Einsatz kamen[819].

Dass in den seit über 200 Jahren für das Büchsenmachen benutzten Räumen im Hause Just die Tradition des Büchsenmachens nicht gänzlich abreißt, dafür sorgt ein junger Vorarlberger. Andreas Keckeis, dessen Eltern ein Waffengeschäft in Vorarlberg besitzen, besuchte die Schule in Ferlach (HTBLVA, Waffen und Sicherheitstechnik) und ließ sich anschließend in Ferlach nieder. Nach zwei Jahren bei der Firma Hambrusch landete er bei Just. Seine Spezialität ist das Schäften. Was ihn neben dem Handwerk fasziniert, ist die Verantwortung und Selbstständigkeit seines Berufes. Kundenkontakte baut er gerne persönlich auf, was ihm österreichweit auch schon gut gelungen ist[820]. Damit bleibt die Tradition im Hause Just erhalten.

Weitere Büchsenmacher Just in Ferlach

Der Name Just ist bis heute in Ferlach weit verbreitet. Auch in den vergangenen Jahrhunderten gab es zahlreiche Träger dieses Namens, darunter auch etliche Büchsen-, Beschläge-, Aus- oder Schlossmacher. Einige von ihnen sollen hier erwähnt werden.

Ein Damenikh (Dominik) Just erscheint 1731 in einem Verzeichnis als Meister in Ferlach. Er war Untertan der Herrschaft Hollenburg[821]. Er begegnet nochmals im Zusammenhang mit der Brauchkeusche. 1708 übernahm er die obere Keusche von seinem Schwiegervater[822]. Damit ist über den Ort (Brauchkeusche) zwar eine Verbindung zu den behandelten Büchsenmachern Just gegeben, jedoch ist eine Zuordnung in verwandtschaftlicher Hinsicht nicht möglich.

Rund 20 Jahre später, um 1750, sind gleich vier Just im Büchsenmacher-Handwerk tätig. In Ferlach waren Philipp Just und Franz Just Schäfter. Philipp Just war Einwohner „bei den Tulley an der Dobrawa", Franz Just wohnte neben dem „Crammer bey der Prüggl."[823] Als Putz- und Ausmacher war Jakob Just, „Einwohner bei den Blasey" in „Mitterferoniz" (Untererlach) tätig[824], Mathias Just war ebendort Büchsen-, Zeug- und Schlossmacher. Er war „Einwohner bei dem Martin Trapp oder Zeppiz."[825] 1752 nahm er, im Gegensatz zu den drei anderen Genannten, bei der ersten Meisterversammlung nach der neuen Ordnung teil. Oberzechmeister war zu dieser Zeit der Rohrschmied Josef Just[826].

Mit Thomas Just schaffte es ein Just in den Adelsstand. Als Inhaber eines Hammers in Waidisch war der 1704 geborene Thomas Just, verheiratet mit einer Freiin von Herbert, 1756 mit dem Prädikat von Justenberg in den Adelsstand erhoben worden. Thomas Just von Justenberg starb 1792[827].

Als 1788 eine Zusammenkunft der Meisterschaft zu Ferlach abgehalten wurde, erschienen auch 56 Meister, die des Schreibens nicht kundig waren. Darunter befand sich Georg Just[828]. Dass nicht alle Just so erfolgreich waren wie die Rohrschmiede an der Brauchkeusche, zeigt das Beispiel Johann Just. 1791 musste er sich für unvermögend erklären und bot seinen Gläubigern einen Vergleich an. Er hatte sich fruchtlos als Lieferant versucht[829].

1840 wurden außer dem Lieferanten und Rohrschmied Jakob Just (Nr. 1) noch fünf weitere Just als Meister verzeichnet: Johann Just in Ferlach (Nr. 62), Lorenz Just in Unterferlach (Nr. 106), Franz Just in Dobrowa (Nr. 144), Jakob Just in Unterferlach (Nr. 218) und Thomas Just in Dobrowa (Nr. 292)[830].

In der zweiten Hälfte des 19. Jahrhunderts finden sich gleich drei Josef Just in den Quellen. Neben dem 1855 geborenen Rohrschmied sind das der

Schlossmacher Josef Just (geb. 17.7.1832) in Ferlach und der Zurichter Josef Just (geb. 22.11.1861), ebenfalls in Ferlach[831]. Der letztgenannte dürfte gleichzusetzen sein mit dem 1884 erscheinenden Beschlägemacher Josef Just in Gabl[832].

Neben den Ferlacher Just gab es eine Linie in Gabl und eine in Dobrowa. Außerdem waren auch Johann Just (1887 aufgedungen und freigesprochen)[833] und ein weiterer Franz Just, der 1908 von Josef Ogris freigesprochen wurde[834], im Büchsenmacherhandwerk tätig. Johann Just war ein Sohn eines Josef Just und Schlossmacher. Damit dürfte er der Sohn des 1832 geborenen Schlossmachers Josef Just gewesen sein. Johann Just erscheint zwischen 1893 und 1908 wiederholt selbst als Meister, der Lehrlinge aufdingt und freispricht[835]. 1914 legte er sein Gewerbe zurück[836]. Noch ein Franz Just war zwischen 1888 und 1921 Fachlehrer für Schlossmachen an der Fachschule[837]. 1908 trat ein Peter Just in die Genossenschaft ein, er wird als Büchsenmacher in Dollich verzeichnet. Sein Gewerbe wird 1928 zurückgelegt und gelöscht[838]. Der Bestandteil-Erzeuger Friedrich Just, ebenfalls aus Dollich, trat 1912 der Genossenschaft bei[839]. Nach dem Ersten Weltkrieg ist wieder ein Johann Just in der Genossenschaft. Er trat 1921 ein und war wohnhaft in Ferlach 53. Schon 1929 wurde das Gewerbe wieder gelöscht[840]. In diesen wirtschaftlich schwierigen Zeiten halbierte sich die Anzahl der Ferlacher Büchsenmacher (von 128 ca. 1920 auf 61 ca. 1930). Ferdinand Just, wohnhaft Dobrowa 14, Genossenschaftsmitglied seit 1921, wanderte überhaupt ins Burgenland aus[841]. Damit sind vermutlich bei weitem nicht alle Büchsenmacher Just in Ferlach erfasst.

Liste der Büchsenmacher Just (Rohrschmiede und Besitzer der Brauch-Keusche in Ferlach)

Name	Geboren	Gestorben	Bezeugt	Gewerbe	Wohnort
Jakob Just, der Alte	–	–	–	Schlosser	–
Jakob Just, der Junge	–	–	1646–1666	Schlosser	–
Jakob Just	–	–	1666–1711	–	–
Sebastian Just	–	–	1711–1748	–	–
Josef Just	1717	1793	1745–1818	Rohrschmied, Zechmeister	Ferlach, Brauch-Keusche
Josef Just	1751	1822	–	Lieferant	–
Jakob Friedrich Just	18.7.1788	1.6. 1844	–	Lieferant, Rohrschmied	Oberferlach Nr. 19
Ignaz Valentin Just	28.7.1814	1872	–	Rohrschmied, Bürgermeister	Ferlach
Josef Karl Ignaz	11.3.1855	11.5.1911	–	Rohrschmied, Gewehrfabrikant, Büchsenmacher, Genossenschaftsvorstand	Ferlach
Franz Just	–	1903, 1911	–		Ferlach
Maximilian Just	7.10.1894	1965	–	Büchsenmacher	Ferlach 8, Burgenland
Josef Just	23.2.1923	1987	–	Büchsenmacher	Ferlach, Hauptplatz 18
Josef Just	1952	–	–	Büchsenmacher	Ferlach, Hauptplatz 18

Koschat

Gegründet: **1816 (Büchsenmacher und Schlossmacher Matheus Winkler bezeugt)**

Beschussnummer: **26**

Der Büchsenmacher Jakob Koschat heiratete 1908 die Tochter des Büchsenmachers und Graveurs Josef Winkler, dessen Vorfahren bereits Schloss-, Beschläge- und Büchsenmacher in Unterferlach gewesen waren. Mit Kommerzialrat Josef Koschat ist die dritte Generation Koschat tätig.

Adresse: Jakob Koschat Jagdwaffen, 12. November-Str. 3, 9170 Ferlach

www.ferlacherjagdwaffen.at

„Ein Gewehr ist wie eine Frau, es muss gepflegt werden" – die Büchsenmacher Koschat

Abb. 152: ***Firma Jakob Koschat Josef Winklers Nachfahre Jagdwaffen, 2017*** *(Foto: Peter Just)*

Josef Koschat, ein Büchsenmachermeister mit Leib und Seele, hat diesen Ausspruch seines Großvaters Jakob Koschat immer noch im Ohr: „Ein Gewehr ist wie eine Frau – es muss gepflegt werden." In sechster Generation führt Josef Koschat den Betrieb „Jakob Koschat. Jos. Winklers Nachfahre Inh. Josef Koschat, Jagdwaffenerzeugung" seit über 40 Jahren (Abb. 152). Sorgfalt und Liebe sprechen aus diesem Grundsatz – Kennzeichen für Waffen aus dem Hause Koschat. Der Nachsatz „Dann hält es über Generationen" weist auf die Langlebigkeit der Waffen hin, wenn sie richtig behandelt werden.

Die Anfänge im 19. Jahrhundert: Josef Winkler (*1819) und sein Neffe Josef (1857–1919)

Die Firma Koschat führt ihre Entstehung in das Jahr 1846 zurück. In diesem Jahr gründete der Firmentradition nach Josef Winkler den Betrieb[842]. Der recht häufige Name Winkler hat in der Ferlacher Büchsenmacherei eine lange Tradition. Der erste fassbare Winkler erscheint schon in den Rechnungen des Probiermeisters Hans Schmidt von und zu

Helding für die Jahre 1638–1641[843]. Adam Winkler und Gregor Winkler waren in dieser Zeit als Büchsenmacher tätig[844]. Insgesamt gab es in den 400 Jahren mindestens rund 40 Büchsenmacher mit dem Nachnamen Winkler in Ferlach[845]. In einem Verzeichnis aller Büchsenmacher aus dem Jahr 1840, das insgesamt 307 Namen listet, findet sich unter Nr. 258 ein Joseph Winkler aus Tratten, allerdings sind noch sieben weitere Büchsenmacher Winkler genannt[846].

Der als Firmengründer angesehene Josef Winkler aus Unterferlach wurde am 14. März 1819 geboren[847]. Im Jahr 1858 heiratete er Maria Wrulich, eheliche Tochter des Fuhrmanns Franz Wrulich und der Ursula Grabner aus Reßnig[848]. Büchsenmachermeister Josef Winkler war der eheliche Sohn des Büchsenmachers Matheus Winkler aus Unterferlach. Matheus Winkler war 1792 in Unterferlach, Pfarre Glainach geboren worden, wo er 1833 auch verstarb[849]. 1816 hatte er Barbara Zepitz, die Tochter des Rohrschmiedgesellen Martin Zepitz, geheiratet[850]. Der Vater des Matheus Winkler war der Schlossmacher Johann Winkler und damit ebenfalls ein Büchsenmacher[851], so dass sich die Linie der Firma „Jakob Koschat. Jos. Winklers Nachfolger Inh. Josef Koschat" noch um die Büchsenmacher Matheus Winkler und Johann Winkler aus Unterferlach verlängern lässt.

Josef Winkler hatte den 1825 geborenen Bruder Johann[852], der ebenfalls das Büchsenmacherhandwerk erlernte. Johann Winkler hatte mit Maria Polliz den 1857 geborenen Sohn Josef. Taufpate dieses Josef war sein Onkel Josef[853]. Der 1857 geborene Josef, Sohn des Johann und Neffe des Josef Winkler, hatte auch in der mütterlichen Linie Büchsenmacher als Vorfahren. Sein Großvater Andre Polliz war Beschlägemacher. Wie sein Vater und sein Onkel stieg Josef Winkler in das Büchsenmacherhandwerk ein. Josef erlernte das Graveurgewerbe zwischen 1874 und 1877 (Abb. 153)[854]. Sein Lehrherr war August Pagitz, zu Hause war Josef Winkler in Oberferlach und damit bereits wahrscheinlich am heutigen Sitz der Firma in der 12.-November-Straße. Am 6. Februar 1887 heiratete er Maria Javornik (Jabornig), deren Eltern die Andrakeusche in Dolich Nr. 11 besaßen[855]. Mit ihr hatte er die 1886 geborene Tochter

Arbeit ist des Bürgers Zierde
Segen ist der Mühe Preis
Ehrt den König seine Würde
Ehret uns der Hände Fleiss

Lehr-Zeugniss.

Ich Endesgefertigter bezeuge Kraft dieser Urkunde, daß Winkler Josef aus Oberferlach gebürtig, bei mir das Graveur-Gewerbe vom 16ten Juni 1874 bis 1ten Juni 1877 gelernt hat.

Da sich der genannte Winkler Josef während der ganzen Lehrzeit treu, fleißig und sittlich verhalten, sich die nöthigen Gewerbskenntnisse vollständig angeeignet und meine volle Zufriedenheit erworben hat, so erkläre ich ihn hiemit von der Lehre frei.

Urkund dessen meine Namensfertigung.

Ferlach den 4ten Dezember 1890

Lehrherr.

Eingetragen in dem Gehilfen-Protokolle sub. N° P. 537.

Bestätigung des Genossenschafts-Vorstehers.

Lasst uns stets mit Fleiss betrachten,
Was durch die schwache Kraft entspringt,
Den schlechten Mann muss man verachten,
Der nie bedacht, was er vollbringt.
Das ist's ja, was den Menschen zieret,
Und dazu ward ihm der Verstand,
Dass er im innern Herzen spüret,
Was er erschafft mit seiner Hand.

Anna (Abb. 154). Josef Winkler trat erst recht spät, am 28.9.1912, der Büchsenmacher-Genossenschaft bei, sein Wohnort wird hier mit Ferlach 172 angegeben[856]. Mit Bleistift ist neben Büchsenmacher als Gewerbe Graveur vermerkt, so dass damit ein Hinweis vorliegt, dass wir hier tatsächlich denselben

Abb. 153: Lehrzeugnis Josef Winkler, ausgestellt 1890
(Archiv Koschat)

Oben links: **Abb. 154:** ***Josef Winkler mit Frau Maria und Tochter Anna, 1897*** *(Archiv Koschat)*

Oben rechts: **Abb. 156:** ***Hochzeitsfoto von Jakob Koschat und Anna Winkler mit den Beiständen, 1908*** *(Archiv Koschat)*

Abb. 155: ***Flinte mit Gravur von Maria Winkler, um 1900*** *(Archiv Koschat)*

Josef Winkler vor uns haben. Am 27.4.1919 verstarb der verwitwete Büchsenmachermeister und Waffengraveur Josef Winkler[857] Im ersten Teil des Grundbuchs der Genossenschaft, das vor dem Ersten Weltkrieg angelegt und bis ca. 1920 geführt wurde, ist als Beischrift „gestorben" zu lesen. In den turbulenten frühen Jahren der Genossenschaft mit den Auseinandersetzungen um Einfluss und um die Leitung der Maschinenhäuser war er nicht direkt involviert. Auch übte er keine Funktion in der Genossenschaft aus. Auch seine Frau Maria war als Graveurin tätig. Noch heute befindet sich eine Flinte im Besitz der Familie Koschat, die von der Urgroßmutter graviert wurde (Abb. 155).

Eine Heirat und ihre Folgen: Anna Winkler und Jakob Koschat (1878–1955)

Anna Winkler, die Tochter von Josef und Maria Winkler, heiratete1908 in der Josefikapelle in Dollich den gelernten Büchsenmacher Jakob Koschat[858]. Als Beistände bei der Hochzeit fungierten mit Mathias Tschuden und Johann Just zwei weitere Büchsenmacher (Abb. 156). 1909 kam Sohn Max zu Welt, 1911 Sohn Josef (Lorenz), 1917 Sohn Franz (Abb. 157).

Jakob Koschat hatte das Büchsenmachen in den Jahren von 1892 bis 1896 bei dem Lehrherrn Josef Just erlernt (Abb. 158). Von 1896 bis 1919 war er in der Waffenfabrik Markus Ogris tätig, davon neun Jahre lang als Werkmeister. Er war pflichttreu, verlässlich und fleißig, wie es im Zeugnis vermerkt erscheint (Abb. 159). Seine Kenntnisse im Baskülieren und Zurichten hatte er zusätzlich vertieft, in dem er als Hospitant 1897 die Fachschule für Gewehrin-

Abb. 157: ***Anna Koschat, geborene Winkler, mit den Kindern Max und Josef, um 1912*** *(Archiv Koschat)*

Arbeit ist des Bürgers Zierde
Segen ist der Mühe Preis
Ehrt den König seine Würde
Ehret uns der Hände Fleiss

LEHR-ZEUGNISS

Faßt uns stets mit Fleiß betrachten,
Was durch die schwache Kraft entspringt;
Den schlechten Mann muß man verachten,
Der nie bedacht, was er vollbringt.
Das ist's ja, was den Menschen zieret,
Und dazu ward ihm der Verstand,
Daß er im innern Herzen spüret,
Was er erschafft mit seiner Hand.

Ich Endesgefertigter bezeuge Kraft dieser Urkunde, dass Koschat Jakob aus Ferlach in Kärnten gebürtig, bei mir das Büchsenmacher Gewerbe vom 1. Mai 1892 bis 1. Mai 1896 gelernt hat.

Da sich der genannte Koschat Jakob während der ganzen Lehrzeit treu, fleißig und sittlich verhalten, sich die nöthigen Gewerbskenntnisse vollständig angeeignet und meine volle Zufriedenheit erworben hat, so erkläre ich ihn hiermit von der Lehre frei.

Urkund dessen meine Namensfertigung.

Ferlach den 4 ten Juli 1907

Genossenschaftsvorstand. Lehrherr.

Abb. 158: ***Lehrzeugnis Jakob Koschat, ausgestellt 1907*** *(Archiv Koschat)*

dustrie besuchte (Abb. 160). Nach dem Tod seines Schwiegervaters übernahm Jakob Koschat 1919 den bestehenden Betrieb. Im März 1919 trat er der Genossenschaft bei[859]. Als seine Frau Anna 1925 nach einer Kropfoperation verstarb, heiratete er bald darauf eine Tochter des Büchsenmachers Mischitz[860] Jakob Koschat führte den Betrieb bis zu seinem Tod im Jahr 1955 (Abb. 161). In diesem Jahr übernahm sein Sohn Max die Leitung.

Jakob Koschat (1878–1955) hatte zwei Brüder: Ferdinand (1874–1952) und Lorenz Koschat (1887–1964)[861]. Der Vater der drei Brüder war Lorenz Koschat (1845–1920), der wie seine drei Söhne Büchsenmacher war. Vater Lorenz Koschat erscheint erstmals 1888 in den Quellen, als er die erste Rate seiner Meistergebühr erlegte[862]. Schon bald war er in der Genossenschaft aktiv. 1891 unterschrieb er als Mitglied des Genossenschaftsausschusses die Protokolle der Sitzungen[863]. Noch 1897 war er Ausschussmitglied, zusammen mit Anton Antonitsch, Markus Ogris, Johann Schaschl, Johann Ibounig, Josef Rabitsch, Josef Hambrusch, Vinzenz Urbas, Johann Binder, Josef Kirchbaumer und Andreas Mack[864].

Sohn Lorenz Koschat fand eine Beschäftigung bei der Eisenbahn und verzog nach Oberösterreich. 1913 heiratete er in Schlierbach[865]. Ferdinand Koschat verblieb als Büchsenmacher in Ferlach. Wie zahl-

M·OGRIS
FABRIK VON HANDFEUERWAFFEN FÜR JAGD, SPORT UND VERTEIDIGUNG
FERLACH
KÄRNTEN
GOLDENE MÜNZE PARIS 1900
STAATSPREIS WIENER JAGD AUSSTELLUNG 1910.
Drahtnachrichten: OGRIS FERLACH.
K.k. Österr. Postscheckkonto Nr. 11.073
K.Ungar. Postscheckkonto Nr. 11.879.
BESONDERHEIT:
Jagdgewehre mit gesetzl. geschützter Weitschussbohrung.
Fernsprecher Nr. 11.

Ferlach (Kärnten), den 4. II. 1919.
Post- und Bahnstation

Zeugnis.

Dem Herrn Jakob Koschat wird hierdurch bestätigt, dass er in der Zeit vom 1. Juni 1896 bis 1. Februar 1919 in unserer Fabrik als Büchsenmacher gearbeitet hat und bestätigt die Firma gerne, dass er sich während dieser ganzen Zeit als äusserst verlässlicher, pflichttreuer und fleissiger Arbeiter erwiesen hat, seit 9 Jahren als Werkmeister.

M. Ogris Gewehrfabrik Ferlach (Kärnten)

Abb. 159: **Zeugnis der M. Ogris Waffenfabrik für Jakob Koschat, 1919** *(Archiv Koschat)*

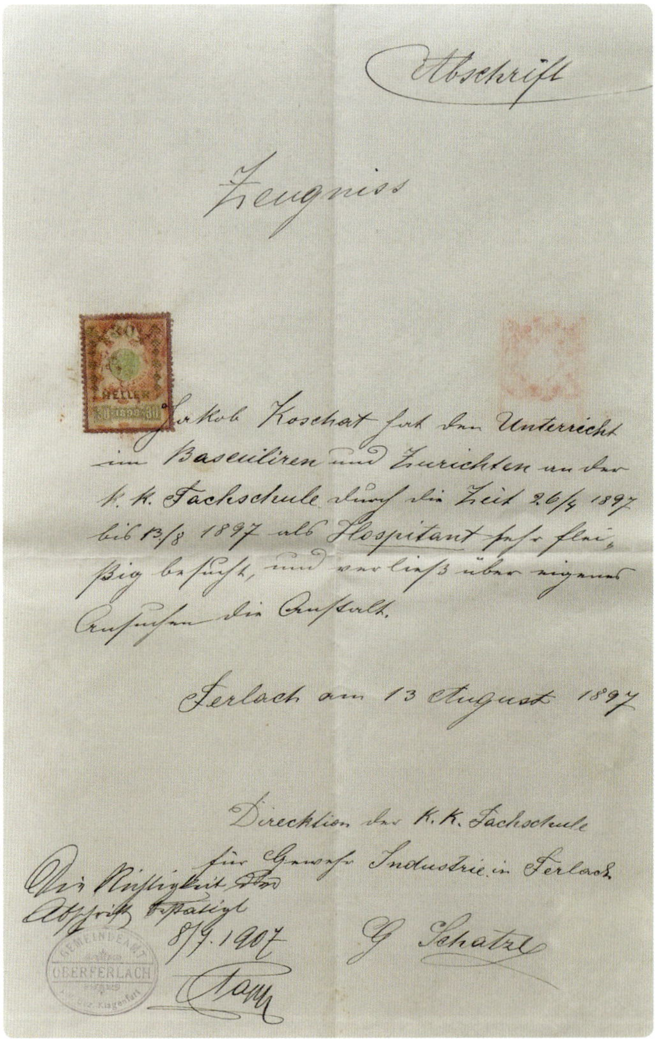
Abschrift

Zeugniss

Jakob Koschat hat den Unterricht im Basculiren und Zurichten an der k.k. Fachschule durch die Zeit 26/4 1897 bis 13/8 1897 als Hospitant sehr fleißig besucht, und verließ über eigenen Ansuchen die Anstalt.

Ferlach am 13 August 1897

Direction der k.k. Fachschule für Gewehr-Industrie in Ferlach.
G Schatzl

Gemeindeamt Oberferlach

Abb. 160: **Zeugnis der k. k. Fachschule für Jakob Koschat, 1897** *(Archiv Koschat)*

reiche andere Büchsenmacher (Valentin Traunik, Tomaž Schmid, Bogomir Sodia, Valentin Tschuden, Martin Mischitz)[866], suchte er 1919 bei der Ferlacher Bezirkshauptmannschaft, die zu jener Zeit dem SHS-Staat unterstand, als „Puškar v Borovljah" um die Erteilung einer Gewerbeerlaubnis an[867]. Er war in den kommenden Jahren Büchsenmacher in Ferlach. Ab 1921 war er Mitglied der Genossenschaft, wohnhaft in Ferlach 149. 1933 legte er sein Gewerbe zurück[868]. Sein 1908 geborener Sohn wurde nach dem Vater ebenfalls Ferdinand genannt. Auch er wurde Büchsenmacher. Nach dem Zweiten Weltkrieg war Ferdinand „Ferde" Koschat Werkmeister im Betrieb der Rosa Winkler und als Heimarbeiter tätig[869]. Manchen Ferlachern Büchsenmachern blieb er als ausgezeichneter Lehrmeister in Erinnerung[870].

Außer dieser Linie der Büchsenmacher Koschat gab es noch einen Rohrausarbeiter Lorenz Koschat in Dollich und einen weiteren Büchsenmacher Josef Koschat. Ob dieser Lorenz Koschat ident ist mit dem Vater der drei genannten Brüder, kann nicht sicher festgestellt werden. Allerdings ist auch der Vater Lorenz Koschat in Dollich zu Hause gewesen[871]. Vor dem Ersten Weltkrieg ist der Rohrausarbeiter Lorenz Koschat unter Nr. 60, ein Büchsenmacher Josef Koschat unter Nr. 134 im Grundbuch der Genossenschaft vermerkt[872]. Eine Verbindung dieses Josef Koschat zu der Büchsenmacherfamilie nach Jakob Koschat ließ sich nicht feststellen. Vor allem ist dieser Josef Koschat dem jetzigen Firmeninhaber nicht erinnerlich. Möglich wäre, dass es sich um einen weiteren Bruder von Ferdinand, Jakob und Lorenz handelt. 1903 sprach jedenfalls Lorenz Koschat seinen Sohn Josef frei, so dass zwischen diesen beiden die verwandtschaftliche Beziehung verbürgt ist[873]. Jedoch ist Josef Koschat in den Geburtsbüchern von Ferlach nicht verzeichnet. 1905 war Josef Koschat in der neu gegründeten Maschinenbezugsgenossenschaft. Wirtschaftlich dürfte es nicht gut gelaufen sein: Auf Antrag von Josef Ogris wurde er 1912 gepfändet, sein Kurator zu dieser Zeit war Philipp Poschinger. Er selbst war zu dieser Zeit unbekannten Aufenthalts[874]. Das Gewerbe des Rohrausarbeiters Lorenz Koschat aus Dollich wurde mit 2. Jänner 1913 zurückgelegt, das des Josef wurde ebenfalls gelöscht[875].1938 ist ein Josef Koschat unter den Auswanderern nach Steyr[876].

Abb. 161: Jakob Koschat, ca. 1950 *(Archiv Koschat)*

Abb. 162: Annonce Jakob Koschat, um 1925 *(Archiv Hambrusch)*

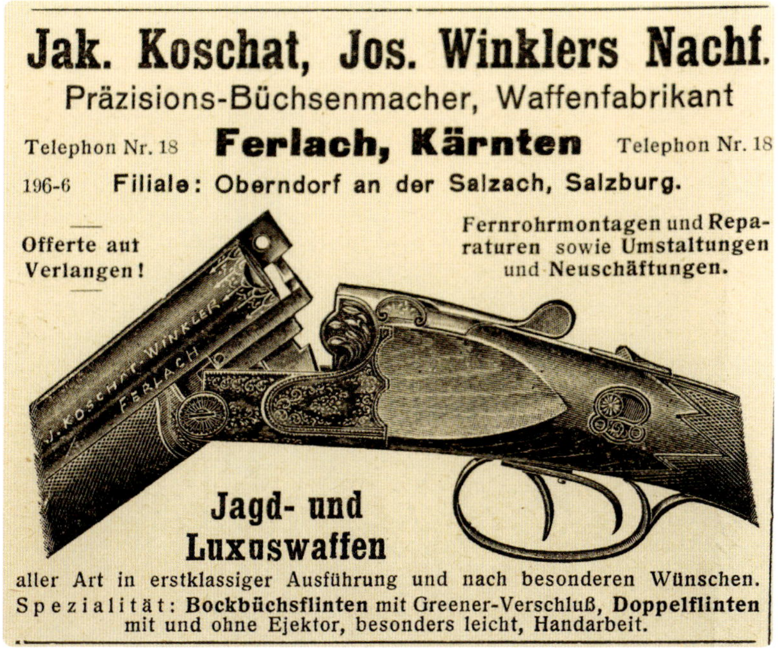

Der Weg in die Gegenwart: Max (1909–1974) und Josef Koschat (*1938)

Jakob Koschat hatte die drei Söhne Max, Josef und Franz. Max und Franz erlernten das Büchsenmachen, Sohn Josef wurde Arzt. Wie schon sein

Abb. 163:
Max Koschat, ca. 1950
(Archiv Koschat)

Onkel Lorenz zog Josef nach Oberösterreich. Dort heiratete er 1939 in Windischgarsten[877]. Er war als Arzt in der Gemeinde Weyer tätig. Der 1917 geborene Franz starb im Zweiten Weltkrieg. Sohn Max übernahm nach dem Tod seines Vaters den Betrieb.

Jakob Koschat hatte nach dem Krieg den Betrieb zu einer Firma umgewandelt. Vor dem Krieg war er wie die meisten anderen Ferlacher Büchsenmacher ein Handels- und Gewerbetreibender gewesen. Er bezeichnete sich wie so viele andere Ferlacher Büchsenmacher als Waffenfabrikant (Abb. 162) [878]. Die Beschussnummer für Waffen der Firma Jakob Koschat Nachfahre Josef Winkler war nach 1945 die Zahl 26. Als 1957 der „Verein zur Förderung des Büchsenmacherhandwerks" gegründet wurde, war Max Koschat als Obmann-Stellvertreter in führen-

Abb. 164: ***Die Firma Jakob Koschat Josef Winklers Nachfahre, um 1950*** *(Archiv Koschat)*

der Funktion dabei (Abb. 163)[879]. Ende der 1950er-Jahre waren 42 Leute inklusive Heimarbeiter für die Firma tätig (Abb. 164)[880]. Die Verdienste des Max Koschat wurden mit dem Goldenen Verdienstzeichen der Republik Österreich ausgezeichnet (Abb. 165). Fixe Arbeitszeiten gab es nur in der Werkstatt. Die Arbeit wurde auf Akkordbasis geleistet und abgerechnet. Wenn besondere Wünsche von Kunden hereinkamen, konnte es schon vorkommen, dass ein Gewehr innerhalb von 14 Tagen gefertigt wurde. Allerdings bekam Josef Koschat (Abb. 166), seit 1974 Nachfolger seines Vaters Max, dann nur zwei Stunden Schlaf pro Nacht.

Josef Koschat besuchte von 1953 bis 1957 die Fachschule für Handfeuerwaffen in Ferlach und absolvierte 1960, mit 22 Jahren, die Meisterprüfung für Büchsenmachen. Als Spezialität des Hauses galt neben der Fertigung von Hahngewehren die Fertigung von Waffen mit Seitenschlossen. Die besondere Kundenpflege brachte es auch öfter mit sich, dass Freizeit und Arbeit miteinander verschmolzen. So verweist Josef Koschat auf manche Wochenenden und Nächte, die mit Kunden im geselligen Beisammensein verbracht wurden. Selbstverständlich waren dann auch die Ehepartnerinnen als Gastgeberinnen gefordert. Auch für die Firma Koschat war zunächst Deutschland das Hauptabsatzgebiet,

Abb. 166: Josef Koschat, um 2000 *(Archiv Koschat)*

Abb. 167: Koschat-Büchse mit Marx-Lenin-Stalin-Gravur *(Archiv Koschat)*

Abb. 165: Max Koschat wird von Landeshauptmann Hans Sima ausgezeichnet, 1969 *(Archiv Koschat)*

wobei Mundpropaganda stetes eine große Rolle spielte. Ab den 2000er-Jahren wurden zunehmend der Osten, Russland und die arabischen Länder, wichtiger. Auch wenn sich die Art der Kundenbeziehungen im Laufe der Jahre entwickelte, so blieb jedoch das Eingehen auf spezielle Kundenwünsche stets unverändert. So entstanden schon manchmal ganz besondere Originale im Hause Koschat, wie z. B. eine Büchse, deren Gravur die Köpfe von Marx, Lenin und Stalin zeigt (Abb. 167). Kommerzialrat Josef Koschat war lange Jahre auch in der Genossenschaft und in der Wirtschaftskammer aktiv. Auch als Obmann des Büchsenmacherinternats fungierte er in den Jahren 1987 bis 2011.

Liste der Büchsenmacher Koschat (Nachfahren Josef Winkler)

Name	Geboren	Gestorben	Bezeugt	Gewerbe	Wohnort
Johann Winkler (Vater des Matheus)	–	–	–	Schlossmacher	Glainach
Matheus Winkler	6.9.1792 (Pfarre Glainach)	15.6.1833 (Pfarre Glainach)	1816 (15. Februar: Heirat mit Barbara Zepitz)	Büchsenmacher, Schlossmachermeister	Unterferlach
Josef Winkler	14.3.1819 (Pfarre Glainach)	Nicht gefunden im Sterbbuch Ferlach oder Glainach	1846, 1857, 1858	Büchsenmacher	Unterferlach
Johann Winkler	22.8.1825	1890	1857	Beschlägemacher,	Unterferlach
Josef Winkler	21.8.1857	27.4.1919	–	Büchsenmacher, Graveur	Ferlach 172
Jakob Koschat	23.7.1878	25.12.1955	–	Büchsenmacher	Ferlach 142
Max Koschat (Sohn des Jakob)	25.7.1909	23.4.1974	–	Büchsenmacher	Ferlach, 12.-November-Str.
Josef (Lorenz) Koschat (Bruder des Max Koschat)	30.8.1911	30.1.1989		Arzt in der Gemeinde Weyer/OÖ	Ferlach, Windischgarsten, Steyr
Franz Koschat	1917	Im Krieg verstorben	–	Büchsenmacher	Ferlach, 12.-November-Str.
Josef Koschat (Sohn des Max Koschat)	9.3.1938	–		Büchsenmacher	Ferlach, 12.-November-Str.

Liste weiterer Büchsenmacher Koschat

Name	Geboren	Gestorben	Bezeugt	Gewerbe	Wohnort
Lorenz Koschat (Vater)	1845	7.9.1920	1878, 1887, 1888, 1897	Büchsenmacher	Dollich
Lorenz Koschat	13.3.1887	25.6.1964 in Schlierbach/OÖ	–	Büchsenmacher	Ferlach, Schlierbach/OÖ
Ferdinand Koschat	1.2.1874	21.3.1952	–	–	Ferlach
Ferdinand Koschat (Sohn des Ferdinand)	1908	1992	–	–	Ferlach 149
Josef Koschat	–	–	1903–1913	Büchsenmacher	Ferlach

Schaschl-Outschar

Gegründet: **1864**
um 1750 Joseph Outschar Putz- und Ausmacher an der Jurkele-Keusche
1909 Schaschl-Outschar
Beschussnummer: **35**

Die Familie Outschar ist seit über 300 Jahren an der Jurkele-Keusche in Dollich ansässig. Ab dem 18. Jahrhundert sind die Outschar als Rohrausmacher und Büchsenmacher nachweisbar. Johann Schaschl-Outschar (1875–1955) war Gewehrfabrikant, Genossenschaftsvorstand und Ferlacher Bürgermeister. Sein Enkel Walter Schaschl-Outschar war als Büchsenmacher und im Schaftholzhandel erfolgreich. Seit 2014 setzt Sohn Johannes Schaschl-Outschar den Betrieb fort.

Adresse: Jagdwaffen Outschar, Johannes Schaschl-Outschar, Josef Ogris-Gasse 23
9170 Ferlach (vlg. Jurkele), www.schaftholzhandel.at

Schaschl-Outschar – Tradition am Ort

Im Namen Schaschl-Outschar werden zwei Familiennamen vereint, die in Ferlach und unter den Büchsenmachern eine lange Tradition aufweisen. Spätestens als es 1909 aufgrund von Namensgleichheit Verwechslungsmöglichkeiten bei der Genossenschaftswahl gab – auf einigen Stimmzettel war kein Vorname vermerkt –, erweiterte Johann Outschar seinen Namen zu Schaschl-Outschar[881]. Zurückzuführen ist das auf eine Adoption im Jahr 1896, als der als Johann Schaschl geborene Sohn von seinem Onkel Johann Outschar adoptiert wurde[882]. Die Familie Outschar ist seit über 300 Jahren Inhaber der „Jurkelekeusche" in Dollich 1. Und auch das Büchsen- bzw. Rohrausmachen übt die Familie Outschar seit mindestens 250 Jahren an diesem Ort aus.

Jurkele in Dollich: die ersten Rohrausmacher Outschar

In Ferlach ist das bis vor wenigen Jahren bestehende Gasthaus Outschar vlg. Jurkele noch vielen ein Begriff. Hier fanden sehr beliebte Kirchtage statt (Abb. 168). Kegelbahn und Schwimmbad gehörten ebenso zur Ausstattung wie Fremdenzimmer für Gäste. Daneben war die Büchsenmacher-Werkstatt der Familie Outschar, die die Jurkelekeusche seit dem 17. Jahrhundert besitzt.

Der erste Besitzer dieses Namens war Georg Outschar, der zwischen ca. 1641 und nach 1675 hier lebte[883]. Um 1750 wird in einem Verzeichnis der Putz- und Ausmacher Joseph Outschar als „Jurgelle" verzeichnet. Er war Hollenburger Untertan. Spätestens mit ihm startet die Tradition der Büchsenmacher am Jurkele-Anwesen. Als Ort wird „Duelach bei St. Joseph Capellen" angegeben[884].

Die Josephkapelle war 1744 erbaut und geweiht worden[885]. Außer Joseph Outschar war ein Marx Tschaschl vlg. Peterlle ebenfalls Putz-und Ausmacher in Dollich, so dass hier eine frühe, aber wohl eher zufällige Verbindung von Outschar und Schaschl (Tschaschl) vorliegt. Joseph Outschar war im Gegensatz zu Marx Tschachl nicht bei der ersten Versammlung der Ferlacher Büchsenmacher nach der neuen Handwerksordnung am 24. April 1752 dabei[886]. Der Vulgonamen Jurgelle bzw. Jurkele, der sich bis heute gehalten hat, wird sich wohl vom Namen des ersten Besitzers (Georg oder Jury) ableiten lassen[887].

1793 war Florian Outschar Rohrausmacher und Besitzer der „Jurglkeusche"[888]. Auch der nächste Inhaber der Jurkelekeusche war Rohrausmacher. Sein Sohn Johannes (*1798)[889] erlernte wie sein Vater das Handwerk des Büchsen- und Rohrausmachens. 1819 wird Johann Outschar als Rohrausmacher genannt[890]. 1840 erscheint er im Meisterverzeichnis der Büchsenmacher (Nr. 293), als Wohnort ist „Dolliach" angegeben[891]. Johann Outschar hatte die Söhne Johann (*1829), Simon (*1839) und Franz (*1845), die alle das Handwerk ihres Vaters lernten[892]. Als der ältere Sohn erbte Johann die Jurkele-Keusche. Unter ihm nahm das Gewerbe nochmals einen beachtlichen Aufschwung. In den Quellen erscheint er als Büchsenmacher und Gewehrfabrikant[893]. Er war auch unter den 1884 zur Gründungsversammlung der Genossenschaft eingeladenen Meister. Auch Simon Outschar war als Rohrausarbeiter aus Dollich bei der Genossenschaftsversammlung dabei[894]. Franz Outschar war in Unterferlach und Ferlach als Rohrschmied tätig und erscheint im Protokollbuch zwischen 1884 und 1892 wiederholt als aufdingender Meister[895].

Bei der konstituierenden Gehilfenversammlung im August 1885, die nach Genossenschaftsstatut zwingend war, waren ein Josef Outschar und ein Johann Schaschl zur Obmannwahl angetreten. Allerdings unterlagen sie Thomas Fugger, der Gehilfe bei Anton Antonitsch war[896]. Der Gewehrfabrikant Johann Outschar engagierte sich in der Folge auch in der Genossenschaft. An der Errichtung von

Abb. 168: Gasthaus Jurkele, Hans Outschar, um 1900 *(Tuschar 1996, 395)*

Maschinenhaus 1 im Jahr 1887 beteiligte er sich mit 20 fl[897]. 1888 wurde er in den Genossenschafts-Ausschuss gewählt[898], in dem er bis mindesten 1891 verblieb. Seine Unterschrift ist auf den Ausschussprotokollen dieser Zeit zu finden. Damit trug er auch die Mitverantwortung für die geschäftlich schwierige Zeit unter Anton Mischitz, der 1891 zum Vorstand der Genossenschaft gewählt worden war, ehe dieser zumindest als Leiter der Maschinenhäuser wieder von Josef Just abgelöst wurde[899]. Als sich 1893 etliche Ferlacher Büchsenmacher an die Bezirkshauptmannschaft Klagenfurt wandten und darum baten, dass die Genossenschaft ihren Wirkungskreis nicht überschreiten sollte, war Johann Outschar unter den Unterzeichnern. Sie baten darum, dass die maschinelle Produktion abgestellt werden sollte, da ihnen daraus Nachteile erwachsen würden[900]. Er befand sich dabei in prominenter Gesellschaft mit Anton Sodia, Anton Antonitsch, Adolf Kawan, Peter Wernig oder Markus Ogris. Der Großteil der Ferlacher Büchsenmacher sah die maschinelle Fertigung als unliebsame Bedrohung. Johann Outschar verstarb 1896[901].

Johann Schaschl-Outschar: Büchsenmacher und Bürgermeister

Mit 17.1.1907 war Johann Schaschl-Outschar in die Genossenschaft eingetreten und unter der Nummer 136 vermerkt worden (Abb. 169). Im selben Verzeichnis ist der „Büchsenmacher und Rohrfabrikant" Johann Outschar unter der Nr. 4 eingetragen, wobei in einer Spalte der Zusatz „gestorben" zu lesen ist. Bei beiden ist als Wohnort Dollich angegeben[902]. Johann Schaschl-Outschar wurde im Jahr 1875 als Johann Schaschl geboren. Seine Mutter Katharina (*1843), die den Müller Valentin

Abb. 169: Eintrag Johann Schaschl-Outschar im Grundbuch der Genossenschaft, 1907 *(Archiv der Büchsenmachergenossenschaft)*

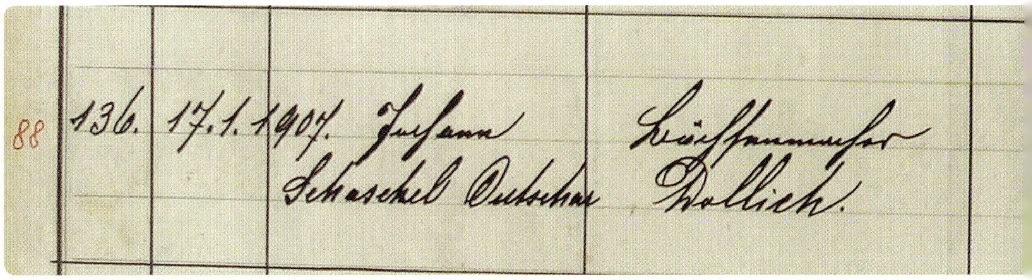

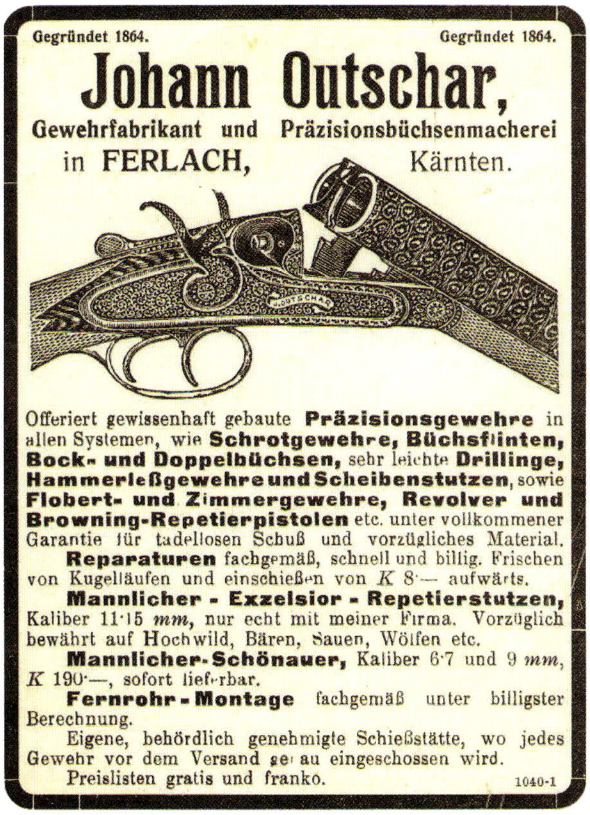

Links: Abb. 170: Annonce Johann Outschar, um 1910 *(Archiv Hambrusch)*

Rechts: Abb. 171: Annonce Johann Outschar, 1911 *(Waidmannsheil 1911)*

Schaschl geheiratet hatte, war die Schwester der Büchsenmacher Johann, Franz und Simon Outschar. Johann Outschar adoptierte seinen Neffen 1896 an Kindesstatt[903]. Er übernahm die Jurkele-Keusche und die Gewehrfabrik seines Onkels (Abb. 170). Das Gründungsdatum der Gewehrfabrik Johann Outschar wird mit 1864 angegeben (Abb. 171). 1905, bei der Gründung der Maschinenbezugsgenossenschaft, ist Hans Schaschl-Outschar als Nr. 28 mit dabei, jedoch im Gegensatz zu Namensvetter Franz Outschar, der zusammen mit Ludwig Borovnik und Josef Just den Titel zeichnet, nicht an vorderer Stelle[904]. Franz Outschar (1879–1939) war der Sohn von Franz[905], dem Bruder von Johann, Simon und Katharina. Johann Schaschl-Outschar und Franz Outschar waren Cousins.

Als im Juni 1909 Johann Outschar zum stellvertretenden Vorsteher der Genossenschaft hinter Josef Just gewählt worden war, legten einige Genossenschaftsmitglieder Protest ein. Bemängelt wurde nicht nur, dass die Versammlung von 7 Uhr abends bis 4 Uhr früh gedauert hatte und der Antrag auf Unterbrechung abgelehnt worden war, weil Gewehrfabrikant Ogris die Situation günstig für seine Kandidaten eingeschätzt hätte. Beanstandet wurde vor allem auch die Gültigkeit der Wahl, da auf einigen Stimmzettel lediglich „Oučar" gestanden habe und folglich eine Unterscheidbarkeit zum ebenfalls anwesenden Franz Outschar nicht gegeben gewesen sei[906]. Der Protest verlief ergebnislos. Als Just im Oktober 1909 als Vorstand der Genossenschaft zurücktrat, übernahm sein Stellvertreter Johann Schaschl-Outschar seine Stelle[907]. Aus der Stellungnahme des Fachlehrers Strein, die dieser über Schaschl-Outschar an die Bezirkshauptmannschaft abgab, erfahren wir ein wenig über die politische Einstellung und den beruflichen Werdegang: Bis dato habe sich Schaschl-Outschar nicht politisch betätigt, er gehöre jedoch der fortschrittlichen Partei an. Sein Wesen wird als ruhig und besonnen beschrieben. Die nötigen Fachkenntnisse erwarb er nicht nur als Fachschüler, sondern er war auch als Waffenmeister des k. k. Arsenals in Wien tätig gewesen[908]. Mit 34 Jahren war er für die Obmannstelle noch vergleichsweise jung. 1912 wurde er wieder zum Obmann gewählt[909]. Zu seinen Aufgaben gehörte auch die Organisation des Altersunterstützungsfonds[910]. Die Maschinenhäuser, die Kernstücke der Genossenschaft, wurden zu dieser Zeit vom Maschinenhaus-Direktor Rudolf Hoinig gelenkt, der unter einem Vorstand bzw. Ausschuss und einem Aufsichtsrat tätig war. Die Genossenschaft wählte dazu einen dreiköpfigen Vorstand plus zwei Ersatzmitglieder, zusätzlich gab es noch einen ebenfalls dreiköpfigen Aufsichtsrat[911]. Im Juli 1914 legten Obmann Johann Schaschl-Outschar und Stellvertreter Josef Hambrusch ihre Ämter zurück. Johann Schaschl-Outschar war zu diesem Zeitpunkt nicht nur Obmann der Genossenschaft, sondern auch jener des Maschinenhaus-Ausschusses[912]. Die Verwaltung wurde nunmehr vom Direktor der Fachschule, Josef Vogl, und seinem Stellvertreter, Alois Kessner, besorgt[913]. Im Februar 1918 und damit vor Kriegsende wählten die fünf von der Landesregierung ernannten Kommissäre der Genossenschaft (Albin Hallemoschnig, Josef Ogris, Johann Schaschl-Outschar, Franz Sodia, Vinzenz Urbas) Johann Schaschl-Outschar aus ihrer Mitte wieder zum Obmann der Genossenschaft[914]. Von 21. Dezember 1918 bis 19. Juni 1919 war er auch Ferlacher Bürgermeister (Abb. 172)[915]. Dann wurde er von seinem Büchsenmacherkollegen Ludwig Borovnik abgelöst[916]. Es waren dies die turbulenten Zeiten der nationalen Auseinandersetzungen, die schließlich im Oktober 1920 zur Volksabstimmung führten. Schaschl-Outschar musste Ferlach im Juni 1919 verlassen, erhielt aber noch im August die Rückkehrerlaubnis für „Janez Schaschl-Outschar p. d. Jurkele, puškarski meister"[917]. Von November 1920 bis Mai 1921 war er wieder Ferlacher Bürgermeister[918]. Das Amt des Obmanns der Genossenschaft hatte ab Dezember 1920 Thomas Kullnig inne[919].

Die Firma Schaschl-Outschar im 20. und 21. Jahrhundert

In den schwierigen 1920er-Jahren waren zunächst die Maschinenhäuser und die Firma Ogris die größten Büchsenmacher-Betriebe in Ferlach. Schon 1922 kam es aufgrund der Krise zu Entlassungen bei der Firma Ogris[920]. Nach dem Tod des Firmeninhabers Josef Ogris pachtete Johann Schaschl-Outschar die Firma[921]. Diese Geschäftskonstruktion blieb bis mindestens 1939 aufrecht. Er war der Inhaber der Konzession für die Firma Ogris Erben[922]. Der Familiengeschichte nach arbeitete Johann Schaschl-Outschars Sohn Alois in den wirtschaftlich angespannten Zeiten der 1930er-Jahre in der Schweiz als Büchsenmacher, ehe er zu Kriegsbeginn 1939 zurückkehrte und einrückte. Der Vater soll mit seinem persönlichen Besitz, zu dem auch beträchtlicher Waldbesitz gehörte, für die Insolvenz der Firma Ogris gerade gestanden sein[923]. Nach dem Krieg (1947) jedenfalls bestand die Firma M. Ogris als OHG noch fort. Für die minderjährigen Kinder Herta, Irmgard und Josef war deren Mutter Luise Ogris für die Dauer der Minderjährigkeit zeichnungsberechtigt[924]. Johann Schaschl-Outschar war nicht mehr Pächter oder Konzessionsinhaber, ohne dass sich das Schicksal der Firma Ogris in den Jahren 1939–1945 näher nachzeichnen ließe. 1942, nach der Aussiedlung der Büchsenmacherwitwe Rosa Winkler, die als „Staatsfeindin" im Zuge der Slowenenaussiedlung deportiert wurde, war Johann Schaschl-Outschar außerdem mit der Liquidierung des Betriebes Josef Winkler befasst. Vom 27.4.1942 bis 25.2.1943 war er im Auftrag von Josef Hambrusch, Bürgermeister und Büchsenmacher, tätig. So verkaufte er z. B. Waren aus dem Bestand der Firma Josef Winkler an den Büchsenmacher Simon Kallischnig, der wie er in Dollich zu Hause war[925]. Ausstehende Rechnungen der Firma Winkler, z. B. für die Verschlussreparatur einer Hammerless-Doppelflinte für die Fa. Maszorana in Zara Bergamo, trieb er ein[926]. Nutznießer der Einnahmen war die Deutsche Umsiedlungs- und Treuhand GmbH (DUT). Als Entschädigung für seine Tätigkeiten erhielt er von der Deutschen Umsiedlungs- und Treuhand GmbH (DUT) für seine „Mühewaltung" 454,80 RM[927].

Im Gegensatz zu Hans Outschar (=Johann Schaschl-Outschar), der nach dem Krieg die Beschussnummer 35 erhielt, gab es für die Firma Ogris keine Nummer mehr. Sie hat nach dem Krieg nicht mehr produziert. Johann Schaschl-Outschar fing zusammen mit seinem Sohn Alois nochmals am alten Standort Jurkele (Dollich 1) einen Betrieb an. Das bevorzugte produzierte Gewehr dieser Jahre war das Modell 500er Ferlacher Express. Als Johann Schaschl-Outschar 1955 verstarb, war erst sechs Jahre zuvor, 1949, sein Enkel Walter auf die Welt gekommen. Walter war der Sohn von Alois Schaschl-Outschar, der mit über 40 Jahren einen Sohn und damit den späteren Firmenerben bekommen hatte. Als 1957 der „Verein zur Förderung des Büchsenmacherhandwerks" gegründet wurde, war Alois Schaschl-Outschar als Vorsitzender der Berufsgruppe der Büchsenmacher der Einladende zur konstituierenden Generalversammlung[928]. Auch war er Vorsitzender der Exportgenossenschaft (1953), über die ein Teil der Ferlacher Waffen exportiert wurde.

Abb. 172: Johann Schaschl-Outschar, 1917
(Tuschar 1996, 47)

Die Exportzahlen ihrer eigenen Verkäufe behielten die Ferlacher Büchsenmacher jedoch stets streng für sich[929].

Sohn Walter erlernte das Büchsenmacherhandwerk und übernahm mit 25 Jahren bereits die Firma. Den Betrieb, den sein Vater mit rund 15 Leuten geführt hatte, baute er auf eine Stärke von 30 bis 35 Mann aus, die in Ferlacher Tradition auch als Heimarbeiter tätig waren. Drei Schäfter und zehn Graveure erhielten so Heimarbeit. Walter hatte nach der Fachschule in Ferlach in Deutschland Erfahrungen und Kontakte gesammelt. Der Schaftholzhandel wurde ab den 1980er-Jahren das zweite Standbein der Firma. In den folgenden Jahren entwickelte sich die Firma zum Generallieferanten für Schaftholz für deutsche Jagdwaffenfirmen, und auch an große Waffenfirmen in Italien und Tschechien wurde viel Holz geliefert. Das Holz wurde vor allem aus der Türkei importiert. Der steinige Boden und die Trockenheit garantieren einen langsamen Wuchs der Nusshölzer und damit die geforderte Qualität. Zur Beschaffung des Schaftholzes war Walter Schaschl-Outschar unzählige Male, oft für zwei Wochen und länger, in der Türkei unterwegs. In Ferlach war er in der Genossenschaft engagiert und versuchte zusammen mit Johann Fanzoj die Genossenschaft an die Börse zu bringen. Doch die Wirtschaftskrise sowie das Waffenembargo für Lieferungen nach Russland und in die Ukraine gingen auch an der Firma Outschar nicht spurlos vorbei.

Im Jahr 2015 startete Sohn Johannes Schaschl-Outschar wieder neu mit der Büchsenmacherei und dem Schaftholzhandel. Als Einpersonenbetrieb baut der Absolvent der HTL für Waffentechnik und Büchsenmachermeister wieder einige Büchsen im Jahr. Als gut ausgebildeter Büchsenmacher, der außer Schäften und Gravieren alle Arbeiten selbsttätig in seiner perfekt eingerichteten, technisch hochmodernen Werkstatt leistet, hat er Fuß gefasst in den Bereichen Neuwaffen, aber auch bei Reparaturarbeiten und im Schaftholzhandel. Durch den eigenen unterirdischen 100 m-Schießstand im Garten hinter dem Haus können alle Produkte vor Ort erprobt werden, ohne die Nachbarn mit Lärm zu belästigen. Die jahrhundertealte Tradition des Büchsenmacherhandwerks und die Liebe zum Beruf werden auch in der neuen Zeit immer Bestand haben[930].

Liste der Büchsenmacher Outschar vlg. Jurkele

Name	Geboren	Gestorben	Bezeugt	Gewerbe	Wohnort
Georg Outschar	–	–	Ca. 1641–1675	?	Dollich, Jurkele
Joseph Outschar	–	–	Ca. 1750	Putz- und Ausmacher	Dollich, Jurkele
Florian Outschar	–	–	1793, 1806	Rohrausmacher	Dollich, Jurkele
Johann Outschar	1798	–	1819–1826	Rohrausmacher	Dollich, Jurkele
Johann Outschar	4.4.1829	1896	–	Gewehrfabrikant	Dollich, Jurkele
Johann Schaschl-Outschar	3.12.1875	1.12.1955	–	Büchsenmacher	Dollich, Jurkele
Alois Schaschl-Outschar	25.12.1908	20.5.1988	–	Büchsenmacher	Dollich, Jurkele
Walter Schaschl-Outschar	1949	–	–	Büchsenmacher	Dollich, Jurkele
Johannes Schaschl-Outschar	1986	–	–	Büchsenmacher	Dollich, Jurkele

Scheiring

Gegründet: **Weiterführung der Firma Düsel, ca. 1960er-Jahre**
Beschussnummer: **55**

Helmut Scheiring kam 1949 aus Tirol nach Ferlach und erlernte das Büchsenmacherhandwerk. Er arbeitete bei der Firma Düsel, die er anschließend übernahm. Sein Sohn Herbert setzte den Betrieb fort. Ansässig ist er in der vom Gewehrfabrikaten Anton Antonitsch Ende des 19. Jahrhunderts erbauten Villa in der Klagenfurter Straße in Ferlach. Die Firma Scheiring baut Jagdwaffen, die Weltruhm genießen.
Adresse: Jagdwaffen Herbert Scheiring GesmbH, Klagenfurter Str. 19, 9170 Ferlach
www.jagdwaffen-scheiring.at

Jagdwaffen Herbert Scheiring – Scheiring GesmbH

Zu den jüngeren Firmen in Ferlach zählt die Firma Scheiring, auch wenn ihr Ort und ihre Geschichte deutlich in die Vergangenheit der Ferlacher Büchsenmacherei verweisen. Die Firma „Waffen H. Scheiring" ist in der Klagenfurter Straße in Ferlach ansässig[931]. Werkstatt und Wohnort der Familie Schering ist die von Anton Antonitsch Ende des 19. Jahrhunderts erbaute „Antonitsch-Villa" (Abb. 173). Heute ist Herbert Scheiring Geschäftsführer der Scheiring GesmbH. Dessen Vater, Helmut Scheiring, kam 1949 von Tirol nach Ferlach, um hier als Fachschüler das Büchsenmacherhandwerk zu lernen. Er arbeitete bei der Firma Düsel in der 12. November-Straße, deren Wurzeln ins 19. Jahrhundert zurückreichen[932]. Da Josef Düsel keine Kinder hatte, übernahm Helmut Schering den Betrieb.

Herbert Scheiring (*1958) beschreibt seinen Vater als traditionsbewussten, sparsamen, hartnäckigen Mann, dessen Vorbild die Firma Franz Sodia war. Die Firma Franz Sodia war zur Zeit, als Helmut Scheiring das Handwerk erlernte, der größte Betrieb in Ferlach. Helmut Scheiring sah die Zukunft der eigenen Firma in den 1970er-Jahren ebenfalls in der Massenproduktion. Sein Sohn Herbert, der mit entwaffnender Offenheit gesteht, dass das Handwerk nie seines war, obwohl er natürlich auch die Büchsenmacherei erlernte, wollte schon damals auf Einzel- und Sonderanfertigungen setzen. Nachdem er Schule und Lehre unter Ferdinand Koschat in der Firma Josef Winkler (Rosa Winkler) hinter sich gebracht hatte, verließ er den väterlichen Betrieb. Er war in Italien im Verkauf von Waffen tätig und baute in Wien Kontakte zu Firmen auf. Mit dem Waffenverkauf hatte er sein Metier gefunden.

Unterschiedliche Charaktere und unterschiedliche Vorstellungen von der Zukunft, machten das Verhältnis zwischen Vater und Sohn nicht immer einfach. Doch eine wesentliche Übereinkunft fanden sie in ihrer gemeinsamen Leidenschaft für die Jagd. Als sein Vater schwer erkrankte, kehrte Herbert nach Ferlach zurück. Herbert Schering richtete sich zunächst seine eigene Werkstatt ein. Hilfreich waren ihm dabei seine zahlreichen guten Kontakte, die er aus seiner Zeit im Waffenverkauf und durch seine Jagdleidenschaft aufgebaut hatte. Mit großer Hochachtung spricht Herbert Scheiring von dem

Vertrauen, das ihm und seinen geschäftlichen Unternehmungen immer wieder von potenter Seite entgegengebracht wurde.

Das Verhältnis zum Vater war nicht leicht und wurde durch die Scheidung der Eltern noch erschwert. Helmut Scheiring verbrachte die letzten Jahre, schwer gezeichnet durch jahrzehntelange Krankheit, wieder in seiner Heimat Tirol. Da er stets als Einzelunternehmer gearbeitet hatte, konnte die Firma nicht einfach stillgelegt werden, da dann die Investitionen zu versteuern gewesen wären.

Herbert Scheiring übernahm daher den väterlichen Betrieb. Als begnadeter Verkäufer erkannte er, dass Umfeld und Produkte stimmig sein mussten. Er verwirklichte den Anspruch nach Repräsentation, in dem er die zum damaligen Zeitpunkt leer stehende Villa Antonitsch kaufte. Die Geschichte des Hauskaufs, wie sie Herbert Scheiring zu erzählen weiß, ist eine gelungene Mischung aus Kauftaktik und Ferlacher Anekdote. Das Haus, das von außen nach vierjährigem Leerstand einen verwilderten Eindruck machte, war bei der erstmaligen Besichtigung, die Herbert Scheiring kurz vor Weihnachten vornahm, durchaus noch in passablem Zustand. Die Hauseigentümer, eine ältere Dame und deren Tochter, wollten dafür 2,5 Millionen Schilling – eine Summe, die Herbert Scheiring unmöglich aufbringen konnte. Bei der zweiten Besichtigung machte Herbert Scheiring einen Vorschlag: Er würde 1,6 Millionen allein für das Haus zahlen, ohne die umliegenden Grundstücke. Allerdings wollte er ein vertraglich gesichertes Vorkaufsrecht für diese haben, sowie eine Klausel, dass der Grundstücksverkauf in den ersten drei Jahren nach dem Hauskauf nicht möglich ist.

Ein Grund, warum Herbert Scheiring die Villa samt Garten unbedingt kaufen wollte, war auch, dass der Garten um die Villa war groß genug war, um diagonal einen unterirdischen 100-Meter-Schusskanal einzuziehen. Die Grundstücke wollte er sukzessive dazu kaufen, wenn er die Mittel dafür erwirtschaftet hätte. Ein Rücktrittsrecht vom Verkauf bestand nur, wenn sich ein Käufer fände, der die volle Summe von 2,5 Millionen begleichen wollte. Nun legte Herbert Scheiring die vorsorglich in bar mitgebrachten 500.000 Schilling auf den Tisch, verließ den Raum mit der Bemerkung, dass für ihn die Sache abgemacht wäre, wenn das Geld nach 30 Minuten verschwunden sei. Tatsächlich war das Geld nach 30 Minuten in die Tasche der Hauseigentümerinnen gewandert. Kaum war dieser ungewöhnliche Kaufvertrag beschlossen, sollen sich plötzlich mehrere Ferlacher Interessenten gefunden haben. Doch da keiner die gesamte Summe begleichen wollte, wurde die Villa Antonitsch zum Sitz der Firma Scheiring.

Fast noch kurioser ist die Geschichte, wie Herbert Scheiring sein altes Haus verkaufte. Das Geld aus dem Verkauf benötigte er aufgrund seiner geschäftlichen Transaktionen sehr dringend. Die Nachbarin, wieder einer ältere Dame, die nebenan ein Geschäft betrieb, soll ihm zunächst den Kauf zugesichert, dann jedoch Abstand genommen haben. Ob dieser Sinneswandel kauftaktisch begründet war, bleibt dahingestellt. Der gewiefte Käufer und Verkäufer Scheiring war jedoch nicht zu erschüttern. Er versicherte der unentschlossenen Käuferin, das sei überhaupt kein Problem. Er hätte schon andere Käufer und zwar Damen, die dem horizontalen Gewerbe nachgingen. Um diese Nachbarschaft zu vermeiden, kam das ursprüngliche Geschäft rasch zu Stande.

Diese Anekdoten, die mit der Büchsenmacherei nur am Rande zu tun haben, zeigen deutlich, worin die Stärken des bekennenden Nicht-Handwerkers Herbert Scheiring liegen: im Geschäftsleben und im Kundenumgang. Damit unterscheidet sich Scheiring auch von vielen anderen Ferlacher Büchsenmachern, die traditionell der kaufmännischen Seite eher reserviert gegenüber standen.

Dass diese Einstellung nicht nur Zustimmung hervorrief, erscheint nachvollziehbar. In den 1980er-Jahren kam es auch zu Meinungsverschiedenheiten zwischen der Genossenschaft und Herbert Scheiring. Als die Genossenschaft in finanzielle Turbulenzen geriet und schließlich 2004 den Konkurs beantragte, war das Nicht-Genossenschaftsmitglied Scheiring zur Stelle. Er kaufte den Besitz der Genossenschaft mit seiner Magnum Waffen und Präzisionstechnik GmbH.

Herbert Scheiring versteht es ausgezeichnet, die Möglichkeiten der Wirtschaftswelt zu nutzen. Mit seinen Produkten und mit seiner Jagdleidenschaft pflegt er aber stets die Basis des persönlichen Kontakts. Vor allem manch ältere Ferlacher Büchsenmacher konnten sich mit diesen neuen Zeiten nicht mehr anfreunden. Heute sind die Wogen geglättet und die wichtigsten noch existenten Büchsenmacherbetriebe Ferlachs sind in der EPT Präzisionstechnik GmbH , der derzeitigen Betreibergesellschaft des ehemaligen Maschinenhauses der Genossenschaft, als anteilige Eigentümer eingebunden. In der straßenseitig gelegenen Werkstatt der Firma Scheiring werden heute Waffen hergestellt, die Weltruhm an Präzision genießen. Mit diesen kann ein Hirsch auf eine Distanz von über 500 Metern geschossen werden. Der Schusskanal, den Herbert Scheiring schon beim Hauskauf im Sinn gehabt hatte, wurde gebaut, so dass die Waffen vor Ort getestet werden können.

Insgesamt beschäftigt Herbert Scheiring 13 Personen. Sie stellen 20 bis 25 Gewehre pro Jahr her. Da das Hauptabsatzgebiet der Schering-Waffen stets Mitteleuropa war, wurde der Betrieb durch die Krise der Ostgeschäfte nicht so stark in Mitleidenschaft gezogen. Außerdem verfügt Scheiring über ein ausgesuchtes Lager an Schaftholz, das im eigenen Haus getrocknet wird. Der Handel mit Schaftholz ist ein einträgliches Geschäft für alle, die Zeit haben, auf die Trocknung zu warten. Herbert Scheiring betont, dass er durch die selbst empfundene Faszination, die die Jagd auf ihn ausübt, mit seinen Kunden stets auf Augenhöhe reden kann. Er weiß, wovon die Kunden sprechen und was sie wollen. Zu seinem Kundenkreis zählen prominente Namen aus Sport, Finanz und Wirtschaft. Auf die Zukunft der Ferlacher Büchsenmacher angesprochen, antwortet Herbert Scheiring mit der ihm eigenen überzeugenden Offenheit, dass er keine Ahnung habe. So ganz mag man ihm das aber nicht glauben[933].

Abb. 173: Firma Schering GesmbH, früher Villa Antonitsch, 2017 (Foto: Peter Just)

Weitere Ferlacher Meister – Büchsenmacher, Schäfter und Graveure

Bei einem aktuellen Überblick über die Ferlacher Büchsenmachermeister dürfen die Namen Karl-Heinz Klein, Wilfried Glanznig und Christopher Theodor Kremer nicht fehlen. Außerdem ist in Niederdörfl (St. Margareten) noch Valentin Herbert Ogris zu nennen.

Karl-Heinz Klein

Karl-Heinz Klein hat seine Liebe zur Büchsenmacherei nach Ferlach verschlagen. Der gebürtige Deutsche erlernte zunächst in seiner Heimat Radio- und Fernsehmechanik. Doch schon damals wollte er Büchsenmacher werden. Schließlich setzte er sich nach Abschluss der staatlichen Technikerprüfung (Fachrichtung Elektronik) im Februar 1973 ins Auto und fuhr nach Ferlach.

Karl-Heinz Klein lernte bei Gottfried Juch und arbeitete anschließend bei der Firma Hauptmann. 1982 legte er seine Meisterprüfung ab, 1985 meldete er sein Gewerbe an. Außerdem wurde er teilzeitbeschäftigter Lehrer in der Ferlacher Fachberufsschule. Als Auswärtiger blieben ihm einige der Ferlacher Besonderheiten wesensfremd. Klein verstand sich stets als Tüftler und Verbesserer. Wenn er mit seinen Fragen oder Ideen bei seinem Arbeitgeber auf taube Ohren stieß und lediglich zu hören bekam, „das haben wir immer so gemacht", so spornte es ihn zusätzlich an, Details weiter zu hinterfragen, Begründungen zu suchen und, wenn möglich, Verbesserungen vorzunehmen. Seine besondere Leidenschaft wurde der Bau von Vorderladerwaffen. In diesem speziellen Bereich gilt er unter Sportschützen im deutschsprachigen Raum als Experte für hochwertige Handarbeit, in der Szene ist eine „Klein-Waffe" ein Begriff. Auch hier war es ihm nie um den reinen Nachbau der historischen Waffen gegangen. Dort, wo Verbesserungen möglich waren, hat er sie stets durchgeführt.

In seiner perfekt eingerichteten Werkstatt kann er nahezu alle Teile selbst herstellen. Auch eine Eigenbau-Laufziehmaschine und eine historische Laufziehmaschine der Firma „Schilling & Krämer" in Suhl finden sich hier. Seine Erfahrung und seine Akribie machen ihn zu einem wichtigen Ansprechpartner für andere Ferlacher Büchsenmacher, wenn es um die Erfüllung von sehr ausgefallenen Kundenwünschen geht. Die Zukunft der Büchsenmacherei sieht Klein, nicht nur für Ferlach, sehr kritisch. Ferlacher Jagdwaffen in Luxusausführung seien heute, im Gegensatz zu früher, keine Wertanlagen mehr. Auch könnten sie nicht vererbt werden, wenn der Erbe nicht die erforderliche Berechtigung zum Waffenbesitz habe. Der Markt sei durch die heutigen Rahmenbedingungen stark eingeschränkt worden. Er sehe das auch bei seinen eigenen Kindern, die als Erinnerung an das väterliche Wirken maximal eine geschmiedete Damastklinge oder ein Seitenschloss vererbt bekommen wollen.

Als Berufsschullehrer erlebte Klein den Einbruch der Büchsenmacherei mit einem starken Rückgang der Schülerzahlen hautnah mit. Besonders schmerzt Klein, dass das handwerkliche Basiswissen am Verschwinden ist. Lehrlinge würden oft als Hilfskräfte missbraucht. Die nötige Übung könne aber so nicht erworben werden. Und Qualität sei nun einmal das entscheidende Merkmal gegenüber der günstigeren industriellen Fertigung, wenngleich zu bedenken bleibt, dass das Verhältnis an zeitlichem Aufwand zwischen einer guten und einer sehr guten Arbeit bei 1:3 liegt. Was das bei zunehmend teurer werdender Arbeitszeit bedeutet, kann sich jeder leicht selbst ausrechnen. Aber auch die Eigenheit mancher Büchsenmacher, ihr über Jahrzehnte erworbenes Wissen mit ins Grab zu nehmen, befördert den Verlust an Know-how. „Am Friedhof kannst mi fragen" war die nicht nur einmal gehörte Antwort auf Kleins Fragen. Die Zukunftschancen liegen so im traditionellen Handwerk kombiniert mit modernen Fertigungsmethoden. Karl-Heinz Klein, der selbst historische Maschinen vor dem Verschrotten gerettet hat, macht die Begeisterung für das Handwerk spürbar[934].

Wilfried Glanznig

Ein Name, der von vielen Ferlacher Büchsenmachern mit großer Hochachtung genannt wird, ist jener von Wilfried Glanznig. Glanznig absolvierte die Fachschule in Ferlach und schloss sie 1961 ab .

Wilfried Glanznig ist bis heute als selbstständiger Büchsenmacher tätig. Als kompletter Büchsenmacher macht er außer Gravieren und Schäften alle Arbeitsschritte selbst. Die von ihm erreichte Qualität ist für viele beispielhaft.

Weitere ...

Mit CHRISTOPHER THEODOR KREMER, der als Lehrer an der Euregio HTBLVA Ferlach tätig ist, und VALENTIN OGRIS aus St. Margareten sind zwei weitere Büchsenmacher im Ferlacher Raum zu nennen, die das Gewerbe ausüben[936].

Dazu kommen noch JENE BÜCHSENMACHER, die für die existierenden Firmen arbeiten und die hier nicht alle namentlich genannt werden können.

Zu erwähnen ist auch die FIRMA GLOCK, die ebenfalls in Ferlach ansässig ist. Sie ist über den gewählten Produktionsort mit der Ferlacher Büchsenmachertradition verbunden.

Michael Ulbricht
Karl Zauner

Eine Büchse oder Flinte aus Ferlacher Manufaktur zeichnet sich neben technischer Präzision auch durch Schäftung und Gravur in hoher Qualität aus. Die vielen Arbeitsschritte, die nötig sind, um ein Gewehr herzustellen, hatten von Anfang an dazu geführt, dass sich verschiedene Spezialisten herausbildeten.

Schon die ersten namentlich bekannten Ferlacher Büchsenmacher aus dem Jahrzehnt 1550–1560 werden als Schlosser, Büchsenschmied oder Büchsenschäfter angesprochen[937]. Vor allem die Unterscheidung zwischen jenen, die Metallarbeiten durchführten, und jenen, die das Holz für den Schaft bearbeiteten, ist weit zurück verfolgbar.

Als 1631 und 1751 Handwerksordnungen für die Ferlacher Büchsenmacher festgelegt wurden, erhielten einerseits die als Büchsenmacher, Zeug- und Rohrmacher und Polierer angesprochenen Meister sowie andererseits die Schäfter jeweils eine eigene Ordnung. Auch wenn diese Ordnungen inhaltlich weitgehend ident waren, so zeigt es doch, dass zwischen den Metall- und Holzbearbeitern ein wesentlicher Unterschied gesehen wurde[938]. Die Unterscheidungen wurden aber nicht immer zwingend eingehalten. „Büchsenmacher“ konnte auch als Oberbegriff für Schlossmacher, Schäfter, Rohrschmied, Rohrausmacher, Putzer, Polierer, Beschlägemacher und Zurichter fungieren.

Dazu kam noch das Lieferantenwesen, das sich ab der 2. Hälfte des 18. Jahrhunderts verstärkt entwickelte. Verschiedene Meister arbeiteten für einen „Lieferanten“. Dieser besorgte die Aufträge, vor allem für die Armee, und war für die terminliche und kaufmännische Abwicklung verantwortlich – eine Quelle permanenter Konflikte zwischen den ausführenden Meistern und ihren Lieferanten. Im Laufe des 19. Jahrhunderts setzte es sich mehr und mehr durch, unter „Büchsenmacher“ alle Meister zu verstehen. So sind im Meisterverzeichnis von 1840 insgesamt 307 „Büchsenmacher-Meister“ genannt, ohne dass ihre Tätigkeit näher definiert wurde[939].

Durch die gesetzlich verordnete Ablösung der Zünfte durch Genossenschaften im Gewerberecht von 1860 wurden die gewachsenen Strukturen endgültig obsolet[940], auch wenn es in Ferlach bis zur Gründung der Büchsenmacher-Genossenschaft noch bis in das Jahr 1885 dauern sollte. Noch 1862 waren eigene Vorsteher für Rohrschmiede, Beschlägemacher, Schäfter und Schlossmacher gewählt worden[941].

Neben den verschiedenen Schaftformen und Varianten, die der Schäfter beherrschen muss, ist es vor allem das perfekte Zusammenspiel aller Komponenten, das eine Waffe auszeichnet. „Der Schaft trifft“, lautet die pointierte Formulierung, um auszudrücken, dass Holz und Metall ohne jeden Zwischenraum aneinandergefügt werden müssen, wofür in erster Linie der Schäfter verantwortlich zeichnet. Für die optimale Schussleistung muss der Schaft außerdem dem Schützen angepasst werden. Auch die Oberflächengestaltung spielt eine wesentliche Rolle bei der Handhabung. Dazu zählt die Gestaltung mit einer Fischhaut, deren Riffelung einen sicheren Griff ermöglicht.

Zu jenen Schäftern, die in Ferlach aufgrund ihrer herausragenden Fähigkeiten in Erinnerung sind, gehören Karl Zauner und Michael Ulbricht (Abb. 174).

Ulbricht wird nachgesagt, der beste Fischhautschnitzer der Generation nach dem Krieg gewesen zu sein (Abb. 175). Der gelernte Schneider, geboren 1924 in Poprad in der heutigen Slowakei, war durch den Krieg nach Ferlach verschlagen worden. Er arbeitete für die Firma Franz Sodia und für etliche andere Meister[942].

Karl Zauner, der sein Wissen an der Schule weitergibt, zählt nach einem Motorradunfall trotz motorischer Einschränkung für manche immer noch zu den besten Schäftern in Ferlach.

Abb. 174: Michael Ulbricht bei der Arbeit, um 1970
(Archiv Ulbricht)

Abb. 175: Fischhaut von Michael Ulbricht
(Archiv Ulbricht)

Hans Obiltschnig

Die künstlerische Gestaltung der Waffen mittels Gravuren oder Einlegearbeiten gehörte von Anfang an zu den Besonderheiten der Ferlacher Waffen. Insbesondere ab der zweiten Hälfte des 19. Jahrhunderts, als man sich auf die Produktion von feinen Jagdwaffen spezialisierte, waren Gravuren, zunächst in Form von Ziselierungen oder Arabesken, nicht mehr wegzudenken.

Die in unzähligen Arbeitsstunden in Handarbeit hergestellte Gravur macht jede Waffe zu einem unverwechselbaren Einzelstück. Ab dem Ende des 19. Jahrhunderts findet sich der Beruf des Graveurs in den Verzeichnissen. Die Errichtung der k. k. Fachschule in Ferlach 1878 mit eigenen Abteilungen für Eisen, Schäften und Gravur wirkte bewusstseinsbildend[943].

Im Namensverzeichnis der Büchsenmachergenossenschaft, das am Ende des 19. Jahrhunderts angelegt und bis in die Zeit nach dem Ersten Weltkrieg geführt wurde, sind neben Büchsenmachern Laufausarbeitern, Gewehrfabrikanten, Beschlägemachern, Eisenbestandteilerzeugern, Schlossmachern, Basküleuren und Einsetzern auch Graveure genannt: Josef Fugger, Franz Mack und Rudolf Uschnig. Josef Ogris und Josef Winkler, dessen Betrieb später von Jakob Koschat übernommen wurde, wurden als Büchsenmacher und Graveure verzeichnet[944]. Vor allem Josef Ogris, einer der größten Gewehrfabrikanten zu Beginn des 20. Jahrhunderts und Bürgermeister von Ferlach 1904–1918, zählt zu den prominentesten Vertretern der Graveure. Auch war Gravieren ein Metier, das schon früh von Frauen ausgeübt wurde[945]. Schon 1882 war die erste weibliche Fachschülerin, Aloisia Hoinig, für Zeichnen und Gravieren an der Fachschule eingeschrieben[946].

Heute ist Hans Obiltschnig (*1938) ein weit über Ferlach hinaus bekannter Graveur. Noch heute arbeitet er ohne Sehhilfe an seinen Meisterwerken, auch in der Musik ist er sehr bewandert. Schon sein Vater Albin Obiltschnig war ein weit über die Grenzen Österreichs hinaus geschätzter Graveur und Meister seines Faches. Hans trat in die Fußstapfen seines Vaters, ihm verdankt er auch große Teile seiner Ausbildung (Abb. 176).

Abb. 176: Hans und Albin Obiltschnig, um 1946
(Archiv Obiltschnig)

Seine Lehre hatte Hans Obiltschnig bei der Firma Sodia begonnen. 1973 erhielt er eine Einladung nach Amerika, um zusammen mit den Graveuren Ken Hunt (England) und Lynton McKenzie (USA) für einen namhaften Schriftsteller zu arbeiten.

Die Maschinengravur hatte er in den 1960er-Jahren bei der Firma Deckel in München erlernt. In den 1970er-Jahren machte er sich als freischaffender Künstler selbstständig. Die Anerkennung des viel zeichnerisches Talent und Geschick erfordernden Gravierens als Kunst war zu dieser Zeit keine Selbstverständlichkeit. Als den eigentlichen Ferlacher Stil bezeichnet Obiltschnig die plastische Gravur: Jagd- und Tierszenen sowie sonstige Szenen, die reliefartig gearbeitet werden (Abb. 177, Abb. 178). Heute sei dies gegenüber Stahlstich und Einlegearbeiten weniger gefragt. Mit genügend Erfahrung könne man das Wild gleich direkt auf das Gewehr zeichnen. Die anschließende Arbeit mit dem Stichel erfordere viel Geduld und Genauigkeit und vor allem ein immer wieder gut geschliffenes Werkzeug.

Als einzigen Unterschied in seiner Arbeitsweise gegenüber früher sieht Obiltschnig die etwas erleichterte Handhabung durch das Aufsetzen des Werkstücks auf einen Kugelkopf statt in einen Schraubstock.

Abb. 177:
Jagdszenengravur von Hans Obiltschnig
(Archiv Obiltschnig)

Auch die Arbeit des Gravierens wurde oft geteilt. Es gab Graveure, die lediglich die etwas einfacheren Umrahmungen machten. Es war auch üblich, dass ausgebildete Graveurinnen ihr Haushaltsbudget in Heimarbeit aufbesserten. Da konnte es schon vorkommen, dass manche Ferlacherinnen am Vormittag abwechselnd mit Stichel und Kochlöffel hantierten und somit das traditionelle Frauenbild zumindest ein wenig unterwanderten.

Auch andere Graveure sind in Ferlach unvergessen. So soll Josef Widmann in einer Nacht ein Gewehr ohne Vorzeichnen graviert haben. Eine Lawine, deren Abgang er beobachtete, diente ihm als Vorbild für eine weitere Gravur[947]. Damit ist die Geschichte der Ferlacher Graveure noch lange nicht zu Ende, umso mehr, als bis heute die EUREGIO HTBLVA mit der Abteilung Schmuck und Gravur für Nachwuchs sorgt.

Abb. 178: ***Jagdszenengravur von Hans Obiltschnig***
(Archiv Obiltschnig)

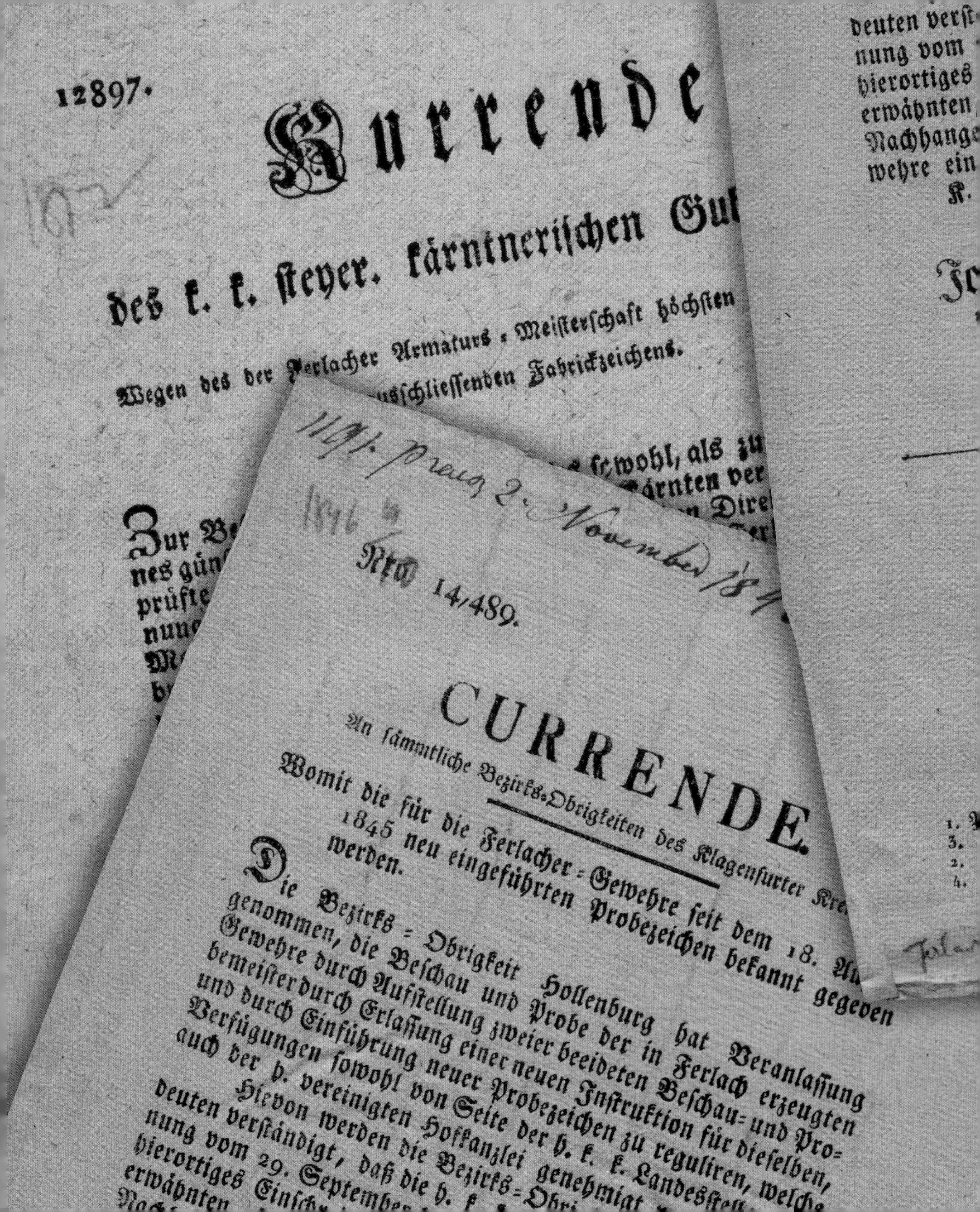
12897.

Kurrende

des k. k. steyer. kärntnerischen Gub

Wegen des der Ferlacher Armaturs-Meisterschaft höchsten
...usschliessenden Fabrickzeichens.

...sowohl, als zu
...Kärnten ver
...Dire
Zur Be
nes gün
prüfte
nung
Me
b

deuten verst
nung vom
hierortiges
erwähnten
Nachhange
wehre ein
K.

1141. praes. 2. November 184

1846

Nro 14,489.

CURRENDE

An sämmtliche Bezirks-Obrigkeiten des Klagenfurter Kre

Womit die für die Ferlacher-Gewehre seit dem 18. Au
1845 neu eingeführten Probezeichen bekannt gegeben
werden.

Die Bezirks-Obrigkeit Hollenburg hat Veranlassung genommen, die Beschau und Probe der in Ferlach erzeugten Gewehre durch Aufstellung zweier beeideten Beschau- und Probemeister durch Erlassung einer neuen Instruktion für dieselben, und durch Einführung neuer Probezeichen zu reguliren, welche Verfügungen sowohl von Seite der h. k. k. Landesstelle ... auch der h. vereinigten Hofkanzlei genehmigt ...

Hievon werden die Bezirks-Obrigkeiten ... deuten verständigt, daß die h. k. k. ... nung vom 29. September ... hierortiges Einsch... erwähnten ...

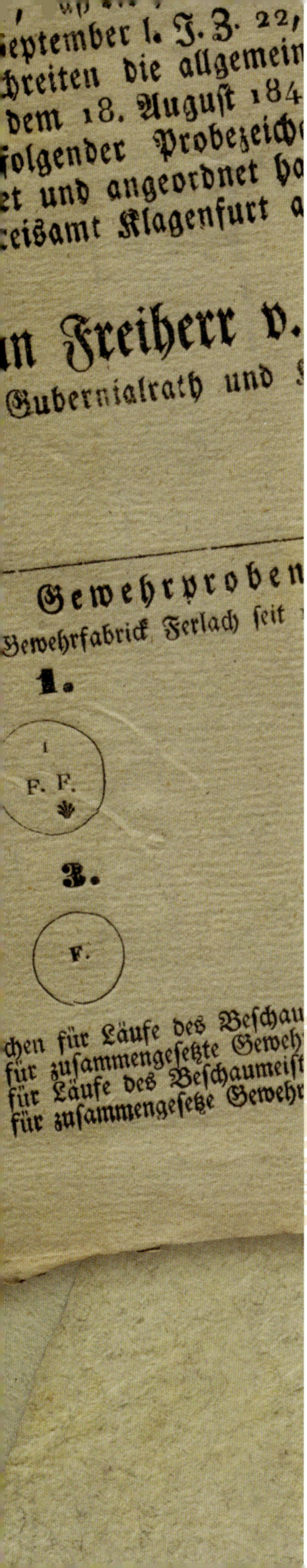
September l. J. J. 22,
chreiten die allgemein
dem 18. August 184
folgender Probezeich
et und angeordnet ha
reisamt Klagenfurt a

in Freiherr v.
Gubernialrath und

Gewehrproben
Gewehrfabrick Ferlach seit

1.

I
F. F.

3.

F.

chen für Läufe des Beschau
für zusammengesetzte Geweh
für Läufe des Beschaumeist
für zusammengesetze Gewehr

Das Beschussamt

Neben der Gründung der Büchsenmacher-Genossenschaft 1885 mit den darauf folgenden Einrichtungen der Maschinenhäuser (1887 und 1890) und der Errichtung der Fachschule für Gewehr-Industrie 1878 ist die Errichtung der Probieranstalt 1882 ein weiterer wichtiger Schritt für das Büchsenmacherhandwerk in Ferlach gewesen. Wie die Schule stellte sich auch die heute als Beschussamt bezeichnete Einrichtung als äußerst dauerhaft und nachhaltig heraus. Die enge Verbindung zwischen Schule und Probieranstalt war vor allem in den frühen Jahren auch personell gegeben, indem die Schuldirektoren zugleich Leiter der Probieranstalt waren. Ähnlich wie die anderen Initiativen wurde auch die Einrichtung der Probieranstalt von staatlicher Seite aktiv unterstützt und gefördert. Mit der Einrichtung der Probieranstalt in Ferlach wurde der traditionelle Standort für Waffenproduktion amtlich aufgewertet. In der österreichischen Monarchie gab es außer in Ferlach noch in Wien, Prag und Weipert (heute Vejprty in Tschechien) Probieranstalten[948].

Heute gibt es in der Republik Österreich die Beschussämter Ferlach und Wien, wobei Ferlach als Beschusszeichen den Wappenadler führt, der im Schild die Ziffer 1 zeigt und damit gegenüber Wien (Ziffer 2) den nummerischen Vorrang beanspruchen darf. Steyr, das am Ende des 19. Jahrhunderts neben Wien der wichtigste Produktionsort war, erhielt keine Probieranstalt. Für die Ferlacher Büchsenmacher bedeutete die Probieranstalt für Ort vor allem kurze Wege. Ein Vorteil, der sich bis heute auswirkt.

Zu Quellen und Literatur

Die Quellen zur Geschichte des Beschussamtes sind überschaubar. Im Österreichischen Staatsarchiv ist ein Akt von 1892 „Probieranstalt für Handfeuerwaffen" aufliegend, der aus dem Bestand des Handelsministeriums stammt[949]. Im Kärntner Landesarchiv finden sich keine Unterlagen. An Literatur ist wieder die Dissertation Ernst Baumgartners hervorzuheben. Baumgartner stützte sich für die Gründung und die Frühzeit auf einen Bericht der Genossenschaft von 1887 sowie auf das Werk Edmund Aelschkers zur Geschichte Kärntens, das 1885 erschien und damit zeitgenössisch ist[950]. Auch bringt er eine Liste mit Zahlen aller durchgeführten Proben von 1874 bis 1952[951]. In einem „kleinen Führer" durch die Büchsenmacherstadt ist die Geschichte des Beschussamtes auf knapp zwei Seiten dargelegt[952]. Als Quelle diente ein Bericht „Beschusswesen in Österreich" von 1982 aus dem damaligen Bundesministerium für Bauten und Technik zum 100-jährigen Bestehen[953]. Wichtig für die Geschichte der Probieranstalt bzw. des Beschussamtes sind darüber hinaus auch die jeweils gültigen Gesetze und Verordnungen. Der Erlass des Ministeriums für Kultus und Unterricht vom 12. August 1882 machte die Laufprobe obligatorisch[954]. Das Reichsgesetzblatt Nr. 89 vom 23. Juni 1891 führte die obligatorische Erprobung aller Handfeuerwaffen ein[955]. Heute sind in der Republik Österreich das Waffengesetz von 1996 und die Beschuss- und Prüfzeichenverordnungen von 2013 die Basis[956].

Die Proben vor der Errichtung der Probieranstalt

Die Qualitätssicherung war von Anfang an eine wichtige Aufgabe für die Zunft bzw. für die Grundherrschaft, die Herren von Dietrichstein. Der Absatz der Produkte hing stets stark vom Vertrauen der Kunden ab. Produktfehler bei Feuerwaffen waren besonders fatal. Neben der Schulung des Nachwuchses war daher die Probe der hergestellten Waffen ein wichtiges Instrument, um dem Qualitätsanspruch gerecht zu werden.

Schon in der Handwerksordnung 1631 wurde festgehalten, dass keine Waffe ohne eingeschlagenen Stempel als Zeichen der bestandenen Probe verkauft werden sollte[957]. 1638 wurde der Büchsenmacher Hans Schmidt von Siegmund Ludwig von Dietrichstein als Probiermeister bestellt. In Kirschentheuer, wo Schmidt ansässig war, wurden die Waffen einer Schussprobe und einer Wasserprobe – das Rohr wurde mit Wasser gefüllt und über Nacht stehen gelassen, um so Risse und Sprünge festzustellen – unterzogen. Waffen ohne das als Zeichen der bestandenen Probe aufgeschlagene Wappen der Herren von Dietrichstein durften nicht verkauft werden[958]. In der Handwerksordnung von 1751 wurde festgelegt, dass aus den Zunftmitgliedern drei Beschaumeister zu wählen sind, die darauf zu achten hatten, dass keine „unbeschaute“ Waffe verkauft wurde. Die Probe wurde genau beschrieben: Eine gewichtsmäßig der Kugel entsprechende Menge Pulver wurde in das Rohr gegeben, anschließend folgte ein „dicker Vorschlag“ Hanfwerg, dann die Kugel und schließlich wieder Hanfwerg. Nach dem Schuss wurde das Rohr mit Wasser gefüllt und 24 Stunden stehen gelassen.

1793 wurde als Prüfzeichen ein F oder FF im Rechteck eingeführt[959]. Da in dieser Zeit die Koalitionskriege gegen die Franzosen begannen, wurden in Ferlach aber vor allem Militärgewehre hergestellt, die diesen Stempel nicht erhielten. Die Proben für die in Ferlach produzierten Militärgewehre waren zunächst in Wien und nach 1781 im neu errichteten Artillerie-Militärdepot in Görtschach durchgeführt worden[960]. Ab 1812 wurde auf die Wasserprobe verzichtet. 1828 war der bereits 83-jährige Georg Glantschnig Beschaumeister, der schlecht hörte und schlecht sah[961]. Am 20. Mai 1828 kam es zu einem dramatischen Unglücksfall in der Beschusshütte. Diese befand sich damals bereits auf der Parzelle 23 der Steuergemeinde Oberferlach und damit dort, wo heute das Beschussamt steht[962]. Zwei Kinder, zwei und zehn Jahre alt, hatten sich unbemerkt in die Hütte geschlichen, um Blei zu suchen. Der Beschussmeister, der sie weder sah noch hörte, begann mit dem Beschuss. Der Zweijährige wurde auf der Stelle getötet, der Zehnjährige lebensgefährlich verletzt[963]. Dieses tragische Unglück machte deutlich, dass es an der nötigen Sorgfalt bei der Bestellung der Beschaumeister, aber auch bei der Beschau selbst, oft mangelte.

Am 31.7.1828 schickte Josef Ritter von Löwengreif, Kreiskassier in Adelsberg in Krain eine ordnungsgemäß gestempelte Doppelflinte retour, da ein Lauf einen deutlichen Sprung aufwies. Der Beschaumeister rechtfertigte sich, dass das Rohr auch jetzt noch den normalen Beschuss aushalten würde. Als 1830 in den Händen des Praktikanten Floriantschitz eine ordnungsgemäß visitierte und signierte Pistole zersprang, stellte der Vorsteher Valentin Schaschl fest, dass der Lauf innen voller Gruben und Schweißnähte gewesen ist. Der Beschaumeister konnte diesen Lauf unmöglich ordnungsgemäß visitiert haben, da dies nicht zu übersehen gewesen war[964]. 1845 kam es zu zahlreichen Beanstandungen, die die Vorsteher Anton Fanzoi und Johann Mischitz dem Bezirksgericht anzeigten. Johann Stangl hatte ein Doppelgewehr gemacht, bei dem die Patentschrauben gar nicht durchgebohrt gewesen waren. Lorenz Turk bohrte bei zwei Pistolenläufen die Zündlöcher am falschen Ort und ließ sie, anstatt sie zu verschrauben, einfach offen. Der Schütze hätte den Schuss in die Hand bekommen. Der Rohrverschrauber Josef Preschern machte bei einer Spannschraube gar kein Gewinde, weshalb der Schuss nach rückwärts losgegangen wäre[965]. Hier war dringender Handlungsbedarf gegeben, um die Qualität der hergestellten Waffen, aber auch jene der Beschau zu erhöhen.

Am 18. August 1845 bestellte die Bezirksobrigkeit Johann Hoinig und Paul Rabitsch zu Beschau- und Probiermeistern. Als Zeichen der bestandenen Beschau und Probe wurde nun das F oder FF im Kreis eingeschlagen. Der Ablauf und der Inhalt der Probe wurden genau festgelegt. Jeder Rohrschmied musste eine Probe veranlassen. Probe und Beschau hatten zumindest alle zwei Tage bei Sonnenlicht zu erfolgen. Sollte der Bedarf höher sein, sollte die Zahl der Beschaumeister erhöht werden. Bei jeder Beschau hatten zwei Beschaumeister und ein Vorsteher anwesend zu sein. Jedes Gewehr musste auch zerlegt beschaut werden. Neben der Laufprobe als erster Probe, die mittels Einschlag des Beschaumeisterzeichens zu belegen ist, erfolgte eine zweite Probe. Das Zeichen war dann am Schaft neben dem Schloss anzubringen. Die Probe selbst hatte mit doppelter Ladung zu erfolgen, sehr große oder sehr kleine Kaliber konnten nach Gutdünken der Beschaumeister geladen werden. Sollte die Waffe grobe Mängel aufweisen, musste sie zerstört werden. Bei kleineren Mängel wurde sie an den Meister zurückgegeben, damit er diese beheben konnte. Jede Probe musste protokolliert werden. Wie zuvor mussten die Meister für die Probe Taxen entrichten. Ein einfacher Lauf und ein Paar einfache Pistolenläufe waren mit 3 kr, ein Doppellauf und ein Paar Doppelpistolenläufe mit 4 kr veranschlagt, wovon ein halber Kreuzer jeweils in die Zunftlade wanderte.

Schließlich wurde den Beschaumeistern der Schwur auf möglichste Genauigkeit und Rechtschaffenheit abverlangt. Die Oberaufsicht blieb bei den Zunftvorstehern[966]. Bis zur Eröffnung der Probieranstalt lag die Aufsicht über die Qualität der Ware in den Händen der Zunft.

Von der Gründung der Probieranstalt 1882 bis zum Beginn des Krieges 1914

Um die Probieranstalt einzurichten, wurde Hauptmann Hermann Heissig mit den grundlegenden Voruntersuchungen beauftragt. Heissig reiste nach Lüttich, um sich dort vergleichbare Institute anzusehen[967]. Am 20. November 1882 wurde die Ferlacher Probieranstalt in Anwesenheit des Handelsministers Felix Ritter von Friedenthal eröffnet. Ebenso wie bei der Errichtung der Fachschule war die Initiative des Handelsministeriums ausschlaggebend für die Errichtung der Probieranstalt. Bei der Eröffnung war auch Landespräsident Franz von Schmidt-Zabierow anwesend, der in den kommenden Jahren entscheidenden Anteil an der Gründung der Genossenschaft (1885) und der Errichtung der Maschinenhäuser (1887 und 1890) genommen hat[968]. Fachschule (1878), Probieranstalt (1882), Genossenschaft (1885) und Maschinenhaus 1 (1887), deren Gründungen innerhalb von nicht einmal zehn Jahren erfolgte, sind als eine von Staat und Land maßgeblich geförderte Gesamtoffensive zu sehen.

Staatliche Probieranstalten waren spätestens mit der Einführung der obligatorischen Laufprobe für alle Waffen der Monarchie durch den Erlass des Ministeriums für Kultus und Unterricht im August 1882 notwendig geworden[969]. Erster Leiter der Probieranstalt wurde Hermann Heissig, 1885 wurde er durch Gustav Schatzl von Mühlfort abgelöst[970]. Sowohl Heissig als auch Schatzl waren nicht nur Leiter der Probieranstalt, sondern standen auch der Fachschule vor. Diese Personalunion zeigt, wie untrennbar Schule und Probieranstalt gesehen wurden. Im November 1884 wurde die Ferlacher Probieranstalt durch die Schießstätte erweitert. Damit konnten die Ferlacher Büchsenmacher ihre Waffen nicht nur erproben, sondern nebenan auch gleich auf die Treffsicherheit prüfen[971]. Mit dem Reichsgesetzblatt Nr. 89 vom 23. Juni 1891 wurde die obligatorische Beprobung aller Handfeuerwaffen eingeführt. Mit einer Verordnung der Ministerien des Handels, des Inneren, für Kultus und Unterricht sowie für Finanzen vom 9. November 1891 wurden die Anstalten in Ferlach, Wien, Prag und Weipert zu offiziellen Probieranstalten erklärt[972].

Drei Tage später, am 12. November 1891, legten die Ferlacher Büchsenmacher Franz Gallert, bis dahin Obmann-Stellvertreter, und Franz Janulla, Revisor, ihre Ämter in der Genossenschaft zurück. Gallert wurde Probiermeister in Weipert, Janulla in Prag[973]. Damit waren bis auf Wien alle Probieranstalten der Monarchie mit Ferlach verbunden.

Die Probe bestand immer noch aus Beschau und Beschuss, der nun in bis zu drei Durchgängen vorgenommen wurde. Bei der Beschau sollte auf die Solidität des Laufanschlusses an die Basküle geachtet werden. Ebenso sollte das Material überprüft, die Ausführung der Verschlussvorrichtung begutachtet sowie auf die ausreichend kräftige Bauart der Basküle Wert gelegt werden. Die Läufe sollten hinsichtlich Bohrung und äußerer Form in Augenschein genommen werden. Das Abklopfen mittels eines kleinen Hammers war dabei hilfreich. All jene Elemente, die nicht mit der Sicherheit der Waffe zusammenhingen, aber auch jene, die die Treffsicherheit beeinflussen konnten, lagen nicht im Zuständigkeitsbereich der Probieranstalt[974]. Der Beschuss erfolgte als 1. Probe für Einzelläufe, als 2. Probe für Doppelläufe und als 3. Probe für die fertige Handfeuerwaffe[975]. Ab 1909 war auch der freiwillige Beschuss mit rauchlosem (Nitro-)Pulver möglich, der dann als 4. Probe bezeichnet wurde[976].

Für den Vorbeschuss (1. bzw. 2. Probe) und den Endbeschuss (3. Probe) gab es jeweils einen eigenen Stempel. Von der neuerlichen Stempelpflicht befreit waren zunächst alle Läufe mit Stempel aus Lüttich, St. Etiennes oder einer anderen österreichischen Probieranstalt. Neben den belgischen und französischen Stempeln wurden ab 1909 auch die deutschen Stempel in der österreichischen Monarchie anerkannt. Umgekehrt galten die österreichischen Stempel nicht im Deutschen Reich[977]. Die Anerkennung auswärtiger Stempel war ein schwieriges Thema, das wiederholt zu Konflikten führte. Mit der Anerkennung ausländischer Stempel stand den jeweiligen Herstellern der inländische Markt ohne formale Einschränkung zur Verfügung. Da die maschinelle Herstellung in Lüttich oder Suhl die Waffen deutlich billiger machte als die oft noch in Handarbeit hergestellten Ferlacher Produkte und jene dadurch am Markt die heimischen Gewehre verdrängen konnten, kam es zu Konflikten und Interventionen seitens der Genossenschaft, die jedoch fruchtlos blieben[978].

Exportierte Ferlacher Produkte mussten in Deutschland oder Belgien neu beschossen werden, was potenzielle Kunden abschrecken konnte. Die am 15. Juni 1914 in Brüssel getroffene Übereinkunft der gegenseitigen Anerkennung der Stempel kam für die Ferlacher Büchsenmacher zunächst einmal zu spät. Auf Bestreben des Lütticher Beschussamtsdirektors war in Lüttich eine permanente Kommission für die Erprobung von Handfeuerwaffen, die „Commission Internationale Permanente pour l'Épreuve des Armes à Feu Portatives“ (C.I.P.) installiert worden[979]. Noch bevor Österreich beitreten konnte, wurde am 28. Juni 1914 der österreichische Thronfolger Franz Ferdinand in Sarajewo erschossen, Ende Juli stand das österreichische Kaiserreich im Krieg. Damit änderten sich alle Voraussetzungen.

Von der Probieranstalt zum Beschussamt

Die Probieranstalt stand seit 1910 unter der Leitung von Ingenieur Josef Vogl, der nicht nur Direktor der Fachschule war, sondern seit Juli 1914 auch als Regierungskommissär die Geschicke der Genossenschaft lenkte[980]. Als im Juni 1919 Ferlach unter die Verwaltung des SHS-Staates gestellt wurde, kam es auch zu einer Übernahme der Probieranstalt durch jugoslawische Beauftragte. Noch ehe die Übernahme erfolgte, hatte man Ende Mai anlässlich des Vorrückens der jugoslawischen Truppen diverse Sachen aus der Probieranstalt abtransportiert und nach Klagenfurt geschafft, um sie so dem Zugriff zu entziehen. Die nicht näher bezeichneten Gegenstände waren vermutlich in der Staatsgewerbeschule in der Jessernigstraße in Klagenfurt und in der Maschinenfabrik Ludwig Wochner zwischengelagert und anschließend nach Spittal an der Drau gebracht worden[981].

In der Zeit der jugoslawischen Verwaltung stand Major Viktor Jelloutschnigg/Jeločnik der Probieranstalt vor[982]. Jeločnik sollte auch die Leitung der Schule übernehmen. Deren Lehrer Alois Kessner und Ernst Düsel waren suspendiert und am 20. Juli 1920 vorübergehend im Bezirksgericht Ferlach in Haft gesetzt worden. Kessner hatte sich geweigert, die Übergabe an Jeločnik vorzunehmen, da er seinen Eid auf Deutschösterreich geleistet hatte[983].

Ab 1921 war Alois Kessner wieder Schuldirektor und Leiter der Probieranstalt. Er behielt diese Posten bis 1934, als er Leiter der Fachschule in Waidhofen an der Ybbs wurde[984]. In seine Zeit als Leiter fällt der Beitritt der Republik Österreich zum Übereinkommen der gegenseitigen Anerkennung der Stempel von 1914. Österreich trat der C.I.P mit 4.9.1929 bei[985]. Im Vergleich zu den Vorkriegsjahren hatte sich die Zahl der durchgeführten Proben in etwa halbiert. Wurden 1912 noch 49.126 Proben (1. bis 4. Probe) durchgeführt, so lag der Wert 1929 bei 21.811 [986].

Liste der in Ferlach durchgeführten Proben (nach Rieger 1910, 11 und Baumgartner 1953, 114–115), ab 1882 in der Probieranstalt, zuvor in der alten zünftischen Beschusshütte

Jahr	Einzelläufe	Doppelläufe	Handfeuerwaffen		
	1. Probe (Materialprobe)	2. Probe (Gelötete Doppelläufe)	3. Probe (Läufe mit Verschluss)	4. Probe (rauchlos)	(Gesamt)
1874	–	–	10 832	–	–
1875	–	–	9 540	–	–
1876	–	–	4 916	–	–
1877	–	–	6 596	–	–
1878	–	–	–	–	–
1879	–	–	–	–	–
1880	–	–	–	–	–
1881	–	–	–	–	–
1882	24 007	11 511	10 871	–	–
1883	35 138	14 884	10 364	–	–
1884	36 523	16 063	7 051	–	–
1885	30 702	14 407	9 040	–	54 149
1886	22 243	10 435	7 510	–	40 188
1887	20 390	9 553	6 268	–	36 211
1888	17 833	3 732	6 503	–	28 068
1889	15 344	7 165	5 532	–	28 041
1890	15 341	7 046	5 403	–	27 790
1891	21 106	9 491	7 312	–	37 909
1892	24 706	10 910	12 136	–	47 752
1893	27 483	11 405	13 255	–	52 143
1894	18 047	8 625	12 610	–	39 282
1895	18 425	8 422	11 692	–	38 539
1896	16 604	7 278	11 034	–	34 916
1897	16 318	7 247	10 112	–	33 677
1898	15 864	6 859	10 909	–	33 632
1899	18 600	8 150	12 262	–	39 012
1900	21 811	9 123	15 093	–	46 027
1901	21 329	9 253	14 371	–	44 953
1902	22 042	8 154	15 184	–	45 380
1903	22 832	9 503	15 709	–	48 044
1904	24 954	10 376	17 358	–	52 688
1905	27 665	11 500	18 895	–	58 060
1906	28 860	11 726	19 693	–	60 279
1907	29 247	11 805	21 234	–	62 286
1908	26 475	11 174	19 805	–	57 454
1909	22 577	10 025	17 551	2 196	50 153
1910	19 888	8 888	17 635	4 513	46 411
1911	21 846	9 143	17 126	3 452	48 115

Jahr	Einzelläufe	Doppelläufe	Handfeuerwaffen		
	1. Probe (Materialprobe)	**2. Probe** (Gelötete Doppelläufe)	**3. Probe** (Läufe mit Verschluss)	**4. Probe** (rauchlos)	**(Gesamt)**
1912	23 688	9 175	16 263	4 892	49 126
1913	17 870	7 447	13 366	–	38 683
1914	10 695	4 675	2 408	–	17 778
1915	3 443	1 638	5 379	–	10 460
1916	4 499	1 889	3 262	–	9 650
1917	4 345	1 923	2 561	1 478	8 829
1918	8 760	2 760	5 686	2 050	17 206
1919	12 376	5 796	5 413	2 726	23 585
1920	14 165	7 049	6 815	3 154	28 029
1921	15 670	6 833	7 750	5 104	30 253
1922	14 215	6 902	6 971	5 118	28 088
1923	12 363	6 532	6 469	5 207	25 364
1924	15 789	7 792	7 373	5 858	30 954
1925	17 400	7 428	7 402	5 655	32 230
1926	10 721	5 348	5 310	4 358	21 379
1927	9 534	4 617	5 639	5 091	19 790
1928	11 919	5 769	6 291	5 610	23 979
1929	11 297	5 293	5 221	4 647	21 811
1930	10 001	4 591	5 029	–	–
1931	8 967	4 195	4 702	–	–
1932	6 429	2 899	3 422	–	–
1933	4 442	1 995	2 781	–	–
1934	4 268	1 784	2 398	–	–
1935	3 789	1 615	2 498	–	–
1936	4 375	1 923	2 678	–	–
1937	4 925	1 970	2 593	–	–
1938	4 166	1 625	2 454	–	–
1939	3 132	1 276	1 973	–	–
1940	3 471	1 895	5 366	–	–
1941	2 568	1 919	4 487	–	–
1942	1 241	1 282	2 523	–	–
1943	973	890	1 863	–	–
1944	698	682	1 380	–	–
1945	949	1 146	2 095	–	–
1946	2 735	962	3 697	–	–
1947	3 309	1 184	4 493	–	–
1948	4 140	2 295	6 435	–	–
1949	4 536	3 158	7 694	–	–
1950	5 279	5 155	10 434	–	–
1951	6 172	5 121	11 293	–	–
1952	7 805	4 518	12 323	–	–

Ab 1930: 3. und 4. Probe zugleich durchgeführt

Nach Alois Kessner leiteten Schuldirektor Ing. Gustav Mezzadri und Franz Edwin die Anstalt. Diese Posten behielten sie auch nach dem Anschluss 1938 bei[987]. Von 1940 bis 1945 galt das deutsche Beschussgesetz. In den Kriegsjahren wurden allerdings lediglich zwischen 5.366 (1940) und 1.380 (1944) Proben durchgeführt. 1945 stieg der Wert wieder leicht auf 2.095. Als im Oktober 1945 die Gültigkeit des deutschen Beschussgesetzes aufgehoben wurde, versäumte man es, ein neues Gesetz an dessen Stelle zu setzen. Auch die alten österreichischen Gesetze von 1891 samt Durchführungsverordnung vom 14.8.1929 (BGBl. Nr. 284) traten nicht wieder in Kraft[988]. Dieser gesetzlose Zustand wurde mit dem Bundesgesetz vom 20.6.1951 (BGBl. Nr. 141) über die obligatorische Erprobung aller Handfeuerwaffen und Patronen (Beschussgesetz) beendet[989]. Die Erprobungen liefen jedoch auch in den „gesetzlosen" Jahren 1946 bis 1951 weiter. Gustav Mezzadri war bis Herbst 1945 Schuldirektor und auch Leiter der Probieranstalt[990], Franz Edwin verblieb auf seinem Posten bis 1949. Der Usus, die Schuldirektoren auch zu Leitern der Probieranstalt zu machen, wurde nach 1945 nicht wieder aufgegriffen. So folgten nach Franz Edwin als Leiter Erich Achatz (1949–1974), Ernst Sternath (1974–1987), Otto Rasser (1988–1997) und Mathaeus Roblek (1997–2007)[991].

Heute (2017) leitet Christian Pagitz das Beschussamt (Abb. 179). Außer ihm ist noch Florian Mak im Beschussamt tätig. Pagitz und Mak verrichten die verantwortungsvolle Aufgabe der Beprobung

Abb. 179: Das Beschussamt in Ferlach, 2017 *(Foto: Peter Just)*

der Waffen. Die Tagesarbeit besteht aus Anschauen, Vermessen, Schießen, Zeichnen und Verrechnen. Die Menge der beprobten Waffen variiert von Jahr zu Jahr, allerdings könne man zuletzt wieder einen Anstieg feststellen, wie dies auch schon bei der Jugoslawienkrise 1992 festzustellen gewesen war. Wenn die Zeiten als unsicher empfunden werden, bedeutet das mehr Arbeit im Beschussamt. Zwar haben sich Methoden und Apparatur gewandelt, jedoch sind die Schauprobe in den Lauf und damit das geübte Auge des Prüfers noch immer unverzichtbar. Die Waffen werden in eine luftgefederte Beschussmaschine eingespannt und der Abzug wird mittels Knopfdruck betätigt. Der Erstbeschuss dient der Materialprüfung und ist für kombinierte Waffen und Flintenwaffen vorgeschrieben. Jeder Teil, der einer besonderen Beanspruchung ausgesetzt ist, erhält ein eigenes Beschusszeichen eingeprägt. Da bedeutet es schon eine gewaltige Arbeitserleichterung, dass heute das Einprägen nicht mehr mittels Stempel und Hammer, sondern von einer Lasermaschine vorgenommen wird. Auf der nebenan liegenden Schießstätte können die Waffen eingeschossen werden. Da diese in einem dicht besiedelten Gebiet liegt, ist die Einhaltung aller Vorschriften und Normen doppelt wichtig[992]. Aber der Schussklang in Ferlach ist zumindest für die Alteingesessenen Normalität.

Wann die Bezeichnung von Probieranstalt zu Beschussamt wechselte, ist nicht eindeutig belegt. Spätestens mit der 2. Republik dürfte diese Bezeichnung jedoch üblich sein.

Die Beschusszeichen

Das erste Prüfzeichen, das Ferlacher Waffen nach bestandener Probe bekamen, war das Wappen der Herren von Dietrichstein. Zwei gegeneinander gekehrte Winzermesser zeigten für die Waffen des 17. und 18. Jahrhunderts an, dass Beschau, Beschuss und Wasserprobe erfolgreich absolviert wurden (Abb. 180)[993]. Ab 1793 wurde das F oder FF im Rechteck verwendet (Abb. 181)[994]. Ab 1845 verwendeten die Beschaumeister Johann Honig und Paul Rabitsch für Läufe das F.F. im Kreis, wobei zusätzlich 1 für Hoinig und 2 für Rabitsch stand. Zusammengesetzte Läufe mussten das F. im Kreis tragen (Abb. 182)[995]. Mit dem Reichsgesetzblatt 89 vom 23. Juni 1891 wurde festgelegt, dass alle „im Inlande angefertigten Handfeuerwaffen ohne Unterschied des Kalibers und der Dimension" einer Untersuchung „an einer amtlichen Probieranstalt (‚Probieramt')" zu unterziehen sind (§ 1). Von den Stempeln waren je drei Typen herzustellen. Einer war für das Amt, einer für das Handelsministerium und einer für die betreffende politische Landesbehörde zur Verwahrung bestimmt (§ 4). Das Aussehen der Stempel wurde in diesem Reichsgesetz nicht näher bestimmt[996]. Auch in der Literatur fehlen Hinweise, wie die Stempel in der Monarchie aussahen. Hier können nur Studien an den Objekten weiterhelfen.

Die Durchführungsverordnung des Bundesministeriums für Handel und Wiederaufbau vom 8.9.1951 führte als Beschusszeichen für den Vorbeschuss für Wien und Ferlach jeweils das mit einem

Abb. 180: Das Wappen der Herren von Dietrichstein als Prüfzeichen *(Büchsenmachermuseum Ferlach)*

E verschlungene V (Wien) und F (Ferlach) an. Der Endbeschuss wurde mit dem Bundesadler gekennzeichnet, der am Schild für Ferlach 1, für Wien 2 führt. Außerdem wurde jeweils für Wien und Ferlach eine Buchstabenkombination (NPV bzw. NPF) für den Beschuss mit rauchlosem Pulver festgeschrieben. Waffen, die zusätzlich mit verstärkter Probe getestet wurden, erhielten die Kombination PV (Abb. 183)[997]. In der Beschussverordnung 2013 und in der Prüfzeichenverordnung 2013 sind die Zeichen für Vor- und Endbeschuss von Ferlach und Wien unverändert. Die Erprobung mit rauchlosem

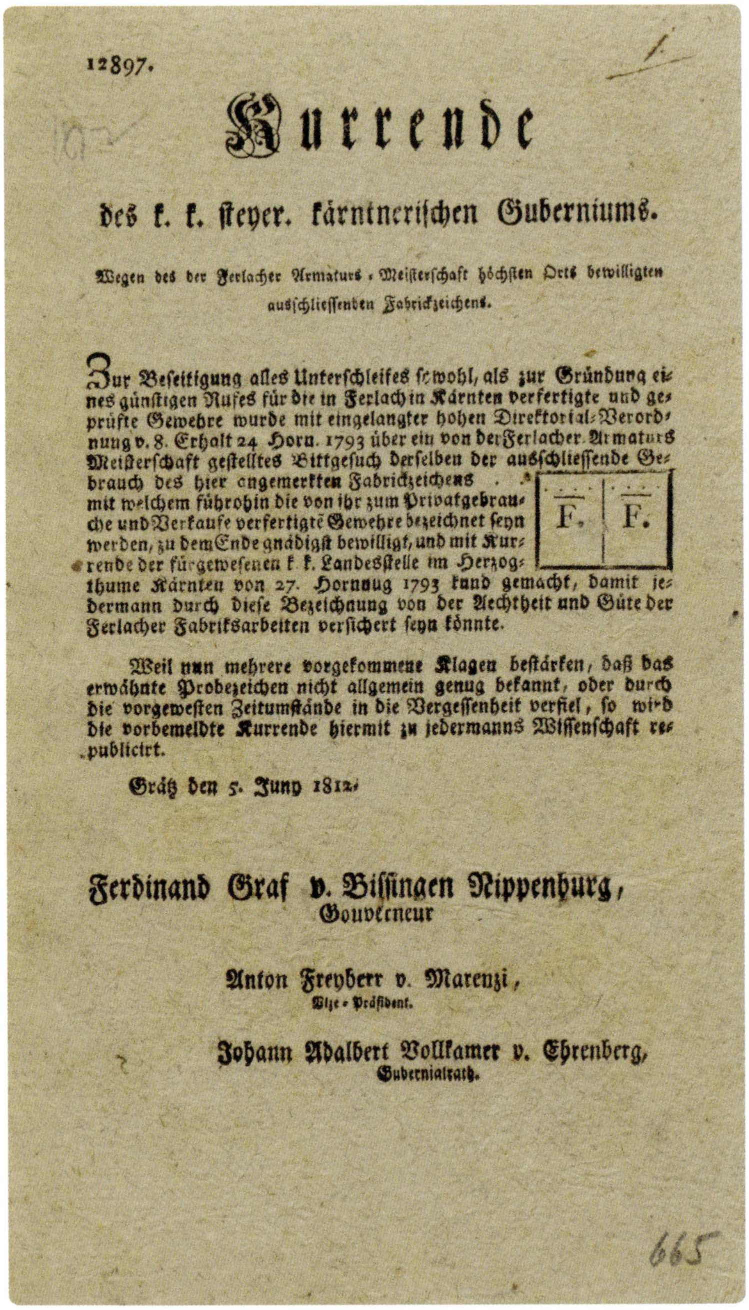
12897.

Kurrende

des k. k. steyer. kärntnerischen Guberniums.

Wegen des der Ferlacher Armaturs-Meisterschaft höchsten Orts bewilligten ausschliessenden Fabrickzeichens.

Zur Beseitigung alles Unterschleifes sowohl, als zur Gründung eines günstigen Rufes für die in Ferlach in Kärnten verfertigte und geprüfte Gewehre wurde mit eingelangter hohen Direktorial-Verordnung v. 8. Erhalt 24 Horn. 1793 über ein von der Ferlacher Armaturs Meisterschaft gestelltes Bittgesuch derselben der ausschliessende Gebrauch des hier angemerkten Fabrickzeichens [F. | F.] mit welchem führohin die von ihr zum Privatgebrauche und Verkaufe verfertigte Gewehre bezeichnet seyn werden, zu dem Ende gnädigst bewilligt, und mit Kurrende der fürgewesenen k. k. Landesstelle im Herzogthume Kärnten von 27. Hornung 1793 kund gemacht, damit jedermann durch diese Bezeichnung von der Aechtheit und Güte der Ferlacher Fabriksarbeiten versichert seyn könnte.

Weil nun mehrere vorgekommene Klagen bestärken, daß das erwähnte Probezeichen nicht allgemein genug bekannt, oder durch die vorgewesten Zeitumstände in die Vergessenheit verfiel, so wird die vorbemeldte Kurrende hiermit zu jedermanns Wissenschaft republicirt.

Grätz den 5. Juny 1812.

Ferdinand Graf v. Bissingen Nippenburg,
Gouverneur

Anton Freyherr v. Marenzi,
Vize-Präsident.

Johann Adalbert Vollkamer v. Ehrenberg,
Gubernialrath.

Abb. 181: Kurrende bez. des Fabrikzeichens für Ferlacher Waffen, 1812
(Kärntner Landedesarchiv)

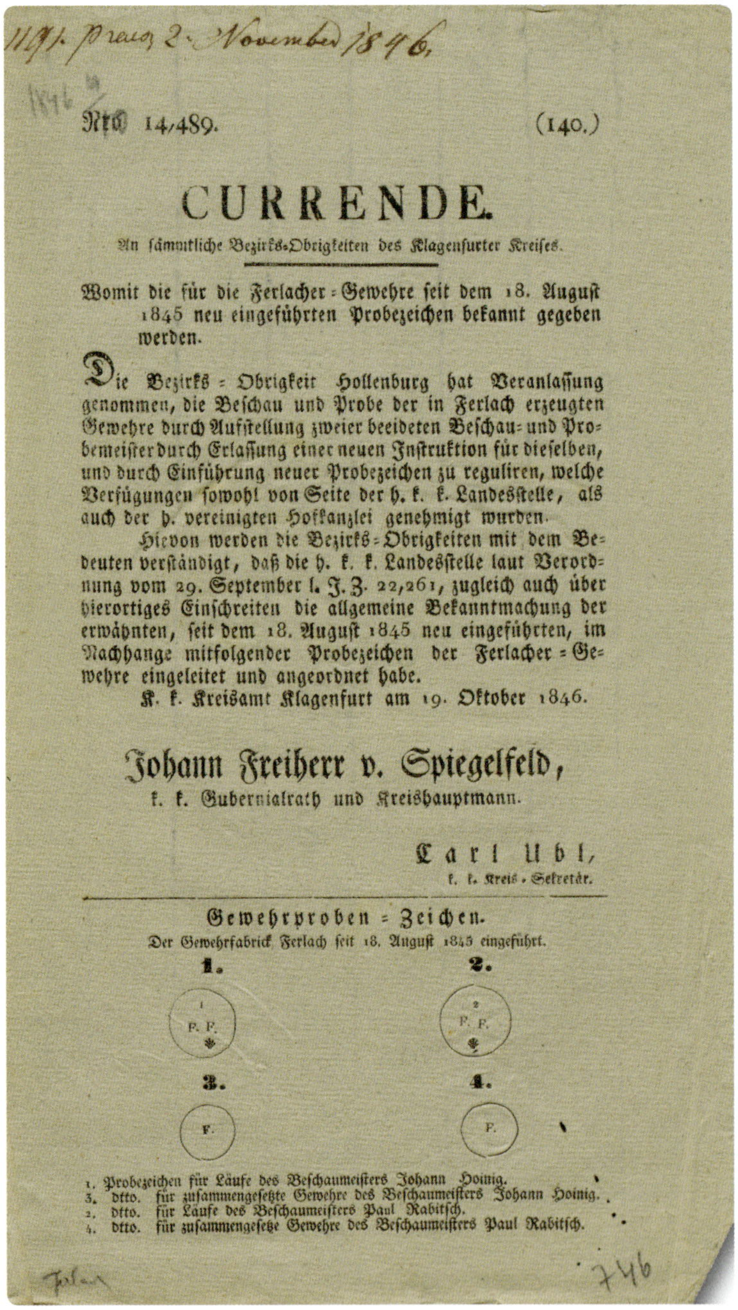
Nro 14,489. (140.)

CURRENDE.

An sämmtliche Bezirks-Obrigkeiten des Klagenfurter Kreises.

Womit die für die Ferlacher-Gewehre seit dem 18. August 1845 neu eingeführten Probezeichen bekannt gegeben werden.

Die Bezirks-Obrigkeit Hollenburg hat Veranlassung genommen, die Beschau und Probe der in Ferlach erzeugten Gewehre durch Aufstellung zweier beeideten Beschau- und Probemeister durch Erlassung einer neuen Instruktion für dieselben, und durch Einführung neuer Probezeichen zu reguliren, welche Verfügungen sowohl von Seite der h. k. k. Landesstelle, als auch der h. vereinigten Hofkanzlei genehmigt wurden.

Hievon werden die Bezirks-Obrigkeiten mit dem Bedeuten verständigt, daß die h. k. k. Landesstelle laut Verordnung vom 29. September l. J. Z. 22,261, zugleich auch über hierortiges Einschreiten die allgemeine Bekanntmachung der erwähnten, seit dem 18. August 1845 neu eingeführten, im Nachhange mitfolgender Probezeichen der Ferlacher-Gewehre eingeleitet und angeordnet habe.

K. k. Kreisamt Klagenfurt am 19. Oktober 1846.

Johann Freiherr v. Spiegelfeld,
k. k. Gubernialrath und Kreishauptmann.

Carl Ubl,
k. k. Kreis-Sekretär.

Gewehrproben-Zeichen.
Der Gewehrfabrick Ferlach seit 18. August 1845 eingeführt.

1. [1 F. F.] 2. [2 F. F.]
3. [F.] 4. [F.]

1. Probezeichen für Läufe des Beschaumeisters Johann Hoinig.
3. dtto. für zusammengesetzte Gewehre des Beschaumeisters Johann Hoinig.
2. dtto. für Läufe des Beschaumeisters Paul Rabitsch.
4. dtto. für zusammengesetze Gewehre des Beschaumeisters Paul Rabitsch.

Abb. 182: Kurrende bez. Probezeichen für Ferlacher Gewehre, 1846
(Kärntner Landedesarchiv)

Pulver wird mit CIP N, jene für Handfeuerwaffen mit glatten Läufen und einem Patronenlager ⩾ 73 mm sowie auf Handfeuerwaffen mit glatten Läufen und einem Patronenlager < 73 mm, die einer freiwilligen Erprobung mit verstärkter Ladung standgehalten haben, mit CIP S gekennzeichnet.

Für eine Erprobung von Läufen mit Patronen mit bleifreiem Schroten wird zusätzlich ein CIP mit einer Lilie eingeprägt[998]. Außerdem wird noch ein dreistelliger Buchstabencode für das Datum des Beschusses verwendet, der Monat und Jahr angibt.

Die Buchstaben für Monat und Jahr

Monat	Buchstabe	Jahreszahl	Buchstabe
1	E	1	W
2	L	2	K
3	N	3	R
4	B	4	F
5	S	5	M
6	Z	6	H
7	G	7	Y
8	P	8	T
9	I	9	D
10	C	0	0
11	V	–	–
12	A	–	–

Die Leiter des Beschussamtes

Zeitraum	Name
1882–1885	Hauptmann Hermann Heissig
1885–1898	Dipl.-Ing. Gustav Schatzl von Mühlfort
1899–1910	Karl Baltz von Balzenberg
1910–1918	Ing. Josef Vogl
1919–1920	Major Viktor Jeločnik
1921–1934	Dipl.-Ing. Alois Kessner
1921–1949	Franz Edwin
1934–1945	Ing. Gustav Mezzadri
1949–1974	FOI Erich Achatz
1874–1987	FOI Ernst Sternath
1988–1997	FOI Otto Rasser
1997–2007	FOI Mathaeus Roblek
2007–	Christian Pagitz

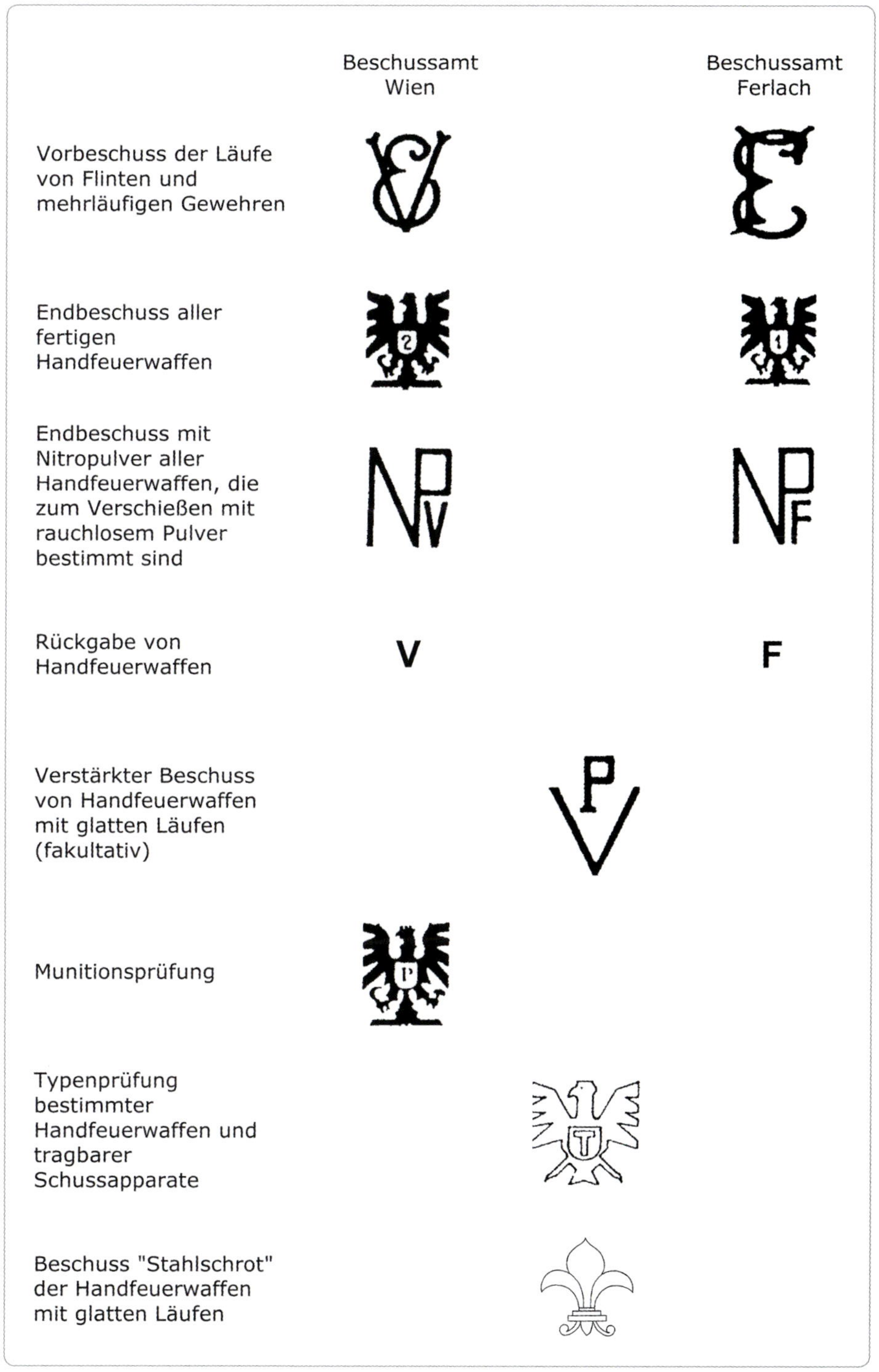

Abb. 183: Beschusszeichen in Österreich
(BGBl. II, Nr. 387, ausgegeben am 15. Oktober 1999)

EUREGIO
HTBLVA
FERLACH
HÖHERE TECHNISCHE
BUNDESLEHR- &
VERSUCHSANSTALT
FERLACH

Fachschule, Fortbildungsschule und Höhere Lehranstalt

Organisation der Ausbildung der Büchsenmacher

Wenn man die Geschichte der Ferlacher Büchsenmacher der letzten rund 150 Jahre beleuchtet, kann die Geschichte einer prägenden Institution nicht fehlen: Jene der Schule, die ab 1878 für die Aus- und Fortbildung der Büchsenmacher sorgte und bis heute aus Ferlach nicht wegzudenken ist. In den 140 Jahren ihres Bestehens machte die Schule viele Änderungen und Entwicklungen durch. Pädagogik und Lehrpläne änderten sich. Der Anspruch, junge Menschen auf ihr Berufsleben bestmöglich vorzubereiten, blieb aber konstant. Die Geschichte der Schule wurde bereits in einer eigenen Arbeit beleuchtet[999] und soll hier nicht in ihrer Gesamtheit nochmals referiert werden. Dennoch werden hier die wichtigsten Eckpunkte nochmals dargelegt, vor allem in ihrer Verzahnung und Wechselwirkung mit den Ferlacher Büchsenmachern. Dazu gehören personelle Überschneidungen – der erste provisorische Leiter der Schule war mit Philipp Poschinger einer der Ferlacher Gewehrfabrikanten dieser Zeit – ebenso, wie institutionalisierte Gremien wie der Fachschulausschuss, in dem die Ferlacher Büchsenmacher vor dem Ersten Weltkrieg mitwirkten. Da auch die Leiter und Direktoren der Schule vor allem in den ersten Jahrzehnten des Schulbestands immer wieder wichtige Aufgaben außerhalb des Schulbetriebs wahrnahmen – so waren sie wiederholt Leiter des Beschussamtes[1000] –, bestand hier ein unmittelbarer Kontakt zu den Ferlacher Büchsenmachern, der über die Ausbildung des Nachwuchses noch hinaus ging. Dieser Kontakt war nicht immer ganz friktionsfrei, wie zum Beispiel die Einstellung des „Grußstandpunktes" zwischen Direktor Josef Vogl und Büchsenmacher und Bürgermeister Josef Ogris im Jahr 1915 zeigt[1001].

Gerade in der Frühzeit des Schulbestandes bis in die Zeit nach dem Ersten Weltkrieg fungierten die Schuldirektoren bisweilen als verlängerter Arm der Landesregierung. So war Schuldirektor Vogl 1914 zum Regierungskommissär der Genossenschaft bestellt worden. Er lenkte in den vier Kriegsjahren die Geschicke der Büchsenmachergenossenschaft[1002]. Dies ist in Zusammenhang mit dem insgesamt bewussten Forcieren der Ferlacher Gewehrindustrie seitens der Landes- und Regierungsstellen zu sehen. Von staatlicher Seite wurden wiederholt Initiativen gesetzt, die den Sprung der Ferlacher Büchsenmacherei in das neue Industriezeitalter ermöglichen sollten. Dazu gehörte neben dem Bau der Maschinenhäuser vor allem auch die Gründung der k. k. Fachschule für Gewehr-Industrie.

Zu Quellen und Literatur

Neben den Arbeiten von Sabine Rosičky, einer Büchsenmachertochter, und Ernst Baumgartner sind vor allem die gedruckten Jahresberichte und Jubiläumsschriften der Schule als Quellen für die Schulgeschichte heranzuziehen. Ab dem Schuljahr 1885/86 erschienen bis 1915/16 jährlich Berichte, die qualitativ hochwertig über das Schulwesen Aufschluss geben. Es werden Anzahl, Namen und Herkunft der Schüler ebenso behandelt wie Anschaffungen für die Schulbibliothek oder das Inventar der Schule. Auch sind die Mitglieder des Lehrkörpers sowie die Vertreter im Fachschulausschuss gelistet. Des Weiteren findet sich, welche praktischen Arbeiten die Schüler im Lauf des Schuljahres durchführten[1003]. Diese Angaben wurden von Sabine Rosičky jahrgangsmäßig ausführlich ausgewertet und teilweise in Grafiken, z. B. bezüglich Nationalität oder Muttersprache der Schüler, ausgewertet[1004].

Der erste vorliegende Bericht, der das Schuljahr 1885/86 behandelt, wurde als fünfter Jahresbericht der Schule tituliert. Verfasser war Direktor Gustav Schatzl, der 1886 das Amt von Hermann Heissig übernommen hatte[1005]. Direktor Schatzl begründete die Herausgabe der gedruckten Jahresberichte. Ältere Berichte sind nicht bekannt.

Seine Nachfolger im Direktorenamt, Karl Baltz von Balzenberg (1898–1909) und Josef Vogl (1909–1918) setzten das Berichtswesen fort, bis es vermutlich aufgrund der Kriegssituation ab 1916/17 unterblieb. Besonders hervorzuheben ist der Anhang „Die Waffenindustrie Ferlachs" im 16. Jahresbericht 1896/97[1006]. Diese ohne Autorennennung abgedruckte achtseitige Darstellung liefert einen guten Überblick vor allem für die damals zeitgenössischen Jahre von 1876 bis 1896.

Auch wenn die Tradition der gedruckten Jahresberichte nach dem Ersten Weltkrieg nicht mehr fortgesetzt wurde, so bieten die erschienenen Jubiläums- und Festschriften aufschlussreiche Schlaglichter auf das Schulgeschehen. Zum 75. Jubiläum der nunmehrigen Fachschule für Handfeuerwaffen im Jahr 1953 widmete sich Fachlehrer Max Smrekar der geschichtlichen Entwicklung der Schule, während Direktor Viktor Landerl die Ziele und Organisation umriss[1007]. Ergänzt wurde die schmale Festschrift durch Berichte aus dem Schulleben sowie mit einer Listung der aktuellen Lehrer und aller Absolventen der Schule seit dem Jahrgang 1885/86. Dieses Schema wurde im Wesentlichen auch für die nun folgenden Festschriften zum 80., 90. und 100. Jubiläum beibehalten[1008]. Durch das Anwachsen der Abteilungen (Metallbearbeitung, Werkzeug- und Vorrichtungsbau) kam es zu Ergänzungen. Das 125. Jubiläum wurde 2003 wieder mit einer eigenen Festschrift begangen, die das genannte Schema im Grunde beibehielt[1009]. Nunmehr hatte die Schule die höheren Abteilungen für Fertigungstechnik, Waffentechnik und Industriedesign sowie die Fachschulen für Büchsenmacher, Fertigungstechnik und Kunsthandwerk. 2013 wurde das 135. Jubiläum wieder mit einer eigenen Festschrift begangen, die knapper und einer Werbebroschüre ähnlicher ist[1010]. Bei der Organisation der Abteilungen und damit bei dem Angebot und den Lehrplänen der Schule war es inzwischen wieder zu Ausweitungen gekommen. Nunmehr werden auch Kunst und Design als höhere Abteilung geführt und schließen dementsprechend mit der Reifeprüfung ab. Heute (2017) finden sich, abgesehen von den Meisterschulen, noch die Fachschulen für Büchsenmacher und jene für Maschinen- und Fertigungstechnik im Angebot der Ferlacher Schule, die ohne Reifeprüfung abschließen[1011].

Zur Ausbildungssituation vor der Schulgründung

Schon in der Handwerksordnung für die Ferlacher Büchsenmacher, die die Herrschaft Dietrichstein 1631 bestätigt hatte, war die Regelung der Ausbildung ein wichtiges Anliegen. Durch schlechte Arbeit und selbsternannte Meister konnte der Ruf der ganzen Branche leiden. Festgelegt wurde die Dauer der Lehrzeit auf drei Jahre sowie die Anfertigung eines Meisterstücks[1012]. Die Handwerksordnung von 1751 verlängerte die Lehrzeit auf vier Jahre, jeder Meister sollte nur einen Lehrjungen haben[1013]. Die Ausbildung lag damit in der Hand der einzelnen Meister, die wiederum in der Zunft organisiert waren und die sich durch die Ordnungen verbindliche Regeln gaben. Die Aufnahme in die Zunft als Meister, die mit der Fertigung des Meisterstücks und der Bezahlung der Meisterwerdungsgebühr verbunden war, war der Befähigungsnachweis.

Dass dieses System auch seine Mängel hatte, zeigte sich spätestens 1855. Als die von den Ferlacher Büchsenmachern an die Armee gelieferten Infanteriegewehre aufgrund zu großer Mängel zurückgewiesen wurden, zeigte die Zunft unter ihrem „Senior" Valentin Schaschl durchaus Selbstkritik. Man habe bei der Aufnahme von Meistern zu wenig auf deren Befähigung geachtet, weil man nur an der Leistung der Meistergebühr in der Höhe von 15 fl interessiert gewesen sei: „[...] wir haben in unserer Mitte leider solche Meister die wegen Unkenntnis des Geschäftes und wegen Mangel an Neigung ihre Arbeit ordentlich und meisterhaft zu machen, auch aus übrigen, den größten Schaden zufügen und den ganzen Kredit benehmen. Dieses ist daher gekommen, weil man bei der Aufnahme der Meister in den Innungsverband leider schon seit vielen Jahren, nicht darauf geachtet hat, ob der Aufzunehmende wirklich sein Gewerbe meistermäßig versteht [...]"[1014].

Spätestens bei der Aufnahme in die Innung oder Zunft mussten mangelnde Kenntnisse sanktioniert werden. Dennoch war und blieb das Lehrsystem, das sich seit dem Mittelalter im handwerklichen Bereich etabliert hatte, die Keimzelle und die Basis für die Ausbildung der Büchsenmacher. Nicht umsonst hat es sich bis heute erhalten. Mit dem „Protokollbuch über das Freisprechen und Aufdingen von Lehrlingen", geführt in der Zeit von 1865 bis 1908, liegt für die Ferlacher Büchsenmacher ein vollständiges Inventar an Lehrling-Meisterverhältnissen vor[1015]. In der Regel mussten die Lehrlinge zu dieser Zeit für ihre Ausbildung zahlen. Die Lehrlingsentschädigung ab dem ersten Lehrjahr, wie sie heute üblich ist, wurde erst 1922 eingeführt[1016]. Wenn andere Bedingungen ausgehandelt wurden, dann findet sich das im „Protokollbuch“ vermerkt. Als ein Josef Just, dessen Beziehung zur Hauptlinie der Büchsenmacher Just nicht klar ist, 1907 von Kaspar Krainer für 3,5 Jahre aufgedungen wurde, wurde festgehalten, dass er nach Beendigung seiner Lehrzeit 52 K Lohn sowie einen kompletten Anzug gleichen Wertes erhalten sollte[1017]. Freilich sagen die Namen und Daten bezüglich Aufnahme und Freisprechen nichts über die Qualität der Lehre aus. Diese wird, wie stets, vom Willen und von den Fähigkeiten von Meister und Schüler abhängig gewesen sein. Damit fehlte ein einheitlicher Standard, umso mehr, wenn die Zunft die Prüfung der Meisterwürdigkeit vernachlässigte, wie dies im oben beschriebenen Beispiel 1855 der Fall gewesen war.

Dazu kam noch, dass um 1870 der Druck auf die rein handwerkliche Produktion der Waffen zu steigen begann. Die Konkurrenz durch die maschinell gefertigten Waren aus Steyr, Wien, Suhl oder Lüttich sorgte für Handlungsbedarf. Auf Initiative des Handelsministeriums wurde der Artilleriehauptmann Hermann Heissig 1876 damit beauftragt, Untersuchungen bezüglich einer Verbesserung der Ferlacher Hausindustrie anzustellen. Er kam zu dem Ergebnis, dass eine Hebung der Ausbildung der Schlüssel für eine künftige moderne Waffenindustrie in Ferlach sei[1018].

Die Gründung der Fachschule 1878

1878 schritt man zur Realisierung des von Hermann Heissig vorgeschlagenen Weges. Die Gemeindevertretung erklärte sich bereit, Räumlichkeiten, Heizung, Beleuchtung, Mobiliar und Bedienung für eine Schule zur Verfügung zu stellen. Im März 1878 besuchte eine Kommission des Handelsministeriums Ferlach „[…] wegen Activierung der zu gründenden Fachschule, welche die Waffenindustrie dieses Ortes heben soll“[1019]. Am 18. November 1878 wurde die erste Fachschule für Gewehrerzeugung in Österreich feierlich eröffnet. Ein eigenes Gebäude hatte diese Schule allerdings noch nicht. Der Unterricht wurde im Hafnerhaus (Bäckerei

Abb. 184: Gedenktafel für die erste Fachschule in Ferlach, Hauptplatz 7
(Foto: R. Jernej)

Peterlin, Hauptplatz 7) und im Hause Just (Hauptplatz 17) abgehalten (Abb. 184)[1020]. Ziel war es, sowohl die theoretische als auch die praktische Ausbildung zu heben. Die Ausbildung bestand aus der Fach-Zeichenschule, die für alle Schüler verpflichtend war, und aus einer Lehrwerkstätte mit sechs Spezialkursen. Gelehrt wurden Eisenbearbeitung, Schlossmachen, Gravieren, Schäften und Holzarbeiten. Bedingung für die Aufnahme war die abgeschlossene Pflichtschule. Die Unterrichtsdauer betrug zunächst ein Jahr. Auch Personen, die nicht die Schule besuchten, konnten als Hospitanten am Unterricht teilnehmen. Erster provisorischer Leiter wurde Philipp Poschinger[1021]. Schäften und Verschneiden des Holzes sowie den Zeichenunterricht übernahm Christian Kehl, Rohrschmieden und Rohrausarbeiten Rudolf Hoinig. Die Schlosserzeugung, Garnieren und Ausfertigen des Gewehrs wurde von Franz Janula gelehrt. Gravieren und Ätzen unterrichtete Josef Tormann, Adolf Kawan war für Regulieren und Einschießen zuständig. Schon 1878 hatten sich 31 Schüler zum Unterricht angemeldet. Finanziert wurde die Schule durch das Handelsministerium, das einen auch von Gemeinde und Innung gespeisten Fonds verwaltete[1022].

Hermann Heissig, ab spätestens 1881 Direktor der Schule, wurde noch im November 1878 zum Ehrenbürger von Ferlach ernannt. Die Gemeindevertretung sah dies „als Beweis ihres unbegrenzten Dankgefühles, für die mit Fachkenntnis verbundene unermüdliche Thätigkeit zur Hebung der localen Waffen-Industrie, so wie für den einflussreichen Antheil rücksichtlich der Schaffung der Fachschule". Bürgermeister war zu dieser Zeit der bereits mehrmals genannte Philip Poschinger[1023].

Die Intention für die Gründung der Schule war die Hebung der lokalen Waffenindustrie. Dieses Ziel wollte man durch verstärkten theoretischen und praktischen Unterricht des Nachwuchses erreichen. Die Ferlacher Büchsenmacher wurden von Anfang an in den Schulbetreib eingebunden: Mit Rudolf Hoinig, Adolf Kawan und Franz Janula waren drei bekannte Büchsenmacher als Lehrer tätig, Bürgermeister und Gewehrfabrikant Philipp Poschinger war zunächst provisorischer Leiter der Schule. Im Fachschulausschuss, in dem unter dem Vorsitz des jeweiligen Bezirkshauptmanns Vertreter des Unterrichtsministeriums und der Büchsenmachergenossenschaft saßen, war neben dem auch als Lehrer wirkenden Adolf Kawan auch der Büchsenmacher Peter Wernig (von 1878 bis 1889)[1024].

Die Verbindungen und Überschneidungen waren von Anfang an mannigfach. Es gab aber auch Kritik an der Schule, die vor allem die zu geringe praktische Ausbildung betraf. Gehilfen mit Meisterlehre könnten die Arbeiten präziser und schneller machen als die Fachschüler. Die Direktoren argumentierten dagegen: Lehrlinge hätten zwar mehr Zeit für die praktische Arbeit, würden aber bei ihren Meistern nur jene Arbeiten verrichten, die für die Spezialanfertigungen gebraucht werden. Daher seien sie nur in manchen Bereichen geübter. Der Fachschüler hingegen würde ein breiteres Wissensfeld vermittelt bekommen, was ihn befähige, sich in viele Bereiche des Handwerks einzuarbeiten[1025]. Das Bildungsangebot in der Fachschule war bewusst breiter gefächert, um den Absolventen für ihr zukünftiges Berufsleben mehr Möglichkeiten zu eröffnen.

Die Entwicklung der Fachschule bis zur Integration der Fortbildungsschule 1899/1900

Über die ersten Schüler, die die Fachschule besuchten, liegen keine Informationen vor. Zeugnisse wurden erst ab dem Jahrgang 1885/86 vergeben. Es ist dies auch der erste Jahrgang, für den ein Jahresbericht vorliegt. Es dauerte damit sieben Jahre, bis sich die Fachschule institutionalisiert hatte. Da der Jahresbericht 1885/86 als fünfter gezählt wurde, kann der Jahrgang 1881/82 als erstes vollwertiges Schuljahr angesehen werden.

1881 war das Jahr, in dem Oberst Hermann Heissig den Direktorposten vom provisorischen Leiter Philip Poschinger übernahm. Informationen über die Jahre 1882 bis 1885 bieten die im Archiv der HTBLVA Ferlach aufbewahrten und von Sabine Rosičky ausgewerteten Konferenzprotokolle sowie die Mitteilungen des „Central-Blatt für das gewerbliche

Unterrichtswesen"[1026]. Für die Vergabe der Zeugnisse und die nochmalige Professionalisierung im Schulbetrieb verantwortlich war zunächst der Erlass des k. k. Kultus- und Unterrichtsministeriums vom 22. November 1885, der Zeugnisse für die Absolventen vorsah[1027]. Ab 1886 wirkte außerdem mit Gustav Schatzl von Mühlfort ein ausgewiesener Fachmann an der Schule. Schatzl war Maschineningenieur, der nach seinem Wirken in Ferlach an der maschinengewerblichen Fachschule in Klagenfurt unterrichtete[1028]. Er trat auch als Buchautor auf. 1895 erschien sein Werk „Jagd und Präcisions-Handfeuerwaffen: 30 Vorlageblätter, enthaltend die Construction der wichtigsten Waffentheile und Systeme zum Gebrauche an gewerblichen Lehranstalten, sowie für Waffenerzeuger und Sportfreunde"[1029].

1885/86 wurden bereits drei Jahrgänge geführt. Unter den Schülern des dritten Jahrgangs fanden sich neben den später in der Genossenschaft aktiven und bekannten Albin Hallemoschnig mit Amanda und Bertha Klimsch zwei Schülerinnen, die das Gravieren erlernten. Über die Fachschule boten sich auch für Mädchen und Frauen Ausbildungsmöglichkeiten. Amanda und Bertha Klimsch waren aber nicht die ersten weiblichen Unterrichtsteilnehmer. Die erste Fachschülerin war Aloisia Hoinig, die 1883 die Schule besuchte. Schon ihr Vater Johann Hoinig und ihr Großvater, ebenfalls Johann Hoinig, waren Büchsenmachermeister gewesen[1030].

An praktischer Leistung konnte die Schule 1885/86 mit ihren 25 Schülern an erzeugten Objekten vorweisen: 28 Stück komplette Garnituren, 12 Büchsflintenschneller, 1 Pirschstutzenschneller, 5 Basküle und 4 Paar Läufe basküliert. In „rohem Zustande vollkommen fertig gestellt" waren 1 Entenflinte (Lanc.), 3 Lancaster-Doppelgewehre, 5 Pirschstutzen, 1 Doppelkugelgewehr und 7 Lancster Doppelgewehre. Außerdem hatte Fachlehrer Ernst Düsel eine neue Patrone geschaffen. Die Verbindung zur 1885 gegründeten Büchsenmachergenossenschaft war ebenfalls gut. Diese hatte 6000 fl aus ihrem Vermögen zum Ankauf eines Grundes für die Errichtung von Werkstätten für die Schule bewilligt. Schule und Genossenschaft sollten auf Wunsch und Anregung von Landespräsident Franz von Schmidt-Zabierow die Einführung von Maschinenarbeit befördern[1031]. Die Genossenschaft verwirklichte dieses Ziel mit der Errichtung der Maschinenhäuser 1887 und 1890[1032].

Die Fachschule machte sich bald einen Namen über Ferlach hinaus. 1887/88 gingen diverse Bestellungen an die Schule, die diese dann an die „Industriellen Ferlachs" weiterleitete. Über die Schule lukrierten die Ferlacher Büchsenmacher zusätzliche Aufträge. Im Gegenzug behielt sich die Fachschule eine Prüfung der abgelieferten Arbeiten vor. Josef Werndl überließ der Schule zwei Repetiergewehre M86/88 (je 8 und 11 mm)[1033]. Über den Bildungsweg gelangte so fachtechnisches Wissen nach Ferlach. Zu diesem Wissenszuwachs trug auch die kontinuierlich erweiterte Bibliothek an der Schule bei, deren Bestand unter „Lehrmittel-Inventar" in den Jahresberichten abgedruckt wurde[1034]. Sie gliederte sich in 14 Abteilungen: I. Unterrichtswesen, II. Mathematik und Geometrie, III. Mechanik, Maschinenbau und mechanische Technologie, IV. Chemie, Pyrotechnik und chemische Technologie, V. Elektrotechnik, VI. Waffenwesen, VII. Schieß- und Jagdsport, VIII. Kunst und Kunstgewerbe, IX. Gewerbe, Industrie und Handel, X. Geographie und Geschichte, XI. Vorlagewerke, XII. Zeitschriften, XIII. Gesetze und Verordnungen, XIV. Diverse Werke. Allein diese Aufzählung zeigt, dass der Bildungsanspruch der Fachschule weit über die Vermittlung der Kenntnisse zur Büchsenmacherei hinausging.

Damit war aber die Situation der Schule, über kein eigenes Gebäude zu verfügen, auf Dauer untragbar. 1888 stiftete die Gemeinde Ferlach einen Bauplatz für das neu zu errichtende Schulgebäude, das 1892 unter dem Namen „k. k. Fachschule für Gewehrindustrie" eröffnet wurde und erst in den 1970er-Jahren durch den heute bestehenden, in den 1990er-Jahren nochmals erweiterten Bau ersetzt wurde (Abb. 185)[1035].

Die Anzahl der Schüler in den Jahren 1885/86 bis 1898/99 lag zwischen 27 und 41 und damit in überschaubarem Rahmen. Auch der Neubau des Schulgebäudes führte zu keinem Anstieg der Schülerzahlen. Als Muttersprache dominierte das Slowenische. Der Anteil lag zwischen drei Viertel und vier Fünftel der Schüler[1036]. Gelehrt wurden die als vier Abteilungen geführten Fächer Schäften und Drechseln, Eisenarbeit, Schlosserzeugung und Gravieren. Eisenarbeit und Schlosserzeugung wurde von einigen Schülern zusammen besucht, Gravieren war in den Jahren 1885 bis 1900 selten belegt.

Das Hospitantensystem, das einen zeitweiligen Besuch der gewünschten Fächer vorsah, wurde weiterhin beibehalten, wobei in manchen Jahrgängen die Anzahl an Hospitanten größer war als jene der Tagesschüler[1037]. Zu den bekannten Ferlacher Büchsenmachern, die die Fachschule in dieser frühen Zeit absolvierten, gehörten Josef Ogris (1886/87), Franz Sodia (1887/88), Marcellus Fanzoy, Franz Schönlieb (beide 1888/89), Ferdinand Koschat (1891/92) und Stefan Düsel (1895/96)[1038]. Der Lehrkörper umfasste 1896/97 neben dem Direktor Gustav Schatzl noch weitere vier Lehrer (Fachlehrer Karl Baltz von Balzenberg: Fachzeichnen und Technologie, Fachlehrer Ernst Düsel: Eisenarbeit, Fachlehrer Josef Radolph: Freihandzeichnen und Modellieren, Buchführer Franz Pippich: Rechnen, Geschäftsaufsätze, Geographie, Kalligraphie) und drei Werkmeister (Rudolf Reisig: Eisenarbeit, Franz Just: Schlosserzeugung, Josef Uschnig: Schäften und Schnitzen). Außerdem waren noch ein Vorabeiter (Adolf Geissler: Holzdrechseln) und ein Maschinenwärter und Werkzeugmacher (Rupert Schützelhofer) beschäftigt[1039]. Zehn Lehrpersonen betreuten 23 Schüler – ein pädagogisch hochwertiges Verhältnis. Mit der Integration der Fortbildungsschule in die Fachschule stieg die Schülerzahl mit dem Jahrgang 1899/1900 sprunghaft von 33 (1898/99) auf 150 an.

Von der Fortbildungsschule zur Berufsschule

Fortbildungsschulen sind die Vorläufer der heutigen Berufsschulen, deren Besuch für alle Absolventen einer Lehre in Österreich verpflichtend ist. Mit dem Gesetz von 1868 und der Gewerbeordnung von 1897 wurde der Besuch von Fortbildungsschulen für Lehrlinge verpflichtend. Jede Gemeinde, in deren Gebiet es in einem Umkreis von drei Kilometern mehr als 30 Lehrlinge in drei Jahren gab, wurde zur Eröffnung einer Fortbildungsschule verpflichtet.

Abb. 185:
Die k. k. Fachschule für Gewehrindustrie, um 1910
(Rieger 1910, 9)

In Ferlach existierte eine Fortbildungsschule bereits seit 1871. Mit dem Schuljahr 1899/1900 wurde die gewerbliche Fortbildungsschule an die bestehende Fachschule für Gewehrindustrie angeschlossen. Den Besuchern der Fortbildungsschule sollten grundlegende kaufmännische und zeichnerische Kenntnisse vermittelt werden. Unterrichtet wurde anfangs am Sonntag zwischen 8 und 11 Uhr, sowie Montag und Dienstag zwischen 6 und 8 Uhr abends. Die Dauer wurde auf zwei Jahre festgelegt, Schüler mit mangelhaften Vorkenntnissen aus der Volksschule besuchten einen einjährigen Vorbereitungslehrgang[1040].

Fortbildungsschulen waren für Lehrlinge aus verschiedenen Gewerben gedacht, in Ferlach waren bis zu 75 % der Fortbildungsschüler Büchsenmacherlehrlinge[1041]. So wurden alle Büchsenmacherlehrlinge, die bis dahin ihre Ausbildung allein in der Werkstätte ihres Meisters absolviert hatten, zum Besuch der Schule verpflichtet. Die Zahl der Fachschüler, die die drei, ab 1902/03 vier Jahrgänge, absolvierten[1042], pendelte weiterhin zwischen 30 und 40. Durch die „Fortbildungsschüler" war die Gesamtschülerzahl bis zum Einbruch in den Kriegsjahren 1914/15 jedoch konstant hoch, meist zwischen 160 und 180. 1911/12 lag sie sogar bei 218[1043]. Der Lehrkörper wurde zwischen 1901 und 1913 um sechs Personen aufgestockt (Theodor Strein, Josef Rabitsch, Rupert Perkounig, Nikolaus Rubner, Ing. Franz Jungreithmeyer, Richard Wirth)[1044]. Während des Krieges 1914–1918 wurde die Fortbildungsschule sistiert, auch wurden viele Schüler und Lehrer zum Kriegsdienst einberufen[1045]. 1945 wurde die Fortbildungsschule nach Klagenfurt verlegt. Ab 1955/56 besuchten wieder alle Büchsenmacherlehrlinge Kärntens die nach Ferlach zurückgekehrte, nunmehr als Berufsschule bezeichnete Ausbildung in Form eines achtwöchigen Kurses. 1961/62 wurde sie zur Ausbildungsstätte für alle österreichischen Büchsenmacherlehrlinge.

1964/65 kam die Berufsschule für Metallschleifer und Galvaniseure dazu. 1978 wurde sie von der HTL, der „Nachfolgerin" der Fachschule, getrennt. Während die HTL eine Bundesschule wurde, ist die Berufsschule bis heute eine Landesschule (Abb. 186)[1046]. Ab 2018 sollen sie zumindest baulich wieder näher zusammenrücken[1047].

Heute werden in der Berufsschule Büchsenmacher, Waffenmechaniker und Oberflächentechniker ausgebildet. Während es früher zwei Klassen für Büchsenmacher gab, besuchen derzeit nur mehr

Abb. 186:
Die Berufsschule in Ferlach, im Hintergrund die HTBLVA, 2017
(Foto: Peter Just)

wenige Lehrlinge aus diesem Beruf in Ferlach die Berufsschule. Das Bild der Zukunft ist das des Waffenmechanikers, der zunehmend am und mit dem Computer arbeitet und sich moderner Fertigungsmethoden bedient. Die Mehrzahl der derzeitigen Berufsschüler lässt sich zu Oberflächentechnikern ausbilden. Insgesamt besuchen ca. 160 Schüler aus Österreich und Südtirol die Schule. Der Schulbetrieb ist in Lehrgängen organisiert, die jeweils zehn Wochen dauern. Da sich stets nur einer der insgesamt vier Jahrgänge im Haus befindet, liegt die Gesamtzahl an Schülern nicht über 40. Unterrichtet werden sie von zehn Lehrern, wovon rund die Hälfte nebenberuflich tätig ist.

Direktor Michael Wilhelmer ist sich bewusst, dass seine Schüler unmittelbar aus der Firmenrealität kommen und mit den Anforderungen eines Betriebes und einer Werkstatt vertraut sind. Die Überschaubarkeit des Schulbetriebs sieht er als ein großes Plus im Verhältnis zur „großen Schwester" HTL. Die Büchsenmacher lernen in 30 Wochen das gesamte Berufsbild. Dazu gehört die Fachkunde für Büchsenmacher (Normen, Gesetze, Funktionsweisen), die Technologie (Werkstoffkunde und Fertigungstechnik) sowie angewandte Mathematik. Für höhere Mathematik ist bei diesem dichten Programm kein Raum mehr. Dafür wird der Praxis so viel Platz wie möglich eingeräumt, ca. ein Fünftel der Stunden ist ihr gewidmet. Auch das Fertigen einer „Schulwaffe" mit dem gesamten System steht am Programm. Da die beruflichen Beschäftigungsmöglichkeiten für Büchsenmacher in Österreich überschaubar sind, müssten sich die Absolventen auch in anderen Berufen bewähren können. Eine kleine Zahl von hochqualifizierten Büchsenmachern wird aber stets Beschäftigungsmöglichkeiten finden[1048].

Von der Fachschule zur Lehr- und Versuchsanstalt für Handfeuerwaffen 1911

Das erste Jahrzehnt des 20. Jahrhunderts stellte für die Fachschule für Gewehrindustrie eine Zeit der Blüte dar. Mit der Angliederung der Fortbildungsschule 1899/1900 war die Schüleranzahl verfünffacht worden. Mit dem Schuljahr 1902/03 wurde ein Vorbereitungsjahr für Fachschüler mit zu geringen Vorkenntnissen eingeführt. Die Ausbildung für die Büchsenmacher wurde außerdem von drei auf vier Jahre verlängert[1049]. Die Zusammenarbeit zwischen den Ferlacher Büchsenmachern und der Schule war in diesen Jahren äußerst kooperativ. Söhne von Ferlacher Büchsenmachern wurden bei der Aufnahme bevorzugt. Zusätzlich konnten Ferlacher Gewerbetreibende Materialien und Hilfsmittel über die Schule bestellen[1050]. Die Fachschule war mit den Schülerarbeiten bei der Weltausstellung 1904 in St. Louis und bei der Lütticher Weltausstellung 1905 erfolgreich vertreten[1051].

Da die Schule nach nicht einmal 20 Jahren bereits wieder zu klein war, wurde 1909/10 der Anbau des sogenannten T-Stücks im Osten durchgeführt[1052]. Ebenfalls im Jahr 1910 waren 21 Ferlacher Büchsenmacherbetriebe bei der Jagdausstellung in Wien mit insgesamt 300 Gewehren vertreten. Dass dies möglich war, wurde auch auf die Tätigkeit der Schule zurückgeführt[1053]. Am 7. Oktober 1911 wurde per Ministeriumserlass eine Versuchsanstalt an die Fachschule angegliedert, die mit 1. November 1911 ihren Betrieb aufnahm. Nunmehr wurde die Schule als „Lehr- und Versuchsanstalt für Handfeuerwaffen" bezeichnet[1054]. Damit wurden die Möglichkeiten und Befugnisse der Schule nochmals vergrößert. In der Versuchsanstalt konnten Munition und Waffen getestet und überprüft und Gewehre bis auf 300 Meter eingeschossen werden. Man lukrierte Aufträge für Tests von auswärtigen Produzenten[1055]. Aber auch eigene Entwicklungen samt Überprüfungen waren so leichter zu realisieren. Insgesamt bedeutete die Versuchsanstalt einen Schub in Richtung Forschung und Entwicklung. 1917 veröffentlichte Alois Kessner, Lehrer und ab 1918 Direktor an der Schule, einen „Leitfaden der Waffenlehre mit besonderer Berücksichtigung der Jagd- und Sportwaffen"[1056]. Kessner konnte bei der Abfassung dieses Werks Wissen einbringen, das er durch seine Tätigkeit an der „Lehr-und Versuchsanstalt" erworben hatte.

Die Schule war Zentrum und Knotenpunkt für Wissenserwerb und Wissenstransfer. In den Jahresberichten der Schule wurde das gute Verhältnis zwischen Gewerbetreibenden und Schule betont. Nur vereinzelt kam es zu Misstönen. Diese drehten sich für gewöhnlich darum, ob die Schüler in der Schule ausreichend für die Anforderungen des praktischen Büchsenmachens ausgebildet würden[1057], obwohl der Anteil an Werkstattunterricht 1908/09 bei beachtlichen zwei Dritteln der Unterrichtszeit lag [1058].

Maschinenhäuser und Schule standen jedenfalls für Fortschritt. Als 1887 die Einrichtung des ersten Maschinenhauses besorgt werden sollte, wurde Direktor Gustav Schatzl auf Einkaufsreise nach Steyr, Wien, Suhl, Leipzig und Dresden geschickt, um die nötigen Maschinen zu besorgen[1059]. Als die Erneuerung der technischen Ausrüstung in den Maschinenhäusern 1911 am Programm stand, stellte das Ministerium für öffentliche Arbeiten der Büchsenmacher-Genossenschaft den benötigten Kredit mit der Auflage zur Verfügung, dass der Direktor der k. k. Lehr- und Versuchsanstalt bei der Auswahl der Arbeitsbehelfe sowie bei der Organisation der Maschinenhäuser ein Mitspracherecht erhalte[1060]. Die Direktoren der Schule fungierten als Vertrauensmänner der staatlichen Behörden. Diese vertrauensvolle Position fand mit Kriegsbeginn 1914 mit der Ernennung Direktor Josef Vogls zum Regierungskommissär der Genossenschaft einen deutlichen Ausdruck[1061]. Die nunmehr kriegswichtige Produktion der Ferlacher Waffen wurde in die Hände des Schuldirektors gelegt.

Die Städtische Lehranstalt für Handfeuerwaffen 1932–1938

Das Ende des Ersten Weltkriegs 1918 brachte das Ende der österreichischen Monarchie und damit des gesamten Staats- und Wirtschaftsgefüges mit sich. Die Monarchie wurde zur Republik, die ehemals im Binnenmarkt gelegenen Absatzgebiete waren nun zum Teil eigene Nationalstaaten. Es gab keine k. u. k. Hoflieferanten mehr, ein Titel, der die Büchsenmacher Peter Wernig oder Anton Antonitsch ausgezeichnet hatte. Im Südkärntner Raum war dieser Übergang nochmals geprägt durch die Unsicherheiten und Wirren, die die jugoslawischen Gebietsansprüche mit sich brachten.

Die Schule hatte auch in den Kriegsjahren ihren Betrieb fortgesetzt. 1917/18 waren 35, 1918/19 sogar 37 Schüler an der Schule[1062]. Auch als Ferlach unter Verwaltung des SHS-Staates stand (Juni 1919–Oktober 1920), wurde der Schulbetrieb fortgesetzt. Die Nachrichten zu dieser Zeit sind dürftig. Der letzte Jahresbericht der Schule erschien für das Schuljahr 1915/16. Festgehalten ist, dass 1919/20 der Unterricht durch „jugoslawische Lehrkräfte“ geführt wurde, ohne dass sich dafür Namen oder weitere Belege anführen lassen[1063]. Nach der Volksabstimmung im Oktober 1920 „zogen wohl die alten Lehrer der Anstalt wieder ein“. So ist es zumindest in der zeitlich noch am nächsten liegenden Festschrift zur 75-Jahr-Feier 1953 zu lesen[1064].

Direktor war ab 1921 (bis 1934) wieder der bereits 1918 ernannte Alois Kessner[1065]. 1921 und 1922 wurden mit Hans Wrulich, Albin Obiltschnig, Michael Zepptiz und August Kolm vier Lehrer neu aufgenommen. Dazu waren noch Josef Rabitsch, Rupert Perkounig und Richard Wirth als Lehrer an der Schule[1066]. Die Schule wurde nun unter dem Namen Bundeslehr- und Versuchsanstalt für Handfeuerwaffen geführt. Über die Entwicklung in den 1920er-Jahren ist zu lesen, dass sich die Schülerzahl kontinuierlich verringerte[1067]. Tatsächlich erreichte die Schülerzahl 1922/23 mit 51 nochmals einen Höhepunkt und nahm dann bis 1927/28 auf 17 ab. 1928/29 gab es nochmals 23 Schüler, 1930/31 waren es dann nur mehr 13[1068]. Das veranlasste das Bundesministerium für Handel und Verkehr, das als Nachfolger des k. k. Handelsministeriums immer noch für die Schule zuständig war, die Schließung der Schule mit dem Schuljahr 1931/32 bekanntzugeben[1069].

Die Gemeinde Ferlach und die Ferlacher Büchsenmacher waren sich einig, dass dieser Schritt eine ernste Bedrohung für das traditionsreiche Waffengewerbe in Ferlach darstellte. Bürgermeister Andreas Ebner, Genossenschaftsobmann Thomas Kullnig und der Gehilfenobmann Raimund Wieser reisten aus diesem Grund nach Wien ins Handelsministerium und übergaben eine ausführliche Denkschrift[1070]. Angeführt wurde, dass durch diese Maßnahme große „Gefahr für den wichtigsten Ernährungszweig unserer Bevölkerung“ bestünde. Die Krise der Waffenindustrie wurde auf die bestehende Weltkrise zurückgeführt. Trotzdem wären im Krisenjahr 1931 noch 4.000 Stück fertige Gewehre in Ferlach erzeugt worden. Die Fortführung eines Lehrwerkstättenunterrichts wäre für die Bildung des Nachwuchses, aber auch für Absolventen einer Meisterlehre unerlässlich. Zur Not könne man auch mit zwei Lehrern und einem Schulwart den Unterricht aufrechterhalten. Allerdings sollte man auf Direktor Alois Kessner als ausgewiesenen Fachmann nicht verzichten. Auch die Wichtigkeit der Versuchsanstalt für Ferlach wurde hervorgehoben[1071].

Weitere Denkschriften wurden an Nationalratspräsident Karl Renner, an den Kärntner Landeshauptmann Ferdinand Kernmeier, an den Nationalrat Ingenieur Tauschitz und an die Kammer für Arbeiter und Angestellte gerichtet. Da das Ministerium jedoch darauf beharrte, dass für die Schule keine Budgetmittel mehr vorgesehen seien, konnte der Beschluss nicht mehr rückgängig gemacht werden. Allerdings nahm man in Wien die Ferlacher Anregung auf, die Schule in eingeschränkter Form unter städtischer Aufsicht fortzuführen.

Im August 1933 wurde der Stadt Ferlach dann offiziell die Erlaubnis zum Betrieb der nunmehr „Städtische Lehranstalt für Handfeuerwaffen" genannten Schule erteilt. Neben Direktor Kessner wurde noch Fachlehrer Josef Rabitsch beschäftigt[1072]. Die Abteilung für Schäfter wurde aufgelassen[1073]. Die Fortbildungsschule wurde als Abteilung der Klagenfurter Fortbildungsschule geführt, den theoretischen Unterricht übernahmen Lehrer aus der Hauptschule[1074]. Dadurch wurde gesichert, dass Büchsenmacher in Ferlach weiterhin eine Ausbildungsstätte, wenn auch in bescheidenerer Form, vorfanden. 1933/34 und 1934/35 gab es noch keine Absolventen. 1935/36 schlossen sechs Büchsenmacher die städtische Lehranstalt ab[1075].

Ein Absolvent des Jahrgangs 1936/37 ist weniger als Büchsenmacher denn als Autor in der lokalen historischen Erinnerung geblieben: Lorenz Mack, dessen Erzählung über die Büchsenmacher wie kaum ein zweites Werk Lokalkolorit und Charme seiner Zeit und dieser Zunft einzufangen versteht[1076].

Berufsfachschule für Handfeuerwaffen 1938–1945

Mit dem Anschluss Österreichs an das Deutsche Reich waren für die Schule in Ferlach Hoffnungen auf eine Verbesserung der Situation verbunden. Doch die zunächst zur Gaufachschule umfunktionierte Lehranstalt wurde von den neuen Machthabern nicht als zentrale Fortbildungsstätte für das Büchsenmacherhandwerk positioniert. Diese sollte im deutschen Büchsenmacherzentrum Suhl eingerichtet werden. Schuldirektor Gustav Mezzadri, seit 1934 Nachfolger von Alois Kessner, und der neue nationalsozialistische Bürgermeister Josef Hambrusch, selbst Büchsenmacher, setzten sich dafür ein, dass die Schule als Berufsschule erhalten blieb. Von 1939 bis 1945 wurde hier das Büchsenmachen und Schäften weiterhin gelehrt[1077]. 1938 wurde Hans Tuschar kurzfristig Lehrer an der Schule. Von 1940 bis 1945 war Ferdinand Meglitsch als neuer Lehrer neben den bereits länger dienenden Josef Rabitsch, August Kolm und Stefan Perkounig tätig[1078]. Die Schülerzahl erreichte 1938/39 mit 48 einen Höhepunkt, blieb aber auch in den Kriegsjahren mit 25 (1942–1945) bis 32 (1940/41) relativ konstant[1079]. Bis 1945 schlossen 46 Schüler ihre Ausbildung ab. Der zahlenmäßig stärkste Jahrgang war dabei 1939/40, also ein Jahrgang, dessen vierjährige Ausbildung noch in der Städtischen Lehranstalt für Handfeuerwaffen begonnen hatte. Auch 1940/41 und 1941/42 gab es mit acht bzw. elf Absolventen noch eine relativ hohe Abschlussrate, darunter die später bekannten Ferlacher Büchsenmacher Josef Just (1940/41) und Gottfried Juch (1941/42). 1942/43 schlossen nur mehr sieben, 1943/44 nur mehr ein Büchsenmacher die Schule ab, 1944/45 waren es zwei[1080]. Der Krieg forderte auch hier seinen Tribut.

Die Landesfachschule für Handfeuerwaffen 1946–1963

Dass nach dem Ende des nationalsozialistischen Regimes die Schule schon 1946 wieder ihren Betrieb fortsetzen konnte, wird dem Wirken von politischen Verantwortungsträgern zugeschrieben, die einen persönlichen Bezug zu Ferlach, aber auch zur Schule aufwiesen. Der gebürtige Ferlacher Lorenz Just wurde nach dem Krieg als Regierungsrat in die Schulaufsicht nach Klagenfurt berufen, wo er für den Wiederaufbau des Kärntner Schulwesens zuständig war[1081]. Auch war er als nebenberuflicher Lehrer an der Fachschule tätig gewesen[1082]. Nun setzte er sich für den Weiterbestand der Schule ein, zusammen mit den Landeshauptleuten Hans Piesch und Ferdinand Wedenig, Oberregierungsrat Dragatin, Prof. Dr. Walter Reitermeyer, dem Landtagsabgeordneten Walter Ebner, Hofrat Julius Henizel und dem damaligen Landesfinanzreferenten Erwin Pabst[1083].

Die Schule wurde vom Land unter dem Namen „Landesschule für Handfeuerwaffen" übernommen. Erste provisorische Leiter wurden Sepp Unterluggauer (1946) und Franz Woschitz (1946–1949). 1950 übernahm Ingenieur Viktor Landerl den Posten des Direktors. Er war nicht nur ein ausgewiesener Fachmann für Handfeuerwaffen, sondern trug auch aufgrund seiner tatkräftigen Persönlichkeit viel zum Gedeihen der Schule bei[1084]. 1952 erfolgte durch die Angliederung einer Abteilung für Werkzeug- und Vorrichtungsbau eine Erweiterung des schulischen Angebots, 1957 wurde der Graveurabteilung eine Fachklasse für Gold- und Silberschmiede angeschlossen[1085].

Damit wurden erste Schritte gesetzt für die Entwicklung der Schule von einer Ausbildungsstätte vornehmlich für Büchsenmacher hin zu einer Lehranstalt, die ein breiteres Angebot lieferte. Bereits 1949 war der Werkstättentrakt aufgestockt worden[1086], 1958 erfolgte eine weitere bauliche Erneuerung der Lehrsäle und Werkstätten[1087]. 1958/59 schloss Martin Kruschitz, der spätere Bundesinnungsmeister, die Schule ab. Der Jahrgang 1959/60 brachte mit Karl Hauptmann und Herbert Urbas zwei Büchsenmacher hervor, deren Namen noch später in Ferlach bekannt sein sollten. Auch der Name Wilfried Glanznig, Absolvent 1960/61, ist hier zu nennen. 1962/63 schlossen 32 Schüler und Schülerinnen ihre Ausbildung in der Landesfachschule ab, darunter 13 Büchsenmacher und acht Graveure. Die übrigen 11 Schüler wurden Werkzeugmacher bzw. Gold- und Silberschmiede[1088].

Von der Höheren Technischen Lehranstalt 1963/64 zur EUREGIO HTBLVA 2014

Die nächste Aufwertung der Ausbildungsmöglichkeiten in Ferlach erfolgte mit dem Schuljahr 1963/64, als die Schule den Rang einer Höheren Technischen Landeslehranstalt erhielt. Nunmehr war es möglich, die Ausbildung mit einer Reifeprüfung abzuschließen. Angeboten wurden zwei höhere Abteilungen, nunmehr mit jeweils fünfjähriger Ausbildungsdauer: jene für Waffentechnik und jene für Werkzeug- und Vorrichtungsbau. Daneben bestanden weiterhin die Fachschulen für Büchsenmacher und Schäfter, für Metallbearbeitung und Werkzeugbau und für gestaltendes Metallhandwerk mit den Unterabteilungen für Graveure sowie Gold- und Silberschmiede[1089].

Direktor Landerl charakterisierte den Unterricht in den höheren Abteilungen so, dass dieser Bildungsweg hervorragend geeignet sei, „alle Kräfte und Fähigkeiten des Geistes zu mobilisieren und das logische Denkvermögen zu formen". Ca. ein Drittel der Unterrichtszeit wurde der fachlichen und praktischen Ausbildung gewidmet, zwei Drittel entfielen auf geisteswissenschaftliche und naturwissenschaftliche Allgemeinbildung, wobei die Naturwissenschaften im Verhältnis von 3:1 dominierten. Dem offensichtlich latent stets vorhandenen Einwand, dass die Praxis mit dieser Ausbildungsform zu kurz käme, begegnete Landerl mit der Argumentation, dass nicht allein Beruf und Arbeit, sondern ebenso die Herstellung des richtigen Weges von Mensch zu Mensch und die Bildung eines verantwortungsvollen Staatsbürgers Bildungsziele seien[1090]. Im persönlichen Umgang scheint Viktor Landerl das Bildungsziel bisweilen etwas deftiger formuliert zu haben als in dieser schriftlichen Form. Manchem Büchsenmacher ist sein Ausruf in Erinnerung geblieben, dass man in Ferlach „keine Schraubstockidioten" haben wolle.

In derselben Festschrift formulierte Fachoberlehrer Anton Kullnig als Ziel der Ausbildung, in der Büchsenmacherwerkstätte möglichst praxisnah zu sein. Der Büchsenmacher muss sein Hauptwerkzeug – die Feile – beherrschen[1091]. Hier begegnen wir den beiden Polen, um die sich noch viele Diskussionen in den kommenden Jahrzehnten drehen sollten.

Schulbetreiber auch der erweiterten höheren Ausbildungsmöglichkeit war weiterhin das Land Kärnten. Die ersten Absolventen der höheren Abteilung für Waffentechnik schlossen im Schuljahr 1966/67 ab. Im selben Jahr beendete Walter (Schaschl-) Outschar die Fachschule für Büchsenmacher und Schäfter[1092]. In den folgenden Jahren hielt sich das Verhältnis zwischen Absolventen der höheren Abteilung für Waffentechnik und jener der Fachschule für Büchsenmacher und Schäfter in etwa die Waage.

1968, im Jahr der 90-Jahr-Feier der Schule, wurden die räumlichen Defizite wieder Thema. Die Räume wurden noch mit Öfen beheizt, die sanitären Anlagen entsprachen nicht mehr der Zeit, eigene Räume für Lehrer und Lehrmittel gab es nicht. Es wurde sogar befürchtet, dass das Arbeitsinspektorat die Werkstätten schließen müsste, wenn es zu einer Überprüfung käme. Nach den nötigen Vorverhandlungen, zu denen auch der Ankauf des nebenliegenden alten Volksschulgebäudes zählte – für die Volkschule wurde der Neubau in der Gartengasse errichtet –, erfolgte 1972 der Spatenstich für den Neubau des Schulgebäudes. 1973 waren Lehrsäle und Werkstätten in Betrieb, nach dem Erdbeben 1976 wurden das 1892 eröffnete Fachschulgebäude und das alte Volksschulgebäude, das davor bereits desolat gewesen war, abgerissen (Abb. 187).

Auch die Schule verzeichnete in den wirtschaftlichen Blütezeiten der frühen 1970er-Jahre einen starken Anstieg bei den Schülerzahlen. Zwischen 1968 und 1978 stieg die Gesamtzahl von 365 auf 595, in der Abteilung Waffentechnik von 73 auf 126. Auch in der Fachschule für Büchsenmacher und Schäfter stieg die Zahl von 47 auf 127[1093].

Mit 1. Jänner 1978 übernahm nun der Bund die Schule vom Land, was zu einer neuerlichen Namensänderung in „Höhere Technische Bundeslehranstalt für Waffentechnik, Werkzeug- und Vorrichtungsbau“ führte. Die Schul- und Bildungsoffensive der 1970er-Jahre in Österreich hinterließ auch in Ferlach ihre deutlichen Spuren, baulich wie organisatorisch. 1982/83 erreichte die Schülerzahl mit 652, die von 72 Lehrern unterrichtet wurden, ihren Höchststand[1094]. 1989 wurde die Abteilung Werkzeug- und Vorrichtungsbau in die Abteilung Fertigungstechnik umbenannt[1095]. Eine bauliche Erweiterung erfolgte nochmals in den Jahren 1996–1999 (Abb. 188). Im selben Jahr (1999) wurde mit der Entwicklung eines weiteren Ausbildungszweiges, Industriedesign, begonnen, der 2002/03 vom Ministerium

Abb. 187: Denkmal zur Erinnerung an die alte Fachschule in Ferlach *(Foto: Peter Just)*

genehmigt wurde[1096]. 2004 wurde ein Kolleg für Design installiert. 2008 wurde wieder, wie schon 1911, eine Versuchsanstalt angegliedert, die „Versuchsanstalt für Materialprüfung, Sicherheits- und Waffentechnik“. Die Schule wird nun „Höhere Technische Bundeslehr- und Versuchsanstalt“ (HTBLVA) genannt. 2011/12 werden Schulversuche zu Meisterschulen bzw. Werkmeisterschulen für Kunsthandwerk und Design sowie für Maschinenbau eingerichtet. 2014 erfolgt die Namenergänzung EUREGIO HTBLVA. EUREGIO steht dabei für die grenzüberschreitende Zusammenarbeit in den europäischen Ländern und Regionen Kärnten, Friaul-Julisch Venetien und Slowenien. Im Bereich Waffentechnik verfügt die EUREGIO HTBLVA heute (2016) über die Abteilungen „Höhere Lehranstalt für Waffen- und Sicherheitstechnik“ und weiterhin über die Fachschule für Büchsenmacher. Der Bereich des Gravierens, der von Anfang an in der Fachschule gelehrt wurde, wird heute durch die Abteilung „Höhere Lehranstalt für Kunst und Design – Graviertechnik“ abgedeckt. Auch hier führt die Ausbildung inzwischen bis zur Reifeprüfung[1097]. Damit spiegelt sich auch in Angebot und Lehrplänen der Ferlacher Schule das in den letzten Jahrzehnten geforderte höhere formale Bildungsniveau deutlich wider.

Mit dem Schuljahr 2015/16 besuchten 629 Schüler und Schülerinnen die EUREGIO HTBLVA, davon 74 % Burschen, 26 % Mädchen. Die Waffen- und

Abb. 188:
Die HTBLVA EUREGIO 2017
(Foto: Peter Just)

Sicherheitstechnik stellt mit 43 % der Schüler immer noch den stärksten Anteil. Der weibliche Anteil liegt da jedoch lediglich bei 5 %, was auf die konstant größere Waffenaffinität der männlichen Bevölkerung zurückzuführen ist. Mit 25 vertretenen Nationen ist die Schule ein kleiner Kosmos für sich, der seit 2014 erstmals in der Geschichte von einer Frau als Direktorin, Mag. Silke Bergmoser, geleitet wird.

Neben den Anforderungen, die das Handwerk an angehende Büchsenmacher stellt, sollen den jungen Menschen auch allgemeine weiterführende Qualifikationen vermittelt werden. Ein erster Schritt für die Büchsenmacher innerhalb der immer straffer organisierten Lehrpläne, gewisse Freiheiten zu erhalten, ist ihre Zuordnung zum Kunsthandwerk und nicht zum Maschinenbau.

Auch wenn manche alteingesessene Ferlacher Büchsenmacher die ihrer Meinung nach nicht ausreichende Praxis in der Ausbildung bedauern, so bleibt doch zu bedenken, dass der Ferlacher Arbeitsmarkt für die Schulabsolventen nur ein sehr bescheidener ist. Die meisten Absolventen suchen und finden ihre Arbeit auswärts. Daher ist eine Vorbereitung auf kaufmännische und andere Markt-Erfordernisse unerlässlich. Ab dem zweiten Schuljahr sind die Ferlacher Schüler auf der praktischen Seite unter anderem mit dem Projekt Schulwaffe beschäftigt, die im Lauf der Ausbildung bis zur Vollendung geführt wird und dann von den Absolventen zum Selbstkostenpreis erworben werden kann. Und in den Werkstätten der Schule lernen die angehenden Büchsenmacher, Waffen- und Sicherheitstechniker immer noch das, was auch ihre Vorgänger perfekt beherrschen sollten: das Feilen[1098].

Liste der Direktoren/ Direktorinnen der Schule

Zeitraum	Name	Anmerkung
1878–1881	Philipp Poschinger	Prov. Leiter
1881–1886	Oberst Hermann Heissig	–
1886–1898	Gustav Schatzl von Mühlfort	–
1898–1909	Ing. Karl Baltz von Balzenberg	–
1909–1918	Prof. Ing. Josef Vogl	–
1919–1920	Jugoslawische Verwaltung	–
1921–1934	Ing. Alois Kessner	–
1934–1945	Ing. Gustav Mezzadri	–
1946	Sepp Unterluggauer	Prov. Leiter
1946–1949	Franz Woschitz	Prov. Leiter
1950–1979	HR Ing. Viktor Landerl	–
1979–1985	HR Dipl.-Ing. Kurt Straschuschnig	–
1986–1999	HR Dipl.-Ing. Dr. Heinrich Janschek	–
1999–2005	StR Ing. Peter Seiler	Prov. Leiter
2005–2013	OStR. Dipl.-Ing. Max Winkler	–
2014–	Mag. Silke Bergmoser	–

norma
470 NE
norma
470 NE

Der Verein zur Förderung des Büchsenmacherhandwerks Österreichs in Ferlach

und das Büchsenmacherinternat Ferlach

Schon mit dem Schuljahr 1946/47 nahm die Fachschule in Ferlach nach dem Zweiten Weltkrieg wieder ihren Betrieb auf. Mit der Zunahme an auswärtigen Schülern stellte sich bald die Frage nach einer geeigneten Unterbringung sowohl der Fachschüler als auch der Lehrlinge. Auch sollte die Ausbildung des Büchsenmachernachwuchses umfassend gefördert werden. Erste Pläne zur Schaffung eines Heimes gab es daher bereits 1950, fünf Jahre nach dem Krieg. Bis zur Gründung des Vereins, dessen Hauptaufgabe zunächst die Versorgung und Unterbringung der auswärtigen Schüler sein sollte, mussten noch einige Jahre vergehen. 1957 war es dann so weit. Der Verein wurde gegründet. Mit der feierlichen Grundsteinlegung für einen Neubau 1958 und der Eröffnung 1961 erreichte der „Verein zur Förderung des Büchsenmacherhandwerks Österreichs in Ferlach" seinen hauptsächlichen Vereinszweck. In den folgenden rund 50 Jahren bestand das Büchsenmacherinternat unter der Leitung des Vereins, ehe es 2010 an den Kolpingverein überging. Jugendbetreuung und Jugendwohnen machten in diesem halben Jahrhundert die gesamtgesellschaftlichen Wandlungen mit. Die Vorschriften der Heimordnung von 1961 werden bei der heutigen Jugend bestenfalls mildes Lächeln hervorrufen können.

***Abb. 189:* Kartusche mit der Gründungsurkunde des Vereins** *(Archiv Verein Büchsenmacher)*

Zu Quellen und Literatur

Im Kärntner Landesarchiv sind aus dem Bestand der Sicherheitsdirektion Unterlagen zur Vereinsgeschichte einsehbar, die den Schriftverkehr mit den Landesbehörden umfassen. Der schmale Akt enthält die Gründungsstatuten von 1957 sowie die Anträge und Bewilligungen zu Statutenergänzungen und -erweiterungen von 1962, 1975 und 1978[1099]. Im Heim verwahrt werden ein Karton mit Akten, Fotos und Unterlagen sowie eine Kartusche mit der Gründungsurkunde des Heimes (Abb. 189)[1100]. Außerdem finden sich hier Exemplare von gedruckten Vereinsstatuten von 1962 bzw. 1978.

Als äußerst wertvoll für die Nachvollziehung der Vereinsgeschichte erwiesen sich die ebenfalls aus diesem Bestand stammenden Vereinschroniken von 1986 bzw. 2001. Diese wurden anlässlich des 30. bzw. 45. Vereinsjubiläums zusammengestellt und liegen in kopierter und gehefteter Form in mehreren Exemplaren auf. Über Seitenangaben verfügen diese chronikartig nach Jahreszahlen aufgebauten Werke nicht[1101].

Die ersten Internatspläne 1950 und die Vereinsgründung 1957

Im Mai 1950 fand in Ferlach ein Büchsenmacherkongress unter dem Vorsitz des Bundesberufsgruppenobmanns Kommerzialrat Hans Springer statt. Im Rahmen dieses Kongresses wurde ein erster Beschluss gefasst, in Ferlach ein Lehrlingsheim für den Büchsenmachernachwuchs zu errichten. Mit den nötigen Vorarbeiten wurde die Berufsgruppe der Büchsenmacher innerhalb der Landesinnung der Schmiede Kärntens beauftragt. Vordringlich war die Klärung der Frage der benötigten Finanzierung. 1955 wurde die erforderliche Summe auf rund 2,1 Millionen Schilling geschätzt, wobei je ein Drittel das Unterrichtsministerium, die Kammer für gewerbliche Wirtschaft und die Stadtgemeinde Ferlach aufbringen sollten. Auch das erforderliche Grundstück sollte die Stadt Ferlach stellen.

Es wurde ein erstes Vereinskuratorium unter dem Vorsitz des Landesinnungsmeisters Josef Hafner gebildet. Vertreten waren, neben der Innung, der Bürgermeister und die Stadträte von Ferlach, Berufsgruppenobmann und Büchsenmacher Alois Outschar und der Fachschuldirektor Viktor Landerl. 1956 wurde der Ferlacher Holzhändler Hans Zaussnig Vorsitzender des Kuratoriums, seine Stellvertreter waren mit Franz Sodia und Alois Outschar zwei Ferlacher Büchsenmacher. Der zu gründende Verein sollte der Rechtsträger für das angestrebte Heim werden.

Für den 26. April 1957 wurde die erste Generalversammlung des Vereins in das Hotel Just in Ferlach einberufen. Eingeladen waren alle Büchsenmacherbetriebe Kärntens, die Industriefirma Sodia, der Bundesberufsgruppenvorsitzende Hans Springer sowie alle Berufsgruppenvorsitzende des Büchsenmacherhandwerks Österreichs[1102]. Der erste gewählte Vereinsvorstand, dem die Initiierung des Baues oblag, bestand aus dem Holzhändler Hans Zaussnig (Obmann), dem Büchsenmacher Max Koschat (Obmann-Stellvertreter), Büchsenmacher Anton Sodia (Schriftführer) und dem Holzindustriellen Wilhelm Jaritz (Kassier). Als Vereinszweck wurde in § 2 festgehalten: „Der Verein verfolgt den Zweck, die Berufsausbildung in der Berufssparte der Büchsenmacher, Graveure und Werkzeugmacher Österreichs durch besondere ideelle und materielle Mittel anhaltend zu fördern. Es ist das beständige Ziel des Vereins, die Ausbildungsmöglichkeiten der in den genannten Sparten in einem Lehr- oder Studienverhältnis Stehenden zu verbessern und zu erweitern, um der Waffenindustrie Österreichs einen Berufsnachwuchs mit bestem fachlichen, aber auch charakterlichen Niveau zu ermöglichen."[1103] Der Verein sollte den Büchsenmachernachwuchs und die Ausbildung umfassend fördern. Als Mittel dazu wurden ein Berufsschul- und Büchseninternat, aber auch die Abhaltung des Berufsschulunterrichts in einer geschlossenen Unterrichtszeit sowie eine Vereinsbibliothek und andere kulturelle,

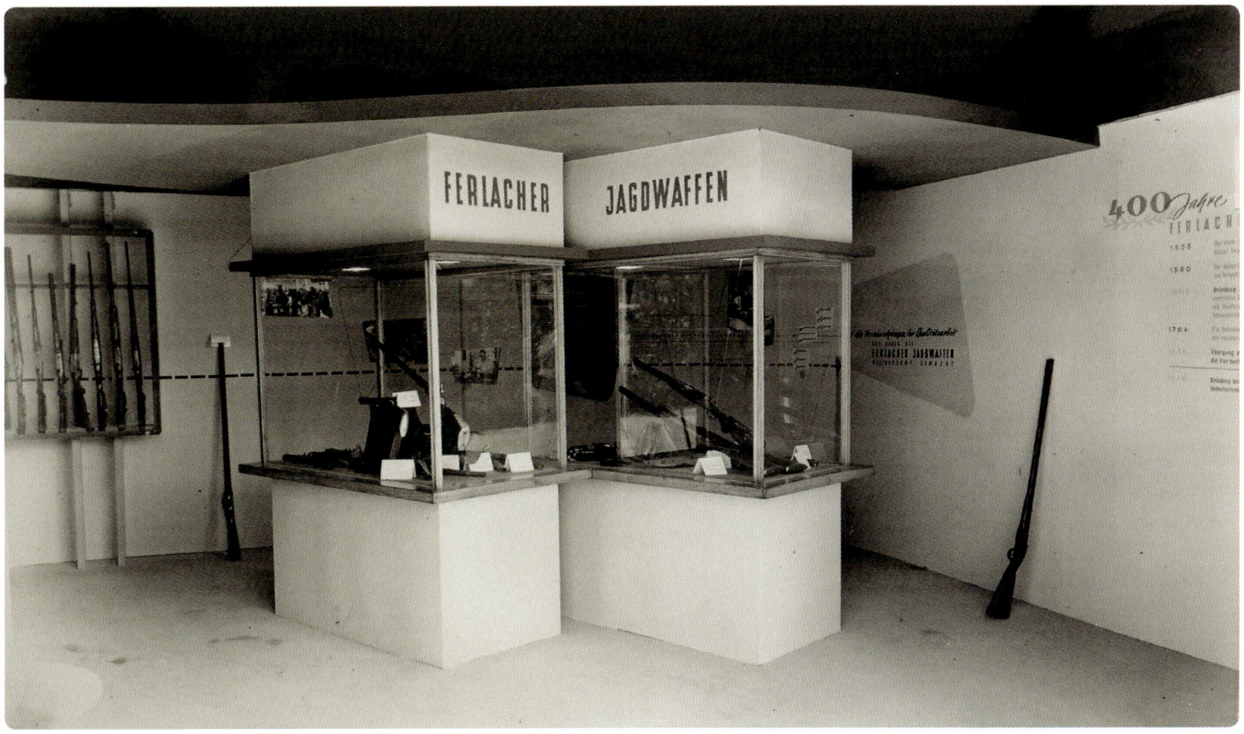

Abb. 190:
Ausstellung 400 Jahre Büchsenmacher in Ferlach, 1958
(Archiv Verein Büchsenmacher)

Abb. 191: Ausstellung 400 Jahre Büchsenmacher in Ferlach, 1958 *(Archiv Verein Büchsenmacher)*

Abb. 192: Begrüßungsabend im Hotel Just, 1958 *(Archiv Verein Büchsenmacher)*

sportliche und gesellige Aktivitäten gesehen (§ 3). Die Vereinsorgane waren ehrenamtlich tätig (§ 9), das Kuratorium (Vorstand) bestand in den Anfangsjahren aus zwölf Mitgliedern, wobei drei aus der Kammer und eines aus der Fachschule kommen sollten (§ 12). Die materiellen Mittel sollten durch Beitritts- und Mitgliedsbeiträge, Heimkostenbeiträge, Lehrlingsentschädigungen, Kinderbeihilfen, Schenkungen, Widmungen, Spenden, Sammlungen, Kapitalzinsen und Darlehen aufgebracht werden (§ 3).

Die Grundsteinsegnung und der Bau des Internats 1958 – 1961

Im August 1958 wurde das 400. Jubiläum der Büchsenmacher in Ferlach begangen. Eingeladen waren die österreichischen Büchsenmacher, zu besichtigen gab es eine Sonderschau „Ferlacher Jagdwaffen" (Abb. 190, Abb. 191). Der feierliche Begrüßungsabend wurde am 13. August 1958 im Hotel Just abgehalten (Abb. 192, Abb. 193). Tags darauf, am Sonntag, den 14. August 1958, erfolgte die feierliche Segnung des Grundsteins für das geplante Internat durch Stadtpfarrer DDr. Edgar Geramb (Abb. 194). Damit war der offizielle Startschuss für den Bau gegeben, der im Frühjahr 1959 (31. Mai) auf den von der Stadt Ferlach zur Verfügung gestellten Kommetter-Gründen an der Waidischer Straße erfolgte. Die Gleichenfeier wurde am 11. September 1959 abgehalten (Abb. 195). Nach zweieinhalb Jahren Bauzeit wurde das Internat am 7. Oktober 1961 feierlich eröffnet und erhielt den Segen von Bischof DDr. Josef Köstner (Abb. 196).

Der für damalige Zeiten sehr moderne Bau bot Platz für 106 Fach- und Berufsschüler. Auch ein Fernseher im Speisesaal zählte zur Ausstattung (Abb. 197). Im November 1961 konnte sich Bundeskanzler Ing. Julius Raab persönlich vom Komfort im Heim überzeugen. Finanziert wurde das Projekt durch Subventionen von Bund und Land sowie der Bundeswirtschaftskammer, mittels „Abstimmungsspenden" von Land und Wirtschaftskammer Kärnten sowie durch Darlehen des Landes Kärnten und der Wirtschaftskammer Kärnten.

Abb. 193: Begrüßungsabend im Hotel Just, 1958 *(Archiv Verein Büchsenmacher)*

Abb. 194: Festakt zur Segnung des Grundsteins für das Internat, 1958 *(Archiv Verein Büchsenmacher)*

Abb. 195: Der Bau des Internats, 1959 *(Archiv Verein Büchsenmacher)*

Die Bauendabrechnung wurde 1965 vorgelegt und belief sich auf 8.035.985,60 Schilling.

Im Verein war es 1960 zu einem Wechsel an der Spitze gekommen. Hans Zaussnig war von Ing. Franz Dullnig als Obmann abgelöst worden, der diese Funktion bis 1975 behielt. Das Heim wurde zunächst von einem Präses geführt, ab 1963 unterstützte ein Heimpräfekt diesen in seiner Arbeit. Die Abendaufsicht wurde aus dem Kreis der Fachlehrer der Schule gestellt[1104].

Verein und Heim ab 1961

In den folgenden Jahrzehnten entwickelte sich das Haus zu einem fixen Bestandteil im Gefüge von Büchsenmacher, Fachschule und Stadt. Die Auslastung war in den ersten Jahrzehnten stets hoch. Im ersten Jahr des Bestehens 1961/62 belegten 41 Fachschüler und 62 Berufsschüler das Heim (Abb. 198). Sachspenden des Ministeriums für Unterricht in Form von Textilien und Wäsche erreichten einen Wert von 400.000 Schilling[1105]. 1969 waren alle 140 Betten des Hauses belegt. In den Sommermonaten nutzten das „Österreichische Ferienwerk für Schülerinnen mittlerer und höherer Schulen“ und die katholische Arbeiterjugend das sonst leer stehende Haus als Unterkunft[1106]. Baulich wurden kontinuierlich kleinere Reparaturen und Verbesserungen vorgenommen. So wurde 1967 die Kläranlage saniert, der Kellerboden erneuert, außerdem wurden die Sanitäranlagen repariert. Als 1971 die Pläne für den Ausbau der Schule ventiliert wurden, rechnete man als Folge mit einer höheren Schülerzahl und daher einem höheren Bedarf an Heimunterkünften. Auch wurde eine zeitgemäße Unterbringung des Personals notwendig, so dass man sich zum Bau eines Personalhauses entschloss, das 1976 eröffnet wurde. 1977 waren 190 Fachschüler in Ferlach in Privatunterkünften oder Gasthäusern untergebracht.

Josef Hambrusch, seit 1975 Obmann des Vereins, regte daher zusammen mit Schuldirektor Viktor Landerl an, eine weitere Studentenunterkunft zu errichten. Noch im November 1977 sprach sich

Abb. 196: Der fertige Internatsbau, 1961 *(Archiv Verein Büchsenmacher)*

die Generalversammlung des Vereins dafür aus, am Internatsgrund eine Studentenunterkunft zu errichten. Geplant wurde ein Bau mit 72 Betten in Zweibettzimmern samt Vorraum, Kochgelegenheit, Waschbecken und WC. Einen Duschraum sollte es in jedem Stockwerk geben.

Parallel zu diesen Planungen wurden auch Umbauten im bestehenden Internat in Angriff genommen. Der Speisesaal wurde vergrößert, eine Geschirr-Waschstraße eingebaut und der Kohlenkeller zum Tanklager umfunktioniert. Am 28. Juli 1980 begann die Firma Josef Wrulich mit dem Bau des Studentenheimes, das bereits nach eineinhalb Jahren, am 7. Oktober 1981 und damit am Tag genau 20 Jahre nach dem Büchsenmacherinternat, eröffnet wurde.

1983 übergab Josef Hambrusch, in dessen Zeit als Obmann die Eröffnungen der zwei weiteren großen Bauvorhaben fielen, seine Funktion aus gesundheitlichen Gründen an seinen Stellvertreter Franz Sodia. Obmann Sodia ist wie seine Vorgänger mit den notwendigen Instandhaltungs- und Sanierungsarbeiten konfrontiert. Der laufende Heimbetrieb wurde in dieser Zeit durch Heimleiter Hermann Sabitzer und seine Frau Amalie sowie Heimpräfekt Harald Steinbach durchgeführt. Das Ehepaar Sabitzer war von Beginn an als Wirtschafter-Ehepaar im Haus beschäftigt[1107]. Frau Sabitzer war für das leibliche Wohl zuständig und nahm sich auch der Kranken an, was ihr auch den Titel „Heimmutter“ einbrachte[1108]. 1985 wurde sie nach 24 Jahren feierlich in den Ruhestand versetzt, ihr Mann Hermann ging 1989 in Pension.

Mit den Änderungen im Schulbetrieb gingen auch Änderungen in den Statuten des Vereins und in der Ausrichtung des Heims einher. Schon seit 1957 war der Graveurabteilung der Fachschule eine Fachklasse für Gold- und Silberschmiede angeschlossen worden[1109]. Bei der Gründung des Vereins im selben Jahr hatte man die Förderung der Berufsausbildung in der Berufssparte der Büchsenmacher, Graveure und Werkzeugmacher als Zweck angegeben. Gold- und Silberschmiede wurden nicht

Abb. 197: Der Speisesaal des Internats, 1961 *(Archiv Verein Büchsenmacher)*

erwähnt. 1962 erfolgte die formale Anpassung der Vereinsstatuten, die nunmehr auf die Förderung von Gold- und Silberschmieden, Stahl-, Metallschleifern und Galvaniseuren erweitert wurde (§ 2). Auch wurde ein Wirtschaftsausschuss installiert, der die Verwaltung und Führung des Heimes und allfälliger weiterer Betriebe übernehmen sollte (§ 3). Dem Kuratorium des Vereins sollten nunmehr 20 Mitglieder angehören, davon acht Büchsenmacher, je zwei Goldschmiede und Galvaniseure, fünf aus dem Präsidium der Kammer der gewerblichen Wirtschaft, zwei Vertreter der Stadtgemeinde Ferlach und ein Vertreter der Fachschule[1110].

1975 wurden die Statuten neuerlich ergänzt und erweitert. Auf Anregung Direktor Viktor Landerls, der auf der Generalversammlung des Vereins 1974 diesbezüglich referiert hatte, sollte der Verein die Errichtung einer Versuch- und Forschungsanstalt für Waffentechnik sowie eine Dokumentation des Jagdwaffenwesens und die Errichtung einer Jagdwaffenausstellung an der Höheren Technischen Lehranstalt anstreben[1111]. Dies wurde in die geänderten Statuten 1975 als Vereinszweck zusätzlich aufgenommen (§ 2)[1112]. Wieder einmal zeigte sich, hier über den Büchsenmacherverein, der enge Konnex zwischen der Schule und dem Ferlacher Büchsenmacherhandwerk. Allerdings sollte es noch bis ins Jahr 2008 dauern, bis eine Versuchsanstalt an der Schule eingerichtet wurde[1113]. Die Waffensammlung der Schule ist nicht öffentlich zugänglich.

Die Abteilungen gestaltendes Metallhandwerk bzw. Kunsthandwerk (ab 1986) an der Fachschule bzw. Höheren Technischen Lehranstalt waren in den 1960er- und 1970er-Jahren bei Mädchen recht beliebt[1114]. Dennoch gab es für Mädchen keine Unterbringungsmöglichkeit im Heim. 1990 schlug Vereinsobmann Josef Koschat, der 1987 Franz Sodia in diese Funktion gefolgt war, daher vor, im Heim Unterkünfte für Mädchen zu schaffen. Dafür sollte der bisherige Lehrlingstrakt für die Berufsschüler genutzt werden. 1990 machte sich die schwierige Lage im Büchsenmacherhandwerk darin bemerkbar, dass lediglich drei Lehrlinge aus ganz Österreich

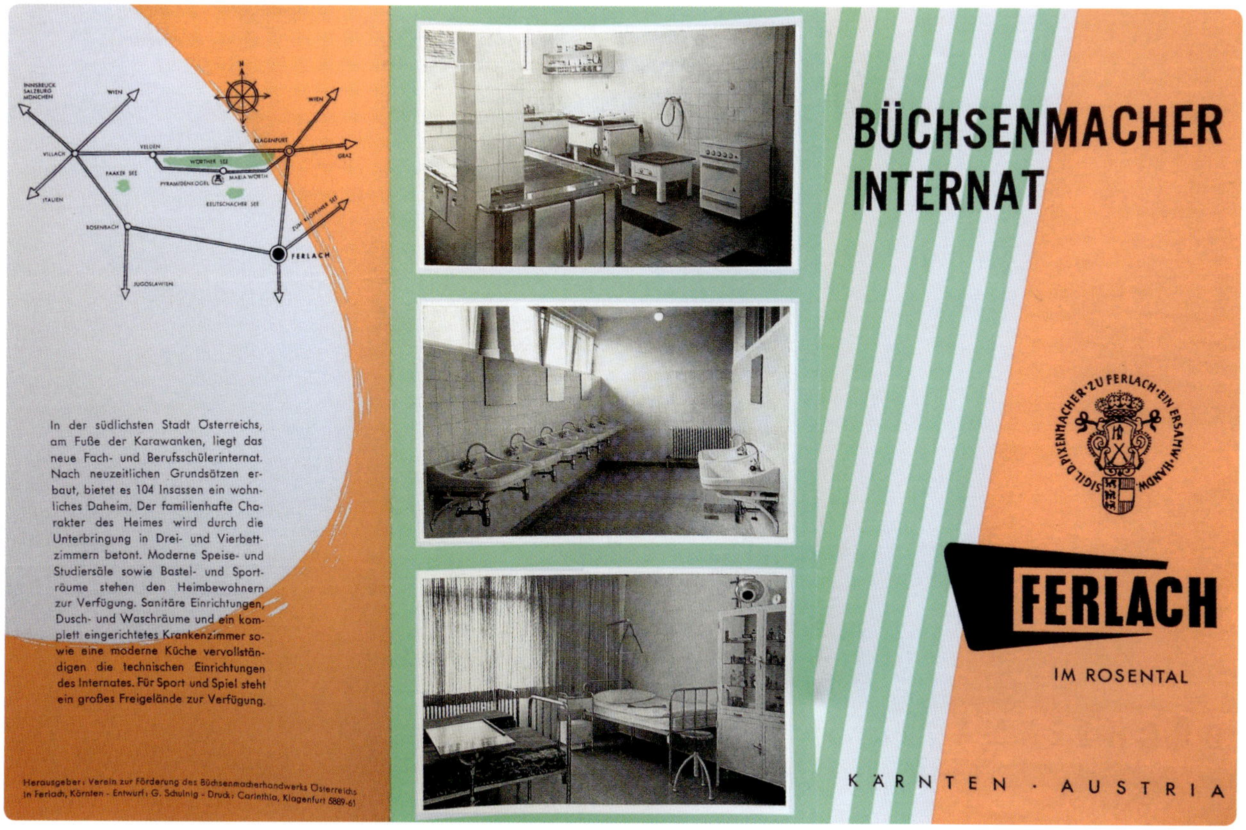

Abb. 198. Prospekt des Büchsenmacherinternats, um 1961 (Archiv Verein Büchsenmacher)

die Berufsschule in Ferlach besuchten. Damit war der Bedarf an Lehrlingsunterkünften nicht mehr gegeben. Nach dem Umbau wurde 1991 Platz für 18 Mädchen im Heim geschaffen. Das machte auch die Anstellung einer weiblichen Erzieherin notwendig.

Neben diesen Ausbauarbeiten liefen auch in diesen Jahren die notwendigen Wartungs- und Reparaturarbeiten weiter – so der Austausch des Öltanks (1991), der Ankauf einer Waschmaschine (1991) oder der Austausch der Jalousien (1992) – und zeugen so von den vielen notwendigen, aber nicht unmittelbar sichtbaren Arbeiten und Wirkungen des Vereins. Dass im Keller des Hauses eine Schießanlage für Luftgewehre eingerichtet wurde (1992), zeugt von der nach wie vor engen Verbindung des Heimbetriebs zum Büchsenwesen. Auch dem Zeitgeist und seinen Notwendigkeiten verschloss man sich nicht und errichtete auf vielfachen Wunsch der Heimbewohner 1999 einen Fitnessraum. Möglich geworden war dies durch den Auszug der Stadtbücherei.

Der Verein hat im Laufe von 50 Jahren nicht nur drei umfassende Bauvorhaben und unzählige Reparaturarbeiten durchgeführt. Er hat vor allem dafür gesorgt, dass zahlreiche Schüler und Schülerinnen ein Heim und Betreuung in Ferlach vorfanden. In Anbetracht der kontinuierlich gestiegenen Ansprüche an Unterbringung, Unterhaltung und vor allem Pädagogik ist dies eine bemerkenswerte Leistung, die unter der Obmannschaft und unter Beteiligung der Ferlacher Büchsenmacher durchgeführt wurde. Schließlich war es aber eine logische Entscheidung, die Führung des Hauses in die Hand von Fachkräften zu legen. 2010 erfolgte der Verkauf des Heimes an Kolping Österreich. Nach einer grundlegenden Sanierung um 1,8 Millionen Euro wurde das Haus im Oktober 2015 feierlich eröffnet. Aus den Acht- und Vierbettzimmern wurden Doppelzimmer mit eigenen Sanitärbereichen in einem Schülerheim, das nun170 Schülern Platz bietet[1115]. Als Kolpinghaus Ferlach erfüllt das Heim nach wie vor den ursprünglichen Zweck: die Ausbildungsmöglichkeiten der in Lehr- und Studienverhältnissen Stehenden zu verbessern (Abb. 199)[1116].

Der Verein zur Förderung des Büchsenmacherhandwerks Österreichs in Ferlach besteht nach wie vor. Obmann ist heute (2017) der Ferlacher Büchsenmacher Patrick Fanzoj.

Abb. 199: Das Kolpingheim, 2017
(Foto: Peter Just)

Die Heimordnung 1961

An dieser Stelle soll noch die Heimordnung der ersten Jahre kurz referiert werden, da sich hier die Vorstellungen und Ansprüche klar widerspiegeln, die an die Jugend und deren Erziehung in den 1950er- und 1960er-Jahren gestellt wurden[1117]. Neben dem aufrichtigen Willen zur „vollen beruflichen Ertüchtigung" wurde auch der „Geist echter jugendlicher Kameradschaft" sowie die christliche Lebensordnung und die Liebe zum Vaterland eingefordert. Neben verständlichen Forderungen wie der nach Achtung fremden Eigentums und der Betonung von Sauberkeit gibt es auch Vorschriften für die Kleidung der Bewohner: „Meide alle Modetorheiten, die dir den Stempel eines irgendwie triebhaften Menschen aufdrücken (Schlichter Haarschnitt!)". Die Tagesordnung war straff und streng geregelt. An Wochentagen erfolgte der „Weckruf" um 5.45 Uhr. Von 6 bis 7 Uhr war Frühstudium angesagt. Frühstück gab es bis 7.15 Uhr. Anschließend erfolgte „Bettenbau und Reinemachen", ehe um 7.30 Uhr der „Abmarsch" zur Fachschule folgte. Mittagessen gab es um 12.30 Uhr, Abendessen um 18.00 Uhr. Studierstunde war täglich außer Sonntag von 19 bis 20.30 Uhr, ab 21.15 Uhr war allgemeine Bettenruhe. Ein fristloser Ausschluss aus der Hausgemeinschaft drohte beim Herumtreiben mit „zweifelhaften männlichen und weiblichen Personen", bei Rauchen im Bett, unmäßigem Alkoholgenuss, Schlägereien, Diebstählen, Betrügereien und Verlogenheiten. Besonders hervorgehoben war, dass der fristlose Ausschluss auch bei „Besitz von Waffen" erfolgte. Ebenso wurde festgehalten, dass die Ausführung von Pfuscherarbeiten ausdrücklich verboten sei, „insbesondere die Anfertigung neuer Jagdwaffen oder die Reparatur gebrauchter Jagdwaffen". Dass dieses Verbot in der Heimordnung stand, gibt einen Hinweis darauf, was sonst durchaus üblich gewesen sein dürfte. Schließlich endet der Anforderungskatalog an die Heimjugend mit dem schönen Satz: „Hast du den ehrlichen Willen, das Haus nicht nur selbstsüchtig auszunutzen, sondern ein brauchbares Mitglied unserer großen Familie zu sein, dann achte diese Heimordnung und du wirst deinen Kameraden ein willkommener Freund sein."

Liste der Obmänner des Vereins

Zeitraum	Name
1957–1960	Hans Zaussnig
1960–1975	Ing. Franz Dullnig
1975–1983	Josef Hambrusch
1983–1987	Franz Sodia
1987–	Josef Koschat
–2013	Valentin Krassnik
2013–	Patrick Fanzoj

Liste der Leiter des Heimes

Zeitraum	Name
1961–1962	Kaplan Ignaz Weyer
1962	Prof. Theodor Füssl
1962–1969	Maximilian Moser
1969 (prov.)	Karl Wegl
1970–1989	Hermann Sabitzer
1989–	Harald Steinbach
2012–	Mag. Franz Marginter

Liste der Präfekten des Heimes

Zeitraum	Name
1963	Werner Grundnig
1963–1966	Franz Pucher
1968–1971	Karl Wegl
1971–1973	Erich Wilhelmer
1974–1985	Herbert Uschnig
1979–1989	Harald Steinbach
1985–	Johan Pogoriutschnig
1989–	Walter Varh

Verzeichnis der Ferlacher Büchsenmacher von ca. 1897 bis zur Gegenwart

Das nachfolgende Verzeichnis beruht zum überwiegenden Teil auf der Auswertung des „Grundbuch der Büchsenmacher-Genossenschaft Ferlach" (Abb. 200). Diese wichtige Quelle, die sich im Maschinenhaus 2 (Maschinenhausgasse 5) befindet, wurde in drei Abschnitten geführt, wobei alle Abschnitte undatiert sind. Die Spalten des Vordrucks reichen jeweils über die Doppelseite. Die 10 Spalten sind: Grundbuch Nr., Datum des Eintritts, Name, Gewerbe und Standort, Wohnort und Haus Nr., Name des etwaigen Stellvertreters, Durchschnittliche Gehilfenanzahl, Ob das Mitglied berechtigt ist, Lehrlinge zu halten, Incorporationsgebühr und Anmerkungen.

Abb. 200: Grundbuch der Büchsenmacher-Genossenschaft *(Archiv der Büchsenmachergenossenschaft)*

Abschnitt 1 umfasst 62 Seiten bzw. 31 Doppelseiten (Abb. 201). Im Gegensatz zu den folgenden Abschnitten ist keine alphabetische Ordnung gegeben, die Namen sind ohne erkennbares System eingetragen und bis zur (Mitglieds-)Nummer 152 durchnummeriert, wobei unter Nr. 124 zwei Namen vermerkt sind, so dass 153 Personen genannt sind. Diese Personen sind als die frühen Mitglieder der Genossenschaft anzusehen. Das Buch dürfte um 1897 angelegt worden sein. Die 35 anschließenden Namen erhielten keine Grundbuchnummer mehr und wurden im Wesentlichen in der Reihenfolge ihres Eintritts vermerkt.

Das letzte verzeichnete Eintrittsdatum ist der 10.8.1917. Insgesamt sind 188 Namen vermerkt. Es sind, wie auch in den Folgeabschnitten, die ersten vier Spalten ausgefüllt (Nummer, Eintrittsdatum, Name, Gewerbe und Wohnort), wobei nur im ersten Abschnitt das Gewerbe angegeben ist. Darunter sind 114 Büchsenmacher bzw. Gewehrfabrikanten. Die übrigen genannten Gewerbe sind Basküleure, Beschläge- und Bestandteilerzeuger (21), Eisenarbeiter und Einsetzer (12), Feilhauer (1), Graveure (3), Rohraus-, Lauf- und Kugelarbeiter (11), Schäfter (3) und Schlossmacher (8). Außerdem finden sich noch Zeugschmiede und Verfertiger von Schneller und Garnituren.

Die Eintragungen wurden von mindestens vier verschiedenen Schreibern vorgenommen, Streichungen wurde mittels rotem oder blauem Buntstift mit schräger oder gerader Linie über dem Eintrag vorgenommen, wobei 75 Namen betroffen sind. Das entspricht 40 % der verzeichneten Namen, vermutlich im Lauf von rund zwei Jahrzehnten. Die natürliche Fluktuation wurde nur teilweise durch nachkommende Genossenschaftsmitglieder ersetzt.

Abschnitt 2 beginnt mit einem rechtsseitig eingeklebten Zettel „Verzeichnis über konzessionierte Mitglieder" und umfasst anschließend 14 Seiten bzw. 7 Doppelseiten. Nunmehr wird eine alphabetische Gruppierung eingehalten. Zeitpunkt der Eintragung muss in den 1920er-Jahren gewesen sein. Vermerkt sind 127 Namen. Auch hier wurden mit rotem oder blauem Buntstift Streichungen vorgenommen. Davon betroffen sind 71 Namen oder 55 %. Grundbuchnummern bei den Namen fehlen.

Abschnitt 3 beginnt unmittelbar nach Abschnitt 2 und umfasst 8 Seiten bzw. 4 Doppelseiten. Bis auf ergänzende Eintragungen auf der letzten Doppelseite wurde wieder alphabetisch vorgegangen. Zusätzlich erfolgte ein Durchnummerieren in der Spalte Grundbuchnummer. Das Gewerbe ist auch hier nicht mehr angegeben. Offensichtlich hat man ab der Zeit nach dem Ersten Weltkrieg auf eine Dif-

Abb. 201: Grundbuch der Büchsenmacher-Genossenschaft, Nr. 1–6
(Archiv der Büchsenmachergenossenschaft)

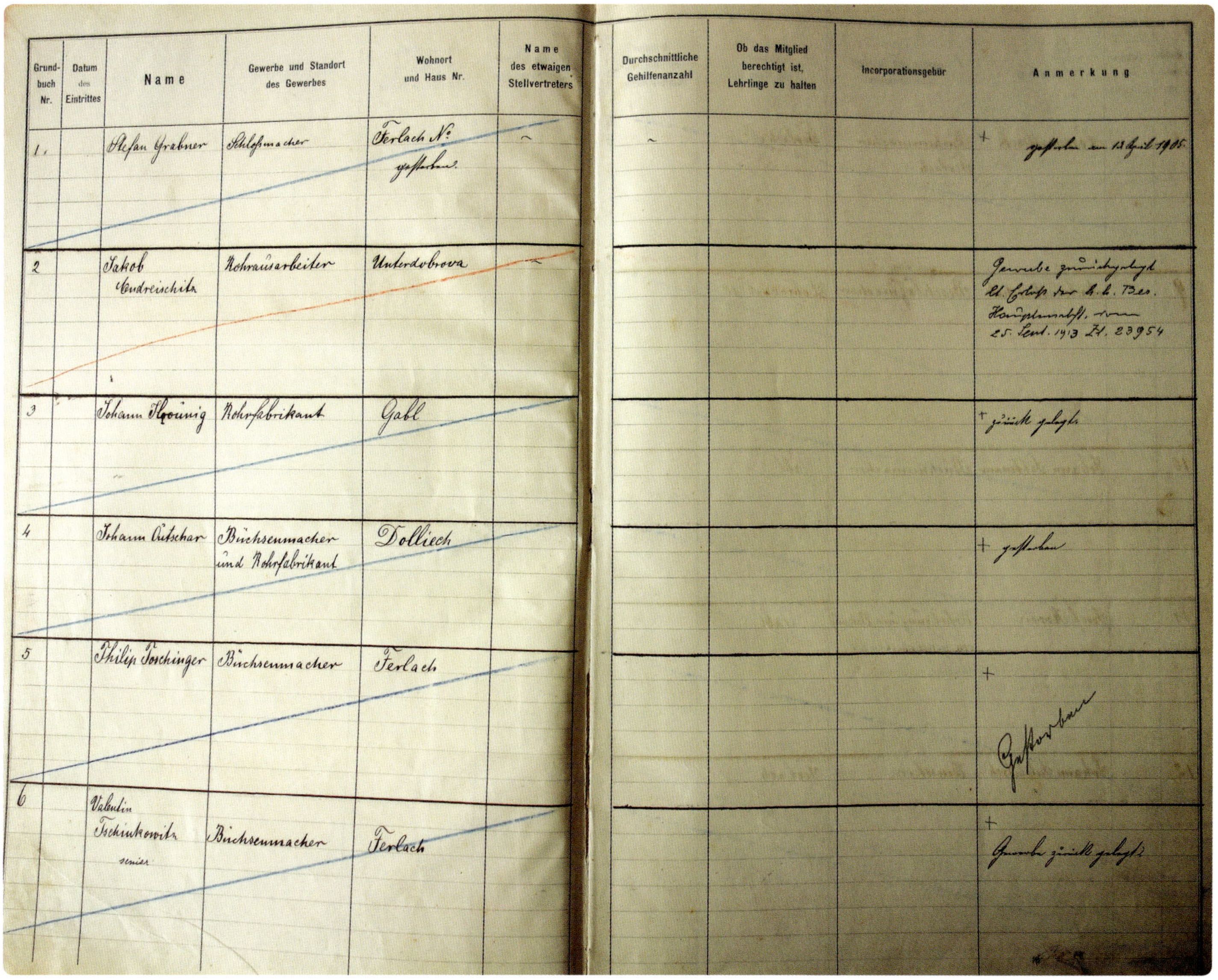

Grundbuch Nr.	Datum des Eintrittes	Name	Gewerbe und Standort des Gewerbes	Wohnort und Haus Nr.	Name des etwaigen Stellvertreters	Durchschnittliche Gehilfenanzahl	Ob das Mitglied berechtigt ist, Lehrlinge zu halten	Incorporationsgebür	Anmerkung
1.		Stefan Grabner	Schlossmacher	Ferlach Nr. gestorben	~	~			† gestorben am 13. April 1905
2		Jakob Andreischitz	Rohrausarbeiter	Unterdobrova	~				Gewerbe zurückgelegt lt. Erlass der k. k. Bez. Hauptmannsch. vom 25. Sept. 1913 Z. 23954
3		Johann [illegible]	Rohrfabrikant	Gabl					† zurückgelegt
4		Johann Outschar	Büchsenmacher und Rohrfabrikant	Dolliech					† gestorben
5		Philip Toschinger	Büchsenmacher	Ferlach					† Gestorben
6		Valentin Tschinkowitz senior	Büchsenmacher	Ferlach					† Gewerbe zurückgelegt

ferenzierung verzichtet. Auch hier wurden wieder Streichungen vorgenommen bzw. Fragezeichen hinzugefügt, wenn es nicht mehr sicher war, ob das Gewerbe noch ausgeübt wurde. Davon betroffen sind 24 von insgesamt 62 Namen (38 %). Als Entstehungszeitpunkt von Abschnitt drei kann anhand der Anmerkungen bez. Löschungen von Gewerben das Jahr 1938 ausgemacht werden.

Diese ausführliche Erläuterung der Quelle Grundbuch war notwendig, um die Kriterien für die Auswahl in die folgende Liste darlegen zu können. Basis ist das Verzeichnis aus Abschnitt 1, das den Zeitraum von der Gründung der Genossenschaft 1885 bis in das Jahr 1917 abdeckt. Aufgenommen wurden dabei ausschließlich Büchsenmacher bzw. Gewehrfabrikanten. Die folgenden Abschnitte 2, 3 liefern die zusätzlich notwendigen, ergänzenden Informationen zu den 1920er- und 1930er-Jahren. Hier wurden alle verzeichneten Mitglieder aufgenommen, sofern sie nicht schon Mitglied gewesen waren. Ein Gewerbe ist nicht mehr angegeben, so dass das Fehlen (z. B. von „Büchsenmacher") nach dem Namen darauf zurückzuführen ist, dass der Betreffende erst ab Abschnitt 2 erscheint. Wenn bei dem Namen das Datum bzw. der Vermerk „Gewerbe zurückgelegt" erscheint, so muss das nicht zwingend heißen, dass der Betreffende nicht in späteren Jahren nochmals den Beruf ausgeübt hat. Allerdings ist das die Ausnahme.

Des Weiteren wurde die Liste der Kennziffern (s. u.), die nach dem Zweiten Weltkrieg angefangen wurde, herangezogen. All jene Büchsenmacher in der Liste, bei denen die Beschussnummer angeführt ist, waren in den Jahren unmittelbar nach dem Zweiten Weltkrieg (nach 1945) aktiv. Die Informationen zur Gegenwart sind ebenso eingeflossen wie ein Verzeichnis in Ordnerstruktur, das Peter Hambrusch angelegt hat. Seine Datenbasis bestand aus Annoncen in alten Jagdzeitschriften (ca. 1910er- bis 1930er-Jahre) sowie Herstellerbeschriftungen auf Waffen. Damit ist auch schon der Hauptgrund für diese gesonderte Liste bestimmt (finden sich doch alle Genannten auch im anschließend gelisteten „Gesamtverzeichnis der Ferlacher Büchsenmacher seit 1551/61"): Diese Liste soll allen, die eine Ferlacher Waffe zur Hand bekommen bzw. sich für Ferlacher Waffen und damit für deren Hersteller interessieren, einen raschen, kompakten Einstieg ermöglichen.

Die aktiven, existenten Betriebe sind braun eingefärbt (Stand 2017). Auf eine nochmalige Behandlung jener Büchsenmacher, die ausführlich in den Büchsenmacher-Kapiteln behandelt wurden, wurde verzichtet. Hier findet sich der Verweis auf die entsprechenden Seiten.

Vermerkt sind 207 Namen. Um einen Überblick über die Büchsenmacher im Zeitraum um 1885 zu erhalten, empfiehlt sich ein Blick auf die Einladungsliste zur Gründung der Genossenschaft (s. Seiten 18–20).

Es versteht sich von selbst, dass diese Liste nur eine vorläufige sein kann und keinen Anspruch auf Vollständigkeit hat.

Verwendete Abkürzung:
GNr. = Genossenschaftsnummer

Verzeichnis der Ferlacher Büchsenmacher von ca. 1897 bis zur Gegenwart

Achatz Erich: 1949–1974 Leiter des Beschussamts, Beschussnummer 45.

Anderluch Fritz: Dollich Nr. 20, 1914 Eintritt in die Genossenschaft, 1919 Gewerbe gelöscht.

Antonitsch Anton: (1897–1906): Gewehrfabrikant, Dobrowa Nr. 6, Nr. 20, s. Seite 68 ff.

Antonitsch Johann: Gabl Nr. 13, Gabl 20, 1914 Eintritt in die Genossenschaft, 1933 Gewerbe gelöscht.

Binder Johann: Büchsenmacher, Dobrowa Nr. 9, 1897 im Ausschuss der Genossenschaft, 1910 Teilnahme an der Jagdausstellung in Wien, 1917 Gewerbe gelöscht.

Borovnik Ludwig, Borovnik Sebastian: Ludwig Borovnik KG Guns & Rifles, gegründet 1848, Beschussnummer 40, s. Seite 116 ff.

Brodnig Anton: Ferlach 141, 1919 Eintritt in die Genossenschaft, 1929 Gewerbe zurückgelegt.

Doujak Johann: Büchsenmacher, Ferlach 58, 1904 Eintritt in die Genossenschaft, GNr. 117/neu 74, ausgewandert.

Düsel Stefan (1879–1954): Büchsenmacher, Ferlach 144, 1903 Eintritt in die Genossenschaft (GNr. 107), 1905 in der Maschinenbezugsgenossenschaft (GNr. 2), 1910 Teilnahme an der Jagdausstellung in Wien, Beschussnummer 20, s. Seite 110.

Fachschule für Handfeuerwaffen, EUREGIO HTBLVA Ferlach: Beschussnummer 39, s. Seite 200 ff.

Fanzoi Alfred (1861–1936): Büchsenmacher, Unterferlach, GNr. 50/neu 31, 1905 in der Maschinenbezugsgenossenschaft (GNr. 37), 1929 Gewerbe zwischenzeitlich zurückgelegt, s. Seite 122 ff.

Fanzoi Johann: Fanzoj Jagdwaffen GmbH: gegründet 1790., Beschussnummer 21, s. Seite 122 ff.

Fanzoi Josef (1894–1971): Unterferlach Nr. 13, 1929 Eintritt in die Genossenschaft, 1934 Gewerbe zeitweilig zurückgestellt, Beschussnummer 48.

Fanzoi Vinzenz: Ferlach 188, 1921 Eintritt in die Genossenschaft, 1928 Gewerbe gelöscht.

Fanzoj, Patrick: Fanzoj Jagdwaffen GmbH, s. Seite 122 ff.

Faschingbauer Lorenz: Büchsenmacher, Unterferlach 36, 1887 und 1888 als aufdingender und freisprechender Meister im Protokollbuch, 1918 im Ausschuss der Gewerbe-Genossenschaft, 1919 in Laibach interniert, 1920 Ersatzmitglied im Genossenschaftsausschuss.

Frakl Franz: Büchsenmacher, Dollich 27, 1910 oder 1911 Eintritt in die Genossenschaft (GNr. 150/neu 102).

Fritz Gregor: Büchsenmacher, Gabl Nr. 40, 1914 Eintritt in die Genossenschaft, 1925 Gewerbe gelöscht.

Fugger Josef: 1912 Eintritt in die Genossenschaft. Genossenschaft der Büchsenmacher: Maschinenhäuser der Büchsenmacher Genossenschaft, seit 1887, Gewehrfabrik, Ferlach: GNr. 34/neu 21, Beschussnummer 38.

Glanznig Wilhelm: Beschussnumer 53, s. Seite 180.

Goritschnig Josef: Ferlach 95, 1922 Eintritt in die Genossenschaft, 1934 Gewerbe gelöscht.

Grabner Franz: Ferlach 87, 1919 Eintritt in die Genossenschaft.

Grabner Michael: Büchsenmacher und Schäfter, Ferlach, GNr. 104/neu 67, 1884, 1887 und 1903 im Protokollbuch als aufdingender und freisprechender Meister.

Grabner Stefan: Schlossmacher, Ferlach, GNr. 1, gestorben am 13. April 1905.

Gratzer Filipp: Gabl 39, 1921 Eintritt in die Genossenschaft, 1925 Gewerbe gelöscht.

Gratzer Walter: Beschussnummer 44, 1970er-Jahre.

Grubelnig Johann: Tratten, 1929 Gewerbe stillgelegt, 1934 gelöscht.

Grundner Josef: Büchsenmacher, Dobrowa 19, GNr. 28/neu 16, 1903 und 1907 im Protokollbuch als aufdingender und freisprechender Meister, 1903 Eintritt in die Genossenschaft, übernimmt das Büchsenmachergewerbe von Maria Ogris, 1927 Gewerbe gelöscht.

Hallemoschnig Albin: Büchsenmacher, Oberferlach bzw. Ferlach 35, 1909 Eintritt in die Genossenschaft GNr. 141/neu 93, 1912, 1920 und 1922 im Aufsichtsrat der Maschinenhäuser, 1931 Gewerbe gelöscht.

Hambrusch Josef: Hambrusch Jagdwaffen GmbH: gegründet 1752, GNr. 64/neu 39, Beschussnummer 22, s. Seite 132 ff.

Hambrusch Peter (1856–1918): Garniturarbeiter und Beschlägemacher, Ferlach: s. Seite 132 ff.

Hambrusch Peter: Hambrusch Jagdwaffen GmbH, s. Seite 132 ff.

Hauptmann Georg, Hauptmann Karl: Hauptmann Jagdwaffen GmbH: seit 1902, Beschussnummer 23, s. Seite 141 ff.

Hauptmann Gerd: Hauptmann Jagdwaffen GmbH, s. Seite 141 ff.

Hausmann & Co GmbH: gegründet 2010, s. Seite 144 ff.

Hofer Peter: Peter Hofer Jagdwaffen, gegründet 1986, s. Seite 147 ff.

Hoinig Peter: Büchsenmacher und Zurichtermeister, Ferlach, 1887 und 1900 im Protokollbuch als aufdingender und freisprechender Meister, GNr. 93, Gewerbe vor 1914 zurückgelegt.

Hoinig Rudolf: Büchsenmacher und Maschinenhausleiter, Ferlach 55, 1890, 1896 und 1908 im Protokollbuch als aufdingender und freisprechender Meister, 1896 Eintritt in die Genossenschaft, 1897 technischer Direktor bei Anton Wallnöfer, 1908–1918 Direktor der Maschinenhäuser.

Hoinig Simon: Otrouza 11, 1884, 1888, 1902 im Protokollbuch als aufdingender und freisprechender Meister 1902 Eintritt in die Genossenschaft, 1922 Gewerbe zurückgelegt.

Huss Johann: Dobrowa 45, 1921 Eintritt in die Genossenschaft, 1927 Gewerbe gelöscht.

Ibounig Hubert: Gabl 48, 1921 Eintritt in die Genossenschaft, ausgewandert nach Budapest.

Inzko Josef: Ferlach 134, 1896 Eintritt in die Genossenschaft, 1929 Gewerbe gelöscht.

Jagoutz Andreas: Büchsenmacher, Dollich 42, 1904 Eintritt in die Genossenschaft, GNr. 114/neu 72, 1904, 1905 und 1907 im Protokollbuch als aufdingender und freisprechender Meister, 1914 Gewerbe zurückgelegt, 1925 gelöscht.

Jagoutz August, Witwe: Dollich 45, 1918 Eintritt in die Genossenschaft, Stellvertreter Michael Pegam.

Janz Markus: Büchsenmacher, Unterferlach 5, 1886 Eintritt in die Genossenschaft, GNr. 49/neu 30, 1886, 1888, 1893 im Protokollbuch als aufdingender und freisprechender Meister, 1921 Gewerbe zurückgelegt.

Juan Michael: Unterferlach 30, 1926 Gewerbe zurückgelegt und gelöscht.

Juch Gottfried: Jagdwaffen Juch Grund Ferlach, seit ca. 1950, Beschussnummer 51, s. Seite 105.

Juch Jakob: Büchsenmacher, Unterferlach, 1906 Eintritt in die Genossenschaft.

Just Johann: Ferlach 53, 1921 Eintritt in die Genossenschaft, 1929 Gewerbe gelöscht.

Just Josef, Just Ferdinand, Just Max: Josef Just Jagdwaffen, gegründet 1790, beendet 2012, Beschussnummer 24, s. Seite 149 ff.

Just Max: Ferlach 8, 1921 Eintritt in die Genossenschaft, s. Just Josef und Seite149 ff.

Just Peter: Dollich 8, 1908 Eintritt in die Genossenschaft, 1928 Gewerbe zurückgelegt.

Kalischnig Andreas: Büchsenmacher, 1890 und 1908 im Protokollbuch als aufdingender und freisprechender Meister, GNr. 71/neu 43, 1913 Gewerbe zurückgelegt.

Kalischnig Simon: Büchsenmacher, Dollich 47, 1887 und 1907 im Protokollbuch als aufdingender und freisprechender Meister, GNr. 33/neu 20.

Kalischnig Simon (1885–1951): Büchsenmacher, Dollich 29 und 47, Sohn des Büchsenmachers Simon Kalischnig und der Katharina Kölich, 1925 Eintritt in die Genossenschaft, Beschussnummer 27.

Kawan Adolf (1835–1916): Büchsenmacher, Unterdobrowa, geb. in Prossnitz/Mähren, 1878 Lehrer an der Fachschule, GNr. 13/neu 5, seine Enkelin heiratete Johann Fanzoj, s. a. Seite 249 (Fanzoj).

Kelch Andreas: Büchsenmacher, Dobrowa, GNr. 106., ca. 1910.

Kirchbaumer Josef: Büchsenmacher, Unterferlach, GNr. 96/neu 62, ca. 1910.

Kirschner Valentin: Büchsenmacher, Ferlach, GNr. 115, ca. 1910.

Klein Karl-Heinz: v. a. Bau von Vorderladern, s. Seite 179.

Köfler Thomas: Büchsenmacher, Ferlach, GNr. 124/neu 80, entwickelte für die Firma M. Ogris das Hammerless-Gewehr „System Köfler", 1914 Gewerbe zurückgelegt.

Koren Ludwig: Büchsenmacher, Dobrova12, 1912 Eintritt in die Genossenschaft, GNr. 151/neu 103, 1916 Gewerbe zurückgelegt.

Koren Ludwig: Büchsenmacher, Dobrowa, 1897 und 1907 im Protokollbuch als aufdingender und freisprechender Meister, GNr. 105.

Koschat Ferdinand: Ferlach 149, 1921 Eintritt in die Genossenschaft, 1933 Gewerbe zeitweilig zurückgestellt, s. Seite 160.

Koschat Jakob – Josef Winkler's Nachfahre: Beschussnummer 26, s. Seite 160 ff.

Koschat Josef: Büchsenmacher, Ferlach, 1906 Eintritt in die Genossenschaft, GNr. 134/neu 86, s. Seite 160 ff.

Krainer Kaspar: Büchsenmacher, Ferlach 128, 1904 Eintritt in die Genossenschaft (GNr. 117neu 74), 1905 in der Maschinenbezugsgenossenschaft (GNr. 34), 1918 im Subkomittee für die Lebensmittelaktion, 1920 Mitglied im Genossenschaftsausschuss, Ersatzmitglied für Maschinenhaus-Beisitzer.

Krič Josef: Büchsenmacher, Ferlach, 1889 und 1894 im Protokollbuch als aufdingender und freisprechender Meister, GNr. 45.

Krobath Rupert: Büchsenmacher, Ferlach, Unterbergner Str. 10, 1887–1907 im Protokollbuch als aufdingender und freisprechender Meister, GNr. 74/neu 44.

Kruschitz Martin (1875–1952): Büchsenmacher, Ferlach 94, 1922 Eintritt in die Genossenschaft, Beschussnummer 25, s. Seite 108 f.

Kullnig Thomas: Büchsenmacher, Ferlach Nr. 32, Ferlach 166, Freibacher Str. 5, 1912 Eintritt in die Genossenschaft, 1920–1947 Obmann der Genossenschaft, Beschussnummer 43.

Laklitsch (?) Rudolf: Büchsenmacher, Ferlach, 1906 Eintritt in die Genossenschaft, GNr. 126, 1911 Gewerbe zurückgelegt.

Mack Andreas: Büchsenmacher und Schäfter, Gabl, GNr. 15/neu 6, 1884, 1888, 1908 im Protokollbuch als aufdingender und freisprechender Meister, 1913 Gewerbe zurückgelegt.

Mack Franz: Büchsenmacher, Ferlach Nr. 76, 1889, 1892, 1900 im Protokollbuch als aufdingender und freisprechender Meister 1914 Eintritt in die Genossenschaft, 1925 Gewerbe gelöscht.

Mack Ignaz: Büchsenmacher, Gabl Nr. 25, 1913 Eintritt in die Genossenschaft.

Mack Lorenz: Büchsenmacher, Ferlach, GNr; 8/neu 2, 1914 Gewerbe zurückgelegt.

Meglitsch Valentin: Büchsenmacher, Ferlach, GNr. 81/neu 50, 1901, 1903, 1908 im Protokollbuch als aufdingender und freisprechender Meister, 1930 Gewerbe gelöscht.

Melchior Johann: Büchsenmacher, Fabrikant, Rohrmacher, Unterferlach. 1884, 1888, 1908 im Protokollbuch als aufdingender und freisprechender Meister.

Meleschnig Johann: Glainach, 1921 Eintritt in die Genossenschaft, 1925 Gewerbe zurückgelegt.

Michelitsch Johann: Büchsenmacher, Ferlach, GNr. 80/neu 49, 1903 Eintritt in die Genossenschaft, 1904, 1907 im Protokollbuch als aufdingender und freisprechender Meister, 1927 Gewerbe gelöscht, nach dem Zweiten Weltkrieg Beschussnummer 41, 1953 existent.

Micheltisch Rudolf: Ferlach 66, 1918 Eintritt in die Genossenschaft, 1928 Gewerbe gelöscht.

Mischitz Josef: Büchsenmacher, Dobrowa Nr. 40 und Gabl 42, 1884, 1899 im Protokollbuch als aufdingender und freisprechender Meister, 1912 Eintritt in die Genossenschaft, Beschussnummer 29, s. Seite 111 f.

Mischitz Peter: Büchsenmacher, Dobrowa 10, 1906 Eintritt in die Genossenschaft, Beschussnummer 28, s. Seite 111 f.

Mischkulnig Johann: Ferlach 29, 1921 Eintritt in die Genossenschaft, 1929 Gewerbe gelöscht.

Muden Thomas: Büchsenmacher, Unterferlach, 1909 Eintritt in die Genossenschaft, GNr. 142/neu 94.

Müller Blasius: Büchsenmacher, Gabl 36, 1895 Eintritt in die Genossenschaft, GNr. 35/neu 22, 1925 Gewerbe gelöscht.

Müller Lorenz: Büchsenmacher, Dobrowa Nr. 15 und Ferlach 49, 1912 Eintritt in die Genossenschaft, GNr. 152/neu 104.

Novak Franz: Büchsenmacher, GNr. 24/neu 13, 1913 Gewerbe zurückgelegt.

Novak Josef: Ferlach 95, 1902 Eintritt in die Genossenschaft, 1939 Gewerbe gelöscht.

Ogris Josef (1842–1897), Erbe Markus Ogris: Büchsenmacher, Graveur, Fabrikant, Ferlach Nr. 172, 1913 Eintritt in die Genossenschaft, s. Seite 72 ff.

Ogris Josef: Graveur, Ferlach 172, 1913 Eintritt in die Genossenschaft, 1924 Gewerbe gelöscht.

Ogris M. Erben: Gabl 9, 1927 Eintritt in die Genossenschaft, Konzession an Johann Schaschl-Outschar verpachtet, s. Seite 72 ff.

Ogris Maria: Büchsenmachergewerbe, Dobrowa, GNr. 28/neu 16, durchgestrichen und „Josef Grundner" darüber geschrieben im Grundbuch, vor 1903.

Ogris Markus (1871–1921): Büchsenmacher, Fabrikant, Gabl 9, GNr. 19/neu 9, s. Seite 72 ff.

Olinowetz Thomas: Ferlach, Dobrowa 6, 1920 Eintritt in die Genossenschaft.

Orasche Josef: Büchsenmacher, Ferlach 179, 1919 Eintritt in die Genossenschaft, Beschussnummer 30.

Oswald Josef: Ferlach 96, 1923 Eintritt in die Genossenschaft, 1925 Gewerbe stillgelegt.

Outschar Franz: Büchsenmacher, Rohrschmied, Unterferlach, GNr. 42/neu 27, 1889, 192, 1909 im Protokollbuch als aufdingender und freisprechender Meister.

Outschar Johann (1829–1896): Büchsenmacher, Rohrfabrikant, Dollich, GNr. 4, s. Seite 169 ff.

Pacher Ignaz: Büchsenmacher, Ferlach, GNr. 67, 1889, 1892 im Protokollbuch als aufdingender und freisprechender Meister.

Pacher Urban: Büchsenmacher, Ferlach, GNr. 77, 1884, 1892 im Protokollbuch als aufdingender und freisprechender Meister.

Pagitz Johann: Unterferlach 34, 1919 Eintritt in die Genossenschaft, 1932 Gewerbe zeitweilig eingestellt.

Pagitz Josef: Büchsenmacher, Unterferlach 26, 1895 Eintritt in die Genossenschaft, GNr. 77, 1926 Gewerbe zurückgelegt. Die Unterferlacher Familie Pagitz zählt zu einer Familie mit langer Tradition als Rohrschmiede, Büchsenmacher und Fabrikanten. Die Rohrschmiede kam nach dem Tod des Simon Ogris 1691 in den Besitz der Familie Pagitz. Die Familie war bis vor dem Zweiten Weltkrieg in dem Gewerbe tätig. Heute ist der Name Pagitz als in Unterferlach beheimateter Baustoffhandel ein Begriff.

Pawek Valentin: Unterferlach, 1925 Gewerbe gelöscht.

Pegam Anton (1903–1982): Büchsenmacher, Ferlach, Sohn des Jakob Pegam, 1933 nicht mehr in Ferlach, s. Seite 106 f.

Pegam Ciril (1877–1949): Büchsenmacher, Otroutza, 1912 Eintritt in die Genossenschaft, s. Seite 106 f.

Pegam Jakob (1868–1930), Dobrowa 28, 1907 Eintritt in die Genossenschaft, nach seinem Tod Fortführung des Gewerbes unter Geschäftsführer Anton Pegam bewilligt, dann Geschäftsführer Josef Pegam, 1933 Löschung der Konzession des Jakob bzw. des Witwenbetriebs Katharina Pegam, s. Seite 106 f.

Pegam Josef: Ferlach 28: 1933 Eintritt in die Genossenschaft, s. Seite 106 f.

Pegam Max (*1920): Büchsenmacher, Ferlach Gartengasse, s. Seite 106 f.

Pegam Michael (1880–1947): Büchsenmacher, Ferlach 133, 1911 Eintritt in die Genossenschaft, GNr. 146/neu 98, 1913 Gewerbe zurückgelegt, Beschussnummer 31, s. Seite 106 f.

Perko(u)nig Ferdinand: Büchsenmacher, Unterferlach 54, 1906 Eintritt in die Genossenschaft, GNr. 127/neu 81, 1923 Gewerbe gelöscht.

Perko(u)nig Rochus: Büchsenmacher, Oberferlach, 1904 Eintritt in die Genossenschaft, GNr. 112/neu 71. 1931 Gewerbe gelöscht.

Perkounig Michael: Büchsenmacher, Ferlach, GNr. 102/neu 65., um 1930 verstorben.

Perkounig Stefan: Ferlach 137, 1923 Eintritt in die Genossenschaft.

Plaier Josef: Büchsenmacher, Ferlach Nr. 27, 1912 Eintritt in die Genossenschaft.

Pollitz Ignaz: Ferlach 154, 1922 Eintritt in die Genossenschaft, 1929 Gewerbe wieder eröffnet.

Pollitz Johann: Ferlach 124, 1929 Gewerbe gelöscht.

Poschinger Jakob in Triest: Büchsenmacher, Werkstätte in Dollich, 1904 Eintritt in die Genossenschaft, GNr. 118/neu 75, Werkführer Martin Poschinger, s. Seite 59 ff.

Poschinger Jakob: Büchsenmacher, Unterferlach (Jaklinhammer 5), 1904 Eintritt in die Genossenschaft, GNr. 55, ausgewandert nach Jugoslawien, s. Seite 59 ff.

Poschinger Josef: Büchsenmacher, Ferlach Nr. 147, 1907 Eintritt in die Genossenschaft, 1925 Gewerbe zurückgelegt, s. Seite 59 ff.

Poschinger Martin: Tratten, 1914 Eintritt in die Genossenschaft, s. Seite 59 ff.

Poschinger Philipp (1826–1916): Büchsenmacher, Rohrschmied, Gewehrfabrikant, Ferlach, GNr. 5, s. Seite 59 ff.

Preschern Andreas: Büchsenmacher, Dobrowa, Ferlach, 1909 Eintritt in die Genossenschaft, GNr. 137/neu 89.

Rabitsch Franz: Büchsenmacher, Unterferlach 13, GNr. 88/neu 56, 1911 Gewerbe zurückgelegt, 1935 Gewerbe gelöscht.

Rabitsch Johann: Büchsenmacher, Ferlach, GNr. 62/neu 37.

Rasser Josef: Gewehrlieferant, Gabl, GNr. 70/42, Geschäftsführer Josef Just.

Rauber Vinzenz: 1934 verstorben.

Reichmann Simon: Dobrowa, um 1930, ausgewandert nach Amerika.

Roschitz Robert: Ferlach 159, Gabl 5, 1921 Eintritt in die Genossenschaft.

Rosenzopf Alexander: Unterferlach 48, 1890 Eintritt in die Genossenschaft.

Rosenzopf Valentin: Unterferlach 29, Ferlach 136, 1922 Eintritt in die Genossenschaft vor 1938 nach Waidhofen an der Ybbs/NÖ ausgewandert, Beschussnummer 52.

Sajovic Johann: Büchsenmacher, Ferlach Nr. 185, 1911 Eintritt in die Genossenschaft, GNr. 147/neu 99, 1913 Gewerbe gelöscht.

Sattmann Johann: Büchsenmacher, Gabl 28, GNr. 10/neu 3, 1923 Gewerbe zurückgelegt.

Sattmann Josef: Büchsenmacher, Ferlach, Witwe Franziska Sattmann, GNr. 63/neu 38, 1916 Stellvertreter Lorenz Tschauko-Sattmann.

Sattmann Mathias: Büchsenmacher, Dobrowa Nr. 47, 1912 Eintritt in die Genossenschaft.

Schaschl Albert: Büchsenmacher, Görtschach Nr. 2, 1914 Eintritt in die Genossenschaft, im Feldzug gefallen.

Schaschl Johann: Büchsenmacher, Gabl, GNr. 56, s. Seite 169 ff.

Schaschl Lorenz: Beschussnummer 47.

Schaschl Valentin: Gabl 50, 1921 Eintritt in die Genossenschaft.

Schaschl-Outschar Johann (1875–1955), Büchsenmacher, Dollich, 1, 1907 Eintritt in die Genossenschaft, GNr. 136/neu 88, Beschussnummer 35, s. Seite 169 ff.

Schaschl-Outschar Johannes: Jagdwaffen Outschar, s. Seite 169 ff.

Schaschl-Outschar Walter: W. Schaschl-Outschar GmbH, s. Seite 169.

Scheiring GmbH.: Beschussnummer 55, s. Seite 175 ff.

Schmid Franz Roman: „Kurvenschmid“: Ferlach 27, Freibacher Str. 5, Beschussnummer 49.

Schmied Franz Josef: Ferlach 27, 1921 Eintritt in die Genossenschaft „Hofrat Schmied“: Beschussnummer 50, s. Seite 104.

Schönlieb Franz: Büchsenmacher, Ferlach, 1903 Gewerbe zurückgelegt, GNr. 101.

Schönlieb Franz: Büchsenmacher, Ferlach 25, 1906 Eintritt in die Genossenschaft, GNr. 129/neu 83, 1928 Gewerbe gelöscht, 1931 Konzession wieder verliehen, 1933 Gewerbe gelöscht.

Schönlieb Josef: Ferlach 25, 1928 Eintritt in die Genossenschaft, zwischenzeitlich nach Deutschland ausgewandert, Beschussnummer 46.

Schuller Sebastian: Büchsenmacher, Ferlach, 1905 Eintritt in die Genossenschaft, GNr. 119/neu 76, 1915 Gewerbe zurückgelegt.

Schumler Peter: Ferlach 29, 1921 Eintritt in die Genossenschaft, um 1930 verstorben.

Schwarz Johann: Ferlach 5, 1924 Eintritt in die Genossenschaft.

Schwarz Josef: Ferlach 104, Ferlach 8, 1925 Eintritt in die Genossenschaft, dann bei der Firma Just (?).

Schwarz Thomas: Gabl Nr. 55, 1925 Eintritt in die Genossenschaft, übersiedelt nach St. Veit/Glan.

Sigott Johann (1872–1955): Büchsenmacher, Tratten, Ferlach 72, 1896 Eintritt in die Genossenschaft, GNr. 86/neu 54, Beschussnummer 34, s. Seite 96 ff.

Sigott Thomas: Büchsenmacher, Tratten 10, Unterferlach, 1903 Eintritt in die Genossenschaft, GNr. 87/neu 55., Forstsetzung des Betriebs durch Sigott Thomas Witwe bis ca. 1938.

Smeritschnig Anton (1896–1960): Ferlach 77, 1923 Eintritt in die Genossenschaft, 1925 Gewerbe gelöscht, mit 22. Juni 1933 Geschäftsführer im Witwenbetrieb Rosa Winkler, s. Seite 89 ff.

Sodia Anton (1846–1906): Büchsenmacher, Unterferlach, GNr. 47, s. Seite 79 ff.

Sodia Anton (1882–1966): Büchsenmacher, Unterferlach Nr. 39, 1911 Eintritt in die Genossenschaft, GNr. 149/neu 101, Beschussnummer 32, s. Seite 79 ff.

Sodia Anton (1915–1983): Büchsenmacher, Unterferlach Nr. 39, Beschussnummer 32, s. Seite 79 ff.

Sodia Franz (1871–1935) : Büchsenmacher, Unterferlach, Ferlach 151, 1901 Eintritt in die Genossenschaft, GNr. 89/neu 57, Beschussnummer 33, s. Seite 79 ff.

Sodia Franz (1903–1980): Büchsenmacher, Gewehrfabrik, Ferlach, Beschussnummer 33, s. Seite 79 ff.

Sodia Franz (*1937): Büchsenmacher, Gewehrfabrik, Ferlach, Beschussnummer 33, s. Seite 79 ff.

Sornig Johann: Büchsenmacher, Dobrowa 35, Ferlach, 1905 Eintritt in die Genossenschaft, GNr. 120/neu 77, 1934 Eintritt der Witwe Theresie Sornig in die Genossenschaft, Geschäftsführer Johann Sornig, 1935 Gewerbe gelöscht.

Stangl Anton: Büchsenmacher, Dobrowa, 1895 Eintritt in die Genossenschaft, GNr. 32/neu 19, 1926 Gewerbe gelöscht.

Stangl Anton: Dobrowa Nr. 7, 1930 Eintritt in die Genossenschaft, 1934 Gewerbe gelöscht.

Struger Michael: Unterferlach 14, 1926 gestorben.

Strugger Rochus: Büchsenmacher, Seidolach, 1913 Eintritt in die Genossenschaft.

Sturm Ferdinand: Büchsenmacher, Dobrowa, 1908 Eintritt in die Genossenschaft, GNr. 140/neu 92, 1927 Gewerbe zurückgelegt.

Sturm Guido: Dollich 4, 1918 Eintritt in die Genossenschaft, 1925 Gewerbe gelöscht.

Suklitsch Andreas: Büchsenmacher, Ferlach Nr. 94, 1914 Eintritt in die Genossenschaft.

Suklitsch Rudolf: Ferlach 26, 1921 Eintritt in die Genossenschaft, 1938 verstorben.

Traunig Valentin: Unterferlach, um 1930.

Tschemer Paul: Unterferlach Nr. 2, 1927 Eintritt in die Genossenschaft, Geschäftsführer der Firma Wernig, 1933 nach Beendigung der Liquidation der Firma Wernig wurde das Gewerbe des Paul Tschemer gelöscht.

Tschemer Thomas: Büchsenmacher, Dollich 38, 1921 Eintritt in die Genossenschaft, GNr. 113 (71), 1923 Gewerbe gelöscht, – s. a. Perkonig Rochus.

Tschinkowitz Valentin: Büchsenmacher, Ferlach 35, 1905 Eintritt in die Genossenschaft, GNr. 123/neu 79.

Tschinkowitz Valentin: Büchsenmacher, Ferlach, GNr. 6.

Tschuden Simon: Ferlach 146, 1921 Eintritt in die Genossenschaft.

Tschuden Valentin: Gabl 43, 1924 Eintritt in die Genossenschaft, von Friesach wieder hier her gezogen, Gewerbe wieder verliehen.

Türk Anna: Büchsenmachergewerbe, Ferlach, GNr. 25.Türk Michael: Büchsenmacher, Unterferlach, Ressnig 18, 1906 Eintritt in die Genossenschaft, GNr. 127/neu 82.

Urbas Herbert: Büchsenmacher, Ferlach, bis 1988, Beschussnummer 36, s. Seite 100 ff.

Urbas Vinzenz (1872–1941): Büchsenmacher, Ferlach 119, 1897 Eintritt in die Genossenschaft, GNr. 38/neu 24.s. Seite 100 ff.

Urbas Vinzenz (1906–1975): Büchsenmacher, Ferlach, Beschussnummer 36, s. Seite 100 ff.

Veratschnig Andreas: s. Weratschnig Andreas.

Veratschnig Jakob: Dobrowa 11, 1921 Eintritt in die Genossenschaft, 1923 Gewerbe zurückgelegt.

Veratschnig Waffen: Beschussnummer 01.

Vertič Valentin: Dollich 17, 1926 Eintritt in die Genossenschaft, 1938 bei der Fa. Borovnik.

Warounig Adolf: Büchsenmacher, Unterloibl, GNr. 54, später nach St. Veit/Glan übersiedelt.

Weratschnig Andreas: Büchsenmacher, Ferlach Nr. 167, 1912 Eintritt in die Genossenschaft.

Wernig Peter (1841–1920): Büchsenmacher, Gewehrfabrikant, Ferlach, GNr. 20, s. Seite 62 ff.

Winkler Benedikt (1866–1915): Büchsenmacher, Ferlach 191, 1895 Eintritt in die Genossenschaft, Forstsetzung zwischenzeitlich durch die Witwe Antonia Winkler, dann der Sohn Josef Winkler, Beschussnummer 37, s. Seite 93 ff.

Winkler Franz: Ferlach 153, 1922 Eintritt in die Genossenschaft, 1929 nicht in Betrieb.

Winkler Josef (1857–1919): Büchsenmacher, Graveur, Ferlach Nr. 172, s. Seite 160 ff. (Koschat).

Winkler Josef (1858–1930): Büchsenmacher, Ferlach 145, 1888 Eintritt in die Genossenschaft, GNr. 61/neu 36, 1931 Raimund Wieser zum Geschäftsführer bestellt, Fortsetzung des Betriebs durch die Witwe Rosa Winkler, 1933 Anton Smeritschnig Geschäftsführer, Beschussnummer 42, s. Seite 89 ff.

Winkler Josef, Nachfolge Benedikt Winkler: Ferlach 59, 1922 Eintritt in die Genossenschaft, s. Seite 93 ff.

Winkler Thomas: Büchsenmacher, Ferlach, GNr. 37, um 1900/1910.

Winkler Valentin: Büchsenmacher, Ferlach, GNr. 83/neu 51, um 1910/1910.

Wlat(t)nig Josef: Büchsenmacher, Unterbergen, Dobrowa 27, 1886 Eintritt in die Genossenschaft, GNr. 53/neu 33.

Wrulich Johann: Ferlach 99, 1921 Eintritt in die Genossenschaft.

Wrulich Johann: Dobrowa 1, 1918 Eintritt in die Genossenschaft.

Wrulich Lorenz: Büchsenmacher, Dollich, 1911 Eintritt in die Genossenschaft, GNr. 144/neu 96.

Wrulich Lorenz jun.: Dollich 41, 1921 Eintritt in die Genossenschaft, 1933 Gewerbe gelöscht.

Wrulich Mathias: Büchsenmacher, Ferlach 116, 1898 Eintritt in die Genossenschaft, GNr. 76/neu 46.

Wrulich Simon: Dollich 25, 1913 Eintritt in die Genossenschaft.

Wrulich Simon: Büchsenmacher, Ferlach Nr. 74, 1914 Eintritt in die Genossenschaft.

Wutte Josef: Ferlach 50, 1925 Eintritt in die Genossenschaft, 1938 Heimarbeiter bei der Fa. Borovnik.

Zenkel Josef: Büchsenmacher, Ferlach 95, 1910 Eintritt in die Genossenschaft, GNr. 139, neu 91, 1926 Gewerbe gelöscht.

Zeppitz Michael: Büchsenmacher, Unterferlach 42, 1909 Eintritt in die Genossenschaft, GNr. 138/neu 90, Gewerbe während der Kriegszeit zurückgelegt, 1917 wieder gelöst, dann Bundesangestellter.

Zeppitz Simon: Ferlach 131, 1918 Eintritt in die Genossenschaft, 1932 Gewerbe gelöscht.

Gesamtverzeichnis der Ferlacher Büchsenmacher seit 1551/61

Das hier vorgelegte Verzeichnis der Ferlacher Büchsenmacher basiert auf folgenden Quellen:

- Bixentaxraittung des Hans Schmidt 1638–1641 (KLA, AD, Schachtel 278, f. 147 ff.; Baumgartner 1953, 237)
- Extrackt was ich den arbaithern wegen Machung der Musketen geben hab wie folgt ca. 1650 (KLA, AD, Schachtel 264, f. 456–457)
- Verzeichnis der verstorbenen Hollenburgischen Büchsenmacher 1671 bis 1699 (KLA, AD, Schachtel 264, f. 456 ff.; Baumgartner 1953, 237)
- Meisterverzeichnis 1731 (KLA, AD, Schachtel 264, f. 472–476)
- Meisterverzeichnis um 1750 (KLA, AD, Schachtel 264, f. 507–521)
- Protokoll der ersten Zunftversammlung gemäß den Freiheiten am 24. April 1752 (Baumgartner 1953, 238–240)
- Auszug über alle Rückstände bei der Büchsenmacher-Lade zu Ferlach 1806 (KLA, AD, Schachtel 264)
- Meisterverzeichnis 1840 (ABMG, 161–155, Verzeichnis der laut Protokoll zu der Hauptlade eingeleibten Büchsenmacher-Meister in Ferlach und der ihnen jährlich zustehenden Auflaggelder, überhaupt aber zum Jahr 1840)
- Protokollbuch über Freisprechen und Aufdingen von Lehrlingen 1794–1809 (KLA, SB AHS A 2729) (auszugsweise)
- Protokollbuch über Freisprechen und Aufdingen von Lehrlingen 1865–1908 (KLA, SB AHS A 2730) (auszugsweise)
- Verständigungsausweis zur Gründung der Genossenschaft 1884 (KLA, BB BH Klagenfurt, Schachtel 610, Verständigungsausweis für 1884 September 21, Verständigungsausweis für 1884 Oktober 19)
- Grundbuch der Büchsenmacher-Genossenschaft in Ferlach ca. 1887–1938 (ABMG, 234–277)
- Verzeichnis über jene Büchsenmacher der Gemeinde Ferlach, die nach dem Umbruch ins Altreich abgewandert sind (Kopien Privatbesitz Rainer Adamik)
- Verzeichnis über jene Büchsenmacher, der Gemeinde Ferlach, die in den letzten 6 Monaten vor dem Umbruch ins Altreich ausgewandert sind (Kopien Privatbesitz Rainer Adamik)
- Büchsenmachermeister 1953 (Baumgartner 1953, 240)
- Liste der Kennziffern 1979-03-02 (Kopie Beschussamt Ferlach)
- Liste Büchsenmacher bzw. Lieferanten (Privatbesitz Rainer Adamik)
- Liste Büchsenmacher (Privatbesitz Peter Hambrusch)
- Liste Büchsenmacher Sattmann (Privatbesitz Rainer Adamik)
- Verzeichnis der Büchsenmacher in Ferlach/Kärnten (Ahammer 2009, 27–41)

Dazu wurden noch Meister aufgenommen, die sich im Zuge der übrigen Quelleneinsicht finden ließen (s. Quellen und Literatur). Ebenso wurden die auf den Grabsteinen am Parkfriedhof Ferlach verzeichneten Meister berücksichtigt. Nicht berücksichtigt wurden die Absolventen der Fachschule bzw. der Höheren Technischen Lehranstalt, sofern sie nicht anschließend als Büchsenmacher in Ferlach tätig waren. Auch die Fachlehrer fanden nur dann Aufnahme, wenn sie auch als Büchsenmacher selbstständig tätig waren. In der 125-Jahr-Festschrift aus dem Jahr 2003 findet sich ein Verzeichnis aller Absolventen und Absolventinnen der Schule von 1902 bis 2002 (S. 122–152) sowie aller Lehrkräfte von 1878 bis 2002 (S. 119–121). Die Jahrgänge vor 1902 (von 1885 bis 1953) werden in der 75-Jahr-Festschrift erfasst (S. 40–47). Die Quellenlage bringt es auch mit sich, dass das Verzeichnis insbesondere bezüglich Heimarbeiter unvollständig ist.

Mit den knapp 1.900 Namen (1.895) aus 460 Jahren sind schätzungsweise 60–70 % aller je in Ferlach tätig gewesen Büchsenmachermeister erfasst. Nicht alle je in Ferlach tätig gewesenen Büchsenmacher werden Eingang in die Quellen gefunden haben. Schätzungsweise wurden 80–90 % jener Büchsenmacher hier gelistet, deren Namen überliefert wurden.

13 Frauen finden sich im Verzeichnis (Clementine Antonitsch, Helena Michitsch, Margarehte Pagitz, Maria Poschinger, Franziska Sattmann, Theresie Sornig, Helene Stiefler, Maria Tschinkowitz, Maria Waldhauser, Antonia Winkler, Maria Winkler, Rosa Winkler und – ohne eigenen Namen – Michael Pegams Witwe). Margarethe Pagitz und Helene Stiefler waren in den Jahren nach den napoleonischen Kriegen als Lieferantinnen tätig. Wie die anderen Frauen auch, werden sie den Betrieb nach dem Tod ihres Mannes als Witwenbetrieb fortgeführt haben. Helena Michitsch ist mit ihrem Todesjahr 1691 die früheste Vertreterin.

Unterschiedliche Schreibweisen vor allem in den älteren Quellen können dazu führen, dass einige Namen doppelt gelistet wurden (s. z. B. Brulich und Wrulich oder Fanzoi, Fanzoy und Fanzoj). Ebenso enthält die Liste Mehrfachnennungen, wenn die Identität der Genannten nicht eindeutig feststand (z. B. findet sich Jakob Poschinger drei Mal, vermutlich ist dieselbe Person gemeint). Hier soll künftigen prosopografischen Forschungen nicht vorgegriffen werden. Eine vorsichtige Anpassung der Orthografie wurde dort vorgenommen, wo es eindeutig und sinnvoll erschien (z. B. bei Hallemoschnig, auch als Halemoschnig in den Quellen). Vor allem dort, wo eine Anpassung vorgenommen wurde, die die Reihung in der Liste beeinflusste (z. B. Cullnig oder Kullnig), wurde die zweite Schreibweise in Klammer gesetzt. Auf weitere Anpassungen wurde verzichtet.

Neben den Namen waren die genaue Berufsbezeichnungen (Schlossmacher, Schäfter, Zeugmacher, Rohrausmacher etc.), die vor allem in den früheren Quellen differenziert wurden, und der Ort oft wichtige Hinweise auf Identitäten oder Differenzen. Sie sind daher neben Namen und Datum angeführt. In einem zeitgenössischen Verzeichnis können bis zu vier Personen mit demselben Namen aufscheinen (z. B. Josef Just 1884 oder Mathias Kulnigg ca. 1750), die nicht ident sind. Die Unterscheidung von Ort und Art der Tätigkeit ist daher wichtig. Stehen bei dem Ort Mehrfachnennungen (z. B. Rudolf Michelitsch Ferlach Nr. 103, Ferlach 66), so kann dies auf einen Umzug hindeuten oder aber mit der hier nicht im Einzelnen nachvollzogenen, nicht stringenten Ortsbezeichnung bzw. Nummerierung zu dieser Zeit zusammenhängen. In den Quellen finden sich jedenfalls beide Ortsangaben zu unterschiedlichen Zeiten. Bisweilen scheint Ferlach als Oberbegriff für Gabl oder Dobrowa zu stehen, manchmal wird hier differenziert. Die Straßenbezeichnungen (z. B. Freibacher Str.) lösen erst nach dem Zweiten Weltkrieg die einfache Nummerierung endgültig ab.

Die Daten in Klammern beziehen sich auf die Lebensdaten, die Daten ohne Klammern beziehen sich auf Zeitpunkte, in der die Genannten in den Quellen fassbar sind. Diesbezüglich ist insbesondere für die jüngere Zeit keine Vollständigkeit zu erwarten. Ist das Geburtsjahr oder das Todesjahr unbekannt, wird dies durch ein freies Feld in der Klammer angezeigt.

Trotz größter Sorgfalt sind orthografische Fehler bei der Transkription der Quellen nicht gänzlich auszuschließen. Wo offensichtliche Unsicherheiten in der Lesung waren, steht ein Fragezeichen.

Es versteht sich von selbst, dass diese Liste nur eine vorläufige sein kann und keinen Anspruch auf Vollständigkeit hat.

Name	Daten	Bezeichnung	Ort
Achatz Erich	1949, 1974	Leiter des Beschussamtes	–
Albert Anton	1840	–	Reßnig
Albert Franz	1840	–	–
Amoning	1780 ca.	–	–
Anderluch Fritz	1914, 1919	–	Dobrowa Nr. 20
Andreischitz Andreas	1895	Rohrausarbeiter	–
Andreischitz Jakob	1884, 1887, 1902	Rohrausarbeiter, Beschlägemacher	Ferlach
Antoni	1750 ca.	Putz- und Ausmacher	Ferlach
Antoni des Matheus Hollenbergs Gespan	1750 ca.	Büchsen-, Zeug- und Schlossmacher	Loiblhammer
Antonitsch Alexander (Sohn von Antonitsch Anton)	(1888–1913)	–	Dobrowa 20, Villa Antonitsch
Antonitsch Anton	(1857–1906)	Fabrikant	Ferlach, Dobrowa
Antonitsch Clementine (Witwe nach Antonitsch Anton)	(1855–1914)	Büchsenmacher	Dobrowa
Antonitsch Heinrich (Sohn von Antonitsch Anton)	(1879–1908)	–	Ferlach, Dobrowa
Antonitsch Johann	1890, 1920, 1933	Büchsenmacher	Ferlach, Gabl 13, 20
Antonitsch Karl	1938	Büchsenmacher	ausgewandert ins Altreich
Antonitsch Ludwig	1860 geb.	–	Berlin um 1892
Antonitsch Markus	1876 Meister, 1887, 1891	Schlossmacher	–
Antonitsch Markus	(1861–)	Schlossmacher	Dobrowa
Antonitsch Sebastian	1884	Beschlägemacher	Ferlach
Arasy Urban	1551–1561	Schmied	Ferlach
Atrab Georg	(1731–1796)	Büchsenmachermeister, Zeugmacher	Ferlach 3
Atrab Johannes	1752	Zeugmacher	–
Atrab Mathies	1731	–	Ferlach
Attrab Matheus	1750 ca.	Büchsen-, Zeug- und Schlossmacher	Ferlach
Babeheim Jakhob	1731	–	Ferlach
Babeheim Lorenz	1731	–	Ferlach
Babeheim Mellihor	1731	–	Ferlach
Babek Valentin	1901	–	–
Balthasar Püchsenschmidt	1551–1561, 1558	Schmied	Döllach, Dullach
Balthasar Simon	1779	Püchsenschmidt	–
Balthauser Georg	1806	Büchsenmacher	–
Balthauser Phillip	1806	–	–
Balthauser Simon	1806	–	–
Barounig Anton	1900	–	–
Bartl Rochus	1915	Bestandteilgewerbe	Ferlach
Bauer Josef	1938	Büchsenmacher	Steyr
Bayrheim Andreas	1806	–	–
Bazin Lienharth	1650 ca.	Schlosser	–
Bazin Mathes	1638–1641	–	–
Bazin Patista	1638, 1650 ca.	Rohrschmied	–
Bergmann Anton	1806	Schlossmacher	–
Bergmann Antoni	1752	Schlossmacher	–

Name	Daten	Bezeichnung	Ort
Bergmann Balthasar	1752	Schlossmacher	–
Bergmann Egydus	1840	–	Unterbergen
Bergmann Georg	1840	–	Unterbergen
Bergmann Johann	1840	–	Unterbergen
Bergmann Josef	1752	Schlossmacher, Zeugmacher	–
Bergmann Joseph	1840	–	Gabl
Bergmann Otto	1938	Büchsenmacher	ausgewandert ins Altreich
Bergmann Peter	1806	–	–
Bergmann Peter	1840	–	Unterbergen
Bergmann Peter	1840	–	Seidolach
Bergmann Simon	1806	–	–
Bergmann Simon	1902	Beschlägemacher	Unterferlach
Bergmann Thomas	1806	–	–
Bergmann Urban	(1882–1963)	Büchsenmacher	Steyr
Bergmann Valentin	1752	Schlossmacher	–
Biermann Julius	1938	Büchsenmacher	ausgewandert ins Altreich
Binder Johann	1888, 1910, 1917	Büchsenmacher	Dobrowa Nr. 9
Binder Josef	1938	Büchsenmacher	ausgewandert ins Altreich
Binzger Ellies	1650 ca.	Schlosser	–
Binzger Jlly	1650 ca.	Schlosser	–
Binzger Mathes	1650 ca.	Schäfter	–
Blassnig Johann	1890	–	–
Blattnig Josef (s. a. Wlatnig)	1897, 1908, 1911	Büchsenmacher	–
Blaviz Andree	–	–	–
Blawitz	1680–1720	–	–
Bomer Hanns	1638–1641	–	–
Borounigg Urban	1840	–	Dobrowa
Borovnik Ludwig II	(1857–1932)	–	Ferlach 98
Borovnik Ludwig III	(1925–2003)	–	–
Borovnik Ludwig IV	(1952–)	–	–
Borovnik Ludwig V	(1995–)	–	Dolichgasse 14
Borovnik Martin	(1824–1907)	Büchsenmacher	Dobrowa 10, Ferlach 98
Borovnik Sebastian	(1887–1949)	Meister	Ferlach 143
Borovnik Urban	(1793–1838)	Büchsenmacher	–
Bowuznig Jury	1650 ca.	Rohrschmied	–
Brandtstätter Thomas	1731	–	Seidolach und Glainach
Brodnig Anton	1919, 1929 zurückgelegt	–	Ferlach 114
Brülich	1630 ca.	–	–
Brulich Andräas	1840	–	Unterbergen
Brulich Andräas	1840	–	Dollich
Brulich Andreas	1889	–	–
Brulich Franz	1840	–	Unterbergen

Name	Daten	Bezeichnung	Ort
Brulich Jakob	1840	–	Reßnig
Brulich Johann	1840	–	Reßnig
Brulich Johann	1840	–	Dollich
Brulich Johann	1840	–	Dollich
Brulich Joseph	1806, 1807	Lieferant	–
Brulich Joseph	1840	–	Gabl
Brulich Joseph	1840	–	Unterbergen
Brulich Joseph	1840	–	Reßnig
Brulich Joseph	1840	–	Unterferlach
Brulich Joseph	1840	–	Seidolach
Brulich Joseph	1840	–	Dollich
Brulich Martin	1840	–	Reßnig
Brulich Philipp	1840	–	Seidolach
Brulich Philipp	1840	–	Seidolach
Brulich Valentin	1793	Zeugmacher	Unterferlach
Brulich Valentin	1840	–	Seidolach
Bucher Josef	1752	Rohrausmacher	–
Büllner Hans	1752	Rohrausmacher	–
Butsch Clemens (Wutsch)	1575	–	Kirschentheuer
Butsch Hanns (Wutsch)	1550–1561	Gewehrhandel	Ferlach
Buzzelini	1680–1720 ca.	–	–
Buzzelini Paul	1638–1648	–	–
Caria Francesco	1638–1641	–	–
Chräßnigg Oswald	1750 ca., 1752	Büchsen-, Zeug- und Schlossmacher	Kirschentheuer
Colliniz Andreas	1731	–	Ferlach
Colnpräth Paul	1750 ca.	Büchsen-, Zeug- und Schlossmacher	Ferlach
Cornpräth Adam (=Kollenpräth Adam?)	1750 ca.	Büchsen-, Zeug- und Schlossmacher	Unterbergen
Cornpräth Georg	1750 ca.	Büchsen-, Zeug- und Schlossmacher	„Unterferoniz"
Coscher Josebh	1731	–	Ferlach
Coscher Oswolt	1731	–	Ferlach
Craner Michel	1731	–	Ferlach
Craner Petter	1731	–	Ferlach
Crobath Antoni	1750 ca.	Büchsen-, Zeug- und Schlossmacher	Ferlach
Crobath Carl	1750 ca.	Büchsen-, Zeug- und Schlossmacher	Ferlach
Crobath Johann	1750 ca.	Schäfter	Ferlach
Deutschmann Franz	1938	Büchsenmacher	ausgewandert ins Altreich
Dojak Andreas	1750 ca.	Büchsen-, Zeug- und Schlossmacher	Ferlach
Dojak Casper	1752	Rohrausmacher	–
Donys Bartl	1806	Puechsenschmidt	–
Doujack Georg	1840	–	Ferlach
Doujack Ignatz	1840	–	Ferlach
Doujack Johann	1840	–	Ferlach

Name	Daten	Bezeichnung	Ort
Doujack Joseph	1840	–	Ferlach
Doujack Joseph	1840	–	Gabl
Doujack Markus	1893	–	–
Doujack Peter	1840	–	Ferlach
Doujack Thomas	1840	–	Ferlach
Doujak Hans	1904	–	Oberferlach Nr. 58
Doujak Jakob	1806	–	–
Doujak Johann	1806	–	–
Doujak Johann	1904, 1908, um 1930 ausgewandert	Büchsenmacher	Ferlach 58
Doujak Josef	1752	Schlossmacher	–
Doujak Joseph	1806	–	–
Doujak Martin	1752	Schlossmacher	–
Doujak Martin	1886, 1888	Schäfter	–
Doujak Sebastian	1806	–	–
Doujak Simon	1938	Büchsenmacher	Steyr
Doujak Thomas	1884	Schäfter	Ferlach
Doujak Valentin	1806	–	–
Doyakh Andreias	1731	–	Unterferlach
Doyakh Oswolt	1731, 1753	–	Ferlach
Doyakh Plasy	1731	–	Seidolach und Glainach
Drabnigg Antoni	1750 ca.	Büchsen-, Zeug- und Schlossmacher	Ferlach
Drabnigg Dionis	1750 ca., 1752	Büchsen-, Zeug- und Schlossmacher, Unterzechmeister	Ferlach
Drabnigg Johann	1750 ca.	Büchsen-, Zeug- und Schlossmacher	Ferlach
Drabnigg Matheus	1750 ca.	Büchsen-, Zeug- und Schlossmacher	Ferlach
Drobnig Anton	1806	–	–
Drobnigg Jacob	1750 ca.	Schäfter	Ferlach
Drobnikh Dionys	1731, 1752	Unterzechmeister	Ferlach
Drobniz	1731	–	Ferlach
Dujak Blasy	1750 ca.	Schäfter	Glainach
Dujak Hanns	1750 ca.	Schäfter	„Mitterferoniz“
Dujak Oswald	1750 ca.	Büchsen-, Zeug- und Schlossmacher	Ferlach
Düsel Ernst	(1853–1935)	Fachlehrer	–
Düsel Josef	(1906–1996)	Büchsenmacher	–
Düsel Stefan	(1879–1954)	Büchsenmacher	Ferlach 144, 10. Oktober-Str. 6
Ebner Fritz	1938	Büchsenmacher	ausgewandert ins Altreich
Egger Adam	1752	Zeugmacher	–
Einspieler Joseph	1840	–	Ferlach
Episcopia Franz	1752	Schlossmacher	–
Episcopia Hanns	1750 ca.	Büchsen-, Zeug- und Schlossmacher	Ferlach

Name	Daten	Bezeichnung	Ort
Eßterl (?) Josef	1806	–	–
Eßterl Simon	1806	–	–
Esterle Jakob	1840	–	Ferlach
Esterle Johann	1840	–	Dollich
Esterle Joseph	1840	–	Ferlach
Esterle Simon	1840	–	Ferlach
Esterle Valentin	1892	–	–
Esterle Valentin	1840	–	Ferlach
Esterle Valentin	1840	–	Ferlach
Fachschule für Handfeuerwaffen, k. k. Fachschule	1888, 1892	–	–
Faeggiz Lorenz (Fäggiz)	1773	Laufschmied	–
Faischa Thoman	1731	–	Ferlach
Fallenter Florian	1731	–	Ferlach
Fanzoi Alfred (Sohn von Eduard Fanzoi)	(1861–1936)	Gewehrfabrik, Basquiller	Unterferlach
Fanzoi Anton (I.)	(1786–1850)	Büchsenbeschlägmeister, Zunftvorsteher	Dobrowa
Fanzoi Antion (II., Sohn von Anton Fanzoi I.)	(1817–)	–	–
Fanzoi Anton (III., Sohn von Johann Fanzoi I.)	(1860–) 1888, 1908	Garniturarbeiter, Beschlägmachermeister	–
Fanzoi Eduard	(1825–1891)	–	Unterferlach
Fanzoi Felix	(1893–1973)	Lehrling	St. Margareten
Fanzoi Heinrich	(1852–)	–	Militär um 1892
Fanzoi J. Jakob	1850	–	–
Fanzoi Johann	1930, 1960	Heimarbeiter	–
Fanzoi Johann (I.)	(1826–1906)	Garniturarbeiter	Ferlach
Fanzoi Johann (II.)	(1867–1961)	Beschlägmacher, Büchsenmacher, Garniturarbeiter	Ferlach 132 –
Fanzoi Johann (III.)	(1895–1965)	Meister	Griesgasse 1
Fanzoi Josef	(1782–) 1800	Schlossmachergeselle	–
Fanzoi Josef (Sohn des Eduard Fanzoi)	(1865–)	Basquiller	Unterferlach
Fanzoi Josef (Sohn des Alfred Fanzoi)	(1894–1971)	Heimarbeiter, Büchsenmacher	Unterferlach 13, Unterferlach 39, Steyr
Fanzoi Joseph (Sohn von Anton Fanzoi I.)	(1811–1880)	Beschlägemacher, Vorstand der Beschlägemacher	–
Fanzoi Marcellus	(1866–)	Schlossmacher	Dobrowa
Fanzoi Matthäus	1868 freigesprochen	Schlossmacher	–
Fanzoi Maximilian (Sohn von Alfred Fanzoi)	(1897–1984)	Büchsenmacher	Steyr
Fanzoi Richard (Sohn des Josef Fanzoi)	(1934–1965)	–	Unterferlach
Fanzoi Vinzenz (Sohn von Johann Fanzoi I.)	(1864–) 1929 Gewerbe gelöscht	Meister –	Ferlach 188
Fanzoj Johann (IV.)	(1932–)	Meister	Griesgasse 1– 3
Fanzoj Patrick (Sohn von Johann Fanzoj IV.)	(1983–)	–	–
Fanzoy Joseph	1840	–	Dobrowa
Fanzoy Thomas	1856–1860	Büchsenmacher	–

Name	Daten	Bezeichnung	Ort
Faschingbauer	1938	Büchsenmacher	Steyr
Faschingbauer Lorenz	1887, 1888, ca. 1910	Büchsenmacher	Unterferlach 36
Feberkoviz (?) Lorenz	1906	–	–
Fegowtiz Joseph	1806	–	–
Fisch Carl	1885	Büchsenmacher, 1. Vorsteher der Genossenschaft	–
Fister Lorenz	1913	Basküleur	Unterferlach Nr. 49
Fister Michael	1840	–	Unterferlach
Flädl Andreas	1750 ca.	Büchsen-, Zeug- und Schlossmacher	Ferlach
Florianschitz Johann	–	–	–
Florianschitz Karl	(–1796)	Rohrschmiedmeister	Ferlach
Florianschütz Jakob	1773	–	–
Florianschütz Johann	1840	–	Unterferlach
Floriantschitsch Hans (Johannes)	1748, 1752	Rohrschmied	–
Floriantschitz Josef	1806	–	–
Frakl Franz	1910	Büchsenmacher	Dollich 27
Fritz Gregor	1914, 1925 gelöscht	Büchsenmacher	Gabl Nr. 40
Fritz Jakob	1889	Schäfter	Ferlach
Fugger Josef	1908, 1912	Graveuer	Dobrowa Nr. 22
Fugger Simon	1884, 1887	Schlosser und Beschlägemacher	–
Fugger Thomas	1905	–	–
Fux Richard	1938	Büchsenmacher	Steyr
Gallert Franz	1885, 1890	Büchsenmacher	Ferlach
Galwitz Ruprecht	1588	–	Ferlach
Genossenschaft der Büchsenmacher	1885–2004	–	–
Georg N	1750 ca.	Schäfter	Reßnig
Gerlach Bartlme	1752	Schlossputzer	–
Gioritschnig Josef	1922	–	Ferlach 95
Glantschnig Anton	1806	Gewehrschäfter	–
Glantschnig Franz	1873 geb.	–	Steyr ca. 1892
Glantschnig Georg	1752	Schlossmacher	–
Glantschnig Urban	(1873–1935)	Büchsenmacher	–
Glantschnigg Ignaz	1773	Schlossmacher	–
Glanznig Wilfried	1979	–	Ferlach, Werkstraße
Glasser Georg	1938	Büchsenmacher	ausgewandert ins Altreich
Glauniz Andreas	1650 ca.	Schäfter	–
Glauniz Hanns	1650 ca.	Schäfter	–
Glauniz Ruop	1650 ca.	Schäfter	–
Gläwitsch Hanns	1551–1561	–	Reßnig
Glawitz Ruprecht	1558	–	–
Gleitschitscher Jakl	1752	Zeugmacher	–
Golenz	1630 ca.	Puechsenschiffter	–

Name	Daten	Bezeichnung	Ort
Gollob Lorenz	1910	Gewehrbestandteilerzeuger	Oberferlach, Reßnig Nr. 13
Goritschnig Josef	1922, 1934	–	Ferlach 95
Goritschnig Matthias	1938	Büchsenmacher	ausgewandert ins Altreich
Grabner Ander	1806, 1807	Lieferant	–
Grabner Bernard	1806	–	–
Grabner Franz	1919, 1938	Büchsenmacher	Ferlach 87, Steyr
Gräbner Hanns	1750 ca.	Schäfter	Ferlach
Grabner Jakob	1806	–	–
Grabner Johann	1840	–	Ferlach
Grabner Joseph	1765 ca.	–	–
Grabner Joseph	1840	–	Unterbergen
Grabner Mathias	1806	–	–
Grabner Mathias	1840	–	Ferlach
Grabner Mathias	1840	–	Ferlach
Grabner Michael	1840	–	Ferlach
Grabner Michael	1840	–	Unterbergen
Grabner Michael	1884, 1887, 1903	Büchsenmacher, Schäfter	Ferlach
Gräbner Paul	1750 ca.	Schäfter	Ferlach
Grabner Stefan	1886, 1887, 1891	Schlossmacher	–
Grabner Thomas	1886	Schlossermeister, Schäfter	–
Gräbner Thomas	1731	–	Ferlach
Graebner Andreas	1773	–	–
Graebner Jakob	1773	–	–
Gräf. Thurnische Fabrik	1840	–	Unterferlach
Gratzer Filipp	1921, 1925	–	Gabl 39
Gratzer Walter	1938, 1979	Büchsenmacher	Steyr
Gregoritsch Georg	1750 ca.	Putz- und Ausmacher	„Mitterferoniz"
Gregoritsch Johann	1840	–	Dobrowa
Gregoritsch Thomas	1750 ca.	Schäfter	Reßnig
Gregoriz Jury	1731	–	Unterferlach
Grubelnig Johann	1929 , 1934	–	Tratten
Gruber Stefan	1896	Schlossmachermeister	–
Grundnder Valentin	1892	–	–
Grundner Josef	1903, 1905, 1907, 1927	–	Dobrowa 19
Grundner Reinhold	1938	Büchsenmacher	Steyr
Grundner Valentin	1888, 1896	Basküleur- und Zurichtermeister	Reßnig
Habedal Wallthauser	1731	–	Unterferlach
Haberle Johann	1840	–	Unterferlach
Haberle Johann	1840	–	Unterbergen
Häberlle Martin	1750 ca., 1752	Büchsen-, Zeug- und Schlossmacher	Tratten
Hafenegger (?) Franz	1834	Büchsenmacher	–
Hafner Franz	1840	–	Ferlach

Name	Daten	Bezeichnung	Ort
Hafner Johann	1773	–	–
Hafner Martin	1806	–	–
Hafner Simon	1820 ca,	Büchsenschäfter	–
Hallemoschnig Albin	1909, 1918, 1931	Büchsenmacher	Oberferlach, Ferlach 35
Hambrusch Gregor (Georg)	(1717–1799)	Zeugmacher	Gabl, Primitsch-Keusche
Hambrusch Gregor	(1788–1871)	–	Ferlach
Hambrusch Jakob (I.), Sohn des Johann Hambrusch I.	(1831–1887)	Beschlägemacher	Gabl, Primitsch-Keusche
Hambrusch Jakob (II.), Sohn des Jakob Hambrusch I.	(1862–)	Beschlägemacher	Gabl, Primitsch-Keusche, Ferlach
Hambrusch Johann (I.), Sohn des Josef Hambrusch I.	(1790–1864)	Beschlägemacher	Gabl
Hambrusch Johann (II.), Sohn des Johann Hambrusch I.	(1820–1855)	–	Gabl
Hambrusch Josef (I.), Sohn des Gregor Hambrusch	(1746–1796)	Büchsenmachermeister	Gabl, Primitsch-Keusche
Hambrusch Josef (II.), Sohn des Josef Hambrusch I.	(1780–1851)	Büchsenmachermeister	Gabl, Primitsch-Keusche
Hambrusch Josef (III.), Sohn des Josef Hambrusch II.	(1808–)	–	Gabl
Hambrusch Josef (IV.), Sohn des Jakob Hambrusch I.	(1864–1939)	Beschlägmachermeister, Büchsenmacher	Ferlach 92, 95, Gartengasse
Hambrusch Josef (Sohn des Peter Hambrusch)	(1856–), 1902	–	–
Hambrusch Josef (V.)	(1899–1945)	Meister	Ferlach, Gartengasse
Hambrusch Josef (VI.)	(1928–2017)	–	Ferlach, Gartengasse
Hambrusch Peter (Sohn des Jakob Hambrusch)	(1856–1908)	Beschlägmachermeister	–
Hambrusch Peter	(1962–)	–	Gartengasse 2
Hambrusch Thomas (Sohn des Jakob Hambrusch)	(1858–)	–	Militär um 1892
Hambrusch Valentin	1747	–	–
Hämerl Peter	1638–1641	–	Steyr?
Hamerlig Jakob	1773	–	–
Hämerlitz Adam	1750 ca.	Lieferant	–
Hamerlitz Franz	1773	–	–
Hamerlitz Johann	1806	–	–
Hamerlitz Math.	1806	–	–
Hamerlitz Peter	1682 gest.	–	–
Hämerliz Paul	1750 ca.	Schäfter	Ferlach
Hamerliz Thomas	1709, ca. 1720	–	–
Hammerlin Johann	1750 ca.	Büchsen-, Zeug- und Schlossmacher	Ferlach
Hammerlitz Andreas	1752	Schlossmacher	–
Hammerlitz Balthasar	1718	–	–
Hammerlitz Jakob	1752	Schlossmacher	–
Hammerlitz Jakob	1840	–	Gabl
Hammerlitz Johann	1752	Zeugmacher	–
Hammerlitz Martin (Sohn des Thomas Hammerlitz)	1734, 1743	Büchsenmacher, Verschleißer, Lieferant	–
Hammerlitz Mathias	1840	–	Dobrowa
Hammerlitz Thomas	1752	Schlossmacher	–
Hammerliz Thomas	1698, 1738	Schlossmacher	Ferlach
Hanns N.	1750 ca.	Putz- und Ausmacher	Dörfl

Name	Daten	Bezeichnung	Ort
Harnisch Martin	1750 ca., 1752	Büchsen-, Zeug- und Schlossmacher	Ferlach
Harnisch Thomas	1750 ca.	Schäfter	Ferlach
Hauptmann Georg	(1870–1942)	–	Dobrowa 42, Steyr ca. 1892
Hauptmann Gerd	(1966–)	Büchsenmacher	–
Hauptmann Karl	(1902–1974)	Büchsenmacher	–
Hauptmann Karl	(1941–)	Büchsenmacher	–
Hausmann Christian	2017	–	–
Hehr Niklaus	1806	Verschleißer, Lieferant	–
Heim Georg	2017	–	–
Helfrid Ernst (Helfried, Helfriedt)	1884, 1886, 1889	Zurichter und Basküleur	Ferlach
Herker Florian	1840	–	Unterferlach
Herker Matheus	1840	–	Dobrowa
Herker Rochus	1840	–	Unterbergen
Herman Joseph	1731, 1752	Büchsen-, Zeug- und Schlossmacher, Oberzechmeister	Unterferlach, „Mitterferoniz"
Herman Valentin	1750 ca.	Büchsen-, Zeug- und Schlossmacher	Glainach
Hermann Andräas	1840	–	Unterferlach
Hermann Jakob	1798	–	Unterferlach
Hermann Michael	1806	–	–
Hirsch Simon	1840	–	Seidolach
Hoblich Jacob	1750 ca.	Schäfter	Seidolach
Hoblich Martin	1750 ca.	Schäfter	Seidolach
Hofer Johann	1752	Schlossmacher	–
Hofer Peter	1986, 2017	Büchsenmacher	Kirchgasse 24
Hoffner Adam	1731, 1750 ca.	Schäfter	Ferlach
Hoinig Ander	1806, 1807	Lieferant	–
Hoinig Andreas	1752	Schlossmacher	–
Hoinig Felix	1910 ca.	–	Dobrowa Nr. 10
Hoinig Ferdinand	1888, 1897	Schlossmacher	–
Hoinig Florian	1806	–	–
Hoinig Franz	1912, 1917 nach Amerika ausgewandert	Bestandteilerzeuger	Unterferlach
Hoinig Gregor	1773, 1806	Schlossmacher	–
Hoinig Ignaz	1914	Bestandteilgewerbe	Unterferlach Nr. 10
Hoinig Jakob	1773, 1807	Schlossmacher	–
Hoinig Jakob	1752	Zeugmacher	–
Hoinig Jakob	1840	–	Unterferlach
Hoinig Johann	1773, 1808	Schlossmacher	–
Hoinig Kaspar	1752	Schlossmacher	–
Hoinig Michael	1806	–	–
Hoinig Michael	1695 gest.	–	–
Hoinig Niklas	1752	Zeugmacher	–

Name	Daten	Bezeichnung	Ort
Hoinig Peter	1887, 1900, (–1920)	Zurichtermeister, Büchsenmacher	Ferlach
Hoinig Rudolf	1890, 1896 1908	Maschinenhausleiter, Büchsenmacher	Ferlach 55
Hoinig Simon	1884, 1888, 1902, 1905, 1922	Basküleur	Unterferlach, Otrouza 11
Hoinig Valentin	1752	Zeugmacher	–
Hoinig Valentin	1806	–	–
Hoinigg Casper	1750 ca.	Büchsen-, Zeug- und Schlossmacher	„Mitterferoniz“
Hoinigg Felix	1884	Schlossmacher	Dobrowa
Hoinigg Ferdinand	1840	–	Tratten
Hoinigg Florian	1884	Beschlägemacher	Dollich, Ferlach
Hoinigg Franz	1752, 1773	Schlossmacher	–
Hoinigg Georg	1752, 1773	Schlossmacher	–
Hoinigg Gregor	1750 ca.	Büchsen-, Zeug- und Schlossmacher	Tratten
Hoinigg Hanns	1750 ca.	Büchsen-, Zeug- und Schlossmacher	Tratten
Hoinigg Jacob	1750 ca.	Büchsen-, Zeug- und Schlossmacher	Seidolach
Hoinigg Johann	1840	–	Ferlach
Hoinigg Johann	1840	–	Oparach (?)
Hoinigg Johann	1884, 1880/90 ca.	Büchsenmacher	Ferlach
Hoinigg Joseph	1750 ca.	Büchsen-, Zeug- und Schlossmacher	Reßnig
Hoinigg Joseph	1752, 1773	Schlossmacher	–
Hoinigg Niclas	1750 ca.	Büchsen-, Zeug- und Schlossmacher	„Unterferoniz“
Hoinigg Valentin	1731, 1750 ca.	Büchsen-, Zeug- und Schlossmacher	Glainach
Hoinigg Valentin	1840	–	Tratten
Hoinikh Hanns	1731	–	Ferlach
Hollenberg Hanns	1750 ca.	Polierer	Unterbergen
Hollenberg Matheus	1750 ca.	Büchsen-, Zeug- und Schlossmacher	Loiblhammer
Hollenberg Thomas	1750 ca.	Büchsen-, Zeug- und Schlossmacher	Unterbergen
Hollenberg Valentin	1750 ca.	Büchsen-, Zeug- und Schlossmacher	Loiblhammer
Homerl Sammon	1650 ca.	Schlosser	–
Honigg Joseph Augustin	1773	Oberzechmeister	–
Hönigg Thomas	1638–1641	–	–
Houmig Simon	1806	–	–
Hoynikh Johan	1731	–	Unterferlach
Hribernig Hubert	1938	Büchsenmacher	ausgewandert ins Altreich
Hribernig Jakob	1806	–	–
Hribernig Jakob	1752	Zeugmacher	–
Hribernig Martin	1806	–	–
Hribernigg Andre	1750 ca.	Büchsen-, Zeug- und Schlossmacher	Kirschentheuer
Hribernigg Leonhard	1750 ca.	Büchsen-, Zeug- und Schlossmacher	Ferlach
Hribernigg Valentin	1840	–	Gabl
Huber Hanns	1750 ca.	Büchsen-, Zeug- und Schlossmacher	Ferlach
Hubmershofer Rueprecht	1750 ca., 1773	Büchsen-, Zeug- und Schlossmacher	„Mitterferoniz“
Hudritsch Michael	1752	Rohrausmacher	–

Name	Daten	Bezeichnung	Ort
Hudritsch Valentin	1840	–	Ferlach
Hueber Hanns	1550–1561, 1558, 1589/90	–	Ferlach
Hus Jacob	1750 ca., 1752	Büchsen-, Zeug- und Schlossmacher	„Mitterferoniz"
Huss Johann	1921, 1927	–	Dobrowa 45
Huß Johann	1806	Schlosser, Pixenschmidt	–
Huß Joseph	1806	–	–
Ibounig Johann	1884, 1886, 1889	Rohrschmiedemeister	Gabl
Ibounig Hubert	1921 ausgewandert nach Budapest	–	Gabl 48
Inzko Josef	1896, 1898, 1906, 1929	–	Ferlach 134
Isopp Joseph	1750 ca.	Büchsen-, Zeug- und Schlossmacher	Unterbergen
Isopp Georg	1750 ca.	Schäfter	Ferlach
Jacob N	1750 ca.	Schäfter	„Mitterferoniz"
Jäger Johan	1731	–	Ferlach
Jagoutz Andreas	1904, 1905. 1907, 1914, 1925	Büchsenmacher	Dollich 42
Jagoutz Augustin	1913	Büchsenmacher	Dollich 45
Jagoutz Thomas	1890, 1904	Büchsenmacher, Rohrausarbeiter	Dollich
Janesch Philipp	1752	Rohrausmacher	–
Janeschitz Lorenz	1938	Büchsenmacher	ausgewandert ins Altreich
Janeschitz Valentin	1938	Büchsenmacher	ausgewandert ins Altreich
Jannach Michael	1750 ca.	Putz- und Ausmacher	Ferlach
Janulla Franz (Jenula)	1884, 1886, 1889	Büchsenmacher	Ferlach
Janz Markus	1886, 1888, 1893, 1910 ca., (–1921)	Büchsenmacher	Unterferlach 5
Janz Thomas	1896	Büchsenmachermeister	–
Jellan Wastel	1650 ca.	Schlosser	–
Jellen Matheuß	1607	–	Ferlach
Jeraunigg Primus (Jeraunükh Primas)	1731, 1752	Büchsen-, Zeug- und Schlossmacher	Ferlach
Jesenko Josef	1938	Büchsenmacher	ausgewandert ins Altreich
Juan Michael	1926 gelöscht	–	Unterferlch 30
Juch Franz	1938	Büchenmacher	Steyr
Juch Gottfried	1887, 1900 ca., 1910 ca.	Schmied für Gewehrbestandteile	Ferlach
Juch Gottfried	1979	–	Pfarrhofgasse 2
Juch Jakob	1914	Büchsenmacher	Unterferlach
Juch Josef	1890	–	–
Juch Peter	1887, 1922	–	–
Juerkhel	1731	–	Ferlach
Jurko Josef	1908, 1910 ca.	Schlossmacher	Unterferlach
Just	1630 ca.	Schäfter	–
Just Damenikh	1731	–	Ferlach
Just Ferdinand	1921, ausgewandert ins Burgenland	–	Dobrowa 14

Name	Daten	Bezeichnung	Ort
Just Franz	1840	–	Dobrowa
Just Franz	1750 ca.	Schäfter	Ferlach
Just Franz (Sohn des Johann Just)	1868	Schlossmacher	Gabl
Just Friedrich	1912	Bestandteilerzeuger	Dolich
Just Ignaz	1938	Büchsenmacher	Steyr
Just Ignaz Valentin	(1814–1872)	Rohrschmied	Ferlach
Just Jakob	1666, 1711	–	–
Just Jacob	1750 ca.	Putz- und Ausmacher	„Mitterferoniz"
Just Jacob	1810 ca.	–	–
Just Jakob der Alte	1650 ca.	Schlosser	–
Just Jakob der Junge	1650 ca.	Schlosser	–
Just Jakob	1840	–	Ferlach
Just Jakob	1840	–	Unterferlach
Just Jakob Friedrich	(1788–1844)	Lieferant, Rohrschmied	–
Just Johann	1840	–	Ferlach
Just Johann	1868	Schlossmacher	Gabl
Just Johann	1893, 1908, 1914, 1929	Schlossmacher	Ferlach 53
Just Johann	1938	Büchsenmacher	Steyr
Just Josef	(1717–1793)	Rohrschmied, Oberzechmeister	–
Just Josef	(1751–1822)	Lieferant	–
Just Josef	(1861–),1884	Zurichter, Beschlägemacher	Gabl, Ferlach
Just Josef	(1831–), 1884	Schlosser und Beschlägemacher	Ferlach
Just Josef	(1923–1987)	–	–
Just Josef Karl Ignaz	(1855–1911)	Gewehrfabrikant, Rohrschmied, Vorstand	Ferlach 8
Just Josef	(1953–)	–	Hauptplatz 18
Just Lorenz	1840	–	Unterferlach
Just Mathias	1750 ca., 1752	Büchsen-, Zeug- und Schlossmacher	„Mitterferoniz"
Just Max	(1894–1965)	–	Ferlach 8
Just Michael	1938	Büchsenmacher	Steyr
Just Peter	(1892–1955)	Büchsenmacher	Dollich 8
Just Philipp	1750 ca.	Schäfter	Ferlach
Just Robert	(1970–1999)	–	–
Just Rudolf	1938	Büchsenmacher	Steyr
Just Sebastian	1711, 1748	–	–
Just Thomas	1831, 1852	Büchsenmacher	–
Just Thomas	1840	–	Dobrowa
Juvan Michael	1938	Büchsenmacher	Steyr
Kaiser Jakob	1840	–	Unterferlach
Kaiser Johann	1840	–	Glainach
Kaiser Josef	1883 ca.	Gewehrfabrikant	Gabl
Kaiser Peter	1840	–	Unterferlach
Kaiser Peter	1884 schon verstorben	Büchsenmacher	Unterloibl

Name	Daten	Bezeichnung	Ort
Kalischnig Andreas	1890, 1908, 1913	Basküleur, Büchsenmacher	Ferlach, Dollich
Kalischnig Josef	1806	–	–
Kalischnig Joseph	1840	–	Görtschach
Kalischnig Matthias	1938	Büchsenmacher	Steyr
Kalischnig Simon	(1885–1951)	Büchsenmacher	Dollich 29
Kalischnig Simon	1887, 1907	Büchsenmacher	Dollich 47
Kallischnig Johann	1840	–	Görtschach
Kallischnig Thomas	1889	–	–
Kandist Johann	1806	–	–
Kandist Johann	1840	–	Ferlach
Kandist Johann	1840	–	Ferlach
Karo Anton	1806	–	–
Kascher Andreas	1773	–	–
Kaspl Matthias	(–1681)	–	–
Kasser Johann	1806	–	–
Kasser Paul	1806	–	–
Kattnig Herbert	1938	Büchsenmacher	ausgewandert ins Altreich
Kattnig Lukas (Nachfolger von Jakob Schellander)	1752	Rohrschmied	–
Kawan Adolf	(1835–1916)	Büchsenmacher	Dobrowa
Keckeis Andreas	2017	–	Hauptplatz 18
Kelch Andreas	1910 ca.	Büchsenmacher	Dobrowa
Kenntschnigg Franz	1840	–	Ferlach
Kerschitz Johan	1890, 1891	–	–
Keuschnig Martin	1752	Zeugmacher	–
Khröll Vallentin	1731	–	Unterferlach
Kirchbaumer Georg	1806	–	–
Kirchbaumer Johann	1806	–	–
Kirchbaumer Johann	1840	–	Unterloibl
Kirchbaumer Josef	1910 ca.	Büchsenmacher	Unterferlach
Kirchbaumer Josef	1884, 1887, 1897	Büchsenmacher, Basküleur	Otrouza
Kirchbaumer Joseph	1840	–	Ferlach
Kirschner Franz	1938	Büchsenmacher	ausgewandert ins Altreich
Kirschner Valentin	1906	Büchsenmacher	Ferlach
Kirschnigg Martin	1750 ca.	Büchsen-, Zeug- und Schlossmacher	Ferlach
Klaus Johann	1806	–	–
Klaus Johann	1840	–	Ferlach
Klaus Johann	1840	–	Ferlach
Klaus Joseph	1840	–	Ferlach
Klazer Hanns	1750 ca.	Schäfter	„Unterferoniz“
Kleib Georg	1750 ca.	Büchsen-, Zeug- und Schlossmacher	Ferlach
Klein Karl-Heinz	2016	Büchsenmacher	Ferlach
Klinger Joseph	1840	–	Dobrowa

Name	Daten	Bezeichnung	Ort
Klobitsch Valentin	1924	Bestandteilgewerbe	Seidolach 18
Knabaly Anton	1773	Schlossmacher	–
Köfler Thomas	1914	Büchsenmacher	Ferlach
Kollbret Mathias	1752	Zeugmacher	–
Kollenpräth Adam	1752	Zeugmacher	–
Kollenpräth Partlmee (Kollbrat Bartl)	1752, 1773	Schlossmacher	–
Köllich Andreas	1884, 1889, 1904	Rohrausarbeiter	Dobrowa
Kollich Thomas	(–1683)	–	–
Kollienz Jakob	1840	–	Ferlach
Kollienz Johann	1752	Schlossmacher	–
Kollienz Lorenz	1884	Schlosser und Beschlägemacher	Ferlach
Kollitz Simon	1806	–	–
Kollwiz Andreas	1750 ca.	Büchsen-, Zeug- und Schlossmacher	Ferlach
Komatar Bartl	1806	–	–
Kometter Bartholo	1840	–	Unterloibl
Kommeter Gregor	1750 ca.	Schäfter	Loiblhammer
Kopitschar Math.	1806	–	–
Kopitscher Mathias	1752	Schlossmacher	–
Koptischan Mathias	1773	Schlossmacher	–
Koreiman Andreas	1889, 1890	–	–
Koren Adolf	1901	–	–
Koren Johann	1840	–	Gabl
Koren Josef	1884, 1887, 1907	Schäfter, Verfertigung und Verkauf von Gewehrbestandteilen	Gabl
Koren Josef	1930	Meister	–
Koren Josef	1938	Büchsenmacher	ausgewandert ins Altreich
Koren Kaspar	1840	–	Gabl
Koren Ludwig	1887, 1907	Büchsenmacher	Dobrowa
Koren Ludwig	1912, 1915	Büchsenmacher	Dobrowa Nr. 12
Koreniak Johann	1840	–	Gleinach
Kornbrat Johann	1752	Zeugmacher	–
Kornbrath Johann	1840	–	Ferlach
Kornbrath Peter	1840	–	Unterbergen
Körndl Josef	1938	Büchsenmacher	ausgewandert ins Altreich
Korthini Urban	1752	Schlossmacher	–
Kortin Egydus	1840	–	Ferlach
Kortin Franz	1806	–	–
Kortin Franz	1840	–	Ferlach
Koschänz Georg	1750 ca.	Schäfter	Ferlach
Koschanz Lorenz	1806	–	–
Koschat Ferdinand	(1874–1952)	–	Ferlach 149
Koschat Ferdinand	(1908–1992)	–	–

Name	Daten	Bezeichnung	Ort
Koschat Jakob (heiratet Tochter des Josef Winkler, Vater des Max Koschat)	(1878–1955)	Meister, Gewehrfabrikant	Ferlach 142
Koschat Josef (Sohn des Lorenz Koschat)	1908, 1938	–	Steyr
Koschat Josef (Sohn des Max)	(1938–)	–	–
Koschat Lorenz	(1845–1920)	Rohrausarbeiter	Dollich
Koschat Lorenz	(1887–1964)	Büchsenmacher	Schlierbach/OÖ
Koschat Max (Vater des Josef)	(1909–1974)	–	–
Koscher Andreas	1806	–	–
Koscher Johann	1752	Rohrausmacher	–
Köscher Joseph	1750 ca.	Putz- und Ausmacher	„Mitterferoniz"
Koscher Martin	1750 ca.	Büchsen-, Zeug- und Schlossmacher	Ferlach
Koscher Simon	1806	–	–
Koscher Valentin	1752, 1773	Laufmacher, Unterzechmeister, Zeugmacher	–
Koschier Jakob	1840	–	Ferlach
Koschier Jakob	1840	–	Ferlach
Koschutnig Jakob	1914	–	–
Koschutnig Josef	1911	Büchsenmacher	Ferlach
Koschutnig Karl	1914	Bestandteilerzeugung	Ferlach Nr. 92
Koschuttnig Ciril	1938	Büchsenmacher	Steyr
Krabat Franz	–	–	–
Krail Simon	1773	Schlossmacher	–
Kräill Valentin	1750 ca.	Büchsen-, Zeug- und Schlossmacher	Tratten
Krainer Adam	(–1681)	–	–
Krainer Kaspar	1907, 1922	–	Ferlach Nr. 128, 148
Krainer Martin	1888, 1889	–	–
Krainer Michael	(–1679)	–	–
Krainer Michael	1752	Lieferant	–
Kral Simon	1806	–	–
Krällin Simon	1752	Zeugmacher	–
Kramer Peter	1752	Lieferant	–
Kraner Joseph	1840	–	Unterferlach
Kräner Michael	1750 ca., 1752	Lieferant	–
Kraner Peter	1735, 1752	Lieferant	Ferlach
Krapitz Jakob	1612	Büchsenmacher	Ferlach
Kräpuz Antoni	1750 ca.	Putz- und Ausmacher	Unterbergen
Kraßnig Leopold	1840	–	Unterbergen
Kremer Christopher Theodor	2017	–	Ferlach
Krič Josef (Kritsch)	1889, 1894	Büchsenmachermeister	Ferlach
Krieger Matheus	1840	–	Gabl
Kriger Anselm	1938	Büchsenmacher	Steyr
Kriger Johann	1938	Büchsenmacher	ausgewandert ins Altreich
Krobath Anton	1752	Schlossmacher	–

Name	Daten	Bezeichnung	Ort
Krobath Ferdinand (Krobat)	1884, 1891	Schäfter	Ferlach
Krobath Franz	1840	–	Ferlach
Krobath Johann	1840	–	Dobrowa
Krobath Josef	1886, 1906, 1914	Gewehrbestandteilerzeugung	Ferlach
Krobath Joseph	1750 ca., 1752	Büchsen-, Zeug- und Schlossmacher	Ferlach
Krobath Karl	1752	Schlossmacher	–
Krobath Lorenz	1938	Büchsenmacher	ausgewandert ins Altreich
Krobath Martin	1752	Zeugmacher	–
Krobath Max	1938	Büchsenmacher	Steyr
Krobath Michael	1806	Schlosser	–
Krobath Michael	1752	Rohrausmacher	–
Krobath Michael	1840	–	Dobrowa
Krobath Michael	1884	Schlosser und Beschlägemacher	Ferlach
Krobath Paul	1806	–	–
Krobath Rupert	1887	Büchsenmacher	Ferlach, Unterbergnerstr. 10
Krobath Valentin	1938	–	ausgewandert ins Altreich
Kropivnig Matthias	(–1683)	–	–
Kruschitz Johann	1906	Zeugschmied	Unterferlach
Kruschitz Karl Martin	(1875–1952)	–	–
Kruschitz Martin	(1905–1975)	–	Ferlach 94, Freibacher Str. 99
Kruschitz Martin	2017	–	Wien, Kolingasse 17
Kucher Valentin	1840	–	Unterferlach
Kucher Valentin	1840	–	Unterbergen
Kullig Georg	1773	Laufmacher	–
Kullnig Adam	1710, 1734, 1735	–	–
Kullnig Adam (Khullnig Adam)	1731	–	Unterbergen
Kullnig Andreas (Cullnig Andreas)	1731	–	Ferlach
Kullnig Andreas (Cullnig Andreas)	1709, 1731	Büchsenmacher	Seidolach und Glainach
Kullnig Anton	1761	Büchsenmacher	–
Kullnig Anton	1938	Büchsenmacher	ausgewandert ins Altreich
Kullnig Franz	1938	Büchsenmacher	ausgewandert ins Altreich
Kullnig Johanes (Khullnig Johanes)	1731	–	Unterbergen
Kullnig Joseph (Cullnig Josebh)	1731, 1752	Schlossmacher	Ferlach
Kullnig Lorenz	1740 ca.	Schlossmacher	–
Kullnig Matthies (Cullnig Matthies)	1731	–	Ferlach
Kullnig Michael	1752	Rohrausmacher	–
Kullnig Peter (Khulling Peter)	1731	–	Unterbergen
Kullnig Thomas	1752	Zeugmacher	–
Kullnig Thomas	1912, 1930, 1947	Büchsenmacher, Obmann der Genossenschaft	Ferlach Nr. 32, Ferlach 166, Freibacher Str. 5
Kullnig Vallentin (Cullnig Vallentin)	1731, 1752	Büchsen-, Zeug- und Schlossmacher	Ferlach
Kullnigg Peter	1750 ca.	Büchsen-, Zeug- und Schlossmacher	Unterbergen

Name	Daten	Bezeichnung	Ort
Kulnig Anton	1704	Büchsenmacher	–
Kulnig Hans	1704	Büchsenmacher	–
Kulnig Johann	1704, 1717	Büchsenmacher	–
Kulnig Joseph	1806	Verschleißer, Lieferant	–
Kulnig Matheus	1840	–	Unterbergen
Kulnig Valentin	1840	–	Unterbergen
Kulnigg Andre	1750 ca.	Putz- und Ausmacher	Ferlach
Kulnigg Egidi	1750 ca.	Büchsen-, Zeug- und Schlossmacher	Ferlach
Kulnigg Gregor	1750 ca.	Büchsen-, Zeug- und Schlossmacher	Dörfl
Kulnigg Johann	1750 ca.	Büchsen-, Zeug- und Schlossmacher	Unterbergen
Kulnigg Lorenz (Kulnik Lorenz)	1742, 1750 ca.	Lieferant	–
Kulnigg Martin	1750 ca.	Putz- und Ausmacher	Ferlach
Kulnigg Mathias	1750 ca.	Büchsen-, Zeug- und Schlossmacher	Reßnig
Kulnigg Mathias	1750 ca.	Büchsen-, Zeug- und Schlossmacher	Ferlach
Kulnik (Kulnic) Joseph	1773	Schlossmacher	–
Kulnik Anton	1704	–	–
Kulnik Hans	1704, 1717	–	–
Kulnik Michael	1709	Büchsenmacher	–
Kuntschnig Simon	1806	–	–
Kurasch Franz	1840	–	Unterferlach
Kusäll Mathes	1638–1641	–	–
Kuss Simon	1938	Büchsenmacher	ausgewandert ins Altreich
Lager Balsius	1752	Zeugmacher	–
Lager Peter	1890	–	–
Laklitsch (?) Rudolf	1906, 1911	Büchsenmacher	Ferlach
Lampichler Martin	1752	Schlossmacher	–
Lanig Johann	1908	–	–
Laschnigg Matheus	1750 ca.	Büchsen-, Zeug- und Schlossmacher	Ferlach
Laschnikher Andreias	1731	–	Ferlach
Lätschnigger Andre	1750 ca.	Büchsen-, Zeug- und Schlossmacher	Ferlach
Lausegger Jakob	1840	–	Otrouza
Lausegger Josef	1884, 1889, 1906	Waffenschmied, Eisenarbeiter	Otrouza, Unterferlach
Lausegger Mathes	1638–1641	–	–
Lausegger Mathes	1638–1641	–	–
Leitschacher Peter	1806, 1807	Lieferant	–
Leutschacher Andre	1750 ca.	Schäfter	Dollich St. Josef Kapelle
Leutschacher Ferdinand	1938	Büchsenmacher	ausgewandert ins Altreich
Leutschacher Johann	1840	–	Ferlach
Leutschacher Josef	1752	Rohrausmacher	–
Leutschacher Joseph	1840	–	Ferlach
Leymbichler Jehlle (?)	1731	–	Unterferlach
Leyzuaher Simon	1731	–	Ferlach

Name	Daten	Bezeichnung	Ort
Lindl Johann	1840	–	Ferlach
Lindl Josef	1938	Büchsenmacher	ausgewandert ins Altreich
Locathelli Dominicus	1750 ca., 1752	Büchsen-, Zeug- und Schlossmacher	Ferlach
Locothell Hanns	1750 ca.	Büchsen-, Zeug- und Schlossmacher	Unterbergen
Loy Achaz	1650 ca.	Schlosser	–
Loy Alexander	1619 (–1673)	Rohrschmied	Glainach
Loy Andräas	1840	–	Dollich
Loy Hanns	1650 ca.	Schlosser	–
Loy Johann	1840	–	Dollich
Loy Joseph	1750 ca.	Putz- und Ausmacher	„Mitterferoniz"
Loy Michael	1681 gest.	–	–
Loy Michael	1750 ca.	Putz- und Ausmacher	„Unterferoniz"
Loy Steffen	1650 ca.	Schlosser	–
Loy Urban	1750 ca.	Putz- und Ausmacher	„Mitterferoniz"
Loy Valentin	1752	Schlossputzer	–
Loy Valtan	1638–1641	–	–
Lucas N.	1750 ca.	Büchsen-, Zeug- und Schlossmacher	Reßnig
Lutschar Jury	1699 gest.	–	–
Lutschounig Valentin	1939	–	–
Mack	–	–	Kirchgasse 16
Mack Andreas (Mak)	1884, 1888, 1908, 1913	Büchsenmacher, Schäfter	Gabl
Mack Dionis	1840	–	Gabl
Mack Franz	1900	Graveur	Ferlach
Mack Franz (Mak)	1889, 1892, 1900, 1914	Büchsenmacher	Ferlach Nr. 76
Mack Ignaz	1900, 1913	Büchsenmacher	Gabl Nr. 25
Mack Jakob	1840	–	Dollich
Mack Lorenz	1913	Büchsenmacher	Ferlach
Mack Oswald	1840	–	Ferlach
Mack Thomas	1890, 1891	–	–
Mäcyer Rochus	1750 ca.	Schäfter	Dörfl
Maechtig Martin	1752	Schlossmacher	–
Magedin Peter	1889	–	–
Mägelly	1630 ca.	Schmied	–
Mak Ignaz (Mack)	1939	–	–
Mak Johann	1884	Beschlägemacher	Dobrowa
Mak Lorenz	1884	Büchsenmacher	Ferlach
Mak Thomas	1891, 1895	Basküleur- und Zurichtermeister	–
Maleschnig Ruppert (Malleschnig)	1884, 1887, 1890	Basquiller	Otrouza
Malle Franz	(1877–1955)	Büchsenmacher	–
Mandelz Ludwig	1930	Heimarbeiter	–
Marcko Jakob	1752	Schlossmacher	–
Marggo Jacob	1750 ca.	Büchsen-, Zeug- und Schlossmacher	Ferlach

Name	Daten	Bezeichnung	Ort
Markho Thoman	1731	–	Ferlach
Martin	1750 ca.	Büchsen-, Zeug- und Schlossmacher	Loiblhammer
Maschinenhäuser der Büchsenmacher-Genossenschaft	s. Genossenschaft	Gewehrfabrik	Ferlach
Matschek Martin	1938	Büchsenmacher	ausgewandert ins Altreich
Matschnig Jakob	1806	–	–
Matschnig Johann	1840	–	Unterferlach
Mätschnig Urban	1650 ca.	Schäfter	–
Matschnigg Florian	1750 ca.	Schäfter	Dörfl
Matschnigg Thomas	1750 ca.	Schäfter	Ferlach
Matzoll Anton	1806	–	–
Mayhar Kotitsch Jos.	1806	–	–
Mazoll Peter	1840	–	Ferlach
Mechlitsch Hanns	1750 ca.	Büchsen-, Zeug- und Schlossmacher	„Mitterferoniz"
Mechlitsch Josef	1752	Zeugmacher	–
Mechlitsch Matthäus	1752	Zeugmacher	–
Meglitsch Ferdinand	1901 geb.	–	Ferlach, 10.-Oktober-Str.
Meglitsch Johann	1938	Büchsenmacher	ausgewandert ins Altreich
Meglitsch Matth.	1806	–	–
Meglitsch Valentin	1901, 1903, 1908, 1930	Büchsenmacher	Ferlach
Meglitsch Valentin	1938	Büchsenmacher	ausgewandert ins Altreich
Megltisch Max	1938	Büchsenmacher	ausgewandert ins Altreich
Meicher Franz	1840	–	Dörfl
Meicher Joseph	1806, 1807	Lieferant	–
Meicher Joseph	1840	–	Ferlach
Meicher Joseph	1840	–	Seidolach
Meiher Rokh	1731	–	Seidolach und Glainach
Melchior Johann	1884, 1888, 1907, 1914	Fabrikant, Ausarbeiter, Rohrmacher, Rohrschmied, Büchsenmacher	Unterferlach
Meleschnig Johann	1921, 1925	–	Glainach
Meleschnig Rupert	1910 ca.	Basküleur	Unterferlach
Metschisch Joseph	1806	–	–
Metschitsch Math.	1806	–	–
Meyer Jakhob	1731	–	Seidolach und Glainach
Michelitsch Alois	1908	–	–
Michelitsch Johann	1904, 1907, 1927	Büchsenmacher	Ferlach
Michelitsch Johann	1953	Büchsenmachermeister	Ferlach
Michelitsch Rudolf	1915, 1928 gestorben	Bestandteilgewerbe	Ferlach Nr. 103, Ferlach 66
Michitsch Helena	(–1691)	–	–
Michiz Johann	1731	–	Ferlach
Miellner Martin	1731	–	Unterferlach
Miellner Thomas	1731	–	Unterferlach
Miglitsch Valentin	1908	–	–

Name	Daten	Bezeichnung	Ort
Mikusch Peter	1892	–	–
Milheze Johannes	1773	–	–
Milner der Kleine Jakob	1806	–	–
Milner Lorenz	1806	–	–
Mischitsch Andre	1750 ca.	Büchsen-, Zeug- und Schlossmacher	Ferlach
Mischitsch Gregor	1750 ca.	Schäfter	Ferlach
Mischitsch Hanns	1750 ca.	Lieferant	–
Mischitsch Matheus	1750 ca., 1752	Büchsen-, Zeug- und Schlossmacher, Schäfter	Ferlach
Mischitsch Paul	1750 ca.	Büchsen-, Zeug- und Schlossmacher	Ferlach
Mischitsch Simon	1750 ca.	Schäfter	Ferlach
Mischitz Andreas	1752	Schlossmacher	–
Mischitz Anton	1884, 1887, 1901	Beschlägmachermeister, Garniturarbeiter, Genossenschaftsvorstand, Schlosser	Dobrowa Nr. 10
Mischitz Franz	1938	Büchsenmacher	ausgewandert ins Altreich
Mischitz Johann	1739, 1765	Lieferant, Schlossmacher	–
Mischitz Johann	1806	–	–
Mischitz Jopitz (?) Joh.	1806	Verschleißer, Lieferant	–
Mischitz Jora Josef	1806	–	–
Mischitz Jora Simon	1806, 1819	–	–
Mischitz Josef	1884, 1889, 1912, 1945	Büchsenmacher	Dobrowa Nr. 40, Gabl 42
Mischitz Martin	1920	–	–
Mischitz Mathias	1752	Schlossmacher, Beschaumeister	–
Mischitz Peter	1906, 1953	Büchsenmacher	Dobrowa 10
Mischkulnig Johann	1921, 1929	–	Ferlach 29
Mischütz Ignatz	1840	–	Ferlach
Mischütz Johann	1840	–	Ferlach
Mischütz Valentin	1840	–	Unterbergen
Mitsch Michael	1750 ca.	Putz- und Ausmacher	„Mitterferoniz"
Mliechnig Madiasch	1630 ca., 1650 ca.	Schlosser	–
Möglitsch Andreas	–	–	–
Mohr Antoni	1638–1641	–	–
Molte Oswalt (Wolte?)	1650 ca.	Rohrschmied	–
Molty Oswald	1638–1641	–	–
Moschitz Matheus	1889, 1892	–	–
Moschzyez Mathies	1731	–	Ferlach
Mostetschnig Blasius (Mostesknig)	1892, 1894	–	–
Moyhar Joseph	1806	–	–
Much Martin	1731	–	Unterferlach
Muden Jakob	1806	–	–
Muden Jakob	1840	–	Seidolach
Muden Johann	1840	–	Unterferlach
Muden Jos.	1806	–	–

Name	Daten	Bezeichnung	Ort
Muden Martin	1750 ca.	Schäfter	„Mitterferoniz"
Muden Michael	1750 ca.	Schäfter	Dörfl
Muden Simon	1806	–	–
Muden Simon	1840	–	Unterferlach
Muden Thomas	1909	Büchsenmacher	Unterferlach
Muden Valentin	1840	–	Unterferlach
Müller Anton	1938	Büchsenmacher	ausgewandert ins Altreich
Müller Blasius	1889, 1908, 1925	Basküleur- und Zurichtermeister, Büchsenmacher, Schlossmacher	Gabl 36
Müller Jakob	1888, 1894	Schäftermeister	–
Müller Jakob	1900 ca.	Eisenarbeit	Ferlach
Müller Jakob	1938	Büchsenmacher	ausgewandert ins Altreich
Müller Johann	1884	Büchsenmacher	Ferlach
Müller Joseph	1840	–	Unterferlach
Müller Lorenz	19. Jh.	–	–
Müller Lorenz	1912, 1939	Büchsenmacher	Dobrowa Nr. 15, Ferlach 49
Müller Matheus	1840	–	Reßnigg
Müller Matthias	–	–	–
Müller Michael	1840	–	Ferlach
Müller Thomas	1884	Büchsenmacher	Ferlach
Müllner Alexander	1731	–	Ferlach
Müllner Hanns	1752	Rohrausmacher	–
Müllner Jakob	1752	Zeugmacher	–
Mülner Hanns	1750 ca.	Schäfter	Reßnig
Mülner Martin	1750 ca.	Büchsen-, Zeug- und Schlossmacher	Tratten
Mülner Martin	1750 ca., 1752	Büchsen-, Zeug- und Schlossmacher	Ferlach
Mülner Matheus	1750 ca., 1752	Büchsen-, Zeug- und Schlossmacher	Tratten
Mülner Valentin	1840	–	Unterferlach
Mutenthaler Florian	2016	Graveur	–
Muzell Hanns	1750 ca.	Büchsen-, Zeug- und Schlossmacher	Ferlach
Muzoll Johan	1731	–	Ferlach
Muzoll Lorenz	1638–1641	–	–
Muzoll Lucas	1638–1641	–	–
Muzul Jakob de	1610	–	Ferlach
Muzzl Andreas	1752	Schlossmacher	–
Nagele Andräas	1840	–	Unterbergen
Nagele Andreas	1752	Rohrausmacher	–
Nagele Franz	1840	–	Ferlach
Nagele Franz	1840	–	Ferlach
Nagele Georg	1773	Rohrausmacher	–
Nagele Johann	1840	–	Unterbergen
Nagele Lorenz	1834	Schäfter	–

Name	Daten	Bezeichnung	Ort
Nagele Lorenz	1840	–	Ferlach
Nagele Lorenz	1884, 1901	Büchsenmacher, Schäfter	Ferlach
Nagele Mathaeus	1840	–	Unterbergen
Nagele Michael	1806	Schlosser	–
Nagele Valentin	1806	–	–
Nägelle Martin	1750 ca.	Putz- und Ausmacher	Unterbergen
Nägelle Simon	1750 ca.	Büchsen-, Zeug- und Schlossmacher	Unterbergen
Nägely Primosch	1650 ca.	Schlosser	–
Niemiz Gregor	1750 ca.	Büchsen-, Zeug- und Schlossmacher	Unterbergen
Novak Franz	1884, 1890, 1908, 1913	Basküleur- und Zurichtermeister, Büchsenmacher, Schlossmacher	Gabl
Novak Josef	1890, 1910 ca., 1930	Einsetzer	Ferlach 95
Novak Martin	1750 ca., 1752	Büchsen-, Zeug- und Schlossmacher	Ferlach
Novak Rafele	1884	Büchsenmacher	Unterloibl
Novak Valentin	1894, 1900 ca.	Basküleur, Eisenarbeit	Ferlach
Novakh Georg	1750 ca., 1752	Putz- und Ausmacher, Beschaumeister	Ferlach
Nowack Jakob	1840	–	Ferlach
Nowak Johann	1840	–	Gabl
Nowak Joseph	1806, 1807, 1815	Lieferant	–
Nowak Michael	1806	–	–
Nowak Simon	1840	–	Gabl
Nowak Thomas	1806	–	–
Nusser Rudolf	1938	Büchsenmacher	ausgewandert ins Altreich
Oberheber Bernard	1806	–	–
Obersteiner Anton	1806	–	–
Obiltschnig Albin	1938	Büchsenmacher	ausgewandert ins Altreich
Obiltschnig Hans	(1938–)	Graveur	Ferlach
Oblak Johann	1806	–	–
Oblich Bartl	1806	–	–
Oblich Franz	1806	–	–
Oblich Johann	1806	–	–
Ogris Bernhard	1752	Rohrschmied	–
Ogris Franz	1938	Büchsenmacher	ausgewandert ins Altreich
Ogris Friedrich	1902, 1908	Rohrschmied	St. Margareten
Ogris Friedrich	1953	–	–
Ogris Gregor	1752	Rohrschmied	–
Ogris Johann	1889, 1892	–	–
Ogris Josef	1910 ca., 1924	Büchsenmacher, Graveur	Ferlach Nr. 172
Ogris Josef (Sohn des Markus Ogris)	(1871–1921)	Gewehrfabrikant, Bürgermeister Ferlach	Gabl 9
Ogris Josef (Vater des Friedrich Ogris)	1889, 1895	Rohrschmiede- und Beschlägemeister	–
Ogris Joseph	1750 ca., 1752	Büchsen-, Zeug- und Schlossmacher	Ferlach
Ogris Leopold	1785	–	–
Ogris Markus	(1842–1897)	Gewehrfabrikant	Ferlach, Gabl

Name	Daten	Bezeichnung	Ort
Ogris Mathäus	1884, 1885	Schäfter	Gabl
Ogris Mathias	1750 ca.	Büchsen-, Zeug- und Schlossmacher	Unterbergen
Ogris Rupert	1778, 1832	Rohrschmide	Niederdörfl
Ogris Simon	1682, 1684	Rohrschmiede	Unterferlach
Ogris Simon	1914	Bestandteilgewerbe	Dobrowa Nr. 54
Ogris Thomas	1752	Rohrausmacher	–
Ogris Thomas	1912	Bestandteilerzeugung	Unterferlach
Ogris Valentin Herbert	2015	–	Niederdörfl
Ogriß Matheus	1750 ca.	Putz- und Ausmacher	Ferlach
Ogriß Michael	1750 ca.	Schäfter	Unterbergen
Ogriß Rupert	1840	–	St. Margarethen
Olinowetz Thomas	1920, 1925 ca.	–	Ferlach, Dobrowa 6
Olip Andreas	1806	–	–
Ollipp Urban	1750 ca.	Büchsen-, Zeug- und Schlossmacher	Tratten
Oman Georg	1938	Büchsenmacher	ausgewandert ins Altreich
Oman Valentin	(1891–1973)	Büchsenmacher	–
Omann Georg	1884	Beschlägemacher und Zurichter	Ferlach
Orasch Franz	1884, 1889, 1890	Büchsenmacher	Ferlach
Orasch Josef (Oraš)	1891, 1906, 1907	Zeugschmied	Unterferlach
Orasch Joseph	1807	–	–
Orasch Joseph	1840	–	Dollich
Orasch Peter	1806	–	–
Orasch Valentin	1913	Schlossmacher	Dörfl Nr. 6
Orasche Hubert	1938	Büchsenmacher	ausgewandert ins Altreich
Orasche Hubert	1980 ca.	–	–
Orasche Josef	(1906–1982)	Büchsenmachermeister	Ferlach, Lastenstr. 5
Orasche Josef	1919, 1920	–	Ferlach 179
Orraesche Georg	1752, 1773	Rohrausmacher	–
Oswald Josef	1923, 1925 stillgelegt	–	Ferlach 96
Otrab Andreas	1806	–	–
Outschar Florian	1793, 1806	Rohrausmacher	Jurglkeusche
Outschar Franz	1889, 1892, 1909	Rohrschmied, Büchsenmacher	Unterferlach
Outschar Johann	(1798–)	Rohrausmacher	Dollich
Outschar Johann	(1829–1896)	Gewehrfabrikant, Büchsenmacher	Dollich, Feralch
Outschar s. a. Schaschl–Outschar	–	–	–
Outschar Joseph	1750 ca.	Putz- und Ausmacher	Dullach St. Joseph Kapelle
Outschar Simon	(1840–), 1892 ca.	Rohrausarbeiter	Ferlach, Dollichgasse 2
Pabek Valentin	1892	–	–
Pacher Bartlme	1752	Zeugmacher	–
Pacher Franz	1884, 1889	Beschlägemacher	Gabl
Pacher Ignaz	1889, 1892, 1910 ca.	Büchsenmacher	Ferlach
Pacher M. (?)	1886	–	–

Name	Daten	Bezeichnung	Ort
Pacher Urban	1840	–	Ferlach
Pacher Urban	1884, 1888, 1910 ca.	Büchsenmacher	Ferlach, Dobrowa
Packetz Gregor	1752	Schlossmacher	–
Paeggenz Lorenz (Pägenz)	1773	–	–
Paggaz Lorenz	1750 ca.	Büchsen-, Zeug- und Schlossmacher	Glainach
Paggetz Andre	1752	Rohrschmied	–
Paggetz Hans	1752	Rohrschmied	–
Paggez Casper	1750 ca.	Büchsen-, Zeug- und Schlossmacher	Ferlach
Paggitz Jakob	1840	–	Ferlach
Paggitz Jakob	1840	–	Unterferlach
Pagitz Balthasar	1807	–	–
Pagitz Balthasar	1752	Zeugmacher	–
Pagitz Johann	1919, 1929 eingestellt	–	Unterferlach 34
Pagitz Josef	(1793–1822)	Rohrschied, Gewehrlieferant	Unterferlach
Pagitz Josef	1888, 1906, 1910 ca., 1926 stillgelegt	Schäftermeister, Büchsenmacher	Unterferlach 26
Pagitz Josef (Sohn des Lorenz Pagitz)	1791	Rohrschmied	Unterferlach
Pagitz Julius	(1890–1965)	Büchsenmacher	–
Pagitz Lorenz (Vater des Josef Pagitz)	1759, 1791	Rohrschmied	Unterferlach
Pagitz Margaretha	1815, 1831	Lieferantin	–
Pagitz Math.	1806	–	–
Pagitz Mathias	1752	Zeugmacher	–
Pagitz Michael	1752	Schlossmacher	–
Pagitz Vinzenz	(1875–1951)	Waffenschmied	Unterferlach
Paim Mathes	1638–1641	–	–
Pakkez Jakob	1693–1718	Rohrschmied	–
Papp Josef	1938	Büchsenmacher	ausgewandert ins Altreich
Partl Rochus	1930	Heimarbeiter	–
Paterk Joseph	1840	–	Ferlach
Paul Puxenschmid	1556	–	Niederdörfl bei St. Margareten
Pawek Valentin	1890, 1908, 1925 gelöscht	Zurichter, Erzeugung von Gewehrbestandteilen	Unterferlach
Pawuznikh Jury	1638–1641	–	–
Payer Mathia	1750 ca.	Büchsen-, Zeug- und Schlossmacher	Unterbergen
Peditsch Joseph	1840	–	Unterferlach
Pegam Anton	(1903–1982)	–	–
Pegam Ciril	(1877–1949)	Büchsenmacher	Otrouza
Pegam Jakob	(1838–)	Basküleur	Otrouza
Pegam Jakob	(1868–1930)	Büchsenmacher	Dobrowa 28
Pegam Josef	(1901–1945)	Büchsenmacher	Ferlach 28, ausgewandert ins Altreich
Pegam Max	(1920–)	–	–

Name	Daten	Bezeichnung	Ort
Pegam Michael	(1880–1947)	Büchsenmacher	Ferlach 133, Gartengasse
Pegam Michael (Sohn des Michael Pegam)	(1909–1931)	Büchsenmacher	Ferlach
Pegam Michaels Witwe	1953	–	–
Pegam Stefan	(1921–)	–	–
Peheim Jakob	1891, 1894	–	–
Perkhinan Valentin	1773	–	–
Perkhman Georg	1750 ca.	Büchsen-, Zeug- und Schlossmacher	Unterbergen
Perkhman Simon	1750 ca.	Büchsen-, Zeug- und Schlossmacher	Unterbergen
Perkhonigg Simon (Perkhoynikh Simon)	1731, 1750 ca.	Büchsen-, Zeug- und Schlossmacher	Dörfl
Perkinnig Bernhard	1773	–	–
Perkmann Anton	1773	–	–
Perkmann Valentin	1752, 1773	–	–
Perko Josef	1938	Büchsenmacher	ausgewandert ins Altreich
Perko Thomas	1890	–	–
Perkonig Ferdinand	1906, 1923 gelöscht	Büchsenmacher	Unterferlach 54
Perkonig Jakob	1752	Zeugmacher	–
Perkonig Joseph	1806, 1807	Puxenschmid	–
Perkonig Joseph	1840	–	Seidolach
Perkonig Michael	1910, 1914	Büchsenmacher	Ferlach
Perkonig Rochus	1906, 1907, 1914, 1931 gelöscht	–	Ferlach
Perkonig Stefan	1923, 1939	–	Ferlach 137
Perkonig Valentin	1806	–	–
Perkounig Ferdinand	1889, 1908	–	–
Perkounig Johann	1887	–	–
Perkounig Matheus	1840	–	Unterferlach
Perkounig Michael	1920 ca.	–	Ferlach
Perkounigg Simon	1840	–	Dollich
Perkounigg Valentin	1840	–	Ferlach
Perschernikh Nykhollaus	1731	–	Unterferlach
Perschnigg Bernhard	1752	Zeugmacher	–
Perschran Franz	1731	–	Ferlach
Persič Michael	1888	–	–
Pertschman Donisius	1731	–	Unterbergen
Peterlin Thomas	1938	Büchsenmacher	ausgewandert ins Altreich
Pflögel Andreas	1731	–	Ferlach
Piber Andreas	1938	Büchsenmacher	ausgewandert ins Altreich
Pichler Andreas	1752	Schlossputzer	–
Piegl Jacob	1731, 1750 ca.	Büchsen-, Zeug- und Schlossmacher	„Unterferoniz“
Piegl Johann	1806	–	–
Pingitzer Juri (Sohn des Matthias)	1609	–	Unterferlach
Pingitzer Mathäs	1609 verstorben	–	Ferlach

Name	Daten	Bezeichnung	Ort
Pinsker Valtan	(–1681)	–	–
Pinter Johann (=Binder?)	1884, 1886, 1902	Basküleur, Büchsenmacher, Beschlägemacher und Zurichter	Ferlach
Pinzger Adolf (Barounig Adolf)	1936	Büchsenmacher	Dollich
Pinzger Egidi (Pintzger Egidi)	1750 ca., 1752	Putz- und Ausmacher	Ferlach
Pinzger Jelly	1630 ca., 1631	Gewehrschlosser	–
Pinzger Michael	1750 ca.	Schäfter	Ferlach
Pinzger Simon	1750 ca., 1779	Putz- und Ausmacher	Ferlach
Pirgl Johann	1752	Schlossmacher	–
Piscot Peter	1638–1641	–	–
Piskopia Ignatz	1806	–	–
Piskopia Ignatz	1840	–	Gabl
Pistov Franz	1890	–	–
Piwisch P.	1890	–	–
Plaier Josef	1912	Büchsenmacher	Ferlach Nr. 27
Plassnig Johan	1890	–	–
Platnig Josef	1905	–	–
Plazer Anton	1638–1641	–	–
Pobehan Joseph	1750 ca.	Lieferant	–
Pobehan Melchior	1750 ca.	Schäfter	Ferlach
Pobehan Valentin	1750 ca.	Schäfter	Unterbergen
Pobeheim Andreas	1773	–	–
Pobeheim Egydy	1773	–	–
Pobeheim Georg	1840	–	Dobrowa
Pobeheim Johann	1840	–	Unterferlach
Pobeheim Josef	1884	Schäfter	Gabl
Pobeheim Joseph	1840	–	Ferlach
Pobeheim Joseph	1840	–	Gabl
Pobeheim Joseph	1840	–	Ferlach
Pogatschnigg Jakob	1840	–	Unterferlach
Pogoriutschnig Johann	1938	Büchsenmacher	Steyr
Pogoriutschnig Josef	1806	Lieferant	–
Pogoriutschnigg Joseph	1840	–	Gabl
Pohler Eigidi	1750 ca.	Büchsen-, Zeug- und Schlossmacher	Tratten
Pojor David	1938	Büchsenmacher	ausgewandert ins Altreich
Pokh Gregor	1750 ca.	Büchsen-, Zeug- und Schlossmacher	Unterbergen
Pokh Joseph	1731, 1752	Schlossmacher	Unterbergen
Pokh Joseph Mästnigg	1750 ca.	Büchsen-, Zeug- und Schlossmacher	Unterbergen
Pokh Valentin	1731, 1752	Büchsen-, Zeug- und Schlossmacher, Unterzechmeister	Unterbergen
Politz Johann	1884	Feilhauer	Feralch
Pollanz Hanns	1638–1641	–	–

Name	Daten	Bezeichnung	Ort
Polley S.	1880/90 ca.	–	–
Pollitz Andräas	1840	–	Ferlach
Pollitz Ignaz	1922, 1939	–	Ferlach 154
Pollitz Ivan	1910 ca.	–	–
Pollitz Jakob	1840	–	Ferlach
Pollitz Johann	1929	Büchsenmacher	Ferlach 124
Pollitz Valentin	1806	–	–
Polliz Primuß	1750 ca., 1752	Büchsen-, Zeug- und Schlossmacher	Ferlach
Poschinger Franz	1905	–	–
Poschinger Friedrich	1938	Büchsenmacher	ausgewandert ins Altreich
Poschinger Gregor	1938	Büchsenmacher	ausgewandert ins Altreich
Poschinger Jakob	1884	Rohrmacher, Rohrschmied, Büchsenmacher	Unterferlach
Poschinger Jakob	1904, 1920 ca., ausgewandert nach Jugoslawien	Büchsenmacher	Jaklinhammer 5
Poschinger Jakob in Triest	1910 ca.	Büchsenmacher	Werkstätte in Dollich
Poschinger Josef	1907, 1924, 1925 zurückgelegt	Büchsenmacher	Ferlach Nr. 147
Poschinger Josef	1938	Büchsenmacher	ausgewandert ins Altreich
Poschinger Joseph	1840	–	Ferlach
Poschinger Maria	(1833–) 1892 ca.	Meister	–
Poschinger Martin	1908, 1914	Büchsenmacher	Dollich Nr. 35, Tratten
Poschinger Philipp	(1826–1916)	Gewehrfabrikant, Büchsenmacher	Ferlach, Dollichgasse 2
Poschinger Thomas	1889	–	–
Poschinger Valentin	1791, 1826	Büchsenmacher	–
Preschern Andräas	1840	–	Ferlach
Preschern Andreas	1910 ca.	Schäfter	Dobrowa
Preschern Bernhard	1840	–	Ferlach
Preschern Georg	1840	–	Dobrowa
Preschern Jakob	1840	–	Dobrowa
Preschern Johann	1806	Rohrausmacher	–
Preschern Johann	1840	–	Ferlach
Preschern Johannes	1752, 1773	–	–
Preschern Josef	1752	Schlossputzer	–
Preschern Josef	1938	Büchsenmacher	ausgewandert ins Altreich
Preschern Mathias	1772	–	–
Preschern Paul	1752	Rohrausmacher	–
Preschern Pernhard	1840	–	Ferlach
Preschern Simon	1752, 1773	Schlossmacher	–
Preschern Thomas	1840	–	Ferlach
Preschern Urban	1752	Zeugmacher	–
Preschern Urban	1840	–	Dobrowa
Preschern Valentin	1752	Schlossputzer	–
Preschern Valentin	1840	–	Ferlach

Name	Daten	Bezeichnung	Ort
Pretschern Andreas	1806	–	–
Pretschern Joseph	1806	–	–
Pretschern Urban	1806	–	–
Pretschner Matth.	1806	–	–
Priegl Simon	1681 gest.	–	–
Primick Valentin	1806	–	–
Primickh Thomas	1768	Schäfter, Lieferant	Dobrowa
Primik Jakob	1888	–	–
Primik Simon	1840	–	Uoparach (?)
Primik Valentin	1888, 1895	Schlossmacher	Otrouza
Pristau Franz	1893	–	–
Pristor Franz	1888	–	–
Pruger Anders	1731	–	Unterbergen
Prugger Lorenz	1750 ca., 1752	Büchsen-, Zeug- und Schlossmacher	„Unterferoniz"
Prugger Paul	1752	Schlossmacher	–
Pucher Blasy	1750 ca.	Putz- und Ausmacher	Ferlach
Pudritsch Franz	1840	–	Ferlach
Puecher Plase	1731	–	Unterbergen
Puegl Martin	1752	Schlossmacher	–
Puz Matheus	1750 ca.	Büchsen-, Zeug- und Schlossmacher	Loiblhammer
Puzger Franz	1806	–	–
Quantschnigg Peter	1750 ca.	Schäfter	Loiblhammer
Rabitrsch Johann	1840	–	Tratten
Rabitsch Adam	1750 ca., 1752	Lieferant	–
Rabitsch Andre	1750 ca.	Büchsen-, Zeug- und Schlossmacher	Loiblhammer
Rabitsch Florian	1806	–	–
Rabitsch Franz	1840	–	Dobrowa
Rabitsch Franz	1907, 1911 , 1935	Büchsenmacher	Unterferlach
Rabitsch Georg	1750 ca., 1752	Büchsen-, Zeug- und Schlossmacher	Loiblhammer
Rabitsch Jakob	1806	–	–
Rabitsch Johann	1840	–	Dobrowa
Rabitsch Johann	1890	–	–
Rabitsch Josef	1888, 1889, 1911	Basküleur	Unterferlach
Rabitsch Joseph	1806	–	–
Rabitsch Joseph	1840	–	Unterferlach
Rabitsch Kaspar	1691 gest.	–	–
Rabitsch Matth.	1806	–	–
Rabitsch Melchior	1750 ca., 1752	Büchsen-, Zeug- und Schlossmacher	„Unterferoniz"
Rabitsch Paul	1840	–	Ferlach
Rabitsch Peter	1840	–	Dobrowa
Rabitsch Simon	1741, 1767	Büchsen-, Zeug- und Schlossmacher	Ferlach
Rabitsch Simon	1793, 1806	Verschleißer, Lieferant	–

Name	Daten	Bezeichnung	Ort
Rabitsch Simon	1840	–	Unterferlach
Rabitsch Thomas	1750 ca., 1752	Büchsen-, Zeug- und Schlossmacher	„Mitterferoniz“
Rabitsch Urban	1750 ca., 1752	Büchsen-, Zeug- und Schlossmacher	Glainach
Rabiz Adam	1731	–	Unterferlach
Rabiz Mellicher	1731	–	Unterferlach
Rabiz Urban	1731	–	Unterferlach
Rachoy Blasius	1612	–	Ferlach
Rachoy Gregor	1650 ca.	Schlosser	–
Rachoy Michel	1638–1641	–	–
Rachoy Peter (Bruder des Thomas Rachoy)	1556, 1564	Radschmied	Ferlach
Rachoy Thomas (Bruder des Peter Rachoy)	1556	Gewehrhersteller	Ferlach
Racoy Nickhell (Rahoy Nikl)	1638, 1650 ca.	Rohrschmied	–
Rader Georg	1750 ca.	Schäfter	„Mitterferoniz“
Rader Hanns	1750 ca.	Büchsen-, Zeug- und Schlossmacher	„Mitterferoniz“
Rader Johann	1752	Schlossmacher	–
Rader Simon	1890, 1895, 1897	Rohrausarbeiter	–
Rader Simon	1840	–	Unterferlach
Rahoy Michael	1638–1641	–	–
Ranickh Paul	1638–1641	–	–
Rascher Simon	1773	–	–
Raßer Johann	1840	–	Unterferlach
Rasser Josef	1884, 1886, 1888	Büchsenmacher, Gewehrliefernat	Gabl
Raßer Matheus	1840	–	Tratten
Rasser Simon	1752	Schlossmacher	–
Raßer Simon	1840	–	Unterferlach
Raßner Josef	1892	Rohrschnmied und Lieferant	–
Ratz Matth.	1806	Gewehrhersteller	–
Rauber Vinzenz	1912, 1916	Gewehrschlosserzeuger	Reßnig Nr. 25
Raunig Bartl	(–1698)	–	–
Raunig Johann	1888, 1889	–	–
Raunig Josef	1884, 1888, 1908	Basküleurmeister	Otrouza, Tratten, Unterferlach
Raunig Rochus	1890	–	–
Raunigg Andräas	1840	–	Tratten
Rbitsch Gottfried	1938	Büchsenmacher	ausgewandert ins Altreich
Reautz Jakob	1840	–	Unterleobl
Rebernig Johann	1938	Büchsenmacher	ausgewandert ins Altreich
Rebernig Max	1938	Büchsenmacher	ausgewandert ins Altreich
Reichmann Jakob	1840	–	Otrouza
Reichmann Simon	1920 ca. ausgewandert nach Amerika	–	Dobrowa
Resser Josef	1889	–	–
Ribitsch Anton	1938	Büchsenmacher	Steyr

Name	Daten	Bezeichnung	Ort
Robowetz Gregor	1806	–	–
Romano Francesco	1638, 1641	–	–
Roschitz Robert	1921	–	Ferlach 159, Gabl 5
Rosenzopf Alexander	(1867–) 1888, 1897	Büchsenmacher, Schäftermeister	Ferlach, Unterferlach 48
Rosenzopf Valentin	(1890–1953)	Büchsenmachermeister	Unterferlach 29, Wadishofen an der Ybbs
Rosičky Ernst	(1940–2015)	–	–
Roth Valentin	1806	–	–
Rotter Erwin	1938	Büchsenmacher	Steyr
Roynitsch Andreas	1731	–	Unterferlach
Ruli Georg	1752	Laufmacher, Rohrausmacher	–
Rulitz Johann	1840	–	Ferlach
Rulitz Thomas	1840	–	Ferlach
Rustenfeld Franz von	1793, 1795	Lieferant	–
Rutter Albert	1938	Büchsenmacher	Steyr
Rutter Valentin	1884, 1894, 1907	Basküleur	Reßnig
Sablatnig Andreas	1806	–	–
Sablatnig Valentin	1889, 1895	Laufausarbeiter	Unterbergen
Saeblaetnigg Andreas (Säblätnigg)	1773	–	–
Sajovic Johann	1911, 1913	Büchsenmacher	Ferlach Nr. 185
Salland Thomas	1731	–	Unterferlach
Saschanz Georg	1731	–	Ferlach
Saschl Valentin	1912	Bestandteil-Erzeugung	Dollich Nr. 26
Sathman Syman	1731	–	Unterbergen
Satman Andre (Sattmann Andre)	1750 ca., 1752	Büchsen-, Zeug- und Schlossmacher	Loiblhammer
Satman Jakhob	1731	–	Unterbergen
Satman Ruop	1650 ca.	Schlosser	–
Satman Simon	1750 ca.	Büchsen-, Zeug- und Schlossmacher	Unterbergen
Satmann	1630 ca.	–	–
Satmann Jacob	1750 ca.	Büchsen-, Zeug- und Schlossmacher	Ferlach
Satmann Joseph	1806	–	–
Satmann Joseph	1750 ca.	Büchsen-, Zeug- und Schlossmacher	Unterbergen
Satmann Math.	1806	–	–
Satmann Michael	(1747–1811)	Büchsenmacher	Ferlach 76
Sattmann Andreas	(1777–1842)	Büchsenmacher	Ferlach 76
Sattmann Anton	1840	–	Ferlach
Sattmann Felix	(1912–1985)	Büchsenmacher	Dobrowa 47
Sattmann Franz	(vor 1890–nach 1903)	Werksarbeiter bei Valentin Schaschl	Gabl 3
Sattmann Franz Xaver	(1786–1844)	Büchsenmacher	Ferlach 76
Sattmann Jakob	1884	Schlosser und Beschlägemacher	Ferlach
Sattmann Jakob	1840	–	Unterbergen
Sattmann Johann	(1810/11–1891)	Büchsenmacher	Ferlach 11

Name	Daten	Bezeichnung	Ort
Sattmann Johann	1840	–	Unterbergen
Sattmann Johann	1884, 1886, 1907, 1923 zurückgelegt	Gewehrlieferant, Büchsenmacher	Ferlach, Gabl 28
Sattmann Josef	(1839–) 1885, 1886	Büchsenmacher	Ferlach 11
Sattmann Josef (Sohn des Johann Sattmann), Witwe Franziksa Sattmann	(1883–)1900, 1905	Büchsenmacher	Ferlach 11
Sattmann Mathias	1752	Schlossmacher	–
Sattmann Mathias	(1884–1918)	Büchsenmacher	Dobrowa Nr. 47
Sattmann Peter	19. Jh.	Büchsenmacher	Ferlach
Sattmann Simon	1752	Schlossputzer	–
Sattmann Thomas	1840	–	Unterbergen
Sattmann Valentin	(1773–1833)	Büchsenmacher	Ferlach 76
Sattmann Valentin	1840	–	Ferlach
Sattner Joseph	1806	–	–
Schaeria Andreas (Schäria)	1773	–	–
Schaesnig Andreas	1773	–	–
Schaffter Matthes	1588 ca., 1606	–	Ferlach
Schallander Lorenz	1806	–	–
Schallander Lorenz	1840	–	Unterferlach
Schallander Nikl.	1806	–	–
Schanke (?) Johann	1886	–	–
Scharlach Thomas	1750 ca.	Büchsen-, Zeug- und Schlossmacher	Ferlach
Schaschl Albert	1914	Büchsenmacher	Görtschach Nr. 2
Schaschl Andräas	1840	–	Görtschach
Schaschl Barthlmä	1836 geb.–1888	Zurichter	Ferlach
Schaschl Franz	1840	–	Görtschach
Schaschl Franz Xaver (Vater des Johann Schaschl)	1799 (–1818)	Gründer einer Waffenfabrik mit 3 Essen, Lieferant, Schlossmacher	–
Schaschl Johann	(1822–1897)	Sohn eines Rohrschmieds, Naturforscher, Gewehrbauer	Gabl
Schaschl Johann	(1856–) 1888, 1900	Büchsenmacher, Schäftermeister	Gabl
Schaschl Johann	(1871–)	–	Steyr 1892
Schaschl Johann	1840	–	Ferlach
Schaschl Johann	(1873–)	–	Schweiz ca. 1892
Schaschl Johann	1891, 1892	Schäfter	–
Schaschl Johann (Sohn des Franz Xaver Schaschl)	1806, 1831	Lieferant	–
Schaschl Joseph	1840	–	Ferlach
Schaschl Karl	1938	Büchsenmacher	Steyr
Schaschl Lorenz	1979	–	–
Schaschl Lorenz	(1843–) 1888, 1889	Rohrausarbeiter	Dollich
Schaschl Matias	(1865–)	–	Militär um 1892
Schaschl Peter	1980 ca.	Graveur	–

Name	Daten	Bezeichnung	Ort
Schaschl Thomas	1806	Verschleißer, Lieferant	–
Schaschl Valentin	1833, 1834	Händler	–
Schaschl Valentin	1840	–	Ferlach
Schaschl Valentin	1840	–	Gabl
Schaschl Valentin	1840	–	Gabl
Schaschl Valentin	(1863–)	Zurichter	Ferlach
Schaschl Valentin	1921, 1939	–	Gabl 50
Schaschl Valentin	(–2000)	Büchsenmachermeister	–
Schaschl Valentin	(1888–1908)	Zurichtermeister	–
Schaschl-Outschar Alois	(1908–1988)	Büchsenmachermeister	–
Schaschl-Outschar Johann	(1875–1955)	Gewehrfabrikant, Büchsenmachermeister, Gastwirt	Dollich 1
Schaschl-Outschar Johannes	(1986–)	Meister	–
Schaschl-Outschar Walter	(1949–)	–	Dollich vlg. Jurkele, Josef-Ogris-Gasse
Schassel Martin	1731	–	Ferlach
Schassel Thomas	1731	–	Ferlach
Scheinig Andre	1752	Oberzechmeister	–
Scheinig Anton	1752	Zeugmacher	–
Scheinig Bernhard	1840	–	Ferlach
Scheinig Bernhard (Sohn von Paul, Bruder von Martin und Ignaz)	(1700 ca.–1733)	Schlossmacher	–
Scheinig Florian	1731	–	Ferlach
Scheinig Franz	1938	Büchsenmacher	ausgewandert ins Altreich
Scheinig Hans	1692 gest.	–	–
Scheinig Hans	1752	Zeugmacher	–
Scheinig Ignatz (Sohn von Paul, Bruder von Bernhard und Martin)	1720, 1735	–	–
Scheinig Josef	1938	Büchsenmacher	ausgewandert ins Altreich
Scheinig Joseph	1773	Schlossmacher	–
Scheinig Joseph Augustin	1752	Schlossmacher	–
Scheinig Paul (Vater von Bernhard, Martin, Ignatz)	1700 (–1720)	–	–
Scheinig Peter	1884, 1887, 1908, 1913	Feilhauer	Dobrowa
Scheinig Philipp	1840	–	Gabl
Scheinig Urban	1676 gest.	–	–
Scheinigg Andre	1750 ca., 1752	Büchsen-, Zeug- und Schlossmacher	Ferlach
Scheinigg Anton	1840	–	Dobrowa
Scheinigg Martin (Scheinig Martin, Sohn von Paul, Bruder von Bernhard und Ignatz, heiratet 1735 die Witwe von Lorenz Pobeheim)	1711, 1766	Lieferant	–
Scheinnig Bernard	1793, 1806	Verschleißer, Lieferant	–
Scheinnig Phillip	1806	–	–

Name	Daten	Bezeichnung	Ort
Scheiring Helmut	1949	Büchsenmacher	Ferlach
Scheiring Herbert	(1958–)	–	Ferlach, Klagenfurter Str.
Schellander Jakob (erwirbt von Franz Kulnik eine Nagelschmiede und baut sie in Laufschmiede um)	1721 (–1743)	Laufschmied	–
Schellander Johann	1748–1790	Laufschmied	–
Schellander Josef	1752–1785	Rohrschmied	–
Schellander Simon (kauft Betrieb von Andreas Kulnik)	1713–1752	Rohrschmied	–
Schellander Thomas	(–1745)	Laufschmied	–
Schellander Thomas (Schallander Thomas)	1752–1779	Laufschmied	–
Schemitz Andreas	1806	Rohrschmied	–
Scheningg Hanns	1750 ca.	Büchsen-, Zeug- und Schlossmacher	Ferlach
Schenitz Jakob	1840	–	Seidolach
Schenitz Joseph	1750 ca.	Büchsen-, Zeug- und Schlossmacher	Görtschach
Scheniz Joseph	1731	–	Seidolach und Glainach
Schenlieb Dionis	1806	–	–
Schenlieb Peter	1806	–	–
Scher Lorenz	1731	–	Unterferlach
Scheriau Hanns	1750 ca.	Schäfter	Ferlach
Scheriau Johann	1840	–	Ferlach
Scheriau Peter	1938	Büchsenmacher	ausgewandert ins Altreich
Scheriau Urban	1750 ca.	Schäfter	Ferlach
Scherjau Lorenz	1840	–	Gabl
Scheryau Ignatz	1806	–	–
Scheryau Johann	1806	–	–
Scheryau Thomas	1806	–	–
Schifter Mathäs	1606	–	Ferlach
Schippin Michael	1888–1895	Beschlägemacher	–
Schleintz Jakob	1806	Schäfter	–
Schleintz Simon	1806	–	–
Schlemiz Hanns	1750 ca., 1752	Büchsen-, Zeug- und Schlossmacher	Seidolach
Schlemiz Walthauser	1750 ca., 1773	Büchsen-, Zeug- und Schlossmacher	Kirschentheuer
Schlemnitz Balthasar	1752	Schlossmacher	–
Schlemnitz Max	1638–1641	–	–
Schleniz Josebh	1731	–	Ferlach
Schlosser Adam (Sohn des Mathes Schlosser)	1612	–	am Rain ob Ferlach
Schlosser Gregor	1612	Schlosser	Ferlach
Schlosser Hans	1590	Schlosser	Glainach
Schlosser Matthes	1588, 1612 verstorben	Schlosser	Unterferlach, am Rain ob Ferlach
Schlosser Pankraz	1600 (schon verstorben, Witwe Agnes)	Schlosser	Ferlach
Schlosser Wastl (Sohn des Gregor)	1610	Schlosser	Ferlach

Name	Daten	Bezeichnung	Ort
Schmid Franz Roman („Kurvenschmid“)	1921	–	Ferlach 27, Freibacher Str. 5
Schmid Johann	1889	–	–
Schmidmaier Ferdinand	1884, 1888	Basquiller	Unterferlach
Schmidt Loy	1558, 1590	Schmied	Glainach
Schmidt Andreas (Sohn von Hans Schmidt, verkauft Unternehmen an Johannes von Pewall)	1668	–	–
Schmidt Bartholome	1558 ca.	Schlosser	Ferlach
Schmidt Hans	1600 ca.–1669, 1638 im Dienst von Sigmund Ludwig von Dietrichstein	Schmied	Kirschentheuer
Schmidt Hans	1541–1561	Schäfter	Ferlach
Schmidt Michael	1752	Schlossmacher	–
Schmied Florian	1806	Schmied	–
Schmied Franz („Hofrat Felix Schmied“)	1921, 1938	Gewehrbestandteilerzeugung	Ferlach Nr. 118, Unterbergner Str. 5; Steyr
Schmied Johann	1840	–	Unterbergen
Schmied Joseph	1840	–	Unterbergen
Schmied Michel	1691 gest.	–	–
Schmied Thomas	1699 gest.	–	–
Schmiedmaier Josef	1938	Büchsenmacher	ausgewandert ins Altreich
Schmirlitsche Leonard	1773	Schlossmacher	–
Schmutz Johann	1806	–	–
Schnehuber Josef	1938	Büchsenmacher	ausgewandert ins Altreich
Schnelko Jakob	1580	–	–
Schoenlieb Peter	1799	Händler	–
Schokhliz Jury	1731	–	Seidolach und Glainach
Schönlieb Franz	(1870–1963)	Gewehrfabrikant, Büchsenmacher	Ferlach Nr. 25
Schönlieb Josef	(1904–1973)	Büchsenmacher	Ferlach 25, Mühlgasse 2; Altrecih
Schönlieb Peter	1840	–	Unterloibl
Schossel Georg	1731	–	Unterbergen
Schuckeltisch Andreas	1752	Schlossmacher	–
Schücklitsch Johann	1840	–	Unterferlach
Schucklitsch Valentin	1840	–	Seidolach
Schucklitz Andreas	1840	–	Tratten
Schugglitsch Ludwig	1938	Büchsenmacher	ausgewandert ins Altreich
Schuglitsch Phillip	1806	Waffenhändler, kaiserlicher Einnehmer	–
Schuheltsch Primus	1750 ca.	Putz- und Ausmacher	Glainach
Schukitsch Rudolf	1921	–	Ferlach 26
Schuklitsch Johann	–	Beschlägemacher und Zurichter	Ferlach
Schuklitsch Joseph	1840	–	Gleinach
Schuklitsch Rudolf	1920–1925 ca.	–	–

Name	Daten	Bezeichnung	Ort
Schuller Karl	1890	–	–
Schuller Sebastian	1905, 1915	Büchsenmacher	Ferlach
Schumler Franz	1938	Büchsenmacher	Steyr
Schumler Lorenz	1884	Beschlägemacher und Zurichter	Ferlach
Schumler Peter	1921	–	Ferlach
Schummer Lukas	1840	–	Ferlach
Schurian Urban	1587	–	–
Schuschnig Dionis	1840	–	Gabl
Schuschnig Josef	1930	Heimarbeiter	–
Schuschnig Josef (Neffe der Rosa Winkler)	(1925–2012)	Büchsenmacher	–
Schuschnigg Bernhard	1840	–	Gabl
Schwarz Georg	1752	Zeugmacher	–
Schwarz Hans (Schwartz Hans, Sohn Johann beginnt Lehre in Wien)	1731, 1758	Schlossmacher	Seidolach und Glainach
Schwarz Jo Georg	1806	Gewehrhersteller	–
Schwarz Johann	1806	–	–
Schwarz Johann	1840	–	Tratten
Schwarz Johann	1840	–	Reßnig
Schwarz Johann	1924, 1938	Büchsenmacher	Ferlach 5, Steyr
Schwarz Josef	1806	–	–
Schwarz Josef	1925, 1938, 1939	Büchsenmacher	Ferlach 104, Ferlach 8, Steyr
Schwarz Joseph	1840	–	Unterferlach
Schwarz Lorenz	1840	–	Ferlach
Schwarz Martin	1806	–	–
Schwarz Martin	1889, 1898	Rohrausarbeiter	Gabl
Schwarz Mathes	1731	–	Ferlach
Schwarz Nikolaus	1752	Zeugmacher	–
Schwarz Paul	1752	Zeugmacher	–
Schwarz Simon	1806	–	–
Schwarz Simon	1840	–	Seidolach
Schwarz Thomas	1925	–	Gabl Nr. 55, übersiedelt nach St. Veit/Glan
Schwarz Valentin	1750 ca.	Büchsen-, Zeug- und Schlossmacher	Dullach
Schwintl Michael (übernimmt 1686 Werkstatt von J. Krobath, verkauft sie 1694 an Thomas Hübmershofer)	1686, 1694	Laufschmied	–
Secher Karl	1806	–	–
Secher Karl	1840	–	Reßnig
Seher Lorenz	1750 ca.	Schäfter	Reßnig
Seierl Michael	1638–1641	–	–
Seiher Karl	1773	–	–
Senitschnig Johann (Josef)	1884	Beschlägemacher	Ferlach
Siegott Jury	1731	–	Ferlach

Name	Daten	Bezeichnung	Ort
Siegott Partel	1731	–	Unterferlach
Sigat Adam	1773	–	–
Sigeth Andre	1750 ca., 1752	Büchsen-, Zeug- und Schlossmacher, Schlossputzer	Kirschentheuer
Sigeth Bartlmee	1750 ca.	Schäfter	„Mitterferoniz"
Sigeth Gregor (Siget Gregor)	1750 ca., 1752	Büchsen-, Zeug- und Schlossmacher	Görtschach
Sigot Martin (Sigoth)	(1832–) 1889	Schäfter	Tratten
Sigot Valentin (Sigoth)	(1832–) 1887–1889	Büchsenmacher	Ferlach
Sigoth Fridolin	1869 geb.	–	Militär ca. 1892
Sigoth Jakob	1840	–	Unterferlach
Sigoth Johann	1840	–	Reßnig
Sigoth Joseph	1840	–	Ferlach
Sigoth Thomas	1903, 1908	–	Tratten 10
Sigott Arthur	1950	–	–
Sigott Franz	1950 ca.	–	–
Sigott Hans	1731	–	Ferlach
Sigott Johann	1807	–	–
Sigott Johann	(1872–1955)	Büchsenmacher, Gewehrfabrikant	Ferlach 72, 74, Kirchgasse
Sigott Johann	1797	–	–
Sigott Josef	1806	–	–
Sigott Thomas (Bruder von Johann Sigott)	(1874–)	Büchsenmacher	Tratten, Unterferlach
Sigst Peter	1638–1641	–	–
Silbernagel Ignaz von	1794, 1795	Händler	Ferlach, Pfarrhofgasse 3
Singer Josef	1938	Büchsenmacher	ausgewandert ins Altreich
Singer Joseph	1840	–	Gabl
Singer Martin	1773	Schlossmacher	–
Singer Martin	1890–1891	Schäftermeister	–
Singer Peter	1752	Schlossmacher	–
Slamenak Paul	1806	–	–
Slameniagg Valentin	1750 ca.	Schäfter	Ferlach
Slawetz Johann	1840	–	Dollich
Smeritschnig Anton (Lebensgefährte von Rosa Winkler)	(1896–1960) 1923, 1925 gelöscht	Geschäftsleiter Fa. J. Winkler	Ferlach 77
Smritschnigg Matheuas	1840	–	St. Margarethen
Sodia Anton I.	(1846–1906)	Büchsenmacher	Unterferlach, aus Boheiner Fesitritz
Sodia Anton II. (Sohn von Anton Sodia I.)	(1882–1966)	Schlosser	Unterferlach 39
Sodia Anton III. (Sohn von Anton Sodia II.)	(1915 –1983)	Büchsenmacher	Unterferlach 39
Sodia Anton IV.	(1948–1972)	–	–
Sodia Franz I. (Sohn von Anton Sodia I.)	(1871–1935)	Büchsenmacher und Waffenfabrikant	Unterferlach, Ferlach 151
Sodia Franz II. (Sohn von Franz Sodia I.)	(1903–1960)	Industrieller	Ferlach, Dobrowa, Schulhausgasse

Name	Daten	Bezeichnung	Ort
Sodia Franz III. (Sohn von Franz Sodia II.)	(1937–)	–	Ferlach, Dobrowa, Schulhausgasse
Sodia Gottfried (Friedrich, Sohn von Anton Sodia I.)	(1885–)	–	–
Somerl	1630 ca.	–	–
Sornig Johann	1905, 1907, 1935 gelöscht	Büchsenmacher	Dobrowa 35, Ferlach
Sornig Theresie	1934	–	Dobrowa 35, Ferlach
Sparouz August	1938	Büchsenmacher	ausgewandert ins Altreich
Spech Simon (Speck Simon)	1750 ca., 1752	Büchsen-, Zeug- und Schlossmacher	Unterbergen
Speranda Joseph	1840	–	Ferlach
Speranda Matheus	1840	–	Ferlach
Spöck Johann	1840	–	Unterbergen
Spöck Simon	1806	–	–
Spöck Valentin	1938	Büchsenmacher	Steyr
Stadler Joseph	1750 ca.	Schäfter	Ferlach
Stangel Bernard	1806	–	–
Stängel Joseph	1731	–	Unterbergen
Stangl Anton	1889, 1925 ca.	Büchsenmacher	Dobrowa Nr. 7
Stangl Anton	1930, 1934	–	Dobrowa Nr. 7
Stangl Franz	1840	–	Dollich
Stangl Johann	1806	–	–
Stangl Johann	1752	Schlossmacher	–
Stangl Johann	1840	–	Ferlach
Stangl Johann	1840	–	Dollich
Stängl Joseph	1750 ca.	Büchsen-, Zeug- und Schlossmacher	Unterbergen
Stangl Simon (Staengl Simon)	1750 ca., 1752	Büchsen-, Zeug- und Schlossmacher	Dollich St. Josef Kapelle
Stangl Thomas	1884	Schlosser und Beschlägemacher	Otouza
Stängl Thomas	1750 ca.	Putz- und Ausmacher	Dullach St. Joseph Kapelle
Stephan N	1750 ca.	Schäfter	„Mitterferoniz"
Stiefler Basty	1638–1641	–	–
Stiefler Georg	1681 gest.	–	–
Stiefler Hanns	1750 ca.	Büchsen-, Zeug- und Schlossmacher	Ferlach
Stiefler Helene (Helena)	1815, 1833	Lieferantin, Händlerin	–
Stiefler Johann (Stiffler)	1731, 1752	–	Ferlach
Stiefler Martin	1750 ca., 1752	Büchsen-, Zeug- und Schlossmacher, Oberzechmeister	Ferlach
Stifler Johann	1806	–	–
Stifler Lorenz	1840	–	Ferlach
Stifler Lorenz (Stiefler Lorenz)	1803, 1816	–	–
Stifler Philipp	1840	–	Ferlach
Stifler Sebastian	1631	–	–
Stifter Gregor	1884	Schäfter	Oberferlach
Stingel Thomas	1731	–	Ferlach

Name	Daten	Bezeichnung	Ort
Stockher Georg	1638–1641	–	–
Stokher Oswald	1750 ca.	Büchsen-, Zeug- und Schlossmacher	Ferlach
Strauß Mathias	1750 ca.	Büchsen-, Zeug- und Schlossmacher	Unterbergen
Streuss Josef	1752	Zeugmacher	–
Streuss Mathes	1752	Zeugmacher	–
Strugger Michael	1898, 1908 (–1926)	Rohrzieher, Kugelarbeiter	Unterferlach 14
Strugger Rochus	1913	Büchenmacher	Seidolach
Sturben Jury (Sturban)	1630 ca., 1650 ca.	Schlosser	–
Sturm Ferdinand	1908, 1909, 1927 zurückgelegt	Büchsenmacher	Oberferlach, Dobrowa
Sturm Franz	1731, 1752	Schlossmacher	Ferlach
Sturm Franz	1806	–	–
Sturm Georg	1806	–	–
Sturm Guido	1900, 1902, 1925	Eisenbestandteile	Ferlach, Dollich 4
Sturm Ignatz	1840	–	Ferlach
Sturm Jakob	1806	–	–
Sturm Johann	1752	Schlossmacher	–
Sturm Johann	1840	–	Dobrowa
Sturm Johann	1840	–	Ferlach
Sturm Johann	1884	Beschlägemacher	Dobrowa
Sturm Josef	1752	Schlossmacher	–
Sturm Josef	1887, 1905	–	–
Sturm Josef	1938	Büchsenmacher	ausgewandert ins Altreich
Sturm Joseph	1806	–	–
Sturm Joseph	1840	–	Gabl
Sturm Joseph	1840	–	Gabl
Sturm Koual (?) Math.	1806	–	–
Sturm Martin	1638, 1641	–	–
Sturm Martin	1840	–	Ferlach
Sturm Mathias	1752	Zeugmacher	–
Sturm Michel	1731	–	Unterbergen
Sturm Oswald	1752	Schlossmacher	–
Sturm Valentin	1806	–	–
Sturmb Mathias	1731, 1752	Büchsen-, Zeug- und Schlossmacher	Ferlach
Sturmb Philipp	1750 ca., 1752	Büchsen-, Zeug- und Schlossmacher	Ferlach
Sukitsch Rudolf	1921, 1938 gestorben	–	Ferlach 26
Suklitsch Andreas	1914	Büchsenmacher	Ferlach Nr. 94
Suklitsch Johann	1886, 1906, 1914	Büchsenmacher, Einsetzer	Ferlach
Suppan Michael	1884, 1888	Beschlägemacher	Otrouza
Symon Püchsenschmidt	1551–1561	–	Gotschuchen
Tautscher Josef	1889–1890	–	–
Tax Anton	–1944	Büchsenmacher bei Franz Sodia	–
Terpitsch Casper	1750 ca.	Büchsen-, Zeug- und Schlossmacher	Ferlach

Name	Daten	Bezeichnung	Ort
Teufel Jakob	1683 gest.	–	–
Teyffel Vallentin (Teufel, Taifl Valentin)	1700, 1750 ca.	Händler	Ferlach
Thalabiz Jakob	1638–1641	–	–
Thomaschitz Lorenz	1752–1773	Schlossmacher	–
Thomaschütz Johann	1840	–	Tratten
Thomaschütz Matheuas	1840	–	Tratten
Thomaschütz Matheus	1840	–	Tratten
Thor Peter	1752	Zeugmacher	–
Thrab Martin	1731	–	Unterferlach
Thruner Martin	1806	–	–
Thurn Johann	1773	Schlossmacher	–
Thurn Johann	1806	Püchsenschmidt	–
Thurn Paul	1750 ca.	Schäfter	„Mitterferoniz"
Thurner Lorenz	1840	–	Ferlach
Thurner Peter	1779	–	–
Thurner Valentin	1840	–	Ferlach
Tiefenthaller Karl	1834	Büchsenmacherzunft	–
Tortallan Peter	1638, 1641	–	–
Trabnigg Valtan	1750 ca.	Büchsen-, Zeug- und Schlossmacher	Ferlach
Trattnig Sebastian	1891	–	–
Trattnig Simon	1884, 1886	Rohrmacher und Rohrschmied	Unterferlach
Trattnig Valentin	1888, 1894	Büchsenmacher	Tratten
Traunig Valentin	1919, 1925 ca., 1938	–	Unterferlach, Steyr
Treptisch Kaspar (Traptisch)	1752	Zeugmacher	–
Tropp Valentin	1750 ca.	Schäfter	„Mitterferoniz"
Troz Simon	1806	Büchsenmacher	–
Tschanggo Valentin (Tschauggo)	1773	–	–
Tschaschl Georg	1750 ca.	Büchsen-, Zeug- und Schlossmacher	Unterbergen
Tschaschl Marx (Tschaschl Max)	1750 ca., 1752	Putz- und Ausmacher	Dullach St. Joseph Kapelle
Tschaschl Urban an der Gabl	1750 ca., 1752	Lieferant, Schlossmacher	–
Tschaschl Valentin	1773	Schlossmacher	–
Tschauggo Andre	1750 ca.	Schäfter	Loiblhammer
Tschauggo Florian	1750 ca.	Büchsen-, Zeug- und Schlossmacher	Ferlach
Tschauko Joseph	1840	–	Unterleobl
Tschauko Mathaeus	1840	–	Unterleobl
Tschauko Mathies	1806	–	–
Tschauko Peter	1752	Schlossmacher	–
Tschauko Valentin	1806	–	–
Tschemer Andreas	1750 ca.	Büchsen-, Zeug- und Schlossmacher	Ferlach
Tschemer Florian	1840	–	Ferlach
Tschemer Franz	1840	–	Ferlach
Tschemer Jakob	1884, 1888, 1896	Beschlägmachermeister, Schlosser	Reßnig

Name	Daten	Bezeichnung	Ort
Tschemer Johann	1806, 1815	Büchsenmacher und Händler	–
Tschemer Josef	1900, 1906	Schlossmacher	Seidloach
Tschemer Joseph	1806	–	–
Tschemer Lorenz	1752	Schlossmacher	–
Tschemer Paul	1927, 1933	–	Unterferlach Nr. 2
Tschemer Rochus	1884, 1888, 1892	Beschlägemacher	Gabl
Tschemer Sebastian	1752	Schlossmacher	–
Tschemer Simon	1750 ca.	Polierer	Unterbergen
Tschemer Simon	1750 ca., 1773	Büchsen-, Zeug- und Schlossmacher, Schlossputzer	„Mitterferoniz"
Tschemer Simon	1840	–	Gabl
Tschemer Thomas	1752	Schlossputzer	–
Tschemer Thomas	1907, 1923 gelöscht, 1938	Büchsenmacher	Dollich 38, ausgewandert ins Altreich
Tschermer	1815	–	–
Tscherne Antoni	1750 ca.	Büchsen-, Zeug- und Schlossmacher	Reßnig
Tscherne Franz	1750 ca.	Büchsen-, Zeug- und Schlossmacher	Reßnig
Tschernigg Michael	1750 ca.	Büchsen-, Zeug- und Schlossmacher	Unterbergen
Tschinkowitz Lorenz	1884, 1886, 1908, 1914	Büchsenmacher, Eisenbestandteile	Ferlach, Gabl
Tschinkowitz Maria	1884	Rohrschmied	Ferlach
Tschinkowitz Urban	1938	Büchsenmacher	ausgewandert ins Altreich
Tschinkowitz Valentin	1870/80 ca., 1884, 1905	Büchsenmacher	Ferlach
Tschinkowitz Valentin	1906, 1919, 1925 ca.	Büchsenmacher	Ferlach 35
Tschuden Hanns	1750 ca.	Schäfter	Ferlach
Tschuden Mathias	1890–1891	–	–
Tschuden Simon	1921, 1920 ca.	–	Ferlach 146
Tschuden Valentin	(1893–1955)	–	Gabl 43
Tschuder Johann	1806	–	–
Türk Anna	1910 ca.	Büchsenmachergewerbe	Ferlach
Türk Anton	1884	Waffenfabrikant	Ferlach
Türk Ferdinand	1938	Büchsenmacher	Steyr
Türk Michael	1906, 1925 ca.	Büchenmacher	Unterferlach, Reßnig 18
Türk Valentin	1891	–	–
Türkh Hanns	1750 ca.	Büchsen-, Zeug- und Schlossmacher	Loiblhammer
Turn P.	1740 ca.	–	–
Ulbricht Michael	(1924–)	Schäfter bei Franz Sodia	Ferlach
Umbnigg Georg	1750 ca.	Schäfter	Görtschach
Umnik Matthias	1938	Büchsenmacher	ausgewandert ins Altreich
Urbas Herbert	1963, 1988	–	Ferlach, Neubaugasse 6
Urbas Vinzenz	(1872–1941)	Meister	Ferlach 119
Urbas Vinzenz	(1906–1975)	–	–
Uschnig Dionis	1806	–	–

Name	Daten	Bezeichnung	Ort
Uschnig Jakob	1806	–	–
Uschnig Johann	1806	–	–
Uschnig Rudolf	1912	Graveur	Ferlach Nr. 112
Uschnig Simon	1752	Laufmacher	–
Uschnig Simon	1806	–	–
Uschnig Thomas	1752	Zeugmacher	–
Uschnigg Andräas	1840	–	Seidolach
Uschnigg Jakob	1840	–	Tratten
Uschnigg Matthäus	1752	Schlossmacher, Schlossputzer	–
Usterl Valentin	1806	–	–
Uzar Valten	1630 ca.–1650 ca.	Schlosser	–
Varch Johann	1938	Büchsenmacher	ausgewandert ins Altreich
Veratschnig Andreas	(1870–1958)	Kugelarbeiter	Unterferlach
Veratschnig Andreas	1912, 1925 ca.	–	Ferlach 167
Veratschnig Jakob	(1876–1955) 1923 Gewerbe zurückgelegt	–	Dobrowa 11
Veratschnig Johann	1898, 1908	Büchsenmacher	Unterferlach
Vetič Valentin	1920	–	Dollich 17
Voigt Anton	1884	Rohrmacher und Rohrschmied	Unterferlach
Wäbatschnigg Hanns	1750 ca., 1752	Büchsen-, Zeug- und Schlossmacher	„Unterferoniz"
Wäbatschnigg Lorenz	1750 ca.	Schäfter	Unterbergen
Wäbatschnigg Thomas	1750 ca.–1752	Büchsen-, Zeug- und Schlossmacher	Dörfl
Wabuznikh Hans	1731–1752	Schlossmacher	Unterferlach
Waeschnig Simon	1679 gest.	–	–
Wager Primas	1840	–	Ferlach
Waldhauser Florian	1912	Kugelarbeiter	Unterferlach
Waldhauser Johann	1840	–	Gabl
Waldhauser Josef	1752	Zeugmacher	–
Waldhauser Josef	1884	Basquiller	Reßnig
Waldhauser Joseph	1840	–	Gabl
Waldhauser Joseph	1840	–	Reßnigg
Waldhauser Martin	1840	–	Gabl
Waldhauser Martin	1840	–	Gabl
Waldhauser Philipp	1840	–	Gabl
Waldhauser Sebastian	1840	–	Ferlach
Waldhauser Simon	1752	Zeugmacher	–
Waldhauserin Maria Wittib	1752	Zeugmacher	–
Wallnöffer Anton	(1856–1926)	Rohrausarbeiter	–
Waltär Jörg	1731	–	Unterferlach
Walter Georg	1750 ca.	Schäfter	Ferlach
Walter Joseph	1750 ca.	Büchsen-, Zeug- und Schlossmacher	Glainach
Walthausser Michael	1750 ca.	Büchsen-, Zeug- und Schlossmacher	Dullach

Name	Daten	Bezeichnung	Ort
Waney Florian	1638–1641	–	–
Warounig Adolf	1910 ca.	Büchsenmacher	Unterloibl, übersiedelt nach St. Veit/Glan
Warounig Alois	1938	Büchsenmacher	ausgewandert ins Altreich
Warounig Anton	1910 ca.	Schlossmacher	Unterbergen
Warounig Franz	1891	Schlossmachermeister	–
Warounig Johann	1884, 1891–1894	Büchsenmacher, Schlossmacher	Unterbergen, Dobrowa
Warounig Johann	1938	Büchsenmacher	Steyr
Warounig Ludwig	1889–1900	Schlossmachermeister	–
Warounig Thomas	1905	Schaftmacher	Unterbergen
Waschniak Lorenz	1840	–	St. Margarethen
Wäschnig Simon	1679 gest.	–	–
Wäschnigg Anton	1731–1750 ca.	Büchsen-, Zeug- und Schlossmacher	Unterbergen
Wäschnigg Michael	1750 ca., 1752	Büchsen-, Zeug- und Schlossmacher	Unterbergen
Wäschnigg Michael	1750 ca., 1752	Büchsen-, Zeug- und Schlossmacher	Ferlach
Weidlitsch Johann	1938	Büchsenmacher	ausgewandert ins Altreich
Wendel Jakhob	1731	–	Seidolach und Glainach
Wendl Joseph	1750 ca.	Büchsen-, Zeug- und Schlossmacher	Reßnig
Weracnik Johann	1888	–	–
Weratschnig Andreas	1912	Büchsenmacher	Ferlach Nr. 167
Werdnig Johann	1938	Büchsenmacher	ausgewandert ins Altreich
Wernig Johann	1887–1888	–	–
Wernig Martin	1884, 1887, 1891	Schäftermeister	Dobrowa, Gabl
Wernig Peter	(1841–1920)	k. k. Hof u. Waffenfabrik, Gewehrfabrikant, Rohrschmied, Schlossmacher, Schäfter	Gabl, Ferlach
Wertitsch Alex	1806	–	–
Wertschnigg Bernhard	1750 ca.	Büchsen-, Zeug- und Schlossmacher	Ferlach
Wienler Sewastian	1731	–	Seidolach und Glainach
Wieser Aegidii	1806	–	–
Wieser Florian	1752	Schlossmacher	–
Wieser Johann	(1763–1796)	Büchsenmachermeister	Ferlach 30
Wieser Johann	1938	Büchsenmacher	ausgewandert ins Altreich
Wieser Paul	1770	–	–
Wieser Raimund	1930, 1938	Heimarbeiter, Büchsenmacher	ausgewandert ins Altreich
Wieser Valentin	1731–1752	Zeugmacher	Ferlach
Windisch Bartlme	1752	Laufschmied	–
Winkhler Adam	1731–1750 ca.	Büchsen-, Zeug- und Schlossmacher	Kirschentheuer
Winkhler Andre	1750 ca.–1773	Büchsen-, Zeug- und Schlossmacher	Ferlach
Winkhler Bartl	1750 ca.	Büchsen-, Zeug- und Schlossmacher	„Mitterferoniz"
Winkhler Egidi	1750 ca.	Büchsen-, Zeug- und Schlossmacher	Ferlach
Winkhler Georg	1750 ca.	Büchsen-, Zeug- und Schlossmacher	Ferlach
Winkhler Gregor	1638–1650 ca.	Rohrschmied	–

Name	Daten	Bezeichnung	Ort
Winkhler Josebh	1731	–	Unterferlach
Winkhler Joseph	1750 ca., 1752	Büchsen-, Zeug- und Schlossmacher	„Mitterferoniz"
Winkhler Jury	1731	–	Ferlach
Winkhler Mathias	1731	–	Ferlach
Winkhler Thomas	1731	–	Ferlach
Winkhler Thomas	1750 ca.	Schäfter	Kirschentheuer
Winkler Adam	1638–1641	–	–
Winkler Andreas	1806	–	–
Winkler Antonia (GF Josef Winkler, Witwe nach Benedikt Winkler)	1895, 1922 gelöscht	–	Ferlach 191
Winkler Benedikt	(1866–1915)	Schäfter	Dollich, Ferlach, Postgasse
Winkler Franz	1922, 1929 nicht in Betrieb	–	Ferlach 153
Winkler Franz Marai	1886	–	–
Winkler Hanns	1631–1637	Laufschmied	–
Winkler Hans	1752	Schlossmacher	–
Winkler Jacob	1635–1672	Laufschmied	–
Winkler Jakob	1773	Schlossmacher	–
Winkler Jakob	1806	–	–
Winkler Jakob	1840	–	Gabl
Winkler Jakob	1840	–	Unterferlach
Winkler Johann	1752	Schlossmacher, Zeugmacher	–
Winkler Johann	1806–1807	–	–
Winkler Johann	1840	–	Ferlach
Winkler Johann	1840	–	Unterferlach
Winkler Johann (Bruder des Josef Winkler)	(1825–)	Beschlägemacher	Unterferlach
Winkler Josef	1676 gest.	–	–
Winkler Josef	1938	Büchsenmacher	ausgewandert ins Altreich
Winkler Josef (Bruder des Johann Winkler)	(1819–)	Büchsenmacher	Unterferlach
Winkler Josef (Ehemann der Rosa Winkler)	(1858–1930)	Büchsenmacher, Gewehrfabrikant	Ferlach 145, Neubaugasse 1
Winkler Josef (Nachfolge Benedikt Winkler)	(1947–)	–	–
Winkler Josef (Tochter Anna Winkler heiratet Jakob Koschat)	(1857–1919)	Graveur, Büchsenmacher	Ferlach Nr. 172
Winkler Josef Benedikt	(1894–1975)	Meister	Ferlach 59
Winkler Joseph	1840	–	Tratten
Winkler Karl	1806	–	–
Winkler Maria	1884, 1886	Beschlägemacher	Ferlach
Winkler Mathaeus (Vater von Josef und Johann Winkler)	(1792–1833)	Schlossmachermeister	Unterferlach
Winkler Mathäus	1840	–	Unterferlach
Winkler Matheus	1840	–	Tratten
Winkler Matth.	1806	–	–
Winkler Primus	1620	Schlosser	Ferlach
Winkler Rosa (Witwe des Josef Winkler)	(1888–1977)	Gewehrfabrikantin	–
Winkler Simon	1681 gest.	–	–

Name	Daten	Bezeichnung	Ort
Winkler Simon	1840	–	Ferlach
Winkler Thomas	1906	Büchsenmacher	Ferlach
Winkler Valentin	1904, 1905	Büchsenmacher	Ferlach
Winkler Vinzenz	1887–1890	–	–
WinklerJakob	1793	–	Unterferlach
Wirk Simon	1840	–	Gabl
Wirtitsch Alexius	1840	–	Dobrowa
Wisser Valentin	1750 ca.	Büchsen-, Zeug- und Schlossmacher	Ferlach
Wister Johanbn	1840	–	Tratten
Wlatnig	1910	–	–
Wlatnig Josef (s. a. Blattnig)	1888, 1896	Büchsenmacher	Unterbergen
Wlattnig Josef	1886, 1925 ca., 1939	–	Dobrowa 27
Wobnigger Andreas	1750 ca.	Polierer	Ferlach
Wobnigger Jacob	1731–1752	Büchsen-, Zeug- und Schlossmacher, Unterzechmeister	Ferlach
Woleny Hanns	1650 ca.	Schlosser	–
Wolter Josef	1752	Schlossmacher	–
Wolthär Hans	1731	–	Seidolach und Glainach
Worounig Anton	1908	–	–
Worounig Franz	1887	–	–
Worounig Johann	1886–1890	–	–
Worounig Urban	1889	–	–
Woschitsch Andre	1750 ca.	Büchsen-, Zeug- und Schlossmacher	Dollich St. Josef Kapelle
Woschitsch Georg	1750 ca., 1752	Büchsen-, Zeug- und Schlossmacher	„Mitterferoniz"
Woschitz Andreas	1766	Schlossmacher	–
Woschitz Mathäus	1884, 1888, 1897	Kugelarbeiter, Basquiller	Unterferlach
Woschitz Michael	1752	Schlossmacher	–
Woschitz Paul	1806	–	–
Woschiz Kanzian	1650 ca.	Schaftholz	–
Woschnig Anton	1736	Händler	–
Woschtitz Andreas	1806	–	–
Wräß Andräas	1840	–	Unterferlach
Wrodnigg Joseph	1750 ca.	Büchsen-, Zeug- und Schlossmacher	Ferlach
Wrolich Matthias	1604	Schlosser	Ferlach
Wruolich Gregor	1650 ca.	Schlosser	–
Wruollich Gabriell	1650 ca.	Schlosser	–
Wroullich Lienhart	1731	–	Ferlach
Wruelich Melchior	1752	Zeugmacher	–
Wruelich Nikolaus	1752	Zeugmacher	–
Wruelich Valentin	1750 ca., 1752	Büchsen-, Zeug- und Schlossmacher	Ferlach
Wrulich Andreas	1889, 1900	Schlossmacher	Dollich
Wrulich Adam	1806	–	

Name	Daten	Bezeichnung	Ort
Wrulich Andre	1750 ca., 1752	Büchsen-, Zeug- und Schlossmacher	Unterbergen
Wrulich Andreas	1806	–	–
Wrulich Florian	1938	Büchsenmacher	ausgewandert ins Altreich
Wrulich Georg	1752	Schlossmacher	–
Wrulich Gregor	1750 ca., 1752	Büchsen-, Zeug- und Schlossmacher	Unterbergen
Wrulich Hanns	1750 ca., 1752	Büchsen-, Zeug- und Schlossmacher	Unterbergen
Wrulich Jacob	1750 ca., 1752	Büchsen-, Zeug- und Schlossmacher	Unterbergen
Wrulich Jakhob	1731	–	Unterbergen
Wrulich Jakob	1638, 1680	–	–
Wrulich Jakob	1806	–	–
Wrulich Johann	1806	–	–
Wrulich Johann	1925 ca.	–	Dobrowa 1
Wrulich Johann	1921	–	Ferlach 99
Wrulich Josef	1938	Büchsenmacher	Steyr
Wrulich Joseph	1750 ca.	Büchsen-, Zeug- und Schlossmacher	„Unterferoniz"
Wrulich Joseph	1795, 1816	Büchsenmacher und Händler	–
Wrulich Kaspar	1681 gest.	–	–
Wrulich Lorenz	1806	–	–
Wrulich Lorenz	1890, 1898, 1911	Basküleur- und Zurichtermeister, Büchsenmacher	Ferlach
Wrulich Lorenz jun.	1921, 1933 gelöscht	–	Dollich 41
Wrulich Martin	1806	–	–
Wrulich Martin	1889, 1890	–	–
Wrulich Matheus	1750 ca.	Büchsen-, Zeug- und Schlossmacher	Unterbergen
Wrulich Matheus	1750 ca.	Schäfter	„Mitterferoniz"
Wrulich Matheus (Sohn von Primus Wrulich)	1650	–	–
Wrulich Mathias	1750 ca., 1752	Büchsen-, Zeug- und Schlossmacher	„Mitterferoniz"
Wrulich Mathias	1750 ca.	Schäfter	„Mitterferoniz"
Wrulich Mathias	1886, 1898, 1908, 1925 ca.	Büchsenmacher	Ferlach 116
Wrulich Mathiasch	1638–1641	–	–
Wrulich Matth.	1806	–	–
Wrulich Matthias	1906	–	–
Wrulich Michael	1750 ca.	Büchsen-, Zeug- und Schlossmacher	Seidolach
Wrulich Oswald	1910	Büchsenmacher	Ferlach
Wrulich Paul	1750 ca.	Büchsen-, Zeug- und Schlossmacher	Ferlach
Wrulich Paul	1806	–	–
Wrulich Primus (Wruollich Primasch, betreibt Rohrschmiedewerkstatt)	1638, 1650 gest.	Rohrschmied	–
Wrulich Sebastian	1671 gest.	–	–
Wrulich Simon	1750 ca.	Schäfter	Ferlach
Wrulich Simon	1914	Büchsenmacher	Ferlach Nr. 74
Wrulich Simon	1913, 1925 ca.	–	Dollich 26

Name	Daten	Bezeichnung	Ort
Wrulich Thomas	1752	Schlossmacher	–
Wrulich Valentin	1731	–	Unterbergen
Wrulich Valentin (Wrullich)	1891–1893	–	–
Wrulich Walter	1938	Büchsenmacher	ausgewandert ins Altreich
Wrullich Mathies	1731	–	Unterferlach
Wrullich Vallentin	1731	–	Unterferlach
Wuäton Matheus	1750 ca.	Büchsen-, Zeug- und Schlossmacher	Loiblhammer
Wurnig Hanns	1750 ca.	Büchsen-, Zeug- und Schlossmacher	Kirschentheuer
Wutte Josef	1925	–	Ferlach 50
Wutti Peter	1638–1641	–	–
Zausnig Josef	1938	Büchsenmacher	ausgewandert ins Altreich
Zausnig Michael	1938	Büchsenmacher	Steyr
Zaussnig Josef	1752	Schlossmacher	–
Zebiz Joseph	1731, 1752	Zeugmacher	Ferlach
Zebiz Markho	1731	–	Unterferlach
Zebiz Mathies	1731	–	Ferlach
Zebiz Nikhalaus	1731	–	Ferlach
Zechner Bartholo	1840	–	Ferlach
Zechner Bartl	1831–1832	Beschaumeister	–
Zechner Josef	1884	Feilhauer	Ferlach
Zechner Joseph	1840	–	Ferlach
Zechner Thomas	1693 gest.	–	–
Zedermann Franz	1840	–	Gabl
Zedermann Joseph	1840	–	Gabl
Zenkel Josef	1901, 1925 ca.	Büchsenmacher	Ferlach 95
Zenkel Josef	1918	Bestandteilerzeuger	Ferlach
Zenkl Thomas	1884	Pikenerzeuger	Ferlach
Zepitz Bartl	1806	–	–
Zepitz Johann	1752	Zeugmacher	–
Zepitz Johann	1806	–	–
Zepitz Josef	1752	Zeugmacher	–
Zepitz Josef	(1747–1796)	Büchsenmachermeister	Ferlach 28
Zepitz Phillip	1806	–	–
Zepitz Simon	1806	–	–
Zepitz Valentin	1806	–	–
Zepiz Ruop	1650 ca.	Schäfter	–
Zeppitz Adam	1718	–	–
Zeppitz Dionysius	1752, 1773	Schlossmacher	–
Zeppitz Georg	1840	–	Gabl
Zeppitz Georg	1840	–	Glainach
Zeppitz Johann	1840	–	Ferlach
Zeppitz Johann	1840	–	Ferlach

Name	Daten	Bezeichnung	Ort
Zeppitz Johann	1840	–	Unterferlach
Zeppitz Johann Georg	1790, 1795	Händler?	–
Zeppitz Joseph	1840	–	Tratten
Zeppitz Joseph	1840	–	Unterferlach
Zeppitz Ludwig	1938	Büchsenmacher	ausgewandert ins Altreich
Zeppitz Markus	1740	Händler?	–
Zeppitz Matheus	1840	–	Tratten
Zeppitz Michael	1909, 1919, 1925 ca.	Büchsenmacher	Unterferlach 42
Zeppitz Peter	1884, 1886	Schäfter	Ferlach
Zeppitz Sebastian	1884	Laufarbeiter	Unterferlach
Zeppitz Simon	(1870–1949)	Bestandteilgewerbe	Ferlach 131
Zeppitz Valentin	1840	–	Tratten
Zeppiz Mathias	1750 ca.	Schäfter	Ferlach
Zeppiz Clemen	1750 ca.	Schäfter	Ferlach
Zeppiz Georg	1750 ca., 1752	Büchsen-, Zeug- und Schlossmacher	„Unterferoniz"
Zeppiz Joseph	1750 ca., 1752	Schäfter	Ferlach
Zeppiz Lorenz	1750 ca.	Schäfter	Dollich St. Josef Kapelle
Zeppiz Michael	1750 ca.	Büchsen-, Zeug- und Schlossmacher	Reßnig
Zeppiz Niclas	1750 ca.	Büchsen-, Zeug- und Schlossmacher	Ferlach
Zeppiz Paul	1750 ca.	Büchsen-, Zeug- und Schlossmacher	Reßnig
Zeppiz Peter	1750 ca.	Schäfter	Reßnig
Zeppiz Simon	1750 ca., 1752	Büchsen-, Zeug- und Schlossmacher, Lieferant	Glainach
Zeppiz Thomas	1750 ca., 1752	Büchsen-, Zeug- und Schlossmacher	Loiblhammer
Zeugnisse Umfahrer	1887	–	–
Zuech Thomas	1731	–	Ferlach

Liste der Kennziffern der Ferlacher Jagdwaffenerzeuger nach 1945

20	Düsel Stefan, Nf. Scheiring
21	Fanzoi Johann
22	Hambrusch Josef
23	Hauptmann Karl
24	Just Josef*
25	Kruschitz Martin*
26	Koschat Jakob
27	Kalischnig Simon*
28	Mischitz Peter*
29	Mischitz Josef *
30	Orasche Josef*
31	Pegam Michael*
32	Sodia Anton*
33	Sodia Franz*
34	Sigott Johann*
35	Outschar Johann
36	Urbas Vinzenz*
37	Winkler Benedikt*
38	Genossenschaft der Büchsenmachermacher*
39	Fachschule f. Handfeuerwaffen
40	Borovnik Ludwig
41	Michelitsch Johann*
42	Winkler Josef*
43	Kullnig Thomas*
44	Gratzer Walter*
45	Achatz Erich*
46	Schönlieb Josef*
47	Schaschl Lorenz*
48	Fanzoi Josef*
49	Schmid Franz Roman*
50	Schmied Franz (Hofrat)*
51	Juch Gottfried
52	Rosenzopf Valentin*
53	Glanznig Wilfried
01	Veratschnig Waffen
55	Scheiring Herbert

* Betrieb in Ferlach nicht mehr existent (Stand: 2017).

Anmerkungen

1 KLA, BB BH Klagenfurt, Schachtel 610 und 611.

2 Rieger 1910.

3 Baumgartner 1953, hier 85–87 und 183–190.

4 Zu nennen sind hier vor allem Kärntens gewerbliche Wirtschaft 1953, 306. – Dinklage 1976, 171–175. – Tuschar 1996. – Fritz 1998. – Adamik 2009. – Jernej 2013.

5 Jernej 2013, 38–40, 53–56.

6 Jernej 2013, 89 Tab. 8, 90 Tab. 9.

7 Bericht der Genossenschaft 1888–1890, 15.

8 Adamik 2009. 34. – Nach Dinklage 1976, 171 und Kärntens gewerbliche Wirtschaft 1953, 306 war die 1872 gegründete Genossenschaft innerhalb von 5 Jahren von 70 auf 12 Meister herabgesunken. – Baumgartner 1953, 36 gibt als Gründungjahr der ersten Büchsenmachergenossenschaft 1873 an. Als Beleg hatte er den Handelskammerbericht 1871/78 zur Verfügung.

9 ABMG 147–151 (1871 Jänner 30, Protokoll Bezirkshauptmannschaft).

10 ABMG 167–175 (1875 Dezember 6, Petition an Abgeordnetenhaus), ABMG 191–197 (1875 Dezember 12, Petition an Ministerium des Inneren).

11 Österreichischer Genossenschaftsverband, https://de.wikipedia.org/wiki/%C3%96sterreichischer_Genossenschaftsverband (24.2.2016).

12 Jernej 2013, 60.

13 KLA, BB BH Klagenfurt, Schachtel 610 (1885 April 30).

14 So auch der ehemalige Direktor des Kärntner Landesarchivs, Alfred Ogris, in einer Stellungnahme an Willy Schön: „Dieser Tag ist somit als rechtlich verbindender Gründungstag aufzufassen." (ABMG, 29.2.1984).

15 KLA, BB BH Klagenfurt, Schachtel 610 (1885 März 17).

16 KLA, BB BH Klagenfurt, Schachtel 610 (Verständigungsausweis für 1884 September 21), (Verständigungsausweis für 1884 Oktober 19).

17 Die Namen Tschinkowitz und Winkler sind bekannte Ferlacher Büchsenmachernamen. Wahrscheinlich führten die beiden Frauen das Gewerbe für ihre verstorbenen Männer weiter. Allerdings ist in einem undatierten, ca. 1892 entstandenen Verzeichnis aller Lehrlinge, Gesellen und Meister eine Maria Poschinger, geb. am 21.8.1833, ausdrücklich unter den Meistern als „Rohrschmiedin" in Unterferlach genannt (KLA, BB BH Klagenfurt, Schachtel 610 (o. D., Verzeichnisse sämtlicher Büchsenmacher-Meister, Gehilfen u. Lehrlinge in Ferlach).

18 Jernej 2013, 79.

19 KLA, BB BH Klagenfurt, Schachtel 610 (1885 März 17).

20 KLA, BB BH Klagenfurt, Schachtel 610 (Vermögensstand mit Ende Dezember 1885).

21 KLA, BB BH Klagenfurt, Schachtel 610 (1885 August 23).

22 KLA, BB BH Klagenfurt, Schachtel 610 (1885 Oktober 11).

23 KLA, BB BH Klagenfurt, Schachtel 610 (1886 März 25, TO Generalversammlung).

24 KLA, BB BH Klagenfurt, Schachtel 610 (1886 Juni 12).

25 KLA, BB BH Klagenfurt, Schachtel 610 (1886 Oktober 13).

26 KLA, BB BH Klagenfurt, Schachtel 610 (1886 Oktober 13).

27 Rieger 1910, 11.

28 Zum Folgenden: Baumgartner 1953, 82–86.

29 Maschinenhaus 1 ist das eingeschossige Gebäude am Ferlacher Waagplatz direkt am Gerinne. Derzeit (2017) steht es leer.

30 Baumgartner 1953, 84.

31 Baumgartner 1953, 273 Anm. 222.

32 Waffenindustrie 1897, 21.

33 KLA, BB BH Klagenfurt, Schachtel 610 (1888 März 25). – Baumgartner 1953, 85.

34 Baumgartner 1953, 273 Anm. 224.

35 KLA, BB BH Klagenfurt, Schachtel 610 (1888 Mai 27).

36 KLA, BB BH Klagenfurt, Schachtel 610 (1888 Juni 11).

37 KLA, BB BH Klagenfurt, Schachtel 610 (1888 Mai 27).

38 KLA, BB BH Klagenfurt, Schachtel 610 (1888 Oktober 24).

39 KLA, BB BH Klagenfurt, Schachtel 610 (Vermögensstand der Büchsenmacher-Genossenschaft mit Ende März 1889). Die Aktiva waren: Kaufschilling für den Just'schen Hammer samt Wohnhaus, Garten und Wasserkraft mit Kaufvertragskosten: 5.650 fl, Bau und Renovierungs-Kosten etc.: 4.911 fl 32 kr, Holzhütte: 100 fl, Wald am Matzenberge: 3.000 fl, Turbinenanlage von Escher & Wyss, Liesdorf: 3.497 fl 26 kr, Probehütte samt Pulverturm: 650 fl, Sparkassenbuch (Spende des Herrn Landespräsidenten): 100 fl, Staatsschuldverschreibung vom 1. August 1868: 1000 fl, Guthaben für Holzkohle und Drehbank: 76 fl 25 kr, Anschaffungskosten der vorhandenen Maschinen, Werkzeuge, Einrichtungs-Gegenstände und Rohmateriale laut Inventar mit Ende Februar 1888: 22.632 fl 12 kr, Zuwachs an Maschinen, Werkzeugen, Mobilien, Materialien von März 1888 bis März 1889: 2.027 fl 50 kr, intabulierte Kapitalien: 4.1717 fl 09 kr, Rückständige Zinsen: 193 fl 07 kr, laut Hauptbuch bei der österr. Waffenfabriks-Gesellschaft ein Guthaben von 10.555 fl 61 kr.

40 KLA, BB BH Klagenfurt, Schachtel 610 (1889 Jänner 1).

41 KLA, BB BH Klagenfurt, Schachtel 610 (1889 März 24). – Unterstreichungen im Original.

42 KLA, BB BH Klagenfurt, Schachtel 610 (1889 Mai 5, Protokoll der Genossenschafts-Versammlung).

43 Bericht der Genossenschaft 1888–1890, 30–37.

44 Bericht der Genossenschaft 1888–1890, 10–16.

45 Bericht der Genossenschaft 1888–1890, 15.

46 Bericht der Genossenschaft 1888–1890, 57.

47 Bericht der Genossenschaft 1888–1890, 16–23.

48 KLA, BB BH Klagenfurt, Schachtel 610 (Vermögensstand der Büchsenmacher-Genossenschaft in Ferlach mit Ende Dezember 1889).

49 KLA, BB BH Klagenfurt, Schachtel 610 (Statuten der Genossenschaft der Büchsenmacher und Statut für das Maschinenhaus 1889).

50 KLA, BB BH Klagenfurt, Schachtel 610 (1889 Mai 16).

51 KLA, BB BH Klagenfurt, Schachtel 610 (1890 Februar 8, Protokoll der Büchsenmacher-Genossenschaftsversammlung).

52 Baumgartner 1953, 86.

53 Dinklage 1976, 172.

54 KLA, BB BH Klagenfurt, Schachtel 610 (1891 April 10, Mischitz an BH Klagenfurt).

55 KLA, BB BH Klagenfurt, Schachtel 610 (1891 Mai 8).

56 Baumgartner 1953, 273 Anm. 226.

57 KLA, BB BH Klagenfurt, Schachtel 610 (1891 April 19, Protokoll über die Ausschusssitzung der Genossenschaft).

58 KLA, BB BH Klagenfurt, Schachtel 610 (1891 Mai 11, Protokoll Maschinenhaussitzung).

59 KLA, BB BH Klagenfurt, Schachtel 610 (Maschinenhaussitzungen von 1891 Mai 24, 1891 Juli 13, 1891 Juli 21, 1891 August 19, 1891 August 30).

60 KLA, BB BH Klagenfurt, Schachtel 610 (1891 November 19, Genossenschafts-Ausschusssitzung).

61 KLA, BB BH Klagenfurt, Schachtel 610 (1891 September 18).

62 KLA, BB BH Klagenfurt, Schachtel 610 (1892 Jänner 27, Landespräsident an die Vorstehung der Büchsenmacher-Genossenschaft).

63 KLA, BB BH Klagenfurt, Schachtel 610 (1891 Novmeber 1891, Maschinenhaussitzung).

64 KLA, BB BH Klagenfurt, Schachtel 610 (Vermögensstand Ende Dezember 1891)

65 KLA, BB BH Klagenfurt, Schachtel 610 (1892 April 6, Dienstvertrag Josef Just).

66 KLA, BB BH Klagenfurt, Schachtel 610 (1892 Dezember 31, Justs Bitte an BH um Urlaub).

67 KLA, BB BH Klagenfurt, Schachtel 610 (1892 Mai 31, Just an BH).

68 KLA, BB BH Klagenfurt, Schachtel 610 (1892 April 23, Maschinenhausarbeiter an die Direktion).

69 KLA, BB BH Klagenfurt, Schachtel 610 (1892 Mai 6,Ausweis über Strafzahlungen).

70 KLA, BB BH Klagenfurt, Schachtel 610 (1892 Februar 14, Einladung zur Generalversammlung der Büchsenmacher-Genossenschaft).

71 KLA, BB BH Klagenfurt, Schachtel 610 (1893 Jänner 27).

72 KLA, BB BH Klagenfurt, Schachtel 610 (1893 Jänner 28, Protokoll Just).

73 KLA, BB BH Klagenfurt, Schachtel 610 (o. D., Verzeichnisse sämtlicher Büchsenmacher-Meister, Gehilfen und Lehrlinge in Ferlach).

74 Historisches Ortslexikon. Statistische Dokumentation zur Bevölkerungs- und Siedlungsgeschichte. Kärnten, Datenbestand 31.8.2015, http://www.oeaw.ac.at/vid/download/histortslexikon/Ortslexikon_Kaernten.pdf (31.1.2016).

75 Als einzige Frau unter den 597 Gelisteten war die Rohrschmiedin Maria Poschinger in Unterferlach tätig.

76 ABMG 129 (1893 Februar 7); KLA, BB BH Klagenfurt, Schachtel 610 (1893 Februar 7, Übergabeprotokoll Just an Pleschberger).

77 Baumgartner 1953, 184–185.

78 KLA, BB BH Klagenfurt, Schachtel 610 (1893 Februar 23, Landespräsident an Vorstehung der Genossenschaft).

79 KLA, BB BH Klagenfurt, Schachtel 610 (1893 August 19, Schmidt-Zabierow an Vorstehung Büchsenmacher-Genossenschaft).

80 KLA, BB BH Klagenfurt, Schachtel 610 (1893 September 4, Ferlacher Büchsenmacher an BH).

81 KLA, BB BH Klagenfurt, Schachtel 610 (1893 September 21, Pleschberger an BH).

82 KLA, BB BH Klagenfurt, Schachtel 610 (1893 Oktober 15, Protokoll Generalversammlung der Genossenschaft).

83 KLA, BB BH Klagenfurt, Schachtel 610 (1893 Oktober 17, Maschinenhaussitzung).

84 KLA, BB BH Klagenfurt, Schachtel 610 (1893 Dezember 11, Maschinenhaussitzung).

85 Waffenindustrie 1897, 21–22.

86 KLA, BB BH Klagenfurt, Schachtel 610 (1893 Februar 5).

87 KLA, BB BH Klagenfurt, Schachtel 610 (1893 März 12).

88 KLA, BB BH Klagenfurt, Schachtel 610 (1894 April 23, Maschinenhaussitzung).

89 KLA, BB BH Klagenfurt, Schachtel 610 (1894 Mai 23, Maschinenhaussitzung).

90 KLA, BB BH Klagenfurt, Schachtel 610 (1894 Juni 11, Maschinenahaussitzung).

91 1904 bat Poschinger bei der Bezirkshauptmannschaft vergeblich um seine Pensionierung, da er bereits 78 Jahre alt sei (KLA, BB BH Klagenfurt, Schachtel 610, 1904 April 22, Poschinger an BH).

92 KLA, BB BH Klagenfurt, Schachtel 610 (1894 August 27, Landespräsident an die Vorstehung der Genossenschaft).

93 Rieger 1910, 11.

94 KLA, BB BH Klagenfurt, Schachtel 610 (1894 Dezember 27, Maschinenhaussitzung).

95 KLA, BB BH Klagenfurt, Schachtel 610 (1895 Juni 27, Maschinenhaussitzung).

96 KLA, BB BH Klagenfurt, Schachtel 610 (1897 Juli 4, Maschinenhaussitzung).

97 KLA, BB BH Klagenfurt, Schachtel 610 (1895 Oktober 29, Maschinenhaussitzung).

98 KLA, BB BH Klagenfurt, Schachtel 610 (1896 Jänner 27, Maschinenhaussitzung).

99 KLA, BB BH Klagenfurt, Schachtel 610 (1897 Juli 27, Generalversammlung der Genossenschaft).

100

100 KLA, BB BH Klagenfurt, Schachtel 610 (1904 April 22, Protokoll bei der BH aufgenommen).

101 KLA, BB BH Klagenfurt, Schachtel 610 (1904 April 25, Ausweis über die Vorräte am Maschinenhaus).

102 KLA, BB BH Klagenfurt, Schachtel 610 (1904 Mai 2, BH an Vorstehung Genossenschaft).

103 KLA, BB BH Klagenfurt, Schachtel 610 (1904 April 30, Ziegler an k. k. Landesregierungsrat Mac Nevin O`Kelly).

104 KLA, BB BH Klagenfurt, Schachtel 610 (1904 Mai 4, Ziegler an BH).

105 KLA, BB BH Klagenfurt, Schachtel 610 (Geschäfts-Berichte und Rechnungsabschlüsse der Büchsenmacher-Genossenschaft in Ferlach 1903, 1904, 1905, 1908, 1911).

106 KLA, BB BH Klagenfurt, Schachtel 611 (1907 November 2, Generalversammlung der Genossenschaft).

107 KLA, BB BH Klagenfurt, Schachtel 611 (1908 Februar 21, BH an Landesregierung).

108 KLA, BB BH Klagenfurt, Schachtel 611 (1908 April 5, Generalversammlung der Genossenschaft).

109 KLA, BB BH Klagenfurt, Schachtel 611 (1909, Entwurf eines neuen Statutes für die Maschinenhäuser der Büchsenmacher-Genossenschaft).

110 KLA, BB BH Klagenfurt, Schachtel 611 (1908 Mai 20, Just an BH).

111 KLA, BB BH Klagenfurt, Schachtel 611 (1909 Juni 10, Generalversammlung der Genossenschaft).

112 KLA, BB BH Klagenfurt, Schachtel 611 (1909 Juli 22, Genossenschaftsmitglieder an BH).

113 KLA, BB BH Klagenfurt, Schachtel 611 (1909 Oktober 5, Just an Dr. Kommeter).

114 KLA, BB BH Klagenfurt, Schachtel 611 (1909 Oktober 21).

115 KLA, BB BH Klagenfurt, Schachtel 611 (1909 Oktober 25, Fachlehrer Strein an BH).

116 Rieger 1910, 11.

117 Rieger 1910, 13–14.

118 Baumgartner 1953, 185. – Siehe auch Kapitel „Beschussamt“ in diesem Band.

119 Rieger 1910, 14.

120 Rieger 1910, 16–17.

121 Die erste internationale Jagd-Ausstellung Wien 1910: Ein monumentales Gedenkbuch. Frick, Wien-Leipzig 1912. – Erste Internationale Jagd-Ausstellung Wien 1910, https://de.wikipedia.org/wiki/Erste_Internationale_Jagd-Ausstellung_Wien_1910 (1.2.2016).

122 Smrekar 1954, 19.

123 Baumgartner 1953, 186.

124 KLA, BB BH Klagenfurt, Schachtel 611 (Geschäftsberichte der Handels- und Gewerbekammer, 1. bis 31. Jänner 1910, 1. bis 28. Februar 1910, 1. bis 31. März 1910, 1. bis 30. Juni 1910, 1. Juli bis 31. August 1910).

125 Baumgartner 1953, 186.

126 KLA, BB BH Klagenfurt, Schachtel 611 (1910 August 20, Protokoll Genossenschaftsversammlung).

127 KLA, BB BH Klagenfurt, Schachtel 611 (1911 November 17, Gewerbeamt Wien an BH).

128 KLA, BB BH Klagenfurt, Schachtel 611 (1911 Oktober 28, Genossenschaftsversammlung).

129 KLA, BB BH Klagenfurt, Schachtel 611 (Geschäfts-Bericht und Rechnungs-Abschlüsse der Büchsenmacher-Genossenschaft in Ferlach für das Bilanzjahr 1910).

130 KLA, BB BH Klagenfurt, Schachtel 611 (Geschäfts-Bericht und Rechnungs-Abschlüsse der Büchsenmacher-Genossenschaft in Ferlach für das Bilanzjahr 1911).

131 KLA, BB BH Klagenfurt, Schachtel 611 (Fachschulausschuss 1912–1914).

132 KLA, BB BH Klagenfurt, Schachtel 611 (1912 Mai 3, Sitzung des Fachschulausschusses).

133 KLA, BB BH Klagenfurt, Schachtel 611 (1914 Juli 21).

134 KLA, BB BH Klagenfurt, Schachtel 611 (1918 Februar 3, Landespräsident an Bgm. Ogris).

135 KLA, BB BH Klagenfurt, Schachtel 611 (1915 Jänner 30, Vogl an Ogris).

136 KLA, BB BH Klagenfurt, Schachtel 611 (1915 Februar 10, Protokoll Besprechung bez. Verhältnisse der Büchsenmacher-Genossenschaft).

137 KLA, BB BH Klagenfurt, Schachtel 611 (1917 Jänner 14, Protokoll bez. Verhältnisse der Büchsenmacher-Genossenschaft).

138 Baumgartner 1953, 186.

139 Baumgartner 1953, 176.

140 KLA, BB BH Klagenfurt, Schachtel 611 (1918 Jänner 24, Landespräsident an BH).

141 KLA, BB BH Klagenfurt, Schachtel 611 (1918 Februar, Schreiben an Ing. Kessner).

142 KLA, BB BH Klagenfurt, Schachtel 611 (1918 Februar 7, Kessner an Bezirkshauptmann Ritter von Rainer).

143 Tuschar 1996, 44–48.

144 KLA, BB BH Klagenfurt, Schachtel 611 (1917 Jänner 14, Protokoll bez. Verhältnisse der Büchsenmacher-Genossenschaft).

145 Tuschar 1996, 46.

146 Fräss-Ehrfeld 2000, 87 f.

147 Tuschar 1996, 49–50. – Fräss-Ehrfeld 2000, 96.

148 Tuschar 1996, 50.

149 KLA, Ferlach Bezirkshauptmannschaft, Schachtel 1, 1239 (1919 August 19).

150 KLA, Ferlach Bezirkshauptmannschaft, Schachtel 11, 721 (1919 Juli 12, Hallemoschnig an BH Klagenfurt), (1919 Juli 19, Liste der internierten Büchsenmacher).

151 KLA, Ferlach Bezirkshauptmannschaft, Schachtel 11, 1408 (1919 August 8).

152 KLA, Ferlach Bezirkshauptmannschaft, Schachtel 11, 1675 (1919 August 18, Valentin Traunik), Schachtel 13, 3042 (1919 September 22, Ferdinand Koschat), Schachtel 15, 5911 (1919 November 27, Tomaž Schmid), 6131 (1919 November 20, Bogomir Sodia), Schachtel 16, Fasz. 7/2 (1920 März 11, Valentin Tschuden), (1920 Mai 18, Martin Mischitz).

153 KLA, Ferlach Bezirkshauptmannschaft, Schachtel 15, 5225 (1919 Dezember 15).

154 Tuschar 1996, 487 (Bürgermeister von Oberferlach bzw. Ferlach).

155 KLA, BB BH Klagenfurt, Schachtel 611 (1920 Dezember 6, Verhandlungsschrift über die Genossenschaftsversammlung).

156 KLA, BB BH Klagenfurt, Schachtel 611 (1922 Dezember 24, Genossenschaftsversammlung).

157 KLA, BB BH Klagenfurt, Schachtel 610 (Statuten der Genossenschaft der Büchsenmacher und Statut für das Maschinenhaus 1889).

158 Jernej 2013, 55.

159 Wimmer 2011, 118.

160 KLA, BB BH Klagenfurt, Schachtel 610 (1888 März 25, Generalversammlung der Genossenschaft).

161 KLA, BB BH Klagenfurt, Schachtel 610 (1888 Mai 27, Genossenschaftsversammlung).

162 KLA, BB BH Klagenfurt, Schachtel 610 (1890 Februar 8, Genossenschaftsversammlung).

163 KLA, BB BH Klagenfurt, Schachtel 610 (1890 Mai 23, Landespräsident an BH).

164 KLA, BB BH Klagenfurt, Schachtel 610 (1892 März 29).

165 KLA, BB BH Klagenfurt, Schachtel 610 (1892 Juni 23, Just an BH).

166 KLA, BB BH Klagenfurt, Schachtel 610 (1892 Dezember 18, Armenbeteilung der Genossenschaft).

167 KLA, BB BH Klagenfurt, Schachtel 610 (1893 Juni 20, Schmidt-Zabierow an BH).

168 KLA, BB BH Klagenfurt, Schachtel 610 (1893 Juli 11, Landespräsident an Josef Marx).

169 KLA, BB BH Klagenfurt, Schachtel 610 (1893 Juli, Schmidt an BH).

170 KLA, BB BH Klagenfurt, Schachtel 610 (1893 Juli 11, Protokoll Altersversorgungs-Cassa).

171 KLA, BB BH Klagenfurt, Schachtel 610 (1893 Juli 22, Neuwahl Altersversorgungs-Cassa-Obmann).

172 KLA, BB BH Klagenfurt, Schachtel 610 (1893 November 27, Josef Barounig an die Vorstehung der Versorgungsanstalt).

173 KLA, BB BH Klagenfurt, Schachtel 610 (1895 Oktober 17, Schmidt-Zabierow an BH).

174 KLA, BB BH Klagenfurt, Schachtel 610 (Geschäfts-Bericht und Rechnungsabschlüsse der Büchsenmacher-Genossenschaft für das Bilanz-Jahr 1905).

175 KLA, BB BH Klagenfurt, Schachtel 611 (1912 Jänner 13, BH an Genossenschaft).

176 KLA, BB BH Klagenfurt, Schachtel 611 (Geschäfts-Bericht und Rechnungsabschlüsse der Büchsenmacher-Genossenschaft für das Bilanzjahr 1910).

177 Fritz 1998, 85.

178 Interview Josef Koschat, 1.9.2015.

179 Baumgartner 1953, 187.

180 Rieger 1910, 11. – Probiert wurden allerdings nicht ausschließlich Ferlacher Waffen.

181 Baumgartner 1953, 187.

182 Büchsenmachermuseum Ferlach, Akkordliste über sämtliche Handarbeiten 1926.

183 Baumgartner 1953, 187.

184 Büchsenmachermuseum Ferlach, Protokoll 1930 Dezember 16.

185 ABMG, 278–344, Geschäftsanteilbuch der Maschinenbezugsgenossenschaft, eingetragen ins Handelsregister am 30. Jänner 1905.

186 ABMG, Rechenschaftsbericht der Maschinenbezugs-Genossenschaft der Büchsenmacher in Ferlach (1915 Dezember 21).

187 Büchsenmachermuseum Ferlach, Protokoll 1930 Dezember 16.

188 Kärntner Amts- und Adressbuch 1938, 373, https://www.findbuch.at/de/amts-und-adressbuch-1938.html (3.2.2016).

189 Baumgartner 1953, 188.

190 Baumgartner 1953, 307 Anm. 415.

191 ABMG, 234–277 (Grundbuch der Büchsenmacher-Genossenschaft).

192 Büchsenmachermuseum Ferlach, Betr. Waffengesetz vom 18. März 1938 für das Deutsche Reich, sowie Durchführungsverordnungen dazu vom 19. März 1938 und 25. Mai 1938.

193 ABMG, 386–519 (Protokollbuch der Genossenschafts-Vorstehung 1923–1938), 518 (1938 Mai 21, Protokoll Sitzung).

194 Ferlach – Genossenschaft der Büchsenmacher, http://www.turbo.at/geheimprojekte/t_ferlach2.html (3.2.2016). – Baumgartner 1953, 188. – Fritz 1998, 79.

195 Auf einigen Internetseiten von Sammlerkreisen finden sich diese Angaben. Gekennzeichnet waren die Produkte aus dem Maschinenhaus nach diesen Angaben mit „bym“ oder „omc“ sowie einem mehrstelligen Nummerncode. Auf den Fotos ist das „omc“ eher als „M“ in Schreibschrift zu lesen, was für Maschinenhaus stehen könnte. Die Bedeutung des Kürzels „bym“ erschließt sich nicht (s. K98K bayonet registry and foto, http://k98.free.fr/, 9.2.2016. – K98K Forum, http://www.k98kforum.com/showthread.php?6266-Maschinenhaus-Ferlach-Karnten-Austria&s=2a67af4ddbf52eed81d85efaafd99388, 9.2.2016 – Militaria Fundforum, http://www.militaria-fundforum.de/showthread.php?page=2&t=1805, 9.2.2016).

196 Büchsenmachermuseum Ferlach, Waffenlieferbuch der Firma Fanzoi in Unterferlach 1887–1902.

197 KLA, SB AHS, Geschäftsbuch Büchsenmacher (1913–1949).

198 Mešno, https://en.wikipedia.org/wiki/Me%C5%A1no (4.2.2016).

199 Das Markenzeichen („Logo“) der Firma Krupp waren drei versetzt übereinandergelegte Ringe, die Alfred Krupps Erfindung des nahtlos geschmiedeten und gewalzten Eisenbahnradreifens symbolisierten. Das Zeichen wurde 1875 in Deutschland eingetragen und war vor dem Ersten Weltkrieg in 56 ausländischen Staaten geschützt (Die Firmenzeichen, https://www.thyssenkrupp.com/de/konzern/geschichte_logo.html, 4.2.2016).

200

200 ABMG, 234–277 (Grundbuch der Büchsenmacher-Genossenschaft), 275. – Im Kärntner Amts- und Adressbuch 1939, 461, https://www.findbuch.at/de/amts-und-adressbuch-1939.html (9.2.2016) ist Valentin Rosenzopf nicht mehr zu finden.

201 Tuschar 1996, 66. – Adamik 2009, 64–65.

202 Fritz 1998, 82. – Baumgartner 1953, 188.

203 Baumgartner 1953, 188–189.

204 Kärntner Amts- und Adressbuch 1947, 629, https://www.findbuch.at/de/amts-und-adressbuch-1947.html (9.2.2016).

205 Das Grab von Valentin Rosenzopf (1890–1953) befindet sich am Ferlacher Parkfriedhof.

206 Kärntner Amts- und Adressbuch 1947, 457, 629, https://www.findbuch.at/de/amts-und-adressbuch-1947.html (9.2.2016).

207 Kärntner Amts- und Adressbuch 1939, 411, 461, https://www.findbuch.at/de/amts-und-adressbuch-1939.html (9.2.2016)

208 Baumgartner 1953, 188.

209 Jernej 2013, 92–93. – Siehe auch Kapitel „Beschussamt"in diesem Band.

210 Siehe Liste der Kennziffern der Ferlacher Jagdwaffenerzeuger nach 1945 in diesem Band.

211 Satzung der Genossenschaft der Büchsenmacher 1949.

212 Baumgartner 1953, 189 und 311 Anm. 437.

213 Entwurf über die Errichtung einer Kommanditgesellschaft, o. D. (Archiv Gerd Hauptmann).

214 Baumgartner 1953, 190.

215 Baumgartner 1953, 189.

216 Baumgartner 1953, 311 Anm. 437.

217 Dinklage 1976a, 174.

218 Interview Anton Tax, 17.11.2015: Spontan war in der Werkstatt Sodia der Entschluss entstanden, zum Fischen an die Drau zu gehen, was auch durchgeführt wurde. Manche Arbeiter kamen eine Woche lang nicht in die Werkstatt.

219 Interview Franz Sodia, 10.9.2015.

220 Archiv Büchsenmacher Genossenschaft Ferlach, Karten über Grundbesitz und Verbauung Frühjahr 1961 und 1963.

221 Fritz 1998, 85.

222 Interview Franz Sodia, 10.9.2015.

223 Fritz 1998, 85–86.

224 Kärntner Jagdwaffengenossenschaft in Konkurs, 19.7.2004, http://www.boerse-express.com/pages/360283/print (9.2.2016).

225 Rassige Rennboliden statt exklusiver Jagdgewehre, Der Standard 11.8.2004, http://derstandard.at/1738434/Rassige-Rennboliden-statt-exklusiver-Jagdgewehre (9.2.2016).

226 Wirtschaft am Fuße der Karawanken, Wirtschaftsblatt, 17.4.2004, http://wirtschaftsblatt.at/archiv/international/855545/print.do (9.2.2016).

227 Büchsenmacher-Genossenschaft in Konkurs, 17.5.2008, http://ktnv1.orf.at/stories/284911 (9.2.2016).

228 Kid Möchel, Ferlacher Waffen Produktionstechnik WPP ist bankrott, Wiener Zeitung 7.9.2011, http://www.wienerzeitung.at/nachrichten/wirtschaft/oesterreich/395046_Ferlacher-Waffen-Produktionstechnik-WPP-ist-bankrott.html (9.2.2016).

229 Jernej 2013, 94.

230 Interview Martin Brausam, 11.11.2015.

231 Geschichte der Stadt Steyr, http://www.steyr.at/Interessen/Wissenswertes/Geschichte_der_Stadt_Steyr (31.3.2016).

232 ABMG, 191–197 (1875 Dezember 12, Petition der Büchsenmacher-Innung und Genossenschaft an Ministerium des Inneren).

233 ABMG, 191–197 (1875 Dezember 12, Petition der Büchsenmacher-Innung und Genossenschaft an Ministerium des Inneren).

234 ABMG, 161–166, (Meisterverzeichnis 1840), 162 (Nr. 88).

235 ADG, PA Ferlach/Borovlje, Geburtsbuch V, 135, http://data.matricula-online.eu/de/oesterreich/gurk/ferlach-borovlje/F05_005-1/?pg=73 (30.11.2017).

236 KLA, AD, Schachtel 270 (1791 Juli 5, Spezifikation von den Aerialarbeiter in Ferlach).

237 ABMG, 223–224 (1854 Jänner 20, An die Herren Raßer und Waffenschmiede).

238 Wießner 1953, 201, 203. – Vgl. auch die Grabungsergebnisse zu einem Floßofen in Friesach: Renate Jernej, Die Rettungsgrabung auf dem Weiss-Areal in Friesach 2007. Ein archäologischer Streifzug zur frühindustriellen Stadtgeschichte. Carinthia I 199, 2009, 205–222, 211.

239 KLA, AD, Schachtel 265, f. 189–192 (1748 August 31, Verordnung).

240 KLA, AD, Schachtel 264 (1759 April 24, Hammer, Nagel, Schmied und Draht-Ordnung in dem Herzogtum Kärnten).

241 Baumgartner 1953, 53.

242 Tuschar 1996, 42.

243 Baumgartner 1953, 128. – Siehe auch Kapitel „Fachschule" in diesem Band.

244 Baumgartner 1953, 185.

245 KLA, BB BH Klagenfurt, Schachtel 610 (1893 Februar 23, Landespräsident an Vorstehung der Genossenschaft).

246 KLA, BB BH Klagenfurt, Schachtel 610 (1885 Dezember, Gedruckter Vermögensstand der Genossenschaft).

247 KLA, BB BH Klagenfurt, Schachtel 610 (1886 Juni 12, Protokoll Generalversammlung Genossenschaft).

248 KLA, BB BH Klagenfurt, Schachtel 610 (1888 März 25, Protokoll Generalversammlung Genossenschaft).

249 KLA, BB BH Klagenfurt, Schachtel 610 (1888 Mai 27, Protokoll Genossenschaftsversammlung).

250 KLA, BB BH Klagenfurt, Schachtel 610 (1888 Mai 27, Protokoll Genossenschaftsversammlung).

251 KLA, BB BH Klagenfurt, Schachtel 610 (1886 Jänner 4, Protokoll des schiedsgerichtlichen Ausschusses). – Ob dieser Ludwig Warounig ident ist mit dem zeitgleich bekannten Ludwig Borovnik kann nicht sicher festgestellt werden (zu den Büchsenmachern Borovnik siehe Kapitel „Büchsenmacher der Gegenwart").

252 KLA, BB BH Klagenfurt, Schachtel 610 (1891 Mai 11, Protokoll Maschinenhaussitzung).

253 KLA, BB BH Klagenfurt, Schachtel 610 (1894 August 27, Übergabeinventar).

254 KLA, BB BH Klagenfurt, Schachtel 610 (1895 Juni 27, Maschinenhaussitzung).

255 KLA, BB BH Klagenfurt, Schachtel 610 (1897 Juli 4, Maschinenhaussitzung).

256 KLA, BB BH Klagenfurt, Schachtel 610 (1904 April 22).

257 KLA, BB BH Maschinenhaussitzung Klagenfurt, Schachtel 610 (1904 Mai 4, Ziegler an BH).

258 KLA, BB BH Klagenfurt, Schachtel 611 (1908 April 5, Generalversammlung der Genossenschaft).

259 ADG, PA Ferlach/Borovlje, Sterbebuch Hs. 16.1, 18 http://www.data.matricula.info/php/view.php?ar_id=3670&link=462d3035x28# (10.4.2017).

260 ABMG, 234–277 (Grundbuch der Büchsenmacher-Genossenschaft), 235.

261 Waidmannheil 1906.

262 Feuerwehr Ferlach, http://www.feuerwehr-ferlach.at/alle-kommandanten.htm, (4.4.2016).

263 ABMG, 234–277 (Grundbuch der Büchsenmacher-Genossenschaft), 55 und 270 – ABMG, 278–344 (Geschäftsanteilbuch der Maschinenbezugsgenossenschaft), 286 (Nr. 12).

264 ABMG, 278–344 (Geschäftsanteilbuch der Maschinenbezugsgenossenschaft), 285 (Nr. 11).

265 ABMG, 234–277 (Grundbuch der Büchsenmacher-Genossenschaft), 264.

266 ABMG, 234–277 (Grundbuch der Büchsenmacher-Genossenschaft), 265 und 270.

267 Tuschar 1996, 434.

268 ADG, PA Ferlach/Borovlje, Trauunngsbuch III, 24 (1867 Juni 10), http://data.matricula-online.eu/de/oesterreich/gurk/ferlach-borovlje/F05_016-1/?pg=26 (30.11.2017).

269 Nach Tuschar 1996, 434–437. – Tuschar beruft sich auf eine Biografie von P. Wernig aus dem Jahr 1883.

270 KLA, SB AHS, A 2730 Protokollbuch über Freisprechen und Aufdingen von Lehrlingen, 9 r. (1870 März 13).

271 Tuschar 1996, 435.

272 ABMG, 137–138 (1876 Dezember 24, Schäfterinnungsmeisterwahl per Ciculare).

273 Tuschar 1996, 435.

274 KLA, BB BH Klagenfurt, Schachtel 610 (1884 September 13).

275 Baumgartner 1953, 273 Anm. 222.

276 KLA, BB BH Klagenfurt, Schachtel 610 (1888 März 25, Protokoll Generalversammlung Genossenschaft). – KLA, BB BH Klagenfurt, Schachtel 610 (1891 April 19, Protokoll Ausschusssitzung Genossenschaft).

277 KLA, BB BH Klagenfurt, Schachtel 610 (1888 Mai 27, Protokoll Genossenschaftsversammlung).

278 KLA, BB BH Klagenfurt, Schachtel 610 (1888 Mai 27, Protokoll Genossenschaftsversammlung).

279 KLA, BB BH Klagenfurt, Schachtel 610 (1891 Juli 13, Maschinenhaussitzung).

280 KLA, BB BH Klagenfurt, Schachtel 610 (1893 September 4, Ferlacher Büchsenmacher an BH).

281 Patentinhaber Peter Wernig, Ferlach, Kärnten Patent: Hammerschlossschieber-Umstellvorrichtung für vierläufige Gewehre. Patentiert am 2.11.1901 W89, http://www.delcampe.net/page/item/id,294510235,var,Original-Patent--Peter-Wernig-in-Ferlach-Karnten-1901-Umstellvorrichtung-fur-vierlaufige-Gewehre-Gewehr-,language,G.html (5.4.2016).

282 Liste der k. u. k. Hoflieferanten 1899, https://de.wikipedia.org/wiki/Liste_der_k.u.k._Hoflieferanten_1899 (5.4.2016).

283 ABMG, 278–344 (Geschäftsanteilbuch der Maschinenbezugsgenossenschaft), 288 (Nr. 17).

284 KLA, SB AHS, A 2730 Protokollbuch über Freisprechen und Aufdingen von Lehrlingen, 114 v. (1908 Juni 14).

285 KLA, BB BH Klagenfurt, Schachtel 611 (1909 Oktober 13, Vorstand Just an BH).

286 Baumgartner 1953, 286 Anm. 308.

287 Tuschar 1996, 435–436.

288 Josef Werndl, https://de.wikipedia.org/wiki/Josef_Werndl (9.6.2016).

289 KLA, BB Ferlach Bezirkshauptmannschaft, 1239 (1919 August 19).

290 Tuschar 1996, 436.

291 ABMG, 234–277 (Grundbuch der Büchsenmacher-Genossenschaft), 238 (Nr. 20).

292 ABMG, 234–277 (Grundbuch der Büchsenmacher-Genossenschaft), 272.

293 Zum Folgenden: Leute/Schriebl/Wallnöfer 2000.

294 Die Angaben zu seinem Leben stammen zum überwiegenden Teil von seinem Enkel Heinrich (Leute/Schriebl/Wallnöfer 2000, 255–256).

295 Leute/Schriebl/Wallnöfer 2000, 264–266.

296 Leute/Schriebl/Wallnöfer 2000, 267.

297 KLA, BB BH Klagenfurt, Schachtel 610 (1892 Dezember 31, Just an BH).

298 Leute/Schriebl/Wallnöfer 2000, 268.

299 Leute/Schriebl/Wallnöfer 2000, 267.

300

300 KLA, BB BH Klagenfurt, Schachtel 610 (1893 Februar 23, Landespräsident an Büchenmachergenossenschaft).

301 Siehe Kapitel „Genossenschaft" in diesem Band.

302 Bereits von 1886 bis 1891 war er als Büchsenmacher-Genossenschaftsobmann dafür verantwortlich gewesen.

303 ABMG 129 (1893 Februar 7, Übergabeprotokoll des Genossenschaftsvermögens).

304 Leute/Schriebl/Wallnöfer 2000, 268.

305 Leute/Schriebl/Wallnöfer 2000, 269.

306 Leute/Schriebl/Wallnöfer 2000, 270.

307 Siehe auch Kapitel „Genossenschaft" in diesem Band.

308 Leute/Schriebl/Wallnöfer 2000, 268.

309 Leute/Schriebl/Wallnöfer 2000, 268.

310 ADG, PA Ferlach/Borovlje, Geburtsbuch VI, 180, http://www.data.matricula.info/php/view.php?ar_id=3670&link=462d3035x8 (30.8.2016).

311 Stammbaum für die Nachkommen von Anton Fanzoj (1786–1850), vermählt mit Maria, geb. Preschern (1777–1859), zusammengestellt von J. A. Sagoschen (Manuskript 1961) 10 Nr. 108, Nr. 110) (Archiv Fanzoj).

312 KLA, BB BH Klagenfurt, Schachtel 610 (o. D., um 1892, Verzeichnisse sämtlicher Büchsenmachermeister, Gehilfen und Lehrlinge in Ferlach).

313 ADG, PA Glainach/Glinje, Geburtsbuch IX, 143 (1860 Mai 5) http://data.matricula-online.eu/de/oesterreich/gurk/glainach-glinje/G03_010-1/?pg=146 (1.12.2017).

314 ABMG 144–146 (1862 Mai 25, Vorsteherwahl), 145.

315 KLA, SB AHS, A 2730 Protokollbuch über Freisprechen und Aufdingen von Lehrlingen, 15 v. (1874 Dezember 20).

316 KLA, BB BH Klagenfurt, Schachtel 610 (1884 September 13).

317 KLA, BB BH Klagenfurt, Schachtel 610 (1885 August 23, Gehilfenversammlung der Büchsenmacher).

318 KLA, BB BH Klagenfurt, Schachtel 610 (1897 Juli 27, Generalversammlung Genossenschaft).

319 ABMG, 234–277 (Grundbuch der Büchsenmachergenossenschaft) 238 (Nr. 22).

320 KLA, BB BH Klagenfurt, Schachtel 610 (1893 September 4, Büchsenmacher an BH).

321 BMM Ferlach, Vitrine Antonitsch.

322 Franz Ferdinand von Österreich-Este, https://de.wikipedia.org/wiki/Franz_Ferdinand_von_%C3%96sterreich-Este (5.4.2016).

323 Marlene Ott-Wodni, Das Jagdschloss des Erzherzogs Franz Ferdinand in Lölling. Carinthia I 205, 2015, 299–313.

324 BMM Ferlach (1895 Mai27).

325 Siehe auch Kapitel „Büchsenmacher im 20. Jahrhundert"in diesem Band.

326 ADG, PA Ferlach/Borovlje, Geburtsbuch VII; 150, http://www.data.matricula.info/php/view.php?ar_id=3670&link=462d3035x10 (30.8.2016).

327 ABMG. 234–277 (Grundbuch der Büchsenmachergenossenschaft), 259 (Nr. 125).

328 ADG, PA Ferlach/Borovlje, Geburtsbuch IX, 8, http://www.data.matricula.info/php/view.php?ar_id=3670&link=462d3035x11 (30.8.2016). – Mutter Clementine verstarb am 23. Februar 1914 (ADG, PA Ferlach/Borovlje, Sterbbuch VII, 4, http://www.data.matricula.info/php/view.php?ar_id=3670&link=462d3035x28, 22.8.2016). Ein weiterer Sohn des Anton und der Clementine Antonitsch, Alfons Anton, wurde 1884 geboren. Alfons Anton trat zwischenzeitlich zum Protestantismus über und verstarb 1965 in Villach (ADG, PA Ferlach/Borovlje, Geburtsbuch VII; 150, http://www.data.matricula.info/php/view.php?ar_id=3670&link=462d3035x10 (30.8.2016).

329 ABMG. 234–277 (Grundbuch der Büchsenmachergenossenschaft), 263.

330 ABMG. 234–277, (Grundbuch der Büchsenmachergenossenschaft), 267.

331 KLA, BB BH Klagenfurt, Schachtel 610 (o.D., um 1892, Verzeichnisse sämtlicher Büchsenmachermeister, Gehilfen und Lehrlinge in Ferlach).

332 KLA, BB BH Klagenfurt, Schachtel 610 (1884 September 13).

333 Siehe Verzeichnis der Ferlacher Büchsenmacher in diesem Band.

334 KLA, SB AHS, A 2730 Protokollbuch über Freisprechen und Aufdingen von Lehrlingen, 8 v. (19. Dezember 1896, Markus Ogris wird von seinem Bruder Josef Ogris als Rohrschmied freigesprochen), 73 v. (22. September 1895, Friedrich Ogris wird von seinem Vater Josef Ogris als Rohrschmied und Beschlägemacher freigesprochen).

335 KLA, BB BH Klagenfurt, Schachtel 610 (1888 März 25, Protokoll Generalversammlung Genossenschaft). – KLA, BB BH Klagenfurt, Schachtel 610 (1897 Juli 27, Protokoll Generalversammlung Genossenschaft).

336 ABMG, 234–277 (Grundbuch der Büchsenmachergenossenschaft), 238 (Nr. 19).

337 Baumgartner 1953, 273 Anm. 222.

338 KLA, BB BH Klagenfurt, Schachtel 610 (1893 September 4, Büchsenmacher an BH).

339 Vgl. KLA, SB AHS, A 2730 Protokollbuch über Freisprechen und Aufdingen von Lehrlingen.

340 ADG, PA Ferlach/Borovlje, Sterbbuch VI, 111, http://www.data.matricula.info/php/view.php?ar_id=3670&link=462d3035x27 (22.8.2016).

341 ADG, PA Ferlach/Borovlje, Sterbbuch VII, 56, http://www.data.matricula.info/php/view.php?ar_id=3670&link=462d3035x28 (29.8.2016). – Ein weiterer Büchsenmacher mit dem Namen Josef Ogris, geboren am 22.12.1869 hielt sich um 1892 beim Militär auf (KLA, BB BH Klagenfurt, Schachtel 610, o.D., um 1892, Verzeichnisse sämtlicher Büchsenmachermeister, Gehilfen und Lehrlinge in Ferlach).

342 ABMG, 99–103 (Geschäftsbericht Genossenschaft für das Bilanzjahr 1901).

343 Walter Bradler/Wolfgang Wehap, Rarer Bambus in neuem Glanz, http://graz.radln.net/cms/beitrag/11274155/58512673/ (29.8.2016).

344 ABMG, 278–344 (Geschäftsanteilbuch der Maschinenbezugsgenossenschaft, 284 und 313 (Nr. 9).

345 Büchsenmachermuseum Ferlach, Vitrine Markus Ogris. Patentanatrag Thomas Köfler.

346 Tuschar 1996, 42.

347 KLA, BB BH Klagenfurt, Schachtel 611 (1912 Mai 3, Sitzung des Fachschulausschusses).

348 KLA, BB BH Klagenfurt, Schachtel 611 (1909 Juni 10, Generalversammlung Genossenschaft). – KLA, BB BH Klagenfurt, Schachtel 611 (1918 Jänner 24, Landespräsident an BH).

349 KLA, BB BH Klagenfurt, Schachtel 611 (1912 Juli 6, Generalversammlung Genossenschaft).

350 KLA, BB Ferlach Bezirkshauptmannschaft, Schachtel 16 (1916 Juni 12, Jagdpachtvertrag für Jagd Weizelsdorf).

351 KLA, BB BH Klagenfurt, Schachtel 611 (1915 Jänner 30, Vogl an Ogris).

352 KLA, BB BH Klagenfurt, Schachtel 611 (1915 Februar 10, Protokoll Besprechung in der BH).

353 KLA, BB BH Klagenfurt, Schachtel 611 (1918 Feb, Schreiben an Kessner).

354 Tuschar 1996, 46.

355 KLA, BB BH Klagenfurt, Schachtel 611 (1920 Dezember 6, Genossenschaftsversammlung).

356 KLA, BB Ferlach Bezirkshauptmannschaft, Schachtel 1 (1919 Mai 12, Auszug aus der Gemeinderatssitzung).

357 ADG, PA Ferlach/Borovlje, Sterbebuch VII, 56, http://www.data.matricula.info/php/view.php?ar_id=3670&link=462d3035x28 (29.8.2016).

358 KLA, BB BH Klagenfurt, Schachtel 611 (1922 Dezember 24, Protokoll Genossenschaftsversammlung).

359 ABMG, 234–277 (Grundbuch der Büchsenmachergenossenschaft), 270.

360 Kärntner Amts- und Adressbuch 1939,411 https://www.findbuch.at/de/amts-und-adressbuch-1939.html (9.2.2016).

361 Kärntner Amts- und Adressbuch 1947, 457, https://www.findbuch.at/de/amts-und-adressbuch-1947.html (9.2.2016).

362 ADG, PA Ferlach/Borovlje, Geburtsbuch, IX; 134, http://www.data.matricula.info/php/view.php?ar_id=3670&link=462d3035x13# (13.4.2017).

363 Herta Ogris, Die Kriegsereignisse in Kärnten 1809 (phil. Diss. Wien 1941).

364 Baumgartner 1953, 240.

365 Zur Familiengeschichte im Folgenden, wenn nicht anders angegeben: Interview Franz Sodia, 10.9.2015. – Sodia. Jagdwaffen u. Bekleidungsges. m. b. H., Firmengeschichte von Sodia in Ferlach, http://www.sodia.cc/ueber_uns/geschichte/ (15.3.2016). – Sodia. Unsere Geschichte, https://www.sodia-exclusiv.com/geschichte/ (16.3.2016).

366 ADG, PA Glainach/Glinje, Geburtsbuch X, 91 (1871 Oktober 11 Geburt Franz Sodia), http://data.matricula-online.eu/de/oesterreich/gurk/glainach-glinje/G03_011-1/?pg=98 (4.12.2017).

367 ABMG, 147–151 (1871 Jänner 30, Protokoll Bezirkshauptmannschaft), 149.

368 KLA, BB BH Klagenfurt, Schachtel 610 (1884 Oktober 19, Verständigungsausweis).

369 Baumgartner 1953, 273 Anm. 222.

370 KLA, BB BH Klagenfurt, Schachtel 610 (1893 September 4, Ferlacher Büchsenmacher an BH).

371 KLA, BB BH Klagenfurt, Schachtel 610 (1893 September 21, Pleschberger an BH).

372 Interview Franz Sodia, 10.9.2015.

373 KLA, KLA, BB BH Klagenfurt, Schachtel 610 (o. D., ca. 1892, Verzeichnisse sämtlicher Büchsenmachermeister, Gehilfen und Lehrlinge in Ferlach).

374 Büchsenmachermuseum Ferlach, Vitrine Franz Sodia, Jubiläumsbericht 1931.

375 Bei Tuschar 1996, 128 wird er als der zweitälteste Sohn bezeichnet.

376 KLA, SB, AHS A 2730, Protokollbuch über Freisprechen und Aufdingen von Lehrlingen, 88 r. (1900 September 23).

377 KLA, SB, AHS A 2730, Protokollbuch über Freisprechen und Aufdingen von Lehrlingen, 95 r. (1903 März 8).

378 Vgl ADG, PA Glainach/Glinje, Alphabetischer Index zu den Geburtsbüchern 1733–2000, 53–54, http://www.data.matricula.info/php/view.php?ar_id=3670&link=472d3033x17# (6.4.2017).

379 KLA, SB, AHS A 2730, Protokollbuch über Freisprechen und Aufdingen von Lehrlingen, 93 v. (1902 September 21: Jakob Glantschnig von Franz Sodia in die Lehre genommen), 106 r. (1906 Juni 10, Lazzara Ermenegildo von Franz Sodia aufgedungen).

380 Sodia. Jagdwaffen u. Bekleidungsges. m. b. H., Firmengeschichte von Sodia in Ferlach, http://www.sodia.cc/ueber_uns/geschichte/ (15.3.2016). – Sodia. Unsere Geschichte, https://www.sodia-exclusiv.com/geschichte/ (16.3.2016).

381 Waidmannsheil 1904 und 1906 (Kopien Privatbesitz Josef Koschat).

382 Jubiläumsbericht 1931, Büchsenmachermuseum Ferlach, Vitrine Franz Sodia.

383 KLA, SB, AHS A 2730, Protokollbuch über Freisprechen und Aufdingen von Lehrlingen, 101 v. (1905 März 19: Alexander Wizjak von Anton Sodia freigesprochen), 112 r. (1907 Dezember 22: Valentin Tschebaus von Anton Sodia freigesprochen).

384 ABMG, ABMG, 234–277, (Grundbuch der Büchsenmachergenossenschaft), 263 (1911 Juni 30).

385 ABMG, ABMG, 234–277 (Grundbuch der Büchsenmachergenossenschaft), 275 (1901 August 24).

386 KLA, BB BH Klagenfurt, Schachtel 611 (1909 Juni 10, Generalversammlung der Genossenschaft).

387 KLA, BB BH Klagenfurt, Schachtel 611 (1912 Mai 3, Sitzung Fachschulausschuss).

388 Baumgartner 1953, 125.

389 KLA, BB BH Klagenfurt, Schachtel 611 (1915 Februar 10, Protokoll Besprechung BH).

390 KLA, BB BH Klagenfurt, Schachtel 611 (1918 Februar, Mitteilung an Ing. Kessner).

391 KLA, BB BH Klagenfurt, Schachtel 611 (1920 Dezember 6, Genossenschaftsversammlung).

392 KLA, BB Ferlach Bezirkshauptmannschaft, Schachtel 1, 6131 (1919 November 20).

393 Zum Folgenden: Baumgartner 1953, 79–82. – Interview Franz Sodia, 10.9.2015.

394 Büchsenmachermuseum Ferlach, Vitrine Franz Sodia, Jubiläumsbericht 1931.

395 Büchsenmachermuseum Ferlach, Vitrine Franz Sodia (1926 Juli 12, Rechnung Trabi).

396 Büchsenmachermuseum Ferlach, Vitrine Franz Sodia, Jubiläumsbericht 1931.

397 In einigen Quellen wird das Jahr 1929 genannt (Sodia. Jagdwaffen u. Bekleidungsges. m. b. H.,Firmengeschichte von Sodia in Ferlach, http://www.sodia.cc/ueber_uns/geschichte/, 15.3.2016. – Sodia. Unsere Geschichte, https://www.sodia-exclusiv.com/geschichte/, 16.3.2016).

398 Zum Folgenden: Interview Franz Sodia, 10.9.2015.

399 Büchsenmachermuseum Ferlach, Vitrine Franz Sodia (1981 August 12).

400

400 Interview Franz Sodia, 7.7.2016.

401 KLA, BB BH Klagenfurt, Schachtel 611 (1920 Dezember 6, Verhandlungsschrift Genossenschaftsversammlung).

402 KLA, BB Ferlach Bezirkshauptmannschaft (1919 August 20).

403 Katalog Anton Sodia, Gewehrfarbrik Ferlach, Kärnten/Österreich, gegründet 1870 (ca. 1930), 2.

404 KLA, Sicherheitsdirektion, Vereinsakten, Schachtel 185, 6074 (1957 April 26, 1962 Oktober 11).

405 Frau Gerhild Sodia ist für die Durchsicht und Korrektur der Daten zu danken.

406 Vgl. KLA, SB AHS,A 2730 Protokollbuch über Freisprechen und Aufdingen von Lehrlingen.

407 KLA, SB AHS,A 2730 Protokollbuch über Freisprechen und Aufdingen von Lehrlingen, 110 r. (1907 Mai 26).

408 ABMG 161–166 (1840, Meisterverzeichnis); Nr. 17 Mathäus Winkler (Unterferlach), Nr. 37 Johann Winkler (Ferlach), Nr. 93 Jakob Winkler (Gabl), Nr. 104 Johann Winkler (Unterferlach), Nr. 148 Simon Winkler (Ferlach), Nr. 216 Jakob Winkler (Unterferlach), Nr. 243 Matheus Winkler (Tratten), Nr. 258 Joseph Winkler (Tratten).

409 Siehe auch unten und Kapitel „Büchsenmacher der Gegenwart" in diesem Band.

410 ADG, PA Ferlach/Borovlje, Sterbbuch VII, 105, http://www.data.matricula.info/php/view.php?ar_id=3670&link=462d3035x28 (29.8.2016).

411 ABMG, 234–277 (Grundbuch der Büchsenmachergenossenschaft), 276.

412 KLA, BB BH Klagenfurt, Schachtel 610 (o. D., ca. 1892, Verzeichnisse sämtlicher Büchsenmachermeister, Gehilfen und Lehrlinge in Ferlach).

413 KLA, BB BH Klagenfurt, Schachtel 610 (1897 Juli 27, Generalversammlung der Genossenschaft).

414 KLA, BB BH Klagenfurt, Schachtel 610 (1893 September 4, Ferlacher Büchsenmacher an BH).

415 ABMG, 278–344 (Geschäftsanteilbuch der Maschinenbezugsgenossenschaft), 289 und 318.

416 BMM Ferlach (1922 Februar 28, Vorfaktur Maschinenhaus an Josef Winkler).

417 ADG, PA Ferlach/Borovlje, Sterbbuch VII, 105, http://www.data.matricula.info/php/view.php?ar_id=3670&link=462d3035x28 (29.8.2016).

418 ABMG, 234–277 (Grundbuch der Büchsenmachergenossenschaft), 271 und 277.

419 KLA, Slowenenaussiedlung und Wiedergutmachung, Schachtel 1, Rosa Winkler.

420 KLA, Slowenenaussiedlung und Wiedergutmachung, Schachtel 1, Rosa Winkler (1942 Februar 7, Reichsstatthalter an DA).

421 KLA, Slowenenaussiedlung und Wiedergutmachung, Schachtel 1, Rosa Winkler (1942 Februar 25, DA an Gaugrenzlandamt).

422 KLA, Slowenenaussiedlung und Wiedergutmachung, Schachtel 1, Rosa Winkler (1943 August 25, Genossenschafts-Maschinenhaus an DUT). – Grabmal Winkler-Schuschnig-Smerischnig, Parkfriedhof Ferlach.

423 KLA, Slowenenaussiedlung und Wiedergutmachung, Schachtel 1, Rosa Winkler (1942 Februar 27).

424 KLA, Slowenenaussiedlung und Wiedergutmachung, Schachtel 1, Rosa Winkler (1943 November 20, DUT an DA).

425 KLA, Slowenenaussiedlung und Wiedergutmachung, Schachtel 1, Rosa Winkler (1942 März 9).

426 DOW, Die Deportation der Kärntner Sloweninnen, http://ausstellung.de.doew.at/b168.html (22.3.2016).

427 KLA, Slowenenaussiedlung und Wiedergutmachung, Schachtel 1, Rosa Winkler (1942 April 27, Inventar der Rosa Winkler).

428 KLA, Slowenenaussiedlung und Wiedergutmachung, Schachtel 1, Rosa Winkler (1942 November 9, Schätzgutachten Paul Freißegger).

429 KLA, Slowenenaussiedlung und Wiedergutmachung, Schachtel 1, Rosa Winkler (1943 November 20, DUT an DA).

430 Z. B. KLA, Slowenenaussiedlung und Wiedergutmachung, Schachtel 1, Rosa Winkler (1943 Juli 7, DUT an Fa. Maszorana in Zara Bergamo).

431 KLA, Slowenenaussiedlung und Wiedergutmachung, Schachtel 1, Rosa Winkler (1942 November 27, Rechnung Simon Kalischnig).

432 KLA, Slowenenaussiedlung und Wiedergutmachung, Schachtel 1, Rosa Winkler (1943 August 14, Urgenz Schaschl-Outschar an DUT), (1944 Juni 7, DUTG an Finanzamt Klagenfurt).

433 KLA, Slowenenaussiedlung und Wiedergutmachung, Schachtel 1, Rosa Winkler (1945 Oktober 20, Niederschrift).

434 KLA, Slowenenaussiedlung und Wiedergutmachung, Schachtel 1, Rosa Winkler (1946 August 13: 13.000 Schilling), (1947 Jänner 31: 28.500 Schilling), (1947 September 1: 17.000 Schilling).

435 KLA, Slowenenaussiedlung und Wiedergutmachung, Schachtel 1, Rosa Winkler (1949 März 10, Rückstellungsantrag Rosa Winkler).

436 KLA, Slowenenaussiedlung und Wiedergutmachung, Schachtel 1, Rosa Winkler (1942 August 15, DUT an Bürgermeisteramt).

437 ABMG, 234–277 (Grundbuch der Büchsenmachergenossenschaft), 271.

438 Interview Johann Wolte, 25.11.2015. – Interview Herbert Urbas, 18.11.2015. – Interview Herbert Schreiring, 20.1.2016.

439 KLA, SB AHS, A 2730 Protokollbuch über Freisprechen und Aufdingen von Lehrlingen. 32 v. (1886 März 21)

440 KLA, BB BH Klagenfurt, Schachtel 610 (o. D., um 1892, Verzeichnisse sämtlicher Büchsenmachermeister, Gehilfen und Lehrlinge in Ferlach).

441 KLA, BB BH Klagenfurt, Schachtel 610 (1897 Juli 27, Generalversammlung der Genossenschaft).

442 KLA, SB AHS, A 2730 Protokollbuch über Freisprechen und Aufdingen von Lehrlingen, 90 v. (1901 Juni 2, Peter Hoinig aufgedungen), 99 v. (1904 Mai 29, Jakob Wernig aufgedungen), 116 r. (1908 Dezember 20, Josef Winkler aufgedungen).

443 Grabmal Winkler, Ferlach Parkfriedhof.

444 ABMG, 234–277 (Grundbuch der Büchsenmachergenossenschaft), 276.

445 Katalog Benedikt Winkler, Ferlach, Präzisions-Gewehrfabrik [o. D., ca. 1933] (Privatbesitz Josef Winkler)– Dass es Verwechslungen gab, belegt auch ein Schriftwechsel der Mannheimer Versicherung in Wien mit der DUT in Zusammenhang mit der Aussiedlung von Rosa Winkler. Die Mannheimer Versicherung wandte sich 1942 an die DUT, da sie eine Haftpflichtversicherungspolizze auf Josef Winkler, wohnhaft Postgasse 1, hatte mit der Bitte um Aufklärung. Die Polizze wurde irrtümlich dem Betrieb Josef und Rosa Winkler zugerechnet (KLA, Slowenenaussiedlung und Wiedergutmachung, Schachtel 1, Rosa Winkler, 1942 April 29, Frage- und Aufnahmebogen Rosa Winkler; 1943 April 1, Mannheimer Versicherung wegen Haftpflicht).

446 Auch die Triumph-Bockbüchsflinte, die in Österreich eingeführte Bezeichnung für eine Bockbüchsflinte mit seitlichem Kleinkaliberlauf, soll auf einer Idee von Benedikt Winkler und seinem Gehilfen Hans Michelitsch beruhen. Die ersten nachweisbaren Waffen dieser Art wurden 1934 von den Firmen Josef Winkler und Benedikt Winkler gebaut (Kopie Privatbesitz Josef Winkler).

447 Kärntner Amts- und Adressbuch 1939, 411, 461, https://www.findbuch.at/de/amts-und-adressbuch-1939.html (9.2.2016). – Kärntner Amts- und Adressbuch 1947, 457, 629, https://www.findbuch.at/de/amts-und-adressbuch-1947.html (9.2.2016).

448 Volksblatt Nr. 7, 5. Jahrgang, 20. Februar 1954 (Privatbesitz Josef Winkler).

449 Interview Josef Winkler, 6.10.2015.

450 Interview Josef Koschat, 1.9.2015. – Tuschar 1996, 229–231.

451 Grabmal Johann Sigott (1872–1955), Parkfriedhof Ferlach.

452 Tuschar 1996, 229.

453 Baumgartner 1953, 239.

454 ABMG, 161–166 (Meisterverzeichnis 1840): Nr. 116 (Jakob), Nr. 193 (Joseph), Nr. 206 (Johann).

455 ADG, PA Glainach/Glinje, Geburtsbuch X, 101, http://www.data.matricula.info/php/view.php?ar_id=3670&link=472d3033x13# (13.4.2017).

456 KLA, SB AHS, A 2730 Protokollbuch über Freisprechen und Aufdingen von Lehrlingen, 31 r. (1885 Dezember 20).

457 KLA, SB AHS, A 2730 Protokollbuch über Freisprechen und Aufdingen von Lehrlingen, 74 v. (1897 März 14).

458 ABMG, 234–277 (Grundbuch der Büchsenmacher-Genossenschaft), 271.

459 ABMG, 234–277 (Grundbuch der Büchsenmacher-Genossenschaft), 251 (Nr. 87).

460 ADG, PA Glainach/Glinje, Geburtsbuch XI, 11 (1874 Oktober 5), http://data.matricula-online.eu/de/oesterreich/gurk/glainach-glinje/G03_012-1/?pg=14 (4.12.2017).

461 KLA, SB AHS, A 2730 Protokollbuch über Freisprechen und Aufdingen von Lehrlingen, 44 v. (1888 Dezember 23).

462 ABMG, 234–277(Grundbuch der Büchsenmacher-Genossenschaft), 271 und 277.

463 KLA, BB BH Klagenfurt, Schachtel 610 (1909 Juni 10, Generalversammlung der Genossenschaft), (1912 Juli 6, Generalversammlung der Genossenschaft).

464 KLA, BB BH Klagenfurt, Schachtel 610 (1915 Februar 10, Protokoll Besprechung bei BH).

465 ABMG, 386–519, (Protokollbuch der Genossenschafts-Vorstehung 1923–1938), 451 (1929 Dezember 30).

466 ABMG, 386–519, (Protokollbuch der Genossenschafts-Vorstehung 1923–1938), 449 (1929 November 15).

467 ABMG, 386–519, (Protokollbuch der Genossenschafts-Vorstehung 1923–1938), 459 (1930 September 2).

468 Roman Puschnig, Von der Tierwelt des Rosentales. Carinthia I, Sonderheft 1930, 83–133, 95 Anm. 11.

469 Tuschar 1996, 229–231.

470 Vgl. ABMG, 386–519 (Protokollbuch der Genossenschafts-Vorstehung 1923–1938), 499 (1936 Juli 28, Protokoll Fachausschuss).

471 Volksblatt Nr. 7, 5. Jahrgang, 20. Februar 1954 (Privatarchiv Josef Winkler).

472 KLA, BB BH Klagenfurt, Schachtel 610 (o. D., ca. 1892, Verzeichnisse sämtlicher Büchsenmachermeister, Gehilfen und Lehrlinge in Ferlach). Dort ist als Geburtsjahr allerdings 1871 vermerkt. Am Grabmal am Parkfriedhof in Ferlach ist das Geburtsjahr mit 1872 angegeben.

473 KLA, SB AHS, A 2730 Protokollbuch über Freisprechen und Aufdingen von Lehrlingen, 33 v. (1886 Juni 20).

474 ADG, PA Ferlach/Borovlje, Geburtsbuch 10, 98, http://www.data.matricula.info/php/view.php?ar_id=3670&link=472d3033x13# (13.4.2017).

475 Interview Herbert Urbas, 17.9.2015.

476 Schriftliche Mitteilung Herbert Urbas, 15.7.2016.

477 ABMG, 234–277, (Grundbuch der Büchsenmacher-Genossenschaft), 242.

478 KLA, BB BH Klagenfurt, Schachtel 610 (1897 Juli 27, Generalversammlung der Genossenschaft).

479 KLA, SB AHS, A 2730 Protokollbuch über Freisprechen und Aufdingen von Lehrlingen, 108 r. (1906 Dezember 23, Freisprechung).

480 Interview Herbert Urbas, 17.9.2015.

481 KLA, BB BH Klagenfurt, Schachtel 610 (1908 April 5, Generalversammlung der Genossenschaft).

482 KLA, BB BH Klagenfurt, Schachtel 610 (1910 August 20, Protokoll Genossenschaftsversammlung).

483 KLA, BB BH Klagenfurt, Schachtel 610 (1909 Juni 10, Generalversammlung der Genossenschaft).

484 KLA, BB BH Klagenfurt, Schachtel 610 (1912 Juli 6, Generalversammlung der Genossenschaft).

485 KLA, BB BH Klagenfurt, Schachtel 610 (1915 Februar 10, Besprechungsprotokoll bez. Verhältnisse der Büchsenmacher).

486 KLA, BB BH Klagenfurt, Schachtel 610 (1918 Februar, Ernennung der Kommissäre durch die k. k. Landesregierung).

487 KLA, BB BH Klagenfurt, Schachtel 610 (1918 Februar 19, Vogl an Regierungsrat Ritter von Rainer).

488 KLA, BB BH Klagenfurt, Schachtel 610 (1920 Dezember 6, Verhandlungsschrift Genossenschaftsversammlung).

489 KLA, BB BH Klagenfurt, Schachtel 610 (1922 Dezember 24, Protokoll Genossenschaftsversammlung).

490 ABMG 234–277 (Grundbuch der Büchsenmacher-Genossenschaft), 278.

491 Grabmal Urbas, Parkfriedhof Ferlach.

492 Zu Rosenzopf siehe auch Kapitel „Genossenschaft“in diesem Band.

493 Interview Herbert Urbas, 17.9.2015.

494 Kärntner Amts- und Adressbuch 1947, 457, 629, https://www.findbuch.at/de/amts-und-adressbuch-1947.html (9.2.2016). – Siehe Kapitel 1.

495 ABMG, 234–277 (Grundbuch der Büchsenmacher-Genossenschaft), 262.

496 Interview Josef Hambrusch, 8.9.2015.

497 Interview Herbert Urbas, 17.9.2015.

498 Interview Franz Sodia, 10.9.2015.

499 Interview Peter Hofer, 23.11.2015. – Interview Karl-Heinz Klein, 22.1.2016.

500

500 Interview Peter Hofer, 23.11.2015.

501 KLA, SB AHS, A 2730 Protokollbuch über Freisprechen und Aufdingen von Lehrlingen.

502 KLA, BB BH Klagenfurt, Schachtel 610 (1888 Mai 27, Genossenschaftsversammlung).

503 ABMG, 234–277 (Grundbuch der Büchsenmacher-Genossenschaft), 239.

504 KLA, SB AHS, A 2730 Protokollbuch über Freisprechen und Aufdingen von Lehrlingen.

505 KLA, BB BH Klagenfurt, Schachtel 610 (1922 Dezember 24, Protokoll Generalversammlung der Genossenschaft).

506 ABMG, 380 (1984 Oktober 2, Übertragserklärung Gottfried Juch). – Zur Verwandtschaftsbeziehung: mündliche Mitteilung Rainer Adamik, 22.8.2016.

507 Jagdwaffen Juch Grund Ferlach, http://www.jagdwaffen-juch-grund-ferlach.at/index.php/waffengalerie (18.4.2016).

508 KLA, BB BH Klagenfurt, Schachtel 610 (o. D., ca. 1892, Verzeichnisse sämtlicher Büchsenmachermeister, Gehilfen und Lehrlinge in Ferlach). – ABMG, 234–277 (Grundbuch der Büchsenmacher-Genossenschaft), 243 (Nr. 43).

509 ADG, PA Glainach/Glinje, Geburtsbuch XI, 47, http://www.data.matricula.info/php/view.php?ar_id=3670&link=472d3033x14 (30.8.2016).

510 KLA, SB AHS, A 2730 Protokollbuch über Freisprechen und Aufdingen von Lehrlingen, 41 r. (1888 Februar 26).

511 KLA, SB AHS, A 2730 Protokollbuch über Freisprechen und Aufdingen von Lehrlingen, 83 r. (1898 September 25).

512 ABMG, 234–277 (Grundbuch der Büchsenmacher-Genossenschaft), 261 (Nr. 146 Michael Pegam), 270 (Jakob Pegam).

513 ABMG, 234–277 (Grundbuch der Büchsenmacher-Genossenschaft) 263 (o. Nr.).

514 Siehe ABMG, 386–519 (Protokollbuch der Genossenschafts-Vorstehung 1923–1938), zahlreiche Unterschriften unter den Protokollen.

515 ABMG, 234–277 (Grundbuch der Büchsenmacher-Genossenschaft), 270.

516 ADG, Glainach/Glinje, Geburtsbuch XII, 105, http://www.data.matricula.info/php/view.php?ar_id=3670&link=472d3033x15 (30.9.2016).

517 ABMG, 234–277 (Grundbuch der Büchsenmacher-Genossenschaft), 270.

518 ADG, PA Ferlach/Borovlje X, 72, http://www.data.matricula.info/php/view.php?ar_id=3670&link=462d3035x12 (30.8.2016).

519 Josef Pegam war am 26.7.1900 in der Pfarre Glainach zur Welt gekommen (ADG, Glainach/Glinje, Geburtsbuch XII, 105, http://www.data.matricula.info/php/view.php?ar_id=3670&link=472d3033x15, 30.9.2016).

520 Kärntner Amts- und Adressbuch 1939, 461, https://www.findbuch.at/de/amts-und-adressbuch-1939.html (9.2.2016).

521 Verzeichnis über jene Büchsenmacher der Gemeinde Ferlach, die nach dem Umbruch ins Altreich abgewandert sind (Privatbesitz Rainer Adamik).

522 PA, ADG Ferlach/Borovlje, Sterbbuch VII, 107, http://www.data.matricula.info/php/view.php?ar_id=3670&link=462d3035x28 (29.8.2016).

523 ADG, PA Ferlach/Borovlje, Geburtsbuch X, 189. http://www.data.matricula.info/php/view.php?ar_id=3670&link=462d3035x12 (30.8.2016).

524 ADG, PA Ferlach/Borovlje, Sterbbuch VII, 191, http://www.data.matricula.info/php/view.php?ar_id=3670&link=462d3035x28 (30.8.2016).

525 Baumgartner 1953, 240.

526 ADG, PA Ferlach/Borovlje, Index zu Geburtsbüchern, 50, http://www.data.matricula.info/php/view.php?ar_id=3670&link=462d3035x15 (30.8.2016).

527 Interview Josef Hambrusch, 8.9.2015. – Interview Herbert Urbas, 17.9.2015. – Interview Franz Sodia, 10.9.2015.

528 Grabmal Kruschitz, Parkfriedhof Ferlach.

529 ABMG, 234–277 (Grundbuch der Büchsenmachergenossenschaft), 269.

530 Büchsenmachermeister Martin Kruschitz, Über uns: Firmengeschichte, http://www.martin-kruschitz.at/ (19.4.2016).

531 Interview Walter Schaschl-Outschar, 26.11.2015.

532 75 Jahre Fachschule, 38.

533 KLA, BB Ferlach Bezirkshauptmannschaft, 1262 (1919 Juli 8, Verzeichnis der Lehrkräfte).

534 ABMG, 234–277 (Grundbuch der Büchsenmacher-Genossenschaft), 267 und 274

535 Siehe ABMG, 386–519 (Protokollbuch der Genossenschafts-Vorstehung 1923–1938).

536 Verzeichnis über jene Büchsenmacher der Gemeinde Ferlach, die nach dem Umbruch ins Altreich abgewandert sind (Privatbesitz Rainer Adamik). – Verzeichnis über jene Büchsenmacher, der Gemeinde Ferlach, die in den letzten 6 Monaten vor dem Umbruch ins Altreich ausgewandert sind (Privatbesitz Rainer Adamik).

537 Vgl. Verzeichnis der Ferlacher Büchsenmacher in diesem Band.

538 KLA, BB BH Klagenfurt, Schachtel 610 (1895 September 18).

539 KLA, BB BH Klagenfurt, Schachtel 610 (1886 Jänner 4).

540 Siehe Kapitel „Genossenschaft" in diesem Band.

541 ABMG, 234–277 (Grundbuch der Büchsenmacher-Genossenschaft), 236 (Nr. 9).

542 ADG, PA Ferlach/Borovlje, Geburtsbuch VIII, 89, 21. September 1878, http://www.data.matricula.info/php/view.php?ar_id=3670&link=462d3035x10# (16.4.2017).

543 ABMG, 234–277 (Grundbuch der Büchsenmacher-Genossenschaft), 260 (Nr. 123 Peter Mischitz).

544 ADG, PA Ferlach/Borovlje, Geburtsbuch VIII, 22. November 1883, http://www.data.matricula.info/php/view.php?ar_id=3670&link=462d3035x10# (16.4.2017).

545 ABMG, 234–277 (Grundbuch der Büchsenmacher-Genossenschaft), 263 (Grundbuch der Büchsenmacher-Genossenschaft, o. Nr. Josef Mischitz).

546 ADG, PA Ferlach/Borovlje, Geburtsbuch X, 142, 14. Jänner 1907, http://www.data.matricula.info/php/view.php?ar_id=3670&link=462d3035x12# (16.4.2017).

547 Kärntner Amts- und Adressbuch 1947, 629, https://www.findbuch.at/de/amts-und-adressbuch-1947.html (9.2.2016).

548 ADG, PA Ferlach/Borovlje, Geburtsbuch X, 142, 14. Jänner 1907, http://www.data.matricula.info/php/view.php?ar_id=3670&link=462d3035x12# (16.4.2017).

549 Baumgartner 1953, 240.

550 Ludwig Borovnik, http://www.ludwigborovnik.at/index.php/de/geschichte (21.3.2016).

551 ABMG, 139–141, (Verzeichnis der aufgedingten und freygesprochenen Individuen bei dem Büchsenmacher Handwerke 1839–1840), 140.

552 Die Filiation wird im Geburtsbuch der Pfarre Ferlach bei der am 27. März 1856 geborenen Franziska Paula, einer Schwester des Ludwig Borovnik (II.), angegeben (ADG, PA Ferlach/Borovlje, Geburtsbuch VI, 163, http://www.data.matricula.info/php/view.php?ar_id=3670&link=462d3035x8#, 14.4.2017).

553 ABMG. 161–166 (Meisterverzeichnis 1840), 161.

554 ADG, PA Ferlach/Borovlje, Sterbbuch IV, 15, 4. Mai 1838, (http://www.data.matricula.info/php/view.php?ar_id=3670&link=462d3035x25# (14.4.2017).

555 So angegeben bei der Geburt des Johann Borounigg am 15. September 1820 (ADG, PA Ferlach/Borovlje, Geburtsbuch V, 21, http://www.data.matricula.info/php/view.php?ar_id=3670&link=462d3035x7#, 14.4.2017).

556 Martin Borounigg wurde am 30. Oktober 1824 in Dobrowa 3 geboren (ADG, PA Ferlach/Borovlje, Geburtsbuch V, 95–96, http://www.data.matricula.info/php/view.php?ar_id=3670&link=462d3035x7#,, 14.4.2017).

557 ADG, PA Ferlach/Borovlje, Geburtsbuch VI, 179, 19. August 1857, http://www.data.matricula.info/php/view.php?ar_id=3670&link=462d3035x8# (14.4.2017).

558 Vgl. KLA, SB AHS, A 2730, Protokollbuch über Freisprechen und Aufdingen von Lehrlingen.

559 Vgl. Verzeichnis der Ferlacher Büchsenmacher in diesem Band.

560 KLA, SB AHS A 2730, Protokollbuch über Freisprechen und Aufdingen von Lehrlingen, 100 v. (1904 Dezember 18).

561 KLA, SB AHS A 2730, Protokollbuch über Freisprechen und Aufdingen von Lehrlingen, 113 r. (1908 Jänner 19).

562 KLA, SB AHS A 2730, Protokollbuch über Freisprechen und Aufdingen von Lehrlingen, 116 v. (1908 Dezember 20).

563 ABMG, 234–277 (Grundbuch der Büchsenmacher-Genossenschaft), 240 (Nr. 31 bzw. 18).

564 KLA, BB BH Klagenfurt, Schachtel 611 (1918 Februar 19, Vogl an Regierungsrat Rainer).

565 ABMG, 278–344 (Geschäftsanteilbuch der Maschinenbezugsgenossenschaft, eingetragen ins Handelsregister am 30. Jänner 1905), 280.

566 Tuschar 1996, 44.

567 Schriftliche Mitteilung Ludwig Barovnik V., 4.5.2017.

568 KLA, BB Ferlach Bezirkshauptmannschaft, Schachtel 11, 1408 (1919 August 8).

569 Vgl. Ethnophaulismen, http://members.chello.at/heinz.pohl/Ethnophaulismen.htm (21.3.2016).

570 KLA, BB Ferlach Bezirkshauptmannschaft, Schachtel 11, 721 (1919 Juli 19, Consignation über in Laibach internierte Büchsenmacher-Gehilfen und Meister).

571 Siehe auch Kapitel „Genossenschaft" in diesem Band.

572 KLA BB Ferlach Bezirkshauptmannschaft, Schachtel 11, 962 (1919 Juli 29).

573 KLA BB Ferlach Bezirkshauptmannschaft, Schachtel 1 (1919 Juni 23, Jagdversteigerungs-Protokoll).

574 DOW, Die Deportation der Kärntner Sloweninnen, http://ausstellung.de.doew.at/b168.html (22.3.2016).

575 Siehe Kapitel „Büchsenmacher im 20. Jahrhundert"in diesem Band.

576 KLA, Slowenenaussiedlung und Wiedergutmachung, Schachtel 2, 12, Sebastian Borovnik.

577 KLA, Slowenenaussiedlung und Wiedergutmachung, Schachtel 2, 12, Sebastian Borovnik (1942 April 29, Frage- und Aufnahmebogen).

578 KLA, Slowenenaussiedlung und Wiedergutmachung, Schachtel 2, 12, Sebastian Borovnik (1942 Juli 3, Schätzgutachten Paul Freißegger, Ehrental).

579 KLA, Slowenenaussiedlung und Wiedergutmachung, Schachtel 2, 12, Sebastian Borovnik (1943 Mai 3, Einnahmenlisten).

580 KLA, Slowenenaussiedlung und Wiedergutmachung, Schachtel 2, 12, Sebastian Borovnik (1945 März 25, Liste Nr. 10, ausgestellt vom Genossenschafts-Maschinenhaus der Büchsenmacher in Ferlach).

581 KLA, Slowenenaussiedlung und Wiedergutmachung, Schachtel 2, 12, Sebastian Borovnik.

582 KLA, Slowenenaussiedlung und Wiedergutmachung, Schachtel 2, 12, Sebastian Borovnik (1943 April 13, DUT an Franz und Anna Rausch).

583 KLA, Slowenenaussiedlung und Wiedergutmachung, Schachtel 2, 12, Sebastian Borovnik (1943 September 22, Mori an DUT).

584 KLA, Slowenenaussiedlung und Wiedergutmachung, Schachtel 2, 12, Sebastian Borovnik (1949 Juli 15, Vergleichsausfertigung zwischen DUT und Miggitsch).

585 KLA, Slowenenaussiedlung und Wiedergutmachung, Schachtel 2, 12, Sebastian Borovnik (1945 April 7, DUT an Miggitsch).

586 KLA, Slowenenaussiedlung und Wiedergutmachung, Schachtel 2, 12, Sebastian Borovnik (1945 Oktober 23, Niederschrift über die Übernahme der Jagdgewehrfabrik und des Wohnhauses).

587 KLA, Slowenenaussiedlung und Wiedergutmachung, Schachtel 2, 12, Sebastian Borovnik (1946 Mai 9: 8.000 Schilling, 1946 August 13: 13.000 Schilling, 1947 September 1: 17.400 Schilling und 11.000 Schilling).

588 KLA, Slowenenaussiedlung und Wiedergutmachung, Schachtel 2, 12, Sebastian Borovnik (1949 Juli 15, Verpflichtung der DUT).

589 In der Familien- und Firmengeschichte wird Ludwig Borovnik II. als der vertriebene und ruckgekehrte Ahne genannt. Sebastian Borovnik wird nicht erwähnt (Ludwig Borovnik, http://www.ludwigborovnik.at/index.php/de/geschichte, 21.3.2016). Doch auch die Grabstätte der Familie Borovnik am Ferlacher Parkfriedhof gibt das Todesjahr von Ludwig Borovnik mit 1932 an, jenes von Sebastian Borovnik mit 1949.

590 Schriftliche Mitteilung Ludwig Barovnik V., 4.5.2017.

591 Christian Mayr, Der große König und die kleinen Ferlacher Büchsenmacher, Wiener Zeitung 16.4.2012 (http://www.wienerzeitung.at/nachrichten/oesterreich/chronik/451048_Der-grosse-Koenig-und-die-kleinen-Ferlacher-Buechsenmacher.html, 29.3.2016).

592 Ludwig Borovnik, http://www.ludwigborovnik.at/index.php/de/geschichte (21.3.2016).

593 Johann Fanzoj, Fine guns & riflemakers, http://www.fanzoj.com/ (31.5.2016).

594 Stammbaum für die Nachkommen von Anton Fanzoj (1786–1850), vermählt mit Maria, geb. Preschern (1777–1859). Zusammengestellt von Prof. Ing. J. A. Sagoschen (Manuskript 1961).

595 Die in der Folge gebotenen Ergebnisse beruhen überwiegend auf der Auswertung von Quellen zur Büchsenmacherei.

596 Stammbaum für die Nachkommen von Anton Fanzoj (1786–1850), vermählt mit Maria, geb. Preschern (1777–1859). Zusammengestellt von Prof. Ing. J. A. Sagoschen (Manuskript 1961) 4 (5).

597 KLA, AHS, A2370, Protokollbuch über Freisprechen und Aufdingen von Lehrlingen, A 2729, 1794–1809, Topographische Ordnung 229.

598 ADG PA Ferlach/Borovlje, Geburtsbuch V, 189–1839, 137–138, http://www.data.matricula.info/php/view.php?ar_id=3670&link=462d3035x7 (24.1.2017).

599 Stammbaum für die Nachkommen von Anton Fanzoj (1786–1850), vermählt mit Maria, geb. Preschern (1777–1859). Zusammengestellt von Prof. Ing. J. A. Sagoschen (Manuskript 1961) 4 (13), 5 (17).

600

600 ADG PA Ferlach/Borovlje, Geburtsbuch V, 1891–1839, 87–88 http://www.data.matricula.info/php/view.php?ar_id=3670&link=462d3035x7 (24.1.2017). – Diese Namensgleichheit führte in der Folge zu falschen Angaben bez. des Geburtsdatums des nachmaligen Büchsenmachermeisters Johann (Nepomuk) Fanzoj so z. B. im Verzeichnis von ca. 1892 (KLA, BB BH Klagenfurt, Schachtel 610 (o. D., ca. 1892, Verzeichnisse sämtlicher Büchsenmacher-Meister, Gehilfen und Lehrlinge in Ferlach).

601 KLA, AD, Schachtel 263 (1833 August 23, Protokoll aufgenommen von Zunftvorsteher Anton Fanzoy).

602 Baumgartner 1953, 281 Anm. 274.

603 ABMG, 161–166 (1840, Verzeichnis Auflagegelder) 165 (Nr. 226).

604 Vgl. Jernej 2013, 90 Tab. 9.

605 ABMG, 152–158 (Zunftrechnung 1853–1854 mit Beilagen), 155.

606 ABMG, 188–190, (1859 Dezember 24, Vermögensverzeichnis Übergabe Innungskommissär) 188 (Posten Nr. 8).

607 Lehrzeugnis Johann Fanzoj (Archiv Fanzoj).

608 KLA, BB BH Klagenfurt, Schachtel 610 (o. D., ca. 1892, Verzeichnisse sämtlicher Büchsenmacher-Meister, Gehilfen und Lehrlinge in Ferlach).

609 KLA, AHS, A2370, Protokollbuch über Freisprechen und Aufdingen von Lehrlingen, 68 v. (1893 September 24).

610 Vgl. KLA, AHS, A2370, Protokollbuch über Freisprechen und Aufdingen von Lehrlingen.

611 KLA, BB BH Klagenfurt, Schachtel 610 (1884 September 13, Verständigungs-Ausweis).

612 KLA, SB AHS, A2370, Protokollbuch über Freisprechen und Aufdingen von Lehrlingen, 55 v. (1890 Dezember 21).

613 ABMG, 234–277, (Grundbuch Büchsenmacher-Genossenschaft), 239.

614 KLA, AHS, A2370, Protokollbuch über Freisprechen und Aufdingen von Lehrlingen, 87 r. (1900 Juni 10).

615 KLA, AHS, A2370, Protokollbuch über Freisprechen und Aufdingen von Lehrlingen, 89 v., 92 v., 98 v., 101 v., 104 v.

616 KLA, BB BH Klagenfurt, Schachtel 610 (1909 Juni 10, Generalversammlung der Genossenschaft; 1918 Jänner 24, Landespräsident an BH).

617 KLA, BB BH Klagenfurt, Schachtel 610 (1915 Februar 10, Besprechungsprotokoll).

618 ADG, PA Ferlach/Borovlje, Geburtsbuch IX, 81, http://www.data.matricula.info/php/view.php?ar_id=3670&link=462d3035x11 (30.8.2016).

619 ADSG, PA Ferlach/Borovlje, Trauungsbuch V, 128, 7. April 1929 (http://www.data.matricula.info/php/view.php?ar_id=3670&link=462d3035x20#, 15.5.2017).

620 Manuskript Familiengeschichte Kawan (Privatbesitz Johann Fanzoj).

621 Baumgartner 1953, 74–75.

622 Klagenfurter Zeitung 9. Juli 1873, 1047, http://anno.onb.ac.at/cgi-content/anno?aid=kfz&datum=18730709&seite=2&zoom=33&query=%22adolf%2Bkawan%22&ref=anno-search (31.3.2017). – Klagenfurter Zeitung, 2. Juli 1874, 1007, http://anno.onb.ac.at/cgi-content/anno?aid=kfz&datum=18740702&seite=3&zoom=33&query=%22adolf%2Bkawan%22&ref=anno-search (31.3.2017).

623 Lebenslauf Johann Fanzoj (Privatbesitz Johann Fanzoj).

624 Johann Fanzoj, http://www.fanzoj.com/de/johann_fanzoj_firm/history/index.html (2.3.2016). – Das als Beleg dienende Bild zeigt neben dem Kaiser nach der Beschriftung im Büchsenmachermuseum Ferlach von links nach rechts Rainer, Egger, Franz Josef I., Dr. Böhm, Feichtinger, Socher.

625 KLA, BB BH Klagenfurt, Schachtel 610 (Verzeichnisse sämtlicher Büchsenmacher-Meister, Gehilfen und Lehrlinge in Ferlach, o. D., ca. 1892).

626 Interview Johann Fanzoi, 15.9.2015.

627 ABMG, 234–277 (Grundbuch Büchsenmacher-Genossenschaft, 277.

628 ABMG, 234–277 (Grundbuch Büchsenmacher-Genossenschaft), 267.

629 Zum Folgenden: Interview Johann Fanzoj, 15.9.2015. – Lebenslauf Johann Fanzoj (Privatbesitz Johann Fanzoj).

630 Internationaler St. Hubertus-Orden, http://www.hubertus-orden.org/ (1.3.2016).

631 Firma Johann Fanzoj, http://fanzoj.com/ (5.12.2017).

632 Waidmannsheil 1904 (Kopien Privatbesitz Josef Koschat).

633 KLA, BB BH Klagenfurt, Schachtel 610 (Verzeichnisse sämtlicher Büchsenmacher-Meister, Gehilfen und Lehrlinge in Ferlach, o. D., ca. 1892). – ADG, PA Glainach/Glinje, Geburtsbuch IX, 156, 1. Mai 1861, http://www.data.matricula.info/php/view.php?ar_id=3670&link=472d3033x11# (15.4.2017). – ADG, PA Glainach/Glinje, Geburtsbuch XII, 73, 25. August 1897 (Geburt seines Sohnes Maximilian), http://www.data.matricula.info/php/view.php?ar_id=3670&link=472d3033x15# (15.4.2017).

634 ADG, PA Glainach/Glinje, Geburtsbuch VI, 142, 20. September 1825, http://www.data.matricula.info/php/view.php?ar_id=3670&link=472d3033x8# (15.4.2017).

635 ABMG, 130–136 (1856 März 20, Vorbringen der Büchsenmacher).

636 KLA, SB AHS, A2370, Protokollbuch über Freisprechen und Aufdingen von Lehrlingen, 55 r. (1890 Dezember 21).

637 Firma Johann Fanzoj, http://fanzoj.com/manufacture/history/ (5.12.2017).

638 KLA, BB BH Klagenfurt, Schachtel 610 (1890 März 24, Protokoll Gehilfenversammlung).

639 KLA, BB BH Klagenfurt, Schachtel 610 (1891 Dezember 27, Protokoll Genossenschaftsversammlung).

640 KLA, BB BH Klagenfurt, Schachtel 610 (1892 März 29, Bitte an die BH).

641 ADG. PA Glainach/Glinje, Geburtsbuch XII, 45, 2. Maäz 1894, http://www.data.matricula.info/php/view.php?ar_id=3670&link=472d3033x15# (15.4.2017).

642 ADG, PA Glainach/Glinje, Geburtsbuch XII, 73, 25. August 1897, http://www.data.matricula.info/php/view.php?ar_id=3670&link=472d3033x15# (15.4.2017).

643 ABMG, 278–344 (Geschäftsanteilbuch Maschinenbezugsgenossenschaft), 308 (Nr. 37).

644 ABMG, 234–277 (Grundbuch Büchsenmacher-Genossenschaft), 267.

645 ABMG, 234–277 (Grundbuch Büchsenmacher-Genossenschaft), 267.

646 Verzeichnis jene Büchsenmacher der Gemeinde Ferlach, die nach dem Umbruch nach Steyr ausgewandert sind (Kopien, Privatbesitz Rainer Adamik).

647 Grabstein Fanzoi, Parkfriedhof Ferlach.

648 Baumgartner 1953, 318 Anm. 496.

649 ABMG, 161–166 (1840, Verzeichnis Auflagegelder), 162.

650 ABMG, 130–136 (1856 März 20, Vorbringen der Büchsenmacher).

651 ABMG, 144–146 (1862 Mai 25, Vorsteherwahlen).

652 KLA, SB AHS, A2370, Protokollbuch über Freisprechen und Aufdingen von Lehrlingen, 65 r. (25. September 1892).

653 Stammbaum für die Nachkommen von Anton Fanzoj (1786–1850), vermählt mit Maria, geb. Preschern (1777–1859). Zusammengestellt von Prof. Ing. J. A. Sagoschen (Manuskript 1961) 9 (87).

654 KLA, BB BH Klagenfurt, Schachtel 610 (o. D., ca. 1892, Verzeichnisse sämtlicher Büchsenmacher-Meister, Gehilfen und Lehrlinge in Ferlach).

655 ABMG, 278–344 (Geschäftsanteilbuch Maschinenbezugsgenossenschaft), 281 (Nr. 3).

656 ABMG, 234–277 (Grundbuch der Büchsenmacher-Genossenschaft), 248.

657 KLA, SB AHS, A 2730, Protokollbuch über Freisprechen und Aufdingen von Lehrlingen, 50 r. (1889 September 22).

658 ABMG, 234–277 (Grundbuch Büchsenmacher-Genossenschaft), 259.

659 ABMG, 234–277 (Grundbuch Büchsenmacher-Genossenschaft), 267.

660 KLA, BB BH Klagenfurt, Schachtel 610 (o. D., ca. 1892, Verzeichnisse sämtlicher Büchsenmacher-Meister, Gehilfen und Lehrlinge in Ferlach).

661 ADG, PA Glainach/Glinje, Geburtsbuch X, 14, 29. Novmeber 1855, http://www.data.matricula.info/php/view.php?ar_id=3670&link=472d3033x13# (15.4.2017).

662 ABMG, 234–277 (Grundbuch Büchsenmacher-Genossenschaft).

663 BMM (1930 Dezember 18, Protokoll).

664 KLA, BB BH Klagenfurt, Schachtel 610 (o. D., ca. 1892, Verzeichnisse sämtlicher Büchsenmacher-Meister, Gehilfen und Lehrlinge in Ferlach).

665 KLA, SB AHS, A 2730, Protokollbuch über Freisprechen und Aufdingen von Lehrlingen, 35 v. (1886 Dezember 19).

666 KLA, BB BH Klagenfurt, Schachtel 610 (1892 März 29, Bitte an die BH).

667 KLA, BB BH Klagenfurt, Schachtel 610 (1892 Juni 8, Maschinenhausarbeiter an die Direktion).

668 KLA, BB BH Klagenfurt, Schachtel 610(1893 Oktober 25, Maschinenhaussitzung).

669 Siehe auch Kapitel „Genossenschaft" in diesem Band.

670 KLA, BB BH Klagenfurt, Schachtel 610 (1895 Oktober 29, Maschinenhaussitzung).

671 KLA, BB BH Klagenfurt, Schachtel 610 (o. D., ca. 1892, Verzeichnisse sämtlicher Büchsenmacher-Meister, Gehilfen und Lehrlinge in Ferlach).

672 KLA, SB AHS, A2370, Protokollbuch über Freisprechen und Aufdingen von Lehrlingen, 110 r. (1907 Mai 26).

673 Felix Fanzoi (1893–1973 in Graz) war der uneheliche Sohn der Franzisak Fanzoi, einer Tocher von Anton Fanzoi II (AGD, PA Ferlach/Borovlje, Geburtsbuch IX, 55, 13. Mai 1893, http://www.data.matricula.info/php/view.php?ar_id=3670&link=462d3035x11# (15.4.2017) und Stammbaum Fanzoj, 5 (17) und 6 (48).

674 Hambrusch Hunting Weapons, http://www.ferlachguns.com/ (31.5.2016).

675 KLA, AD, Schachtel 264, 490 v. (1747 Juli 1).

676 Jernej 2013, 63.

677 KLA, AD, Schachtel 264 (o. D., Verzeichnis der Büchsen-, Zeug- und Schlossmacher).

678 Tuschar 1996, 220.

679 Tuschar 1996, 220. ADG, PA Ferlach/Borovjle, Sterbebuch II, 92, http://www.data.matricula.info/php/view.php?ar_id=3670&link=462d3035x23# (5.4.2017).

680 KLA, AD, Schachtel 143 (1796 Oktober 27, Nr. 83). – In diesem Inventar finden sich auch die Angaben zu den Verehrungen und Verkäufen von 1704, 1743 und 1759.

681 KLA, AD, Schachtel265, 391 r. (1781, Klage des Andre Scherjau).

682 KAL, AD, Schachtel 270 (1791 Juli 5, Spezifikation von den Aerialarbeiter in Ferlach).

683 KLA, AD, Schachtel 270, 279 r.(1793).

684 KLA, AD, Schachtel 265, 679 v. (1793 Dezember 12)

685 KLA, AD, Schachtel 263 (Ausweis über sämtliche Rückstände der Büchsenmacherlade in Ferlach).

686 KLA, AD, Schachtel 143 (1796 Oktober 27, Nr. 83).

687 KLA, AD, Schachtel 143 (1796 Oktober 27, Nr. 83).

688 KLA, SB AHS, A2729 (Protokollbuch 1794–1809).

689 KLA, AD, Schachtel 264 (Zunftrechnungen 1806–1807).

690 KLA, AD Schachtel 263 (1807 Dezember 27, Wahlprotokoll Zechmeister).

691 Dinklage 1976, 170.

692 Jernej 2013, 69.

693 ADG, PA Ferlach/Borovlje, Trauungsbuch I, 110 (1805 September 9), http://data.matricula-online.eu/de/oesterreich/gurk/ferlach-borovlje/F05_014-1/?pg=115 (7.12.2017).

694 KLA, AD, Schachtel 264, 585 v. (1819, Gewerbeverzeichnis).

695 KLA, AD, Schachtel 263 (1833, Verzeichnis über Rückstände).

696 KLA, AD, Schachtel 267, (1834 Nov. 11, Ausweis über die Aerial Feuergewehr Erzeugung arbeitenden Büchsenmachermeister).

697 KLA, AD, Schachtel 263 (o. D., ca. 18334, Ausweis über Rückstände).

698 KLA, AD, Schachtel 264 (1819, Gewerbeverzeichnis, 1819 Ausweis über Gewerbeberechtigung , 1821 April 10, Verzeichnis der Büchsenmacherinnung).

699 KLA, AD, Schachtel 267 (o. D., ca. 1833/34, Verzeichnis der Meister und der Lieferanten für Aerialarbeiten).

700

700 KLA, AD, Schachtel 267 (1833 April 14).

701 Jernej 2013, 69.

702 ABMG, 161–166 (1840, Verzeichnis der Büchsenmacher-Meister in Ferlach, Nr. 45, Nr. 83, Nr. 107, Nr. 113).

703 ADG, PA Ferlach/Borovlje, Geburtsbuch IV, 120 (1808 April 12), http://data.matricula-online.eu/de/oesterreich/gurk/ferlach-borovlje/F05_004-1/?pg=62 (7.12.2017).

704 ADG PA Ferlach/Borovlje, Trauungsbuch I, 168 (1819 Juli 25), http://data.matricula-online.eu/de/oesterreich/gurk/ferlach-borovlje/F05_014-1/?pg=173 (7.12.2017).

705 ADG, PA Ferlach/Borovlje, Geburtsbuch V, 9. März 1820, http://www.data.matricula.info/php/view.php?ar_id=3670&link=462d3035x7# (15.4.2017).

706 ADG; PA Ferlach/Borovlje, Geburtsbuch V, 80 (1831 Juli 11), http://data.matricula-online.eu/de/oesterreich/gurk/ferlach-borovlje/F05_005-1/?pg=126 (7.12.2017).

707 ABMG, 139–141 (Verzeichnis der aufgedingten und freygesprochenen Individuen bei dem Büchsenmacher Handwerke 1839–1840), 140.

708 ADG, PA Ferlach/Borovlje, Sterbebuch IV, 136, (1855 Oktober 5), http://www.data.matricula.info/php/view.php?ar_id=3670&link=462d3035x25# (15.4.2017).

709 ADG; PA Ferlach/Borovlje, Geburtsbuch VI, 162, (1855 Jänner 3) http://www.data.matricula.info/php/view.php?ar_id=3670&link=462d3035x8# (7.4.2017).

710 ADG; PA Ferlach/Borovlje, Geburtsbuch VII, 186 (1858 März 8), http://data.matricula-online.eu/de/oesterreich/gurk/ferlach-borovlje/F05_006-1/?pg=188 (7.12.2017).

711 ADG; PA Ferlach/Borovlje, Index zu Geburtsbüchern, http://data.matricula-online.eu/de/oesterreich/gurk/ferlach-borovlje/F05_013-1/?pg=18 (7.12.2017).

712 ADG; PA Ferlach/Borovlje, Geburtsbuch VII, 91 (1867 August 28) http://www.data.matricula.info/php/view.php?ar_id=3670&link=462d3035x9# (7.4.2017).

713 KLA, SB AHS, A 2730 Protokollbuch über Freisprechen und Aufdingen von Lehrlingen, 10 v. (1871 Juni 4, Peter Hambrusch aufgedungen), 14 r. (1872 September 22, Peter Hambrusch freigesprochen), 17 v. (1876 Dezember 24, Jakob Hambrusch aufgedungen), 18 v. (1878 Dezember 23, Jakob Hambrusch freigesprochen; 19 v. (1880 September 19, Josef Hambrusch aufgedungen und freigesprochen).

714 KLA, BB, BH Klagenfurt, Schachtel 610 (o. D., um 1892, Verzeichnisse sämtlicher Büchsenmachermeister, Gehilfen und Lehrlinge).

715 KLA, BB BH Klagenfurt, Schachtel 610 (o. D., um 1892, Verzeichnisse sämtlicher Büchsenmacher-Meister, Gehilfen und Lehrlinge in Ferlach).

716 KLA, BB BH Klagenfurt, Schachtel 610 (1884 September 13, Verständigungsausweis)

717 KLA, SB AHS, A 2730, Protokollbuch über Freisprechen und Aufdingen von Lehrlingen, 42 r. (1888 Februar 26).

718 KLA, BB BH Klagenfurt, Schachtel 610 (1889 Mai 5, Protokoll der Generalversammlung), (1891 April 19, Protokoll Ausschusssitzung).

719 KLA, BB BH Klagenfurt, Schachtel 610 (1893 Juli 11, Protokoll Altersversorgungs-Cassa).

720 KLA, SB AHS A 2730, Protokollbuch über Freisprechen und Aufdingen von Lehrlingen: 91 v. Josef Hambrusch 1902 Februar 23 aufgedungen und freigesprochen, 116 v. Paul Pero 1908 Dezember 20 aufgedungen.

721 KLA, SB AHS, A 2730, Protokollbuch über Freisprechen und Aufdingen von Lehrlingen: für Michael Sajovetu (1900 Mai 11 freigesprochen), Rochus Strugger (1904 Dezember 18 freigesprochen), Valentin Orasche (1903 Juli 7 freigesprochen), Johann Strugger (1907 Februar 24 freigesprochen), Andreas Poschinger (1908 März 15 freigesprochen), Josef Waschnig (1908 Dezember 20 freigesprochen), Richard Lieber (1907 September 22 aufgedungen) und Rochus Kersche (1908 September 20).

722 ABMG, 234–277 (Grundbuch der Büchsenmachergenossenschaft), 268.

723 KLA, BB BH Klagenfurt, Schachtel 610 (1897 Juli 7, Generalversammlung der Genossenschaft).

724 ABMG, 278–344 (Geschäftsanteilbuch der Maschinenbezugsgenossenschaft), 291 (Nr. 22).

725 ABMG, 128 (1915 Dezember 31, Rechenschaftsbericht der Maschinenbezugs-Genossenschaft).

726 KLA, BB BH Klagenfurt, Schachtel 610 (1912 Juli 6, Generalversammlung Genossenschaft).

727 KLA, BB BH Klagenfurt, Schachtel 610 (1914 Juli 21, Protokoll Genossenschaftsausschuss).

728 KLA, BB BH Klagenfurt, Schachtel 610 (1920 Dezember 6, Verhandlungsschrift Genossenschaftsversammlung).

729 KLA, BB Ferlach Bezirkshauptmannschaft, Schachtel 1 (1919 Mai 12, Auszug aus der Gemeinderatssitzung).

730 Interview Josef Hambrusch, 8.9.2015.

731 ADG, PA Ferlach/Borovlje, Geburtsbuch X, 12 (1899 März 5), http://data.matricula-online.eu/de/oesterreich/gurk/ferlach-borovlje/F05_010-1/?pg=17 (7.12.2017).

732 Interview Josef Hambrusch, 8.9.2015.

733 Interview Josef Hambrusch, 8.9.2015.

734 Siehe Kapitel „Büchsenmacher im 20. Jahrhundert“ und „Büchsenmacher der Gegenwart“ in diesem Band.

735 Tuschar 1996, 222.

736 Interview Josef Hambrusch, 8.9.2015.

737 Bei Tuschar 1996, 223 als IV. gezählt.

738 Friedrich von Gagern, https://de.wikipedia.org/wiki/Friedrich_von_Gagern_(Autor) (9.3.2016).

739 Karl Kieslinger, Gagern an Bartsch. Biographisches, Belletristisches, Ballistisches. Unveröffentlichte Briefe des großen Jägerdichters an seinen besten Freund (Wien 1965).

740 Karl Hauptmann Jagdwaffen, http://www.hauptmann-rifles.com/ (31.5.2016).

741 Dies wird anlässlich der Geburt des Sohnes Karl in der Pfarre Ferlach vermerkt. – ADG, PA Ferlach/Borovlje, Geburtsbuch X, 69 (1902 Oktober 12), http://data.matricula-online.eu/de/oesterreich/gurk/ferlach-borovlje/F05_010-1/?pg=77 (7.12.2017).

742 KLA, BB BH Klagenfurt, Schachtel 610 (o. D., um 1892, Verzeichnisse sämtlicher Büchsenmacher-Meister, Gehilfen und Lehrlinge in Ferlach).

743 Österreichische Waffenfabriksgesellschaft, https://de.wikipedia.org/wiki/%C3%96sterreichische_Waffenfabriksgesellschaft (10.3.2016).

744 ABMG, 234–277 (Grundbuch der Büchsenmachergenossenschaft), 268.

745 Interview Gerd Hauptmann, 19.11.2015.

746 Interview Gerd Hauptmann, 19.11.2015.

747 KLA, SD Vereinsakten, Schachtel 185, 6074 (1957 April 26).

748 Kärntner Jagdwaffengenossenschaft in Konkurs, 19.7.2004, http://www.boerse-express.com/pages/360283/print (10.3.2016).

749 Karl Hauptmann Jagdwaffen, http://www.hauptmann-rifles.com/ (6.4.2017).

750 Hausmann & Co, http://hausmann-co-guns.com/ueber-hausmann-and-co/die-tradition (22.4.2016).

751 Interview Georg Heim und Florian Mutenthaler, 3.11.2015.

752 Peter Hofer Jagdwaffen, http://www.hoferwaffen.com/hofer_42.php?lang=de (22.4.2016).

753 Siehe auch Kapitel „Büchsenmacher im 20. Jahrhundert“ in diesem Band.

754 Peter Hofer Jagdwaffen, http://www.hoferwaffen.com/hofer_52s.php?id=45&lang=de (22.4.2016).

755 Interview Peter Hofer, 23.11.2015.

756 Baumgartner 1953, 203. – Tuschar 1996, 209. – Siehe auch Kapitel „Genossenschaft“ in diesem Band.

757 Baumgartner 1953, 147–148, 204–205.

758 KLA, AD, Schachtel 265, f. 182–188 (1748, Ordnung Rohrschmiede). – Jahne 1930, 109.

759 Baumgartner 1953, 238.

760 S. ADG, PA Ferlach/Borovlje, Sterbbuch III, 237 (1822 Juli 20), http://data.matricula-online.eu/de/oesterreich/gurk/ferlach-borovlje/F05_021-1/?pg=121 (7.12.2017): Ein Josef Just, Kaufmann und Rohrschmied, verstirbt mit 71 Jahren an Schwäche.

761 ADG, PA Ferlach/Borovlje, Sterbbuch II, 38 (6. Februar 1793) http://www.data.matricula.info/php/view.php?ar_id=3670&link=462d3035x23# (16.4.2017).

762 Tuschar 1996, 210–211.

763 Siehe z. B. die Facebook-Gruppe „Alte Ansichten von Ferlach“, https://www.facebook.com/groups/883413195019443/?fref=ts (23.3.2016).

764 KLA, BB Ferlach Bezirkshauptmannschaft, Schachtel 3 (Pläne).

765 KLA, SD Vereinsakten, Schachtel 185, 6074 (1958 April 26, Einladung zur konstituierenden Generalversammlung).

766 Baumgartner 1953, 303–306 Anm. 408.

767 ADG, PA Ferlach/Borovlje, Geburtsbuch II, 46 (18. Juli 1788) http://www.data.matricula.info/php/view.php?ar_id=3670&link=462d3035x4# (16.4.2017).

768 Baumgartner 1953, 316 Anm. 478.

769 Jernej 2013, 69–70. – Baumgartner 1953, 306–307 Anm. 413.

770 Baumgartner 1953, 270 Anm. 192.

771 Baumgartner 1953, 317 Anm. 490.

772 KLA, AD, Schachtel 264 (1836 März 9, Ausweis über Feuerarbeiter und Meisterzeichen). – Jernej 2013, 74–76.

773 ABMG, 161–166 (Meisterverzeichnis 1840), 161.

774 AFG, PA Ferlach/Borovlje, Sterbbuch IV, 52 (1844 Juni 1), http://data.matricula-online.eu/de/oesterreich/gurk/ferlach-borovlje/F05_022-1/?pg=54 (8.12.207).

775 Tuschar 1996, 42.

776 ABMG, 221 (1855 Mai 4, Preistabelle). Die gelisteten Arbeiten und Bestandteile sind: 1 Lauf, 1 Schraube, Verschrauben und Laufaufschneiden, Rohrausarbeiten, Ziehen, Zurichten, 1 Stück Bajonett, 1 Ladestock, sämtliche Beschläge, das Schäften samt Schaftholz, Kugelzieher und Rameisel. Pistonschlüßl, Einsetzen, Sperring, Bajonett-Aufpflanzen, Holzschrauben, Liefergebühr, Regie.

777 ABMG, 130–136 (1856 Mai 20, Vorbringung der Büchsenmacher im Innungskommissariat).

778 Baumgartner 1853, 316 Anm. 478.

779 Interview Josef Just, 8.10.2015.

780 ABMG, 144–146 (1862 Mai 25, Vorsteherwahl für Schäfter, Rohrschmiede, Schlossmacher, Beschlägemacher).

781 Tuschar 1996, 42.

782 Baumgartner 1953, 316 Anm. 481,

783 KLA, SB AHS, A 2730 Protokollbuch über Freisprechen und Aufdingen von Lehrlingen, 18 r. (1877 Dezember 23).

784 KLA, BB BH Klagenfurt, Schachtel 610 (1884 September 13, Verständigungsausweis). – Siehe auch Kapitel „Genossenschaft" in diesem Band.

785 KLA, BB BH Klagenfurt, Schachtel 610 (Vermögensstand mit Ende Dezember 1885).

786 KLA, BB BH Klagenfurt, Schachtel 610 (1886 Juni 12).

787 KLA, BB BH Klagenfurt, Schachtel 610 (1886 Oktober 13).

788 Siehe Kapitel „Genossenschaft" in diesem Band.

789 Baumgartner 1953, 84.

790 Zu den Rohrschmieden: Siehe Baumgartner 1953, 201–206.

791 Baumgartner 1953, 273 Anm. 222.

792 KLA, BB BH Klagenfurt, Schachtel 610 (1888 März 25). – Baumgartner 1953, 85, 227 Anm. 224.

793 KLA, BB BH Klagenfurt, Schachtel 610 (1889 Mai 5, Protokoll der Genossenschafts-Versammlung).

794 Bericht der Genossenschaft 1891, 16.

795 Baumgartner 1953, 86.

796 KLA, SB AHS, A 2730 Protokollbuch über Freisprechen und Aufdingen von Lehrlingen, 41 r. (1888 Februar 26).

797 KLA, SB AHS, A 2730 Protokollbuch über Freisprechen und Aufdingen von Lehrlingen, 40 r. (1887 Dezember 18).

798 KLA, BB BH Klagenfurt, Schachtel 610 (1891 April 10, Mischitz an BH Klagenfurt).

799 ABMG, 147–151 (1871 Jänner 30, BH in Folge Einlage der Büchsenmacher-Genossenschaft). – ABMG, 167–175 (1875 Dezember 6, Petition der Vorstehung der Büchsenmacher-Innung und Genossenschaft an das Abgeordnetenhaus in Wien).

800

800 KLA, BB BH Klagenfurt, Schachtel 610 (1891 April 19, Protokoll über die Ausschusssitzung der Genossenschaft).

801 Siehe Kapitel „Genossenschaft" in diesem Band.

802 KLA, BB BH Klagenfurt, Schachtel 610 (1891 September 18).

803 KLA, BB BH Klagenfurt, Schachtel 610 (1892 Jänner 27, Landespräsident an die Vorstehung der Büchsenmacher-Genossenschaft).

804 KLA, BB BH Klagenfurt, Schachtel 610 (1892 April 6, Dienstvertrag Josef Just).

805 KLA, BB BH Klagenfurt, Schachtel 610 (1892 Mai 31, Just an BH).

806 KLA, SB AHS, A 2730 Protokollbuch über Freisprechen und Aufdingen von Lehrlingen, 83 r. (1898 September 25, Michael Pegam freigesprochen), 88 r. (1900 September 23, Andreas Suklitsch freigesprochen), 92 v. (1902 Mai 25, Ferdinand Zechner aufgedungen).

807 KLA, SB AHS, Protokollbuch über Freisprechen und Aufdingen von Lehrlingen, 96 v. (1903 Oktober 22).

808 ABMG, 234–277 (Grundbuch der Büchsenmachergenossenschaft), 238.

809 Baumgartner 316 Anm. 481.

810 Waidmannsheil 1904 und 1906 (Kopien Privatbesitz Josef Koschat).

811 KLA, BB BH Klagenfurt, Schachtel 611 (1908 Februar 21, BH an Landesregierung)

812 KLA, BB BH Klagenfurt, Schachtel 611 (1908 April 5, Generalversammlung der Genossenschaft).

813 KLA, BB BH Klagenfurt, Schachtel 611 (1909 Oktober 5, Just an Dr. Kommeter).

814 Baumgartner 1953, 203.

815 ABMG, 234–277 (Grundbuch der Büchsenmachergenossenschaft), 238.

816 ABMG, 234–277 (Grundbuch der Büchsenmachergenossenschaft), 268.

817 ABMG, 234–277 (Grundbuch der Büchsenmachergenossenschaft), 274.

818 Baumgartner 1953, 316 Anm. 481.

819 Interview Josef Just, 8.10.2015.

820 Interview Andreas Keckeis, 8.10.2015.

821 KLA, AD, Schachtel 264, f. 472–476, 474 v.

822 Tuschar 1996, 211.

823 KLA, AD, Schachtel 265, f. 515–518, 515 v. (Beschreibung der Schäfter).

824 KLA, AD, Schachtel 265, f. 507–514, 510 v. (Beschreibung der Büchsen-, Zeug- und Schlossmacher).

825 KLA, AD, Schachtel 265, f. 519–520, 519 v. (Beschreibung der Putz- und Ausmacher).

826 Baumgartner 1953, 238, 240.

827 Tuschar 1996, 212. – KLA, AD, Schachtel 264 (1759 April 24, Nagel-, Schmied- und Drahtordnung).

828 KLA, AD, Schachtel 264, f. 560 (1788 Mai 26, Zusammenkunft Meister).

829 Baumgartner 1953, 154–155.

830 ABMG, 161–166 (Meisterverzeichnis 1840, Nr. 1, Nr. 62, Nr. 106, Nr. 144, Nr. 218).

831 KLA, BB BH Klagenfurt, Schachtel 610 (o. D., um 1892, Verzeichnisse sämtlicher Büchsenmachermeister, Gehilfen und Lehrlinge).

832 KLA, BB BH Klagenfurt, Schachtel 610 (1884 September 13, Verständigungsausweis).

833 KLA, SB AHS A 2730, Protokollbuch über Freisprechen und Aufdingen von Lehrlingen, 38 r. (1887 Juni 5).

834 KLA, SB AHS A 2730, Protokollbuch über Freisprechen und Aufdingen von Lehrlingen, 115 v. (1908 September 20).

835 Vgl. KLA, SB AHS A 2730, Protokollbuch über Freisprechen und Aufdingen von Lehrlingen.

836 ABMG, 234–277(Grundbuch der Büchsenmachergenossenschaft), 239 (Nr. 27).

837 Baumgartner 1953, 292 Anm. 328.

838 ABMG, 234–277 (Grundbuch der Büchsenmacher-Genossenschaft), 260 und 268 (Nr. 135). – Am Parkfriedhof in Ferlach befindet sich ein Grabmal für Peter Just (1892–1955) und Robert Just (1970–1999), beide Büchsenmacher.

839 ABMG, 234–277 (Grundbuch der Büchsenmachergenossenschaft), 262.

840 ABMG, 234–277 (Grundbuch der Büchsenmachergenossenschaft), 262

841 ABMG, 234–277 (Grundbuch der Büchsenmachergenossenschaft), 262.

842 Interview Josef Koschat, 1.9.2015. – Bericht über den Werdegang der Firma Koschat (Privatbesitz Josef Koschat).

843 KLA, AD, Schachtel 278 (Büchsentaxrechnung des Hanns Schmid). – Zu Hans Schmidt: Thomas 1982. – Jernej 2013, 45–48.

844 Baumgartner 1953, 237. – KLA, AD, Schachtel 268, 147 ff.

845 Siehe Verzeichnis der Ferlacher Büchsenmacher in diesem Band.

846 ABMG 161–166 (Meisterverzeichnis 1840), Nr. 17 Mathäus Winkler (Unterferlach), Nr. 37 Johann Winkler (Ferlach), Nr. 93 Jakob Winkler (Gabl), Nr. 104 Johann Winkler (Unterferlach), Nr. 148 Simon Winkler (Ferlach), Nr. 216 Jakob Winkler (Unterferlach), Nr. 243 Matheus Winkler (Tratten), Nr. 258 Joseph Winkler (Tratten).

847 ADG, PA Glainach/Glinje, Geburtsbuch VI, 80 (1819 März 14), (http://www.data.matricula.info/php/view.php?ar_id=3670&link=472d3033x8, 25.8.2016).

848 ADG. PA Ferlach/Borovlje, Trauungsbuch II, 144 (1858 November 14), http://data.matricula-online.eu/de/oesterreich/gurk/ferlach-borovlje/F05_015-1/?pg=239 (11.12.2017).

849 ADG, PA Glainach/Glinje, Sterbbuch VI, 67, (1833 Juni 15) http://data.matricula-online.eu/de/oesterreich/gurk/glainach-glinje/G03_029-1/?pg=69 (11.12.2017).

850 ADB, PA Ferlach/Borovlje, Trauungsbuch I, 160 (1816 Februar 25), http://data.matricula-online.eu/de/oesterreich/gurk/ferlach-borovlje/F05_014-1/?pg=165 (11.12.2017).

851 ADG, PA Glainach/Glinje, Geburtsbuch VI, 141 (1825 August 22), http://data.matricula-online.eu/de/oesterreich/gurk/glainach-glinje/G03_007-1/?pg=143 (11.12.2017).

852 ADG, PA Glainach/Glinje, Geburtsbuch VI, 141 (1825 August 22), http://data.matricula-online.eu/de/oesterreich/gurk/glainach-glinje/G03_007-1/?pg=143 (11.12.2017).

853 ADG, PA Ferlach/Borovlje, Geburtsbuch VI, 179, (1857 August 21), http://data.matricula-online.eu/de/oesterreich/gurk/ferlach-borovlje/F05_006-1/?pg=181 (11.12.2017).

854 Lehrbrief Josef Winkler (Privatbesitz Josef Koschat).

855 ADG, PA Ferlach/Borovlje, Trauungsbuch III, 169 (1887 Februar 20), http://data.matricula-online.eu/de/oesterreich/gurk/ferlach-borovlje/F05_016-1/?pg=172 (11.12.2017).

856 ABMG, 234–277 (Grundbuch der Büchsenmachergenossenschaft), 263.

857 ADG, PA Ferlach/Borovlje, Sterbbuch VII, 46 (1919 April 27), (http://www.data.matricula.info/php/view.php?ar_id=3670&link=462d3035x28, 23.8.2016).

858 ADG, PA Ferlach/Borovlje, Trauungsbuch IV, 95 (1908 Juni 6), http://data.matricula-online.eu/de/oesterreich/gurk/ferlach-borovlje/F05_017-1/?pg=99 (11.12.2017).

859 ABMG, 234–277 (Grundbuch der Büchsenmachergenossenschaft), 274.

860 Interview Josef Koschat, 1.9.2015.

861 Zu Lorenz Koschat (1845–1920), geboren in Feistritz im Rosental: ADG, PA Ferlach/Borovlje, Sterbbuch VII, 53, http://www.data.matricula.info/php/view.php?ar_id=3670&link=462d3035x28 (7.9.2016). – Zu Jakob Koschat (1878–1955): ADG, PA Ferlach/Borovlje, Geburtsbuch VIII, 88, http://www.data.matricula.info/php/view.php?ar_id=3670&link=462d3035x10 (7.9.2016).

862 KLA SB AHS A 2730 Protokollbuch über Freisprechen und Aufdingen von Lehrlingen.

863 KLA, BB BH Klagenfurt, Schachtel 610 (1891 April 19, 1891 August 30).

864 KLA, BB BH Klagenfurt, Schachtel 610 (1897 Juli 27).

865 Interview Josef Koschat, 1.9.2015. – ADG, PA Ferlach/Borovlje, Geburtsbuch VIII, 185, http://www.data.matricula.info/php/view.php?ar_id=3670&link=462d3035x10 (7.9.2016).

866 KLA, Ferlach Bezirkshauptmannschaft, Schachtel 11, 1675 (1919 August 18, Valentin Traunik), Schachtel 15, 5911 (1919 November 27, Tomaž Schmid), 6131 (1919 November 20, Bogomir Sodia), Schachtel 16, Fasz. 7/2 (1920 März 11, Valentin Tschuden), (1920 Mai 18, Martin Mischitz).

867 KLA, BB Ferlach Bezirkshauptmannschaft, Schachtel 13, 3042 (1919 September 22).

868 ABMG, 234–277 (Grundbuch der Büchsenmachergenossenschaft), 274.

869 Interview Herbert Scheiring, 20.1.2016. – Interview Herbert Urbas, 18.11.2015. – Mündliche Mitteilung, Rainer Adamik, 22.8.2016.

870 Interview Herbert Scheiring, 20.1.2016.

871 ADG, PA Ferlach/Borovlje, Geburtsbuch X, 191 (http://www.data.matricula.info/php/view.php?ar_id=3670&link=462d3035x12, 23.8.2016): Eintrag anlässlich der Geburt des Maximilian Koschat am 25. Juli 1909.

872 ABMG, 234–277 (Grundbuch der Büchsenmachergenossenschaft), 246 und 260.

873 KLA SB AHS A 2730 Protokollbuch über Freisprechen und Aufdingen von Lehrlingen (1903 Oktober 18).

874 ABMG, 278–344, Geschäftsanteilbuch der Maschinenbezugsgenossenschaft, einliegender Beschluss (1912 November 26, Beschluss Bezirksgericht).

875 ABMG, 234–277 (Grundbuch der Büchsenmachergenossenschaft), 246.

876 Verzeichnis über nach Steyr ausgewanderte Büchsenmacher nach dem Umbruch (Privatbesitz Rainer Adamik).

877 ADG, PA Ferlach/Borovlje, Geburtsbuch XI, 30. http://www.data.matricula.info/php/view.php?ar_id=3670&link=462d3035x13 (7.9.2016). – 1989 verstarb Josef (Lorenz) in Steyr. Taufpate dieses Josef (Lorenz), für den seine Mutter Anna Koschat ein Sparkassenbuch 1915 angelegt hat, das sich noch im Besitz der Familie Koschat befindet, war der oben genannte Büchsenmacher Josef Koschat, dessen Beziehung zur Familie Koschat sich nicht eindeutig klären lässt.

878 Kärntner Amts- und Adressbuch 1947, 457, https://www.findbuch.at/de/amts-und-adressbuch-1947.html (9.2.2016). – Kärntner Amts- und Adressbuch 1939, 461, https://www.findbuch.at/de/amts-und-adressbuch-1939.html (9.2.2016)

879 KLA. SD Vereinsakten, Schachtel 185, 6074 (1957 April 26).

880 Zum Folgenden: Interview Josef Koschat, 1.9.2015.

881 KLA, BB BH Klagenfurt, Schachtel 611 (1908 Juni 10, Generalversammlung der Genossenschaft). – Siehe auch Kapitel „Genossenschaft"in diesem Band.

882 ADG, PA Ferlach(Borovlje VIII (1875 Dezember 3), http://data.matricula-online.eu/de/oesterreich/gurk/ferlach-borovlje/F05_008-1/?pg=66 (11.12.2017).

883 Tuschar 1996, 395.

884 KLA, AD, Schachtel 264, f. 519–520, f. 519 v. (Beschreibung der Putz- und Ausmacher).

885 Tuschar 1996, 395.

886 Vgl. Baumgartner 1953, 238–240.

887 Tuschar 1996, 395.

888 KLA, SB AHS, A2729 Protokollbuch (1793).

889 ADG, PA Glainach/Glinje, Geburtsbuch IV, 49 (1798 Jänner 11), http://data.matricula-online.eu/de/oesterreich/gurk/glainach-glinje/G03_005-1/?pg=53 (11.12.2017).

890 Tuschar 1996,.395.

891 ABMG, 161166 (Meisterverzeichnis 1840), 166 (Nr. 293).

892 ADG, PA Glainach/Glinje, Geburtsbuch VII (1829 April 14), http://data.matricula-online.eu/de/oesterreich/gurk/glainach-glinje/G03_008-1/?pg=52 (11.12.2017). – ADG, PA Glainach/Glinje, Geburtsbuch VIII, 51 (1839 Oktober 8), http://data.matricula-online.eu/de/oesterreich/gurk/glainach-glinje/G03_009-1/?pg=52 (11.12.2017). – ADG, PA Glainach/Glinje, Geburtsbuch VIII, 144 (1845 März 26), http://data.matricula-online.eu/de/oesterreich/gurk/glainach-glinje/G03_009-1/?pg=147 (11.12.2017).

893 KLA, BB BH Klagenfurt, Schachtel 610 (o. D., um 1892, Verzeichnisse sämtlicher Büchsenmachermeister, Gehilfen und Lehrlinge).

894 KLA, BB BH Klagenfurt, Schachtel 610 (1884 September 13, Verständigungsausweis).

895 KLA, BB BH Klagenfurt, Schachtel 610 (1884 Oktober 19, Nochmaliger Verständigungsausweis). – KLA, SB AHS, A 2730 Protokollbuch (zwischen 1887 und 1892).

896 KLA, BB BH Klagenfurt, Schachtel 610 (1885 August 23, Gehilfenversammlung).

897 Baumgartner 1953, 273 Anm. 222.

898 KLA, BB BH Klagenfurt, Schachtel 610 (1888 März 25, Protokoll Generalversammlung Genossenschaft).

899 Siehe Kapitel „Genossenschaft" und Kapitel „Büchsenmacher der Gegenwart"(Just) in diesem Band.

900

900 KLA, BB BH Klagenfurt, Schachtel 610 (1893 September 4, Büchsenmacher an BH).

901 KLA, Landesgericht, Testamente, Schachtel 26, 3806 und 3807 (1896 Johann Outschar vlg. Jurkele).

902 ABMG, 234–277 (Grundbuch Büchsenmachergenossenschaft), 235 und 260

903 ADG, PA Ferlach(Borovlje VIII (1875 Dezember 3), http://data.matricula-online.eu/de/oesterreich/gurk/ferlach-borovlje/F05_008-1/?pg=66 (11.12.2017).

904 ABMG, 278–344 (Grundbuch der Maschinenbezugsgenossenschaft), 296

905 ADG, PA Glainach/Glinje, Geburtsbuch XI, 69 (1879 März 3), http://data.matricula-online.eu/de/oesterreich/gurk/glainach-glinje/G03_012-1/?pg=73 (11.12.2017).

906 KLA, BB BH Klagenfurt, Schachtel 611 (1909 Juni 10, GV der Genossenschaft), (1909 Juli 22, Protest der Genossenschaftsmitglieder an BH).

907 KLA; BB BH Klagenfurt, Schachtel 611 (1909 Oktober 21, Rücktritt Just).

908 KLA, BB BH Klagenfurt, Schachtel 611 (1909 Oktober 25, Fachlehrer Strein an BH).

909 KLA, BB BH Klagenfurt, Schachtel 611 (1912 Juli 6, Generalversammlung der Genossenschaft).

910 KLA, BB BH Klagenfurt, Schachtel 611 (1911 Dezember 11, Generalordnung für Altersunterstützungsfonds).

911 Vorstand: Vinzenz Urbas, Johann Antonitsch, Johann Sigott. Aufsichtsrat: Albin Hallemoschnig, Josef Ogris, Thomas Kullnig (KLA, BB BH Klagenfurt, Schachtel 610, 1912 Juli 6, Generalversammlung der Genossenschaft):

912 KLA, BB BH Klagenfurt, Schachtel 611 (1918 Jänner 24, Landespräsident an BH).

913 KLA, BB BH Klagenfurt, Schachtel 611 (1914 Juli 21, Protokoll Genossenschaftsausschuss).

914 KLA, BB BH Klagenfurt, Schachtel 611 (1918 Februar 19, Vogl an Regierungsrat Ritter von Rainer).

915 Tuschar 1996, 396.

916 Siehe oben Kapitel „Büchsenmacher der Gegenwart“(Borovnik) in diesem Band.

917 KLA, BB Ferlach Bezirkshauptmannschaft, 1408 (1919 August 8).

918 Tuschar 1996, 396.

919 KLA, BB BH Klagenfurt, Schachtel 611 (1920 Dezember 6, Genossenschaftsversammlung).

920 KLA, BB BH Klagenfurt, Schachtel 611 (1922 Dezember 24, Protokoll Genossenschaftsversammlung).

921 ABMG, 234–277 (Grundbuch der Büchsenmachergenossenschaft), 270.

922 ABMG, 234–277 (Grundbuch der Büchsenmachergenossenschaft), 275.

923 Interview Walter Schaschl-Outschar, 26.11.2015.

924 Kärntner Amts- und Adressbuch 1947, 457, https://www.findbuch.at/de/amts-und-adressbuch-1947.html (9.2.2016).

925 KLA, Slowenenaussiedlung und Wiedergutmachung (1942 November 27, Rechnung). – Siehe auch Kapitel „Büchsenmacher im 20. Jahrhundert“ in diesem Band.

926 KLA, Slowenenaussiedlung und Wiedergutmachung (1943 Juli 7, DUT an Fa. Maszorana).

927 KLA, Slowenenaussiedlung und Wiedergutmachung (1943 August 14, Schaschl-Outschar an DUT).

928 KLA, SD Vereinsakten, Schachtel 185, 6074 (1957 April 15, Einladung zur konstituierenden Sitzung).

929 Baumgartner 1953, 311 Anm. 437.

930 Intervier Johannes Schaschl-Outschar, 1.12.2015.

931 Scheiring, http://www.jagdwaffen-scheiring.at/ (31.5.2016).

932 Rainer Adamik, Büchsenmacher Scheiring, Manuskript. – Zu Düsel siehe Kapitel „Büchsenmacher der Gegenwart“ in diesem Band.

933 Interview Herbert Scheiring, 20.1.2016.

934 Interview Karl-Heinz Klein, 22.1.2016. – Andreas Skrobanek, Der Büchsenmacher Karl-Heinz Klein. Visier 8, 2011, 114–122. – Reinhard Feld, Vorderladerwaffen in handwerklicher Einzelanfertigung aus Meisterhand. In: Waffenmarkt-Jahrbuch für Jäger und Schützen (Köln 1984) 18–22.

935 Liste Büchsenmacher aus Schulkatalogen (Privatbesitz Rainer Adamik).

936 Ogris Valentin Herbert, http://www.ogris-waffen.at/ (26.4.2016).

937 Jernej 2013, 33.

938 Jernej 2013, 54. – Baumgartner 1953, 217–236 (Umschrift Handwerksordnung 1751).

939 ABMG, 161–166 (Meisterverzeichnis 1840).

940 Baumgartner 1953, 36.

941 ABMG 144–166 (1862 Juni 24, Wahlprotokoll).

942 Interview Michael Ulbricht, 17.9.2015

943 80 Jahre Fachschule 1959, 5. – Siehe auch Kapitel „Fachschule, Fortbildungsschule und Höhere Lehranstalt“ in diesem Band.

944 ABMG 234–277 (Grundbuch der Büchsenmachergenossenschaft), 248 (Nr. 72 Mack Franz), 262 (Josef Fugger), 263 (Rudolf Uschnig, Josef Winkler), 264 (Josef Ogris).

945 Z. B. von der Frau des Josef Winkler, Urgroßmutter von Josef Koschat (Interview Josef Koschat, 1.9.2015).

946 Rosičky 2004, 49, 120 f.

947 Interview Walter Schaschl-Outschar, 26.11.2015.

948 Baumgartner 1953, 109.

949 Österreichisches Staatsarchiv, AVA Handel HM DKGDion Allg. 34.18 (Suchabfrage „Probieranstalt“, http://www.archivinformationssystem.at/detail.aspx?ID=2838603, 11.5.2016). – Eine Einsicht konnte nicht vorgenommen werden.

950 Baumgartner 1953, 107–115.

951 Baumgartner 1953, 114–115.

952 Schön 1990, 20–21.

953 Dieses Werk ließ sich nicht auffinden.

954 Baumgartner 1953, 108.

955 Baumgartner 1953, 109. – Österreichische Nationalbibliothek, ALEX Historische Rechts- und Gesetzestexte Online, Gesetz vom 23. Juni 1891 betreffend die obligatorische Erprobung aller Handfeuerwaffen RGBl. Nr. 89, http://alex.onb.ac.at/cgi-content/alex?aid=rgb&datum=18910004&seite=00000197 (13.5.2016).

956 Bundeskanzleramt Rechtsinformationssystem RIS, Bundesgesetz über die Waffenpolizei (Waffengesetz 1996 – WaffG), https://www.ris.bka.gv.at/GeltendeFassung.wxe?Abfrage=Bundesnormen&Gesetzesnummer=10006016 (11.5.2016). – Bundeskanzleramt Rechtsinformationssystem RIS, Verordnung des Bundesministeriums für Wirtschaft, Familie und Jugend über die Erprobung von Handfeuerwaffen 2013 (Beschussverordnung 2013), https://www.ris.bka.gv.at/GeltendeFassung.wxe?Abfrage=Bundesnormen&Gesetzesnummer=20008704 (11.5.2016). – Bundeskanzleramt Rechtsinformationssystem RIS, Verordnung des Bundesministeriums für Wirtschaft, Familie und Jugend über die Beschuss- und Typenprüfzeichen für Handfeuerwaffen und die Typenprüfzeichen für Patronen 2013 (Prüfzeichenverordnung 2013), https://www.ris.bka.gv.at/GeltendeFassung.wxe?Abfrage=Bundesnormen&Gesetzesnummer=20008703 (11.5.2016).

957 Jernej 2013, 39.

958 Jernej 2013, 49–52. – Baumgartner 1953, 100–101.

959 Baumgartner 1953, 103–104.

960 Baumgartner 1953, 107.

961 Baumgartner 1953, 104.

962 ABMG, 142–143, Auszug aus dem Vermessungs- und Schätzungs-Ansatze (o. J., ca. 1828). – Siehe Kärnten Atlas, http://gis.ktn.gv.at/atlas/(S(1jolhyi1opv4eh3peb2embhu))/init.aspx?karte=atlas_basiskarten&t=635986499313560579 (12.5.2016).

963 Baumgartner 1953, 281 Anm. 272.

964 Baumgartner 1953, 281 Anm. 273.

965 Baumgartner 1953, 281–282 Anm. 274.

966 Baumgartner 1953, 105–106.

967 Baumgartner 1953, 107.

968 Siehe auch Kapitel „Genossenschaft“ in diesem Band.

969 Baumgartner 1953, 107–108.

970 Schön 1990, 21.

971 Rieger 1910, 6.

972 Baumgartner 1953, 109.

973 KLA, BB BH Klagenfurt, Schachtel 610 (1891 November 1891, Maschinenhaussitzung).

974 Baumgartner 1953, 109–110.

975 Rieger 1910, 11.

976 Baumgartner 1953, 114–115.

977 Baumgartner 1953, 110.

978 Siehe auch: Gedruckte Geschäftsberichte der Handels- und Gewerbekammer in Klagenfurt 1910 (KLA, BB BH Klagenfurt, Schachtel 611).

979 C.I.P., http://www.cip-bobp.org/ (12.5.2016).

980 Siehe auch Kapitel „Genossenschaft“ und Kapitel „Fachschule, Fortbildungsschule und Höhere Lehranstalt“.

981 KLA, Ferlach Bezirkshauptmannschaft, Schachtel 11, 3721 (1919 Juli 19, Protokoll Vernehmung Franz Jung), (1919 Juli 18, Protokoll Vernehmung Josef Krumpl). – Als Leiter der Probieranstalt Ferlach und Anlassgeber für den Abtransport der Gegenstände wird in dem Vernehmungsprotokoll des Leiters der Klagenfurter Schule (Ing. Franz Jung) Gustav Schatzl genannt. Gustav Schatzl von Mühlfort war Schuldirektor (1886–1898) und Leiter der Probieranstalt (1885–1898) in Ferlach gewesen. Nach 1898 unterrichtete er an der Staatsgewerbeschule in Klagenfurt. In diesem Protokoll wird er auch als der Leiter der Probieranstalten von Prag und „Weidberg“ (Weipert) genannt. Möglicherweise hatte Schatzl diese Ämter in der Nachkriegszeit wieder übernommen. Er selbst konnte zu den Vorgängen nicht mehr befragt werden, da er im Juni 1919 sein Pensionsgesuch eingereicht und nach Schwanberg bei Graz abgereist war.

982 Schön 1990, 21. – Viktor Jeločnik war später Professor an der Bergschule in Celje (Deutsche Zeitung Nr. 32, 24. April 1932, 5).

983 KLA, BB Ferlach Bezirkshauptmannschaft, Schachtel 11, 1262 (1919 Juli 30, Kessner an Landesregierung Klagenfurt).

984 Richard Allesch, Rückblick auf 90 Jahre Schulgeschehen. In: Festschrift zur 90-Jahr-Feier o. J, 24–29, 27.

985 Baumgartner 1953, 111.

986 Rieger 1910, 11. – Baumgartner 1953, 114–115.

987 Schön 1990, 21.

988 Baumgartner 1953, 111, 283 Anm. 285.

989 Baumgartner 1953, 111, 283 Anm. 286. – Bundeskanzleramt Rechtsinformationssystem RIS, Bundesgesetz vom 20. Juni 1951 über die obligatorische Erprobung aller Handfeuerwaffen und Patronen (Beschußgesetz) https://www.ris.bka.gv.at/GeltendeFassung.wxe?Abfrage=Bundesnormen&Gesetzesnummer=10011273 (13.5.2016).

990 Richard Allesch, Rückblick auf 90 Jahre Schulgeschehen. In: Festschrift zur 90-Jahr-Feier o. J, 24–29, 28.

991 Schön 1990, 21. – Schriftliche Mitteilung Dr. Andreas Spaethe, 24.9.2018.

992 Interview Christian Pagitz, 27.10.2015.

993 Jernej 2013, 49–52. – Baumgartner 1953, 100–101.

994 Baumgartner 1953, 281 Anm. 270.

995 Baumgartner 1953, 282 Anm. 275.

996 Österreichische Nationalbibliothek, ALEX Historische Rechts- und Gesetzestexte Online, Gesetz vom 23. Juni 1891 betreffend die obligatorische Erprobung aller Handfeuerwaffen RGBl. Nr. 89, http://alex.onb.ac.at/cgi-content/alex?aid=rgb&datum=18910004&seite=00000197 (13.5.2016).

997 Baumgartner 1953, 112–113. Dinklage 1976, 171. – Beschusszeichen Österreichs, http://www.bmwfw.gv.at/TechnikUndVermessung/beschussaemter/Documents/Beschusszeichen%20%C3%96sterreichs.pdf (13.6.2016).

998 Bundeskanzleramt Rechtsinformationssystem RIS, Verordnung des Bundesministeriums für Wirtschaft, Familie und Jugend über die Erprobung von Handfeuerwaffen 2013 (Beschussverordnung 2013), https://www.ris.bka.gv.at/GeltendeFassung.wxe?Abfrage=Bundesnormen&Gesetzesnummer=20008704 (13.5.2016).

999 Rosičky 2004. – Siehe auch Baumgartner 1953, 119–136.

1000

1000 Schön 1990, 21. – Siehe Kapitel „Beschussamt“ in diesem Band.

1001 Siehe Kapitel „Genossenschaft“ und Büchsenmacher im 19. und frühen 20. Jahrhundert“ in diesem Band. – KLA, BB BH Klagenfurt, Schachtel 611 (1915 Jänner 30, Vogl an Ogris).

1002 Siehe Kapitel „Genossenschaft“ in diesem Band. – KLA, BB BH Klagenfurt, Schachtel 611 (1914 Juli 21).

1003 Jahresberichte der Fachschule für Gewehr-Industrie in Ferlach 1885/86 bis 1915/16. – Bis auf die Jahrgänge 1904/05 und 1906/07 sind sie im Kärntner Landesarchiv aufliegend (Rosičky 2004, 2). Die Jahrgänge 1885/86 (5. Jahresbericht), 1887/88 (7. Jahresbericht), 1888/89 (8. Jahresbericht), 1889/90 (9. Jahresbericht), 1890/91 (10. Jahresbericht), 1891/92 (11. Jahresbericht), 1892/93 (12. Jahresbericht), 1893/94 (13. Jahresbericht), 1894/95 (14. Jahresbericht), 1895/96 (15. Jahresbericht), 1896/97 (16. Jahresbericht) liegen auch in der Universitätsbibliothek Klagenfurt auf.

1004 Rosičky 2004, 57–83.

1005 Rosičky 2004, 89.

1006 Die Waffenindustrie Ferlachs. In: 16. Jahresbericht der k. k. Fachschule für Gewehr-Industrie in Ferlach. Schuljahr 1896/97, 17–24.

1007 75 Jahre Fachschule.

1008 80 Jahre Fachschule. – 90-Jahr-Festschrift. – 100-Jahr-Festschrift.

1009 125 Jahre Fachschule.

1010 135 Jahre HTBLVA Ferlach.

1011 EUREGIO HTBLVA Ferlach, http://www.htl-ferlach.at/de/unsere-bildungsangebote (3.5.2016).

1012 Jernej 2013, 38.

1013 Jernej 2003, 55.

1014 ABMG, 130–136 (1856 Mai 20, Vorbringung der Büchsenmacher im Innungskommissariat).

1015 KLA, SB AHS, A 2730 Protokollbuch über das Freisprechen und Aufdingen von Lehrlingen (Kopie im Büchsenmachermuseum Ferlach).

1016 Rosičky 2004, 39.

1017 KLA, SB AHS, A 2730 Protokollbuch über das Freisprechen und Aufdingen von Lehrlingen, 112 v. (1907 Dezember 22).

1018 Smrekar (o. J.), 13. – Baumgartner 1953, 120. – Rosičky 2004, 43. – Baumgartner berichtet außerdem, dass 1874 „zwei tüchtige Burschen“ vom Handelsministerium nach Lüttich geschickt wurden, die erste Eindrücke mitbrachten. Bei den „tüchtigen Burschen“ soll es sich um N. Hoinig und Philipp Poschinger gehandelt habenl (Baumgartner 1953, 285 Anm. 296).

1019 Klagenfurter Zeitung 1878 (a), 491 (zit. nach Rosičky 2004, 43).

1020 Smrekar (o. J.), 13.

1021 In den Berichten der Schule wird als erster Leiter meist Hermann Heissig angeführt (Smrekar o.J., 13. – 125 Jahre Fachschule 2003, 119). Baumgartner 1953, 128 und Rosičky 2004, 90 (mit Zitat Klagenfurter Zeitung 1878 (f) 3071) geben Philip Poschinger als Leiter von 1878 bis 1881 an.

1022 Rosičky 2004, 45–48.

1023 Rosičky 2004, 43 f.

1024 Baumgartner 1953, 125, 286 Anm. 308.

1025 Baumgartner 1953, 121–123.

1026 Rosičky 2004, 49–55. – Centralblatt für das gewerbliche Unterrichtswesen in Österreich. Redigiert Franz Ritter von Haymerle. Bd. II (Wien 1883), Bd. III (Wien 1884), Bd. IV (Wien 1885).

1027 75 Jahre Fachschule, 40.

1028 Bericht über das Schuljahr 1909/10. Maschinengewerbliche Fachschule Klagenfurt http://www.dlib.si/preview/URN:NBN:SI:DOC-TDBIDUWU/054ee477-ef35-4367-a837-9d78579a7e96?&language=eng (4.5.2016).

1029 Gustav Schatzl von Mühlfort, Jagd und Präcisions-Handfeuerwaffen: 30 Vorlageblätter, enthaltend die Construction der wichtigsten Waffentheile und Systeme zum Gebrauche an gewerblichen Lehranstalten, sowie für Waffenerzeuger und Sportfreunde (Wien 1895).

1030 Ausführlich dazu Rosičky 2004, 49, 120–125.

1031 Fünfter Jahresbericht 1885/86, 4–5.

1032 Siehe auch Kapitel „Genossenschaft“ in diesem Band.

1033 Siebenter Jahresbericht 1887/88, 4.

1034 Vgl. z. B. Neunter Jahresbericht 1889/90, 22–34.

1035 Baumgartner 1953, 123–124. – Rosičky 2004, 94–98. – EUREGIO HTBLVA Ferlach, http://www.htl-ferlach.at/de/unsere-schule/historische-entwicklung (4.5.2016).

1036 Rosičky 2004, 60.

1037 1895/96: 15 Tageschüler, 18 Hospitanten (Fünfzehnter Jahresbericht 1896/97, 7–8).

1038 75 Jahre Fachschule, 40–41.

1039 Fünfzehnter Jahresbericht 1896/97, 9–10.

1040 Rosičky 2004, 38–42.

1041 Rosičky 2004, 75.

1042 80 Jahre Fachschule, 5.

1043 Rosičky 2004, 68.

1044 100-Jahr-Festschrift, 59.

1045 Rosičky 2004, 82 f.

1046 Rosičky 2004, 41. – Baumgartner 1953, 135.

1047 Claudia Beer-Odebrecht, Erster Schritt für neues Schulzentrum, Kleine Zeitung, 2. Juni 2016, Region Klagenfurt, 26–27.

1048 Interview Michael Wilhelmer29.9.2015. – Mündliche Mitteilungen Michael Wilhelmer, 12.7.2016.

1049 75 Jahre Fachschule., 14.

1050 Rosičky 2004, 73 f.

1051 Rosičky 2004, 75.

1052 75 Jahre Fachschule, 14. – 100-Jahr-Festschrift, 13.

1053 100-Jahr-Festschrift, 13.

1054 75 Jahre Fachschule, 16. – 80 Jahre Fachschule 1959, 5. – 100-Jahr-Festschrift, 13. – 125 Jahre Fachschule 2003, 37. – 135 Jahre HTBLVA, 19 – Rosičky 2004, 79. – Baumgartner 1953, 135 f.

1055 Rosičky 2004, 79–81.

1056 Alois Kessner, Leitfaden der Waffenlehre (Wien/Leipzig 1917).

1057 Rosičky 2004, 80.

1058 Rosičky 2004, 76.

1059 Baumgartner 1953, 84.

1060 Rosičky 2004, 81.

1061 KLA, BB BH Klagenfurt, Schachtel 611 (1914 Juli 21, Protokoll Genossenschaftsausschuss).

1062 Baumgartner 1953, 133.

1063 80 Jahre Fachschule 1959, 5.

1064 75 Jahre Fachschule, 16.

1065 90-Jahre-Festscrhfit., 27.

1066 100-Jahre-Festschrift, 59.

1067 75 Jahre Fachschule, 16. – 125 Jahre Fachschule 2003, 37. – 135 Jahre HTBLVA, 19.

1068 Baumgartner 1953, 133.

1069 Rosičky 2004, 84. – 75 Jahre Fachschule, 16. – 80 Jahre Fachschule 1959, 5. – 125 Jahre Fachschule 2003, 37. – 135 Jahre HTBLVA o. J., 19.

1070 Baumgartner 1953, 126.

1071 Baumgartner 1953, 287–291 Anm. 315 (Transkription der vierseitigen Denkschrift).

1072 75 Jahre Fachschule, 16.

1073 Allerdings schreibt August Kolm in seinem Lebenslauf, dass er von 1922 bis 1938 als Lehrer, zunächst an der Bundes-Lehr- und Versuchsanstalt, dann an der Städtischen Lehranstalt für Handfeuerwaffen beschäftigt gewesen ist. Kolm war Schäfter (Kopie Lebenslauf August Kolm, 1938 Juli 15, persönliche Gabe Frau Gortischnig).

1074 Baumgartner 1953, 126–128, 290. – Rosičky 2004, 85–86.

1075 100-Jahr-Festschrift, 62.

1076 Lorenz Mack, Die Büchsenmacher. Eine Erzählung (Klagenfurt 1987). – Über Lorenz Mack siehe 90-Jahr-Festschrift, 63–65.

1077 Rosičky 2004, 87. – 90-Jahr-Festschrift, 27.

1078 125 Jahre Fachschule 2003, 119.

1079 Baumgartner 1953, 133.

1080 125 Jahre Fachschule 2003, 123.

1081 75 Jahre Fachschule, 17. – 90-Jahr-Festschrift, 28.

1082 90-Jahr-Festschrift, 72.

1083 75 Jahre Fachschule, 17. – Rosičky 2004, 88.

1084 Rosičky 2004, 89. – 75 Jahre Fachschule, 17. – 90-Jahr-Festschrift 28, 72

1085 90-Jahr-Festschrift, 28.

1086 75 Jahre Fachschule, 18.

1087 90-Jahr-Festschrift, 28.

1088 125 Jahre Fachschule, 124–125.

1089 90-Jahr-Festschrift, 29. – Rosičky 2004, 88f.

1090 Viktor Landerl, Der Unterricht in den Höheren Abteilungen. In: 90-Jahr-Festschrift, 41.

1091 Anton Kullnig, Fachschule für Büchsenmacher und Schäfter, In: 90-Jahr-Festschrift, 50–52.

1092 125 Jahre Fachschule, 126.

1093 100-Jahr-Festschrift, 17–19.

1094 125 Jahre Fachschule, 39.

1095 125 Jahre Fachschule, 40–41.

1096 125 Jahre Fachschule, 40.

1097 EUREGIO HTLBVA Ferlach, http://www.htl-ferlach.at/ (9.5.2016).

1098 Interview Silke Bergmoser, 1.10.2015. – Interview Wolfgang Pfeiffer, 1.10.2015.

1099 KLA, SD Vereinsakten, Schachtel 185, 6074.

1100

1100 Dieser wurde dankenswerter Weise vom Geschäftsführer des Kolpingheimes, Mag. Franz Marginter, zur Bearbeitung zur Verfügung gestellt.

1101 30 Jahre Verein zur Förderung des Büchsenmacherhandwerks Österreichs in Ferlach. 25 Jahre Büchsenmacherinternat Ferlach (1986). – Vereinschronik anlässlich 45 Jahre Verein zur Förderung des Büchsenmacherhandwerks Österreichs in Ferlach. 40 Jahre Büchsenmacherinternat Ferlach. 20 Jahre Studentenheim Ferlach (2001). – Wenn nicht anders angegeben, sind diese beiden Werke Grundlage der folgenden Darstellungen.

1102 KLA, SD Vereinsakten, Schachtel 186, 6074 (1957 April 15, Einladung zur Generalversammlung).

1103 KLA, SD Vereinsakten, Schachtel 186, 6074 (1957 April 15, Einladung zur Generalversammlung, Statuten).

1104 KLA, SD Vereinsakten, Schachtel 186, 6074 (1962 Oktober 11, Protokoll der 6. GV).

1105 KLA, SD Vereinsakten, Schachtel 186, 6074 (1962 Oktober 11, Protokoll der 6. GV).

1106 Österreichisches Ferienwerk für Schülerinnen mittlerer und höherer Schulen, Jahresberichte 1968–1969, 1971–1973.

1107 Archiv Verein zur Förderung des Büchsenmacherhandwerks Österreichs in Ferlach, Entwurf Dienstvertrag zwischen Verein und Hermann und Amalie Sabitzer mit Beginn 1. Jänner 1969.

1108 Österreichisches Ferienwerk für Schülerinnen mittlerer und höherer Schulen, Jahresbericht 1968, 29.

1109 90-Jahr-Festschrift, 28.

1110 KLA, SD Vereinsakten, Schachtel 186, 6074 (1962 Oktober 16, Erweiterung und Ergänzung der Vereinsstatuten).

1111 KLA, SD Vereinsakten, Schachtel 186, 6074 (1975 April 1, Dullnig an Sicherheitsdirektion).

1112 Statuten des „Vereines zur Förderung des Büchsenmacherhandwerks Österreichs in Ferlach", 1978.

1113 Siehe Kapitel „Fachschule, Fortbildungsschule und Höhere Lehranstalt" in diesem Band.

1114 Vgl. Absolventen der Schule seit ihrem Bestehen, 125 Jahre Fachschule 2003, 125–135.

1115 Ferlach: Das renovierte Kolpinghaus ist eröffnet, http://www.kleinezeitung.at/k/kaernten/klagenfurt/4840264/Ferlach_Das-renovierte-Kolpinghaus-ist-eroffnet (25.5.2016).

1116 Vgl. Kolpinghaus Ferlach, http://www.kolpinghaus-ferlach.at/ (25.5.2016).

1117 Archiv Verein zur Förderung des Büchsenmacherhandwerks Österreichs in Ferlach, Heimordnung, Zimmerordnung.

Quellen und Literatur

Quellen

Archiv der Büchsenmachergenossenschaft Ferlach (ABMG), EPT, Maschinenhausgasse 5, 9170 Ferlach

(Die Nummern bei den Zitaten beziehen sich auf die Fotonummerierung des abfotografierten Bestandes.)

Geschäftsanteilbuch der Maschinenbezugsgenosssenschaft der Büchsenmacher Ferlach, eingetragen ins Handelsregister am 30. Jänner 1905

Grundbuch der Büchsenmachergenossenschaft ca. 1897–1938

Meisterverzeichnis 1840

Protokolle der Genossenschaftsvorstehung 1923–1938

Ungeordneter Bestand

Archiv der Diözese Gurk (ADG), Klagenfurt (s. a. unter Internet, Matricula online, http://www.data.matricula.info/php/main.php)

Pfarrarchiv Ferlach/Borovlje

Pfarrarchiv Glainach/Glinje

Archiv Verein zur Förderung des Büchsenmacherhandwerks Österreichs in Ferlach (Kolpinghaus Ferlach, Waidischer Str. 13, 9170 Ferlach)

Akt Internatsbau

Akt Eröffnung und Einweihefeier 1961

Akt Heimordnung, Zimmerordnung 1961

Ungeordneter Bestand

Archiv Euregio HTBLVA Ferlach (Höhere technische Bundseslehr- und Versuchsanstalt Ferlach, Schulhausgasse 10, 9170 Ferlach)

Büchsenmacher- und Jagdmuseum Ferlach (BMM), Sponheimerplatz 1, 9170 Ferlach

Ausstellungsstücke

Kärntner Landesarchiv (KLA)

Archiv Dietrichstein, Schachtel 143, 262–273, 278

BB BH Klagenfurt, Schachtel 610, 611

BB Ferlach Bezirkshauptmannschaft, Schachtel 1, 3, 11–12, 16

SB AHS A 2599 Postaufgabebuch Rosenzopf

SB AHS A 2600 Geschäftsbuch Büchsenmacher

SB AHS, A 2729 Protokollbuch 1794–1809

SB AHS A 2730 Protokollbuch über Freisprechen und Aufdingen von Lehrlingen 1865–1908

SD Vereinsakten, Schachtel 185

Slowenenaussiedlung und Wiedergutmachung, Schachtel 1 (Rosa Winkler), 2 (Sebastian Borovnik)

Privatbesitz Rainer Adamik, Ferlach

Liste Büchsenmacher

Liste Büchsenmacher Sattmann

Liste Büchsenmacher von Schulkatalogen

Verzeichnis über jene Büchsenmacher der Gemeinde Ferlach, die nach dem Umbruch ins Altreich abgewandert sind (Kopien)

Verzeichnis über jene Büchsenmacher, der Gemeinde Ferlach, die in den letzten 6 Monaten vor dem Umbruch ins Altreich ausgewandert sind (Kopien)

Privatbesitz Johann Fanzoj, Ferlach

Manuskript Familiengeschichte Kawan

Stammbaum für die Nachkommen von Anton Fanzoj (1786–1850), vermählt mit Maria, geb. Preschern (1777–1859). Zusammengestellt von Prof. Ing. J. A. Sagoschen (Manuskript 1961)

Privatbesitz Peter Hambrusch, Ferlach

Liste Büchsenmacher

Stammbaum der Familie

Privatbesitz Gerd Hauptmann, Ferlach

Entwurf über die Errichtung einer Kommanditgesellschaft, o. D.

Privatbesitz Josef Koschat, Ferlach

Bericht über den Werdegang der Firma Koschat

Waidmannsheil – illustrierte Zeitschrift für Jagd, Fischerei und Schützenwesen in den österreichischen Alpenländern, Kopien von Annoncen 1904 und 1906

Privatbesitz Josef Winkler, Ferlach

Kärntner Volksblatt Nr. 7, 5. Jahrgang, 20. Februar 1954

Katalog Benedikt Winkler, Ferlach, Präzisions-Gewehrfabrik (o. D., ca. 1933)

Privatbesitz Mlecnik, Gotschuchen

Mündliche Quellen

(Tonaufnahmen und zusammenfassende Transkriptionen der Interviews)

Bergmoser Silke, 1.10.2015

Brausam Martin, 11.11.2015

Fanzoj Johann, 15.9.2015

Hambrusch Josef, 8.9.2015

Hauptmann Gerd, 19.11.2015

Hofer Peter, 23.11.2015

Just Josef, 8.10.2015

Keckeis Andreas, 8.10.2015

Klein Karl-Heinz, 22.1.2016

Koschat Josef, 1.9.2015

Mlečnik-Olinowetz Michael, 14.4.2016

Mutenthaler Florian und Heim Georg, 3.11.2015

Obiltschnig Hans, 3.9.2015

Pagitz Christian, 27.10.2015

Pfeiffer Wolfgang, 1.10.2015

Schaschl-Outschar Johannes, 1.12.2015

Schaschl-Outschar Walter, 26.11.2015

Scheiring Herbert, 20.1.2016

Sodia Franz, 10.9.2015, 7.7.2016

Tax Anton, 17.11.2015

Ulbricht Michael, 17.9.2015

Urbas Herbert, 17.9.2015, 18.11.2015

Wilhelmer Michael, 29.9.2015

Winkler Josef, 6.10.2015

Wollte Johann, 25.11.2015

Gedruckte Quellen

Bericht der Genossenschaft der Büchsenmacher im Gerichtsbezirk Ferlach pro 1888–1890 erstattet vom Vorstande. Im Selbstverlag der Genossenschaft.

Festschrift zum 25jährigen Bestande des Männer-Gesangsvereins „Alpenrose" in Ferlach am 8. und 9. September 1906 (Klagenfurt 1906).

Jahresberichte der Fachschule für Gewehr-Industrie in Ferlach 1885/86 bis 1915/16.

Katalog Anton Sodia, Gewehrfarbrik Ferlach, Kärnten/Österreich, gegründet 1870 (ca. 1930).

Satzung der Genossenschaft der Büchsenmacher in Ferlach r. n. G. m. b. H. (Klagenfurt 1949).

Statuten der Genossenschaft der Büchsenmacher und Statut für das Maschinenhaus der Büchsenmacher-Genossenschaft in Ferlach. Verlag der Büchsenmacher-Genossenschaft in Ferlach (Klagenfurt 1889).

Waidmannsheil. Illustrierte Zeitschrift für Jagd, Fischerei, Schützen- und Hundewesen, hrsg. von Friedrich Leon, 24 (1904), 26 (1906), 31 (1911).

Filmquellen

Die Büchsenmacher von Ferlach, DVD, Film-Souvenir Kärnten. Zehn historische Filmdokumente aus Kärnten . Die Kulturfilme der Carinthia-Filmkunst 1953–1959, nach Manuskripten von Josef Friedrich Perkonig (Seeber FILM Verlag 2012).

Die Ferlacher Jagdwaffe. Lebende Legende. Videodokumentation im Büchsenmacher- und Jagdmuseum Ferlach. DVD-Kopie.

Ferlacher Präzisionstechnik, Erzeugung und Lohnfertigung. DVD der Ferlacher Waffen Präzisionstechnik Produktions GmbH & CoKG.

Literatur

75 Jahre Fachschule für Handfeuerwaffen Ferlach (o. J., 1953).

80 Jahre Fachschule für Handfeuerwaffen in Ferlach. Fachschule für Büchsenmacher, Werkzeug- und Vorrichtungsbau, Graveur- und Gold- und Silberschmiede. Bericht über das Schuljahr 1958/59 mit einer Rückschau auf 80 Jahre. Herausgeber: Fachschule für Handfeuerwaffen, Selbstverlag (Ferlach 1959).

90-Jahr-Festschrift: Höhere Technische Landeslehranstalt Ferlach. Festschrift zur 90-Jahr-Feier, hrsg. v. Höhere Technische Landeslehranstalt Ferlach (o. J., 1968).

100-Jahr-Festschrift: Höhere Technische Bundeslehranstalt Ferlach. Festschrift zur 100-Jahr-Feier, hrsg. v. Höhere Technische Bundeslehranstalt Ferlach (o. J., 1978).

125 Jahre Fachschule HTBL Ferlach. Festschrift zum 125. Jubiläum der HTBL Ferlach am 20. Juni 2003, hrsg. vom Absolventenverband der HTBL Ferlach, Redaktion Axel Zafoschnig/Ludmilla Schmid.

135 Jahre HTBLVA Ferlach. Jubiläumsschrift der HTBLVA Ferlach, hrsg. v. FHF – Förderverein der HTBLVA Ferlach (o. J., 2013).

Adamik 2009: Rainer Adamik, Ferlacher Chronik. Ein geschichtlicher Überblick über die Ereignisse im Gemeindegebiet (Eigenverlag, Ferlach 2009).

Aelschker 1885: Edmund Aelschker, Geschichte Kärntens. Von der Urzeit bis zur Gegenwart, mit besonderer Berücksichtigung der Culturverhältnisse, Band 2 : Von Kaiser Karl V. bis zur Gegenwart (Klagenfurt 1885).

Baumgartner 1953: Ernst Baumgartner, Die Geschichte der Waffenerzeugung in Ferlach (phil Diss. Innsbruck 1953).

Ahammer 2009: Josef Ahammer, Verzeichnis österreichischer Büchsenmacher (2. verbesserte und erweiterte Auflage, Hellmonsödt 2009).

Bericht 1888–1890: Bericht der Genossenschaft der Büchsenmacher im Gerichtsbezirke Ferlach von 1888–1890, erstattet vom Vorstande. Im Selbstverlag der Genossenschaft, gedruckt in Klagenfurt.

Dinklage 1958: Karl Dinklage, 400 Jahre Ferlacher Büchsenmacher, in: Bundestag der Büchsenmacher Österreichs, Klagenfurt 1958, 1–9.

Dinklage 1976a: Karl Dinklage, Kurze Geschichte der Ferlacher Büchsenmacherei. Die Brücke 4/2/1976, Klagenfurt 1976, 161–175.

Dinklage 1976b: Karl Dinklage, Geschichte der Kärntner Arbeiterschaft I, hg. v. der Kammer für Arbeiter und Angestellte für Kärnten (Klagenfurt 1976).

Dinklage 1982: Karl ‚Dinklage, Geschichte der Kärntner Arbeiterschaft II, hg. V. der Kammer für Arbeiter und Angestellte für Kärnten (Klagenfurt 1982).

Fräss-Ehrfeld 2000: Claudia Fräss-Ehrfeld, Geschichte Kärntens 1918–1920, Geschichte Kärntens Band 3/2, Abwehrkampf–Volksabstimmung–Identitätssuche (Klagenfurt 2000).

Franz 1931: Gottfried Freiherr von Franz, Geschichte der Waffenerzeugung in Ferlach, der Gewerkschaften Waidisch, Ferlach und Unterloibl und des damit verbundenen Grundbesitzes. Monatsblatt der Herald. Gesellschaft Adler 1931.

Fritz 1998: Birgit Fritz, Büchsenmacherhandwerk – eine historische Betriebsanalyse (Dipl. Graz 1998).

Jahne 1930: Ludwig Jahne, Zur Geschichte der Ferlacher Gewehrerzeugung. Festschrift zur Zehnjahrfeier der Volksabstimmung Carinthia I 120, 1930, 98–119.

Janschek 1997: Heinrich Janschek, Geschichte der Höheren Technischen Bundeslehranstalt Ferlach. In: alles jagd ... eine Kulturgeschichte. Katalogbuch Landesausstellung Ferlach im Rosental / Kärnten (Klagenfurt 1997) 429–431.

Jernej 2013: Renate Jernej, Das Büchsenmacherhandwerk in Ferlach. Eine Geschichte seit 500 Jahren (Klagenfurt 2013).

Kärntens gewerbliche Wirtschaft 1953: Kärntens gewerbliche Wirtschaft von der Vorzeit bis zur Gegenwart, hg. v. der Kammer der gewerblichen Wirtschaft für Kärnten (Klagenfurt 1953).

Kreuzer 1999: Anton Kreuzer, Anton Friedrich Emil Wallnöfer (1856–1956). In: Kärntner Biographische Skizzen 7 (Klagenfurt 1999) 120–121.

Landerl 1958: Viktor Landerl, Zur Geschichte der Landesfachschule für Handfeuerwaffen in Ferlach. In: Ernst Schmitz, 200 Jahre Weg in die Wirtschaft. Die österreichischen berufsbildenden Lehr- und Versuchsanstalten von 1758–1958 (Wien 1958)

Leute/Schriebl/Wallnöfer 2000,: Gerfried H. Leute/Adolf Schriebl/Heinrich Wallnöfer, Leben und Werk des Kärntner Bryologen, Industriellen, Erfinders, Philosophen und Polyhistors Anton Wallnöfer. Rudolfinum. Jahrbuch des Landesmuseums Kärnten 2000 (Klagenfurt 2001) 251–272.

Ogris 1979: Alfred Ogris, Zur Geschichte der Büchsenmacherei in Ferlach. Kärntner Landsmannschaft 10, 1979, 51–54.

Rieger 1910: S. Rieger, Die Ferlacher Gewehr-Industrie, Ein Orientierungsbehelf für die Teilnehmer an dem von der Kärntnerischen Handels- und Gewerbekammer anschließend an die Eröffnungsfeier ihres neuen Heimes veranstalteten Ausflug nach Ferlach am 6. November 1901, hrsg. von der Marktgemeinde Ferlach.

Rosičky 2004: Sabine Rosičky, Von der Büchsenmacherei zur HTBL-Ferlach. Mit besonderer Berücksichtigung der Zeit von 1878 bis 1916 (Dipl. Klagenfurt 2004).

Šajnik 1889 Spisal Janez Šajnik Borovlje in puškarija v. Borovljah (Ferlach und das Büchsenmacherwesen in Ferlach). In: Koleder Drušbe sv. Mohorva za navadno lete 1889 (Hermagoraskalender 1889).

Schermaier 2009: Josef Schermaier, Fachschulen in Österreich – Schulen der Facharbeiterausbildung. Die Fachschulen für einzelne gewerbliche Zweige. Ein Beitrag zur Geschichte und Gegenwart des berufsbildenden mittleren Schulwesens in Österreich (Frankfurt am Main 2009).

Schön1990: Willy Schön, Ferlach und das untere Rosental. Ein kleiner Führer durch die Büchsenmacherstadt (Ferlach 1990).

Smrekar o. J. Max Smrekar, Geschichtliche Entwicklung der Fachschule für Handfeuerwaffen in Ferlach. In: 75 Jahre Fachschule für Handfeuerwaffen Ferlach (o. J., 1953) 13–20.

Thomas 1982: Bruno Thomas, Hans Schmidt von und zu Helding. Der „kunstreiche" Büchsenachäfter von Ferlach (um 1600–1699). Aus Forschung und Kunst 23 (Klagenfurt 1982).

Tuschar 1996: Hans M. Tuschar, Ferlach. Geschichte und Geschichten (Klagenfurt 1996).

Waffenindustrie 1897: Die Waffenindustrie Ferlachs. In: Sechszehnter Jahresbericht der k. k. Fachschule für Gewehrindustrie in Ferlach. Schuljahr 1896/97, 17–24.

Wimmer 2011: Andreas Walter Wimmer, Staatliche Wirtschafts- und Sozialpolitik im Spiegel des Gewerberechts: Von der Gewerbeordnung 1859 zu den GewO-Novellen 1883 und 1885 (Dipl. Salzburg 2011).

Wießner 1930: Hans Wießner, Die Ferlacher Waffenindustrie. In: Kärntner Kalender 1931, 58. Jahrgang (Klagenfurt 1930).

Wießner 1953 . Hermann Wießner, Geschichte des Kärntner Bergbaus. III. Teil Kärntner Eisen. Archiv für vaterländische Geschichte und Topographie 41/42 (Klagenfurt 1953)

Internet

Bericht über das Schuljahr 1909/10. Maschinengewerbliche Fachschule Klagenfurt
http://www.dlib.si/preview/URN:NBN:SI:DOC-TDBIDUWU/054ee477-ef35-4367-a837-9d78579a7e96?&language=eng (4.5.2016).

Beschusszeichen Österreichs
http://www.bmwfw.gv.at/TechnikUnd Vermessung/beschussaemter/Documents/Beschusszeichen%20%C3%96sterreichs.pdf (13.6.2016).

Bradler Walter/Wehap Wolfgang, Rarer Bambus in neuem Glanz
http://graz.radln.net/cms/beitrag/11274155/58512673/ (29.8.2016).

Büchsenmacher-Genossenschaft in Konkurs, 17.5.2008
http://ktnv1.orf.at/stories/284911 (9.2.2016).

Büchsenmachermeister Martin Kruschitz, Über uns: Firmengeschichte
http://www.martin-kruschitz.at/ (19.4.2016).

Bundeskanzleramt Rechtsinformationssystem RIS ,Verordnung des Bundesministeriums für Wirtschaft, Familie und Jugend über die Beschuss- und Typenprüfzeichen für Handfeuerwaffen und die Typenprüfzeichen für Patronen 2013 (Prüfzeichenverordnung 2013)
https://www.ris.bka.gv.at/GeltendeFassung.wxe?Abfrage=Bundesnormen&Gesetzes nummer=20008703 (11.5.2016).

Bundeskanzleramt Rechtsinformationssystem RIS, Bundesgesetz über die Waffenpolizei (Waffengesetz 1996 – WaffG)
https://www.ris.bka.gv.at/GeltendeFassung.wxe?Abfrage=Bundesnormen&Gesetzes nummer=10006016 (11.5.2016).

Bundeskanzleramt Rechtsinformationssystem RIS, Bundesgesetz vom 20. Juni 1951 über die obligatorische Erprobung aller Handfeuerwaffen und Patronen (Beschußgesetz)
https://www.ris.bka.gv.at/GeltendeFassung.wxe?Abfrage=Bundesnormen&Gesetzes nummer=10011273 (13.5.2016).

Bundeskanzleramt Rechtsinformations system RIS, Verordnung des Bundesministeriums für Wirtschaft, Familie und Jugend über die Erprobung von Handfeuerwaffen 2013 (Beschussverordnung 2013)
https://www.ris.bka.gv.at/GeltendeFassung.wxe?Abfrage=Bundesnormen&Gesetzes nummer=20008704 (11.5.2016).

C.I.P., Commission Internationale Permanente pour l`Épreuve des Armes à Feu Portatives
http://www.cip-bobp.org/ (12.5.2016).

DOW–Dokumentationsarchiv des österreichischen Widerstandes, Die Deportation der Kärntner Sloweninnen
http://ausstellung.de.doew.at/b168.html (22.3.2016).

Erste Internationale Jagd -Ausstellung Wien 1910
https://de.wikipedia.org/wiki/Erste_Inter nationale_Jagd-Ausstellung_Wien_1910 (1.2.2016).

Ethnophaulismen
http://members.chello.at/heinz.pohl/Ethno phaulismen.htm (21.3.2016).

EUREGIO HTBLVA Ferlach
http://www.htl-ferlach.at (4.5.2016).

Facebook-Gruppe „Alte Ansichten von Ferlach“
https://www.facebook.com/groups/88341319 5019443/?fref=ts (23.3.2016).

Ferlach – Genossenschaft der Büchsenmacher
http://www.turbo.at/geheimprojekte/t_ferlach2.html (3.2.2016).

Ferlach: Das renovierte Kolpinghaus ist eröffnet
http://www.kleinezeitung.at/k/kaernten/klagenfurt/4840264/Ferlach_Das-renovierte-Kolpinghaus-ist-eroffnet (25.5.2016).

Feuerwehr Ferlach
http://www.feuerwehr-ferlach.at/alle-kommandanten.htm, (4.4.2016).

Franz Ferdinand von Österreich-Este
https://de.wikipedia.org/wiki/Franz_Ferdinand_von_%C3%96sterreich-Este (5.4.2016).

Friedrich von Gagern
https://de.wikipedia.org/wiki/Friedrich_von_Gagern_(Autor) (9.3.2016).

Geschichte der Stadt Steyr
http://www.steyr.at/Interessen/Wissenswertes/Geschichte_der_Stadt_Steyr (31.3.2016).

German Hunting Guns
http://www.germanhuntingguns.com/ (4.12.2017).

Hambrusch Hunting Weapons
http://www.ferlachguns.com/ (31.5.2016).

Hausmann & Co
http://hausmann-co-guns.com/ueber-haus mann-and-co/die-tradition (22.4.2016).

Historisches Ortslexikon. Statistische Dokumentation zur Bevölkerungs- und Siedlungsgeschichte. Kärnten, Datenbestand 31.8.2015
http://www.oeaw.ac.at/vid/download/histortslexikon/Ortslexikon_Kaernten.pdf (31.1.2016).

Internationaler St. Hubertus-Orden
http://www.hubertus-orden.org/ (1.3.2016).

Jagdwaffen Juch Grund Ferlach
http://www.jagdwaffen-juch-grund-ferlach.at/index.php/waffengalerie (18.4.2016).

Johann Fanzoj, Fine guns & riflemakers
http://www.fanzoj.com/ (31.5.2016).

Josef Werndl
https://de.wikipedia.org/wiki/Josef_Werndl (9.6.2016).

K98K bayonet registry and foto
http://k98.free.fr/ (9.2.2016).

K98K Forum
http://www.k98kforum.com/showthread.php?6266-Maschinenhaus-Ferlach-Karnten-Austria&s=2a67af4ddbf52eed81d85efaafd 99388 (9.2.2016).

Karl Hauptmann Jagdwaffen
http://www.hauptmann-rifles.com/ (31.5.2016).

Kärnten-Atlas
http://gis.ktn.gv.at/atlas/(S(v0u51q1kbvbo5sf mfeoejkcy))/init.aspx?karte=atlas_basiskarten (12.5.2016).

Kärntner Amts- und Adressbuch 1938, 373
https://www.findbuch.at/de/amts-und-adress buch-1938.html (3.2.2016).

Kärntner Amts- und Adressbuch 1939, 461
https://www.findbuch.at/de/amts-und-adress buch-1939.html (9.2.2016).

Kärntner Amts- und Adressbuch 1947, 629
https://www.findbuch.at/de/amts-und-adress buch-1947.html (9.2.2016).

Kärntner Jagdwaffengenossenschaft in Konkurs, 19.7.2004
http://www.boerse-express.com/pages/360283/print (9.2.2016).

Kolpinghaus Ferlach
http://www.kolpinghaus-ferlach.at/ (25.5.2016).

Liste der k. u. k. Hoflieferanten 1899
https://de.wikipedia.org/wiki/Liste_der_k.u.k._Hoflieferanten_1899 (5.4.2016).

Ludwig Borovnik
http://www.ludwigborovnik.at/index.php/de/geschichte (21.3.2016).

Matricula online
http://data.matricula-online.eu/de/ (30.11.2017). – **Die Mehrzahl der Daten wurden noch unter der Adresse** http://www.data.matricula.info/php/main_arid-3670.html (22.8.2016) aufgerufen.

Mayr Christian, Der große König und die kleinen Ferlacher Büchsenmacher, Wiener Zeitung 16.4.2012
(http://www.wienerzeitung.at/nachrichten/oesterreich/chronik/451048_Der-grosse-Koenig-und-die-kleinen-Ferlacher-Buechsen macher.html (29.3.2016).

Mešno
https://en.wikipedia.org/wiki/Me%C5%A1no (4.2.2016).

Militaria Fundforum
http://www.militaria-fundforum.de/showthread.php?page=2&t=1805, (9.2.2016).

Möchel Kid, Ferlacher Waffen Produktionstechnik WPP ist bankrott, Wiener Zeitung 7.9.2011
http://www.wienerzeitung.at/nachrichten/wirtschaft/oesterreich/395046_Ferlacher-Waffen-Produktionstechnik-WPP-ist-bankrott.html (9.2.2016).

Ogris Valentin Herbert
http://www.ogris-waffen.at/ (26.4.2016).

Österreichische Nationalbibliothek, ALEX Historische Rechts- und Gesetzestexte Online, Gesetz vom 23. Juni 1891 betreffend die obligatorische Erprobung aller Handfeuerwaffen RGBl. Nr. 89
http://alex.onb.ac.at/cgi-content/alex?aid=rgb&datum=18910004&seite=00000197 (13.5.2016).

Österreichische Waffenfabriksgesellschaft
https://de.wikipedia.org/wiki/%C3%96sterreichische_Waffenfabriksgesellschaft (10.3.2016).

Österreichischer Genossenschaftsverband
https://de.wikipedia.org/wiki/%C3%96sterreichischer_Genossenschaftsverband (24.2.2016).

Patentinhaber Peter Wernig, Ferlach, Kärnten Patent: Hammerschlossschieber-Umstellvorrichtung für vierläufige Gewehre. Patentiert am 2.11.1901 W89
http://www.delcampe.net/page/item/id,294510235,var,Original-Patent--Peter-Wernig-in-Ferlach-Karnten-1901-Umstellvorrichtung-fur-vierlaufige-Gewehre-Gewehr-,language,G.html (5.4.2016).

Peter Hofer Jagdwaffen
http://www.hoferwaffen.com/hofer_42.php?lang=de (22.4.2016).

Rassige Rennboliden statt exklusiver Jagdgewehre, Der Standard 11.8.2004
http://derstandard.at/1738434/Rassige-Rennboliden-statt-exklusiver-Jagdgewehre (9.2.2016).

Scheiring
http://www.jagdwaffen-scheiring.at/ (31.5.2016).

Sodia. Jagdwaffen u. Bekleidungsges. m. b. H., Firmengeschichte von Sodia in Ferlach
http://www.sodia.cc/ueber_uns/geschichte/ (15.3.2016).

Sodia. Unsere Geschichte
https://www.sodia-exclusiv.com/geschichte/ (16.3.2016).

Thyssenkrupp, Die Firmenzeichen
https://www.thyssenkrupp.com/de/konzern/geschichte_logo.html (4.2.2016).

Abkürzungen

ABMG	Archiv der Büchsenmachergenossenschaft, Ferlach, Maschinenhausgasse 5
AD	Archiv Dietrichstein
ADG	Archiv der Diözese Gurk, Klagenfurt
AHS	Allgemeine Handschriftenreihe
BB	Bezirksbehörden
BH	Bezirkshauptmannschaft
BMM	Büchsenmachermuseum
DA	Deutsche Aussiedlungsgesellschaft
DOW	Dokumentationsarchiv des österreichischen Widerstandes
DUT	Deutsche Umsiedlungs-Treuhand Ges. m. b. H.
ED	Eintrittsdatum
f.	Folio
fl	Gulden
h	Heller
Hs.	Handschrift
HTL	Höhere Technische Lehranstalt
K	Kronen
Kal.	Kaliber
KLA	Kärntner Landesarchiv
kr	Kreuzer
Nr.	Nummer
o. D.	ohne Datum
o. J.	ohne Jahr
PA	Pfarrarchiv
r.	recto
RM	Reichsmark
SB	Sammelbestand
SD	Sicherheitsdirektion
TO	Tagesordnung
v.	verso
vgl.	vergleiche

Abbildungsverzeichnis

Personenregister

(Die hier angeführten Verweise beziehen sich ausschließlich auf Textnennungen. Die Nennungen in den Listen wurden hier nicht aufgenommen.)

K.K. PROBIR-ANSTALT
MASCHINENHAUS DER BÜCHSENMACHER-GENOSSENSCHAFT